近代朝鲜痛史中文著述集解

孫科志、徐丹——編著

忍齋汪孔甫題

卷一

寫在書前

錢文忠

　　一個週二的清晨，我照例到復旦大學上課，也照例與孫科志教授會面，照例沉靜的科志兄慢條斯理地，將一疊厚厚的書稿放在了我的面前：即將付梓的《近代「朝鮮痛史」中文著述集解》。而這，既在我意中，又在我意外。

　　說意中，是因為我非常瞭解，科志兄是一位純粹的學者，韓國史、中韓關係史基本就是他生活的全部。他在與我喝茶、聊天的時候，無時無刻不帶著所關心的學術問題，隨時隨刻會把話題牽回到所關注的學術領域。我的研習範圍之一是中外關係史，只要遇到和朝鮮半島相關的問題，我首先想到的，必定是請教科志兄，每一次都是小叩大鳴，使我獲益良多。在這個領域，科志兄真是我的益友良師。這絕不是誇大其詞虛語客套，我在這方面的知識，絕大部分正是蒙科志兄指導、拜科志兄所賜。我深知，他打算研究的每一個課題，都會在不久以後化身成精彩的論著。近來，朝鮮亡國史一直是科志兄究心致力的課題，那麼，這部書自然也就在我的意料和期待之中了。

　　然而，更多的還是意外。科志兄這部書的編撰時間之快、發掘之深、網羅之廣，都令我驚歎。每一個人，只要略加瀏覽，就會感受到這部書背後的海量閱讀、細緻梳理、嚴格選擇。我想，完全可以說，這樣的一部書何止是史料選編，它正是相關學術領域的最重要基礎，同時也是科志兄扎實學術功底、深厚學術功力的最直觀體現。這是一項重要的學術貢獻，是朝鮮亡國史研究的舊礎石、新起點。這絕非我的阿好之言，讀者自有公論。

　　其實，沉靜的科志兄不斷有石破天驚的創獲。舉其近者，他對義士安重根家人在上海的葬地的考實，就在韓國引起了廣泛關注，甚至可以說是轟動。我們這一代人，大概都讀過題為「安重根擊斃伊藤博文」的課文。曾幾何時，這位義士的英名即便在中國，也近乎家喻戶曉。不過，又有幾人瞭解義士和家人的身後之事呢？又有幾人知曉義士和中國上海的特殊因緣呢？時至今日，則更不可論矣。

　　呈現在讀者諸君面前的這部書，毫無疑問，是一項重要的學術成果，是科志兄對韓國史、中韓關係史的重要貢獻。而它，對於中國的讀者，也自有重大的價值和意義。科志兄說：「對於近代中國人來說，朝鮮亡國具有著獨特的認識意義。明清時期的朝鮮不僅作為宗藩屬國而為中國人所知，還以『小中華』的文化姿態受到中國人的

矚目。自19世紀中葉以後，朝鮮逐漸脫離宗藩體系下的傳統政治與文化聯繫，但與此同時，作為弱小民族而逐漸被侵略、被殖民的相似命運又在中朝之間建立起另一種的『共情』。因此，近代中國人特別是知識份子，不能不對朝鮮的亡國加以認真的觀察與反思。從清末一直到1940年代，『朝鮮亡國史』的書寫在中國蔚為潮流，就是近代中國人關注朝鮮命運、批判世界秩序、思考民族前途的表現。」

科志兄在此標舉出的「共情」，是有深刻的歷史和現實意蘊的。

作為改革開放後第一位在韓國頂尖名校高麗大學，以連韓國學者也讚歎不已的極短時間和優異成績獲得博士學位的科志兄，自入學術領域起，就備受韓國學界重視。前不久，我在上海有幸見到韓國當代著名學者，江南大學校中文系教授、仁山東方文化研究所所長、中央圖書館館長閔丙三博士，他就是從科志兄還在韓國留學時起，就對科志兄予以持續關注的。閔教授在提及科志兄時，就親口對我講：「他是中國研究朝鮮亡國史的第一人」。為好友得到韓國學者的如此高的評價，我當然歡喜不已。

撰寫此文時，我正在日本拜訪師友，訪學請益。連日來與此間學人晤談餐敘，無論是因為歷史原因，還是出於現實關懷，中、日、韓三國的關係，都是我們的主要話題之一。我介紹了科志兄的學術成果，非常高興地發現，他們對科志兄的學術研究早已甚為瞭解，基本不須辭費了。

科志兄念及平日相與論學之誼，命我寫「序」，這是我萬萬不敢的。我對本書所涉及的領域，只有學習之願望，絕無置喙之資格。然而，與科志兄的友誼，是我極為珍視的畢生財富。於是，我不揣冒昧，寫下這篇題為「寫在書前」的文字，既為祝賀科志兄新書問世，也為紀念我們的友情。即便如此，「佛頭著糞」之譏，恐怕也還是我逃避不了的了。

2019年7月11日，神戶海濱

序

　　朝鮮半島是近代東亞國際關係的一個核心關節點。歷史上，朝鮮半島政權曾長期受到中國的較大影響，但自19世紀中葉以來，隨著西方列強勢力的東漸和日本逐步走上對外擴張的道路，朝鮮半島成為東西方各種力量碰撞的焦點，朝鮮王朝的滅亡也成為近代東亞乃至世界歷史上的一個重要事件。

　　1910年，日本強迫當時的大韓帝國政府簽署《日韓併合條約》，成為朝鮮獨立政權滅亡的標誌，也是長達36年的日本殖民統治的正式開端。不過，朝鮮王朝的滅亡是一個長期的歷史過程，早從1870年代開始，日本就通過各種途徑特別是簽訂不平等條約的方式，不斷在朝鮮半島擴張勢力，如1876年《江華島條約》確立了日本在朝鮮的領事裁判權，1882年《濟物浦條約》承認了日本在朝鮮的駐軍權，1905年《乙巳保護條約》將朝鮮變為其「保護國」，等等。1910年的「日韓併合」只是這一系列殖民侵略活動的最終結果。

　　另一方面，作為歷史過程的朝鮮「亡國」，並沒有隨著1910年《日韓併合條約》的簽訂而立即宣告完結，相反，它在整個20世紀前半葉都持續地影響著東亞乃至世界的局勢。在實際政治層面，朝鮮民族的獨立運動始終沒有停息，不僅半島本土在1919年爆發了大規模的「三‧一運動」，在海外特別是中國各地的朝鮮獨立運動家更是長期堅持抗爭。而在政治思想的層面，朝鮮的「亡國」受到當時人特別是與朝鮮關係密切的中國人的持續關注，成為他們認識、反思與批判近代世界體系與國際秩序的重要切入點。可以說，朝鮮雖然「亡國」了，但它並沒從近代世界上真正消失。

　　對於近代中國人來說，朝鮮亡國具有著獨特的認識意義。明清時期的朝鮮不僅作為宗藩屬國而為中國人所知，還以「小中華」的文化姿態受到中國人的矚目。自19世紀中葉以後，朝鮮逐漸脫離宗藩體系下的傳統政治與文化聯繫，但與此同時，作為弱小民族而逐漸被侵略、被殖民的相似命運又在中朝之間建立起另一種「共情」。因此，近代中國人特別是知識份子，不能不對朝鮮的亡國加以認真的觀察與反思。從清末一直到1940年代，「朝鮮亡國史」的書寫在中國蔚為潮流，就是近代中國人關注朝鮮命運、批判世界秩序、思考民族前途的表現。

　　從20世紀初到抗日戰爭結束，中國出現了大量有關世界各地被侵略、被殖民國家的亡國史，先後形成了數次亡國史的「編譯熱」，其中尤以朝鮮亡國史的數量最多。所謂「亡國史」，就是以近代弱小國家被列強瓜分、滅亡的過程為主要敘述對象的歷

史。「朝鮮亡國史」就是以朝鮮王朝的覆亡為主線，以1910年的「日韓併合」為標誌性節點，敘述其趨向滅亡的過程，分析其滅亡的原因和亡國後的民族「後果」。換言之，是把朝鮮王朝的「亡國」當作核心對象加以闡述、剖析的歷史書寫。

這裡所謂的「亡國史」是廣義的，並不限於嚴肅的史學論著。實際上，朝鮮亡國史的體裁、內容、形式相當多樣，有較為嚴肅的史學專書，有報章刊載的短篇散文，還有一些作品以小說、劇本等通俗「演史」形式出現。這些「非史學」的亡國史也具有重要的價值。清末民初，近代人文社會科學的學科規範還不明顯，許多史學書寫如梁啟超的《朝鮮亡國史》，原本就是介於研究與政論之間，邊界並不清晰。另一方面，以小說、戲劇等體裁形式，融入國家、民族等近代觀念，來「演說」近代世界的歷史，在當時被認為是「新小說」、「新戲劇」，具有改造社會觀念的重要價值。回到清末民國的現場，作為一種社會文化潮流的朝鮮亡國史書寫，是由一批知識份子在政治、商業與文化等各種因素的共同推動下，批量地生產特定類型的文本，從而影響、改造社會大眾觀念的過程。它們的歷史意義不僅僅是學術的，更是社會的。因此，本書收錄的朝鮮亡國史重在突顯「亡國」主題，而篇幅、體裁等則相當多樣。

1870年以後，隨著中朝宗藩關係出現危機和朝鮮國權的逐步喪失，有關朝鮮亡國的評論開始出現於中國報章之上。在1890年代以前，基於中國作為宗主國的定位，輿論普遍認為中國應當而且有能力更加積極地介入、「庇護」朝鮮並指導朝鮮的內外革新。1890年代以後特別是甲午戰爭之後，隨著朝鮮內部脫離宗主國的傾向日益強化，中國輿論通過比較宗藩關係與近代「保護」關係的不同，普遍轉向認為朝鮮因日俄「保護」而滅國的看法。但這一時期的朝鮮半島畢竟還存在著自成一體的政權，此時有關亡國的議論還只能說是一種預言。

1910年「日韓併合」之後，中國的知識份子談論朝鮮亡國的方式發生了變化，從國之將亡的預言、評論轉變為以朝鮮亡國的「殷鑒」，為近代中朝兩國的救亡、獨立運動提供歷史的經驗教訓。過去報刊時評式的短文無法滿足這一需求，於是在1910年代便出現了大量詳細論述朝鮮亡國過程、原因、後果的專門書籍。參與編纂這類圖書的除少數外國人外，主要是兩類人：有留日背景的政治人物與活躍於上海的通俗小說作家。相應地，這些書籍也主要是以政論式、演義式的筆法寫就的。據統計1910-1945年間出版的朝鮮亡國史書，可查見的不下二十餘種。這些圖書大部分多次再版、翻版，代表性的如殷汝驪主編之《亡國鑒》總計再版至少十九版，可見其發行數量之大，銷售時間之長，也可見其在當時社會產生的巨大影響。

除單行本著作之外，1910年之後的報紙、雜誌上也陸續刊登有關朝鮮亡國的各類短文（包括詩詞）。在清朝晚期，中國的近代報刊就對朝鮮事務表現出濃厚的興趣。進入20世紀特別是民國成立之後，新聞出版產業發展迅速，各種報紙、雜誌在全

國各地特別是上海大量湧現。這些報刊對朝鮮半島的報導廣泛，涉及政治、經濟、文化等各個方面，有關朝鮮亡國的內容也佔據了不小的比重，其中有一些還具有相當深入的分析，例如1922年向達在《史地學報》上發表的〈朝鮮亡國之原因及其能否復興之推測〉，就是一篇具有深度的學術研究論文。相當一部分發表於報刊上的朝鮮亡國史論述後來都轉為了單行本出版，例如梁啟超的〈朝鮮亡國史略〉、〈朝鮮滅亡之原因〉、〈日本吞併朝鮮記〉等篇，就都是先在報紙上發表，後來又收入專書的。

　　有感於朝鮮亡國而作的詩詞，是多數只見於報刊之上的獨特材料。這些詩詞一般並沒有具體的史事記載，即使提到也相當簡單，因此它們的價值主要不在於「史」的敘述，而在於情感的傳遞。相比於理性的分析文字，詩詞更能夠表現當時中國人面對朝鮮亡國時的感性體驗，在這一點上詩詞材料的價值是無可替代的。在報刊所載的材料中，另一類有特別價值的是演講詞和劇本。在受教育水準相對較低、廣播等近代媒體尚不發達的時代，演講、演劇是最直接、有效的對眾宣傳形式。從1920年代前後起，以朝鮮亡國為主題的演講、演劇活動就在中國各地廣泛興起，從菜市場、公園、學校等公共場所到市民大會、遊行示威、國恥紀念會等各類集會，都能看到這類活動的影子。可惜的是，這些演講、演劇的具體情況絕大部分已經無從考察，只有極少數量的演講詞、劇本在當時的報刊上發表並保留至今，成為珍貴的歷史材料，使我們多少能夠一窺當時的中國知識人以及在華的朝鮮愛國志士向民眾「講述」朝鮮亡國史的努力。

　　上述諸種朝鮮亡國史著述，內容豐富，體裁形式多樣，是研究近代中韓關係史、東亞史、思想文化史等的重要史料。編著者早在十多年前就開始收集、研讀近代朝鮮亡國史的中文著述，在2009年還曾與韓國學者討論在日本吞併朝鮮半島100周年之際將這些著述和解題結集出版，然而卻沒有得到任何回應。此後由於各種原因，將這些中文著述結集出版之事就這樣拖延了下來。2019年是韓國三一運動和大韓民國臨時政府建立100周年，中韓兩國學界舉辦了各種紀念活動，韓國社會各界也通過各種方式宣傳日本殖民統治時期韓國人民為了恢復國家獨立和民族自由所展開的抗爭。在這樣的氛圍下，編著、整理《近代「朝鮮痛史」中文著述集解》也有其特殊的意義。

　　這次結集出版的《近代「朝鮮痛史」中文著述集解》所收錄的晚清民國時期的朝鮮亡國史中文著述中，既包括了單行本的著作，也包含了單篇的文獻，而這些單篇文獻則又包括了史述、學術論文、史評、劇本、小說、演講詞、詩歌等多種體裁。這些朝鮮亡國史著述雖均以中文呈現，但其著述者既有中國知識人，也有朝鮮的愛國志士，甚至還有西方國家的人士，如《日本滅亡高麗慘史》的著者就是出生於加拿大、長期在英國活動的麥根斯（Frederick Arthur Mackenzie），故而反映了多元的朝鮮亡

國史認識。對於這些朝鮮亡國史中文著述，中韓學界也曾有論及，不過在這些論述中，在論及相關著述的著者、出版或發行情況時存在不少錯誤和疏漏之處。有鑑於此，編著者在整理這些朝鮮亡國史中文著述的過程中，對於這些著述的著者、出版或發表及流傳情況做了較為縝密的考證，糾正了前人利用這些文獻時存在的錯誤和疏漏。同時編著者在考證工作的基礎上，對這些著述的撰寫動機及著述內容做了基於歷史事實的闡釋。希望編著者的這些努力能夠對各位學人利用這些文獻提供一些幫助。

《近代「朝鮮痛史」中文著述集解》的編著和出版得到了復旦大學歷史學系世界史教研室各位老師的大力支持，對他們的大力支持表示衷心感謝。在編著的過程中，編著者利用每週課堂前的有限時間，與我系著名學者錢文忠教授討論一些相關問題，錢教授淵博的知識、縝密的思維給了編著者不少的啟發。錢教授還應編著者的請求為這部書寫了一篇文字，向錢文忠教授表示感謝。滬上著名書畫家、篆刻家徐谷甫先生慨然為此書題寫書名，令編著者感動不已。復旦大學歷史學系博士研究生張培在炎熱的暑期幫助校對部分書稿，向她表示感謝。此書的出版得到了秀威出版社的大力支持，特別是此書的責任編輯鄭伊庭先生為此書的出版付出巨大的努力，藉此機會向其表示衷心感謝。

由於編著者學識和水準有限，書中錯誤在所難免，請各位同仁和讀者諸君給予批評指正。

編著者
二〇二三年九月

目次

寫在書前／錢文忠 3
序／編著者 5

《朝鮮亡國史》／李芝圃 11
《英雄淚》／雞林冷血生 153
《朝鮮痛史──亡國影》／倪軼池、莊病骸 259
《三韓亡國史演義》／盧天牧 359

朝鮮亡國史

李芝圃 著

宣統辛亥九月出版

直隸教育圖書局印書處印行

題解

　　《朝鮮亡國史》四編188章，李芝圃撰，宣統三年（1911）北京直隸教育圖書局印書處印行。該書後又多次再版，今可查見者，有1912、1919年兩次再版。[1]至少部分內容曾被期刊或節錄，或轉載，今可見者，有《北強月刊》1934年第一卷第五期（第113-132頁）曾以《朝鮮亡國史》為題，節錄刊載了該書的的序言、第一編以及第二編前十一章之內容。此次整理，據1911年初版錄入。

　　李芝圃（1880-1946），名元齡，字芝圃，河北文安縣人，清末秀才，曾就學於保定優級師範。1903年官派留學日本，畢業於日本東京宏文學院。宏文學院本為日本人嘉納治五郎在清末留日熱潮的背景下，專門針對中國留學生而創辦的學校，這裡的留學生是近代中國最早接受新式教育的知識分子。由於留學生集中，兼受當時日本蔑視中國人的社會氛圍刺激，宏文學院成為了愛國、革命學生的一個中心。學生畢業後流向了兩大領域，有一批學生參加革命活動，另有一批致力於教育界。[2]李芝圃顯然受到這一氛圍的影響，也曾參加過孫中山領導的同盟會，1906年自日本歸國後返回故里，擔任過國民黨文安縣黨部書記。但他作為文安有名的鄉紳，最主要的活動是創辦學校，推動文安當地教育事業，此外還參與了《文安縣志》的編撰。抗戰期間，李芝圃積極與中共合作，支持抗日，[3]並動員子女參與，多次掩護、解救同志。[4]

　　李芝圃生平著述主要就是這部《朝鮮亡國史》。全書正文共分四編188章，「將朝鮮治亂興亡之事跡一一備載」。正文第一編共14章，起自朝鮮傳說中的檀君開國，簡述前後三國、高麗、朝鮮前期之歷史，終於大院君攝政；第二編共56章，起自「朝鮮中興」，略述朝鮮與美、法、日的早期交涉，中、日、俄等國在朝勢力的進退，東學黨起事等，對中日甲午戰爭的過程敘述尤其詳細，最後以獲得承認獨立之後的朝鮮「親俄疏日」而結束；第三編共51章，自「俄國強占韓地」起，歷述日俄戰爭之詳細過程，而以《樸茨茅斯條約》（即《日俄條約》）之簽訂為終結；第四編共67章，起

---

[1] 1912年版見於北京大學圖書館館藏著錄。1919年版一冊90頁，見天津地方史資料聯合目錄編輯組編：《天津地方史資料聯合目錄　甲編者按第二分冊》，天津圖書館，1980年，第150頁。

[2] 大江平和：《弘文學院與中國留學生生活》，中國社會科學院研究生院，碩士學位論文。

[3] 井桂林、吳煥章：〈李元齡軼事〉，中國人民政治協商會議文安縣委員會學習文史委員會：《文安文史資料》，2008年，第99-104頁。

[4] 〈憶文安縣抗日時期的統一戰線工作〉，中國人民政治協商會議文安縣委員會學習文史委員會：《文安文史資料》第1輯，1989年，第44頁；李益年：〈首屆中共文安縣委的建立〉，中國人民政治協商會議文安縣委員會學習文史委員會：《文安文史資料》第3輯，1994年，第9頁。

自日韓同盟條約的簽訂，中間經過日人數次侵奪權利和韓人的數次「排日」反抗，最終以日韓合併條約結束。書前有「燕山李秉鈞」序、「凡例」、朝鮮〈歷代王系一覽表〉和〈歷代建都一覽表〉。正文第一編前有作者自序，以及地理、歷史、民俗、政治四篇簡要的緒言。

為本書作序的「燕山李秉鈞」，生平不詳，序中自云曾與李芝圃、「安硯、保陽，同研新學」，作序當時「司鐸於文，授課之餘，倡和無間」，大概與李芝圃一道，在保定優級師範接受過新式教育，作序之時在文安縣擔任教師，1914年上海中華書局曾出版《新制東亞各國史教本》，編者署名李秉鈞，與此處應是同一人。他在為《朝鮮亡國史》所作序中說，李芝圃留學日本時「適值日俄開釁，兩大之角逐，朝鮮當其衝，一時交涉之事，既日記而靡遺」。歸國返回故里之後，「一日君出一卷示余」，即為此書。今檢全書內容，對日俄戰爭所記尤為詳細，大概主要就是利用了留日期間的「日記」資料。

自清末開港通商以來，西方國際體系、國際觀念對中國的世界秩序觀念造成了極大衝擊，這一轉變常常被稱為從「宗藩」到「萬國」的過程。但是，作為「萬國」之基礎的現代主權國家制度之表達，也就是所謂的「萬國公法」，在它的起源地歐洲和世界其他地方卻扮演了不同的角色。在歐洲，它為主權國家間的平等交往奠定了法理基礎，但在東亞卻因為列強事實上的強權行為而在很大程度上被理解成了侵略的工具，並以這樣一種形象進入了東亞的思想世界，[5]這就是晚清中國人常說的「條約滅國」、「滅國新法」的意涵。

李芝圃為《朝鮮亡國史》所作的序言也清晰地闡述了「公法」的工具性。序文開篇即說「滅國之法，日見新奇」，「有不識不知、無聲無色，而其主權即為他人所有者」，那麼如何做到這一點？「不知國際法之公例，甲乙兩國結約而滅亡第三國，為正當之權利，特第三國無被滅之義務耳。」所謂的「國際法」不過是為強者遮羞的一種表達而已。所以李芝圃的序言又說，「優勝劣敗，天演難逃，各國條約成立之日，即朝鮮運命告終之期」。在這裡，國際公法與叢林法則是互為表裡的，「公法」起源之初所具有的「主權平等」的內涵完全被消解了。利用萬國公法事實上的侵略性構造東亞霸權體系，是近代日本接受「公法」的一大歷史特徵，[6]李芝圃在序言中表達的思想顯然有他留學日本所受教育的影子。

因此對於朝鮮滅亡的原因，李芝圃完全沒有指控日本的侵略，而是強調了朝鮮本身的專制政體、民俗、民族性等。首先在歷史上，朝鮮歷代王朝都不具有獨立的資

---

[5] 陳秀武：《日本的「萬國公法」受容與「霸權體系」構想》，東北師範大學出版社，2015年，第157-159頁。

[6] 陳秀武：〈「萬國公法」的思想權威〉，《東北師大學報（哲學社會科學版）》，2015年1期。

格。其次在民俗上,導致朝鮮亡國的原因可歸納為四點:一是朝鮮人本性的骯髒、怠惰、昏暗愚昧;二是熱衷科舉,造成朝鮮知識分子貪求富貴而不能從事時務;三是朝鮮社會階級森嚴,影響國家實力的養成;四是朝鮮人相信巫女、膜拜鬼狐、厚葬等嚴重的迷信。再者,從政治上說,在共和立憲之潮流「已狂奔於東亞」的時代,朝鮮仍然堅持專制政體,這在20世紀之前閉關時代或者能夠存立,而在新時代則「未有不滅亡者」。這裡我們看到了傳統宗藩時代「上國」思想的遺存,但更重要的則是對新的國家與國際秩序的兩點體認,即一國之內共和立憲優於君主專制,而國家之間則是優勝劣亡的自然法則。

從這樣的理論與觀點出發,李芝圃在全書最後為讀者提出了朝鮮亡國的教訓,那就是「國際只有強弱而無所謂公法,和平但憑鐵血,而不可恃條文」。顯然在作者看來,當時中國國內存在著對「公法」、對中外簽訂的所謂「承認獨立、保全領土」的條約過於信任的看法。但朝鮮的滅亡證明了,所謂尊重、保全不過是列強的「巧於欺我」,而「我政府」又「甘受其欺」。「優勝劣敗者,天演之理;弱肉強食者,國際之例」,「我國之宅心夢夢謂條文具在、理無或反者,至此亦恍然悟矣」。儘管認為朝鮮亡國的原因是內在的,但作者並沒有談論中國需要改革的具體措施。書中的作者「按語」表示,甲午戰爭時中國敗在實力不如日本,而日本力量的提升則始於明治維新的改革。或許在作者看來,1906年清政府宣佈「仿行憲政」,轉向君主立憲的世界「潮流」,已經使之與朝鮮的君主專制形成了根本區別,而走上了與明治維新之後的日本相似的道路。相比之下,對於國際法和條約的盲目相信則是更為迫切的危機,作者之所以寫作《朝鮮亡國史》一書,正是要透過朝鮮的慘痛教訓傳達「公法」不可信的觀念。

其實,中國自1860年代開始翻譯引入《萬國公法》以後,無論是官員如恭親王奕訢還是知識分子如鄭觀應等人,都是沿著「師夷長技以制夷」的思路理解、運用公法。[7]他們一方面覺得公法似乎具有約束外國人的效力,同時又認為中國作為文明者是可以自外於公法體系,因而不一定去遵守它的。簡言之,這也是一種工具性、策略性的理解。但與這種傳統的理解相比,李芝圃的看法在兩個方面表現出了不同:一是公法的「普適性」,李芝圃完全認可公法作為「國際之例」,是適用於一切國家的;二是公法的「叢林性」,僅憑公法本身不足以約束任何國家,公法的背後是弱肉強食的「天演」法則。從這個角度來說,日本對近代「公法」的工具性闡釋很容易獲得李芝圃這樣的中國留學生認同;但另一方面,這種闡釋幾乎完全抽離了公法的「公」的

---

[7] 章可:〈中國是否應該遵守萬國公法?〉,《東方早報・上海書評》編輯部編:《書評的解剖》,上海書店出版社,2009年,155-158頁。

性質和公法內在的約束力,完全淪為強權者的「法」,它又很自然地會引起中國留學生的警惕與反感。因此很有意思的是,正是在進入二十世紀,中國真正開始作為「萬國」之一登上世界舞臺的時候,《萬國公法》反而在知識界失去了吸引力,而社會達爾文主義的言論則充斥書籍報章。這一點表現在朝鮮亡國史著方面,就是進入民國以後的圖書紛紛將關注的焦點從外交、條約、公法等方面轉向了一國之政治、經濟等內部方面。

序

　　朝鮮半島毗連亞洲大陸，中包黃海，不啻我國內地之屏幛也。故自殷箕受封以來，閱二千六百餘年，歷代多稱藩於中國，雖其間亦有崛強不服者，中國必從而撻伐之，天威所播，荒裔輸忱。迨我朝龍興滿洲，天聰、天命間，凡兩次出師征服之，既絕東顧之憂，遂啟入關之業，廟謨何其神歟。自茲以還，有憂必弔，有賀必朝，固不同越南、緬甸，叛服無常也。乃自光緒甲午之役結馬關條約，日本迫我認朝鮮為獨立，而朝鮮之利權，我國不得干預矣。又自日俄之戰結滿洲條約，朝鮮之利權，各國皆不得干預矣。然猶曰：許其為自主國也。乃無何於庚戌七月間，忽睹日本合併朝鮮之新聞，一時中外士君子議論紛紜，對於朝鮮則有悲憫語，對於日本則有憤懣語。夫亦思倚賴難以圖存，非朝鮮皆可作朝鮮觀，強權即是公理，非日本皆可作日本觀也。鄙人素懷此意，未遑筆之於書，而李君芝圃所作之史，久已脫藁矣。芝圃，余之窗友也，癸卯歲與予、安硯、保陽同研新學，翌年君乘學務處簡派之命游歷東瀛，適值日俄開釁，兩大之角逐，朝鮮當其衝，一時交涉之事，既日記而靡遺。丙午春，旋里舉辦地方學務，是時余適司鐸，於文授課之餘，倡和無間，語及朝鮮近事，未嘗不氣為之短，言為之長也，如是者累歲。忽一日君出一卷示余，展讀之下，有不忍卒讀者。夫波蘭亡而土國病，印度滅而緬甸危，往事已然，矧今日之競爭愈烈乎？弱肉強食儼為公例，有志之士具一腔熱血，而莫由傾瀉者，讀君之史，諒無不表同情焉。余亦同情中人也，因不禁贅為之序，并勸其排印以公諸世之同情者。

宣統三年歲次辛亥夏五月　燕山李秉鈞謹序

凡例

一、此書分為四編，將朝鮮治亂興亡之事蹟，一一備載，使閱者有感於心而知為戒鑒。
一、是書之第一編起於檀君開國，終於大院君攝政，其戰爭篡奪之事，均載諸簡端，使閱者知其梗概。
一、是書之第二編起於朝鮮中興，終於韓國獨立，其間中東之戰紀、日俄之交涉，均詳細記載，使閱者能知其底蘊。
一、是書之第三編起於韓國之失主權，終於韓國之受保護，其間日俄戰爭之因果，載之極詳，使閱者知日俄兩國能力之優劣。
一、是書之第四編起於韓之依日，終於日之併韓，其日本所施之政策、日韓所訂之約章，均記載靡遺，使閱者知現在亡國之新例。
一、是書之作或譯或編，語多淺近，使閱者一目了然，不至有隔膜之患。
一、是書章法皆求簡明而戒繁雜，使閱者不至過費腦力。
一、是書每章之後，均有按語，或詳述其事，或申明其理，使閱者洞知其原委。

歷代王系一覽表
前後朝鮮及三韓

檀君
箕子──箕否──箕準
衛滿──右渠

新羅
（一）朴赫居世居西干
（二）南解次次雄
（三）儒理尼師今
（四）昔脫解尼師今──仇鄒
（五）婆娑尼師今
（六）祇摩尼師今
（七）逸聖尼師今
（八）阿達羅尼師今
（九）伐休尼師今
（十）奈解尼師今──于老
（十一）助賁尼師今
（十二）沾解尼師今──乞叔
（十三）金味鄒尼師今
（十四）儒理尼師今
（十五）基臨尼師今
（十六）訖解尼師今
末仇──（十七）奈勿尼師今
（十八）實聖──某──習寶
（十九）訥祇麻立干
（二十）慈悲麻立干
（二十一）炤智麻立干
（二十二）智證王──立宗
　　　　　──真興王──銅輪
（二十三）法興王
（二十四）真興王
（二十五）真智王──文興王
（二十六）真平王
（二十七）善德女王
（二十八）真德女王
（二十九）武烈王
（三十）文武王
（三十一）神文王
（三十二）孝昭王
（三十三）聖德王
（三十四）孝成王
（三十五）景德王
（三十六）惠恭王
（三十七）宣德王
（三十八）元聖王
（三十九）昭聖王
（四十）哀莊王
（四十一）憲德王
（四十二）興德王
（四十三）僖康王──啟明
（四十四）閔哀王
（四十五）神武王
（四十六）文聖王
（四十七）憲安王
（四十八）景文王
（四十九）憲康王
（五十）定恭王

（五十一）真聖王
（五十二）孝恭王
（五十三）神德王
（五十四）景明王
（五十五）景哀王
（五十六）敬順王

高句麗

（一）東明聖王
（二）瑠理明王
（三）太武神王
（四）閔中王
（五）慕本王
（六）太祖王
（七）次太王
（八）新大王
（九）故國川王
（十）山上王
（十一）東川王
（十二）中川王
（十三）西川王
（十四）烽上王
（十五）美川王
（十六）故國原王
（十七）小獸林王
（十八）故國壤王
（十九）廣開土王
（二十）長壽王——助多
（二十一）文咨明王
（二十二）安藏王
（二十三）安原王

（二十四）陽原王
（二十五）平原王
（二十六）嬰陽王
（二十七）榮留王
（二十八）寶藏王

百濟

（一）扶餘溫祚王
（二）多婁王
（三）已婁王
（四）蓋婁王
（五）肖古王
（六）仇首王
（七）古爾王
（八）責稽王
（九）汾西王
（十）比流王
（十一）契王
（十二）近肖古王
（十三）近仇首王
（十四）枕流王
（十五）辰斯王
（十六）阿花王
（十七）直支王
（十八）久爾辛王
（十九）毗有王
（二十）蓋鹵王
（二十一）文開王——昆文
（二十二）東城王
（二十三）三斤王
（二十四）武寧王

（二十五）聖王
（二十六）威德王
（二十七）惠王
（二十八）法王
（二十九）武王
（三十）義慈王

高麗

（一）太祖王建王
（二）惠宗義恭王
（三）定宗文明王
（四）光宗大成王
（五）景宗獻和王
（六）成宗文懿王
（七）穆宗宣讓王
（八）顯宗元文王
（九）德宗敬康王
（十）靖宗容惠王
（十一）文宗仁孝王
（十二）順宗宣惠王
（十三）宣宗思孝王
（十四）獻宗恭殤王
（十五）肅宗明孝王
（十六）睿宗文孝王
（十七）仁宗恭孝王
（十八）毅宗莊孝王
（十九）明宗光孝王
（二十）神宗靖孝王
（二十一）熙宗成孝王
（二十二）康宗元孝王
（二十三）高宗安孝王

（二十四）元宗順孝王
（二十五）忠烈王
（二十六）忠宣王
（二十七）忠肅王
（二十八）忠惠王
（二十九）忠穆王
（三十）忠定王
（三十一）恭愍王
（三十二）辛禑
（三十三）辛昌
（三十四）恭讓王

朝鮮

（一）太祖李成桂
（二）定宗恭靖王
（三）太宗恭定王
（四）世宗莊憲王
（五）文宗恭順王
（六）端宗恭懿王
（七）世祖惠莊王
（八）睿宗襄悼王——德宗
（九）成宗康靖王
（十）燕山君
（十一）中宗恭徽王
（十二）仁宗榮靖王
（十三）明宗恭顯王——德興大院君
（十四）宣祖
（十五）光海君
（十六）仁祖憲文王
（十七）孝宗宣文王
（十八）顯宗昭休王

（十九）肅宗顯義王
（二十）景宗德文王
（二十一）英祖至行王——莊獻世子
（二十二）正祖文成王
（二十三）純祖淵德王——翌宗
（二十四）憲宗體健王
（二十五）全溪大院君——哲宗熙倫王
　　　　　興宣大院君——興福君
　　　　　　——韓新皇（即李王）

歷代建都一覽表

建都年代	都城名稱	現今地名	在治年數
檀氏 唐堯二十五年	平壤 又王儉	平安道 平壤府	千二百十二年
箕氏 周武王初年	同	同	九百二十九年
馬韓	金馬郡	全羅道 益山郡益山	二百三年
衛氏	平壤	見前	八十七年
新羅			
建都年代	都城名稱	現今地名	在治年數
朴赫居世元年	辰韓	慶尚道 慶州	九百九十二年
高句麗			
建都年代	都城名稱	現今地名	在治年數
東明王元年	卒本扶餘	平安道 成川村	三十九年
瑠璃王二十年	尉那巖	同義州	二百六年
山上王十三年	丸都	同甯遠郡劍山	三十八年
東川王二十一年	平壤	見前	九十一年
故國原王十二年	丸都	見前	一年
同十三年	平壤 東黃城	同木覓山	八十四年
長壽王十五年	平壤	見前	百五十九年
平原王二十九年	長安		八十三年
同	平壤		
百濟			
建都年代	都城名稱	現今地名	在治年數
溫祚王元年	河南慰禮	忠清道 稷山縣	十三年
同	漢山	同廣州	三百七十五年
近肖古王二十六年	北漢山	同楊州	百四年
文周王元年	熊津	同公州	六十三年
聖王十六年	泗沘 又南扶餘	同扶餘縣	百二十三年
高麗			
建都年代	都城名稱	現今地名	在治年數
太祖十九年	開州	京畿道 開城府	二百九十六年
高宗十九年	江華	江華府	三十七年
元宗十一年	開城		二十年
忠烈王十六年	江華		二年
同十八年	開京	開城府	九十年
辛禑八年	漢陽	漢城府	一年
同九年	松京	開城府	七年
恭讓王二年	漢陽		一年
同三年	松京		一年
合計四百五十六年			
朝鮮			
建都年代	都城名稱	現今地名	在治年數
太祖元年	漢城	京城	

朝鮮亡國史

第一編

朝鮮亡國史序
地理
歷史
民俗
政治
第一章　朝鮮開國之原始
第二章　前三韓之源流
第三章　後三韓之始末
第四章　駕洛渤海之事蹟
第五章　高麗統一半島
第六章　外戚宦官專權
第七章　倭人屢擾邊境
第八章　妖僧遍照謀逆
第九章　李成桂開國原因
第十章　朝鮮治亂之事蹟
第十一章　明室與日本搆隙
第十二章　明日戰和原委
第十三章　朝鮮歸服國朝
第十四章　金皇后垂簾聽政

第二編

第一章　朝鮮中興
第二章　大破法軍
第三章　大破美軍
第四章　結怨日本
第五章　與日本議和
第六章　襲日本使館
第七章　與日結濟物浦條約
第八章　中國大展勢力
第九章　三黨分立
第十章　中日結怨
第十一章　結仁川天津條約
第十二章　與俄結慶興條約
第十三章　俄國抗英
第十四章　中國勢力甚優
第十五章　賠償日本穀價
第十六章　與日本生隙
第十七章　東學黨起事
第十八章　中日互相派兵
第十九章　中日交涉
第二十章　中日戰機
第二十一章　中國二次派兵
第二十二章　中日豐島洋之戰
第二十三章　中日成歡之戰
第二十四章　中日宣戰
第二十五章　中日平壤之戰
第二十六章　中日鴨綠江之戰
第二十七章　日韓初次協約
第二十八章　日本代革政治
第二十九章　中日二次互相派兵
第三十章　中日遼東諸戰
第三十一章　中日金州之戰
第三十二章　中日大連之戰
第三十三章　中日旅順之戰
第三十四章　日軍分攻山東
第三十五章　中日威海之戰

第三十六章　中日劉公島之戰
第三十七章　日軍大獲勝利
第三十八章　中國請和
第三十九章　中日訂馬關條約
第四十章　中國大失主權
第四十一章　朝鮮為自主國
第四十二章　日本陰握政權
第四十三章　親俄疏日
第四十四章　日俄競權
第四十五章　日俄勢將決裂
第四十六章　閔妃罹禍
第四十七章　日使拘於廣島
第四十八章　日使密謀無成
第四十九章　俄使劫囚國王
第五十章　俄使矯詔殺日黨
第五十一章　列國均霑利益
第五十二章　日俄第一次協約
第五十三章　日俄第二次協約
第五十四章　俄國增進勢力
第五十五章　日俄第三次協約
第五十六章　朝鮮改為大韓

第三編

第一章　俄國強佔韓地
第二章　中俄密結條約
第三章　英日聯盟
第四章　中日結還附滿洲條約
第五章　日俄第一次交涉
第六章　日俄第二、三次交涉
第七章　俄國不肯讓步
第八章　日俄派兵赴韓

第九章　旅順第一次之戰
第十章　日俄仁川之戰
第十一章　日俄宣戰
第十二章　旅順第二次之戰
第十三章　旅順第三次之戰
第十四章　日俄平壤之戰
第十五章　旅順第四次之戰
第十六章　旅順第五次之戰
第十七章　旅順第六次之戰
第十八章　日俄定州之戰
第十九章　鴨綠江九連城諸戰
第二十章　旅順第七次之戰
第二十一章　旅順第八次之戰
第二十二章　日俄鳳凰城之戰
第二十三章　日俄金州之戰
第二十四章　旅順第九次之戰
第二十五章　日俄龍王廟之戰
第二十六章　日俄張家石之戰
第二十七章　日俄賽馬集之戰
第二十八章　靉陽門得利寺諸戰
第二十九章　日俄元海灘之戰
第三十章　旅順第十次之戰
第三十一章　旅順第十一次之戰
第三十二章　日俄摩天嶺之戰
第三十三章　蓋平大石橋之戰
第三十四章　細河沿楊子嶺諸戰
第三十五章　日俄大小孤山之戰
第三十六章　旅順第十二次之戰
第三十七章　日俄蔚山洋之戰
第三十八章　於大山碾盤溝之戰
第三十九章　日俄遼陽之戰
第四十章　日軍第一次逼攻旅順
第四十一章　旅順第十三次之戰

第四十二章　日軍第二次逼攻旅順
第四十三章　日俄沙河之戰
第四十四章　日軍第三次逼攻旅順
第四十五章　日軍第四次逼攻旅順
第四十六章　旅順第十四次之戰
第四十七章　日軍第五次逼攻旅順
第四十八章　日俄奉天諸戰
第四十九章　日俄對島之戰
第五十章　　日俄庫頁島之戰
第五十一章　日俄議和

第四編

第一章　　日韓結同盟專約
第二章　　親俄黨反對同盟
第三章　　日韓互敦友誼
第四章　　廢棄俄韓舊約
第五章　　韓廷改革官制
第六章　　韓廷嚴禁巫卜
第七章　　日使要求埠路顧問諸權
第八章　　日人要求船廠漁業諸權
第九章　　日人強佔礦產及土地
第十章　　韓人第一次排日
第十一章　排日黨下獄
第十二章　日人要求借地墾荒
第十三章　韓人倡立農礦會社
第十四章　列強刻意要求
第十五章　韓人抵制要求
第十六章　韓人第二次排日
第十七章　改革案成立
第十八章　日人要求財政外交諸權
第十九章　韓廷廣設顧問

第二十章　　韓人第三次排日
第二十一章　韓廷改革軍制
第二十二章　韓皇派員考查改治
第二十三章　韓廷謀度量衡劃一
第二十四章　韓皇重犒日軍
第二十五章　韓廷改訂學制
第二十六章　日銀行代理圜法
第二十七章　韓人第四次排日
第二十八章　韓皇派員祝捷
第二十九章　通信機關讓與日本
第三十章　　日人要求航行自由權
第三十一章　全國鐵路告成
第三十二章　親日仇日之分黨
第三十三章　韓國受日本保護
第三十四章　日韓結第二協約
第三十五章　日本設統監於韓
第三十六章　韓大臣以死報國
第三十七章　韓國學界之慘狀
第三十八章　伊藤治韓之初政
第三十九章　遣使私赴平和會
第四十章　　伊藤詰責韓皇
第四十一章　韓廷臣迫皇讓位
第四十二章　韓皇下讓位之詔
第四十三章　韓人第五次排日
第四十四章　新皇下詔改元
第四十五章　日人要求新協約
第四十六章　韓廷臣均表同情
第四十七章　伊藤酬勞韓臣
第四十八章　韓廷下撤兵之詔
第四十九章　韓人第六次排日
第五十章　　韓人排日之餘波
第五十一章　伊藤用撫勤政策
第五十二章　教徒學生謀恢復

第五十三章　日人強奪鑛產
第五十四章　日人禁買新聞
第五十五章　韓廢陸軍司法二部
第五十六章　伊藤預防暴亂
第五十七章　伊藤被刺
第五十八章　日人派曾禰為韓統監
第五十九章　日人訊問犯黨
第六十章　日人攻討排日黨
第六十一章　日人首倡併韓
第六十二章　韓人各分黨派
第六十三章　韓人贊成合邦
第六十四章　李完用被刺
第六十五章　韓人第七次排日
第六十六章　日派寺內為韓統監
第六十七章　日本併韓

朝鮮亡國史　序

　　滅國之法，日見新奇，故國於現在之世界者，有不識不知，無聲無色，而其主權即為他人所有者，何國也？朝鮮是也。昔也秦隋云亡，漢唐繼統，希臘瓦解，羅馬代興，非以力攻，即以智取，此固滅國新法尚未發明之時代也。至英滅埃及，則以放外債、設顧問滅之；俄滅波蘭，則以煽黨禍、挾王權滅之；美滅菲律賓，則以平內亂、助革命滅之；印度、波亞之滅，則以通商、練兵、開礦務、築鐵路滅之，此猶滅國新法方現萌芽之時代也。至於朝鮮之滅，未嘗傳攻城略地之警聞，未嘗有某城失守、某地喪師之慘報，而其版圖即為他人所佔據，其權利即為他人所攫取，其人民即為他人所轄制，此為滅國新法大見進步之時代也。論者謂朝鮮之滅，以伊藤案發生為原因，而遂結日韓合邦之惡果焉。竊謂不然。蓋朝鮮之滅，以中日之役為遠因，以日俄之役為近因，而又有英日聯盟、日俄協約，遂使朝鮮渺渺茫茫，隨各國所定之條約而滅也。夫中日之役、日俄之役，不過甲乙兩國之戰爭耳，英日聯盟、日俄協約，不過甲乙兩國之交涉耳，似與朝鮮，無甚關係，不知國際法之公例，甲乙兩國結約而滅亡第三國，為正當之權利，特第三國無被滅之義務耳。使朝鮮君民同體，上下一心，嘗膽臥薪，力圖恢復，雖不能同日耳曼之復興，意大利之再振，則箕子遺宗，亦不至隨漢水滔滔而俱逝也。然反觀朝鮮，其內政之腐敗如故也，其黨派之紛爭如故也，其人民之愚昧如故也。優勝劣敗，天演難逃，各國條約成立之日，即朝鮮運命告終之期也。迄今大同江畔，衰草迷離，雲峴宮中，殘花零落，今而後朝鮮之一城一郭，一草一木，一游絲，一飛塵，均非朝鮮有矣。前之自尊自貴，而不恤民生民命者，今則受他人鈐制矣；前之自私自利，而不顧公利公益者，今則為人奴隸矣；前之隅窖巨金，而不裏義舉者，今則任人攜取矣；前之終朝晝寢，而不操正業者，今則為人馬牛矣。嗚呼已矣！朝鮮亡矣！吾甚恐繼朝鮮而亡者，亦同於朝鮮之不識不知、無聲無色，而其主權即為他人所有也，可懼也夫！

地理

朝鮮半島,突出於日本海、黃海之間,北以鴨綠江、長白山脈、圖們江之一部,與中國之滿洲,及俄屬之西伯利亞相接,東南二面,隔日本海與日本相對,西臨黃海,與中國之山東半島相對,其面積約六十餘萬方里。於行政上分為十三道,即京畿道、忠清北道、忠清南道、全羅北道、全羅南道、慶尚北道、慶尚南道、咸鏡北道、咸鏡南道、平安北道、平安南道、江原道、黃海道是也。

按:朝鮮之地勢,固斜橫於太平洋中,而四面受敵者也。蓋強俄控其北,日本伺其東,中國鄰其西。俄取之,則能逸出海上之路,不難揮其長駕遠馭之略,以握取太平洋之霸權,而中日之勢危。中國取之,則掩有東洋之全面,足以左右東方之大局,而日本無以自保。日本取之,則以朝鮮為策源之地,得以伸其勢力於東方大陸,以為西進之計,而中國必不能免。故朝鮮者,三國所共爭之地,而為絕東之重要問題也。

歷史

朝鮮自漢代以來,漢之征伐者四次,魏之征伐者二次,晉之征伐者一次,隋之征伐者二次,唐之征伐者四次,遼之征伐者四次,契丹之征伐者一次,金之征伐者一次,元之征伐者五次,明之征伐者一次,本朝之征伐者二次,日本之征伐者三次。前後二千年間,無獨立之一日,在歷史上非有國家之資格者也。

按:朝鮮立國最古,數千年相承,與中國、日本鼎立於東洋。其君若民,如有獨立之性質,有完全之智識,萬不至朝事秦而暮事楚也。乃觀其所持之主義不過事大已耳,不過從強已耳,不過依賴他人,苟延殘喘已耳。其對於各國也,或服焉,或叛焉,或依違兩可,或首鼠兩端。今日帖其耳,明日復昂其頭,察其意非為他人之奴隸,非受他人之鞭撻,不安也。在十九世紀以前,或可苟且偷安,稍延時日,至於今,則弱肉強食之公理,發現於全球,試問此劣等國家,有不隨潮流而淘汰者乎?適者中國惟圖保守,不暇他顧;俄國勤於遠略,勢力未充;日本密邇西鄰,豈能坐視。語曰:「天與不取,反受其禍」,此所以日本之取朝鮮,自認為天職也。

民俗

朝鮮種族為蒙古之一支，人口凡五百萬，其人情惡澡浴，貪晝寢，喜喫煙，其學問惟讀其經書，誦陳言，習詩文，以應試出仕為目的。其階級分為四等，一曰兩班，二曰中人，三曰常人，四曰奴隸。其宗教則信巫女，拜鬼狐，人死必厚葬之。

按：朝鮮之民俗如此，乃知朝鮮之不能不亡也。惡澡浴必不求潔淨耳，貪晝寢必不思治事耳，喜吃煙必不務正業耳。二十世紀之世界，人愈文明，事愈複雜，一塊乾淨土，萬不能任人之污穢也；每日十二時，萬不能任人之蹉跎也；世間多少事，萬不能任人之放棄也。朝鮮之人，其骯髒如此，其怠惰如此，其昏暗愚昧如此，此其所以必亡者一也。且功名之心愈重，則愛國之念必輕，朝鮮人之學問，其讀經書，誦陳言，習詩文，為無益於身心之小道無論矣，但就其以應試出仕為目的觀之，則其所造就之人格，皆求富貴之人格，而非救時勢之人格也，此其所以必亡者二也。埃及之階級有四，異等者不能互通婚姻，不能更易產業，今則受英之保護矣。印度之階級亦有四，上級者待下級者如牛馬，下級者奉上級者如神明，今則為英之屬國矣。一切眾生，胥歸平等，此佛教之大宗旨也。今朝鮮之階級嚴，斯韓之國勢危矣，此其所以必亡者三也。人之所以能立於大地者，惟恃此智識耳，巫女乃淫道之媒，鬼狐乃荒渺之說，人死而歸冥府，乃幼稚時代之謬言，此稍有智識者所能知也。而朝鮮之人，依賴之，信仰之，尊重之，其思想必愈趨而愈下，國勢必愈降而愈卑矣，此其所以必亡者四也。

政治

朝鮮之政體，為君主專制之政體也，皇帝之下有內閣，內閣者由內部、外部、度支部、軍部、法部、學部及農工商部而成，謂之七部也。七部各置大臣，分任其事。七部之外，有十三道，各道置一觀察使，上通部臣，下轄郡縣。分道為郡縣，各置郡守，別於重要之地置府使，以分郡守之權。

按：專制者維持君主之勢力，束縛人民之自由者也。然始則政操君上，繼則政落旁門，或僧侶專橫，或武士恣暴，或華胄貴族恃權力以挾制平民。此等國家，萬無有君民一體，上下一心者也。在二十世紀以前，鎖港閉關，或能自保，至今則共和立憲之波濤，已隨太平洋之潮流，而狂奔於東亞。若中若俄，版圖寥闊，民庶殷繁，或可支柱於片時，其蕞爾小邦，若印度，若安南，若琉球，若緬甸，早狂瀾而俱逝矣。朝鮮持此政體而不變，未有不滅亡者也。

朝鮮亡國史　第一編

第一章　朝鮮開國之原始

　　朝鮮太古時代，原無君主，至中國唐堯戊辰之歲，有神人降於檀木之下，國人尊之為君，奉曰檀君，國號朝鮮，都於平壤。至武王代商，箕子率中國五千人，避居朝鮮，武王因封之為王。及漢定中國，有燕人衛滿者，聚黨多人，東渡浿水（鴨綠江）請守朝鮮西鄙，其王箕準許之，後滿設詐計破準，自立為王。

　　按：或謂檀君姓桓氏，名王儉，神人桓雄之子，降太伯山神檀樹下，號檀君，享壽一千四百八十年，至商武丁八年，入阿斯達山，再歸為神。此說甚屬荒謬。檀君既為神人，何以又為桓雄之子，其有父也耶？抑無父也耶？如既有父，則必受父之精血成形，亦祇可稱之為人，而不可稱之為神也。此說與姜嫄履大人之跡而生稷，慶都有赤龍之祥而生堯，簡狄有飛燕之瑞而生契，嫘祖感火星如虹而生少昊，女樞感瑤光貫月而生顓頊，以及印度錫蘭王生而十首，日本國常太尊生如浮脂者，同一怪誕。至於檀君享壽一千四百八十年，亦與中國天皇、地皇各享壽一萬八千歲，人皇九人合五萬六千年者，其語相同。蓋太古之時，人多愚昧，惟檀君稍有智識，稍有權謀，遂自稱為神，以籠絡一時之人民，使之尊己而為君主。至於享年之久，必為傳世歷年之數，非檀君一人之壽也。

　　箕子為殷之太師，姓子名須臾，紂之諸父也。因紂無道，微子去國，比干諫死，箕子遂披髮佯狂為奴。後周武王伐紂，定天下，訪道箕子，箕子為陳洪範九疇，率中國五千人，避地朝鮮，詩書禮樂醫巫陰陽卜筮工藝之流，皆從，武王因封之。於是箕子教民以禮義、田蠶、織作之事，而風化大行焉。迄今數千年，依然風俗淳良，人情樸厚，然後知箕子之流澤遠也。

　　箕子四十世孫名否，否之子名準，與漢之燕王盧綰，畫國界於浿水。後綰自稱東胡盧王，屢侵朝鮮，燕人衛滿率黨徒請守西鄙，箕準許之，寵為博士。滿設詐計破準，自立為王。漢廷因封為遼東太守，至孫右渠，妨獩、韓之通漢，漢武帝遣將殺渠，分其國為四郡。

第二章　前三韓之源流

其時朝鮮東南一部，別有三國。一曰馬韓，先已併有五十餘國，及箕準為衛滿所逐，準率其族，遂奪之自立。一曰辰韓，當秦始皇時，其民苦於征役，逃避於朝鮮之慶尚道，建城柵而自立焉。一曰辨韓，在慶尚道之南陲，原為齊東亡人，自山東而漂著於此者。

按：馬韓因居金馬郡，故名馬韓，箕準既奪其地，遂立為王，號武康王，子孫相傳，統治韓族，後為百濟所滅。

辰韓一名秦韓，國中之人，皆秦之流民，故名秦韓，其地東近日本，交通最便，後為新羅所滅。其民相率東航，皆投化於日本。

辨韓一名辨辰，其地在慶尚道之南陲，與辰韓毗連，故名辨辰。

第三章　後三韓之始末

是時更有高勾麗、百濟、新羅三國，相繼代興。高勾麗始祖朱蒙，定都於沸流河上，自稱為高辛氏之後。百濟始祖溫祚，係朱蒙之子，建國於馬韓東北境上，定都漢山，二國俱經七百年而亡。新羅始祖朴赫居世，與金昔二氏，更繼王位，及千餘年之久而亡。

按：高勾麗為古朝鮮之地，北與扶餘國相連。朱蒙有力善射，率眾據扶餘，營城郭於沸流河上，滅挹婁荇人、北沃沮諸部落。其子瑠璃明王，降鮮卑，滅梁貊，屢侵漢境。至新大王時，漢遼東太守，以兵來擊，王親征，大破之。再傳至東川王時，魏明帝遣幽州刺史毋丘儉，屠丸都城，王出奔南沃沮，魏兵退後，王即遷都於平壤。晉時燕王慕容皝來侵，故國原王，拒之不利，單騎出奔，燕兵擄王父之屍，及王母、王妃而歸，王不得已，輸貢稱臣，請母及父屍還。後燕為秦王符堅所併，始得脫其羈絆。符堅遣使以浮屠順道，及佛像經典，傳高勾麗，沙門黑胡子等，遂奉其教。至隋時，嬰陽王率靺鞨之眾，而侵遼西，隋文帝使漢王諒伐之。煬帝大業八年，親率宇文愷等，渡遼水來征，嬰陽王遣乙支文德，用詭計敗隋軍於薩水。翌年隋又出師往攻，嬰陽王畏之，乃贈日本多金，為造佛之用，蓋欲結其歡心，以防隋也。嬰陽王殂，異母弟榮留王立，命泉蓋蘇文築長城，經六年而功始竣。時隋亡唐興，榮留王遣太子來賀，唐太宗使陳大德至高勾麗答禮，大德審察國情，欲略其地。時麗、濟二國共伐新羅，新羅遣使乞援於唐，唐因遣使調理，泉蓋蘇文囚唐使者而不還。太宗自將諸軍，率李世勣等來征，用兵六旬，未能獲勝。太宗崩，高宗立，又發兵往征，時高勾麗寶

藏王，國有內亂，請救於日本，日本出師，往防之不利，寶藏王遂降。高宗分其地為九府四十二州百縣，置都護府統之。高勾麗自開國至此，經二十八王，七百五年而亡。

百濟始祖溫祚，築城設柵，防靺鞨，滅馬韓，國勢大振。四傳至蓋婁王，國政大紊。至近肖古王時，以高興為博士，其國始有文字。至枕流王時，建大學，頒律令，文治甚盛。阿花王繼立，與高勾麗搆隙，子腆支王質於日本，王卒，國有內亂，日本送腆支王還國。數傳至聖王，遷都泗沘，國號南扶餘，與新羅戰，王亦被殺。至武王時，與高勾麗和，用兵新羅，以絕朝唐之路。新羅金廋信防之，大破百濟，唐高宗又親率水陸大軍，自萊州渡海，來擊百濟。百濟義慈王禦之大敗，夜遁熊津城，妃嬪皆徒跣從行，至大王浦，投身斷崖而死，後名此地為落花巖。唐兵乘勝益進，王遂出降，唐將蘇定方執王及太子、大臣渡海還京。百濟自開國至此，凡三十王，六百七十八年而亡。後義慈王卒於唐，餘孽福信、扶餘豐等，請援於日本及高勾麗，而謀恢復，戰於白村江而大敗，扶餘豐遂奔入高勾麗，百濟不復起。

新羅始祖姓朴，名赫居世，起於辰韓之東，用日本人瓠公理諸政，齊內治，張國勢，鄰國均仰德化。其子南解繼立，舉日本至名郡人昔脫解為大輔，妻以其女，委以國政，國勢益強。南解卒，其子儒理繼立，因其子不肖，守南解遺命，傳位於脫解。脫解亦盡力國政，任用瓠公，令朴氏族分理州郡，國號雞林，在位二十四年，復位朴氏。其後朴昔二氏，相繼為王，國基益固。昔脫解孫伐休，聰明睿智，稱為昔氏中興之祖。數傳至訖解時，與駕洛國任那有隙，又受日本西陲豪族來侵，更受神功皇后來征，兵力不敵，遂降納貢，至此昔氏統絕。金味鄒代興，大統遂歸金氏，降駕洛，建年號。數傳至真平王，好田獵，忠臣金后稷以死切諫。至武烈王時，用唐永徽年號，乃得唐援，以滅百濟，並助唐以滅高勾麗。文武王以後數世，設學免租，國內大治。至宣德王時，篡逆漸行。至真聖女王，淫虐無度，紀綱日紊，州郡之民，均不輸貢賦。弓裔叛於北原，甄萱叛於百濟，終有王建，起自松嶽郡，建高麗國基，新羅遂亡。新羅自開國至此，朴氏十世，昔氏八王，金氏三十七王，共享國九百九十二年云。

第四章　駕洛渤海之事蹟

馬韓、辰韓、辨韓，謂之前三韓，高勾麗、百濟、新羅，謂之後三韓。諸國紛立之時，又有駕洛國者，在新羅西南，其始祖金首露來，常與新羅搆隙。十傳至國王金仇衡，降於新羅。更有渤海國者，係靺鞨舊族，在高勾麗之北，酋長祚榮，姓大氏，奄有鄰近諸部落，後降契丹。

按：駕洛一名加羅，又名金官。國中分為五部，任那實居其一，任那通於日本，

日本乃置日本府護之。傳國五百二十八年，為新羅所滅。渤海古來屢侵三韓，至高勾麗亡，餘眾悉歸之，自號震國王，唐睿宗封為左驍衛大將軍渤海王，自是始稱渤海國，奄有肅慎、獫貊、沃沮、扶餘、挹婁等故地，後為契丹阿保機所滅。

第五章　高麗統一半島

其後諸國滅亡，高麗太祖王建統一半島，自作政誡，奉中國石晉年號，並重儒佛二教，登用賢才，國賴以治。其孫成宗，獎勵文學，名儒輩出，至末年契丹來侵，遂奉契丹年號。後遼金攻宋，徽欽北狩，又棄契丹，而奉金之年號。

按：高麗太祖王建，奉石晉天福年號，以北人充武職，以南人置文官，其設施之巧，自有足以開五百年之基業者。及成宗即位，臨軒覆試進士，置書院，立國子監，時有名儒崔冲，稱為海東君子。石晉滅後，又事宋為上國，宋太宗伐契丹，命高麗助之。時契丹甚強，高麗違宋之命，而奉契丹年號。高麗列世諸王，信溺佛教，國威因以不振。時契丹改國號為遼，勢亦漸衰。女真雄起北方，國號曰金，屢侵宋地，并擄徽欽二帝，囚於北邊，高麗遂受金之冊封，而進方物焉。

第六章　外戚宦官專權

高麗中世睿宗殂後，外祖李資謙執權專政，西京僧妙清，唱陰陽禍福之說，以蠱惑人心。更有宦寺鄭諴、將軍李義旼等，跋扈不臣，擅作威福。時將軍崔忠獻起而戮之，擁立神宗靖孝王即位，自是崔氏權威特盛，王位之廢立，無不如意。至高宗時，蒙古來侵，全國被禍，避居江華島中，後誅崔氏，與蒙古始和。

按：外戚、僧侶、宦官、權臣之禍，一時並起，遂致蒙古來侵。國中男女二十餘萬，均為囚虜，州縣煨燼，哭泣之聲滿於山野。其後雖誅崔氏，政稍復古，而國事日非，亦不可收拾矣。

第七章　倭人屢擾邊境

高麗與蒙古既和，遂受元之統制。時倭寇屢擾邊境，高宗、元宗遣使日本，請禁邊民侵掠，終不得其要領，於是元宗訴於元室，說其宜伐。元世祖以黑迪殷宏為國信

使，將兵以伐日本，並命高麗為嚮導，數戰，元兵敗績，而倭寇之警愈加，高麗永被其害，遂為亡國之因云。

按：日本改訂官制，諸方豪族，崛起相爭，其不得意於國中者，多入海中，流為盜賊，侵擾中國及朝鮮之沿岸。高麗高宗及元宗，遣使日本，請其嚴禁，終不得其要領。於是元宗請元室發兵伐之，元世祖命黑迪殷宏，往高麗，並命高麗王植為嚮導，說日本使之歸降，植遣其臣潘阜，持書先往。日本北條時宗，見書甚怒，遂修邊防，禱神社，以備不虞。後黑迪等抵對馬，執其島民而還。繼高麗金有成、高柔等，奉元書，還其俘口，亦不報命。元又命趙良弼往說之，至日本之金津，兵吏均舉刃相向，示不順意。良弼歸，其陳日本之不恭，並陳州郡風俗之狀況。世祖遂遣忻都、洪茶丘等，發舟師往攻，高麗金方慶等，以兵艦相助，發合浦，達對馬。日本之守將宗助國、平景隆，俱戰死，遠近土人，無不震懾。後夜遭風雨，船多觸礁而還。翌年元復遣杜世忠、何文著、撒都魯丁等，致書日本，日本北條時宗竟斬之。元更遣周福、欒忠往日本，又斬之。元遂命阿拉罕、范文虎等，率兵壓境，且多攜耕器，思欲屠其民而耕其土也。其兵艦皆泊於能古、志賀二島，而日人甃石為壘，守備甚嚴。時元艦移泊鷹島，見山影蘸波，疑有暗礁，不敢進岸。會狂風大作，船艦自相擊撞，日本軍乘之，縱橫掩擊，死者無算，元兵大敗而還。自是之後，倭人之擾亂益甚矣。

第八章　妖僧遍照謀逆

　　高麗因元伐日本，屢受徵調，國勢極形疲弊。忠烈、忠宣二王，事元最慎。數傳至恭愍王，乘元室衰運，欲復國勢。元順帝知有異志，發兵來攻，高麗兵馬使李成桂迎擊，大破元兵。時王寵妖僧遍照，其徒弒王，而立遍照之子辛禑為王，是時明承元統，辛氏乃通明而行洪武之年號焉。

　　按：元兵敗績之後，倭寇異常猖獗，高麗遂依元室，以全生命。於是王位之承繼、王妃之婚嫁，以至官制、教令之頒布，無一不聽命於元。國內之不得志者，群相往元，而讒其君，忠宣王遂被流吐蕃。至恭愍王之時，元室多亂，高麗欲復國勢，遣將大破紅賊。元順帝知有異志，發兵來攻，為高麗軍李成桂所敗。時恭愍王寵幸妖僧遍照，舉國政事，胥以委之。後遍照還俗，改名辛旽，其徒黨滿廷，異常跋扈，弒恭愍王而立遍照之子，遣使通明，禁胡服，襲華制，而行洪武之年號焉。

第九章　李成桂開國原因

　　高麗因有內亂，倭寇侵擾益甚，辛禑使鄭夢周往日本，說以邦交之道，而無其效。李成桂率兵往擊，雖獲小勝，亦終不靖。及恭讓王即位，一意奉佛，不恤國政，鄭夢周諫之不聽。時鄭夢周與李成桂，分為文武兩黨，成桂遂殺夢周黨，並放恭讓王，為眾所推，而承國統，因改國號為朝鮮焉。

　　按：高麗因有篡逆，倭寇乘其隙，掠漕船、焚城邑，京畿、楊廣、全羅、慶尚、江陵諸道，均被其害。大司成鄭夢周，使往日本，說其利害，日本乃令禁邊人之侵擾，而無其效。將軍李成桂，率兵攻雲峰，殺倭軍勇將阿只拔都。時夢周專奉程朱，講性理之學，頗為國人所歡迎，成桂忌之，遂殺夢周於京城長竹橋畔，其黨均被斬滅，並放恭讓王於原州，眾推成桂而承其統。高麗自太祖至此，經王氏三十二王，四百四十二年，辛氏三世十二年而亡，特在明太祖洪武二十五年也。

第十章　朝鮮治亂之事蹟

　　朝鮮太祖，代辛氏之位，除王氏宗族，奠都漢陽，通聘於明，修好於日本，制禮儀，定法度，大革前代之弊政。歷世宗、世祖、成宗之世，文物燦然，英俊輩出，《經國大典》，亦成於此時。至燕山君嗣位，始有士林之禍，國力漸致疲弊，外則北有野人，南有倭寇，俱乘國境無備而來侵。至於宣祖，更有壬辰之亂。

　　按：朝鮮太祖，姓李名成桂，為咸鏡道永興人，天姿奇偉，最長射術，在高麗王朝屢立戰功。除王氏宗族，蓋欲絕其後患也；通聘明室，蓋欲依之而自立也；修好於日本，蓋欲泯其侵擾也。自太祖至燕山君，凡十帝，均稱治安，《經國大典》，皆成於此時。世祖以後，獎勵文學，廢絕武技，上堂官李克墩等，起士林之禍，史官金馹孫等，無不罹厄者，其禍經中宗、仁宗、明宗之世，而尚不息，朝鮮黨禍之根，俱伏於此。

第十一章　明室與日本搆兵

　　宣祖沉湎酒色，權臣擅政，黨禍頻仍，八道人心，因以解體。是時日本豐臣秀吉，統一海內，起征朝鮮之師，陷都城，執王子，縱王妃使逃。宣祖徵兵求援，迄無應者，遂奔平壤，入義州，更請援於明。時日本水軍，為全羅水師節度使李舜臣

所破,明軍李如松等,亦率兵包擊平壤。中日兩軍,時疫流行,糧食告竭,嘉興沈維敬,出為議和,戰爭遂息。

按:宣祖明敬王,名昖,不理朝政,以太平君主自居,於是人心解體,或有走遼東者,或有投日本者。日本關白豐臣秀吉,因朝鮮使者,贈書於宣祖,書曰:「吾邦久屬分離,秀吉起於微細,討逆除暴,曾不數載,定六十餘國。夫人世年不滿百,予亦安能鬱鬱久居此乎!吾欲假道貴國,超越山海,直入於明,使四百餘州,盡化我俗,以施王政於億萬斯年。凡海外諸蕃,後至者皆在所不釋。貴國先修使幣,我天皇甚嘉焉。秀吉入明之日,王其率士卒會軍營,為我前導。」宣祖得書大愕。時秀吉喪子甚悶,其事遂寢,一日登清水寺閣,浩然歎曰:「大丈夫當用武海外,何悒鬱為?」遂大會諸將,廣造船艦,築營於肥前之明護屋,命加藤清正、小西行長等,率師以嚮朝鮮,抵釜山,陷都城。宣祖棄城走平壤,奔義州,加藤清正,至咸鏡道之會寧府,執二王子李珒、李珲,而縱王妃使逃。小西行長追王至平壤,分兵四掠。時日本水軍為李舜臣所破,明將祖承訓、宋應昌、李如松等,亦渡鴨綠江,用大砲、火箭,包擊平壤,兩軍互有勝負。是時兩軍大疫,餉亦告竭,嘉興無賴沈維敬,乃在其間,往來彌縫,使李如松及小西行長各說其主將罷兵。中朝詔留一軍防守,日本退守釜山,送還王子及大臣,並議和約。

第十二章　明日戰和之原委

中日兩國,和議未成,日本豐臣秀吉,令其姪秀秋為元帥,再征朝鮮,破南原,據全州,犯全慶,逼王京。宣祖出奔海州,日夕告急於明,明遣邢玠、麻貴、楊鎬等,入援,兩軍數戰於稷山、晉江諸地,明軍屢為日軍所敗。時豐臣秀吉卒,兩軍皆解兵歸國。逾數年,日本與朝鮮始和。

按:日本使小西如安,與沈維敬,偕來北京,謁神宗,議和約。如安遂將豐臣秀吉所要請條約四件,獻於神宗。一、迎大明皇帝之賢女,以備日本后妃;一、可允官船、商舶之往來;一、割朝鮮三道而與日本;一、朝鮮王子及大臣一二員,質於日本。朝議紛紛,未輒決議,卒從顧養謙之議,封秀吉為日本王。乃使楊方亨、沈維敬二人,持冠冕以往,朝鮮使黃慎偕行。秀吉責朝鮮不獻三道,不使王子來謝,遂拒而不見,獨恭迓方亨等,並戴冕披蟒,使德川家康等七將,皆著其所賜章服,侍於左右,厚宴來使。既罷,召人披讀冊文,中有封爾為日本國王之語,秀吉變色,乃裂冊書,脫冕服,厲聲罵曰:吾掌握日本,欲王則王,何待髯虜之封?且吾而為王,如王室何?遂逐明使歸國,且告朝鮮曰:我將屠爾國也。因命豐臣秀秋、浮田秀家、清

正、行長等重征朝鮮。宣祖因亂後無糧可因，諸將不敢進取，出奔海州，請明救援。明命邢玠等，率兵往救，數戰不利。時秀吉死，明人皆舉酒相賀，兩軍均解兵回國，明仍留萬世德戍朝鮮，三年然後撤還。自壬辰迄此，凡七年，中、日、朝鮮三國，皆喪師糜餉，困累甚鉅。至日本慶長六年，島津義弘，送被掠人口於明，明厚遇之，許歲通二商舶於薩摩之坊津。及德川家康任征夷大將軍之時，送還俘口於朝鮮，三國至此始和。

第十三章　朝鮮歸服國朝

宣祖薨，光海君繼立。是時國朝太祖，起兵滿洲，陷明開原、鐵嶺諸地。光海君與明連和，專禦滿洲。仁宗即位，太祖遣阿敏來攻，仁祖逃奔江華，遂進方物，而尚與明相通。太宗崇德元年，發兵陷京城，仁祖出奔南漢山城，因食盡而降，遂受太宗冊封。後孝宗、顯宗皆留心兵備，有志恢復，時國朝英主輩出，遂不敢復抗而息。

按：光海君、仁宗兩朝，國運不振，國朝太祖，遣貝勒阿敏來攻，渡大同江，入黃州，仁祖出奔江華。至太宗時始降，質二王子，奉正朔、歲時貢獻、表賀，一如明室舊制，太宗乃振旅西還。孝宗立，託言與日本有釁，修城池，整兵器，欲大有為。顯宗又繼其志，以謀恢復，時在國朝康熙、乾隆之盛時，國基甚固，遂不敢逞。

第十四章　金皇后垂簾聽政

肅宗即位，黨禍時起，至英祖、正祖，調停兩黨，文治稍張。純祖時，外戚專權，內政多弊。憲宗即位，年甫八齡，純元皇后金氏，垂簾聽政，外戚跋扈愈甚，王宗益卑。王殂，權臣鄭元容，勸后擁立哲宗，外戚權臣，各專政柄。哲宗殂，諸金迎興福君繼位，封王父李昰應為大院君，而理政焉。

按：朝鮮黨禍，濫觴於書院。院中諸生，往往議朝政得失，驚動朝旨，時人稱為清議。後清議變成朋黨，遂與外戚、門閥各族，互相軋轢。宣祖時，已有東西兩黨之別。孝宗時，有西南兩黨之別，又有老少兩論之爭。至肅宗時，遂起大獄。及憲宗即位，外戚愈大，王室益微，諸王子孫，多有賃居民家，機織以謀衣食者。憲宗殂，哲宗英孝王即位，母后專權，金氏執政，更有權臣汶根，裁決萬機，勢傾朝右。哲宗殂，諸金迎興福君於荒邸草萊之間，而承大統。王父興宣君為英宗曾孫，頗有權略，少時韜晦市井，世事無不通曉，因家貧不給，常賣畫以餬口，至是封為大院君，配閔

氏，封為府大夫人，興宣邸號為雲峴宮。時朝鮮開國四百七十二年，在中國同治三年，日本元治元年也。

朝鮮亡國史　第二編

第一章　朝鮮中興

　　興福君即位，大院君攝政，首修宮室，廢書院，排除金族，徵求各種租稅。是時俄送兵艦於元山津，求其交通，大院君卻而不納。遂購刀鎗、築砲壘，設三軍府，一時百廢俱舉，兵備大修，若有中興之氣象焉。

　　按：興福君名熙，大院君李昰應之子也。當大院君攝政之初，本欲恢復王室，力圖自強，故首營景福宮以崇觀瞻，廢書院以除黨禍，排除金族以革外戚專權之弊，徵求租稅以立經營政治之基。凡百設施，均能適當，朝鮮半島，隱若有中興之萌蘗焉。是時中國割黑龍江岸之地以與俄國，俄國遂長其侵略東亞之野心，於是送兵艦於朝鮮，求其交通，蓋欲窺其內情，以發展其勢力也。乃大院君持鎖國主義，不容異族立足於其間，遂遣使赴日，購買刀鎗，並築砲壘，設軍府，大慕壯勇，以樹軍威，蓋欲俄國聞之而屏息也。夫立國於競爭時代，不欲自強則已耳；苟欲自強，必使己國與他國相接相較，相爭相師，相磨勵，相交換，然後他國之文明，可輸入己國，而己國因之自強焉。若閉關鎖港，罕與人通，則舉國人民，知識不開，靈明未啟，一與外人相遇，未有不失敗者，此大院君之所以不能自強也。

第二章　大破法軍

　　大院君攝政之初，中國受英法聯軍之難，朝鮮人大怖，皆欲奉教，以冀免禍，耶教遂盛行於國中。及英法之難稍平，大院君嚴禁傳教，虐待教徒，法人受害甚鉅，訴於我中國，我中國不致意，法國遂遣提督羅惹，率兵艦往攻。李景夏據險防之，軍勢大振，羅惹氣沮而還。

　　按：朝鮮自憲宗之時，法國教士磨磐等，來播其教，因觸國禁，皆被殺戮。法王路易賓利市，乘中國鴉片戰爭之隙，派軍艦至朝鮮詰之，會法國有二月革命之難，交涉之事遂寢。既而中英因捕船案件，英法聯軍，陷天津，入北京，並火燒圓明園，以示威嚇。朝鮮人聞之，皆恐法人復虐殺磨磐之仇，均掛十字架於胸，以冀免禍，即大

院君與夫人閔氏，亦私奉其教。及中國與英法和議告成，大院君下禁教之令，併殺教士、教徒，京中罹厄者，一萬餘人，更下令八道緝捕教徒十二萬人，悉殺之。是時法國駐華公使，得報大驚，質之中廷，中廷以朝鮮亂暴，已非中國之屬邦答之。於是法命提督羅惹，率軍艦往攻，軍至漢江，大院君一擊退之。羅惹再來，陷江華島，而巡撫使李景夏據險防之，聲勢大振，法軍氣沮。是時更有普法之戰，法因不能用力於東方，遂於此時罷兵。夫耶教之傳布於各國也，非欲廣布教旨，使斯民皆懷兼愛之心，不過假傳教之名，窺測其各地之風俗人情，觀察其各地之山川險要，為國家設殖民之導線，為軍團開侵略之先河也。故宣教師所至之處，則縱橫其辯舌，鼓吹其宗旨，且用私恩小惠，以籠絡其土著之民，必使之為我效忠，為我效力，為我作偵探隊，為我作訪事員，然後洞悉內情，而可作軍事上之計畫也。如俄國之規取中部亞細亞，及西敘利亞，英國之經營北美巴尼亞，及中非西拉利阿，德國之佔據中國膠州灣，非其先例乎！乃大院君見不及此，始而嚴禁之，繼而崇奉之，終而用酷法、慘刑以凌虐之。其處置失宜，固不足道，其顛倒錯亂，亦有令人不可思議者。

第三章　大破美軍

是時更有美國商船，在大同江停泊，朝鮮軍人，誤認為法國兵艦，遂劫掠之。美國亦訴於我中國，我中國以答法國者答之。於是美派軍艦五艘，破江華島砲台，朝鮮兵火復發，捍禦多方，美艦遂舍之而去。自是八道靡然，唱鎖國之說，輕侮外人之心，益加甚焉。

按：商艦與兵艦不同，法艦之旗幟，與美艦之旗幟又不同，此固明眼人一望而知也。乃朝鮮人不察，遂以仇法者仇美，推其意非誤認美之商艦，為法之兵艦，實誤認美與法同洲同種，同處於一國之中也。其與我中國仇教拳匪，見短衣薙髮，而即目為教士，以肆殺戮者，不大略相同乎？

第四章　結怨日本

朝鮮與日本通好，已歷多年，至日本與歐美諸國，締結和親通商條約，朝鮮以日本為伍列洋夷，遂絕使聘之禮。及明治天皇即位，朝鮮乃視為僭主，屏其國書，大院君且將駐在釜山之日本官，驅逐歸國。於是日本國內，征韓論大起，西鄉、後藤等唱出師，岩倉、大久保等抗議，其言遂寢。

按：日本自德川時代，即與朝鮮通好，及日本與美國訂神奈川條約，並與英、俄、荷、法訂和親通商條約，而朝鮮遂視日本為洋夷矣，先絕其聘禮，次屏其國書，終逐其來使。然其所以敢於自大，輕啟釁端者，實法美兩國，有以啟之耳。彼固不知法國因普法戰役，而不暇致力於東方也，彼亦不知美國守門羅主義，而不欲爭雄於東亞也，遂自信其軍勢之盛，足以震撼八荒，畏服四海，益增其趾高氣揚之慨，以侮辱鄰邦。其不自量，亦已甚矣！

第五章　與日本議和

　　後數年日本之雲揚艦，泊於江華島灣，大院君發令，用砲擊之。於是日本之第二征韓論起，遂遣黑田清隆與井上馨問罪。朝鮮聽我國主和之忠告，因與日本締結通商條約，開釜山外元山、仁川二港，且會合美、英、法、俄諸國，認朝鮮為獨立。

　　按：朝鮮與日本締結條約之時，即中國光緒二年，日本明治九年也。其約文第一條曰：「朝鮮為自主之國，保有與日本平等之權，兩國各以平等之禮儀相交接。」此條約文，實朝鮮問題之濫觴，而日本之得勢力於朝鮮，而排斥中國者，皆以此為之根據者也。其時中國若明外交上之通義，固不可不與日本折衝樽俎之間，求其確實之解決。如其實以朝鮮為屬國，則當自完宗主之分，不能認朝鮮為自主，亦不認日本之認朝鮮為獨立。或不得已而訴於干戈，雖不能如雅典之保護其小亞細亞殖民地，使脫波斯之羈制，即如土耳基之承認希臘之獨立，猶為一刀兩斷之辦法。如其不然，則當以朝鮮之獨立，宣告世界，使日本無復陰謀嗾使，為鬼為蜮，以收最後之利，猶足見大國之寬懷大度，昭信於鄰邦。乃中國顧左支右吾，無所抉擇，而為之辭曰：「第一款有朝鮮係自主之邦等語，朝鮮久隸中國，而政令均自理，其為中國所屬，固天下所共知，應由朝鮮斟酌答覆。」就其所言觀之，若以為既許朝鮮之獨立乎，則曰朝鮮久隸中國，為中國之所屬；若以為未許之乎，則曰應由朝鮮斟酌答覆，而中國若初無意干預之者。夫朝鮮固已自認為獨立矣，日本亦已認為獨立矣，而顧為此模稜兩可之辭，以彌縫之者，則中國外交上之通弊也。而中國之所以與種種口實於外人，斷送無窮之土地與權利，而無以自由者，皆此等外交政策之為之也。殆至光緒八年，與美國締結條約，此約文係李鴻章門人所擬，第一條有朝鮮為中國屬邦之語，美國抗議，遂刪去之。自此以後，朝鮮已非中國之屬邦矣！夫日本之所以費心血，費言辭，與朝鮮之爭獨立者，豈故與中國為難乎？非也。豈欲與朝鮮相親乎？非也。豈欲使朝鮮國家，成完全之國家，使朝鮮國民，成平等之國民乎？亦非也。彼蓋欲擴張己國之權利，攘奪他國之權利，故陽示其援救之策，陰蓄其侵略之謀，今日脫他國之轄制，異日即入己

國之範圍也。且認朝鮮為獨立一語，日本人樂唱之，朝鮮人亦樂聽之，以謂自今以往，可與各國列於平等之地位，而無他國之干涉於其間也。不知此等約文，不特無價值之可言，且使本國應有之權利，隨此約文而流轉也。朝鮮如能獨立，似無待他國之承認也，今既為他國所承認矣，則其無獨立之性質可知矣。不然英法聯盟，普俄協約，有認諸大國為獨立之條約乎？此其故可思矣。

第六章　襲日本使館

是時朝鮮王稍長，大院君返政退隱，而王妃閔氏之族，漸操政柄。王欲改革政體，遂聘日本陸軍中尉堀本禮造，教新式操法，遣金玉鈞、徐光範等，觀察日本之學藝、政治，選才俊少年，留學於日本。惟大院君不欲改革，時軍人以紲餉謀亂，大院君煽之，入王宮，襲使館，多殺閔氏，并戕堀本。日本駐朝鮮公使花房義質，走仁川，出濟物浦，坐英國測量船以歸。

按：大院君返政退隱，非出於本心，實迫於國人之議論耳。故居常怏怏，常使其徒陰謀廢立，為閔氏所覺，故未成就。會京城鎮兵五千人，以糧食不給為亂，大院君煽之，遂殺閔氏，戕使臣，而起絕大之交涉焉，時在中國光緒八年也。夫朝鮮王聽政，大院君退隱，此正新機煥發之時也，假使上下一心，力為改革，則明治維新之盛業，安知不見於朝鮮之半島也。惜也！黨派紛爭，新舊異旨，致使變生肘腋，禍起蕭牆，大院君豈能辭其咎乎？

第七章　與日本結濟物浦條約

朝鮮襲擊日本使館，花房義質歸國，於是日本之第三征韓論又起，遂遣外卿井上馨赴朝鮮，入京城，謁國王，多方要求，限三日答復。朝鮮參議金允植、魚允中，在中國聞變，請中國派兵救援。李鴻章遣水師提督丁汝昌先往，又遣馬建忠、吳長慶等，率水陸兵員，押送大院君於北京。而金宏集、李裕元，與日本結濟物浦條約，其事遂平。

按：朝鮮變起，中國拘大院君乘瀛船送天津，來北京，留置保定府，其亂源已絕，而和議可成矣。於是全權大臣李裕元，與金宏集、魚允中、金允植等，與日本締結濟物浦條約，議定規約六款，續修好條約二款，以金五萬元，卹遭難及負傷者，以五十萬元償兵費，更遣大臣朴泳孝、金晚植二人，赴日謝罪。是時我中國以迅雷不

及掩耳之手段，拘大院君來國，以絕亂源，人皆謂係李鴻章之布畫。及細考之，乃知係我公使黎庶昌，先事電告政府，署北洋大臣張樹聲，用馬建忠之計，以致如此迅速，而得勢力於朝鮮也。

第八章　中國大展勢力

中國自拘大院君後，漸謀實行屬邦主義，派遣陸兵四營，屯於畿輔，於江華島組織華式兵隊，王城之守衛兵，亦改為華式。命馬建常為內部顧問，命德人穆麟德為外部顧問，並使袁世凱、吳長慶諸將，駐兵京城，以監守之。而朝鮮之金宏集、魚允中等，又以中國為命，而依賴之，於是中國在朝鮮之勢力，遂達於極點。

按：中國之對於朝鮮也，自古固有宗主之關係，然關係之所由生，及其對付之法，非如今日保護國之對於被保護國也。今日保護國之對於被保護國也，或因地理上均衡之關係，一強國維持一弱國之主權，使無被第三國所侵擾；或因未開之國，其地域為世界文明之要衝，而取鎖國主義，以阻塞世界之交通，強者乃出而啟導之，使全其交際上之責任；或因其國之便於移植，強者不欲居併吞之名，而取其統治之實，以收本國之特別利益。此三者乃今日保護國發生之原因，而保護者無不對於被保護者，有干預之特權，有啟導、扶植之責任，非徒務居其名已也。中國之對於朝鮮，果何因而保護之乎？吾固不能斷言之。然考之歷史，徵之近事，則不過欲以字小之名，張天朝之威德，而無事實上之目的，及其責任也。故對於其內政，常有干涉之權，而無啟導之責；對於其外交，常注重於名義上之爭執，而不知實際上正當之防護也。今既漸謀實行屬邦主義矣，較與前似有進步矣。然不知用文明之法，以開導其國民，扶植其國力，而徒利用私黨，翻弄小術，致使漢城政海，日起波濤。此雖朝鮮人有以致之，中國亦實與有罪焉。

第九章　三黨分立

金宏集、魚允中等，一意依賴中國，為之親中黨。金玉鈞、朴泳孝、洪英植等，皆留學日本，歸占要津，與日本公使竹添進一郎，深相結託，以謀革新，為之親日黨。而俄國公使韋柏，令其夫人出入宮禁，因與內廷韓圭稷、趙定熙等相結納，以圖潛布其勢力，為之親俄黨。三黨既成，而朝鮮之爭端起矣。

按：親中黨者，即事大黨也，彼蓋見中國之勢力甚優，中國之政治，又與朝鮮

之政治類似，且朝鮮為中國之藩屬，已歷多年，而感情又易相通，彼故蟠伏於中國羽翼之下，欲藉大國之威，以固國基，而抗他族，其用智在一時，而不顧其後日也。若親日黨者，即自名為獨立黨者也。彼蓋觀光海國，五嶽歸來，橫覽國中，見道德之墮落如故，思想之痼蔽如故，政治之腐敗亦如故，且對疆之內，戎馬紛馳，中國猶以上國自居，肆其侮暴，愚者多依賴以為性命，黠者更仗勢以凌辱同胞，觸目傷心，熱誠若揭，故欲改革政體，以謀獨立之基，然稍一著手，阻力橫生，遂欲藉強國為援，以發展其勢力。此親日黨者，名雖獨立，實則依賴日本焉。於斯時也，俄國見中日之勢力，占滿漢城，固欲插足於其間，以圖進取，小則為分羹之計，大則為侵併之謀，遂使其夫人出入宮庭，暗為運動，於是一派之親俄黨又出焉。是時私黨紛爭，外兵滋擾，韓邦政界，慘暗無光，其官吏則借外援以謀排擠，外人則借內助以固根基，於是賄賂通行，宮禁污垢，內治無紀，民怨日增，遂釀成奇離之慘劇焉。

第十章　中日結怨

中日俄三國在朝鮮之勢力，以中國為最優，然中國方有事於安南，不遑東顧，日本乃乘機唆使親日黨金玉鈞等，謀害親中黨派，並令刺客殺后族閔台鎬等，其公使竹添進一郎，更率護衛兵擁入王宮，以謀異舉。是時中國駐兵亦至，遂砲擊日兵，焚其使館，日使走仁川，金玉鈞、朴泳孝，且隨之而逃於日本。

按：安南之役，係中國光緒十年，與法人交戰也。日使乃欲乘其機會，以奪掌握朝鮮之權，遂秘使金玉鈞等，約各國公使，及朝鮮大臣閔泳翊等會晏，發兵襲之，多所殺傷，遂合日本兵入王宮，斬事大黨大臣數人。中國駐軍吳長慶往攻，敗日本軍，救朝鮮王，日使竹添進一郎，與金玉鈞等，皆逃奔日本。是役也，吳長慶之所以用兵神速，而能使日軍倒敗者，皆袁世凱之所謀也。惜乎！袁某有臨機應變之才，而不識保護維持之法，致使二十年後之朝鮮，終為日本之朝鮮，而不復為中國之朝鮮也，可慨也夫！

第十一章　與日結仁川天津條約

日本公使逃歸，遂調軍艦數艘，赴朝鮮，以示恫嚇，更派外務卿井上馨，與朝鮮左議政金宏集，締結約款五條，謂之仁川條約。朝鮮償金十一萬元，給遭害及負傷者，別以二萬元充使館修築之費。翌年又派伊藤博文及西鄉從道，來天津，與李鴻

章、吳大徵，訂天津條約，令朝鮮誅首事者數人，中國放大院君回國，中日兩國，皆撤回駐紮之兵，其事遂平。

按：天津訂約，李鴻章對日本使臣，詞多嚴厲，其威儀頗動觀瞻，其交際實多退讓。所訂約文，其重要者有三。（一）中日兩國駐韓之兵，均以四月內撤退。（二）朝鮮練兵，兩國均可派員教習。（三）兩國以後派兵赴韓，須互相知照。中日駐兵於朝鮮也，中國之兵，勢力甚偉，於政治上一切機關，皆壟斷之，使不撤去，則日本軍隊，萬難置足於其間。此日本之所以要令兩國之兵，必須撤退也。練兵之權，即掌握兵權之暗算也，如英國之於印度，以英國之人，練印度之兵，更以印度之兵，滅印度之國，此等伎倆，即強國侵略弱國之不二法門也。日本欲占此權，而猶不敢獨占此權，因要與中國分占此權，以圖後日之獨占此權也。至於兩國派兵，互相知照一條，此又明認朝鮮之國，為中日兩國共同保護之國也。既為中日兩國共同保護之國，則朝鮮之政治，兩國皆有干預之權，是中國又明讓日本人以干預朝鮮政治之權也。縱之，李鴻章於外交之公法，知之未悉，徒貪一時之省事，假名器以畀人，此誠千古之遺恨。後此中日各執一理，輵轕不清，釀成大釁，其禍胎實基於此。

第十二章　與俄結慶興條約

天津條約未訂以前，俄國即有南下之意，其使臣韋柏，與中國所派之外部顧問德人穆麟德者，深相結納，因與朝鮮結秘密條約。李鴻章探知，即與俄國抗議，並召還穆麟德，以幕賓美人田尼代之，而韋柏又結託田尼，令唱朝鮮之獨立，以脫中國之羈絆，遂結慶興條約，得與朝鮮陸路通商之利益。

按：俄國之野心，固欲囊括四海，席捲八荒，而為全球之主人翁者也。乃既失敗於黑海，難遂其狼吞虎噬之心，不得不有事於亞東，以逞其遠舉高飛之志。故其使臣韋柏，用外交詭詐之手段，以欺混中廷，一則與朝鮮結秘密條約，再則與朝鮮結慶興條約，名雖扶植朝鮮之獨立，實則為己國之侵略計也。其獲得通商陸路之利益者，不猶其小焉者哉。

第十三章　俄國抗英

是時英國與俄國，在中央亞細亞地方，相為衝突，其勢牽動東方，英國遂派艦來朝鮮，佔據全羅道之巨文島，以欲扼俄國軍艦於對馬海峽，而防其南下。朝鮮因國力

疲弊，不敢自行拒絕，俄國使臣韋伯代為抗議，經三年之久，英國始放棄此島，於是朝鮮人多以俄國為德，而依賴之。

按：俄國代朝鮮與英國抗議者，非為朝鮮計，蓋自為計也。俄國視朝鮮已將入於己之範圍，決不欲他國得鼾睡於臥榻之側也。且俄國既不得志於西方，必思謀出口之路於東亞。苟英國而久據巨文島，是扼俄國吞噬之吭也，故俄國起而爭之，雖經年累歲而不辭，其居心亦可見矣。然而俄國之代為抗議者，又朝鮮之幸也。夫英國之佔據巨文島也，其首先當爭者，為朝鮮耳，然朝鮮國力疲弊，何敢與強國抗衡？其次當爭者，惟中國耳，然中國頹惰性成，甚不欲妄起兵端，以與英國為難。又次則為日本耳，日本內窺諸己，外窺諸人，深知其力不能敵，故不敢輕試，以挫其銳氣也。於斯時也，使俄國亦甘心退讓，而不為抵制之謀，則甲國既得安身之地，乙國必佔託足之區，而丙丁戊己諸國，亦必急起直追，共謀染指。甚恐豆剖瓜分之慘劇，不旋踵而已見矣。

第十四章　中國勢力甚優

英俄之交涉既平，俄國使臣韋伯回國，而俄國在朝鮮之勢力因之而稍減焉。是時中國之統理袁世凱，駐兵韓城，以監督朝鮮之政治。凡內政外交之權，漸歸於中國之掌握，稅關監督，政治顧問，皆中國之所推薦，又置商兵、巡警二種，以為軍事上之援助。一時中國在朝鮮之勢力，已壓倒日俄兩個矣。

按：俄國使臣韋伯歸國之後，為我中國對於朝鮮勢力全盛之時期，亦為朝鮮政界最平靜之時期。然中國之失其勢力，而使朝鮮放棄其實主權也，因於此時，朝鮮之國勢日危，而終致不得不亡於日本也，亦因於此時。何也？朝鮮內政外交之實權，皆在中國之掌握，舉凡一切措施，一切布置，均無掣肘之虞。使於其時，對朝鮮之內政，則為之肅清宮禁，掃蕩黨援，整理財政，以收其行政監督之權。對於本國之移植，則獎勵商務，招徠移住，改良農業，以獲其經濟殖民之效，則朝鮮不敢復生異心，以招外侮。中國在於半島，亦將因此鞏固，不致釀成異日中日之紛爭，東方之藩籬，於以永固矣。乃伊考其時，中國於朝鮮政界，無絲毫之補益，於本國經營，無尺寸之效果。而日本與俄國，雖若其勢力甚衰，然暗中之所扶植者，則根基甚固，是中國徒居其優勢之名，而日俄乃收其優勢之實。故一旦事機破裂，中國之勢力掃地，而無可挽回，此則不能不歸咎於我中國之政治家也。至於朝鮮，則親中派之閔族，權勢赫赫，威震宮廷，苞苴盛行，予奪恣意。三清洞之私第，月榭花亭，芳草碧樹，歌衫舞扇，釵影鬢聲，其奢侈窮於一時，其華麗勝於千古，而國王供御甚薄，公家府庫皆虛。又

復滿目蕭條，哀鴻遍野，有志之士，撫膺奮臂，以待時機，朝鮮之內亂，將因之而起矣。

第十五章　賠償日本穀債

朝鮮與日本自結仁川條約以來，兩國通商，感情甚洽。至趙秉式為咸鏡道監司，遂佈防穀之令，禁米穀輸出。是時日本商人受害甚鉅，其駐韓公使近藤真鋤，迫朝鮮撤回此令，賠償原金。逾年朝鮮始解禁，貶秉式，而不願賠償。日本遂罷近藤，而以梶山鼎助代之，所議不諧，又以大石正已代之。中國統理袁世凱，出為調停，日使婉謝，遂謁朝鮮國王，申理其事，故朝鮮賠償頗優。

按：朝鮮自結仁川條約之後，平靜數年，日本人民，往與貿易。元山津地產米穀，日商多輸出之，以獲厚利。及趙秉式佈防穀之令，而日商之沽置者，不能收領，當輸出者，亦盡逾期，故大受損害，統盤籌算，所損害者，約十四萬一千六百餘圓，其妨通商、違條約者，所繫匪淺。且是年穀盡豐登，並非凶歉，其所以出令者，實趙秉式之濫用職權，以營求私利也。及大石正已遺書詰責，嚴迫賠償，而袁世凱出為調停，左袒朝鮮，意謂防穀令實違條約，其曲固在韓廷，然韓廷貧困已極，安能盡償？因以賠償六萬圓為請。正已亦窺其隱，遂謝其厚意，而拒絕之，因謁朝鮮王，約賠十一萬元之巨款焉。此我中國光緒十九年事也。

第十六章　與日本生隙

朝鮮當甲申之變，金玉鈞與朴泳孝，逃於日本。朝鮮遣使求引致還國，日本以係國事犯辭之，朝鮮又遣人往刺，其事敗露，為日本捕獲，押送還國。及甲午之年，更遣洪鐘宇誘金玉鈞於上海而殺之，攜屍還國，以解體之刑，並將其屍示於八道，投諸漢江。別遣李逸植謀刺朴泳孝於日本，亦為日本所縛，兩國因之而生隙焉。

按：國際公法，凡國與國有交付罪人條約者，甲國之罪人逃至乙國，甲國往索，乙國應立時交出，惟奴隸與國事犯不交。奴隸之所以不交者，謂人人平等，奴隸二字，為文明國之所以不認。故其人不願為奴隸，逃至他國，乃復其自主之權，故不交出。國事犯之所以不交者，以其人有權利之思想，有文明之知識，其所為之事，非為一身一家之計，實為公利公益計也。故五洲文明諸國，皆加意而保護之，萬無有輕於交出者也。而朝鮮不明此意，始則遣使以求引渡，繼則使人以行暗殺，終則誘至他

邦,害其生命,其冒昧固不足言,而殘忍亦已甚矣。

第十七章　東學黨起事

是年朝鮮之東學黨起,以除重斂苛稅、誅貪官污吏、革新弊政、掃清君側為名,其徒數千人,被白巾,樹黃旆,襲縣署,奪都城。其魁首全琫準,為眾所推,自稱王號,起自全羅道中,而慶尚道亦聞風相應。猖獗之勢,震動京城,朝廷送兵防之,屢為所敗。朝鮮王謂此亂之起,由於外戚專權之所致,故首斥閔族,以靖亂源,而亂黨仍不斂跡。

按:東學黨之亂,人皆謂係金玉鈞之餘波。彼蓋見有志之士,為國捐軀,其憤慨之氣,不能自禁,故電掣風馳,揭竿而起。一則繼前人未竟之志,二則為前人洗不白之冤,若欲為國家籌治安,為社會謀幸福者。然察其黨派,自命維新者有之,自命攘夷者有之,自命為會首、為匪魁者亦有之。蜂圍蟻聚,搔擾一時,或搶奪賈商,或燬燒村市,或劫掠行旅,或攻襲郡城,其與赤眉、黃巾有何差別哉?

第十八章　中日互相派兵

是時袁世凱為朝鮮統理,屢電中國,請兵助剿,復促朝鮮王向中國乞師往救。李鴻章遂派濟遠、揚威二艦,赴仁川、漢城,以保護商務,並調直隸提督葉志超,屯兵牙山,相機而動。此時亂黨略歸平定,而日本遣公使大鳥圭介,及陸軍少將大島義昌,率陸軍達仁川,入京城,以保護使館。更遣海軍中將伊東佑亨,率常備艦隊,泊於仁川,以與中國相抗。

按:中日發兵,互相抵制,其戰爭之機,已迫於眉睫間矣。然而兩國之曲直,不可不辨也。在中國之意,以為藩屬有亂,卑辭乞援,上國有應代靖亂之責任,故中國之派兵是也。在日本之意,則以既認朝鮮為自主,與萬國平等,今中國急派兵而代平等之國靖亂,則其意不可測,故日本之派兵,以相抵制,亦是也。此二國者,各執一辭,咸曲彼而直我,皆能持之有故,言之成理焉。但其中有可疑者,當未發兵之先也,袁世凱屢電中廷,謂亂黨猖獗,韓廷決不能自平,其後朝鮮王乞救之咨文,亦袁所指使。乃何以五月初一日始發兵,而初十日,已有亂黨悉平之報?其實我軍尚在途中,與亂黨風馬牛不相及,然則亂黨之無待於代剿明矣,無待代剿,而我無端發兵,安得不動日本之疑耶?故謂曲在日本,日本不任受也。論者謂袁世凱欲借端以邀戰

功，故張大其辭，生此波瀾，而不料日本之躡其後也。果爾則是一念之私，遂至毒十餘萬之生靈，隳數千年之國體，袁固不能辭其責。而用袁、聽袁者，得不謂失知人之明哉。

第十九章　中日交涉

中日兩國，將有決裂之勢，其統理袁世凱，會商日本公使大鳥圭介，約兩國同時撤兵。大鳥不應，反唱兩國協力扶植朝鮮之獨立，且提出政弊革新五事，申之韓廷。朝鮮王納之，選廷臣會議，更擁兵入宮，迫大院君實行改革。是時袁世凱見交涉棘手，去朝鮮，來中國，與李鴻章議進兵之策，而李鴻章冀英、俄兩國，出為排解，遂致坐失機宜，終歸於敗。

按：袁世凱既約兩國同時撤兵，其不欲與日本開戰之心，已可見矣。乃大鳥深窺其隱，已明知中國無軍事上之籌畫，無戰爭上之預備，若與之交戰，必能獲絕大之利益也，故明張旗鼓，暗運藥彈，竭力要求，多方恫嚇。而斯時之中國，已成騎虎之勢，欲進不能，欲退不得，固宜速整軍旅，廣備師資，以期掃蕩夷氛，奠安藩屬。乃李鴻章曰冀英、俄出為調處，而英、俄亦虛與委蛇，以延時日。於是因循復因循，遲緩復遲緩，致使日本大整軍容，盡扼險要，以客易主，以逸待勞。而我中國之兵，已立於倒敗之地位矣。夫北洋水師素稱勁旅，其購艦炮也，則不惜厚資，其練兵勇也，則不遺餘力，其保薦將士也，則曰某也素諳韜略，某也洞悉軍情，某也智過尋常，某也才堪大用。且前此代朝鮮而靖亂也，人如貔虎，馬如蛟龍，奮臂挺身，呼號跳躍，亦若剪除亂黨，而甘心者，乃何以當日軍挑戰之時，我軍則伏身縮首，日望平和，無惑乎朝野上下，皆以李鴻章為漢奸，而同聲唾罵也。然而軍事之勝負，皆視其將士之賢愚，前之李鴻章之所保薦者，皆其門生故吏耳，否則至戚厚友耳，昔共患難，今共功名，徇其私情，轉相汲引，委以重任，布滿要津。而其品誼之卑污，才識之庸劣，固李鴻章所知之甚詳，而不欲與他人直訴者也，此李鴻章之所以始終欲和，而不欲戰也。

第二十章　中日戰機

是時中國與日本交涉甚繁。我中國屢次照會日本外部，其辭皆以朝鮮為中國之藩屬，固宜代為靖亂，以謀治安。而日本亦屢次照會中國公使，及總理衙門，其辭亦為

朝鮮為自主之國,與五洲各國,皆立於平等之地位,且朝鮮與各國結約通商,實由日本所勸導,故朝鮮之政治,皆可聽日本之忠告,而改革之。此藩屬與自主之一問題,以口舌不能解決,而不復不求解決於干戈也。

　　按:中國汪公使第一次照會日本外部曰:「我朝素宏字小之仁,斷難漠視藩屬之難。」日本外部陸奧第一次照覆中國公使曰:「本大臣查貴國,雖指朝鮮為藩屬,然朝鮮王從未自承認為屬於貴國。」總理衙門第一次照覆日使小村曰:「查我朝以朝鮮王申請救護,業已派兵前赴該國,此係按照撫綏藩屬之例,不容稍有延緩。」日使小村第二次照會總署曰:「本國歷來未認朝鮮為貴國之藩屬,此次派兵前往,一係按照日朝兩國,在濟物浦所訂之約,一係按中日兩國,在天津所訂之約,妥慎辦理。」日本外部第二次照會中使汪曰:「亂事既定,所有朝鮮內政,亟應代為修整。兩國擬簡命數大臣前往朝鮮,同心稽查各弊。其分應整頓,俾朝鮮日起有功者,如國庫出納款項,如遴選大小官吏,如募練彈壓內亂陸兵等皆是。」中國汪公使第二次照覆日本曰:「但其內治作何整頓之處,應任朝鮮王好自為之,即我中國,亦不願干預。至貴國既認朝鮮為自主之國,豈能干預其內政?其意不辨自明。」日本外部第三次照覆中使汪曰:「查朝鮮王常蓄陰謀,致釀禍亂,大為敝國之害,乃其自主之力又屬太薄,不足以膺重任。其關係於敝國者,不特通商一端而已,地之相去甚近,又有干涉遠方之處,敝國萬難坐視,是以決計代為設法,以保太平之局。」由此觀之,朝鮮對於中日兩國地位之變更,略可睹耳!中國以不明國際法上對屬國之權利,許朝鮮以與外國締結條約之權,授日本以口實,且使中日一役,日本大得列強之同情。所謂聚九洲之鐵,鑄一大錯也。天津條約,純使朝鮮立於中日兩國共同保護之地位。開戰前之交涉,全以此問題為爭點,及兩國共同干涉內政之議不諧,日本已悍然露獨占之勢。觀最後兩次之照會,其肺肝已可見矣!

第二十一章　中日二次派兵

　　中國與日本之交涉,已有不可解決之勢,朝臣主戰,李鴻章仍主和,而日本又添兵仁川,迫我以必戰之地。李鴻章不得已,乃僱英輪三艘,往朝鮮運送兵士,以濟遠、廣乙二兵輪衛之,更派總兵衛汝桂,統盛軍六營,進平壤,派提督馬玉昆統毅軍二千進義州,以與葉志超之兵相合。中日之戰,肇端於此矣!

　　按:李鴻章之所以主和者,實因任用私人,恐難爭勝,前已言其大略矣。然而李之居心,又別有在也,以謂春秋既高,祿位甚重,此身軀、此爵俸,兢兢業業,以保持者,已數十年於茲矣。且年逾古稀,精神衰頹,與其竭神窮智,運籌於帷幄之中,

何如鐘鳴鼎食，席厚履豐，俯仰游優，以終此天年也。故李鴻章對於此役，不主戰鬥，惟冀和平。至於戰鬥之機，迫於眉睫，遂以半生主和之預備，改而從事於戰爭。吾知士無爭心，軍無鬥志，雖船堅炮利，糧足兵精，其亦無能為役矣。

第二十二章　中日豐島洋之戰

　　中國軍艦之發往朝鮮也，提督丁汝昌，請大軍以繼其後，李鴻章不許。中艦行至豐島洋，與日本之吉野、浪速、秋津洲三艦相遇，中艦開炮挑戰，日艦以炮應之，兩軍互相轟擊，中國所僱之英輪高陞為日艦轟沉，而廣乙之管帶林國祥及濟遠之管帶方柏謙，皆乞降逃遁。

　　按：用兵之道，固宜沉機觀變，思患預防，而不可輕於一試，以示敵人可乘之機也。而我軍甫視敵艦，即發炮擊之，其視戰事如兒戲焉。及高陞既沉，而林國祥遂與日軍立永不與戰之約，方柏謙樹白旗以求降，又樹日本旗以乞命，其喪師辱國，亦已甚矣。幸有水手某，憤而發炮，連擊敵船。使發兵之時，李鴻章能用丁汝昌之言，令大兵以盾其後，則必趁此時機，猛為轟擊，吾知必轉敗為勝，易危為安矣。惜乎！平時兵力，既已不能如人，而臨時戰備，又復著著落後，致使兵方交綏，而先潰敗，可勝嘆哉。

第二十三章　中日成歡之戰

　　當中國陸軍發往朝鮮之時，副將聶士成，建以兵直搗韓京之議，李鴻章不用，遂令陸軍自遼東經義州，屯於平壤，以謀進取。日本陸軍少將大島義昌，統所部之兵，先攻成歡，激戰數刻，陷之，次攻牙山，未及交戰，拔之，葉志超退守平壤。是時中國之兵，陸續報到，再修戰壘，重整軍威，大有平吞日軍之勢。

　　按：聶士成所建之議，蓋欲趁日兵未入韓地之先，速以大軍渡鴨綠江，據平壤城，而以海軍扼仁川港口，使日軍終不得逞。牙山、成歡之兵，與北洋相為犄角，然後以平壤大軍，南襲京城。此議若行，則我軍以立於不敗之地矣。乃李鴻章既不聽丁汝昌大軍繼後之言，更不用聶士成直搗韓京之計，遂令反客為主，坐失機宜。綜其原因，皆由不欲釁自我開，以為外交之道應爾也，不知當甲午五六月間，中日已成敵國，而非友邦矣！誤以交鄰之道，施諸兵機，其軍焉有不敗者哉？然而我軍又有可乘之機焉，當日軍之入韓也，路途狹隘，暑氣薰蒸，村里蕭條，無糧可就，傳云軍士有

一匙鹽，供數日用者。當此之時，我軍若曉兵機，乘其勢憊，出奇兵以迎擊之，必可獲勝。乃計不出此，惟取以主待客，以逸待勞之策，恃平壤堡壘之堅，謂可捍敵，此失機之大者也。

第二十四章　中日宣戰

　　中國海軍既敗於豐島，陸軍又敗於牙山，遂飭駐日公使汪鳳藻，撤旗回國，日本亦飭駐清代理公使小村壽太郎回國。中國與日本，皆於是日，將開戰之意，宣佈各國。英國首先宣言局外中立，俄、法、美、德、葡、荷諸國，亦相繼公佈中立，而日本更與朝鮮訂攻守同盟之約，中日之戰局既成，而和局更無望矣。

　　按：中日兩國甫下戰書，而英、俄諸邦，即宣佈中立，其欲我中日和也，抑不欲我中日和也，抑或欲使鷸蚌相持，以坐收漁人之利也，茲不具論。但就中日所宣佈開戰之意論之，我中國之宣戰書曰：「朝鮮為我大清藩屬，二百餘年，歲修職貢，為中外所共知。乃倭人無故派兵，突入漢城，嗣又增兵萬餘，迫令朝鮮更改國政，種種要挾，難以理喻。我朝撫綏藩服，其國內政事，向令自理，日本與朝鮮國立約，係屬與國，更無以重兵欺壓強令革政之理。」日本之宣戰書曰：「緬惟高麗，為獨立之邦，而與各國結約通商，實由我日本勸導之也。然而清國恆稱高麗為藩邦，干涉其內政，茲按高麗獨立之地位，原係日本維持之力，各國條約所公認，清國非但謀損高麗之地位，並且置條約於不顧。」以此觀之，中日所宣佈之爭點，俱在此藩屬與獨立之一問題也。夫日本之與朝鮮，先結江華島條約，次結濟物浦條約，均以朝鮮為獨立國家，此固列國所共認，而中國亦無異辭者也。及其後中國與日本，又結天津條約，其約文有中日兩國，皆可為朝鮮練兵之語，有中日兩國，皆可派兵入韓之語，此又使朝鮮國家立於中日共同保護之地位也。條約既成，位置亦定，五洲萬國，共見共聞，而我中國置之不理，若或忘之，一則曰朝鮮為我大清藩屬，為中外所共知；再則曰倭人派兵入韓，難以理喻，明目張膽，遍告列邦，抑何其顏之厚歟！

第二十五章　中日平壤之戰

　　中國既厚集兵力於平壤，日本又調陸軍中將野津道貫、陸軍大將山縣有朋、陸軍中將桂太郎等，坐運兵船來韓京，以謀進取。而中兵日坐堅城，不偵探，不佈置，靜待敵攻。是時日軍大至，互相挑戰，經三日，日軍渡大同江，據牡丹台。而我

軍左寶貴戰死,葉志超潛逃,平壤遂陷。其逃出之兵,又為日軍截殺,中國之兵,自此不振矣!

按:平壤為朝鮮故都,今為平安道監司所居,西南東三面,均為大同江圍繞,北面有牡丹台,兀然突起,俯瞰四面,惟西北隅無山無水,係通義州之孔道。以地勢言之,為極險要之地勢。而我軍葉志超、聶桂林、豐陞阿、左寶貴、衛汝貴、馬玉崑六將,統勇丁三十四營,共二萬四千餘人,以兵力言之,又為極厚重之兵力也。而據險未久,一戰輒敗者,何也?一由於將帥非人,其甚者如衛汝貴之尅扣軍餉,臨陣先逃;如葉志超之飾敗為勝,欺君邀賞。以此等將才,而使之衝鋒對壘,焉有不敗者哉!一由於統帥六將,官職相等,品位相若,無所統攝,無所服從,呼應不靈,軍勢散渙,故不得不敗也。雖有左寶貴之憤不顧身,馬玉崑之力能邰敵,亦終於事無濟矣。

第二十六章　中日鴨綠江之戰

平壤既敗,同時有鴨綠江之戰。我中國遣提督丁汝昌,率兵輪十二艘,往朝鮮進發;日本遣海軍大臣西鄉從道,亦率兵輪十二艘,往朝鮮進發,兩軍遇於鴨綠江口。丁汝昌坐定遠艦督隊,作犄角魚貫陣攻敵,日艦作一字陣來衝,我軍變為雁行陣,而各艦速力不齊,陣遂不整。鏖戰一日之久,日艦僅損一艘,我艦共損五艘,鄧世昌與林永升,均死於是役。

按:中國兵輪係鎮遠、定遠、致遠、靖遠、經遠、來遠、濟遠、平遠、起勇、揚威、廣甲、廣丙十二艘。日本兵輪係吉野、秋津州、高千穗、浪速、松島、千代田、嚴島、橋立、比叡、扶桑、西京丸、赤城丸十二艘。日本之西京丸,為我擊沉,我之超勇、揚威二艘,為日本擊沉,我之廣甲,觸礁而碎。致遠管帶鄧世昌,見船受重傷,遂開足汽機,向日艦飛馳,欲撞與俱碎,未至而中魚雷,船中二百五十人,與鄧世昌同時殉難。經遠管帶林永升,見船頭火起,仍發炮攻敵,激水救火,指顧從容,有條不紊,後被水雷轟裂,船中二百七十人,亦與林永升同時殉難。此我中國光緒二十年八月二十八日事也。是役也,我國軍艦,與日本軍艦相埒,而我國之兵士尤過之,然而我軍敗而日軍勝者,其故果安在哉?或者謂我軍統帶非人,措施失當,而日軍素諳兵法,兵士亦曉戰機,以故我軍敗而日軍勝也。雖然,又不盡在此也。我軍提督丁汝昌,曾與英人琅韋里練兵多年,深明軍務,且有鄧世昌之勇敢,林永升之鎮靜,其邁往無前之慨,甚足以攝服敵人,事後日軍談之,猶為之變色焉。我軍之所以敗日軍之所以勝者,多由於我軍之兵艦,雖大而緩,故運轉不靈,往還不便,以致隊

伍不整，行列不齊，而示敵人以可乘之隙。日本之兵艦，雖小而速，疾如風雨，迅如雷霆，故能操縱自如，停止由我，而無隙之為人所乘。此兩軍之優劣所由分，中日之勝負所由判也。自茲以往，列國海軍，皆注重於船之速力，而於船之大小，均不留意焉。是則我軍雖敗，猶足為世界海軍進化之一樞紐焉爾。

第二十七章　日韓初次協約

　　中國海陸兩軍，皆為日本所敗，朝鮮國王及大院君等，遂依日本為命，日本凡百命令，朝鮮俱無違言。日本故遣駐朝鮮公使大鳥圭介，與朝鮮外部大臣金允植等，締結日韓協約數條，以維持朝鮮之獨立。並令朝鮮政府，出示曉諭，悉將中國之兵驅逐境外。自此以後，朝鮮與日本益親，與中國之恩義永斷。

　　按：日韓協約，其第一款曰：「本約之設，專為維持朝鮮之獨立，及日本與朝鮮之利益，凡清兵在朝鮮者，皆宜逐出境外。」顧吾思之，世豈有傾全國之力，耗財糜餉，遣將調兵，勞師於國境之外，冒險於駭浪之中，而維持他國之獨立，並維持己國與他國之利益者乎？如曰有之，則今日遍索五大洲之國，固未有倚賴他國，而能自全其獨立者也，亦未有既維持己國之利益，而不損害他國之利益者也。如曰無之，則日本對於朝鮮，明明結此條約矣。噫！此則今日所謂文明國所以亡人國家之通例也。彼北美合眾國之與西班牙戰也，豈不曰扶植菲立賓之獨立乎？然而美西之戰爭甫終，則菲立賓亦成為美國之領土矣。法蘭西之對於拖喜齊島也，豈不曰認為自主獨立之國乎？然而事實上之關係，則與法蘭西之領土無以異也。以至俄羅斯之於芬蘭，英吉利之於埃及，莫不用此種手段，以墟人之國也。日本按此而行之，朝鮮即俯首帖耳，脅肩諂笑，必恭必敬，而順從之，其屬懦固不足言，而愚昧抑何甚也！而或為之解曰：彼固迫於時勢，而無可如何者也。彼蓋見堂堂中國，討罪興師，旗幟鮮明，箏笳悲壯，謀臣勇士，如雨如雲，船塢砲台，星羅棋布，而猶不能與東南強國，爭榮譽於槍林砲雨之中，彼蕞爾小邦，尚何敢狡焉思逞乎？且近數年來，國中之外患內憂，紛至沓來，迨無休息，士卒皆疲於奔命，帑藏已覺其空虛，儻啟釁鄰封，昧然一試，不猶同於雀卵之撞石，螳臂之當車乎？及夫氣竭力窮，進退維谷，欲戰不得，欲和不能，則鄰國挾嫌，必多報復，其殺戮之慘，有較之今日而判若霄壤者。此朝鮮之所以再四思維，而不敢不屈伏於日本命令之下也。然而誤矣，當日本與我軍交戰也，亦自謂雙峰對峙，旗鼓相當，稍一舒馳，即遭倒敗。彼固聚精會神於中土，而不暇注意於韓邦也。苟苟朝鮮舉國若狂，蜂擁而起，火炎電激，風起濤湧，為日本添一分之阻力，即為中國添一分之助力也。於斯時也，如日本靖朝鮮之亂，中國必大加撻伐，以挫

其鋒。日本與中國抗衡，朝鮮又摘垢蹈瑕，以分其勢，吾知日本必奔走不暇，瞻顧弗遑，則勝敗之數，似未可預知矣。縱使朝鮮不勝，不能同匈加利脫奧大利之羈絆，而得獨立之光榮，即同於那威之併於瑞典，亦為國際法上之快事也。而惜也，朝鮮人無此魂魄，無此心肝，終使檀君舊族，箕子遺宗，而為旭旗下之奴隸也。

第二十八章　日本代革政治

　　朝鮮既與日本結日韓協約，朝鮮國王，又請日本代為改革政府，釐定制度。日本天皇明治，特派樞密顧問官西園寺公望使朝鮮，率公使大鳥圭介，及法制局長官末松謙澄等，入朝鮮王宮，謁國王、王妃、世子、大院君等，傳日皇慰問之旨，贈物有差，皆拜謝回署，而謀改革之案件焉。

　　按：朝鮮國王，令王妃與西園寺公望等接見，洵特典也。考朝鮮風俗，婦人一生均身不離閨闈，足不出門戶，即至親厚誼，亦不得晤面交談，況王妃深居宮內，養尊處優，豈能與外人相見乎？朝鮮國王，竟使之與西園寺公望等相見，彼蓋欲結日本之懽心，而求其維持朝鮮之獨立也。夫獨立宜求諸己，而不宜求諸人，使己國有獨立之性質，即無他國之維持，亦未有不獨立者。今求他人之維持，是已失獨立之性質矣！既失獨立之性質，即維持之，亦不能獨立，而況乎其必無人維持也。彼不觀世界獨立之各國乎，美之於英也，有七年之戰爭，然後得獨立之位置。意之於奧也，有三傑之改革，然後得獨立之榮名。以及葡之於西，普之於法，亦莫不劇戰數年，流血數萬，其仁人志士，費腦力，絞心血，呼號奔走，若病若狂，血液膏斤，肝腦塗地，前者仆而後者繼，甲既敗而乙猶興，然後得優美完全之真獨立也。而朝鮮竟欲不損一兵，不糜一餉，惟藉此逢迎之術，媚諛之力，遂冀國家之獨立焉，抑何其可笑之甚也。

第二十九章　中日二次互相派兵

　　中國海陸兩軍皆敗，議謂李鴻章用淮軍之咎，飭斬方柏謙、衛汝貴，而逮葉志超等。議起湘軍以應敵，遂調提督宋慶募新軍，奉天將軍依克唐阿統奉軍，湖南巡撫吳大澂、兩江總督劉坤一，皆統湘軍，先後往遼東進發。日本亦遣陸軍大將大山巖、陸軍中將山地元治、陸軍少將乃木希典等，往遼東進發。中日之戰，更無已時矣。

　　按：中國二次所發之兵，以湘軍為最多，有按察使陳湜、布政使魏光燾、道員李光久、總兵劉樹元、編修曾廣鈞、總兵余虎恩、提督熊鐵生等，所領均屬湘軍。其餘

則有承恩公桂祥、副都統秀吉之神機營，按察使周馥、提督宗德勝之淮軍，副將吳元愷之鄂軍，提督馮子材之粵勇，提督蘇元春之桂勇，郡王哈咪之回兵，提督閃殿魁新募之京兵，提督丁槐之苗兵，侍郎上文錦、提督曹克忠，奉旨團練之津勝軍。其間或歸李鴻章節制，或歸依克唐阿節制，或歸宋慶節制，或歸吳大澂節制，或歸劉坤一節制，毫無定算，毫無統一，毫無紀律，毫無布置，識者早知其必敗矣！夫用軍貴用其氣耳，而氣有朝暮之別。以淮軍與湘軍相較，則淮軍為朝氣，湘軍為暮氣也，朝氣者尚不能一逞，暮氣者其何能為役乎？乃盈廷諸老，眾口一辭，胥謂淮軍既敗，而湘軍必勝，吾不知果何所據而云然也。如謂曾胡畫策，粵匪蕩平，以是知湘軍之必勝也。然而捻匪縱橫，潘劉奏績（潘鼎新、劉銘傳），而淮軍亦未敗也。總之，廷臣於前致敗之理由，未思之而盲言之耳。蓋十九世紀以來，各國之戰爭，其勝負皆能預決，何也？世界愈進於文明，則優勝劣敗之公例，愈確定，實力之所在，即勝利之所歸，誠有絲毫不能假借者。彼日本自維新以來，武士道、大和魂之國風，已披靡於全國，又加以文明教育，以鼓動其忠君愛國之心。彼盡知戰爭之勝負，非特於國家之榮辱有關，而一身之禍福亦即隨之，故將帥皆存舍身為國之誠，兵士亦有勇往直前之慨，即婦人孺子，並皆發揚蹈厲，思欲為國家效力，為社稷竭忠，然後成為完全之國民也。況乎前數年來，征韓論屢起，皆麋縻於國事，而未得輒行，舉國軍民，均不勝臠肉之歎。積之既久，鬱而必發，其一飛冲天，一鳴驚人之勢，有不可抑遏者焉。而我中國則不然，其所謂將士者，或以科目進，或以襲蔭得，或以年勞選，或以保薦升，或攀引夤緣，以濫廁於保舉軍功之列，或苞苴請託，以置足於輪獎敘賞之林。問其才能，不過屑屑事章句，碌碌治簿書已耳！問其經歷，不過周旋於冠裳之會，酬酢於杯酒之間已耳！其何能衝鋒對壘，戡亂禦侮也哉？即有一二宿將，前之平粵匪，平捻匪，守台灣，戰諒山，而有功者，今則承平日久，養尊處優，起第宅，買田園，左狡童，右豔姜，酒色聲技，金玉錦繡，狗馬玩奸。瞀其智，惑其心，奪其氣，消磨其筋力，耗損其精神。故一旦有事，妻子身家，又縈戀於懷，而不忍置。欲其身先士卒，效命疆場，此必不可得之數矣！而兵丁又孱弱無能，頹靡不振，或手無縛雞之力，不堪任使者有之；或目未睹火槍之器，不敢施放者有之。加以途路綿長，餱糧不足，非隨時潛遁，即乘間脫逃。試問此等將士，統帶此等兵丁，而與俠義性成、忠勇莫比之國民，爭勝負於海洋之表，賭性命於槍炮之中，其能於事有濟乎？此等根柢之理由，廷臣皆未知之，即知之亦未言之，而徒爭執於湘軍、淮軍之短長，其不知輕重亦甚矣！人云：及敗然後知其所以敗之由，是愚人也；及其敗而猶不知其致敗之由，是死人也。廷臣其認諸。

第三十章　中日遼東諸戰

我中國在平壤敗潰之軍，道經安州、定州，皆有險可扼，均棄而不守，乃入遼東，畢集於九連城。是時中國續發之兵亦至，共七十餘營，分三路扼守，以待敵人。日軍亦分三路來攻，東西二軍渡鴨綠江，我軍遂潰，棄九連城，奔鳳凰城，退摩天嶺。自是遼東州縣，相繼皆沒於敵。

按：九連城在鴨綠江東北，與朝鮮之義州相對。是時諸將分布九連城，依克唐阿守東路，劉盛休、聶士城守西路，宋慶統餘兵守中路，坐而待攻。日本先以一軍詐攻中路，而潛以二軍搗東西二路，東路日軍涉鴨綠江而渡。依克唐阿之軍發砲擊之，日人以槍反擊，依軍遂奔，日軍因占鴨綠江上游。西路日軍乘夜駕浮橋渡江，我軍弗覺，日軍既渡，我軍遂潰。聶士城據山欲戰，劉盛休之兵皆奔，聶亦委之而去。宋慶聞東西兩路俱敗，乃大驚，棄九連城，奔鳳凰城，復退於摩天嶺矣。當日人之來攻也，苟我軍節節為營，步步為壘，敵軍雖勇，亦難越雷池之一步也。乃依軍未戰而輕挑之，甫戰而即逃之，銘軍（劉盛休之兵）又名托老成，實多疏忽，既無預防之策，又無抵制之方。而宋慶平匪有功，得肩重任，以視日軍之旗幟鮮明，隊伍齊整，士卒果敢，槍炮精良，早已魂飛膽裂，懼心生而銳氣退矣。縱聶士城奮不顧身，欲據山一戰，以抗敵軍，而勢同散沙，不能團結，雖戰亦無益也。

第三十一章　中日金州之戰

九連城既陷，於是遼東州縣相繼失守。日本陸軍，遂有攻金州，據大連，窺旅順之勢。是時金旅諸將，如道員龔照璵、姜桂題等，均無戰志。惟正定鎮徐邦道，勇烈逾於諸將，聞日兵將至金州，遂請諸將往援，諸將無一應者，不得已提兵出大連灣，求守將趙懷業相助，懷業亦不許，乃自領本部之兵，與日軍交戰，後因眾寡不敵，日軍遂奪金州。

按：日本之兵先登貔子窩，擬攻金州，以取旅順後路。我旅順守將，係龔照璵及宋慶二人，宋慶東去，則推姜桂題代守，龔、姜二人，旅順且不計，更無心於金州、大連灣之間矣。時徐邦道亦駐旅順，聞日兵欲攻金州，恐金州失，大連灣必危，大連失，南關嶺迫敵，南關嶺失，旅順必不能保。因請諸將往援，時無應者，不得已自提兵出，道經大連灣，又求大連灣守將趙懷業相助，趙云：中堂命我守此，何預後路事？徐邦道遂統本部之兵，與日兵交戰，因眾寡不敵，日軍遂奪金州焉。金州之戰，祗徐邦道一人而已。當斯時也，旅大之兵，銳氣未挫，假使徐邦道倡之，而眾將和

之，分道來攻，迎頭痛擊，則我軍必不致敗北，日軍必不能得志。而金州得存，大連無恙，旅順亦必固若金城，堅若鐵桶。雖日本海軍大集，分隊環攻，恐旦夕之間，亦難據此天險也。無如龔貪而懦，姜老而滑，趙無心肝，畫疆自守，致使遼東險要拱手讓人。而當事諸將，猶謂諸險之失，由於天非由於人。嗚乎！豈其然哉？

第三十二章　中日大連之戰

金州既失，大連灣聞警，趙懷業運貨於海，逃入旅順。徐邦道復慫恿諸將，截擊日軍後路，諸將不應，惟衛汝成許之，遂揮殘軍北進，奮擊日兵馬隊為數段。日本步兵來援，邦道復包擊之，日兵前隊既敗，而續來者愈多，邦道運炮於山，轟擊甚猛。衛汝成見難爭勝，率本部兵潛遁。我軍因食盡力疲，遂棄戰地，就食旅順，事遂不可為。

按：統觀東征諸將，葉志超則飾敗為勝矣，衛汝貴則尅扣軍餉矣，林國祥則立罷戰之約矣，方柏謙則懸白旗以乞命矣，吳大澂則未戰先逃，劉坤一則逗留不進，以及龔照璵、姜桂題、趙懷業諸人，皆退縮不前，頹靡不振。以若勝負與國家無關者，又若國家與一己無關者，宜乎泰西諸國，皆謂中國人無愛國之心也。而幸也，有徐邦道其人者，獨領殘軍，奮擊敵陣，其勇敢之氣，足以吞東海而撼三山矣！雖食盡力絕，棄地而逃，以較之他將，亦有餘榮焉。

第三十三章　中日旅順之戰

大連灣為日本佔後，而日本之海軍亦至，留十日，始攻旅順。道員龔照璵，先浮海走天津；趙懷業、衛汝成、黃士林等，亦陸續逃遁；兵卒遊行街市，摽掠商店；各局委員，多挾款潛逃。是時日兵進攻，以海軍北向開炮，陸軍南向開炮。我守將徐邦道、姜桂題，程允和、張光前等四人，稍相支持，兵士即潰，四人從亂軍中逃出，而旅順遂為日人所得。

按：旅順口之位置，在遼東半島，黃海北岸，港口為向東南方位，兩岸環抱，形如蟹螯。東岸有黃金山，其高度約超出海面二百六十尺，西岸有舊市、新市、白玉山等處，亦屬險要，與山東半島威海衛，成犄角之勢，古人謂一人守關，萬夫莫踰者，此也，此地勢之可恃者也。自李鴻章籌辦海防以來，屈指已十有六年矣，又於威旅之間，悉志經營，不遺餘力。其船塢則密若星羅，其炮台則繁如棋布，其建設修築，均

仿西歐，其槍炮藥彈，俱稱快利，此又人事之可恃者也。使諸將但守而不去，亦可支持一二年而無恙也。乃諸將不籌戰守，棄軍資，僱民船，以逃遁矣；各局委員挾官款，入私囊，以潛走矣；各營兵丁，或鳥駭獸奔，潛踪匿跡，或成群結侶，搶奪橫行。日軍未至之先，而旅順已潰矣！此我中國光緒二十年十月二十四日事也。

第三十四章　日軍分攻山東

日本第一軍，自東向西進，屢敗宋慶，遂取連山關、岫巖城，而拔海城。第二軍得旅順之後，復回兵北進。我中國守將章高元，力戰不勝，遂失蓋平，於是奉天南路諸城，盡行失守。惟摩天嶺守將聶士成、奉東道、張錫鑾等，稍有所恢復，皆於全局無關。日軍遂盡隳北洋門戶，乃分兵山東，而攻威海。

按：海城、蓋平諸戰，日軍則節節進攻，我軍則節節退守，相形之下，實覺汗顏。然而日軍又甚可敬也，是時也，長風哀號，征雲舟舟，積雪沒脛，堅冰在鬚，而與我軍角觸於危巖絕巘之間，猶能奮勇直前，出奇制勝。觀其狀況，均不以為憂，而以為樂；均不以為苦，而以為甘，使非養之有素，其何能若此哉。

第三十五章　中日威海之戰

日軍之犯山東者，為遼東兵之分股，及其新來之一師團也。先攻登州，以亂我耳目，潛從龍鬚島登岸，取榮城，以絕我威海衛之後路。是時李秉衡駐節煙台，節制諸將，遣將孫萬齡拒戰，在榮城之西，相持數日，日軍遂陷我威海南幫之砲台，軍士被殺甚慘。北幫軍士聞之，大鬨而遁，其守將戴宗騫飲藥而死，威海遂為日人所據。

按：威海、旅順，同為北洋鎖鑰，我海軍以威海為根本，亦時時駐於旅順。自海軍敗後，丁汝昌駐軍劉公島上，與威海犄角相應，威海守事，以道員戴宗騫主之，李秉衡駐煙台，節制諸將。時我海軍尚存鎮遠、定遠兩鐵甲，靖遠、來遠、濟遠三兵輪，平遠、廣丙兩小鐵甲，尚有練船、魚雷艇數十艘。我陸軍有南北砲台，挺然對立，且有新式槍炮，皆屬精良。使我軍先行扼守，永不退讓，則日軍難得旅順，僻處一隅，聲勢未能聯絡。我軍然後由紅水鋪、澄沙河等處，規復旅順，出其不意，攻其無備。日兵之留守者，本屬不多，一旦截其歸路，斷其援兵，有不立成釜中魚、砧上肉者哉？乃諸將多李鴻章之舊部，李秉衡悉仇視之，以故軍情隔膜，指揮不靈，而不能收戰事上之實效也。且軍士平日之糧餉，多為主將所侵漁，積恨在心，無由昭雪。

今當兩軍相遇，豈能親上死長，如子弟之衛父兄，手足之捍頭目者乎？所以將無戰志，兵無鬭心，而使北洋天險，終入於日人之掌握也。可勝嘆哉！

第三十六章　中日劉公島之戰

　　日軍既得威海，遂攻我劉公島之海軍。我艦與日艦，在洋面屢戰，互有損傷。後日本陸軍，據我威海之南幫炮台，發炮俯擊，我軍戰艦，沉沒數艘。丁汝昌欲力戰而死，軍士不聽，丁汝昌又欲沉船於海，軍士更大阻之。軍士遂持刀向丁乞命，丁無奈，飲藥死，劉步蟾亦自殺，他人代草降表，以迎日軍。我軍船艦器械，均為日軍所得。

　　按：劉公島以黑子彈丸之地，與日軍大隊相持日久，藥彈糧餉，悉數告匱，事機孔迫，而援師不進。丁汝昌欲於萬死之中，求一生命，收合餘燼，誓與敵軍決一死戰。勝則轉禍為福，敗則報國捐軀，人死留名，豹死留皮，此王鐵槍之所以不屈於唐莊宗也。詎意軍士俱有離心，棄械滿地，策之不前，至此則狂瀾既倒，莫可挽回矣。而丁汝昌又欲倣俄人沉船黑海之謀，使軍械不資於敵，誠可謂精忠保國者也。乃軍士不才，心多疑慮，甚恐與日人結怨，而身受慘刑，遂持刀向前，乞求生命。中國軍士人格之低，可想見矣。

第三十七章　日軍大獲勝利

　　劉公島既失，艦隊已降，北洋之門戶洞開，無人抵禦。李秉衡屢戰屢敗，不得已退守萊州，於是山東之文登等縣，相繼而失。奉天之日兵，復大敗宋慶、吳大澂之兵，拔取牛莊、營口、田莊台諸要塞。更派陸軍大佐比志嶋義輝，為混成支隊司令長，伐台灣，攻澎湖，以規取南洋沿海各港。是時戰事之勝負已著，而我中國之請和益急矣。

　　按：我中國海陸二軍，自李鴻章經營以來，已垂二十年之久。前光緒八年，法越肇釁之時，朝議飭籌鐵防，李鴻章覆奏，有「臣練軍簡器，十餘年於茲，徒以經費太絀，不能盡行其志，然臨敵因應，不至以孤注貽君父憂」等語。其所以自信者，亦可概見矣。何圖中日開戰，艨艟巨艦，或創或夷，或以資敵，淮軍練勇，屢戰屢敗，掃地無餘。所賸敗甲殘兵，再經庚子津沽一役，隨羅榮光、聶士成諸人，同成灰燼。於是直隸北洋大臣三十年所蓄所養，所布畫所經營者，胥煙消雲散，而為泡影矣。撫今思昔，能不慘然。

第三十八章　中國請和

日本之軍，已佔遼東南部，及山東東部，復陷台灣之澎湖。我中國朝臣，始知日本之強，我國之弱，因有和意，遂遣侍郎張蔭桓、巡撫邵友濂赴日本請和。日本內閣總理大臣伊藤博文，以張、邵二人非全權大臣卻之，議要恭親王或李鴻章為使。是時歐美各國，恐日本得志，佔東洋霸權，已有干涉之意，日本遂聽美國之介紹，而議和焉。

按：中日戰事，成於朝臣，非李鴻章之本意也，李鴻章先求各國調停，日本不許。蓋日本三十年來，刻意經營，上下一心，成此節制敢死之勁旅，思欲揚榮光於海外，而爭東亞之霸權也。乃中國朝臣不察，遂不聽李鴻章之言，竟與之開戰。自秋徂春，連戰連敗，北洋之門戶已失，沿海之烽火頻驚，於是主戰之銳氣，消滅殆盡，不得不俯從李鴻章之策以議和。夫能戰而後能守，能守而後能和，此軍事上之要語也。今也將士半多逃亡，險要為人佔據，而欲開談判於披靡之際，講交涉於倒敗之餘，宜乎日人竭力要求，多方挾制，而不欲與我折衝於樽俎間也。幸各國干預情形，露其頭角，日人雖狡，其敢犯眾怒而再逞乎？此日本之所以不能不和也。

第三十九章　中日訂馬關條約

我中國終派直隸總督李鴻章為全權大臣，隨帶參贊李經方等，往日本求和。日本派內閣總理大臣伊藤博文、外務大臣陸奧宗光為全權大臣，與李鴻章等會於馬關。要求最酷，三次會議不成，尚未停戰，李鴻章歸旅館，被日本暴徒刺傷，各國譁議，日人乃停戰。李鴻章扶病議和，數回談判，俄、德、法三國，亦欲出為干涉，日本乃懼，遂訂約十一條而和。

按：李鴻章與伊藤博文等，首議停戰條約，伊藤博文以大沽、天津、山海關三處為質，方可停戰，會議三次，不肯少讓。至李鴻章被刺客槍擊左顴，槍子深入左目下，伊藤博文等憂形於色，謝罪甚恭，遂允停戰。是以口舌不能爭者，藉一槍子之傷而得之。當日遇刺客，日皇即遣醫問病，醫謂取出槍子，靜養多日，創乃可瘥。鴻章曰：「國步艱難，和議難緩，如靜養多日，即誤國矣。」遂寧死不割。刺之明日，或見血滿袍服，言曰：「此血所以報國也。」鴻章曰：「舍予命而有益於國，亦所不辭。」其慷慨忠憤之氣，君子敬之，是後僵臥在牀，猶刻意磋磨，毫無讓步，是約乃成。其最要者第一條云：清國確認朝鮮為完全無缺之獨立自主國，嗣後朝鮮對清國所有貢獻禮典，應行廢止。其第二條云：清國將左計土地之主權，並在該地方城壘、兵

器製造所及官有物，永遠割與日本。（一）奉天省南部之地，自鴨綠江口，溯該江至安平河口，亘鳳凰城、海城、營口，至遼河口折線以南之地，并包含前記之各城市，而以遼河之中央為界。（二）台灣全島，及其附屬島嶼。（三）澎湖列島，在英國格林東經百十九度，乃至百二十度，及北緯二十三度，乃至二十四度間之島嶼。第三條為劃定割讓境界事宜。第四條為賠償兵費銀二億兩事宜。第五條為辦理割與地之住民事宜。第六條為開沙市、重慶、蘇州、杭州為商埠事宜。第七條為撤兵事宜。第八條為軍隊占領威海事宜。第九條為遣還俘虜事宜。第十條為止息攻戰事宜。第十一條為在芝罘換約事宜。此約成立之時，在我中國光緒二十一年四月十六日也。觀李鴻章此次議和情狀，誠如應龍入井，老驥伏櫪。雖有蘇張之辯，無所用其謀；雖有賁育之力，無所施其勇。以較十年前在天津訂約之時，趾高氣揚、目無餘子者，殆如霄壤。蘇子云：一世之雄而今安在哉？斯時之李鴻章殆似之矣。

第四十章　中國大失主權

馬關定約以後，俄聯德、法二國，派軍艦來東，迴翔太平洋面，謂遼東如歸日本，東亞難保和平。日本畏三國之強，因俯首聽命，還我遼東。日本所得者，祇台灣與澎湖列島。各國遂援利益均霑之例，俄租我旅順及大連，德租我膠州灣，法租我廣州灣，英租我威海衛。於是我中國之時局，更不堪問矣。

按：俄國自設海參崴海軍，復決議築西伯利亞鐵道，已視朝鮮遼東之地，遲早即為已有，今見日本佔領遼東，心甚不悅，且自計本國之兵力，能卻日本，故先出為干涉。德國亦欲逞霸權於東洋，遂附和之。法欲結俄仇德，德、俄既合，法亦不能不合。三國約成，乃發言於日本政府，謂日本如佔遼東，則北京必危，朝鮮亦難獨立，是為擾亂東亞之和平，乃派軍艦來東，以示恫嚇。日本戰疲無策，遂還我遼東。我國感俄厚誼，於光緒二十三年，結中俄密約，其結果得租我旅順及大連，以二十五年為期。是年十月，曹州教案起，德教士被害者二人，德人即以兵艦闖入膠州灣，拔華幟，樹德幟，總兵章高元被擄，遂租我膠州灣，以九十九年為期。法人效德國故智，闖入廣州灣，而租借之，亦以九十九年為期。英國援俄租旅大之例，索租威海衛，以二十五年為期，更援均勢之例，強租九龍灣，以九十九年為期。於是我中國衰弱之形，燦然畢現。各國乃侵掠搔擾，無復顧忌，屢之如肥甘，弄之如嬰兒，地利主權，日益朘削，而受創之巨，為鴉片戰爭以來所無。前之知變法者，萬人中恒不得一，至是則知者漸多矣；前之變法在膚革，至是則稍求之於精神之間矣。今日之一切新政，皆原於此。今之論者，均不足當世之所措施，然無此役，并此亦不能得，得此固不足

圖存，不得則必亡無疑也。所謂失諸形勢之地，得諸精神之間者，不其然哉。

第四十一章　朝鮮為自主國

　　中日甲午戰爭終，馬關條約已訂，朝鮮遂為獨立自主之國。我中國派遣徐壽朋為駐紮朝鮮公使；俄國派遣韋柏，再來朝鮮，亦為駐紮公使；日本遣大鳥圭介回國，更派井上馨為駐紮朝鮮公使。井上馨提出施政綱領數條，勸朝鮮施行，且派遣顧問官、輔佐官，相助為理，並貸與改革巨費。朝鮮國王感日本厚誼，命外部大臣金允植呈詞謝之。

　　按：中俄二國，皆派遣公使，駐紮朝鮮，則朝鮮與日俄二國，純立於平等之地位矣。中國當失敗之餘，凡朝鮮之內政外交，均不敢過問。俄國則顯逞強橫於日本，隱布勢力於韓廷。日本又派顧問官，選輔佐官，並貸與三百萬圓之改革巨費，一時新政繁興，百廢俱舉。名雖扶植其獨立，實則攫奪其主權也。朝鮮不察，猶呈詞而致謝曰：「此次芝罘和約已成，其第一條，即認明朝鮮獨立自主之事也。苟非大日本國皇帝，誼篤友邦，念切同盟，保持東洋大局之宏謀遠略，何以至此？王心感泐，不知攸謝，請煩貴伯爵公使，將感謝之意，轉達於貴國大皇帝陛下，至為切禱。」吾觀於此，而知今日亡人之國者，別有新法也。蓋亡人之國，如於形式上變更，易於驚人耳目，且驟用強烈手段，亦不足以服人心。故先美其名，而後收其實，使人墮其計而不知。所謂將欲翕之，必故張之；將欲取之，必故與之。其此之謂歟！方日本之與中國爭持於朝鮮也，曰為其獨立也，彼知非以此不足以折服中國之屬邦主義，使之其直在我，其曲在彼，且以收拾朝鮮人之心，而使之有與世界各國，為平等之希望，而不欲畔離也。及中日交戰，而日本勝也，其時雖攫朝鮮而歸其保護，朝鮮亦不敢有違言。然臥榻之側，又有俄人鼾睡，如昨日言之，今日反之，恐無以服天下之人心，故宵與以獨立之虛名，而漸收其保護之實果。且俄人者，既不得志於土耳基，以遂其侵略印度之政策，故日夜伺東方之隙，以為南下之計，其在朝鮮，固已隱然深伏其勢力矣。今見日本割據遼東，以阻其南下之路，故不得不聯合法、德，以迫日本之還附也。日本與我中國停戰之餘，固已精疲力竭矣，今見強俄顯露干涉之行跡，早已震駭戰縮，屈息不敢言動。故於朝鮮，中止實行保護之謀畫，而暫為扶植獨立之經營，候有隙端，再圖進取。正所謂養精蓄銳，藏器待時者也。而朝鮮之君若臣，竟冥然罔覺，猶謂日本誼篤友邦，念切同盟，遂銘諸心版，修書致謝。噫！愚矣。

第四十二章　日本陰握政權

日本大臣井上馨，既駐紮朝鮮，督令朝鮮政府，改革內政。見朝鮮行政，有宮中、府中之別，非出於一途，乃欲使宮中、府中合而為一；更見閔妃一黨，勢力甚張，遂用調和政策，密勸親日黨金宏集、朴泳孝等，與閔妃及其黨之李畔植、洪啟勛等，互相親近，以組織內閣，而陰握其政權。

按：朝鮮政權，既出於宮中，又出於府中，其宮中所議定者，而府中乃反對者焉；其府中所措施者，而宮中乃令其中止焉，甚至不顧理由，專憑意氣，於是宮中、府中，分為兩派，如柄鑿之不相入，水火之不相容，軋轢時聞，紛爭疊起。使長此而終古焉，則凡百設施，終歸無效也，且恐釀成巨患，而來他國之干涉，不惟於朝鮮無絲毫之利益，而又使本國增一番之損失也。故井上公使，欲令宮中、府中，聯為一體，誠知先後緩急之務者也。於斯時也，開始之問題未終，繼續之問題又起焉。如令政權皆歸於宮中，而使府中不能預問也，則閔妃黨派，氣燄愈增，不特賄賂通行，予奪恣意，且將憑其炙手可熱之勢力，以遏阻其改革之新機。如令政權皆歸於府中，而不使宮中過問也，則王黨既佔要津，妃黨亦不甘墮落，將見漢城政海，立起波瀾，而新政之頒行，更不堪設想矣。而井上公使，又出其極活動、極圓滿之手段，使親日黨與閔妃黨，互相聯絡，然後再謀其更新之設施焉。其外交之道，亦達於極點矣。

第四十三章　親俄疏日

日本駐紮朝鮮公使井上馨，正議改革朝鮮內政之時，日本忽受俄國之強迫，而還附遼東於我中國，於是日本之勢力浸消，俄國之勢力頓長，井上馨見不能改革，即時歸國。而俄國駐紮朝鮮公使韋柏，藉朴泳孝之援引，結託閔妃，朴、閔遂親俄疏日，更聯結親俄黨派，以排斥金玉均（此處有誤，1894年3月28日，金玉均被刺於上海，此處似應為金宏集──編著者）等。朝鮮政界之傾軋，至此亦不堪收拾矣。

按：朝鮮先親中而疏日，繼親日而疏中，今又親俄而疏日，彼固非有國家之資格者也，彼固非有獨立之能力者也。自其對外觀之，則如潯陽老妓，迎新送舊，確守其事大主義，而惟強者之是從也。自其自立觀之，則又半推半就，今日降心相從，明日即反戈相向，堅持其首鼠兩端之政策，而欲立足於潮流旋渦之中也。試問此等國家，尚能獨立乎？尚能自主乎？此必不可得之數矣。

第四十四章　日俄競權

親俄黨派，聯絡既成，朝鮮國王，見朴泳孝先親日本，又親俄國，恐其陰謀不軌，將設法誅之，以絕後患。時有與朴泳孝親密者，潛告其謀，朴泳孝遂先遁日本，繼赴美國，而潛身焉。斯時韓廷紛擾，達於極點。井上馨因至朝鮮，多方運動，提出金宏集一派，使與閔妃互相聯合。於是日本與俄國，隱然有競權之勢焉。

按： 朴泳孝之親俄，不過為閔妃之餌食，及俄黨之聯合成，而朴泳孝已成四面楚歌之勢，終以莫須有之獄，而亡命於他邦。其所以致禍之由，非因其有跋扈之跡也，非因其有篡逆之心也，非因其揖盜入門、引虎入室，而使桑梓父老，受他人之轄制也。不過因立腳不穩，既親日，又親俄，令人見而生疑，遂恐其心懷叵測，因欲戮之，以絕其後患也。此事件發生之時，固已聳人聽聞，驚人耳目。人皆宜引為前車之鑒，不敢蹈其覆轍也。乃金宏集一派，又受井上馨之籠絡，而為第二之朴泳孝焉，是何其不知自愛之甚哉！

第四十五章　日俄勢將決裂

井上馨既聯合金、閔二派，成為一體，乃復返本國。日本又派宮中顧問官三浦梧樓，為駐紮朝鮮全權公使。俄使韋伯乘日本公使新舊交替之時，又運動閔妃，謀將金宏集一派之親日者，痛加剪除，不留根蒂。而閔妃亦欲借俄國之勢力，以抵抗日人。於是日俄兩國，各有隱謀，決裂之形，已著於此。

按： 朝鮮自大院君攝政以來，至於中日之開戰，名為中國之屬邦，實則蜷伏於中日兩國肘腋之下，任其暗鬭。而政界為中日兩國之所分領，各務為其所親者，長其勢力，終至釀成中日之大戰爭，而中國被逐於半島之外。自中日戰爭以後，至於日俄戰爭，朝鮮得名義上之獨立，實則翻弄於日俄兩國股掌之中。其政界亦分而為二，各為兩國助其虛燄，終至惹起日俄之大戰爭，而朝鮮遂成日本之保護國。故數十年來之朝鮮內政史，無關於國家政治之可紀也，直一般媚外者，一起一伏，撥弄風雲，以塞其政界也。朝鮮之外交史，無一次有利於己國外交談判之足錄也，皆各國之環而伺其旁者，競手段，挾陰謀，弄之如小兒者也。朝鮮政界黨派之紛爭，為各國歷史上所罕見，即此一端，已足以亡其國而有餘。況更有日俄兩個，陰狠雄鷙之外交政策，與之結託，互相利用，以活動於政界哉。迫夫競爭日激，國力愈微，而朝鮮即因之而亡矣。

第四十六章　閔妃罹禍

俄使與閔妃既欲剪除金宏集一流之親日黨派，恐訓練隊之軍士，袒護金宏集等，使不得逞其私謀，閔妃因說國王，使將訓練軍隊，盡行解散。軍士聞之，憤恨不已。日使三浦梧樓，乘此機會，煽動親日黨，與訓練隊擁大院君入宮，殺王妃閔氏，殺宮內大臣李畊植及訓練隊長洪啟勛等，於是朝鮮之紛擾，更不堪問矣。

按：朝鮮有侍衛隊、訓練隊二軍。侍衛隊係本國之軍官所練者，訓練隊係日本之士官所練者。二者因宗旨不合，時相傾軋。訓練隊既為日本士官所練，自與金宏集一流之親日黨派，聲氣相通，互相援助。前者侍衛隊與訓練隊，稍有齟齬，訓練隊即藉金宏集等之力，斥退侍衛隊數人。今俄使與閔妃既欲剪除金宏集等，而訓練隊未有不出為袒護者也，故閔妃說其國王，而有解散訓練隊之議。是議也，俄國蓋欲擯斥日本於朝鮮半島之外，而自握朝鮮之政權也。使日本稍事遲回，未敢先發，則數十年之所蓄所養，所經營所建設者，一旦而同歸水泡，即後人出為恢復，亦恐英雄無用武之地也。乃日使三浦，成算在胸，而為先制人之計，推大院君以廓清君側為名，闖入宮禁，迅雷疾風，不及掩耳，閔妃遂斃於亂軍之下，此我中國光緒二十一年事也。夢魂夜斷，血濺君衣，勢壓君主，操縱國權之妖孽，至此而已消滅矣。此一舉也，既能戕其閔妃，以雪韓人之恨，又能保全勢力，以遏強國之燄，雖後日國際問題發生，大受抑制，亦不得以此咎三浦也。

第四十七章　日使拘於廣島

日皇聞弒閔妃之變，遂派守備兵，馳往朝鮮鎮壓。大院君與國王，說明宮中、府中之別，使政權復歸內閣。國王召日使三浦梧樓，及美、俄二國之公使入見，提出訓練隊之處分、干係大臣之議罰、王妃復位等問題，均以美、俄兩國決議行之。或疑閔妃之弒，日使與謀，日皇遂捕三浦等四十餘人，拘於廣島，以小村壽太郎為駐朝鮮公使，後三浦以無證見釋。

按：閔妃被戕，日軍入境，何其適逢其會也。蓋日使三浦，見俄人將剪除日黨，因欲用迅速之手段，以制人於機先，猶恐俄人參透機謀，而為相當之抵制，不特難保其將失之權利，且將授俄人以干涉之口實也。故先電之本國，請兵來援，然後擁眾入宮，洩其私憤。不然，何以閔妃殂沒之日，即為日軍馳救之時，何其電掣風馳，其疾速乃爾也。及後日將三浦拘於廣島，終以無證見釋，遂謂閔氏之弒，三浦不與其謀焉。雖然，誰其信之？

第四十八章　日使密謀無成

俄使韋柏，見日使三浦梧樓用激裂手段弒閔妃，殺宮內大臣李畊植、訓練隊長洪啟勛等，因欲傚尤。乃煽動親俄黨之李範晉、安駉壽等，擬率侍衛隊，闖入王宮，一舉而掃盡親日黨之金宏集等，以為閔妃復仇。其謀不密，為內廷所知，事遂未成而止。

按：日使之謀戕閔妃也，即謀之，即行之。而俄使若墜九里霧中，不惟不知其事之底蘊，即事之梗概，亦不得而知焉。乃俄使欲掃除日黨也，既謀之，未行之。而日使已洞若觀火，不惟知其事之梗概，事之底蘊，亦盡知之。於此已見俄人之手段，稍遜於日人之一籌矣。

第四十九章　俄使劫囚國王

朝鮮國王，聽日使小村壽太郎之忠告，改元建陽，並詔用太陽曆，更下剪髮易服之令，以期百度維新，實行改革。不意閔妃故里之民，蜂起作亂，自稱義兵，以為閔妃復仇為名，將欲南下，直抵京城。俄使韋伯乃召俄國之水兵入京，以防不測。又與俄黨之李範晉、安駉壽等，劫國王及世子出宮，皆囚於俄之使館，於是朝鮮之政權，胥歸於俄人之手。

按：日使小村，使朝鮮國王既行改元，又用太陽曆，更下剪髮易服之令。此等舉動，易於駭人聽聞。故春川之民，蜂擁而起，致使俄國公使，劫王、世子，囚於公使館中，此我中國光緒二十二年十一月事也。夫前數日間，俄使掃除日黨，而為閔妃復仇也。此諭既出，一時聞風而起者，不知凡幾，或欲食日人之肉，或欲寢日人之皮，或欲直入宮闈，以清積弊，其騷擾紛紜之狀態，如愁霧幔天，陰雲蔽日，將有暴風驟雨之迫於目前者。於斯時也，即執政之人，平和而鎮靜之，猶恐其亂之莫止也，殊何可啟其端、挑其釁哉？乃小村不察，竟欲為根本之改革，使朝野上下，百度更新，不知疏忽者固不能為力，操切者亦難為功也，致使匪徒暴動，國王蒙塵，而朝鮮之政權，亦入俄國勢力範圍之內矣。謀事之不臧，以至於此，小村，小村，能不自悔乎？

第五十章　俄使矯詔殺日黨

俄使韋柏，既囚朝鮮國王及世子於公使館中，於是朝鮮之詔勅、諭令，胥出於此。先矯詔搜索國中之弒閔妃者，得朴銑等數人而誅之；復矯詔殺總理大臣金宏集、

魚允中等；更矯詔殺農工商大臣鄭秉夏等。朝鮮之親日黨，一時誅戮殆盡，俄國在朝鮮之勢力，已達於極點。

按：春川亂黨暴動之時，則漢城風月，黯淡無光，已如法蘭西革命後之巴黎，我中國拳匪滋事後之北京矣。而如狼如虎之俄使韋柏，又出其強硬之手段，以殺戮韓臣，血染塵紅，愁縈霧紫，其傷心慘目，有如此者？

第五十一章　列國均霑利益

朝鮮國王，既被幽囚，廷臣又遭誅戮。當此國是未定之時，美人要求得咸鏡道金礦開採之權，並京仁鐵路敷設之權；法人要求得京義鐵路敷設之權；俄人更得咸鏡道及鬱陵島樹木採伐之權。然京仁鐵路，及鬱陵島各種權利，朝鮮已先許日本，於是日本政府思欲抗議，以謀恢復其權利焉。

按：咸鏡道為朝鮮北部之一大道，其地勢北依圖們江流，與西伯利亞及中國境為鄰。其南之大灣，名布辣敦，其中有永興灣，元山津在其灣內，為對日本及海參崴之南港，占緊要之地位，並產砂金。京仁鐵路，即漢城至仁川鐵路；京義鐵路，即漢京至義州之鐵路。鬱陵島為產森林之地，良材甚夥，此皆朝鮮最重要之部分，為國家之命脈所攸關也。而前守門羅主義之美國，乃首先發難，佔領優權。向懷踏碎全球之法國，亦急起直追，擇肥而噬。而猛如虎、狼如狼之俄國，佔據峰巔，左顧右盼，見旁觀者皆捷足而登，而當局者反瞠乎其後，遂試其陰狠雄鷙之手段，以攫取優美無上之利權。乃三國分羹，而日獨向隅，如吞聲忍氣，而不作適當之要求，則日本之勢力，從茲掃地矣。此所以欲與俄國抗議，而謀恢復也。

第五十二章　日俄第一次協約

俄國在朝鮮之勢力，日見增長，日本在朝鮮之勢力，日見損失，於是日本政府思欲抗議，以謀權利之恢復。因使駐紮朝鮮公使小村壽太郎，與俄國駐紮朝鮮公使韋柏，訂第一次日俄協商之約。其約中內容，則日本允許俄國，在朝鮮國內，與日本立於同一之地位。此約既成，而俄國又得干預朝鮮內政之明文矣。

按：日俄協商之約，其第二條曰：「日俄兩個代表者，當隨時忠告朝鮮國王，使以寬大待其臣民。」其第三條曰：「日本以保護電線之故，得置二百名以內之憲兵於朝鮮境內。」其第四條曰：「朝鮮有事變之時，日本在朝鮮京中置兵二中隊，在元

山置兵一中隊。俄國亦得置衛兵保護外交官，惟所置不得過日本之人數。」自日本提出抗議與俄國，則漢陽政界之暗鬪，一變而為國際上之折衝矣。然協商約文第二條，許俄國隨時忠告朝鮮國王之權，第四條許俄國得置衛兵之權，則俄國在朝鮮，已與日本立於同一之地位，而享同一之權利矣。前之俄國於條約上無有干預朝鮮內政之明文者，至此乃得設置之確證。此條約之成立，實日本對於朝鮮政策之一大失敗也。

第五十三章　日俄第二次協約

　　日俄協商之約，俄國勢力，雖佔優點，然猶未滿其慾壑。時俄皇舉行加冠禮，日本天皇，命貞愛親王與山縣有朋為大使，赴俄京聖彼得堡往賀。俄國外部大臣魯巴諾甫，多方要求，與日使山縣有朋，更申協約。其約中內容，許俄國在朝鮮國內，有監督財政、組織軍隊、維持警察、敷設電線之權。於是俄國在朝鮮之勢力，較前更進一步。

　　按：日俄更申之協約，其第一條曰：「日俄兩國政府，以救濟朝鮮困難之目的，勸告朝鮮政府，省一切冗費，且保其歲出入之平衡。若從事改革，而須募外債，則兩國政府合意救助之。」其第二條曰：「朝鮮若不為財政上及經濟上所困，得以本國人組織軍隊及警察，而維持之，使至於不藉外援，而能保國內之秩序，則兩國政府皆勿干涉之。」其第三條曰：「日俄兩國，皆得設電線於朝鮮。」此亦光緒二十二年事也。前之協商，俄國不過得隨時忠告朝鮮國王之權，及設侍衛兵之權，至於財政、軍隊、警察、電線諸端，均未提及，則俄國在朝鮮之勢力，尚未得謂之圓滿充足也。今既更申協約矣，則朝鮮財政，俄國已得監督之權，朝鮮電線，俄國已得敷設之權，雖組織軍隊、維持警察，條約上雖無明文，然亦含此性質矣。俄國在朝鮮之勢力，不亦較前更盛哉？

第五十四章　俄國增進勢力

　　俄國在朝鮮，既佔優勢，其公使韋柏，遂遷朝鮮國王，置之慶運宮中，尚監視之，更建僱聘俄兵之議。日本因出為反對，而俄使韋柏去國，俄皇使斯畢爾代之。卒定俄國士官三名，下士十名，僱聘於朝鮮之約，又使其國之亞歷基塞夫，為朝鮮財政之顧問。其他各方面之運動，益無忌憚。日俄協商之約文，至此亦全無效力矣。

　　按：俄國迫朝鮮聘用軍士教習及財政顧問，此兩問題發生之時，即我中國光緒二

十三年事也。此兩問題之發生，日本雖爭之，而不執意爭之。豈其畏俄國之強，而不敢與之相抗，遂甘心退讓乎？殆非也，蓋陽為減竈之形，陰蓄沉船之志，藏其鋒，養其銳，相時以動，而爭最後之利益也。俄人其知之乎？

第五十五章　日俄第三次協約

　　是時朝鮮臣民，漸厭俄人之專制，美、法二國，亦惡其貪橫。於是日本外部，與俄國駐紮日本之公使羅善，訂第三次日俄協約。其條約之內容，為日俄兩國，共確保朝鮮之獨立，而俄國復認日本在朝鮮有優先之權。至此俄國在朝鮮之勢力，稍被限制，日本前次失之於第一協商者，亦稍為回復焉。

　　按：第三次日俄協商之約，其第一條曰：「日俄兩國政府，確認朝鮮之主權，及其完全獨立，且相約於其內政，不為直接之干涉。」其第二條曰：「若朝鮮將來，有向日俄兩國求助之時，凡練兵、教官及財政顧問之任命，苟非經日俄兩政府先行互相商妥，不得以一國，擅為處置。」此我中國光緒二十四年事也。此第三次日俄協商之約，俄國頗見退步。蓋俄自干涉日本，還附遼東之後，又於俄皇加冕之時，使喀希尼與我中國李鴻章，定中俄密約，並租借旅順口及大連灣二港，終日經營滿洲，不遺餘力，故不惜以朝鮮半島，委之於日本也。而日本因北清事變，漸回復其國際上之地位，將亦以外交運動，貫徹其對朝鮮之主義焉，此日俄兩國對於朝鮮競鬬之所由緩和也。然日俄之勢力既定，則朝鮮之運命愈危。朝鮮人固猶不識不知，仍藉外力以相競，而不知取鏡以自照也。噫！悲夫。

第五十六章　朝鮮改國號為大韓

　　第三次日俄協商，既已成立，俄國在朝鮮，亦頗見退步，朝鮮國內，因以靜謐。是時大院君已逝世，國王遂改朝鮮國號為大韓，並廢建陽年號，改元光武，舉行即位大禮，分全國為十三道，改定地方之制。蓋朝鮮國自李成桂即位以來，至此已二十六世，五百零七年，而始得獨立帝國之名。

　　按：朝鮮國王，既改國號為大韓，則由王而帝，由藩屬而自主，已得獨立帝國之榮名矣。然果能獨立乎？抑不能獨立乎？宜視其國民之能力何如耳。彼十九世紀初南美諸國之獨立，與十八世紀末北美合眾國之獨立，何所異？顧何以北美能秩序發達，而南美不能，則知南美國民之能力，劣於北美之為之也。彼魯意十六時代法國之革

命，與查里第一時代英國之革命，何以異？顧何以英人能得完全立憲政體，而法人不能，則知法人之能力，劣於英人之為之也。若朝鮮則何如？觀其始祖李成桂之詔曰：對西無失禮，對東無失信，此所以保國體，而李朝所以傳萬世之道也。其所謂西者，蓋指中國而言，所謂東者，蓋指日本而言。是則朝鮮當日，已有犧牲玉帛，待於兩境，惟強是從之劣根性，相傳而為家法者也。當滿洲建國之時，與師撻伐，朝鮮人畏滿洲之威德，遂蜷伏於黃龍旂下，迄今已二百數十年。及甲午之役，朝鮮人懾日本之威力，又奔走於旭日旂下。至日本還附遼東，朝鮮人見俄國之強橫，更帖俯於白藍紅之橫條旂下。且近數年來，朝事秦而暮事楚，北事魏而東事吳，其柔弱活動之性質，已隨大同江水而流去矣，尚能望其獨立乎？

朝鮮亡國史　第三編

第一章　俄國強佔韓地

　　朝鮮改元之後，俄使斯畢爾復欲設置煤庫於釜山、絕影島等處，日本抗議，而俄使返國，俄國更以巴布羅甫代之。於是巴布羅甫復用強硬手段，為俄人獲得捕鯨基地於咸鏡等處，又欲租借馬山浦之地，充俄國東亞艦隊貯煤之處。日本見此等舉動，甚屬強橫，因竭力反對，其議遂寢。

　　按：巴布羅甫自北京轉駐韓京之時，在我中國光緒二十五年。俄國在朝鮮之勢力，前已退讓，今又進取者，其故何哉？蓋俄國南下之志，旦夕未嘗忘，前曾注全力於滿洲，以經營旅順口及大連灣之軍備。今則船塢炮台，布置已有端緒，惟慮夫東南海洋，無貯煤之處，則艦隊之往還不便，即侵掠之大欲難償也。故先謀貯煤於絕影島，繼謀貯煤於馬山浦，其心亦可見矣。

第二章　中俄密結條約

　　日俄兩國交涉馬山浦之時，我中國義和團起，殺德國駐清公使克林德，及日本書記杉山彬。各國聯軍赴中國勦團，日俄亦與其事，故朝鮮於斯時間，稍得安謐。是時俄國進兵滿洲，迫奉天將軍增祺，定中俄密條，令滿洲撤去武備。俄外部又迫中國駐俄公使楊儒，重訂密約，壟斷滿洲軍政，及鑛務特權，於是實力經營滿洲，並有侵略朝鮮之意。

　　按：中國義和團之起在光緒二十五年，殺德國公使及日本書記在二十六年，俄國與楊儒重訂密約在二十七年。此三年中，朝鮮之所以安謐無事，因有我中國代受其禍也。夫義和團起於山東，竄於直隸，焚香設壇，書符念咒，自言能避槍炮，以助清而滅洋者也。乃不數月間，蔓延全省，遂殺教士，焚教堂，毀鐵路，掀電線，而演出聯軍入京、兩宮遠狩之慘劇焉。說者謂，此天意為之，非人力所能致也。而不知此中殆有重要之理由焉。一由於教育廢弛，因民無普通之知識也。士夫則惟事詩文，農賈則固分魚魯，報章之記載，不得而知也，交涉之案件，不得而考也，知有五洲萬國

者，什百中不得其一二，遑問其他也？且多神教旨，普印於人人腦質之中，加以劇場之出鬼入神，說部之呼佛喚祖，皆足以牽引其本性，而蔽幛其靈明，觀於上神附體之時，已可知其受病之底蘊矣。一由於教徒橫暴，而積怨成仇也。溯自天主教之傳入中國也，已二百餘年矣，迨道光以來，西人以國力保護宗教，更藉宗教以擴充國力，數十年間屢生禍變，大者或開國際交涉，小者亦釀地方巨案。在上者多畏教會之勢力，不能自保其民；為民者乃避政府之暴殘，而求庇於教。於是歸教之徒，莠良不等，有藉教以嚇詐鄉愚者，有恃教以武斷鄉曲者，良善抱冤，無由昭雪，故一聞仇教之聲，即欲入其黨而洩其憤也。一由於孽種流傳，有觸即發也。赤眉、黃巾之種子，已散布於亞洲大陸之中，翻盡二十四朝之國史，其奇離事蹟，固屢見而不一見也。至於國朝乾隆之末，王之協、冉天元等，曾唱白蓮教以作亂矣。嘉慶之時，林清等，曾傳八卦教以惑民矣。當時雖獲巨魁，而此教尚留根蒂，值此國家紛擾之時，即蠢然思動，亦若微菌之隨溫氣及溫度而發育也者。具此諸多原因，而生此慘惡之結果，朝鮮當此時間，故得安居半島，以度此閒暇之歲月也。

第三章　英日聯盟俄法協約

　　俄人既佔據滿洲，更有侵略朝鮮之意，日本洞鑒其隱，故使駐紮英國使臣林董，與英外務大臣納思達，訂日英聯盟之約，以保全中國及韓國獨立為名，而陰制俄人之橫暴。俄人亦知其意之所在，遂聯絡法國，而訂法俄協約，對於英日同盟之通牒，而有所宣言，日俄兩國之戰機，已肇端於此焉。

　　按：各國聯盟之介紹，大抵不外二端，人種、宗教、政體居其一，是為根本之聯合，如十字軍之聯盟是也；形勢利害居其一，是為外交之聯合，如維也納之會盟是也。近世外交聯合，視根本聯合為尤重。故黃白兩大種人，握手於東西海洋之中，創亙古未有之新局。是時英國不欲使東洋霸權，歸於俄人之手，因有抵制之心，然尤持重，不欲獨出。日本自甲午戰後，一受俄人之干涉遼東，再受俄人之干涉朝鮮，故嫉俄特甚，而尤恐獨力支俄，終難獲勝，因欲結強國以為後援。而英國見日本庚子之戰，兵力強壯，大可恃以折俄，故英日二國，於光緒二十七年，訂英日同盟之約，其約文之第一條曰：「（兩締約國）互認清、韓二國之獨立，申明無論何國，不得對該二國，用全然之侵略主義，凡英國及日本於清國之利益，又日本於韓國政治上及工商業上特別之利益，兩締約國，皆竭力擁護。如別國有侵略之行為，兩締約國，因保護其臣民之生命財產，干涉其騷擾之發生，兩締約國，得執行必要不可缺之處置。」自此同盟成立，日本乃益有後援，得以揮手段於韓之半島矣。其約文中聲明日本在朝鮮

有政治上之特別利益，蓋朝鮮為日本人之朝鮮，既已經英國之默許，所謂維持其獨立者，特表面上之空談耳。俄國見此約文，恐難保俄國在滿洲及韓國之勢力，遂與法訂法俄協約，並為法俄宣言。其文曰：「俄、法兩國政府，於一千九百二年一月三十日，受日英締結同盟之通牒，其於維持極東現狀及全局和平，并清國、韓國領土之保全，及工商業上門戶開放諸原則，皆俄、法兩國政府，平日所願發表者，聞之實深喜悅。然俄、法兩國，為尊重以上諸原則，亦思於極東各地，保護兩國之特別利益，如有第三國有侵略的行動，或因清國發生內亂，危該國之保全及自由發想，於兩國特別之利益，有妨侵犯之情事，則兩國政府，不得不保留防護之方法，證明於此。」此宣言中，所謂於極東各地，保護兩國之特別利益者，蓋明言俄、法二國，已有滿洲及朝鮮之特別利益也。又謂如有第三國有侵略之行動，兩國政府，不得不保留防護之方法，蓋明言日本如侵略朝鮮，俄法不得不出為干涉也。此英日聯盟，與法俄協約成立之後，日、俄二國，亦將從事於軍備矣。

第四章　中俄結還附滿洲條約

日俄兩國，既各懷意見，俄國復迫於英、美、日三國之抗議，亦於是時，與我中國結還附滿洲條約。俄兵之在滿洲者，分三期撤退，後屆撤兵之期，其兵不特不退，且更向韓國索租鴨綠江口之龍巖浦地，建設炮台，與旅順、大連相為呼應，期佔黃海渤海之主權，以固滿洲經營之基礎。日本窺其意之所在，遂出而為直接之交涉。

按：俄國駐中國公使列撒盧，與中國外部慶親王、王文韶等，結還附滿洲條約，其約文之第二條中載有三則。一「本協約調印後，六個月間，撤退盛京省西南部，至遼河地方之俄國軍隊，且以鐵道還附清國。」二「次六個月間，撤退盛京殘部，及吉林省之俄兵。」三「又其次六個月間，自黑龍江省撤兵。」至第一期，俄國撤兵出盛京省，並歸還關外之鐵路。至第二期，不特不退出吉林省之兵，且提出關於撤兵之要求，並租借韓國龍巖浦之地，以經營海軍，俄國侵略主義，已為日人所知，故日人遂起而交涉焉。夫日俄交涉之起也，基因於滿洲問題，而歸著於朝鮮問題，故由滿州保全之說，一變而為滿韓交換之說，因可知日本之所以保全滿洲，非欲以保全滿洲也，實欲以利於朝鮮經營之進行也。然則至中日戰爭之後，十年之間，朝鮮得名義上之獨立，而苟且以全其生命者，賴有俄國之控其後耳。不然，吾恐朝鮮問題之解決，即在馬關和議之後矣。

第五章　日俄第一次交涉

　　俄國佔據滿洲、侵略韓國之時，日本外部大臣小村壽太郎，使駐俄公使栗野慎一郎向俄國政府備陳日本之希望，並將日、俄兩國在滿洲與韓國所享之利益切實聲明，願與俄國和衷商議，期泯爭戰於無形。俄國政府並未抗議，立即允之，然俄國侵略之政策，仍未稍變。

　　按：日本外部致駐俄公使之書曰：「使俄國駐據韓國之方面，則韓國之獨立，必為之頻被侵迫，即不然，亦必至使俄國在韓國半島，占最優之勢矣。夫韓國原為我國防禦線最緊要之前哨，故於其獨立，為我國之康寧及安全計，實最為必要者。且我國在韓國，所有政治上及商工業上之利益與勢利，實卓絕於他國，而此利益與勢利，我國為自己安固起見，斷不交付於他國，或分與他國者也。」日本對韓政略之方針，略具於是，其舉全韓以置於日本勢力範圍下之野心，已直揭之，而不自諱也。

第六章　日俄第二三次交涉

　　日本政府，恐俄國輕諾寡信，遂提出協商六條，求俄允許，並約在俄京聖彼得堡開議。俄國藉詞於俄皇出遊，不允其請，更派關東州長官阿利克塞夫為旅順太守，委以極東重任。日本又與俄國政府定期，在日本東京開議，俄國又藉詞於皇后有疾，亦不允其請，日本恐久事延遲，變生不測，故再三促其覆答。於是俄國駐日公使羅善赴旅順，與阿利克塞夫會議，亦提出協商數條，求日本承認，日俄之交涉，至此亦不可問矣。

　　按：日本與俄國，提出協商六條，其第一條曰：「日俄兩國，互相約定，重視清、韓兩國之獨立，及領土之保全，並須為該兩國內各國之商工業，保持之機會均等主義。」第二條曰：「俄國承認日本於韓國，占最優等之利益，日本承認俄國於滿洲，有經營鐵道之特別利益，並互相承認日本於韓國、俄國於滿洲，有必要措置之權利，以依本協約第一條，各行保護己國之利益。」第三條曰：「日俄兩國，除有背本協約第一條外，日本於韓國、俄國於滿洲之商工業的活動之發達，各不得為之阻礙。又自後延長韓國鐵路至滿洲南部，與東清鐵路，及山海關、牛莊線相接，俄國不得阻攔。」第四條曰：「日俄兩國，為保護本協約第二條所揭之利益，及韓國、滿洲，有足釀成國際紛爭之叛亂，或騷擾情事，須勤辦時，日本得派軍至韓國，俄國得派軍至滿洲，但所派兵額，不得過實際必需之數，且一經事竣，即須次第撤回。」第五條曰：「對於韓國一切改革，及改革政務，與以助告，或他項援助，係日本之特權，俄

國須承認之。」第六條曰：「本協約簽定後，從前日俄兩國關於韓國之協約，悉行作廢。」俄國政府，對於此案，再四遷延，不得已乃提出案文八條，求日本承認。其第一條曰：「日俄兩國，均重視韓國之獨立，及領土之保全。」第二條曰：「俄國承認日本在韓國，占優等之利益，並除有背第一條所規定外，承認對韓國改良民政、與以助語，或他項援助，為日本之權利。」第三條曰：「日本於韓國之商工業的營建，俄國不為阻碍，並除有背第一條所規定外，保護是等營建，一切措置，俄國概不反對。」第四條曰：「日本為保護在韓國商工業的營建，知照俄國後，派遣軍隊，俄國承認為日本權利，但其兵額不得過實際必需之數，且一經事竣，即須次第撤回。」第五條曰：「日俄兩國，雖對韓國領土之一部，亦不得使用軍略上之目的，並不得於韓國沿岸，營設有害朝鮮海峽之自由航行之軍用工事。」第六條曰：「韓國領土北緯三十九度以北，作為中立地，兩締約國之軍隊，均不得擅入。」第七條曰：「日本承認滿洲，及其沿岸，全屬日本之利益範圍以外。」第八條曰：「本協約簽定後，從前日俄兩國關於韓國之協約，悉行作廢。」觀日俄兩國之協商約文，則知兩國對於朝鮮之意見矣。使日本與俄國協商之時，俄國即承認此約文，則此次戰役，可以潛消於樽俎間也。而俄國乃卒欲以滿洲問題，置於日俄協商範圍之外，蓋俄人亦深察夫日之視韓，尤重於滿也。顧日人所以不得不始終斷斷爭之者，則以滿洲不保，而強俄鼾睡於韓榻之側，坐視而韓亦遂非日本所能有也，故日本爭滿問題，凡以為韓問題也。

第七章　俄國不肯讓步

日本政府，對於俄國提出之協商數條，亦不肯承認，日本因提出修正案，求俄國作覆。俄國又以當徵諸亞歷斯夫之意見為詞，而遷延其時日，經栗野公使，催促再三，始提出答案，然猶堅持己說，不稍讓步。日本以忍耐之心，又與俄國交涉二次，俄國不特不作覆答，且整理海陸兵備，並派軍隊赴韓。栗野公使，見事不可為，遂下旗返國，於是日、俄之國交遂絕。

按：日本提出之修正案，與第一次協商相同之點，即日、俄兩國共重視清、韓兩國之獨立，及領土之保全，俄國承認日本於韓國占優等之利益，及對韓國改良行政，與以助語，或他項之援助，為日本之權利，並不阻碍日本商工業於韓國之發展，不反對日本保護是等利益一切之措置，日本為保護是等利益，及鎮壓國際紛爭騷亂時，得派兵至韓國。對俄國之提議，則日、俄兩國，不得於韓國沿岸，營有害朝鮮海峽自由航行之軍用工事，及於滿、韓分境處，各以五十吉米之地，為中立區，兩締約國之軍隊，非互相承諾，不得擅入等兩項，日本承認之。又日本承認滿洲，屬己國之

特殊利益範圍以外，俄國亦須承認韓國，屬己國之特殊利益範圍以外；日本承認俄國於滿洲，占特別利益，且為保護是等利益，得行必要之措置，日本不妨碍俄國由韓國所得之商業居住上之權利，俄國亦須不妨碍日本依日清條約於滿洲得有同上之權利，自後韓國鐵路，及東清鐵路，延長至鴨綠江，俄國並不得阻碍該路之連絡。此條約提出，俄國遷延日久，乃提出答案，然該案仍僅以韓國為協商之範圍，否認於韓國使用軍略上之目的，對中立地帶，亦固執北緯三十九度以北之說。日本既以關於滿洲事項必須協定，遂對俄政府，堅持原案，將修正案消除，倡言既同在兩國利害接觸區內，即須並行妥議，并要求關於使用韓國領土，不設限制。又謂俄國既不肯使中立地帶，跨於滿洲兩方面，即不若將該項削除，又延遲數日，俄國始作覆，其對韓國之意見，仍堅持己說，日本則謂果承認其對韓國之意見，則日本及列國已於滿洲獲得之利益及特權，俄國不得妨碍。然俄國苟絕對不保證清國之主權，及其領土之保全，雖尊重日本及列國於滿洲已得之權，亦無實效。且日本如允俄國之議，承認滿洲及其沿岸屬日本之利益範圍外，則俄國亦須以對韓國同樣之保證於日本，日本又以是等意見，致告俄國政府，求其詳核。然俄國猶未指定其確答之期，且增派軍隊，欲作示威之舉動。於是日本外部小村壽太郎，電致駐俄公使栗野慎一郎，使通告俄國政府，中止協議，並率館員及留學生回國。自交涉以來，約及半載，卒不得協，日、俄之國交，於是絕焉。觀此數次之協商，亦可知日直而俄曲也。俄國之於滿洲，絕對拒絕日本，而其所協商者，但在朝鮮，則於形勢上，已不得謂之滿韓交換，而直當謂之滿洲歸俄，朝鮮則日俄協商已耳。若是，則雖俄人承認日本之在朝鮮得佔優先之地位，而於滿洲，則不留日本容喙之地，則日本之損辱實多，況乎事循其本，今日之交涉，實緣俄國不踐滿洲撤兵之約而起，故滿洲實屬交涉之主題，而朝鮮實屬交涉之副題，若除卻滿洲，而但議朝鮮之事，此全非日本之初心，而亦日本之所必不肯諾者也。故原協商之不成，其過當委之俄，而不當委之日本，且日本所提議者，相約尊重清、韓兩國之獨立，及領土之保全，而俄國所提議者，削除清國，不言尊重清國之獨立，及領土之保全，而獨言尊重韓國之獨立，及領土之保全。夫日本固非有愛於清國也，尊重清國之獨立，及領土之保全，則滿洲主權屬清國而不屬俄國，而日本已自留位置於滿洲之間。蓋俄國可享有從清國條約上所獲得之權利，日本亦可享有從清國條約上所獲得之權利故也。俄國亦非有愛於朝鮮也，尊重韓國之獨立，及領土之保全，如此則朝鮮之土地，日本不得而占有之，而日本經朝鮮之認許，可獲得其利益，俄國亦可經朝鮮之認許，而獲得利益故也。然而日本於朝鮮之獨立，及其領土之保全也，固承認之，而俄國於清國之獨立，及領土之保全也，不肯承認之。又日本之初提議也，於朝鮮未嘗明絕俄國，而俄國所提議，則謂日本當承認滿洲，及其沿岸，為全然在於日本利益範圍之外，雖日本為同樣之對案，而日本承認滿洲，及其沿岸，為全然在於日本利益範

圍之外，俄國亦當承認韓國，及其沿岸，為全然在於俄國利益範圍之外，然固俄之先絕日本矣。又日本要求各國在清、韓兩國之商工業，保持均等主義，而俄國之於滿洲也，不肯許之。雖至最後之讓步案，允加入於滿洲區域內，俄國不阻礙日本，若他國享有與清國條約所獲得之權利及特權，然聲明係屬現行條約，又不許設定居留地。夫限以現行條約，則以後續獲得於清國之條約，已含否拒，而限以不設定居留地，則仍在俄國管轄之中。且最關要點，在抹煞清國之獨立，及領土之保全，則此協商，俄國已不認滿洲在清國主權之下。夫利益固從主權而出者也，日本所欲獲得滿洲商工業上之利益，而主權已先變更，不復屬於清國，而屬於俄國，則日本更何從再獲滿洲之利益乎？此日俄協商之約，所以終未告成也。

第八章　日俄派兵赴韓

　　日俄國交，尚未斷絕之時，俄國已於滿洲軍備，布置周密，派司塔為海軍司令長官，駐兵旅順。日本於朝鮮軍備亦布置周密，派東鄉平八郎，為海軍司令長官，向旅順進發。俄國又於安東縣、九連城、鳳凰城及鴨綠江沿岸一帶，埋設地雷，更於海城地方，掘溝引水於其南方，設柵於其北方，防備日軍之侵入。

　　按：俄國軍隊之布置，守旅順者，二萬三百五十人；守達爾尼者，二千人；守大連灣者，四千四百人；守皮子窩者，四百人；守安東者，五百五十人；守鳳凰城者，七百五十人；守金州者，七百五十人；守營口者，一千二百人；守海城者，一千一百五十人；守遼陽者，一千九百人；守奉天者，五百五十人；守吉林省者，二千七百五十人；守寧古塔者，一千二百五十人；守哈爾濱者，四千五百五十人；守齊齊哈爾者，一千九百五十人；守海拉爾者，一千人，此外尚有東清鐵路掩護隊二萬四千人，共六萬九千五百人。而日本之運兵甚屬秘密，故駐韓之兵數，不得而知。觀日、俄兩國之軍備，則知兩國之戰爭，萬難解決也。夫俄國前此之所以遷延其交涉者，蓋欲隱圖充實兵力於東方，足以制日本之死命，則可以為我所欲為，而無所忌，故其對日本之交涉也，或曰皇帝出遊，或曰皇后有疾，或曰當徵諸亞歷斯夫之意見，為種種延宕之辭，其意以為如是可羈縻日本，而交涉期內日本必不決戰，則滿洲兵力之虛，乃可不為其所乘。而一面誇張其兵數，使日本之望而氣餒，至於一切戰鬥之準備，已完整於滿洲之野，則於外交上，不難盡拒斥日本之要求。如以俄國之地大兵眾，取攻勢以臨日本，彼日本固自知其不利，而當悉就俄國之範圍耳。故日本利於速戰，而俄國利於緩戰，日本利於外交成否之迅速揭曉，而俄國利於外交成否之緩無定期。方日本以交涉延滯，不勝其望眼欲穿，焦心若燎，而發苦悶之聲，而俄國即悠然自得，以為是

吾所弄最巧之手段，而入吾之彀中者，而焉知因是之故，乃反大有造於日本。何則？使日本不先經歷此協商之困難，而猝然欲與俄國以干戈相見，則世界必以好戰之國目日本，而俄國亦可盡委卸其戰爭之過，以為在日本而不在俄，而藉以博世界之同好於俄，則日本固亦大不利焉。夫戰爭之事，其最當注重者，在著眼於各國之外交，而探其同情之向我與否，若與各國之情好一離，而陷於孤立之地，則雖戰勝，而亦可受各國之排擠，而所招之損失實多。彼德法戰爭之初，俾斯麥所最用心者，在外交之一事，以是得收終局之勝利焉。今日俄交涉，以偃蹇歲月，而終不得要領，則世界已有以窺俄國修好之無誠，而共諒日本之有忍耐之心，遂至開戰，而無有與日本為難者。此雖由日本先聯英國為與國，而美國以關於滿洲通商之利害，其勢自亦傾於日本，而日本遂得世界大有力之朋好國。然亦由於與俄國協商已綿亙長久之日月，故各國乃共認其開戰為迫於最然之不得已而然，而實則亦由於俄國之玉以成之也。

第九章　旅順第一次之戰

日本聯合隊司令長官東鄉平八郎，率軍艦四隊，出佐世保軍港，得報，乃知俄國軍艦泊於旅順口外，別有二艘，泊於仁川。東鄉遣少將瓜生外吉，率軍艦五艘，向仁川，自率全隊向旅順。至夜以魚雷艇三艘，飾為俄式，趨入口中，炸傷俄艦三艘。翌日，又與俄軍戰於黃金山下，擊傷俄艦四艘，日軍之少佐山中幹及梶村文夫，均死於是役。

按：日軍出港之日，即我中國光緒二十九年十二月二十日也。東鄉所率之四隊將官，第一隊為少將梨羽時起，第二隊為中將上村彥之丞，第三隊為少將三須宗太郎，第四隊為少將瓜生外吉。出港之日，捕俄國商船二艘，至新島附近，得軍艦明石之報，乃知俄艦所泊之地，派瓜生赴仁川，後偵知有俄國魚雷艇三艘，至遼東助戰，遂於晚十一鐘，以魚雷艇三艘，飾為俄式，並懸俄旗，趨入旅順口中。是時俄之海軍司令官司塔，方登岸宴客，軍官多離艦，惟黃金山守將未離，見魚雷艇至，發信號問自何來，三艇以自青泥窪來答之，守臺官縱之使入，突魚雷炸發，傷來篤維仙察、利肥次、拍拉大三艘。俄兵官於席上聞警，匆匆歸艦，與日艦戰於口中，因彼此相距甚近，皆不能發炮，遂停戰。至翌日，千歲艦出羽司令官，得東鄉電報，謂機不可失，乃率諸艦至黃金山麓，與俄軍激戰，擊傷俄艦代安、阿亞司、歌諾維茲克、巴耶四艘，日將山中幹受敵炮彈，洞腹而死，梶村文夫被彈傷股及腎而死。觀日俄初戰，日本即能以迅雷不及掩耳之手段，擊傷俄國最大之戰艦數艘，自今以後，則俄國之勢力大減，而日本之威焰大張矣。雖俄國以不宣戰而襲擊，鳴日本之違背公法，然日本於

交涉形勢上，已為最後之通牒，而聲明外交斷絕，當採自由之行動，且先召還其駐俄公使，是已不當以宣戰相告。而俄國之為日本所襲擊，乃俄國之怠慢，而不自備，而日本不必先發宣戰之書，而開戰者，固戰爭之通例，於公法上蓋無可議焉。日本之出兵迅速，制於機先，破俄國之攻勢，而使為守勢，而亞歷斯夫預計之戰略，遂歸於畫餅，而無所用矣。

第十章　日俄仁川之戰

　　旅順之戰未終，同時有仁川之戰。先日本少將瓜生外吉，率軍艦七艘，向仁川進發，途遇俄艦三艘，遂發炮轟擊，俄艦亦發炮應之。移時俄艦退入濟物浦港中，瓜生少吉告英、美、法、意諸艦，令其迫俄艦出港，並使日本領事加藤，告俄國領事普林諾司基，勸俄艦出降，俄艦作樂出港，與日艦鏖戰，氣不少陰，後俄艦知不能勝，均舉火自焚。

　　按：瓜生外吉所率軍艦，係淺間、浪速、高千穗、新高、吾妻、須磨、明石七艘，俄艦艦長露士納，所率之軍艦，係瓦利耶克、哥烈芝、松花江三艘。是時英國戰艦搭爾卜、美國戰艦佛斯彪、法國戰艦帕思高、意國戰艦哀爾巴，皆泊於濟物浦港中。瓜生少將，謂濟物浦非中立口岸，俄艦如不於十二鐘退出，日本海軍，將以午後四鐘往攻。法艦長商南，謂日俄尚未宣戰，如往攻之，於公法有背。瓜生少將，謂國交已絕，即可往攻。俄艦不得已，請英、法各艦，相伴出港，各艦不許，俄艦遂作英、法、意、美諸國軍樂，以示友好，各國軍艦亦歡呼致敬。俄艦駛出港外，與日艦激戰，至五十分鐘之久，哥烈芝先退，瓦利耶克代之，約一鐘許，艦面炮位皆燬，艦首亦為魚雷炸裂，忽一彈至，碎其舵，不克運轉，艦板之上，血肉橫飛，有兵官尚執路程表，指揮一切，忽一流彈至，全身不見，僅餘一手執路程表如故。是艦受創甚巨，欲退入港中，又被炮彈洞穿其腹，故舉火自焚，而哥烈芝與松花江二艘，知不能免，亦舉火自焚。夫俄艦之在濟物浦也，既不能久處港中，又不能伴英、法、美、意諸艦，而駛出港外，其危險未有過於此者。而艦長露土納，猶不肯俯首降敵，乃先作軍樂以敬鄰邦，繼率兵艦以出軍港，其勇往直前奮不顧身之氣概，有令人聞之而起敬者，雖戰而敗，亦有餘榮焉。

第十一章　日俄宣戰

　　旅順與仁川戰後，日本天皇，下宣戰勅諭，俄皇尼古拉士第二，亦下宣戰勅諭，日本與俄國之外部大臣，均宣布日俄交涉之始末。俄國駐日公使羅善，駐韓公使巴布羅甫，皆下旗返國，英、美、義、法、德、西、荷蘭、丹墨、瑞典、那威、暹羅、巴西、墨西哥、奧地利諸國，與我中國，俱先後宣布中立，於是日俄之戰，更無已時矣。

　　按：日皇所下之宣戰勅諭曰：「朕今已與俄國宣戰，勅令海陸兩軍，協心戮力，以與該國從事疆場，並命大小有司，務按照己之權限，於國際法範圍之內，施行各事，努力圖維，以達國家之目的。朕為文明帝國平和進步之計，深願鞏固各國友誼，並維持遠東永久之平和，以不妨碍他國權利之政策，確保我國版圖之將來，此為國際上關係最為緊要之端，亦朕長此不變之目的也。我國臣民，均能仰體朕意，各盡義務，用能與列國漸加親厚，今者不幸，竟致與俄國公然開戰，殊非朕之初心。韓國獨立，我帝國之所焦慮者，不惟兩國歷史，均有關係，亦為我邦安全無缺之要圖也，不意俄國竟背其前與中國所立條約，食其屢向列國宣告之前言，一再佔據滿洲地方，該國欲因自己地步，且有併吞東三省之意。夫使俄國若竟併吞滿洲，不能維持中國之獨立，即遠東大局，亦無永久安全之日，故我帝國與俄交涉，以冀解決問題，期得永遠平和。我國當事有司，仰體朕意，嘗與俄國提議協商，乃三閱月以來，商議數次，該國不但絲毫不讓，而且任意遷延，解決事局，陽雖唱導和平，陰乃增修海陸軍務，努力經營，圖飽慾望。朕於此殆信俄國實無希望平和之心，彼既拒我之方議，韓國之安全以危，而我帝國之利益，亦必被其妨害，此日之平和交涉，既不能保，而為將來之和平計，即不能不力進一步，與俄干戈相見。深望我國官民，忠義勇武，克復永久和平，則保持帝國名譽之日，自不遠矣。」而俄皇所下之宣戰勅諭曰：「朕本以維持平和為目的，故盡力以鞏固東洋之靜謐者，於茲有年。以此目的故，朕於日本政府，所提議關於韓國之事，欲改訂兩帝國間之現行條約，朕亦與有同心。然商議未結，日本不待我政府回答，遽發照會，謂與俄國之商議及外交關係斷絕。夫外交之關係斷絕，非必遽有開戰之意義也，而日本政府，使其魚雷船襲擊朕之艦隊於旅順口砲臺之旁，朕既得遠東之報告，乃下令與日本交戰。朕之決意，深祈上帝救護之。凡我臣民，當奮起赴命，以防護其祖國。朕更祈上帝加佑於朕之有名譽之海陸軍。」觀日俄兩國宣戰之勅諭，則知日俄兩國之所注意者，均在韓國也。日本之勅諭曰：韓國獨立，我帝國之所焦慮者，不惟兩國歷史均有關係，亦為我邦完全無缺之要圖也。此其意蓋謂韓國之存亡，與日本之關係甚鉅，如俄國佔據滿洲，韓國萬不能保其獨立，如韓國不能獨立，則日本之勢局必危，故日本不得不與之宣戰也。俄國之勅諭曰：所提議關於韓國之事，欲改訂兩帝國間現行條約，朕亦與有同心。其所言者，止韓國之一部，而滿

洲則並未提及焉，此其意蓋視滿洲為己國所固有，而韓國乃在日俄勢力範圍之內也。夫日本則視韓國為己有，俄國則視為日俄兩國所共有，其日俄之爭點不盡在韓國乎？

第十二章　旅順第二次之戰

日俄兩國，既已宣戰，日本聯合隊司令長官東鄉平八郎，又下第二次攻擊旅順之令。是日風雪交加，天氣甚冷，日本軍艦四艘，冒雪前進，抵旅順口外者止二艘，其他二艘，已失路分散，徧覓俄軍戰艦，不見蹤跡。突炮聲起在對面，始知與俄艦距離甚近，因發魚雷應之，傷俄艦一艘。

按：二次攻擊旅順之日，即我中國光緒二十九年十二月二十八日也。是日所發軍艦，係速鳥、朝霧、春雨、村雨四艘，所傷之俄艦，係貝洛多之旗艦也。當風雪晦冥之際，寒侵肌骨，軍士皆屈息不肯言戰，而東鄉何以趁此時間，又下第二次攻擊之令？蓋兵法有云，出其不意，攻其無備。東鄉即師此意也。

第十三章　旅順第三次之戰

日軍第二次攻擊旅順之後，俄艦均遁入港中，日久不出。日本知非堵塞港口，不足以制其死命，遂購商船五艘，募海軍中佐馬良橘等七十六人，並輔以驅逐艇四艘，向旅順進發，以期堵塞港口。俄軍見之，發炮猛擊，五艘均沉於港外。翌日又與俄軍鏖戰海面，殲俄艦一艘。

按：日本海軍省，以二十萬圓，購仁川丸、天津丸、武陽丸、武州丸、報國丸五艘，滿載土石，以備堵塞港口之用，又募馬良橘等七十六人，均意氣飛揚，有不可一世之概。其他之未與選者，咸以為憾。所輔之驅逐艇，係叢雲、夕霧、不知火、陽炎四艘，由老鐵山南駛向旅順。俄軍用探海電燈瞭矚，發炮猛擊，日船五艘，均未至港口而沉，在船將卒，各登小船駛歸。翌日上村司令官，與俄艦戰於老鐵山側，殲俄艦一艘，此光緒三十年正月初九日事也。夫堵塞港口之事，自有海戰以來，曾不數覯，拿破崙第一，欲封堵歐洲大陸各口，志不得遂。前數年美西之役，美兵官合布遜，欲堵塞桑交古港，亦無成功。拿破崙第一時，敵軍戰器，不及今日之利，美西二國，兵力懸絕，而猶不奏功，況俄為世界最強之國，而旅順又為其竭力守護之要塞乎。日本茲舉，雖未成功，可謂勇矣。

第十四章　日俄平壤之戰

　　日本海軍攻擊旅順三次之後，而陸軍有平壤之戰。俄之哥薩克兵八十三騎，自定州啟行，越鳥頒，過順安，抵平壤。日本陸軍隊長小泉義勇，派軍一哨，扼守七星門外，見韓民亂竄，知俄兵將至，即率隊前進，與俄軍接戰。越時，俄軍退至博川，掠電報局之機器而去。

　　按：平壤之戰，在我中國正月十二日也。七星門為平壤西門，即往義州街之要路也。哥薩克兵之音義，韃靼謂之輕裝軍人，土耳基謂之刼奪，日本謂之巷賊。其人之體格、風俗、習慣、言語、宗教，極類俄人，係俄種與亞細亞種相清雜者，共十一軍，以俄太子為摠指揮官，以殘忍驍勇著名，但久被教化，性質漸變。今日俄開戰，從事於疆場，而平壤一役，甫戰即逃，其所謂驍勇者，果安在耶？

第十五章　旅順第四次之戰

　　陸軍平壤戰後，又有海軍海參崴第一次之戰，兩軍均未損傷。俄國新派馬克羅甫為司令長官，統帶旅順軍隊，以代司塔之任。日軍趁其甫經視事，防備未周，遂下第四次攻擊旅順之令，分甲乙二隊，於夜間駛往旅順口外，布設水雷。甲隊與俄艦相遇，擊傷俄艦一艘，時馬克羅甫聞警，駕艦出援，移時退去；乙軍亦擊沉俄艦一艘而還。

　　按：海參崴第一次之戰，在我中國正月二十日。日本以軍艦五艘，駛鳥蘇里灣，發炮轟擊，祇毀房屋數處。第四次攻擊旅順，即中國正月二十四日。乙隊在旅順港口，布設水雷，為俄艦所覺，發炮擊之，乙隊弗動，及布設已竣，乃鼓浪而去，途遇俄艦二艘，截路痛擊，其一遁去，其一沉於海中。甲隊至老鐵山南，與俄艦六艘相遇，擊傷一艘，馬克羅甫往救，為日本巡洋艦四艘，困於中心，俄艦知勢不可敵，均陸續遁去。夫馬克羅甫者，為俄國第一流之名將也，嘗著防水法論，及黑海地中海潮流交換論，並海水之重率溫度論，皆傳誦一時。至千八百七十七年，俄土之役，曾創議以水雷裝小汽船上，懸以運船釣架，攻土國軍艦，毀土國鐵甲汽船各一。及中日甲午之役，又倡俄、法、德干涉遼東之議，以嚇退日軍。以智識及經歷論之，誠為他人所不及者，乃今日甫經視事，軍即敗北，其平生之威望，從茲掃地矣。

第十六章　旅順第五次之戰

　　旅順第四次戰後，又有第五次之戰。日軍先遣魚雷數艘，偵探旅順海面，俄砲臺守兵，發砲遙擊，日軍即退。翌日東鄉率軍艦三隊，向旅順炮臺痛擊，欲誘俄艦出海。俄將馬克羅甫，偵知日軍勢盛，不敢遠出，僅駛至口外，藉砲臺自護，以誘日軍。兩軍互擊多時，未分勝負。

　　按：是役日艦之與戰事者，有戰鬪艦六艘、巡洋艦十二艘、水雷艇八艘，俄艦之駛出口外者，僅戰鬪艦五艘、巡洋艦四艘。是時東鄉欲誘俄艦出港，馬克羅甫欲誘日艦駛近，然彼此均洞悉其意，故是戰未分勝負，此我中國二月初六日事也。

第十七章　旅順第六次之戰

　　旅順第六次戰事，兼有堵塞港口之舉。日軍以商船四艘，輔以魚雷艇及水雷艇六艘，向旅順進發。俄軍以探海燈瞭望，發砲猛擊。日軍商船四艘，奮勇前進，然皆未至港口而沉，日軍船長廣瀨武夫，及副長杉野孫七，均死於是役，此第二次堵塞旅順港口之計，仍無成效也。

　　按：堵塞旅順港口之商船，係千代丸、福井丸、英彥丸、米山丸四艘，千代丸至黃金山西側而沉，福井丸與米山丸為俄軍之魚雷艇撞擊而沉，英彥丸自行炸沉。廣瀨武夫及杉野孫七，皆在英彥丸，杉野在船底，豫備自炸，忽中俄軍魚雷，船遂破裂，船中諸人，皆乘杉板而去，獨廣瀨覓杉野不見，往返三次，而船已沉，不得已亦乘杉板出險，忽一彈飛至，中身而死，此我中國二月十一日事也。夫英彥丸將沉之時，炮如鳴雷，彈如飛雨，存亡生死，均在於呼吸之間，而廣瀨奮不顧身，返尋知己，真可謂殺身成仁、舍生取義者也。

第十八章　日俄定州之戰

　　第六次攻擊旅順之時，兼有陸軍定州之戰。俄軍自平壤敗後，退守定州，日軍遣騎兵二隊，往偵探之，甫入南門，知有伏兵，急退於門外，列陣接戰，俄兵愈聚愈眾，且據高阜之地，向下轟擊，日軍勢漸不支，向東遁去。聯隊聞警，急馳往救，故日軍轉敗為勝，俄軍遂退於宣州。日軍之中尉加納忠勇、特務曹長清末廣吉、伍長沼倉邦一，均死於是役。

按：定州之戰，在我中國二月十二日。定州築城於山畔，約高二百六十尺，四面環牆，城門五所，南門外有河，流出二英里外，繞至城北，其形勢頗覺險要，俄軍佔之，一戰即棄之而去，其軍之劣弱，亦可知矣。

第十九章　鴨綠江九連城諸戰

俄軍退宣州，奔義州，渡鴨綠江，大集於九連城、安東縣等處，與日軍隔江鏖戰，互有損傷。後日軍興築橋之役，輔以軍團，且戰且築，三十夜，始成橋三處。日軍死傷甚眾，方能渡江。及渡江之後，又敗俄軍於九連城、蛤蟆塘、安東縣等處，俄軍遂向鳳凰城而遁。

按：我中國二月十七日，日軍與俄軍戰於鐵山，俄軍遂棄宣州，奔義州，渡鴨綠江，而群集於九連城等處。至二十三日，日軍乘小艇三艘，向江中之馬陵島偵探，為島中之俄兵襲擊，軍多溺死。二十五日，日軍司令長科明，率兵五人，乘韓國漁船，向江口偵探，適與中國漁船相遇，內有俄兵七人，遂互相攻擊，後俄兵敗退。至三月初六日，始有築橋之舉。時夜已過半，月色正明，日軍隊長，召集部下兵士，飲酒訣別，遂駕十一舟，向前攻擊，為俄軍擊沉三舟，其餘皆登岸縱火焚營，俄兵退敗。自此以後，日有戰爭，至十六日始築橋三處，方能渡江，而奪九連城、蛤蟆塘、安東縣等處。俄軍勢不能支，向鳳凰城遁去。自此役之後，兩軍之優劣已分，而勝負可決矣。

第二十章　旅順第七次之戰

鴨綠江之戰未終，同時有旅順第七次之戰。日軍中佐小田喜代，駕蛟龍丸，輔以魚雷、水雷各艇，駛往旅順口外，布設水雷，事後返棹而去，忽遇俄艦一艘，將入口內，開炮擊之，應聲而沒。馬克羅甫先命一艦往援，又為日軍所困，繼命戰艦六艘，出口往救。日艦佯為敗北，隨戰隨退，及離口稍遠，忽來日艦多艘，勢將夾擊。俄艦知已中計，遂下令回舵，一艦誤觸水雷，炸碎沉沒，馬克羅甫及廓郎，均死之。

按：旅順第七次之戰，在我中國二月二十六日。初次擊沉之俄艦，船中將士，均已落海，日人將往援之，突俄艦一艘，出口猛擊，故日人不暇往救，將士盡行溺死。馬克羅甫所乘之艦，係彼得阿伯羅司克，廓郎曾往日本遊歷，甫抵旅順數日，擬乘西比利亞汽車，歸聖彼得堡，馬克羅甫留之助戰，亦死於是役。出師未捷，主帥先亡，何能望其勝利乎？

第二十一章　旅順第八次之戰

　　俄將馬克羅甫死後，日軍趁俄軍尚無主將，故有第八次之戰，攻擊數日，僅燬俄艦五艘。後日軍又下第三次堵塞港口之令，以商船八艘，輔以軍艦，向旅順猛進，俄軍以探海燈隨之，發炮遙擊，商船三艘，未至港口，即為俄炮擊沉，其得至港口者共五艘，此次堵塞略見成效，然港口尚通，亦無甚濟於事。

　　按：旅順第八次之戰，起自中國三月初一日，止於三月十六日。此數日間，連攻四次，燬俄艦五艘。至第三次堵塞港口，其入港最深者，惟三河丸、遠江丸為最，而佐倉丸等三艘，方至港口而沉，其餘三艘，未至港口而沉。此次堵塞港口，較前二次似有效力，然尚有一線之路，可以通航，故不能制俄軍之死命。

第二十二章　日俄鳳凰城之戰

　　旅順之戰甫終，鳳凰城之戰又起。俄軍自九連城敗後，向鳳凰城逃遁，路經陽山城，為守城之俄兵誤擊，而守城之俄兵，又為日兵誤擊，兩隊俄兵，死傷甚眾。及日本第一軍追至鳳凰城時，俄兵軍心已馳，不能拒守，稍為戰爭，即向遼陽遁去，所遺糧食彈藥，均為日軍所獲。

　　按：陽山城在九連城、鳳凰城之間，先有俄兵鎮守，及俄兵為日兵追至，適天將暮，守者以為日兵來襲，即開炮轟擊，俄敗兵急不及白，不得已棄輜重而走，及知其誤，則死傷者已近二百。及日兵追至，守者又以為俄之退兵，故未防預，而為日兵所襲，遂向鳳凰城竄去。日兵又追至城中，俄兵略為抵禦，即行逃遁，所棄輜重，均為日軍所得。日軍之支隊，更佔寬甸城，而向遼東進軍。時在中國三月二十二日也。此一役也，日軍以少勝多，以寡勝眾，非出奇而制勝，乃適逢其會而獲勝也。

第二十三章　日俄金州之戰

　　日本第一軍據鳳凰城之時，陸軍大將奧保鞏統第二軍，由遼東半島登岸，先遣偵探隊，向普蘭店、貔子窩進行，途中屢勝俄軍。及全軍逼近金州，砲戰二日，兩無損傷，至夜雷雨交作，貞親王率第一師團，冒雨向前，得金州灣日艦之助，遂克金州。大島義昌率第三師團，小川又次率第四師團進攻，亦得金州灣日艦之助，遂佔金州南山之砲臺，日軍雖勝，其死傷之數，逾於俄軍四倍。

按：金州一隅，為遼東半島之咽喉，東臨金州灣，西近大窰口，南連旅順，北通遼陽，與青泥窪、大連灣，互為犄角，其間區域狹隘，陵阜起伏，形勢極險。其司令長官斯他司爾，亦防備周至。在南山砲台四面均設鐵網，埋地雷，浚防濠，並有重兵鎮守，日軍連攻三日，迄未奏功。至夜間雷雨交作，咫尺晦暝，日軍銜枚疾進，分三路環攻。其第一路（即第一師團）攻金州之時，有金州灣日艦四艘，乘早潮直進，與第一分隊夾攻，俄軍力為抵禦。日軍之旗手岸孝一，持旗猛進，忽一彈飛至，碎其脛骨，江澤代之，被彈傷額，佐藤代之，亦受傷，野村又代之，又傷，小原代之，其旗被彈數次，破裂如絲，及至東門，將門炸燬而入。軍士勇氣百倍，直逼南山。時午潮已落，第三路（即第四師團）即涉海向南山之背進攻，其砲艦因潮退不能前，死傷甚眾，然愈戰愈奮，迫無退志。其第二路（即第三師團）忽陷危地，蓋有俄艦數艘，自和尚島而來，直攻其背，於是腹背受敵，而藥彈已盡，遂棄鎗於地，肉膊而前，然前面廣設鐵網，密佈地雷，加以俄軍憑高轟擊，勢甚威猛。正在危急之時，忽隊長牛島躍馬大呼曰：今為突進之舉，直踏地雷而前，敢決死而進者舉劍。全隊俱舉劍以應，牛島感激慟哭，擁眾猛進，幸地雷發電房屋，已為日軍所燬，故地雷均未發作。是時金州灣之日艦四艘，又乘晚潮而進，其第一路及第三路之日軍，亦分兵來援。小川又次指揮全軍，遂登南山，而據俄壘，俄軍遂向三十里堡及旅順逃遁。是役俄軍死者，祇千餘人，日軍之死者，四千二百餘人。嘗觀歐洲戰史，見滑鐵盧英法之戰，及斯巴土撥英俄之戰，固嘗羨英將惠靈吞，及拉格蘭公之勇敢也，今觀金州之役，日軍之勇往直前，奮不顧死，與滑鐵盧及斯巴土撥之戰相較，殆有過之，未有不及者。西儒云：「世界愈文明，戰爭愈激烈」，此語信然。

第二十四章　旅順第九次之戰

日本陸軍方攻金州，海軍又有旅順第九次之戰。當第八次戰後，越數日，日軍在大窰口海面，搜索海底，設置水雷，屢與俄軍鬮戰，兩軍均無巨傷，惟日軍水雷艇一艘，為俄軍水雷炸燬，於是日軍又下第四次堵口令，堵塞數艘，仍無大效。方歸隊時，忽降大霧，日艦自相撞擊，沉沒一艘，又誤觸水雷，炸裂一艘。是時俄艦出港相逼，幸有日艦五艘助戰，故能擊退俄軍。

按：大窰口諸戰，在我中國三月二十八、九等日，旅順第九次之戰，在四月初六日。大窰口初戰擊退俄軍一隊，次戰毀其大孤山麓之電線，三戰為俄之水雷炸碎水雷艇一艘。至旅順第九次之戰，堵口事竣，忽降大霧，咫尺莫辨，諸艦行至山東成山角，春日艦誤撞吉野艦尾，受水而沉；初瀨艦行至老鐵山東南，誤觸水雷，舵機損

壞，方電達他艦求援，援者未至，又觸第二水雷，卒致沉沒。時俄艦出口相逼，幸日軍朝日、千代田、秋津洲、大島、赤城、宇治、高砂各艦，紛集助戰，故能擊退俄軍。此次之戰，日軍損傷甚巨，未收效果，誠出於日人意料之外焉。

第二十五章　日俄龍王廟之戰

　　海軍第九次攻擊旅順之後，陸軍第二軍平塚及小泉等，奉奧大將之命，搜索大石橋敵人，至龍王廟紮營，而俄騎持九尺長鎗來襲，平塚率騎兵邀擊於途，小泉率步兵持劍接應，鏖戰多時，俄兵引退。小泉等恐俄人欺其勢孤，必圖報復，因添調砲兵二隊。逾日俄兵果來再襲，日軍騎兵，佯敗而退，俄兵乘勝逐北，日軍伏兵三面猛起，大加攻擊，俄兵計無所出，亂伍而逃。

　　按：龍王廟之戰，在我中國四月十六日也。是日日軍野村陣亡，楠中舒、齊藤、今仁等均負重傷，兵士死傷者七十餘人，俄軍之死傷者約二百餘人。此雖小勝，以有思患預防，出奇制勝之用心焉。

第二十六章　日俄張家石之戰

　　日本第一軍，在龍王廟獲勝，又分遣支隊，及偵探隊，向通遠堡進發。支隊在途中擊退俄兵兩次，而偵探隊至樊家台，見俄兵數十，出沒於張家石山谷之間，板橋與中村議定，協力齊攻。中村率軍先至，而俄之伏兵四起，用鎗猛擊，中村中彈而死，日軍死傷無算。幸有櫻井及黑木兩隊出援，日軍始得轉敗為勝。

　　按：此次之戰，在我中國四月二十三日。其支隊在林家屯、張家屯，擊退俄兵二次，其偵探隊，在金家堡，擊退俄兵一次。而俄兵佔據張家石南方之高原，伺隙而動。該地山谷漸蹙，溪水環流，山樹高與人齊，易於設伏。板橋使中村率兵前進，板橋又登高窺望，見敵軍甚眾，隱藏於山樹之間。先有猶太一人來降，謂俄軍四隊，伏於山上，板橋未信，及望見之，方知以寡敵眾，非值探隊之任，於是懼而思退，亟命一騎報知中村，令其收軍。而該騎誤入山谷，迷途莫達，中村仍遵前令而行，遠見俄兵有退卻之狀，遂率隊急進，及至張家石，不料俄兵伏數隊於栖林，至是盡起，由左右高原，以鎗猛擊，而中村遂歿於陣。是時俄國士官猱升栖林，以左手握枝，右手持軍帽，指揮而戰，幸有櫻井及黑木兩小隊出援，板橋又率軍往救，故能擊退俄軍，而日軍之死傷，已不可勝數矣。板橋與中村，豈能辭其疏忽之咎乎？

第二十七章　日俄賽馬集之戰

　　偵探隊在張家石戰時，同日有賽馬集之戰。日軍佐佐木支隊行經楊木林子，與俄兵相遇，交戰移時，俄兵敗退，及入賽馬集時，忽俄之伏兵盡起，痛擊日軍之背，俄中將革奈哥持劍指揮，異常勇猛。會日軍稻村支隊，由石門子而至，即遣前衛騎兵，又擊俄軍之背，於是俄軍腹背受敵，急向四方碇子退去。又有日兵一支隊，與大孤山上陸之日兵相合，協力攻岫巖城，亦擊退俄軍。

　　按：佐佐木支隊由新開嶺向賽馬集進發，在楊木林子，擊退俄兵。稻村支隊由松樹嘴子向石門子進發，途聞鎗聲在賽馬集，率隊速進，故能擊退俄軍。其另一支日兵，在大虎嶺擊敗俄兵小隊，遂與大孤山上陸之日兵相合，故能攻取岫巖城，而俄兵分向析木城及蓋平遁去。日軍僅數小支，而能敗俄軍之大隊，其將士得人，軍卒勇敢，固為人所羨慕，而聲氣相通，患難與共，又屬難得而可貴者。

第二十八章　靉陽門得利寺諸戰

　　佐佐木支隊，既據賽馬集，復與吉田支隊相合，攻擊靉陽邊門，亦佔領之。又有別軍三支，在得利寺與俄軍鏖戰，亦勝俄軍。而俄軍之在分水嶺者，亦整隊前進，欲恢復賽馬集諸地，適與佐佐木支隊相遇，為佐佐木擊退，日軍窪田死於是役。日本在大孤山之軍，又環攻分水嶺二日，大破敵軍，俄兵遂退於析木城一帶。

　　按：靉陽邊門之戰，吉田支隊下士陣亡三人。得利寺之戰，日軍以三支夾攻，擊死俄兵一千八百餘人。賽馬集戰地，俄軍據黑老婆、石高原，鏖戰四鐘之久，乘夜逃去。分水嶺之戰，日軍分三路進攻，連戰二日一夜，俄兵死者九十餘人，日軍死者亦七十餘。此數處戰事，起於我中國四月十七日，止於五月十三日也。

第二十九章　日俄元海灘之戰

　　當靉陽門戰時，日本運艦一艘，行至元海灘，忽遇黑色俄艦，向之發炮，擊中甲部，全艦傾斜，船員有轟斃者，有自戕者，有投海者，別有船員數人，共乘小艇，向敵艦而行，猝為捕虜。時有日艦二艘，自馬關來，其艦督將校，均往敵艦商議還虜之事，突有俄艦數艘，發射水雷，將日艦炸碎。

　　按：元海灘之戰，在我中國閏五月初二日也。其運船為和泉丸，為俄軍擊燬。自

馬關來之二艦，一為佐渡丸，一為常陸丸，均為水雷炸碎。佐渡丸七十七人，先乘小舟，隨風漂至沖島，方得遇救；和泉丸被虜者一百餘人，至舞鶴灘，始行釋放。俄軍之施放水雷，蓋不知有商議還虜之事，不過偶見敵艦，而即思擊之也。

第三十章　旅順第十次之戰

元海灘戰後，又有旅順第十次之戰。俄軍以戰艦數艘，駛出港口，以掃海船，破日軍所沉之機器水雷。日軍哨艦，見俄艦出口，即往擊之，擊燬俄艦一艘，又誘俄艦向南行駛，至八里海之地，日軍在遇岩所伏之戰艦，群起奮擊。時已日暮，俄艦恐多損傷，遂倉皇逃遁，然皆未入港口，但泊於蠻子營砲台之前，及城頭山之下，日軍夜擊八次，擊損俄艦數艘。

按：旅順第十次之戰，在我中國閏五月初十日也。是役日軍之奏襲擊功者，為白鷹號。當時若林少佐指揮該艇，發水雷三具，轟沉俄艦一艘，又俄艦三艘，均已損壞，不能行動自由。日軍僅白雲艇，及千島艇，受傷甚巨，其餘諸艦，並未損傷。當日軍伏艦盡起之時，倘俄軍稍事游移，不思退返，則數船軍士，必葬於魚腹矣。

第三十一章　旅順第十一次之戰

俄軍敗後，即退於港口，不敢遠出，於是日軍又有第十一次之攻擊。初攻擊時，乘夜而往，直進黃金山下，與俄軍砲臺，互相轟擊，擊沉俄艦二艘，日將權藤薰義，死於是役。繼攻擊時，冒雨而來，未克奏功。三攻擊時，自晨至夜，日艦於港口遠近，倏往倏來，亂俄軍之耳目，迄未交戰。

按：第十一次旅順之戰，在我中國五月十四日也。此次之戰，分為三次，初次則日軍猛加攻擊，損傷甚多；二次雖未奏功，亦未失利；三次則倏往倏來，忽進忽退，蓋欲使俄軍瞻顧不遑，而疲於奔命也。

第三十二章　日俄摩天嶺之戰

是時日俄陸軍，又有摩天嶺之戰。日本第一軍，自分水嶺勝後，即追逐俄軍，向摩天嶺進發。其哨長吉井靜吾半途與俄兵相遇，遂肉搏而戰，雖受巨傷，終將俄

兵擊退。而高草本少佐又據第一峯頭，與俄軍苦戰，擊傷俄兵甚夥。當時神戶副官見俄陣漸動，急使阪川突進，冒險直踰峯頭，以短兵接戰，更得今村太田等之助，亦擊退俄軍。

按：摩天嶺之戰，在我中國閏五月二十七日也。是日黎明，日軍忽見二三人影，自塔案向李家堡而來，日軍因命步哨追探，忽俄兵大隊，各持銳劍突進，日軍哨長吉井即督兵與之交戰。是時有由遼陽及賽馬集來之俄兵，亦皆挺刀向前，於是日軍大受損失。吉原仲次力捕一俄兵，揮刀欲斬，頭尚未斷，敵刀猝至，遂洞腹而死。吉井縱橫馳驟，立殺俄軍十二、三人。時高草木少佐聞前途喊聲，馳兵往助，卒將俄兵擊退，是後屢欲恢復，終未得志。至六月初十日，高草木少佐憑據摩天嶺之第一高峯，與俄軍鏖戰，乃大聲疾呼，以勵士卒曰：苟有一人尚存，其陣地必不可捨。而俄兵陸續增援，聲勢洪大，卒占第一峯前之高原，且派隊包圍，俯視猛擊，幸日軍氣不少衰，鼓勇防禦。是時宮川、牛島兩隊，前來應援，俄兵遂稍形狼狽。神戶副官更命阪川急進，並令大田、小澤、川瀨諸隊協力往攻，於是俄軍勢不能支，遂向楊子嶺及塔灣遁去。往年中東之役，依克唐阿以三千兵，在此處設守，經日軍屢次逆襲，仍不潰散，非必膽略過人，亦其地勢險要故耳。今日俄兵守之，其攻取之難，固可預料，乃日本第一軍，竟能以神速兵略，不及數日，而佔領之，豈不壯哉！

第三十三章　蓋平大石橋諸戰

日本第一軍在摩天嶺獲勝，其第二軍自得利寺追擊俄兵，而至蓋平，與俄軍鏖戰四日，大破俄軍，又向大石橋進發。俄軍據大平嶺附近之高原，與日軍相抗，而俄之苦魯巴金將軍親臨戰壘，指揮全軍。於是日軍奧大將率士卒冒險進攻，奮不顧死，遂奪取太平嶺、牛心山、青石山各險地，而大石橋遂陷。

按：此次蓋平之役，俄軍南下，銳氣殆喪大半，及大石橋之戰，俄軍其得地勢，終為日軍所破。自此以後，而日軍之勇氣，更不得過矣。

第三十四章　細河沿楊子嶺諸戰

大石橋既陷，日本第二軍，與前破分水嶺之大孤山軍相合，向析木城進發，與俄軍連戰二日，俄軍乃向海城遁去。而日將黑木為楨統帶摩天嶺獲勝之第一軍，已佔據細河沿等地，而為榆樹林、楊子嶺攻擊，亦大破俄軍。是時日軍據金州南山之兵，已得丕頭

山、劍山、雙臺溝、安子嶺諸險地，而俄國旅順之軍，前後受敵，益難爭勝矣。

　　按：析木城之戰，在我中國六月十七日。第一日攻擊，乘夜躋山而進，襲擊俄軍，丸井隊長身被六彈，尚舉刀叱咤督戰，門司支隊因據析木城。第二日攻擊，日軍以全隊猛進，在英落山及楊樹溝鏖戰一日，俄軍遂向海城遁去。析木城未戰之時，先有細河沿之戰。考該地東經賽馬集，以通寬甸，西沿寒坡嶺，經安平，以通遼陽，南經連山關，通鳳凰城、九連城，北經本溪湖，通奉天、遼陽。細河蜿蜒，來自西北，沿河一帶，斷崖削平，不可躋攀，其前曠野開豁，易守難攻。俄兵據之，防禦周至，並以小隊誘日軍於橋頭，架砲轟擊，日軍少野少尉中丸而死，伊地知曹長亦負重傷。方酣戰時，今村及谷山二隊向東南來援，冒彈而進，於是俄兵向安平敗走。而黑木為楨大將以右縱隊攻榆樹林之俄兵，以左縱隊攻楊子嶺之俄兵，同時獲勝，時亦六月十七日也。日軍據金州南山之兵，已奪丕頭山、劍山要地，而向雙台山、安子嶺進發。兩軍相持數日，然後交戰，及交戰之時，日軍棉木少佐與吉田曹長搏擊尤猛，故能大破俄軍，時亦六月十七日也。此數戰也，俄軍之險要皆失，日軍之勢力倍增，而勝敗之數，已無待蓍龜矣。

第三十五章　日俄大小孤山之戰

　　俄軍既失雙台溝、安子嶺諸險，遂退守大小孤山，且引大孤河水，使之繞其山麓。日軍分四隊冒雨往攻，並有工兵一隊脫衣涉河，赤身前進，於是大小孤山俄軍炮臺，發砲猛擊，東雞冠山及老嘩嘴之炮台，亦相繼齊轟，苦戰一晝一夜，未分勝負。翌日有俄艦七艘，突於城廠沿岸來攻，日軍腹背受敵，死傷累累，日軍大舉舊炮，方將艦隊攻退，而能奪取大小孤山。

　　按：日軍自六月十七日佔雙台溝、安子嶺諸地，即休息兵力，不與俄軍接戰。及二十四日，大將乃木希典分日軍為四隊，協力往攻。森本十次郎先登大孤山，冰室心藏先登小孤山，二人均死於是役。佔據大小孤山之後，俄軍又襲擊數次，以期恢復，然均為日軍擊退，日軍則節節進攻，俄軍則節節退守，至此而旅順益危矣。

第三十六章　旅順第十二次之戰

　　大小孤山既破，旅順俄軍，益覺危急，苦將軍為大石橋之日軍所阻，不得救援，波羅的艦隊，猶徘徊觀望，艱於行動。日軍終日封鎖海口，不少休息，旅順俄艦，

將陷於死地，因有逸出港口之舉，遂有十二次之攻擊。東鄉司令長官探知俄艦全隊，陸續出港，即號令諸艦，協力進攻，與俄艦遇於山東角之南。兩軍發炮轟擊，鏖戰多時，俄軍不支，急向港口逃遁，又有日艦阻其歸路，俄艦大受損傷，除遁入港口及毀傷外，其餘皆竄入他港。

　　按：旅順第十二次之戰，在我中國六月二十七日也。是役東鄉大將屹立艦上，從容指揮，故士氣百倍，奮不顧死。木村一等水兵為敵丸斷其左足，欲起不得，瞋目扼腕而謂副長曰：為吾復仇。其夜遂逝。華頂親王及伊知地艦長，均受傷而死，而俄之提督域提基夫亦死於是役。俄艦敗後，竄入青島二艘，竄入上海二艘，別有竄入煙台之一艘，為日軍捕獲，從茲以往，俄國之海軍，不能爭雄於海上矣。

第三十七章　日俄蔚山洋之戰

　　數月以來，日艦專攻旅順，故海參崴俄艦，乘虛游弋日本沿海，屢次擊沉日艦，以阻運路，於是日本上下，俱歸咎於上村彥之丞，以其備守對馬島海峽也。上村誓雪此恥，因大修戰備，以禦俄軍。時哨隊探悉有俄艦三艘，在蔚山洋面游弋，上村即率艦往擊，激戰數時，俄艦均受巨傷，其二遁去，其一為日艦擊沉，艦中軍士，盡為日兵援救。

　　按：蔚山洋面之戰，在我中國六月三十日也。先是東鄉平八郎飭令上村中將，率本艦隊警備對馬島海峽，數月以來，俄艦共擊沉日本運船十七艘。於是日本上下恚曰：彼違公法，敢肆野蠻，沉我運船，殺我無辜，不滅何為？然其所以致此者，皆因上村中將，備守疏忽，故使俄艦逸出也。中村聞之，憤恨無極，一日酒酣嘆曰：何吾不幸之甚也，所不雪恥者，有如此日，後遂擊退俄艦二艘，擊沉俄艦一艘。當俄艦沉沒之時，有俄兵無數，漂蕩於波間，其呼救聲與波濤聲相和，上將命短艦拯之，得救者六百五人。會有鸚鵡悄立木片上，與波上下，日卒亦憐而救之，置諸籠中，更給俄兵以衣服麵麭等，俄兵感極而泣曰：人與鳥均得遇救，貴國恩及禽獸矣。日京既聞捷音，均升旗懸燈，以示敬意，前此不白之冤，迄今已雪，上村其亦滿志乎。

第三十八章　干大山碾盤溝諸戰

　　海軍在蔚山洋面戰時，同日陸軍有干大山、碾盤溝之戰。俄軍既失大小孤山，遂占干大山、碾盤溝諸地，並與老鐵山、椅子山各炮台，聯為犄角，以轟擊日軍。日軍

長松中將命山本信行，及寺田錫類，向干大山進攻，命千田貞幹向碾盤溝進攻，乘夜冒雨與俄軍苦戰，乃木大將身先士卒，奮勇直前，於是軍士感激怒號，負傷突進。高木常之助中佐率一軍隊，奪極高山阜，俄軍遂不支而逃遁焉。

按：干大山、碾盤溝之戰，亦在我中國六月三十日也。是役千田中佐，及飯塚大尉，均負重傷，及戰勝之後，高木常之助工兵大佐分囑各軍，築造防備，以固占領諸地，而盡包圍之策，於是旅順俄軍，更無險可恃矣。

第三十九章　日俄遼陽之戰

干大山戰後，又有遼陽之戰。日本陷大石橋之第二軍，及占析木城之大孤山軍，並奪榆樹林、楊子嶺之第一軍，至此聯為一氣，圖圍俄軍於遼陽，而俄亦集二十餘萬之精兵，亦擬背城一戰，以決雌雄。於是兩軍鏖戰十晝夜之久，均殺傷無算，日軍終破遼陽，俄軍遂向奉天遁去。

按：俄軍苦魯巴金將軍，因大石橋、析木城、楊子嶺諸戰敗後，即集二十餘萬雄兵於遼陽，以期背城一戰，擊退日軍，遂大修戰具，廣備軍糧，鑿壁壘，濬隧道，張鐵網，埋地雷，戰線之廣，約華程一百八十餘里，其計畫之巧妙，規模之壯大，築造之鞏固，防禦之完全，固可謂盡美盡善者也。乃日軍大山巖大將欲一舉而破之，命黑木大將統第一軍，命奧大將統第二軍，命野津大將統大孤山之軍，分三路向遼陽進攻。其第一軍當渡湯河之時，井上大將臥病聞警，急欲往觀，醫官勸乘舁輿而行，大將乃斥之曰：惟馳驅於砲聲彈雨之間，病乃癒耳。即騎而監軍，及至軍前，遂下騎臥河畔草中，指揮全隊，忽一巨彈墜於其傍，轟然爆炸，軍士皆驚駭失色，而大將仍展圖畫策，若罔覺者。當攻台山之時，岡崎隊中之軍士，皆掘壕隱身，奮力攻擊，時已八晝夜之久，未嘗交睫，岡崎將軍乃登山頂而呼之曰：將士宜入壕中就寢。士卒聞之，即入壕中枕槍而臥，炮彈屢至，炸及四圍，而軍士猶從容熟睡，軒聲如雷。將軍莞爾笑曰：吾士卒有此膽氣，復何憂哉。及夜，俄軍忽停砲聲，突有一隊，奏軍樂，唱軍歌，往陣地而來，及至附近，岡崎將軍大呼軍士應戰，於是各軍提槍而起，力為抵禦。俄軍出其死士，突入日軍，皆裸體舉彈，向日兵亂擲，日兵皆怒號狂躍，闖入其群，揮劍力鬪，兩軍死傷甚夥，而俄兵皆負傷而退。此隊既退，又有步兵一隊，豕突狼奔，踰屍猛進，日兵排槍齊發，迎頭痛擊，俄軍亦還槍擊之。岡崎大將恐俄軍知其位置，不利於軍，命吹喇叭，停止射擊，於是全軍肅然。岡崎嘆曰：咫尺與敵激戰，將士用命，如響斯應，紀律之師，足以橫行天下矣。俄軍還擊多時，始知日軍久已停戰，遂亦停射擊，相罵而嘩，岡崎趁其軍氣疏緩，下令開戰，於是萬槍齊發，俄

軍遂不能支，狼狽遁去。其第二軍攻首山堡之時，兩軍互擊甚猛，齋藤少尉捧錦旗，率隊伍，突入敵陣，俄兵忽奪旗，少尉遂抉旗章，藏諸懷，以旗纏腰，揮刀奮鬥，所向披靡，卒以彈中其胸而仆，若林曹長挺身往救，忽為敵槍刺死，末弘軍曹舉刀呼進，突彈貫其口，鮮血滿頤，尚連呼進進而倒。其大孤山軍與第二軍協攻遼陽火車站之時，亦屬鏖戰。是時苦魯巴金將軍忽接電信，謂黑木軍與奧軍俱敗，於是喜溢眉宇，忽伊日爾司基將軍進曰：太子河已渡，首山堡已破，火車站已失，遼陽城已圍，如彼軍攻破遼陽，連絡於奉天、鐵嶺，以斷我歸路，則我軍死無地矣。於是俄軍棄城往奉天遁去，時我中國七月二十日也。兵法云：百里而趣利者蹶上將，五十里而趣利者軍半至。日軍分道奮進，衝風雨，蹈泥潭，夜不遑寐，日不遑食，以搗遼陽，戰線至一百八十餘里。當是之時，俄軍安踞遼陽，以逸待勞，以主待客，然而一戰失第三陣地，再戰失第二陣地，三戰失第一陣地，而遼陽不守矣。且夫俄甲兵之眾，器械之精，糗糧之饒，壘壁之堅，豈不可以抗日軍？乃日軍平井支隊陷北溝，而戰略一變，黑木軍壓其左側，而戰略再變，岡崎將軍奪台山，而戰略三變，屢戰屢退，豈遼陽之地，不足守乎？以地利言，實居要衝，東越摩天嶺以入韓國，南通遼東旅順，其外山巒環拱，隱作天塹，其平野寬廣，足駐大軍。以軍事言，鐵路縱橫，運輸甚便，電線羅織，信息互通，軍塢兵營，繁如棋布，糧倉藥庫，密若星羅，一旦委之而去，則失旅順之本，撤奉天之障，而遼河流域之富，不可復據，遼西之聯絡，不可復保，豈俄人所及料哉。

第四十章　日軍第一次逼攻旅順

大山巖大將既敗俄兵於遼陽，而乃木大將有第一次逼攻旅順之舉。當于大山戰後，日軍共築長壘，包圍俄軍，將實行攻擊。乃木大將先遣山岡熊次少佐，往俄軍勸其交出非戰鬥員，並勸其速為降附，俄軍不答，於是日軍分三縱隊往攻。其右翼縱隊奪百七十四邁當高阜，中央縱隊陷盤龍山東西炮台，左翼縱隊佔東雞冠山附近之望台。是時俄軍砲擊甚猛，日軍知不可守，遂棄之而去，以圖再舉。

按：第一次逼攻旅順，起於我中國七月初八日，止於十二日也。逼攻旅順之舉，為日本天皇所知，乃詔乃木大將曰：朕恐旅順無辜，累及兵禍，無論我軍戰略利鈍，宜速救出其外交官，及觀戰員等。於是乃木大將，遣山岡齎詔書，并勸降檄，以付俄軍，使村尾騎兵、河津譯員從之。將至俄營，先舉白旗吹喇叭以示意，俄兵向之放空槍三次。時有兵官二員，乘馬車來迎，即就地展氈設座，款待山岡，且問來意，山岡開所攜普蘭酒，與飲，俄兵官曰：久在陣間，乏演劇飲酒之樂，不知貴軍中有何愉

快？山岡曰：「日日以砲相酬，如聽妙樂，殊悅吾耳。」時俄參謀雷斯至，山岡因出所攜書，告辭而去。翌日俄軍，覆以不能應命之書，於是乃木大將命全軍攻擊，其右翼縱隊友安少將命五十君少佐，率隊攻百七十四邁當高阜，俄軍抵死相拒，五十君中彈而死，隊兵近逼俄壘，投石互擊，俄兵遂退。中央縱隊平佐少將攻苦魯巴金炮台，為俄軍擊退，一戶少將攻盤龍山東砲台，先令工兵將鐵網、電線全行截斷，然後令佐久間、吉田兩少佐率兵往攻，俄軍槍炮齊發，東雞冠山及二龍山諸炮台，亦迭向日軍狂轟，佐久間、吉田均中彈而死，兵士皆有退志。時高煙大尉冒險登壘，揭旗於崖上，揮劍大呼曰：「愛國者集此旗下。」士卒應聲而集者三十餘人，大尉率之奮進，一彈忽中其腹，遂殞，大內大佐、八田少尉亦相繼而亡。連攻一晝夜之久，終未能拔，軍士糗糧筒水，均已告罄，惟取死者之麵包以充飢，掬泥水以解渴。杉山大尉令姬野軍曹，冒險炸破俄軍機砲，然後糾合殘兵，竭力突擊，終能奪此砲台。東炮台既陷，大島中將、濱口中尉向西炮台往攻，中將諭士卒曰：「汝等任務，我軍之榮辱，帝國之安危繫焉，尤當奮力抵禦，以死報國。苟上級兵官，不幸陣亡，次級兵官代之，兵官盡殞，下士代之，下士盡斃，兵卒代之，務進而死，勿退而生。」士卒聞之，莫不感激。濱口率之往攻，異常勇猛，遂佔據此西砲台。左翼縱隊攻東雞冠山炮臺，死傷枕藉，僅能奪其堡壘。後大內大佐與石原大佐相合，遂占望台。然此數砲台，均暴露於俄軍要塞之下，日兵坐受砲彈，兵力益減，加以糧盡水乏，炎熱如燬，乃木大將知不可守，下令退兵，軍士皆揮淚棄之而去。此役大傷士卒，未立微功，要亦地勢使然耳。

第四十一章　旅順第十三次之戰

　　日本陸軍第一次逼攻旅順無成，而水軍復有旅順十三次之戰。俄艦自十二次戰後，入塢修理，尚圖突圍而逸。日本東鄉大將遣川浪大尉，率水雷艇數艘，潛入港口，俄軍覺之，舉炮亂擊，忽日艇受一巨彈，疾向港外行駛，又受第二巨彈，將艇炸裂，川浪失兩足。又日艇一艘，前往援救，亦受一巨彈，是時日軍艇上，伏屍狼藉，不可逼視。會俄艦三艘駛行港外，故陸上砲台為之停擊，日軍遂將其擊裂之艇，以繩繫之而去。

　　按：旅順十三次之戰，在我中國八月初一日也。是役俄軍奏功，日軍敗績，日軍之所以致敗者，皆因貪功而致敗也。

第四十二章　日軍第二次逼攻旅順

　　日本海軍失利，陸軍乃木大將又下第二次逼攻旅順之令。自第一次逼攻之後，日軍鑿坑道，築塹壕，時與俄兵鬬戰，至此乃命右翼及中央二縱隊，向俄壘往攻，時左翼縱隊以坑道未備，故不與焉。右翼縱隊攻二百零三邁當高阜，及赤坂山炮台不拔，祇佔斯他斯爾及海鼠山之炮台。中央縱隊見斷二龍山地雷之火線，繼奪苦魯巴金炮台，終斷旅順水源之鐵管，於是俄軍乏水，而士氣益衰。

　　按：第二次逼攻旅順，起於我中國八月初七日，止於二十一日也。友安少將攻二百零三邁當高阜砲台，死傷甚眾，卒未能拔。富澤少佐攻赤坂山砲台，連攻三次，亦未能拔。初次細井少尉率兵一隊，破鐵網，逼砲台，俄軍不拒，日兵遂佔第一兵壕，俄兵突開槍砲，兩軍混戰，日兵呼號跳躍，逼第二兵壕，俄軍預設釘板於壕前，以砂掩之，日兵故多傷足而仆者，會加藤一隊來援，甚為得力。時寺兒溝北砲台，及二百零三邁當砲台，連環射擊，日軍死傷累累，遂不支而退。二次：秀島七郎編決死隊前往，亦為俄兵擊退。三次：吉田、渡邊二隊各用白布表識，名曰白禪隊，揮白刃突出，冒彈衝鋒，超屍而進，然以壁壘堅固，卒不能拔。攻斯他斯爾砲台，中村少將奮勇當先，故奏奇績。攻海鼠山砲台，篠田少尉命士卒各造偶人一具，以駭俄軍，因而獲勝。中央縱隊大島久直令宮林、下野二人，斷二龍山地雷之火線，平佐少將令古川大尉，奪苦魯巴金炮台。有華人引石積務曹長，至旅順水源匯合之處，因斷其鐵管，自此以後，旅順要塞乏水，加以天氣火熱，疫疾流行，而俄之軍士，困苦益甚矣。

第四十三章　日俄沙河之戰

　　第二次逼攻旅順之時，又有沙河之戰。俄將苦魯巴金敗於遼陽之後，即退據鐵嶺，增士卒，添軍械，提兵南下，擬先恢復遼陽，以救旅順。日本大將大山巖聞之，即分兵三隊往禦，其右翼與俄軍戰於本溪湖、拉子山、銀匠堡、楊城塞一帶，其左翼與俄軍戰於東山堡、北煙台、林盛堡、拉木屯一帶，悉將俄兵擊退，其中央軍亦勝俄兵於玉門子、三塊石山一帶，惟攻三道岡之兵，為俄軍所敗。

　　按：沙河之戰，起於我中國八月初五日，止於九月初四日也。俄自遼陽之敗，人心搖動，上下不安，大將苦魯巴金，深恐內失國民之望，外招列邦之侮，誓挫日軍，以雪國恥，乃補卒增械，行閱兵禮，示進軍文，先以鼓勵將士。會亞力克塞夫總督在哈爾賓將歸俄京，來奉天，與苦將軍餞別，於是士氣大振，均有背城一戰決占優勝之勢。日本大將大山巖自遼陽戰後，亦大增士卒，廣修軍備，養精蓄銳，四十餘日，將

一舉以破奉天,及聞俄兵南下,遂分全軍為三隊,以邀擊俄軍。本溪湖之戰,梅澤支隊竟日枵腹激鬭,後得閑院宮載仁王之助,故能擊退俄軍。拉子山形勢險要,當苦魯巴金南下之時,親巡陣地,曾登此山,流連不捨,乃召隊官曰:此山為我軍鎖鑰,卿等當捐全隊,以禦敵軍,死守勿退。至此為岡崎師團所佔。銀匠山之戰,松永少將乘夜冒雨往攻,戰鬭甚猛。楊城塞之戰,志波大隊亟揮槍劍,進斫俄陣,後與丸井支隊相合,故勝俄軍。東山堡之戰,日軍砲隊,轟擊甚猛,前田少佐死於是役。北煙台之戰,日軍須永少將曾謂兵士曰:雖全隊盡滅,必占敵陣,以報國家。於是能美隊長挺身號令全隊,越屍猛攻,後將俄軍所佔之關帝廟擊碎,其中俄國兵官悉為齏粉。林盛堡之戰,俄兵二倍於日,川村隊長與士卒約曰:所不能破林盛堡者,吾與若輩宜屠腹死耳。於是浦濱特務曹長躍入兵壕,彈洞左足,山田、川口、古田三中尉,相繼中彈而死,後有中央縱隊往援,俄兵乃放火而遁。拉木屯之戰,小泉少將在砲雨之中從容指揮,乃謂諸將曰:「砲彈皆畏余耳。」後得中央縱隊之助,故佔此地。玉門子之戰,安村聯隊異常勇猛。三塊石山之戰,野津大將畫策,乘夜往攻,是時各隊將士,踴躍爭先,決意死戰,故有作遺書者,有斷髮納背囊者。至夜玉門山烽火齊舉,各軍分道前進,俄軍據山發砲,聲震山谷,岡本大尉麾部兵冒丸奮進,奪大砲二尊、藥車八輛,因黑夜不相聯絡,獨力不支,因樹占領幟,而退尋本隊,及明日軍大集,協力往攻。品川信少尉捧旗立於陣前,指揮軍士,忽一彈洞其額,少尉即跪,而尚執軍旗,屹然不動,眾視之,則已瞑矣。山脇少尉代執其旗,亦中彈而斃,黑田、岡本二大尉,亦相繼而死。惟衣川中尉面中數彈,奮鬭不屈,遂擒俄將苦安芝呢布夫大尉,悉降餘兵。時俄兵在山麓與日軍格鬭,或槍劍相磨,或前後擊刺,或徒手相搏,日軍藤勘助中尉與俄兵三人格鬭,中尉妙柔術,右手擲其一人斬之,餘二人急遁,獵而顛,盡斬之。安村大佐指揮前進,中彈而死,前川副官呼橫山少佐代為指揮,少佐臥隴畝中曰:余中賊彈,不得起矣。俄兵見日兵勇猛,即入山麓村房,穴壁而戰。日軍住田大尉編決死隊向山村往攻,忽村屋中,軍樂大作,俄兵整隊來前,日兵迎頭痛擊,俄兵復入村屋,住田麾軍追入,用火燒之,俄兵多排窗而逃。俄中佐苦林根彼爾黑左手受傷,臥地,尚用右手槍擊日軍,遂為日兵所擒。住田使之諭降該兵曰:「尊軍將士,力抗我師,死守此山,勇猛戰鬭,雖彈盡劍折,尤不少屈,可謂能盡軍人之職矣。我軍深重公等名譽,今殘兵據屋,以拒我軍,是猶螳臂當車,我軍不忍屠戮生靈,妄傷無辜,足下盍勸該兵出降。」俄中佐答曰:「深荷高誼。下官已命部下死守,不忍蒼黃反覆,勸其出降。」日軍亦不強之,因遣捕擄下士,往諭來降,於是俄兵降者三百,三塊石山遂失。三道岡之戰,山田支隊懸軍深入,恐有伏兵,下令急退,突俄軍乘夜來襲,鵜谷大佐決意留戰,恐軍旗為敵所得,乃令茂上大尉持旗先遁,茂上曰:「吾不忍去,願與君共死,護旗之任,請更擇他人。」鵜谷叱曰:「事

急矣，何地不可捐軀？何必拘死於一處乎？」茂上遂揮淚而別。時俄軍已至近前，鵜谷屬聲令曰：「格鬥！」將士二百餘人，突出接戰，或舉刀互擊，或猛力相搏，鵜谷揮刀連斬俄將三人。忽一俄兵，從後刺之，鵜谷大叫曰：「將士勉之。」遂僵。鮫島、瀧山、福島三中尉見之，追斬俄兵，亦為俄兵刺死，其餘角蒼少尉、井上島人少佐，亦相繼死亡，富山大尉欲護鵜谷之屍，其刀為俄人所奪，遂赤手入圍中而死。井上思服少佐聞喊聲往援，途擊俄兵一隊，見日軍難勝，即下令退兵。沙河之戰，什三在山，什七在野，而沙河之野，空闊無垠，村落散布，楊柳圍繞，各處小邱，起伏相望。俄軍之南下也，設防禦工程於其間，第一線敗，據第二線，第二線敗，據第三線，逐次防禦日軍。故其退也，不如遼陽一役，退十數里而後止，故或退二三里，或三四里，輒據險以遏日兵，甚至日軍占其村南，而俄軍尚據村北，則其決意恢復遼陽之心，已可見矣。

第四十四章　日軍第三次逼攻旅順

　　大山巖在沙河戰時，乃木希典又下第三次逼攻旅順之令，命右翼縱隊長松村中將攻松樹山砲台，猛擊數次，僅佔兵壕。中央縱隊長大島中將遣緒方少佐攻鉢卷山砲台，拔之。左翼縱隊修坑道甫竣，土屋中將命西山大佐即先奪雙子山第一、第二砲台，並令工兵在坑道之中，與俄兵暗鬥，更令新山聯隊及石原聯隊，攻東雞冠山砲台，戰鬥數日，終未佔領。

　　按：第三次逼攻旅順，起於我中國八月二十六日，止於九月二十三日也。右翼縱隊，遣渡邊大佐，先轟松樹山砲台之塹壕，俄軍由椅子山、案子山，還砲轟擊，上月少尉死之，山田大尉裹傷奮戰，擊退俄兵，而佔兵壕。俄兵苦不忍捨，連戰三日，又擊退日兵。松村中將怒曰：所占陣地，為敵奪去，恥莫大焉。因令隈部少佐編決死隊，突入塹壕，奮力格鬥，又大破俄軍，復其陣地。後俄軍掩襲數次，均未奏功。中央縱隊先令杉谷、山口、細田、中村四小隊，向鉢卷山往攻，繼命緒方少佐率兵援助，或擲炸彈，或投土石，遂奪敵壘。左翼縱隊先陣於小孤山一帶，該山與俄軍所佔雙子山對峙，故左翼之軍，常受雙子山俄兵之俯擊。第三次逼攻旅順之先，西山大佐即募決死隊一軍，乘夜向雙子山往襲，俄軍以探敵燈照之，槍砲齊發，日軍越智少佐，中彈傷足，猶督兵疾驅，終佔此山。時有俄軍數隊，蜂擁而來，加以饅頭山、白銀山之砲台，連環射擊，而日兵死傷累累，終不退敗。小笠原少尉執劍指揮，忽彈洞其胸，血溢自口，尚屹立不動，顧原田軍曹以後事相託，後日兵僅存五名，尚據壘悍戰。會有砲隊來援，遂將俄軍擊退。日軍見俄軍盡據天塹，勢難往攻，故令工兵掘地

而進，俄軍探知，亦令工兵掘地而往，至兩軍漸相接近，開鑿之聲，簌簌盈耳，日兵均繫繩於足，屬後進兵曰：吾曹固期一死，請死牽繩，以收吾屍。至此俄兵以藥炸之，工兵掘井左一、河端藤四郎等，均死於穴內，士卒因引所繫之繩，而其屍已成齏粉矣。又日軍櫻井工兵向東雞冠山北砲台外岸旁穹窖逼進，俄兵覺之，由穹窖內射擊，日兵不屈，置藥炸之，俄兵殲焉。又新山聯隊逼東雞冠山砲台，久保少尉麾兵與俄軍苦戰，突來一彈，墜崖而死，二等卒小川善次郎奮勇先登，樹旗於炮台之上，大呼萬歲。俄軍肉搏而前，射擊愈烈，日軍有由坑道直達炮台之下者，向上直衝，而俄兵截於兵壕之內，以阻日軍。於是堡壘上下，兩軍混戰，或揮槍相刺，或拋彈互炸，或捨兵器而相力搏，血肉橫飛，壘壁皆赤，此炮台終為俄軍所復。是日石原聯隊亦攻東雞冠山東南堡壘，黑木中尉大呼直進，俄兵紛投炸彈，中尉怒，拾擲俄兵，旋以觸彈而斃。時黃金山、東雞冠山，及北炮台，環擊日軍，山中少將見難獲勝，遂命退兵。觀日軍第一次及第二次逼攻，始以炮擊，繼以槍射，最後突擊，以佔要塞。至第三次逼攻，以為俄軍已據天塹，防以利器，若攻之以正正之陣，徒損兵力，不利莫大焉，不如掘地近壕，炸其壘，轟其炮，一以殺彼器械之力，一以減我損傷之度，故前之地上戰鬥者，今則改為地下戰鬥矣。

第四十五章　日軍第四次逼攻旅順

　　乃木大將又下第四次逼攻旅順之令，遣右翼縱隊仍攻松樹山砲台，激戰三次，均為俄軍擊退，乃棄之而攻二百零三高阜砲台，軍士死傷甚巨，終能奪取。乃木保典少尉死於是役。中央縱隊占二龍山砲台斜堤，逼東雞冠山西南舊壘，左翼縱隊炸毀東雞冠山北胸牆，兩軍會商，停戰收屍，以慰死者之忠魂。

　　按：第四次逼攻旅順，起於我中國十月初四日，止於十三日也。右翼縱隊初攻松樹山砲台之時，杉山少尉右提刀，左按圖，督兵直進，俄壘炸彈、槍砲，一時齊發，少尉中彈而死。馬場少尉舉刀麾兵，向前猛擊俄軍，椅子山、案子山砲台，併力齊轟，日兵不支而退。二次攻擊，高木大尉率兵直攀胸牆，俄軍抵死抗禦，加以二龍山諸砲台，向之轟擊，日兵又不利而退。至三次則乘夜突進俄壘，俄軍以探敵燈，偵其動靜，猛發機砲以阻之，山田少佐負傷，鮮血淋漓，臥地呼進，永田、鶴見、當麻、兩野四少尉，相繼陣亡，牛島聯隊來援，不利而退，大久保繼之，亦不利而退。時渡邊聯隊，率其殘兵，冒險疾驅，破其鐵網，忽地雷爆發，日兵幾將殲滅。乃木大將幡然改計，乃移全軍攻二百零三高阜砲台，時有仲田一等軍醫由坑道槍眼向松樹山瞭望，見有日兵斃血泊中，或尚呻吟，呼痛啼飢，不覺下淚曰：「士卒戰死疆場，葬身

異域，固所不辭，然吾輩收屍，亦屬當盡之義務。」於是商之渡邊隊長，隊長沉思良久曰：「身為軍人，曝屍戰場，誰無父母，聞之能不悼痛乎？予為隊將，詎忍坐視，況其中尚有生存之將士，斷不可悉委敵人之手。」言已聲淚俱下，於是仲田軍醫先使擔架卒二名，持紅十字旗進抵俄壘。時夕陽在山，俄壘歷歷在目，有俄兵十餘人，用手招之，二卒不敢進前，佇立於數十步之外，俄兵手畫指陳，或作臥狀，作伏狀，一若示該地屍骸尚多者。仲田又遣擔架卒八人，續往收拾。俄兵數人，亦往該地相助，臨去各行握手禮，其兩軍藹然之氣，有令人起敬者。是時香月中佐率數隊猛擊，卒能佔此二百零三高阜砲台。乃木保典即乃木大將之次子也，其長子勝典先死於南山之役，至此大將夫人聞耗，語人曰：「吾夫統師團，攻旅順，每聞忠勇士，多斃鋒鏑，不禁淚下，今聞二子俱死，且喜且憂。喜者為國捐軀，不負家訓；憂者未審死狀，恐玷將門，及至檢視佩劍，狀如鋸齒，知係戰死，妾心始安。」此其國爾忘家之心，已可見矣。中央縱隊攻二龍山時，服部中佐捧旗先進，兵士繼之，俄軍紛擲炸彈，聲如雷震，於是日兵逡巡，不敢前進，中佐大怒，奮挺麾兵，中彈仆地。時嚴田旗手執旗而前，俄軍燃煤油罐筒，投於壕內，會西風大起，燄炎蔽壕，傳引地雷，轟然炸裂，日兵在火燄之中，往來突擊，皆鬚髮盡燒，面焦如墨，見勢不支，而停戰焉。攻東雞冠山之時，緒方聯隊近逼胸牆，俄兵奮擲大石巨木，日兵不支而退。左翼縱隊攻東雞冠之時，前田少將編奇襲隊，闖入俄壘，炸碎胸牆，土屋中將在觀測所突中彈丸，尚裹傷指揮，以壯士氣。是時兩軍死傷，不堪勝數，遂停戰會議，收檢死屍，兩軍各派兵官，在中立地相會，俄兵官曰：「我軍誓死以守旅順，若尊軍必欲得之，須積屍如山而後可。況我軍兵精糧足，彈丸充盈，以待尊軍乎。」日兵官曰：「我軍士氣方振，誓必得旅順而後已，將拜貺不遠矣。」舌人從旁戲曰：「使兩國釋怨修好，同盟出師，則所向無前，誠不難分據地球而有之矣。」於是互相勸飲，談笑如常。俄軍醫嘆曰：「吾輩自據要塞，食無珍羞久矣，猶憶未戰以前，黑海美魚，常充罐食，維也納葡萄酒，紫色如玉，酌以夜光杯，樂何如之。今則僅以枯燥麵麭，與炙肉一片充飢，不圖今日兩軍相見，得以盡歡也。」時死屍均已收檢，遂握手而別，而槍砲之聲又震於耳矣。

第四十六章　旅順第十四次之戰

　　日本陸軍逼攻旅順四次，已占二百零三高阜，遂用重砲向港內轟擊，擊沉戰艦四艘，巡洋艦二艘，其水雷艇、砲艦，亦次第沉沒，惟戰艦尚餘一艘，避彈於城頭山下。日本東鄉大將遂下第十四次攻擊之令，分全艦為五隊，乘夜向港內進發，及至港

口，燃砲轟擊，俄軍聞警，探海燈齊明，槍砲齊發，擊沉日艦二艘。後橫尾大尉用水雷將俄艦炸碎而還。

　　按：旅順第十四次之戰，在我中國十月十七日也。日軍既入港口，俄軍用砲擊之，中嘔彥吉大尉中彈而死，其所駕之艇，亦失操縱。中原彌平大尉奮艇往救，將曳之而還，忽彈中其索，而艇亦沉，遂棄艇拯士卒而歸。先橫尾大尉坐艇，入塢修理，接夜襲之命，亦繼諸艇而進，直入港口，發水雷以擊俄軍色伐斯拖波爾艦，親見其炸碎而還。是役日軍各艇互援，勇敢襲擊，而俄國旅順主力艦隊，至此全滅矣。

第四十七章　日軍第五次逼攻旅順

　　海軍東鄉大將將俄國旅順艦隊，全行覆滅，陸軍乃木大將又下第五次逼攻之令。未戰之先，兩軍交換俘虜名簿，互相酬酢而去。於是乃木大將遣右翼縱隊，攻高丁山砲台，及松樹山砲台，遣中央縱隊攻二龍山砲台，及望台以東諸炮台，遣左翼縱隊攻難冠山北炮台，一舉而悉拔之。俄將斯他斯爾見戰艦俱沉、要塞盡失，陸則苦魯巴金之師連敗，海則波羅的海艦隊尚無來期，遂與諸將會議，開城而降。

　　按：日俄兩軍交換俘虜名簿之時，在我中國十月二十二日。旅順降讓之時，在十一月十一日也。第四次逼攻旅順之後，乃木大將命渡邊大佐率將官十四人，擁紅十字旗，至補備砲台之下，候與俄軍交換俘虜名簿。俄將斯他斯爾命守備隊長諾善斯及砲台大尉亞挪爾夫，亦率兵官十餘人，持紅十字旗來會。渡邊大佐以雞酒贈俄諸將，俄將亦齎三鞭酒回贈日將，於是兩軍歡飲，酒氣醺然，共拍一像。日兵以麗人數小像贈於俄將，互相傳觀，俄將以電文及信書，託日軍轉寄俄國，並捐集百三十盧布，以助日本紅十字社，渡邊大將諾而受之，兩軍遂交換俘虜名簿，各脫帽握手而別。是時紅十字旗已撤，兩軍之戰爭又起矣。日軍右翼齋藤少將遣村少大佐率四隊向高丁山猛攻，並遣鶴見砲隊相繼迭轟，以牽制太陽溝、老鐵山諸砲台，俄軍遂不支而退。俄將斯他斯爾聞高丁山失守，急命彼得羅斯率死士二百，乘夜逆襲，卒為日軍所敗。右翼既佔高丁山後，即向松樹山進攻，木田特務曹長率選拔隊突入俄壘，俄軍抵死禦之，兩軍鏖戰經久，炸彈已盡，短兵相接，忽炮台內地雷炸發，火燄沖天，濃煙蔽地，而馬場大隊及河野中隊，沖煙冒火而來，協力援助，俄兵力屈，遂揭白旗投降。中央縱隊未攻二龍山砲台之時，先令杉山少佐掘五隧道以轟碎砲台胸牆，急命掘江中尉及加納大尉，向俄軍輕砲陣地突進。俄兵由破牆左右，紛擲炸彈，日軍且戰且進，又有安藝大尉、小澤中尉，各率一軍助攻，俄軍遂棄輕炮陣地，而據重炮陣地。黑川大尉偵知情形，督隊奮擊，加納、安藝二大尉，相繼陣亡。時山田中佐、白石大尉，各率一

隊來援，俄兵遂縱火焚營而遁，俄將均特拉丁古死於是役。日軍中央縱隊一戶少將使佐藤中佐及野溝中佐，向望台一帶進攻，俄兵見二龍山炮台已失，遂棄望台一帶而逃。左翼縱隊先令中村中尉，炸燬東雞冠山北炮台之胸牆，然後令大黑大尉率突擊隊猛攻，俄軍百方抵禦，終為日兵所破。於是旅順防禦盡失，俄將斯他斯爾知不可守，乃與諸將會議，遣使揭白旗，齎降書於日本乃木大將，求其容降。乃木大將許之，約翌日在水師營相會，屆時俄軍使少將雷斯及紅十字社長巴拉約夫，至水師營候見，日軍使少將伊知地幸介、少佐山岡熊次，及法學博士有賀長雄、舌人河津敬等接見，互易委任全權證據，日軍即將開城條約，交付於俄軍。雷斯少將覽畢曰：「請撤將弁士卒，及義勇兵悉為俘虜一項，且宣誓一事，敝國未有前例，非經奏准俄皇，不敢如命，請代電達，且請將弁用軍馬一匹，從卒一名自給，又紅十字社房屋，切望保全。」日軍均一一應許，惟駁將弁得用軍馬一項，日軍即將俄軍降讓電文，轉達俄皇，俄皇批准，又奏知日本天皇，日皇深嘉俄將斯他斯爾守禦之功，詔乃木大將，使之從優遇待。乃木大將遣津野田參謀，齎旨赴俄軍傳宣，斯他斯爾旋赴水師營拜謝，於是乃木大將與斯他斯爾接見，令兩軍參謀諸將，列席對坐。乃木大將曰：「今者兩軍洗兵，得與將軍相見，榮幸奚如。」斯他斯爾曰：「於槍林砲雨之餘，幸晤將軍，且喜且愧。承貴國大皇帝之恩旨，將軍以厚遇，感荷之私，不堪言狀。聞將軍於南山之役，喪其長子，不勝悼嘆。」乃木答曰：「長子死於南山，次子死於二百零三高阜砲台，二子各得死所，又何悲焉？」斯他斯爾歎曰：「將軍忠勇無雙，一家忠於君國，喪二子而不以為憂，天下未有如將軍者也。」將別，合攝一像，斯他斯爾並將所騎之亞拉伯所產之名馬，贈於乃木大將，遂開城而迎日軍。是時俄將斯謀諾夫命俄兵悉整行李，期於來朝而去旅順，因徧賜火酒於士卒，俄兵列坐群飲，或沉酣而倒臥，或軟跌而難行，或扼腕傷懷，哭泣謾罵，或鼓琴拊缶，舞蹈放歌，種種情狀，不可殫述。出師未捷，俯首求降，數年之功廢於一旦，天下傷心之事，未有過於此者。

第四十八章　日俄奉天諸戰

　　旅順陷後，俄將苦魯巴金在沙河聞警，恐軍氣沮喪，遂欲進攻日軍，急遣少將密司前科率第一軍繞出日軍左翼之背，與日軍戰於牛莊一帶。遣大將郭里偏北率第二軍，與日軍戰於黑溝台一帶。二路均鏖戰數次，終為日軍所敗。苦魯巴金又遣林尼維茨大將進軍於馬格嶺一帶，遣此爾丁林大將進軍於撫順一帶，乃親提大軍，往來於奉天附近諸地，大肆攻擊。是時日軍川村景明大將率軍自鴨綠江而來，乃木希典大將率軍自旅順而來，俱與大山巖之軍相合，乃破奉天，陷鐵嶺，占開原，據昌圖，而俄軍

胥往哈爾賓逃遁。

按：牛莊附近之戰，起於我中國十一月十八日，止於二十一日。先戰於小馬糞泡，日軍大尉安原政雄中彈而斃，中尉嚴井深平身受數彈，血染軍衣，尚指揮督戰。繼戰於接官堡，山崎少尉率十六騎突入俄陣，身被數創，猶揮長刀奮鬥，及出重圍，生全者止三騎而已。牛莊之戰，俄軍奮勇異常，日軍隊長牧常彥知不可支，命各兵將機密地圖及重要書籍焚之而去。後俄軍在大官屯為日軍津川支隊要擊，遂敗往新民屯，而遁於奉天。黑溝台附近之戰，起於十一月二十二日，止於十二月初六日。日軍種田支隊與俄軍戰於黑溝台一帶，塚本少佐彈中其首而死，福島及工藤二大尉亦相繼陣亡，中村大尉、富永中尉、安達少尉、生擒俄兵二百七十名。奉天附近之戰，起於我中國正月初七日，止於二十九日。日軍分為七隊，第一為潛進隊，中佐永沿秀文、少佐谷川吉統之，大尉淺野力太郎隸永沿隊中，曾給父書曰：「明治三十七年正月某日，兒率騎師團壯士七十五名，擬潛出俄軍之背，攻其不備，此行成敗利鈍，一任天運。自吾祖宗及吾身，沐浴天子洪恩，數千年矣，報效涓埃，在此一舉。兒自受命以來，不禁心喜，惟念前程遼遠，險阻必多，兒惟誓不辱家門耳，願大人勿以為念。」後在奉天壞俄軍鐵路，俄兵突至，揮槍刺大尉腹，奪槍斬之，盡逐俄兵，遂大呼萬歲而逝。是隊分道潛行，巧越俄陣，或出於奉天，或現於哈爾賓，壞鐵路，襲兵站，以寡敵眾，大困俄軍。第二為鴨綠江軍隊，大將川村景明統之，與俄軍戰於榛子嶺、灣柳河、清河城、大嶺、三龍峪、救兵台、渾河諸地，悉退俄軍。第三有右翼軍隊，大將黑木為楨統之，與俄軍戰於松木堡、邊牛录、撫順諸地，亦破俄軍。第四為中央軍隊，大將野津道貫統之。第五為左翼軍隊，大將奧保鞏統之，與俄軍戰於萬寶山、柳匠屯、北台子、年魚泡、海鼠山、千家窪、周官堡、來神堡、四方台、漢城堡諸地，連破俄軍。第六為旅順軍隊，大將乃木希典統之，與俄軍戰於太平莊、彰驛店、高明台、金家窩、燒鍋子、九里溝諸地，俱敗俄軍。於是大將大山巖下令，五軍齊出，包圍俄軍，而俄軍氣竭力盡，勢不能支，或投降，或為虜。惟苦魯巴金大將僅率殘兵向哈爾濱逃遁，而日本第七追擊隊又敗俄兵於鐵嶺、開原、昌圖諸地。自此以後，則俄兵一蹶不起，無能為役矣。西人云：日軍之勝，不在器械，而在精神。此語信然。

第四十九章　日俄對島之戰

俄軍奉天敗時，其海軍波羅的海艦隊七十餘艘，名為太平洋第二艦隊，方至馬達加斯加島洋面，其提督羅斯他司桓開先聞旅順降護，即逡巡觀望，不欲前進。及聞奉

天戰敗,而士氣益沮。俄皇命尼波戛托夫少將率第三艦隊前往,以為聲援。第二、第三兩艦隊,在芳蘭灣相合,遂往太平洋進發,在對島及鬱陵島洋面,與日本東鄉大將諸艦隊,鏖戰一晝夜之久,其戰艦多為日軍擊沉,而羅斯他司桓開,及尼波戛托夫,均俯首投降焉。

按:日本海之戰,在我中國四月初六日也。俄國自太平洋艦隊敗於黃海以來,日本聯合艦隊封鎖旅順,始收制海之權。陸則十萬之師圍攻旅順,別以三軍迫壓遼陽。當此之時,俄國以為海陸既已失利,旅順要塞,亦與本軍隔絕,孤懸於重圍之中,幸而艦隊精銳,且有深港以避敵擊,尚足支數日之久,惟當速派波羅的海艦隊東下赴援。其策先令維廉提督奮其全力,突圍而出,復與海參崴聯絡一氣,繼舉波羅的海全部艦隊急出日本海,以乘其敝,破日海軍,解旅順圍,恢復海權,絕其聯絡,則日本四十萬之師,不難聚而殲旃,日人處此,當亦屈膝請和矣。設或波羅的海艦隊而敗,則退據海參崴,續運堅隊,會集彼得大帝灣,與之久持,以俟其敝。此在旅順未陷時,固猶可及救也。今則旅順陷矣,太平洋艦隊滅矣,制海之權,遂因之而失矣。陸軍力足制勝,亦止恢復滿洲而已,至於旅順終不可得而復,朝鮮終不可得而入。且日軍已入庫頁島,東塞加亦斷無挽回之術,況陸師萬無勝算乎,是束手待亡也。於是俄皇大開軍議,決計合波羅的海軍諸艦,編第二太平洋艦隊,擢中將羅斯他司桓開為司令長官,以赴遠東。整備甫畢,巨艦蔽海,會於黎波港,俄皇與皇后及太子親臨,大閱艦隊曰:以此攻敵,何敵不摧?以此陷陣,何陣不破?出港之時,七十餘艘,連亙百里,觀者漠不歎其盛。全隊出黎波港、亞力山大三世港,統丹麥海峽,過蘇比爾特海峨,由司加恩入北海,擊沉英國漁船,英國留俄官四名,以備審查。遂過多甫海峽,經西班牙東北沿岸,分為二隊,其首隊二十一艘,向亞非利加西岸行駛,二隊二十五艘,由地中海過紅海,入蘇彝士運河。是時日軍殲滅旅順全隊,俄皇益懼,爰編第三太平洋艦隊,命尼波戛托夫少將為提督,以增第二艦隊之聲勢。首隊與二隊,合於馬達加斯加島洋面,聞旅順已陷,遂逗留六十餘日,聞奉天戰敗,而士氣益沮,不得已啟行,達赤道,過摩拉哥海峽,經新嘉坡,泊芳蘭灣,與第三艦隊相合,自發波羅的海之後,至此已七閱月矣。是時羅斯他司桓開與眾將大議軍略,一司令官曰:「敵必扼日本海,不可輕入,不若繞太平洋,疾衝日本沿岸,以達宗谷海峽。」一艦長憤然起曰:「堂堂軍艦,蔽海而來,橫斷大半世界,將欲殲敵,以比功於尼爾遜,今乃避敵不前,殊為不解。為今之計,莫若先屠臺灣,作為根據地,較為上策。」而羅斯他司桓開熟思良久曰:「決計直由對州海峽,向海參崴而行。」諸將皆呼萬歲,此議遂成。先東鄉大將殲滅俄軍旅順艦隊後,即凱旋東京,至此聞波羅的海艦隊東下,遂出師重征,命上村中將率第二艦隊,扼台灣近海,命島村少將率支艦隊往海參崴扼守,命出羽中將率第三艦隊出支那海,令松永中將率第六艦隊扼九州北岸,命瓜

生中將率第四艦隊在對州近海，命片岡中將率第五艦隊在琉球近海，乃自率第一艦隊留馬山浦，號令全軍嚴加警備。時日艦信濃丸遊巡對島以南，於雲霧迷離之中見有俄艦行駛，即電知各艦隊。片岡中將率巡洋艦五艘，誘俄艦北駛，及至對鳥海峽，東鄉大將率戰艦六艘，上村中將率戰艦六艘，瓜生中將率戰艦七艘，作單縱陣，向西而陳。岡片及出羽艦隊，出俄艦腹背，兩軍遂發砲互擊，一彈忽中俄艦，華爾格森提督死之。激戰良久，俄艦重炮，半多摧毀，遂旗靡陣亂，陷於重圍，欲遁而北。日艦截之，先為日艦擊沉二艘，羅司他斯桓開受傷頗重，尼波戛托夫代為指揮，忽艦又沉一艘，將士七百餘人，盡飽魚腹。日艦圍攻益急，俄艦相繼沒沉，尼波戛托夫見之，急令停戰，向海參崴速遁。時夕陽已沒，瞑色鎖海，加以狂風怒濤，異常顛簸，俄艦均徬徨洋面，莫知所之。日軍水雷、魚雷諸艇，三面肉搏，大肆攻擊，俄軍此艦方沉，彼艦又碎，及明見一俄艦，高揭白旗，日兵躍入其中，捕兵八十名。羅斯他司桓開及幕僚均在，因曳該艦，向佐世堡港而去。尼波戛托夫率戰艦五艘，向海參崴逃遁，為東鄉大將截其去路，亦揭白旗投降，其餘俄艦，胥擱淺而沉。此役以後，日俄戰爭之全局及亞東安危之大勢，於是平定矣。自日俄開戰以來，其勝負之判，未有若此其甚者，旅順之戰，不能比也，奉天之戰，不能比也，即徵諸古來戰史中，亦實罕其匹，其經營之大，自古未從有也。憶波羅的海艦隊之自歐洲來也，行駛七月之久，合三艦隊與一切運船，而共計之，不下百艘，其至對馬島也，不下二萬餘里，世自有海戰以來，曾見有擁艦百艘，費時一年，行程萬里，而與人決勝負者乎？及其一旦遇之而戰，戰而全滅，日本固雄，俄艦之毅力，亦不可掩也，此其一。其戰術之大，亦自古所未有也。聞之海戰之術與陸戰異，宜聚不宜分，宜一時不宜屢戰，故自古海戰之分勝負，皆由一戰而定，中法之於馬江，中日之於黃海，美西之於西印度，日俄之於旅順，然而此皆開戰之始，兩軍相遇，倉猝一奮以鬥者。若此次俄艦之來也，逗留於馬達加斯加者半年，遊弋於安南者兩月，然後過台灣海峽，經中國洋面，至對馬海峽，然而日本艦隊，則始終潛伏，其來南洋也聽之，其過台灣也聽之，其至中國海面也亦聽之，迨至對馬，而後一鼓而殲，既不使進至海參崴，又不使退入中立地，掘土設窖，以待虎至，虎至而縛，戰之功也，久待而靜，術之巧也，此其二。其戰功之大，更自古所未有也。以戰艦而至被捕，且不止一艘，以旗艦而至被捕，以司令官而至被捕，以總司令官而至被捕，此皆海戰史上所未之見也。夫兵艦被捕，為敵逼入死地，曾亦有之，摠司令官被捕，為敵逼入死地，曾亦有之。我中國海軍之於威海，彼俄國海軍之於旅順，為我摠司令官之丁汝昌，為彼俄守將之斯他斯爾，而若於戰鬥之中，敗而逮捕，則固未之有也，此其三。其關係之大，又自古所未有也。以俄之自與日開戰也，海軍敗則望之陸軍，陸軍敗則望之海軍，是故旅順之海戰敗，而決之於遼陽、奉天，遼陽、奉天之陸戰又敗，而再決之於波羅的海艦，今波羅的海之艦隊，既歸全

滅，則海軍必無可望。蓋第四隊之波羅的海艦隊雖在，然亦不過五艘，不敢來也，即其來也，其無用必甚於第二、第三之艦隊。而黑海、裡海之艦隊，不能出也，即其出也，其無用必更甚於波羅的海之艦隊。然則波羅的海之艦隊滅，俄國之海軍不當全滅也。俄國之海軍全滅，則俄國之陸軍安能再勝哉？此戰之結果，即可因此而大定，所謂黃白也，所謂歐亞也，所謂立憲與專制也，無不於此戰定之，此其四。然則此次之戰，不誠為自古罕有之大海戰哉？

第五十章　日俄庫頁島之戰

日軍擊破波羅的海艦隊之後，遂遣片岡、出羽二艦隊，乘載陸兵，分二隊向庫頁島進發。第一隊占哥爾薩科府，諭令全島人民，使勿驚擾，然後與俄兵戰於達利尼森林，大破俄兵。第二隊與俄兵戰於亞歷山府，遂奪其城。第二隊與第一隊相合，又與俄兵戰於表林斯其山，亦大破俄兵。日軍司令官原口中將使俄之降將塞爾吉索奇夫，勸俄將烈耶蒲挪夫來降。岡片艦隊，亦與俄兵戰於古奈察湖，及奈普河口諸地，俄兵亦不支來降，於是庫頁島悉平。

按：平定庫頁島之時，在我中國六月初六日也。庫頁島之地，日人呼為樺太，俄人呼為薩哈璉，南界宗谷海峽，與北海道對峙，北隔韃靼海峽，與沿海州相望，東北臨呵哥克海，遙控千島群島，及堪塞加半島。自俄國而言，固不過漁業殖民之一窮境也，若日本得之，則不惟享漁業之利，且版圖益擴，練兵徵餉，在在藉可措施，況昔本隸於日本手。當德川幕府延享、寬延年間，俄人略西伯利亞，取堪塞加半島，占其近海二十一島嶼，至寬政朝，遂窺北海道，而千島與庫頁島北境，已有俄人踪跡。德川幕府之世，既不能拒，比及嘉永，俄又遣使於長崎，請定北境經界，於是千島與庫頁島之交換已成，而庫頁島遂歸於俄矣。然日人恢復之心，固須臾不能忘，今既戰爭而勝，豈有不謀達此恢復之目的者哉？

第五十一章　日俄議和

日軍佔據庫頁島之時，美國總統羅斯福恐戰禍遷延，靡有底止，特請日俄兩政府，選派大臣，開議和局，以釋前嫌，而敦舊好。於是日俄兩國允許，日本添小村壽太郎，與高平小五郎，為全權大臣，俄國派韋特及羅善，為全權大臣，在美國之拍司謀夫相會，商議數次，互相駁覆。後兩國稍為讓步，遂訂條約十五條，而和議遂成。

按：日俄議和，小村先提出日本要求條件十二事。第一事為賠償戰費，第二事為割讓庫頁，韋特不肯允從，因即停議。後小村將賠款一條全行退讓，韋特亦欲將庫頁之南部，讓與日本，和議得成。其和約之第一條曰：「日俄兩國，和議既成，兩國政府及人民，應仍敦前時之友誼。」第二條曰：「俄國皇帝承認日本於韓國之政治、軍事、經濟均有特別之權，此後日本與韓國兩政府，均各同心協力，以設施韓國要政，以及指導韓員之舉動，俄國不得障礙。惟俄國臣民，以及其他營業在韓國內者，應得與他國臣民，同受保護。」第三條曰：「日俄兩國在滿洲之地位，全然相同，故兩國同心，互將兵力撤退，至兩國在滿洲個人之特權，不得毀傷。」第四條曰：「旅順、大連，以及水陸附近之地，俄國所得租借權利，全部讓與日本，惟該地範圍之內，俄國臣民所有之權利及財產，應受尊重之保護。」第五條曰：「日俄兩國政府之於滿洲，有同等之權利，以圖商業上之發達，為良好之政策，彼此均不得障礙。」第六條曰：「滿洲鐵道，以寬城子、長春為界，日俄兩國，分割此鐵道，兩國均以商工業之目的使用之，俄國建設該路之際，與清國所訂條約之權利，及隨便附築支線等權，一概保存，歸於日本之鐵道。日本可與其所獲之礦山連絡，但私立起業之權利，不可強制，兩條約國，於未使用之地，可自由經營。」第七條曰：「日俄兩國之鐵路線，可於寬城子接續之處通行，以達連絡之目的。」第八條曰：「滿洲鐵道之支線，彼此均不得障礙，以圖商業運輸之便。」第九條曰：「俄國將庫頁之北緯五十度以南，以及附近各島，割讓日本，兩國之於宗谷海峽，及韃靼海峽，均得自由航行。」第十條曰：「本條於庫頁本部，以俄國人之地位而論，凡俄國人民，仍有居住日本新領地之權，而日本政府，亦得於該領土，有放俄國罪人之權利。」第十一條曰：「俄將允於日本海、鄂霍次克海、及白令海，將漁業權利，讓與日本國民。」第十二條曰：「兩條約國，於戰時前所立之通商條約，除已變更外，其餘全部仍照辦，與最優待國一律。」第十三條曰：「日俄兩國，現在俘虜所需之費，彼此核實計算償還，並須將費用各款賬單附存。」第十四條曰：「本條約以英法兩國文書寫，俄國執法文，日本執英文，惟解釋之處，皆以法語為準。」第十五條曰：「本條約批准調印後，五十日內，奏請兩國君主，添蓋印章，由駐俄美國公使、駐日法國公使，代日俄兩國，將本條約批准之事，發送電報。」臆嘻！今者日俄之和約成矣，東自遼陽，西迄波羅的海，茫茫數萬里間，不復見干戈之慘，不特為日俄兩國之幸福，且可為世界各國之幸福也。雖然日人初欲得於俄者甚奢，而俄人竟償於日者甚嗇，而何以日人竟不違不抗，降心而相從也？說者謂，日本兵力已窮，財政已竭，僅能支持於現在，不能維持於將來，倘和議不成，再續戰局，甚恐外憂未泯，內亂復萌，而使本國受絕大之虧損也。或又謂，英美兩國，存種族之意見，隱懷袒俄之心，苟不速就平和，誠恐失與國之同情，而甲午干涉遼東之事，再見於今日也。或更謂，日皇注重道德，而不注重利

益，且欲藉此寬仁之讓，以動各國良善之感情也。此三說之外，其論說又不一而足，甲則謂韋特外交之政策甚優，小村外交之政策甚劣，故日本不能逞狡獪之手段也。乙則謂俄國立於決戰之地位，日本立於乞和之地位，故日本不能償圓滿之希望也。然而俱不在此也！縱觀日俄之約文，其第四條之大意，則旅順、大連之灣港，已歸於日本矣，第六條之大意，則昌圖、旅順之鐵路，已分與日本矣，第十一條之大意，則鄂霍茲克海，及百令海之漁業，已讓與日本矣，第九條之大意，則庫頁島之南部，已割與日本矣。是則日本之所退讓者，非退讓也，不過居退讓之名而已，況乎日本之所急欲得者，惟朝鮮耳。當甲午以前，不知幾費經營，幾費籌劃，然後有天津條約之成立，而使朝鮮離於中國之範圍，及後又不知幾費兵力，幾費交涉，然後有馬關條約之成立，而使朝鮮入於己國之範圍。朝鮮既入於日本之範圍矣，而俄國急插足於其間，不惟欲與日本享同等之權利，且欲擯日本於權利之外，而獨佔其權利。斯時之為日本者，抗之不能，拒之不得，其苦心焦慮，誠有不堪言狀者。今何幸條約之第二條中，日本在朝鮮有最大之權利，已為俄人所明認，則是日本數十年所欲望、所希求者，至此而圓滿無缺焉，此日俄條約之所以成也。

朝鮮亡國史　第四編

第一章　日韓結同盟約

　　溯自日俄未戰之前，韓國廷臣分為親日、親俄之兩黨，親日黨聞日俄決裂，恐事戰爭，皆屈息不敢言動，親俄黨則謂日本之國力財政，均難與俄國相抗，漸增其輕侮日黨之心。至仁川旅順之戰，聞俄軍均未獲勝，親俄黨遂稍為氣沮。於是韓國署理外部大臣李址鎔，及參署官具完善等，與日本駐韓公使林權助，締結日韓同盟專約，許日本有施政靖亂及與他國訂約之權。自此約成後，韓國已為日本之保護國矣。

　　按：日韓同盟專約之第一條曰：「日韓兩帝國，因欲保持恒久不易之親交，確立東洋之平和，自後韓國政府，當確信日本政府，凡關於政治上之改革，均有忠告之權。」第二條曰：「日本政府，顧念日韓兩國邦交輯睦，應擔保韓國得獲昇平及平安。」第三條曰：「日本政府，確實保障韓國之獨立，及領土之保全。」第四條曰：「韓國政府，若遇第三國之侵害，或遇內亂，日本政府，可執臨機必要之措置，而韓政府對於日本政府之行動，許以完全便宜行事之權。」第五條曰：「凡與本專約宗旨不合之約，非彼此允諾，兩國政府，不得與日韓以外之國，有所商訂。」第六條曰：「至與本專約相涉之細目，日本全權大臣，與韓國外部大臣，隨時酌看情形，會同商訂。」觀此專約之一、二、四、五條，韓國已失獨立之性質，第三條中謂以獨立相約，何其悖謬之甚也。雖然今日國際上之所謂獨立者，果有一定之標準乎？彼韓國之失其獨立也，固已久矣。前則中日之紛爭，後則日俄之角逐，相持而未決所屬已耳，一旦俄人勢力，放逐於北方，則韓國固日本之囊中物也。故英國《泰晤士報》論之曰：「韓國以此條約之故，遂永為日本之附庸。今後韓國之在日本，其猶埃及之在英，安南之在法也，其權能同，其效力同，其性質亦同，質而言之，則韓國之獨立，形勢上之獨立，非實際上之獨立也。日本所謂忠告權者，是為蒙一薄紙之命令權也。」此論可謂知言。

第二章　親俄黨反對同盟

　　日韓專約成立之後，韓國親俄黨李裕寅、權鍾奭、李寅榮、尹孝定等，謂日韓同盟專約，係李址鎔、具完善所訂，遂大起反對，或為奏劾，或為演說，並謀鎗擊李、具二人，以洩夙憤。黨員尹孝定，密洩其謀於日使，日使遂遣巡查多人，嚴守李、具宅第，以防不測。時有五六韓人，請見具完善三次，均為巡查阻攔，夜忽有炮聲，起於李第，幸無損傷。又有吉永洙者，使肩販五人，投炸彈於具第，亦無損傷，其五人均為巡查捕獲，後以無證見釋。

　　按：李裕寅等之反對日韓同盟之專約也，或為演說，以激發國民，或上奏章，以彈劾當路，或謀暗殺，以洩一己之夙仇。觀其種種行為，甚似熱心國事者，然其心目之中，惟知有權利已耳，惟知有黨派已耳，至於國之存亡，民之隆替，彼皆未嘗存諸心。其駁詰日韓同盟之約文也，亦祇畏李址鎔依日本政府，而得其勢力，至該約之得失利害，均未提及，則其居心已可知矣。

第三章　日韓互敦友誼

　　漢京攻擊李址鎔之事，稍為屏息，日皇遂使伊藤博文齎國書往韓，謁見韓皇及皇太子、英親王、淳貴妃等，並呈日皇贈品。韓皇深為感激，本擬躬幸伊藤行轅，答其觀謁，因憲太后喪服未終，故未親往，先遣皇族順安君李戴完代答，繼命外務大臣李址鎔為答謝日本專使，赴東京致謝，亦呈韓皇及太子、貴妃等贈獻日皇之品物，是時日韓之邦交，甚為親密。

　　按：日皇致韓皇之書曰：「保有天祐、踐萬世一系之帝祚之大日本大皇帝，敬白於威德隆盛之良友大韓國大皇帝陛下，自新締盟約以來，兩國友誼，益加敦睦，朕甚欣喜。茲以朕所信任之議長，正二位伊藤博文，為特派大使，代陳衷情。願陛下見博文如見朕，其所陳奏，即朕之至情也，惟陛下聽納之，朕深以陛下之安寧，及帝室之幸福為祝。」其書中所謂見博文如見朕數語，蓋欲博文為命令官、為忠告員，使韓皇將一國之政事，悉委諸博文，而任其處置，任其措施也。斯時之韓皇，觀其書，度其意，宜何如悲憤者，乃韓皇不特不動悲憤之意，而猶別存感激之心，遂專使致謝，禮儀優隆。嗚乎，韓皇其真愚也耶？抑迫於時勢，而不得不如此耶？然而伊藤博文之使韓，其政策、其手段，更為他人所不及也。彼蓋知韓人倚賴之根性最強也，彼又知韓國於宮廷以外，無第二之勢力也，乃當全韓人心惶惑之時，忽派為皇室聘問專使，伊藤者，日本國中之最有聞於鄰國者也。三月七日，忽受使韓之命，韓人聞之，以為議

定書第一條，所謂政治改革者，遂將迫我實行，惶恐無計。及伊藤謁韓皇於皇宮，惟致日皇敬問之語，及其手書，而於內政外交上，不置一詞，韓人遂安，以為日人果親我也。蓋伊藤深鑒於甲午之役，以急激之強迫改革，而損韓人之同情，故今茲大加持重，所謂將軍欲以巧勝人，盤馬彎弓，故不發也。日本之外交，殆以失敗而進化矣。

第四章　廢棄俄韓舊約

日韓之交雖密，而親俄黨尚與俄國暗通消息。及日軍渡鴨綠江後，韓國政府即召駐俄公使李範晉回國，將前日俄韓所定之條約一切棄廢，並通知駐韓各國公使，及駐各國之俄國公使，更通飭全國十三道觀察使、三百六十郡守，使之遍告國民，又諭十三道監察使，凡日軍所過之處，軍需品物，概許日軍採購，監吏郡守，不得阻撓。

按：韓國政府，宣棄廢俄韓條約，其第一條為「俄韓通商條約」，其第二條為「在仁川月尾島，設俄國儲煤棧之條約」，第三條為「在咸鏡道採掘礦山權之條約」，其第四條為「圖們江、鴨綠江及鬱陵島，採伐森林權之條約」，其第五條為「在濟州島有貯煤場特權之條約」，其第六條為「馬山浦及巨濟島，不准讓與他國之條約」，其第七條為「租借龍巖浦之條約」。蓋日俄未決勝負以前，朝鮮人民心甚惶惑，風聲鶴淚，一日數驚，如依俯於日，又恐俄人捲土重來，如依俯於俄，又恐日人之後占優勝，故左之右之，無所適從也。及日軍渡江，俄軍敗北，遂痛絕虎狼之俄，而專依強日，其意以謂日與我同種同族，又為密邇之近鄰，今依賴之，必不苛待我也。不知與俄國棄廢條約之時，即日本進行政策施行之日，韓人其知之乎？

第五章　韓廷改革官制

日本駐韓公使林權助，以公文忠告韓廷，謂改變官制，須實力奉行。韓廷遂派閔丙奭為委員長，設委員七人，改革宮內府官制，參酌甲午年井上馨之改革案，及玄映運所調查之日本帝室制度大要，並宮內府獨立之各官衙，統歸宮內大臣管理，更設宮內會計檢查院，擬訂條規八則，以便施行。

按：改革官制之條規八則，其第一條：「議政府設議政一、參政一、贊政一（專任）、內部大臣、度支部大臣、軍部大臣、法部大臣、農商工部大臣（以上敕任）、一等參贊一（敕任三等，三品以上）。其第二條：「議政統率參政、贊政、各部大臣，任國家經綸之責，遇有庶政，命主任大臣施行。」其第三條：「參贊輔佐議政、

參政及各部大臣，整理府務。」其第四條：「議政如查參政及各部大臣、參贊等員，或不盡其職，或有過失，會議後務須入奏。」其第五條：「所有法律、命令，議政及主任大臣，均行副署簽押。」其第六條：「議政如有事故，參政即代署理，倘如議政、參政均有事故，贊政員須俟奉敕旨，臨時署理。」其第七條：「各部署理大臣，亦均有贊政權。」其第八條：「下開各項會議之後，均須奏候勒旨。（一）法律、敕令案之制定，及撤裁改正事。（二）歲入、歲出、預算及決算等度支之事。（三）內外國債之事。（四）國際條約及重要國際條件。（五）敕任、奏任各官進退之事，但武官及司法官卒業者，不在此限。（六）地方官廳之設裁分合，各部之專屬與否，及整理改革等一切事項。（七）各部主管權限之爭議。（八）有勛者之疏奏，依於批旨之件。（九）預算以外度支之件。（十）關於租稅之改革存廢，並官有土地、森林、建造、船舶等之管理處分，及電信、鐵路、礦山等掘設之事。（十一）遵照特旨，交付會議之件。（十二）內地有變之時，按撫等特別事務之件。其第九條：「議政府會議，有時大皇帝陛下，躬親臨幸。」其第十條：「議政以下官吏，各因意見，不論何等事項，務須提出清議書。」其第十一條：「各部大臣如遇疾病及其有事故時，得使各協辦代參政府會議。」其第十二條：「本令宣布日施行。」其第十三條：「光武二年敕令第十八號，即自本令宣布之日作廢。」夫政治之改革，貴其實不貴其名，今雖約章一新，奉行不逮，而政府之人員如故，各事之弊端如故，其所謂改革者，不過換其名而已，於實事何補焉？

第六章　韓廷嚴禁筮卜

　　韓國官制既行改革，親俄黨俱遭排斥，惟巫卜者流，恐日本功成，其人皆須罷黜，而生計必艱，乃極力讒謗日本，每向神佛默禱俄勝日敗，甚至以日本東鄉司令長官，及其餘水陸軍將，造為木偶，咒咀壓勝。日本公使林權助知之，以告韓皇，韓皇乃禁止巫卜之徒，出入宮中，且明頒諭旨，誡其造言惑眾。

　　按：巫卜者流，或藉讖緯以唱吉凶，或假蓍龜以占禍福，或錄符誦咒，以蠱惑人心，或崇佛拜神，以希圖漁利。彼其所操之術，未嘗不自知其無效驗也，乃既知之而猶為之，且造作木偶，咒咀壓勝者何哉？聞之久於其道者，必信於其事，巫卜之所為，原不足怪，所可怪者，惟日本之公使林權助耳，知咒咀之無靈，而猶告之韓皇，令其禁止，豈不自覺其多事乎？

第七章　日使要求埠路顧問諸權

　　韓皇嚴禁巫卜之後，日本林公使又以開放龍巖浦為商埠之事，請於韓廷，經政府決議，由韓皇批准。林公使更以築造京義鐵路，通告韓廷，韓皇遂派陸軍參將李基束，監察線路事宜。林公使又告韓廷，令聘日本野津鎮武中佐為軍事顧問，並訂合同六條，自此以後，韓國政事，俱入於日人之掌握。

　　按：日韓所定之延聘軍部顧問官之約，分為六條，其第一條：「日本政府，允許韓國政府，延聘日本陸軍中佐野津鎮武，為韓國軍部顧問官。」其第二條：「待遇該顧問官，應照高等之禮。」其第三條：「該顧問官應軍事上之諮詢，及奏陳意見。」其第四條：「月俸致送日銀五百圓。」其第五條：「若不備官邸，則月送官邸費及器具費洋一百元。」其第六條：「以五年為限。」自此約締結以後，則日本在韓國，有軍事上之特權矣。

第八章　日人要求船廠漁業諸權

　　是時旅居釜山之日本商民，呈請韓國政府，擬以釜山前面絕影島內之薩摩崛地方，設立造船廠，經韓外部大臣許可。日人又見平安、黃海、忠清三道之漁業，甚為發達，遂竭力要求其捕獲之權。韓國政府，迫於日人之勢力，不得已而允之，遂協同日本公使林權助，締結專約五條，以二十年為期。

　　按：日韓所定之漁業協約，其第一條：「日韓兩國人民，來往兩國海濱捕魚，均已畫定處所。韓以平安、黃海、忠清三道沿岸之捕魚權，特許日人，日本當即以伯者、因幡、但馬丹、後九州沿海等地之捕魚權，讓與韓人。」其第二條：「日人在該三道沿海捕魚期限，自光武八年六月四日起，定為二十年。」其第三條：「韓人在日本伯者等地捕魚期限，亦定如上年數。」其第四條：「日本漁民不得犯韓人已設漁業之場，一有妨害，立即懲罰，其肆行暴舉者，押交附近領事，嚴如處辦。」其第五條：「詳細規則，悉遵捕漁章程施行。」此平安、黃海、忠清之三道，為漁業最盛之處，韓人不肯放棄者也，然迫於日人之勢力，不得已而允之。而日本於官民之間，所以侵害韓人之利權者，自是日有加也。

第九章　日人強佔礦產及土地

韓國之造船廠、漁業權,既為日人所有,於是日人更肆無忌憚,任意橫行,勒佔稷山金礦,及昌原銅礦,並鬱陵島之森林,與濟州島之牧場、漁基。而京義鐵路之停車場,及鑿井地,又不待鐵路院許可,即行強佔。鐵路之役夫、什長,復借日人之力,或侵掠村里,或刦奪婦女,地方官欲捕治之,則日人袒護匪徒,地方官反受其害。

按:日人勒佔稷山金礦,及昌原銅礦,反不許韓人開採,勒佔鬱陵島之森林,及濟州島之牧場、漁基,反不許韓人往來,強佔南大門外停車場地二萬餘坪,鑿井地二百餘坪,均不待鐵路院之許可,此日人開始經營韓國之情形。所記載之確實與否,吾固不敢妄斷,然吾聞俄人之占領滿洲也,其情狀殆與此同,然則文明國之獎勵殖民者,或亦爾乎?

第十章　韓人第一次排日

是時日本駐韓公使林權助將欲返國,向韓廷辭行,聲明以荻原書記官代理使職,而韓國大臣玄映連,與荻原不睦,乘林公使回國,密奏韓皇,言日俄戰事,尚未結局,勝敗難知,不可偏信日本,凡事宜商之法國公使。韓皇頗然其說,更煽惑排日黨之許薦、金璉植、李相天、沈宜昇等,託名為閔妃報讐,又有金基祐等二十三人,草排日檄文,徧告全國,於是反抗日本之行動,有不可抑遏者。

按:日人之強橫,其情形可以概見。然韓人之中,猶有盲不忘視、跛不忘履者,草此檄文以告全國。其文曰:「方今韓日之交涉,東洋安危之樞機也,誠宜敦睦好誼,實心相孚,如輔車相依,魯衛相親,然後東亞之勢益張,免俄人之吞噬,此非為日本之所求,亦我韓之所願也。何幸日本皇帝,宏慮遠謀,萬里暴師,不憚勞苦,直搗滿洲旅順之域,先摧貪暴之俄,修好我韓,保全我疆土,鞏固我獨立權,此誠我韓人所最感歎者。謂東亞之安,實此役攸賴也,何圖任使之臣,不得其人,約書甫成,二三其德,與貪鄙賣國之奸黨相結,威脅我皇上,攘奪我國權,全國之利益,無不攫入掌握之中,政府大臣黜陟之權,無不干預,苞苴公行,館廷成市,所愛者雖僉邪奸宄之輩,勸之而顯陞,所憎者雖公正善良之人,告之而遞改,阻遏我聖上維新之治。其兵民之入我境者,肆其暴行,比之俄人之貪殘,尚有過之,而恬然不知戢,所謂保全鞏固之約,果如是乎?率此不已,則將囊槖我三千里之疆土,魚肉我二千萬之生靈,雖使俄人肆志於東洋,其禍尚不至若是之烈也。防盜入鄰,而代逐之,藉其功而盡奪其家產,則為家主者,不如失於盜之為愈也。今之情勢,何以異是?韓國雖疲

廢，二千萬之人口，同心齊憤，激發義氣，求生於方死之地，圖存於將亡之時，則何有我弱之足患，而彼強之可畏乎？雖氣盡力屈，弱不敵強，不猶愈於束手而死，縮頭而亡乎？彼日人貪暴之行，百不舉其一二，今臚其大概於左，以通告十三州同胞之士，伏願諸君子毋偷目前一日之安，協力發憤，鞏固我宗社，保我生靈，使有辭於天下萬國，千萬幸甚。南大門外之停車場邊，有地八千餘坪，及停車場傍近之地二千餘坪，皆為都民建屋必要之地，不許他用，此我宮內府所明定者也。昨秋協定停車場區域之時，畫地六萬九千餘坪，當時日本株式會社十分滿足，初無一言請加，乃今年陽四月，日公使移照外部，要求右二處地段一萬餘坪，以附屬於停車場，不待承認，遂移植木柵標石，而勒行占領。我鐵道院嚴正拒絕，日使最後乃照會外部，自定此地段之價二萬四千元，謂株式會社劃付第一銀行，又開城人參案，被害日人之郵費，亦在其中扣除，此豈非強橫之抑買乎？昨秋署理鐵道院總裁崔夏榮，與日使所訂之協定書第五項云：汲水鑿井之地，一百坪以內，當歸會社收用，與鐵路院協議，酌宜定之云云。而其後株式會社，要求牛首峴為鑿井之地，且加請二百坪，鐵道院回牒，謂牛首峴接近南廟，不許，更與商他處。日人不理，忽逕自牛首峴，橫鑿山根，以通隧道。夫鑿井者，鑿平面而深之，以得水、儲水之謂也，豈有橫鑿山根之理乎？鐵道院嚴督詰責，置若罔聞，始終未嘗停役，警務廳派員禁止，亦不聽，今已鑿通三道，合三四十間，爆藥日轟，南山嚮震。永登浦停車場開設以來，日人欲廣佔，鐵道院堅持不許，日人竟以自意佔領之。夫日本國內鐵道極多，雖大都會之停車場，用地亦不過千坪，今在我國則佔地如是之廣，豈不可駭？取線路傍邊之土田、水田，其損害之價，由該工事人，時價賠給，此通例也，而左右支吾，不給嶺南之地，我鐵道院別派技師，前往觀察，始賠給若干，而不滿半價。其技師未到之地，則竟不給。稷山一郡，水、土田十九石十四斗，落田一石八斗，不給價，松、楸七百株，浮石四千五百塊、柴場二百四十亦同，移葬費二百五十兩，亦不給。日人之飲食債不酬而去者，四千五百五兩，有該郡守之報告可憑，他邑可推而知矣。已熟之年麥，方生之穀苗，不問主人，而刈去之，天下有是理乎？鐵道所用之砂石，該會社曾與宮內省約，每一立方坪，準價若干，而竟違約，千里之砂石一空，而一文未納於宮內省。今年以速成之故，到處役夫甚多，日人之役夫亦多，而皆無賴潑皮也，我役夫則恃其黨羽，狐假虎威，日人則惟聽通譯之慫慂，不法行為，無所不至。侵掠村里，刦奪婦女，打人傷命，作鬧官府，地方官或欲捕治，則日人袒護眾徒，挐之反受其辱。今此患害，殆甚於火賊，官吏人民，皆畏其氣焰，不敢告訴於京院，其各郡民告訴之可據者如下：清州金致安之妻，歸甯夫家，為鐵道什長金得順勒執以去，迫令同居，官往捕捉，則日人抗不許，此忠州觀察使之報告也；據沃川民柳成烈告狀，言鐵道院役夫通譯人，藉日人之勢，闖入村閭，無論貧富人家，所有米粟，盡數掠去，地方官無可如何；振威

之役夫輩，因醉而與邑吏相詰於酒店，日人遂闖入官府，打破門戶，縛打吏屬；又振威屬役夫之什長，攫奪婦女於村閭，又為賊而荷杖，入村討索錢財至四千餘金，有民訴可憑，亦日人袒護之故也。右數件特其千百中之一二也。振威以南，五六百里之地，殆成邱墟，清州懷德以下尤甚，費潤等郡，則日人公行刦掠，攫奪婦女，而民不敢訴於地方官，亦無報告，冤憤漲天，慘無人理。日人恐釀民變，反駐一小兵隊於懷德，以鎮壓之。此外尚有一事，為往古所無之變，金山郡守李成海，人頗強硬，禁彼不法，袒恤我民，即日使照會我外部，謂妨碍鐵路工事，應嚴處罰者也。日人及役夫輩，積憾已深，郡守自大邱還官，至渠谷店，鐵道牌長洪明善，橫行偃臥，官吏呵其無禮，洪即大怒，揮打官吏，招集役夫及日人，四面圍匝，役夫朴南老，打破轎子，曳出郡守，裂破衣冠。日人近藤精一、直田為名等十餘名，各恃鐵杖突入，亂打郡守，渾身重傷，官吏皆成肉泥，此見於邑報者也。同永之役夫金水卜、許聖五，酗酒不給價，反毆店主，郡守于世顯，捕治之，役夫輩入官庭，亂言悖說，氣勢危駭，日人十餘名，皆恃鐵棒入官庭，亂打官隸，二吏死焉，又犯郡守，拳打足踢，渾身被傷，腦破眼傷，血流如湧，昏仆不省。其他如破蕪岐等之邑獄門，打官吏，碎官物，如此小變，連紙累牘，不能盡書。一侵奪國權，攫取利益，韓國半島，為日本所有之說，教唆我國之宰相，使發用銀行券，內地未經通商之處，任意居住，將欲殖民於我土地，私買不法，鬱陵島之森林，任意採伐，闖人居住，反禁韓人之採伐。又擅課稅於韓人，勒占濟州島之牧場、漁基，環海三面之漁業權，盡入彼手，我民失業。勒占稷山金礦，及昌原銅礦。一北進軍之作弊，西北各地方，日人所到之處，軍糧、馬草，擅自儲置於校宮，及客舍，致位牌閟之不安。占奪東軒，任意居住，恣行暴掠，攫奪雞豚牛馬、米穀錢貨，人民逃散，閭里空虛。」觀其檄文，則日人所以蹂躪韓人，與韓人所以自相蹂躪者，皆略可見焉，蓋不待統監府之設，而韓已不國矣。

第十一章　排日黨下獄

　　韓國金基祐等三十二人，既將排日之通文，傳布於十三道，痛述日人之橫暴，以鼓勵排外之感情。是時羽檄飛馳，四方響應，韓人之愛國者，欲乘時以逞，以洩其憤。日本代理公使荻原氏聞之，即照會韓國外部大臣，迫其從嚴懲辦，外部大臣李夏榮允之，遂捕縛通文之起草者金基祐等，而下之獄，於是反抗之聲，歸沉寂焉。

　　按：韓人之反抗者，皆客氣耳，皆虛聲耳，蓋未有能力以盾於後也。不然，何以捕縛之文一出，而反抗之聲頓息也？然後知無能力之不足以成事也明甚。

第十二章　日人要求借地墾荒

　　排日黨稍為斂跡，而朝鮮荒蕪地問題又起。日本商人長森藤吉者，初向韓廷請借各地墾荒，韓廷不許。經日本公使再三交涉，韓廷怵於其勢，殆將許之。長森藤吉遂提出契約十條，求韓廷承認，於是舉國譁焉。朴箕陽、李宗說等，首唱異議，聯合縉紳士夫，推宗潢李乾夏首署，抗疏爭之。

　　按：韓國宮內府御供院卿，奉韓皇之旨，與日本資本主長森藤吉氏，締結條約十條。其第一條：「大韓帝國宮內府御供院卿，舉山陵、廟宇、寺院、禁山、墳墓，現為宮內府並官民各地，除確有官業山林原野外，凡散在大韓帝國京畿、忠清、慶尚、全羅、江原、黃海、平安、咸鏡各道荒地，其開墾、整理、拓殖、改良等事，悉任長森藤吉氏經營。」其第二條：「凡經營上一切資本，由長森藤吉氏獨立擔任，宮內府御供院概不負責。惟長森藤吉氏發付資本時，當將其全額及使用之大要，通知韓國政府。」其第三條：「大韓國宮內府御供院，凡前條所揭之經營，除許長森藤吉外，不得復許他人。」其第四條：「右開墾、整理、改良土地之時，由長森藤吉氏，漸殖米麥大小豆等，以及其餘農產、樹木、軍物，並與以畜牧、漁獵一切利權。」其第五條：「長森藤吉氏試種農桑，施行漁牧，五年以內概不納賦，惟滿五年後，方與韓國地稅常課，一律上納，其稅額由長森藤吉與該地方官公同酌定。若遇天災地變，及其餘不測等事，牧獲歉薄，或竟無收成，則賦稅一項，或照納，或捐免，隨時斟酌。」其第六條：「以上經營細目，俟本契約發印後，六個月以內，大韓國政府，與長森藤吉氏，立即商定。」其第七條：「以本契約給付各部，由經營之日起，若五十年間，如確有成效，臨期共同協議，再行續定。」其第八條：「期滿後，如不續訂契約，則長森藤吉氏之資本，及其利金，當由韓國政府，積算補償。」其第九條：「該經營主長森藤吉氏之權利、義務，凡繼續之人，或得其權利者，皆得通行。」其第十條：「本契約以韓文、日文各錄一通，一存於大韓國政府，一存於長森藤吉氏，以昭信守。」此條約既出之後，當時之評之者，皆謂與漢武帝語田蚡君何不取武庫之語相同。是時朴箕陽等抗疏爭之，其疏略云：「韓國地形，山多野少，環海三千里，山澤居三分之二，凡此山澤，皆荒蕪地也，今乃一舉而割國土三分之二，予諸外人，天下可駭之事，孰有過此？且以日人言之，二十年來，號稱扶我國家之獨立，證我領土之保全，今茲憤強俄之侵略，動全國之師團以爭之，其以信義自暴於東洋，非一日也，今以義始，而以利終，名實相悖，情偽互眩。臣等以為此殆不過起於一二商民私利之見，在日本政府之老成謀國者，未必弁髦信義，至於如是也。今若束手聽從，則割肉飼虎也，肉有盡時，虎無饜期。臣等誠不忍見疆土日蹙，不忍與賣國之徒，同立於陛下之本朝也。」觀其抗疏之言，慷慨激昂，聲淚俱下，不可謂無愛國之心也，然而晚矣。

第十三章　韓人倡立農礦會社

　　朴箕陽等，非徒抗疏而已，又一面傳檄四方，激動全國公憤，一面倡立農礦會社，陰為抵制。以宮內省大臣朴陽圭、尚禮院卿金相煥、中樞院副議長李道宰為首領，號稱集資本一千萬元，分為二十萬股，其股東惟韓國人乃得充之，其經營事業之第一著，即從事於荒蕪地之開墾。於是全國荒蕪地之先占權，皆為該會社所獨有。然倡之月餘，所集資本，不及千分之一，而該會社因以解散。

　　按：此次交涉，乃日本對韓經營第一著最大之要求，而韓人之反抗之者，亦於此最急激。當時論者，皆謂韓人尚有此愛國心，尚有此競爭力，而敢與日人相抗拒也。然據他方面所言，則此次之反抗，不足以表示韓人之民氣，而實以證明其腐敗之內情也。蓋韓國土地之權，本無確據，其政府已錄於荒蕪之籍冊者，而人民早私略地方官，已開墾而種殖矣，屢年收穫，永免稅租。如歸於日本，按籍而收，則必不能得其私利也，此國人所以藉全力以抗之者也。

第十四章　列強刻意要求

　　農礦會社尚未解散之時，各國公使，均出為抗議，義大利公使及比利時公使，皆謂韓國設立農礦會社，凡荒地、山林及開掘礦山之權，全為該會社所特有，有防利益均霑之例，令其速定規則，明白宣示。英國公使亦要求遂安金礦採掘之權，美商科爾坡蘭要求電氣公司設立之權，法國公使要求加特力教會擴充之權。

　　按：利益均霑之例，乃強國對於弱國進行之政策也，然皆甲國之利益，為乙國所獨佔，而丙國、丁國，乃出而抗議，以期與乙國享同等之利益，絕未有本國之利益，為本國人所佔有，而他國乃出而抗議者。嗚乎！弱國之民，動輒得咎，亦何可憐之甚哉！

第十五章　韓人抵制要求

　　農礦會社解散之後，韓國保安會會員，聚議於天洞韓國小學校中，選決死委員十三名，公舉申箕善為會長，李祐寅為副會長，而閔泳韶、朴箕陽、李道宰等，均以運動費，私助該會。沈舜澤、趙秉世等，亦密令軍人入會，其會員日日會議，處處演說，並時聚於外部門首，強請拒絕日本之要求，外部大臣李夏榮，因時事多艱，自行

辭職。

　　按：韓國之保安會，先在鍾路地方，由政府解散，日本警察今又拘留會長宗秀滿，故是會又起，而移於城內之天洞韓語學校內，先舉臨時會長嚴世成，曾申奏韓廷曰：「臣願以死守土，苟不達此目的，即加以斧鉞，亦不能奉解散之勅。」後又選決死委員十三人，舉申箕善為會長，其會員皆商人，或學生，或天主教徒等，而大臣朴箕陽、沈舜澤等，亦暗為裏助。此次之反動，其勢力之偉大，其運動之敏捷，誠為日本人所不及料者。

第十六章　韓人第二次排日

　　保安會抗議之時，並有獨立協會、一心會、興國協會等同時並起，其他有散在全國之負裋商者，出沒於平安、咸鏡兩道，或截電線，或毀鐵道，或以日軍動靜諜洩俄國，於是日本一面使其公使林權助來韓威逼要求，一面使其駐紮軍隊司令官原氏實行軍事警察，捕縛會黨首領，禁止開會演說，束縛出版自由。韓皇忽以調和之策，命廷臣與日使協商，日人亦恐因此買怨韓人，貽誤大局，遂放棄荒蕪地開墾問題，而別為施政改良之協議。

　　按：此次反動，在日本各報，則目之曰亂暴之徒也，陰險之輩也，以旁觀公平之眼論之，使韓人並此區區之敵愾心而無之，則禽獸之不如也。雖然，此區區之敵愾心，其終必無救於亡國。及原口氏實行軍事警察，而保安會之會員元世性等三名，及負裋商之首領吉泳洙與內宮姜錫鎬等，先後被捕，而韓人之切齒裂眦，喘汗奔走者，全歸歇滅。嗚呼！無能力以盾其後，則客氣之不足恃也如此。然自長森案提出以來，經韓人之反抗，而日本輿論，亦大不直其政府，不直之者，非謂其對韓手段，失於嚴厲也，一則長森氏之在本國，本非知名士，以此不足輕重之私人，俾以全韓土地之大權，謂其政府之輕重失當也；一則以對韓政策，大綱未立，諸事曾未一著手，而以此區區者，害韓人之感情，謂其政府之先後失宜也。於是政府幾度商議，乃於實際上撤回長森案，於名義上改為無限之延期，而別提出所謂韓國內政改革者，以為此權利之代償。自茲以往，而韓國乃為日本人之韓國矣。

第十七章　改革案成立

　　荒蕪地問題告終之後，日本憲兵隊，益嚴警備，步兵、炮兵，亦相繼入城，韓人

異常驚懼。日本公使林權助於此時間，謁見韓皇，屏退左右，密奏數時，即提出改革案二十五條，求韓皇承認。韓皇難之，林權助遂運動韓國外部大臣李夏榮，及度支大臣朴定陽等，使之密為關說，其後經數次協議，而其約乃成。

　　按：日本公使林權助密奏韓皇，提出改革案二十五條，其第一條：「韓國因欲整理財政，特於度支部內，設財政監督，聘日本人目賀田種太郎充之。」其第二條：「因整理財政之故，日本許貸與款項於韓國，其第一期貸款三百萬圓。」其第三條略。其第四條：「將韓國舊有之典圜局廢去，別為白銅貨幣之處置，以確立幣制。」其第五條：「結日韓幣制同盟，凡日本政府所鑄造之貨幣及鈔幣，在韓國一律通行。」其第六條：「特設中央銀行，司理徵收租稅，及其他公金各事務。」其第七條略。其第八條：「因向來外交事務，辦理失宜，故特設外部顧問，永由日本政府推薦，而現薦美國人田尼遜氏（斯齊維財斯氏）充之。」其第九條：「韓廷將所有一切外交事務，及保護韓人之事務，皆託諸日本政府，俟此約實行後，即將前此派出駐紮各國之公使、領事，盡行召還。」其第十條：「韓國召還各國公使時，各國派來駐韓公使，亦同此時撤退，惟留外國領事，駐紮境內。」其第十一條：「因欲整理財政之故，將韓國軍備縮小，以節糜費，前此全國二萬之兵額，當減為一千內外，除守備京城之外，各地方兵丁，一切撤退。」其第十二條：「結日韓兵器同盟，整理現在之兵器。」其第十三條：「整肅宮禁，除君側之惡，禁巫女卜祝，凡一切雜輩，不許出入宮廷。」其第十四條至二十三條略。其第二十四條：「除現定度支、外交兩顧問官外，不復置總顧問官，前此所聘外國顧問皆黜免。」第二十五條略。合觀以上諸約，則韓之為韓，從可知矣。國家行政之機關，最要者三事，曰財政權，曰軍政權，曰外交權，三者亡，則國非其國矣。今條約之成立，不徒此三者亡也，即宮禁之事，君側之惡，亦干預之。然則韓國政府所餘者，尚有幾乎？吾以為捨伴食之外，殆無有也。嗚乎！三千年來，箕子之血食，其遂已矣夫，其遂已矣夫！吾今乃知扶助云者，保全云者，其結果乃如是也。

第十八章　日人要求財政外交諸權

　　改革案既成立，日本公使林權助，即先發布三條，令韓國施行，其一為原案之第一條，特設財政顧問，其二為原案之第八條，特設外交顧問，其三為韓國與外國締結條約，須經日本政府協議，而後施行。此三條之外，又別定一約，為日本公使，如忠告韓皇，不拘何時，得以任意入謁。自此數條約施行之後，韓國之一切政治，均為日人所有矣。

按：此三條施行之時，在日本明治三十七年之八月二十二日也。據此觀之，則關於國家存立要重之外交權、財政權，悉委於日人之手。與十九世紀末葉，英人之掌握埃及之財政，及千八百八十四年，英杜間外交上限制之條約相同。韓國固於明文上，亦宣示處於日本保護之下，而放棄其主權矣。

第十九章　韓廷廣設顧問

改革案之三條，既行發布，日本公使即以日人目賀田氏，為韓國財政顧問，於財政上之設備，有審議、起案之權。又以美人田尼遜為外交顧問，有韓國政府與他國訂立條約之時，須詢其意見而後施行之權。合前此之加藤增雄為農工商部之顧問，野津鎮武為軍部之顧問，蓋舉韓國各部之政務，全以日本之顧問司之矣。

按：目賀田種太郎，既為韓國財政顧問官，遂與韓國政府參政申箕善、度支大臣閔泳綺協訂合同證書六條。其第一條：「目賀田種太郎，專任整理、監查大韓國政府財政，及審議發起財政上各種之案。」其第二條：「大韓國政府，凡財政上一切事務，須悉經目賀田種太郎同意，而後施行。」其第三條：「目賀田種太郎，凡財政事務，得謁韓皇，面奏一切。」其第四條：「目賀田種太郎，俸給每月金貨八百元，以每月末日支給，除俸給外，韓政府務以官舍與目賀田種太耶，若無相宜官舍，則月給金貨一百元作為官舍費。」第五條：「目賀田種太郎，赴任、歸國，除給舟車實費外，另給金貨三百元，若因財政事務駐韓國內地，則除舟車費外，每日另給金貨十元。」其第六條：「本合同不預定期限，若有必須解約之故，則互相協議，經代表大日本帝國者同意，而後解約。」韓國政府與美人田尼遜所定之合同，其大概與此相同。夫目賀田氏，曾任大藏省主稅局長者十數年，乃日本第一之財政家也，今遷此職，日本之輿論，皆為得人慶。吾亦謂日本之措施，甚得當也。然獨不解者，其外交顧問，舍日人而獨用美人，竟割其權利之一部分，而讓諸他國，詢屬咄咄怪事也。徐乃知田尼遜其人者，在華盛頓之日本公使館數十年，美人其名，而日人其實也。顧日本本國外交家，固不自乏，而必藉美人之田尼遜為傀儡者，其意殆別有在，非吾人之所能測也。抑此外交顧問者，不過在漢城耳，自今以往，韓國外交之主動，不復在漢城，而在東京之霞關也，故區區顧問，非其所著意者也。

第二十章　韓人第三次排日

韓人見其國內權利，俱歸日本，於是仇日之心復熾。有東學黨徒一千餘人，在韓京執旗起事；有一心會員數十人，在韓京斷髮倡亂；又忠清道有暴民及營兵數十人，闖入該地之日人宿所，逞其強橫；又黃海道亂民，將鐵路募工之日人，殺戮八名；又橫田、細谷、始興郡各地，亂民蜂起，勢頗猖獗。日本原口氏，推薦丸山重俊為警察顧問，訂約九條，更嚴行軍事警察，禁止新聞雜誌、銃炮彈藥等事，並捕縛亂黨多人，而其亂稍息。

按：東學黨徒一千餘人，各執旗幟，沿途怒罵，後遇日兵一隊，該黨即將旗幟拋滅，相率而逃。其一心會員數十人，均自行剪髮，迫政府速改政治，後被警務廳拘獲十六人，而其黨遂散。其忠清道之暴民，與鎮營兵六十人，闖入該地日本人宿所，毆傷日人數名，後為日兵彈壓，而亂遂息。其黃海道南川田中，有日本八人，招募鐵路工人，為韓人所殺，亦因日兵彈壓而息。其橫田、細谷、始興郡各地之亂民，或殺日人，或鬧衙署，均因日兵彈壓而解散。是時日本原田氏，推薦日人丸山重俊為警察顧問，與韓國內部大臣趙秉式，訂約五條。其第一條：「聘丸山氏為韓國政府之警務顧問官，專協贊整理警察事務，凡關於警察之設備，均由丸山氏審議等案。」其第二條：「韓國政府，凡有關於警察各種事務，均須丸山許可，而後施行。」其第三條：「丸山氏之俸給，每月金貨四百元，於每月杪支給之，此外另備官舍。」其第四條專言往返旅費事。其第五條：「本約不預定期限，至兩面有必須解約之事，則可於互議後，先得日本代表者之同意，始行解約。」前此之財政顧問，及外交顧問，雖歸日人之掌握，而日人僅能操韓國之實權，不能制其人民之暴動，於是又使丸山氏為警察顧問，嚴行軍事警察，非特保全其人民之生命財產也，非特維持其社會之安寧秩序也，蓋非此則韓國之排日本者，出沒無常，日本對韓之經營，無所恃為保障之物，故行之所不宜緩者也。其所最著意之條件，則曰凡集會或新聞雜誌之有害治安者，得解散或禁止；曰不問何人，不得收藏銃砲、彈藥，及其他認為危險之物；曰為保安軍政，認為必要時，無論何人，得令退出，一若視韓人均為寇盜也。自此軍事警察施行以後，實事上遂無韓國之警察矣，而韓國乃自是安寧，慷慨不平之聲，漸絕響於國中焉。

第二十一章　韓廷改革軍制

軍事警察施行，亂民鎮定以後，復有軍制改革之事。先伊藤博文有將韓國軍費變為學費之議，尚未施行，今林權助公使，及長谷川大將，謁見韓皇，求其裁減軍備，

以為節省經費之計畫。韓皇雖反對之，然迫於日本之威嚇，終從其請，遂下軍制改革之詔，令以步兵一聯隊、工兵一中隊、騎兵一中隊、砲兵一中隊，編成侍衛隊，駐於京城，更編八大隊，分駐於八道，於是韓國之軍備，益縮小矣。

　　按：韓國軍制，陸軍有侍聯隊、親衛聯隊、扈衛隊、砲兵隊、平壤隊、鎮衛隊之別，侍衛、親衛、扈衛者，即日本之近衛兵，所以護衛皇宮者也。平壤隊分二大隊，一駐京城，一駐平壤。鎮衛隊分駐於諸道，合計五聯隊，一大隊，全國兵員之總數，以三萬稱，實不過萬餘也，軍器尚存舊式，多不足以供軍用。海軍惟有稱為揚武號之一軍艦，乃自日本三井物產會社所購入之商艦而變裝者，其他砲臺、要塞、軍港，亦無一完備者。此次所謂軍制改革者，專指陸軍而言，乃由日使以財政整理為名，提出於韓廷者。日本之意，蓋在於縮小軍備，以減其國防，即以弱其抵抗之力。韓廷雖主擴張軍備之說，以反對之，然迫於日本之威嚇，終從其請，於一九百零五年四月，下軍制改革之詔，兵數約減其半，軍費約省二百萬元有餘。然韓國之非議之者，頗眾也。蓋以軍隊為國家自衛之具，日本既以韓國廢弱，不足以禦外侮，藉口以取其保護之權，而反削除其軍備，是更使之自弱也。如曰其軍事之不整備，則改良之而已矣，何用夫縮小焉者？然則日人非欲以謀韓人之利，而是欲以自利也。

第二十二章　韓廷派員攷查政務

　　韓皇見全國政治，胥歸日人之手，因欲派員赴日，查察各種制度，以期後有心得，收回其已失之權利，遂派學部大臣李載克，查察教育制度，派軍部協辦嚴柱益，查察軍事制度，派皇城提調衡植，查察內務省制度，派平理院判事李昌典，查察法律制度，派理式院參理玄百運，查察宮內省制度，派警衛院武官高申泰，查察警察制度。

　　按：善為醫者，不治已病治未病，善謀國者，不治已亂治未亂。如韓皇於前數年間，銳意維新，力求治理，萬不至將舉國之權利，胥為日人所攫取也，乃不於國家閒暇之時，作陰雨綢繆之計，至此夕陽欲沒，禾黍將殘，而始思發奮為雄，力圖補救，且欲使山河殘局，重睹光華，抑何其不知自量哉？人云：「兔走而顧犬，羊亡而補牢。」識者早知其無濟於事矣。

第二十三章　韓廷謀度量衡之劃一

　　韓國政府聽日使忠告，欲振興農工商務，先謀度量衡之劃一，遂商於農工商部之

顧問官加藤增雄，求其推薦顧問人員，相為助理，加藤增雄，即致書於日本之農工商務省，日本即派商工局技師小西正二，及技手梅田增穗二人赴韓，籌辦度量衡劃一之一切事宜。

　　按：度量衡之不劃一，誠為病商病民之弊端也，今欲整齊而劃一之，不過韓皇一紙之詔命耳，猶何必聘此顧問官哉？韓皇不察，日使言之，而即信之，遂聘日人來韓，相為助理。蓋日人之意，非徒欲劃一度量衡，原欲使韓國之農工商，胥入於掌握也。

第二十四章　韓皇重犒日軍

　　韓國農工商部改革度量衡之時，韓皇又有犒勞日軍之舉。先韓皇及皇太子、英親王、淳貴妃等，以一萬五千元，助日本卹兵經費，送交日本公使，轉解回國。今日本海陸兩軍，屢戰屢勝，故韓皇又派陸軍副將權重健為慰問日本專使，齎詔諭及犒金，前往滿洲軍隊司令部，及旅順聯合艦隊，傳述韓皇慰問之旨。

　　按：前日本在鴨綠江戰勝之後，韓皇即以一萬五千圓，助日本卹兵經費。今日本又在遼東，屢獲勝捷，韓皇遂派權重健為慰問日軍使，前往日軍，傳述韓皇慰問之詔。其詔曰：朕維我國與日本，情誼輯睦，有如兄弟。此次日本皇帝，發揚己國之威武，鞏固友邦之獨立，所以維持東方大局，示信義於世界也。海陸軍將士，忠勇果敢，有進無退，朕甚嘉之。朕深念諸將士，暴露遼東，陳師堅城之下，特命陸軍副將權重健為慰問使，前赴滿洲軍隊司令部，及旅順聯合艦隊，獎其過去偉勳，勵其將來大功。且念大眾跋涉之勞，欲慰軍士等苦況，特用金貨，犒勞貴軍，以表朕眷眷之旨。前此韓皇之助日本卹兵經費者，蓋欲結日本之歡心，而使維持其獨立也，而今何如也？舉國之要地，均為日人所佔領矣，舉國之政治，均為日人所攫取矣，而且裁減軍備，侮辱士民，其無維持韓國獨立之心，已昭然若揭矣，而韓皇乃又派使慰問，犒以重金，抑何其多事哉？

第二十五章　韓廷改訂學制

　　韓皇犒勞日軍之後，又有改定學制之舉。先由日本教育會，調查韓國學制，小學、中學、分普通、專門二種，惟大學分法政、文學、醫藥、理工四科，現派日本文學幣原坦為學部顧問，令各種小學，添入日語一科，先行於京城，然後普及各道，所用教科書籍，亦由幣原氏編纂。

按：韓國教育制度，今由幣原氏詳為改訂。其第一條：「中學校、師範學校，均擬完全設備，以日本中等教育為標準。」其第二條：「各小學校教程科目中，亦須添入日本語一科。」其第三條：「各外國語學校之教授方針，更擬較前統一。」其第四條：「此學制先行於京城，然後普及各道，所用教科書，亦由幣原氏力任編纂。」教育改良，誠為韓國當時之要務，然將日本語一科，添入各小學中，其意果安在哉？蓋欲韓國之兒童，幼而學之長而習焉，俟後日統轄韓國之時，則言語一致，無或分歧，而教令之施，用力少而成功自多也。且語言為思想之發端，未有語言變而思想不變者，故俄之滅波蘭也，先禁波蘭祖國之語言，而使之學俄國之語言，間有吐祖國之語言者，則以為有悖皇室之訓令，而棄諸市。此其意蓋恐語言不變，則思想不變，而愛國之心，亦因之而不變，愛國心不變，則終有死灰復燃之一日，而謀恢復其祖國也。日本之所以令韓國小學添入日本語之一科者，其意亦在於此。

第二十六章　日銀行代理圜法

韓國籌辦一切新政，費款甚鉅，日皇遂頒發諭旨，命日本第一銀行之在漢城之支行，辦理韓國圜法，及兩國政府交涉之款項，該銀行即頒發鈔票，無論官民，均可通用。韓國政府遂託第一銀行，代為整理貨幣事宜，互訂契約八條，並交付該銀行三百萬元，以充整理之費。於是韓國財政之命脈，俱歸於日本之第一銀行。

按：韓國政府託第一銀行，代為整理貨幣事務，互定契約八款。其第一款：「韓國政府現託第一銀行，於現行貨幣、預算章程內，凡有關於貨幣事宜者，該銀行代為整理。」其第二款：「凡關於整理貨幣事務者，第一銀行須遵守度支大臣之監督。」其第三款：「韓國政府公認第一銀行之券據，公私通用，毫無滯礙限制等情。」其第四款：「韓國政府交付三百萬元與第一銀行，以充貨幣整理一切費用，及貨幣整理資金。」其第五款：「第一銀行於貨幣整理一切經費，及收入金，另行計算整理。」其第六款：「第一銀行自承辦日起，閱一年有半，即計算貨幣整理之收支，以畢整理貨幣事務。」其第七款：「計算之下，整理資金不敷者，韓國政府立將如數補給第一銀行。」其第八款：「第一銀行於貨幣整理之損失，苟確係十分注意，而尚不免損失者，該銀行不負賠償義務。」此條款既成之後，則韓國貨幣之權，已在於日本人支配之下矣。

第二十七章　韓人第四次排日

韓人見全國財政，俱入日人之掌握，因又起排日之心。崔益鉉、許薦、李逸植等，與參政趙秉鎬、前內部大臣李容泰、前中樞院議長金嘉鎮，深相結納，慫惥元老趙秉世、前判書金鶴鎮等，致書於駐韓各國公使，謂日本迫害韓國，求其公平判斷。其後密謀敗露，日本遂遣憲兵，將崔益鉉、許薦、金鶴鎮三人，捕獲監禁，李逸植即逃遁於法國公使館中。

按：排日黨之崔益鉉等，與參政趙秉鎬等，深相結納，慫惥元老趙秉世等，在韓皇之前昌言排日，又以前判書金鶴鎮之名，致書於駐韓各國公使，苦口哀訴，略謂日本行動迫害韓國，望祈出為公平判斷。又李逸植改名安國柱，近入法國天主教，受教主庇護，故敢唆使教徒，鼓吹排日之事，嘗與金鶴鎮黨徒，互相結納，恐嚇韓皇，使避於法國使館，意謂日本若再迫我韓，則以宗教之名，訴諸法國，及其他耶穌教各國，使其出為援助。不料其謀敗露，日本遂假軍事警察之權，遣憲兵往，將崔益鉉、許薦、金鎮鶴三人，捕獲監禁，惟李逸植逃於法國公館中。夫此次韓人之排日也，先結託權貴大臣，以求其暗為運動，繼哀訴各國公使，以乞其出為助援，更憑藉宗教之聲威，以謀其掃蕩惡氣，奠安祖國，其勢力不可為不大，其計畫不可為不周矣。然審其性質，皆欲因人而成事也，天下事豈有因人而成者哉？宜乎終為日人捕獲而監禁之也。

第二十八章　韓皇派員祝捷

日本憲兵捕獲排日黨時，日軍有奉天之捷，韓皇因前日請求各國判斷之謀，為日人所知，恐傷日人感情，遂令義陽君李才楷帶隨員多人，赴日本祝捷。至東京後，即入觀日皇，捧呈國書，及韓皇贈日物品。日皇賜以午宴，並命貞愛親王及依仁親王陪席，更命德大寺侍從長，往韓使寓所答謝，禮頗優隆。

按：義陽君李才楷，為韓皇從弟，現任宗正院卿，為玉牒館總裁，韓皇重之，其人胸襟開朗，通達時務，早已剪髮改裝。其隨行者，有前參政陸軍中將沈相勛、宮內大臣閔泳喆、宮內府協辦朴鏞和、法部協辦李根澤、陸軍少佐柳玩、陸軍中尉金應善、陸軍參府柳東說、陸軍參府尹致晟、顧問官加藤增雄，此外又有鹽川通譯官，及判任官三員。甫至日本，日廷知為宗室，故以優禮相待。其義陽君所呈之國書曰：「朕維此次貴國興師揚武，維持東洋大局，實千古之快舉也，師出有名，故所向無敵。遼陽之佔領，旅順之陷落，聞者震驚。今奉天告捷，軍聲益振，足見陛下威信遠

布,功德翔洽。朕忝附同盟,曷勝視賀,特遣宗室義陽宮大勳李才楷為使者,賚呈國書,用申敬佩之意,附奉土宜數品,聊表睦忱。」觀此數次祝捷之文,則知韓皇之所以對日本者,惟此逢迎之術耳,以外無他有也,韓皇,韓皇,其能藉此而保全獨立乎?

第二十九章　通信機關讓與日本

　　祝捷之事甫終,又有通信機關委託之事。韓國通信機關有日本設置與本國自辦之二種,日本之郵局電線,勢頗發達,本國則賠累甚鉅,且障礙甚多,日本因軍事行動之必要,遂佔領數處。其公使林權助,又要求其代為整理之權,韓國政府迫於其勢,因使外部大臣李夏榮,與之訂約十條,將全國之郵便、電信及電話之事業,均委託日本政府管理。

　　按:日本管理韓國通信機關之條約共十條,其第一條:「韓國政府,可將國內之郵政、電信、電話等事業,託日本政府管理,惟宮內府所屬電話,不在此限。」其第二條:「凡關於韓國通信事業之土地、屋宇、器具、機械,及其他設備之物,依本約所訂,悉改由日本政府保管。」其第三條:「因擴充韓國通信機關,日本國政府凡於公有之土地、屋宇,若欲使用,不可償費,其私有之土地、屋宇,當償費以使用之。」其第四條:「日本國政府因管理通信機關,保護財產之故,相度己國便宜計算之處,可任其責,以委用妥善之管理人。擴充通信機關之費用,亦當由日本國政府擔任,其財政情形,當宣布於韓國政府。」其第五條:「日本國政府因管理或擴充通信機關所設備之器具,及種種物件,當豁免一切課稅。」其第六條:「凡於日本國政府之管理權,及擴充事業權,無抵觸阻礙而存留現在之通信院者,韓國政府可任用之,日本國政府因管理及擴充種種事務,可多用韓國官吏,及各種役人。」其第七條:「凡關涉郵政、電信、電話,韓國政府從前與外國政府所訂之條項,日本國政府可代行其權利,及續行其義務。凡關涉通信機關,將來韓國政府如有須與外國政府議訂新約之時,日本國政府可代韓國政府,任其議訂之責。」其第八條:「日本國政府與韓國政府,凡從前所訂定之各種通信機關條項,當依本約而行或廢或改,均無不可。」其第九條:「此約定後,將來韓國通信事業興盛,凡日本國政府設備已成各事業,所出之費,得收十分利益。日本國政府可於所收利益內,斟酌相當之數,以提歸韓國政府。」其第十條:「將來韓國政府財政如十分充裕時,兩國政府會議之後,可將管理通信機關之事,交還韓國政府。」此條約訂立之時,在日本明治三十八年,韓國光武九年之四月一日也。夫通信機關為經濟界之樞紐,即為國家存立之命脈也,今日列國之經濟殖民,往往以佔領交通機關,為最先之政策,蓋得之者足以握取其國家之命

脈，失之者即失其國家存立之道也。歐洲列強，昔日之對於非洲各國，今日之對於我中國，皆以此政策，為經濟競爭之先驅也。

第三十章　日人要求航行自由權

　　通信機關委託之條約既定，日本公使林權助又提出河川沿岸航行自由權之要求。先惟元山、釜山、馬山、仁川、木浦、鎮南浦、龍巖浦等之灣港，許日本船舶之出入，此外非本國船舶不得通行。今日使竭力要求，韓國政府頗苦於回答，而民黨之攻擊者亦眾，隨此數易大臣，而卒從日使之請。令外部大臣李夏榮，又與之訂款九條，使日本船舶在沿海及內河各地，自由航行，且許之任意建築商埠，於是韓國之航路盡失。

　　按：日韓兩國所訂之沿海內河航行條約，共九條，其第一條：「日本帝國船舶因本約所言貿易之旨，而得航行於韓國沿海及內河，但開港場所、航行之事，不在本約之限。」其第二條：「日本國船舶欲航行於沿海內河，當由日本領事知會韓國海關，請領執照，其上載明船主姓名、住址、船名、種類、重量及其航行之區域，其執照自領受之日起，以一年為限，逾限作廢。」其第三條：「日本國船舶因領受執照之故，應納稅於韓國海關，百噸以下之西洋式船及日本式船，皆納十五圓，百噸以上、五百噸以下之西洋式船，納五十圓，五百噸以上、千噸以下之西洋式船，納一百圓，千噸以上之西洋式船，納百五十圓。」其第四條：「日本國船舶得任便航行於通航區域之內，惟遇天災及他種事變，或得海關所特許，不得擅至韓國領土以外之地。」其第五條：「日本國船舶航行之時必攜帶執照，遇有韓國海關、地方官及地方官所委之洞長、村長等，索取查驗，當隨時檢出呈閱。」其第六條：「日本國船主為船埠建築棧房、倉庫，得借用其土地，船主並得請韓國海關允許築造碼頭。」其第七條：「日本國船舶有違背本約條款時，韓國海關可查驗情形，遇有重大情事，追還執照，并得禁阻該船，不使起椗。」其第八條：「日本國船舶或其船中人員，有違背本約及他約所定條款或犯罪者，日本國領事當依條約及日本國法以處之。」其第九條：「本約奉行期限，自簽印之日起算，至十五年為限，期限滿後，得商議重定。惟將來韓國航業發達之時，雖在期限之內，兩國政府亦得隨時商議，重為訂定。」此明治三十八年、光武九年之八月十三日也。此條約既訂之後，則韓國內地可任日人之往來矣。

第三十一章　全國鐵路告成

　　是時韓國全境之鐵道，均已告成。蓋韓國鐵道敷設之權，先已許於日本，而韓國絕無自為經營者，至此則重要之幹路，及支配之支線，如京釜鐵道、京仁鐵道、京義鐵道及京城元山間之鐵道、馬山浦三浪間之鐵道，均已開行，於是日本經濟上之籌畫，及軍事上之行動，更覺便利，而韓國益危矣。

　　按：京釜鐵道、京仁鐵道、京義鐵道，皆貫通朝鮮半島最大之都會，據此足以握經濟上樞紐，而且北通南滿，東接日本東岸，日本本國與殖民地之聯絡，息息相通，其利於滿韓經濟甚大也。考京釜鐵路，成於千九百零五年之五月，起自釜山，終於京城，貫通忠清、全羅、慶尚、京畿四道，忠清、全羅、慶尚三道，為全國富強之要區，人口稠密，產業豐饒，農工商三者，將來皆可遂其無窮之發達，故此路之於經濟上之影響甚大。而自軍事上論之，則由日本海輸送兵隊上陸於釜山，不一日而達京城，則韓國一旦有變，呼吸之間，大軍已集，故此道足以制韓國之死命，日本所以最先建設之者也。其與京釜鐵道相聯，而自京城北行，以達義州者，為京義鐵路。此道與京釜鐵道，同時開通，原為軍用架設者，未幾即改為公用，其終點為義州，在於鴨綠江之左岸，北與安奉鐵道相接，以達於奉天，故有此道，而滿洲與日本之交通乃便，其於日本對於滿洲經濟上與軍事上之關係甚大，而韓國北方之經濟，亦賴此以完成之。京仁鐵道，為京釜鐵道之支線，自京城達於仁川。仁川為朝鮮半島最大之市場，日人商務集中之處，將來之發展，殊未可料，則此道於商務上之價值，實超越於他道也。次之有京城、元山間鐵道之建設，有馬山浦、三浪間支線之開通，均所以助成經濟上之發達者，故僅從鐵道以卜日韓經濟競爭之將來，其利害關係，已可恍然矣。

第三十二章　親日仇日分黨

　　韓國京城先有一政治團體，名為一進會，以皇室之尊崇、施政之改善、生命財產之安固、軍備之整理，為其會中之四大政綱，且甚贊成日本之對韓政策，故能得日本之歡心，而日本亦常隱為援助。其繼起者，又有進步會，與一進會之宗旨略同，後與一進會合併為一。更有商民會、自強會、同憂會等，出沒於京城之中，集會演說，排斥日人，終為韓廷干涉，下李儁、羅裕錫、尹孝定三領袖於獄，而其會遂解散。

　　按：韓國政界，自來以黨爭聞天下者，然皆不過私相結託，陰謀傾軋而已，如中日戰爭前，親中與親日之紛爭，日俄戰爭前，親日與親俄之競鬥是也。至是外之所藉為後援者，無復有中日、俄日之對峙，內之所奉以為首領者，無復有大院君、閔妃

之二派，而政界之勢力全為日本所操縱，不容私黨之插足於其中，於是政治界之運動者，乃由私人之暗鬥，變為公然之結合，而其所持之主義，非排日則為親日，日本之外，無第二之勢力出而盾其後也。當日韓第一協約締結以後，京城數政治團體出現，其一為一進會，甚贊同日本之對韓政策，曾獻通文於日本政府，以結其歡心。其文曰：「貴國奮然為東洋驅除強俄，旗鼓指西，山河變色，誠所謂仁義之師，所向無敵者矣。生等痛息時局之艱危，感激貴國之高義，悲憤慷慨，不能自禁，爰集同心，創立斯會，貴國志士仁人，若能指導而栽培之，使得如摩西遠得火光引渡紅海，是所望也。曩者締結日韓議定書，敝國之獨立，賴貴國以保全，其施政賴貴國以改善，敝國國民豈敢忘之？伏願廣布仁慈，啟誘黎庶，使敝國國民，脫塗炭而得安全，浴文明之德澤，仰平和之曙光，不勝敬謹待命之至。」此通文達於日本也，日本甚諒其苦心，暗中隱為援助，而一進會之勢力，亦因之而雄偉焉。其一為進步會，與一進之宗旨略同，而宣言書之綱領，且加有補助日本軍事之一條，未幾由進步會之發議，合併於一進會，一進會之勢力更張，遂合之而攻擊當時之政府，終以政府讓步，允其生命財產保障之要求，是則一進會活動之第一成功也。其一為共進會，初為商民會，乃集負袱商而結成者，後改為共進會，乃漸擴充其黨員，其所主張，為尊重皇室之威信，與伸張人民之權利，若與一進會無甚異同者，實則欲反抗一進會，攻擊現政府，且以排斥日本也。其時會員慷慨歔欷，痛詆當道，集會演說，震動京師，終為韓廷干涉，下李儁、羅裕錫、尹孝定三領袖於獄，其會亦從此消失於無何有之鄉。自是活動於政界者，惟一進會，而其援助日本益力，平安道及元山以外各處之會員，所貢獻於日本之軍事者甚多，其備於日本鐵道工事者，亦特勤敏。一進會嘗致書於議政府曰：「我國以日韓同盟獨立之根據，雖鄉民猶能知之，彼等贊同日韓同盟之躬行實踐，故於日本之鐵道工事，甚樂為之。」而其時又致書日本，甚歌頌日本之功德，痛詆反對日本者之奸邪，由是益為日本之所依賴。其後雖有自強會、同憂會等，出而唱反抗之說者，然勢力甚微，均非一進會之敵，一進會且漸入政府而執其牛耳，故日韓第二協約，皆賴一進會之力成之，一進會誠可謂無負於日本矣。

第三十三章　韓國始為日本保護國

　　韓國商民會、自強會、同憂會等，解散之時，日俄之和局已成，英日之同盟復續，俄國已承認日本於韓國之政事、軍事、經濟，均有特別之權，英國已承認日本於韓國有指導、監督、措置之權。韓國為日本保護之國，先於國際上未曾發明者，今則國際上亦公認之矣。

按：統觀日本對於韓國之經營，則由日俄戰爭後，韓國於事實上已為日本之韓國，而非世界之韓國也，且為日本人之韓國，而非韓國人之韓國也。當其保護政治進行之時，世界各國均無出而非難之者，則保護之實，世界固已默認之，惟國際上之條約，尚未之見也。至於日英新同盟，及日俄和約之成立，而國際上之條約，已成為日本之保護國矣。夫所謂保護國之三字，日韓公文間固無可證明之處，然已為世界各國之所承認，吾亦不必為之強作解人。至究之保護國者，果含何種之意義乎，此則吾輩之所不得不研究者。夫保護之名，起於近世，而保護之能，具其一定之形式者，亦起於近世。蓋自世界殖民政策發生以來，各國群務發展其國力於外，侵略世界之弱者，伸其勢力於其國內，獲取各種優勝權，以自計其利益，而學者乃附以保護之名，英之於印度與埃及，法之於他喜齊與安南，蓋世界保護之嚆矢也。然因其主權之關係，及形式上之區別，學者又嘗有分保護國為四種者，而以韓國屬之於第二種，安南、埃及亦此類也。此種保護國，不能自用其主權之全部，其重要之行政，均保護之者取而代之，而使被保護者，猶保其統治之形式者也。至於第三，則其國已全被征服，惟令存其虛名，如英領印度是也。第四則不成國家之土人，被征服於強國者，非洲內地各國之殖民地是也。韓國之為第二種保護國，似較第三、第四為稍高，若猶可以國家資格之存在自慰，然究其實際，則同一內政之干涉，同一外交之限制，同一主權之損失，吾固不知各種之得失利害，果有何異同，吾更不知其與古代之城郭已夷、宗社已屋者，果有何異同也。今且不言韓，則以今日之安南、埃及論之，問其果與今日之印度，或非洲殖民地同乎？否乎？又以今日之印度，與非洲土人論之，問其果與今日之波蘭同乎？否乎？安南、埃及、印度，皆今日學者之所謂保護國者，然在吾耳膜之所接觸者，則覺其為已亡之國也。安南、印度、埃及如是，則韓國何保護之足云？是日俄戰爭之一剎那頃，韓國已由所謂獨立，而進於亡國之期也。

第三十四章　日韓結第二協約

　　韓國為日本之保護國，既為英俄兩國所同認，日本又命護衛全權大臣伊藤博文，及日使林權助，提出第二協約於韓廷，迫其承認。韓之廷臣，會議甚久，迄未決定，伊藤大使遂約長谷大將，親臨議席，限於五時間承諾。韓臣有恐責任之及其身者，欲中途退出，伊藤大使止之，謂非承認調印後，不得自由行動。參政韓圭卨，反對頗力，以此免官，於是李完用出為贊成，朴齊純首為署名，是約遂告成焉。

　　按：日韓兩國所訂之第二協約，其第一條：「日本國政府，以後由東京外務省，監督指揮韓國對於外國之關係及事務，日本國之外交代表者及領事當保護韓國在於外

國之臣民及利益。」其第二條：「日本國政府當韓國與他國間現存條約實行之責，韓國政府以後不由於日本國政府介紹，不得訂立含有國際的性質之條約。」其第三條：「日本國政府置統監一名於韓國皇帝陛下之闕下，以為其代表。統監專管關於外交之事項，常駐京城，有親謁韓皇陛下之權利。日本國政府於韓國各開港場，及其他日本國政府認為必要之地，有設置理事官之權利。理事官於統監指揮之下，執行從來駐韓日本領事所有一切之職權，得掌理為必要之一切事務，以全本協約之實行。」其第四條：「日本國與韓國間所現存之條約及約束，其不抵觸於本條約之條款者，皆繼續有効。」其第五條：「日本國政府誓當維持韓國之安寧及尊榮。」此第二協約成立之時，在十一月十七日也。夫日韓第二條約之成立，以日韓議定書及日韓第一協約為前提，確定日韓兩國間保護之關係者也，究之自事實上言之，則第一協議結訂以後，內政外交，無不因顧問政治，一舉而委諸日人之手，則此次之所協定，不過直以現在之事實，記之於條文耳。而韓人乃反對之，日人又用激烈手段，以強迫之，在當時各報之所紀者，皆謂伊藤令韓廷諸臣，非承認調印後，不得自由行動。此事之確否，不得而知，然徵諸各國對於保護國之往事，千八百八十年五月，法國以兵力壓迫度尼斯城下，迫太守之承認其要求者，則日本此舉，固不為奇。吾獨傷夫韓國末路之悲慘，又惜其不知自決也。傳曰：「國君死社稷。」西語云：「不自由，毋寧死。」韓國君臣，乃不知此，而忍受他人之僇辱，此則韓國之所以亡也。

第三十五章　日設統監於韓

　　第二協約之第三條中，有日本政府設置統監於韓國京城專管外交事項等語，於是日本政府派伊藤博文為韓國統監，名雖專理外交，實則一切內政，均干涉之。是時各國公使之駐韓者，見韓國已失獨立國之資格，遂相率撤退，韓國公使亦自各國撤歸。自此以後，韓國之政治，均歸於統監之掌握，韓皇惟拱手受成而已。

　　按：統監之職權，在各國對於保護國之所設置，皆無不兼外交內政，而統轄之，而此則專限於外交者，蓋因於韓國之反駁，而修正之也。實則內政外交，無可分離之理，凡屬於國內之政務，具不為國際紛議之原因者，殆不之見，此則法國國際學者畢列氏之所論也。然則欲實際履行外交上監督之義務，勢不得不擴其內政監督之範圍，故日本於規定統監之職權中，有并監督韓國之施政事務而有關於外交者一語。夫所謂內政之有關於外交者，果有何標準，以為之限制，實難犛然劃明。況韓國內政各部，均有日本顧問為之指揮，而顧問又皆為統監之所監督，則謂韓國舉國之事務，悉由統監掌握之，亦何不可。即考其統監任事後實際之情況，蓋亦如此也。

第三十六章　韓大臣以死報國

　　駐韓各國公使將欲歸國之時，韓國大臣閔泳煥，見此慘狀，遂屠腹以死，並作遺書，敬告韓人，有「泳煥以死，仰報國恩，以謝我二千萬同胞」等語。於是趙秉式、閔泳駿等，大唱破棄第二協約之議，上書陳言，語頗慘痛，韓皇迫於統監伊藤博文之威勢，不敢贊同，趙秉世、閔泳駿二人，因之自殺，一時韓之大臣，仰藥而死者甚眾。

　　按：日韓議訂書之成立，固未有以死相爭者，日韓第一協約之成立，亦未有以死相爭者，至此第二協約之成立，僅有韓圭禼一人力爭免官，其他則屏息順旨，俯首受命而已。且當時某韓官言曰：伊藤不為急激之改革，故吾輩之衣食於宦途者，斷無失所之憂。某韓官又曰：「侯來則內閣當更動，從來吾國內閣，甲大臣為乙大臣，乙大臣為丙大臣，事權紛擾，不能一致，願侯之斷行更迭，以全施政改善之實，故吾人之望侯，若大旱之望雲霓也。」觀此則韓廷諸臣，皆媚狐耳，皆功狗耳，否則割之不鳴、鞭之不驚之流亞耳，斷不意有閔泳煥、趙秉世、閔泳駿其人者，以身報國，以死全忠，雖於事無濟，亦可於朝鮮史上，放數道之彩光焉。

第三十七章　韓國學界之慘狀

　　韓國大臣閔泳煥等自殺之後，留日中學韓國學生六十餘人，甫聞其事，心甚憤恨，遂一體休業。日本政府即令學部刪除其名，驅逐回國，於是留日各校之學生，相率而歸者，絡繹不絕於途。其國內之學生，先時卒業返國者，亦多自行身死，韓國學界之慘，有令人聞之而神傷者。

　　按：人非草木，有聞祖國之滅亡，而不悲者乎？今韓國學生，乃因愛國之故，而被斥逐，而行身死，豈不可悲之甚哉！故人之愛身，宜及其少壯之時，至衰老而愛已無益矣，愛國宜及其未亡之時，至滅亡而愛已無及矣。嗚呼！同胞其鑒戒哉。

第三十八章　伊藤治韓之初政

　　是時韓國之廷臣及學生等，多憤懣不平，若有反動之舉。駐韓統監伊藤博文，恐再行激烈政策，致傷韓人之感情，而釀成巨亂，於後日進行之策，大有窒碍，故一切措施，均尚平和，惟設立收稅專官，及裁判專官，使地方官不得兼司其職，其收稅官及裁判官，處理事宜，亦甚公允，是以舉國臣民，皆相安於無事焉。

按：侵略政策不一，有以激急為進步者，有以遲緩為進步者，是在執政者之斟酌情勢焉耳。今韓國之情勢何如也？反抗之議盈廷，雪恥之聲盈野，如施政稍行激烈，以挑動其愛國之熱誠，則舉國臣民，蜂擁而起，其勢有不能收拾者。故伊藤博文，一切措施，均尚平和，陽示其撫字之仁，隱消其激昂之氣，誠可謂善於戡亂者矣。

第三十九章　遣使私赴平和會

　　自伊藤博文為韓統監以來，頗與韓人相得。時萬國平和會開於和蘭之海牙地方，韓皇密遣葉親王，並帶隨員多人赴會，訴日本虐待韓人之情形於會中，求各國出為干預。各國因其使命之不正當，故皆拒之。韓皇又電致海牙使者，言日人警衛嚴重，如待囚人，皇帝之威嚴與實力盡失，令以此哀告各國委員。是電為日本委員所得，因令各國委員，判定私赴平和會之罪，遂議定將首領處死，從者令其終身為役。

　　按：自日俄開戰以後，日本之經營韓國，一日千里，數年之間，韓國內政、外交、軍事、經濟各種之實權，悉為日本之所支配，國家資格，既已喪盡，所餘者惟名義上之虛文已耳。臨於千仞之壁，瀕於九重之淵，稍一失足，則一落千丈，宗社為屋，宮室為墟，故事至於無可挽回之時，欲求所以自全之計，即為其所以自滅之道。然則韓國至今而欲有所圖焉，非以救亡，實以速其亡也。不觀安南乎？不有千八百八十四年之叛亂，則順化條約，無由成立；不觀度尼斯乎，不有千八百八十一年之反動，則巴爾托條約，無所藉口。韓國自第二協約締結以來，國內無事，上下晏然，百尺竿頭，必欲有以促日本之更進一步者，故忽而有海牙密使事件之發生焉。夫海牙密使事件，雖實以自促其死期，然病者籲天呼救，亦痛苦無告之情，發於不得已耳，吾人縱不欲以滿腔之同情，為之矜惜，豈於彼猶欲加之罪焉？惟思韓國之所以派遣密使於平和會議者，必謂平和會議，為以主倡正道仁義、保全世界之平和為旨，為能哀其國人而救之，故出此無謀之策。庸詎知平和會之所謂平和者，乃為強國相互之平和，強國對於弱國，實行侵略之平和，非弱國之所恃為保護者。夫強國愈平和，則弱國愈不平和，此二十世紀之弱國，所以益罹於天然淘汰之慘劇也。韓國自居於弱者之列，而猶欲各國之視為強者，保護其平和，非大愚而何以至此。且其國之外交，早已委之於日本之保護，尚以為可以發言於平和會議，則尤為不自揣度之甚者，故卒以此貽為日本口實，釀成歷史上未有之慘事，而世界竟無復有人憐之，且反從而稱快焉。謀始之不臧，終安能善？韓國固已矣，其有繼韓國之後，而蹈其覆轍者，以此為鑑焉也可。

第四十章　伊藤詰責韓皇

　　韓皇密遣使臣私入平和會之事，達於日本，日本政府深怨韓皇之棄盟背約，命伊藤博文詰責。是時韓皇稱疾，久不視朝，伊藤博文恐其陰懷異志，變出多端，遂於宮禁之中，嚴加防範。而韓之廷臣，亦以此事歸咎韓皇，皆交章上奏，有請韓皇讓位者，有請韓皇赴日本謝罪者，韓皇皆不之應。

　　按：韓之廷臣，其請韓皇讓位及請韓皇赴日本謝罪者，大抵皆忘情祖國，熱心富貴，側身侯門之竇，屈膝執政之庭，有女性而無男性，有暮氣而無朝氣，有鬼道而無人道之流亞耳。不然，何以出此污君辱國之策哉？西哲有言，專制國無愛國者，有之其惟君主一人耳。觀於韓皇之末路，不其諒哉？

第四十一章　韓廷臣迫皇讓位

　　是時日本政府派外務大臣林董赴韓，辦理私入平和會事宜。韓國廷臣恐林董入韓，禍生不測，遂決議迫韓皇讓位。其總理內閣大臣李完用與一進會黨員等，贊助甚力。韓皇大怒曰：汝等與外人結託，以迫朕之讓位，臣下之分安在？國可滅，身可死，位不可讓！言已，泣數行下，廷臣無為之動者。

　　按：總理內閣大臣李完用，為日韓協約之贊助甚力者也，一進會黨員，亦素抱親日主義者也。今聞林外相之渡韓，以為非速謀之，則外相入韓之後，禍且不測，遂以強硬態度，迫韓皇讓位。夫彼之所謂禍且不測者，非謂其有亡國之禍也，非謂其有易君之禍也，不過慮其己之一身，不能固外人之寵，不能享尊爵之榮而已。故韓皇大怒曰：汝等與外人結託，以迫朕之讓位，臣下之分安在？斯語也，何語也？蓋欲使韓廷諸臣，聞之傷心，而別籌完全之策，以補救於萬一耳。無如，言之者惻然情動，聽之漠不關懷。嗚呼！大事已去，莫可挽回，可勝嘆哉！

第四十二章　韓皇下讓位之詔

　　韓皇知事不可為，尚欲見伊藤博文，以窺其意之所在。翌日，伊藤博文入見，言頗嫻雅，意甚沉著，韓皇微以讓位出自日本之意與否探之，伊藤博文即厲色詰問，問為何人所言。觀其形狀，若有非常之事，自斷於胸中者。於是韓皇大震，不敢復言，是夜召元老申箕善、朴齋純、南廷哲等入議，討論甚久，其議遂決。及黎明而下讓位

之詔，令皇太子代理軍國大事，並命宮內府掌禮院，舉行讓位之儀節。

按：韓皇讓位之詔曰：「朕以不法，繼承列祖之丕基，於茲已四十有餘年矣，中經多故，事與志違，任用非人，禍亂滋甚，民命困敝，國步艱難，未有甚於斯時者也，是以慄慄危懼，如墜深淵。若依元良，德基天成，令聞夙具，問寢視膳之暇，裨益甚多，則施政改善之法，付託有人。朕竊維禪讓之事，歷代既有成規，先王盛典，亦宜記述，於茲特令皇太子代理軍國大事，其儀節著宮內府掌禮院斟酌舉行。」夫韓皇自即位以迄於今，計四十餘年，其在位不可不謂不久也。而當其即位之時，朝鮮雖為中國之屬邦，然政由自主，國內無事，與日本東西峙立，實無優劣之分。乃日本自明治即位，至今亦不過四十年，已足與世界列強，比肩並立。韓皇則在位之中，其初期為大院君所制，其中期為閔妃所制，其末期為廷臣所制，更為日本所制。身非木石，乃使大權旁落，政界紛然，而不知力自振拔，奮其國威，卒至身為魚肉，國以滅亡。語曰：「天作孽猶可為，自作孽不可逭。」其是之謂歟？

第四十三章　韓人第五次排日

韓皇讓位之詔甫下，而青年會、自強會、同憂會等諸會員，群集於京城之外，皆奮臂鼓舌，演說於路旁，市井之遊民，及脫營之兵士，亦聞風繼起，並有甫由日本赦歸之朴泳孝，與元老南廷哲等，隱為指揮，殺日本之警兵，焚李完用之私第。統監伊藤博文急召地方屯駐軍赴援，布戒嚴令，收武庫，占軍部，屯兵普德殿，以警宮中。而朴泳孝、南廷哲、李道宰、魚譚、李載德、李甲等，均被逮下獄，而亂民之勢亦漸戢。

按：此次韓皇之讓位也，表面上若出於韓皇之本意，實則日本暗中之威力，有以迫之。而自韓人觀之，直以為日本之廢立也，故韓人之激刺，較從來日韓各交涉為尤甚。當讓位詔勅之甫下也，京城憤慨之士，一時蠭起，若有不可抑遏者焉，及朴泳孝等被捕下獄，則韓人切齒裂眦，慷慨奮激之氣，至此而皆消滅。嗚呼！吾觀日韓交涉之歷史，日韓每有一次交涉，則每有一次大亂隨之，而此次則為最激。蓋前者關於國權上之結約，而此則關於君主之變動也。夫專制之國，以君主即為國家，人民不知有國家，而惟知有君主，對於國家之觀念薄，而對於君主之觀念厚，故國家主權，雖有何等之變動，人民竟不以為痛癢之切其身，亦不知將來或有不可測之危險在其後，至於君主一受損辱，則雖愚昧之徒，亦思奮其忠義之氣，蓋彼以君主之去就，即視為國家之存亡也。此次韓國之反動，其對於國家與君主之觀念果若何，吾固不能深知，惟其所以暴動之原由，實由於韓皇之讓位，而其事又實韓皇與其親近之舊臣，有以主

之。故吾可斷，其為國家，必不如其為君主也。且不觀夫彼元老之對於伊藤之所言乎？其謂若日本對於其皇帝，若有絲毫之污辱，則彼等雖死，亦不敢辭，不然，則彼等且當與日本以援助者，固明明視國家輕於君主也。不觀夫韓國留學生之意見乎？其謂日本若有加辱韓皇之舉，則彼等誓以必死者，固明明惟知其君主，而不知其國家也。夫其人民之愛其君主，吾豈能言其非當，惟全國之心目，全注於君主之一人，而置國家之政治，若漠然不關其休戚，遂使國事敗壞至此。且當其國權盡失、身為奴僕之時，若其君主無恙，猶以為國家之未亡，至於君主不能保全，則其國家遂至無可挽回者，此則專制國之流弊，而韓國之所以亡也。

第四十四章　韓新皇下詔改元

　　韓皇之讓位，原迫於日本之恫嚇，及廷臣之請求，非出於己意。既下詔後，猶冀有復辟之舉，及諸元老下獄，而其望遂絕，因向韓廷諸臣，涕泣謝罪，廷臣皆非笑之，未有稍變形色者。於是新皇下詔改元，尊韓皇為太上皇，並詔見統監伊藤博文，及各國領事等，託其相為助理，以全大局，則私赴海牙平和會事件，至此已了結矣。

　　按：前者韓皇讓位詔中言代理者，可知韓皇讓位之舉，實迫於日本及廷臣耳，非一己之所願也。及諸元老下獄，新皇帝下詔改元，其所謂代理者，不過過去之陳迹而已。聞事定之後，韓前皇涕泣，向廷臣謝罪，而廷臣不惟不動於心，且因此而非笑之。嗚呼！韓皇之末路，固如是其可慘乎！雖然吾欲悲其讓位時之慘，吾不得不惜其在位時之無能也。夫彼之在位也，未嘗聞為本國興一利也，未嘗聞為本國除一害也，四十餘年，不過如繭之自縛，蠟之自煎而已。至此山河易主，景物全非，而猶眷戀而不捨，徬徨而不去，宜乎廷臣之非笑之也。

第四十五章　日人要求新協約

　　日本政府猶謂韓皇讓位之舉，非由日本之所干預，且使韓皇認為意思之自由，別使外務大臣林董，及駐韓統監伊藤博文，提出新協約數條，迫韓廷承認。是時韓之新皇，甫膺重任，心無主持，而廷臣等又欲結託日人，以保其祿位，故日本之要求，甫經提出，總理內閣大臣李完用等，即出為署名。

　　按：韓皇之所以讓位者，為謝密使派遣之罪故也，今讓位已實行，則海牙事件，當因此告終矣。乃日本則必以讓位為非日本之所干預，且使韓皇認為意思之自由，

而別提出新協約，以為進步之策者，則其外交之巧妙，可想見矣。其新協約之第一條曰：「韓國政府關於施政改善，當受統監之指導。」其第二條：「韓國政府法令之制定，及行政上重要之處分，當預經統監之承認。」其第三條：「韓國之司法事務，與普通行政事務，須區別之。」其第四條：「韓國高等官之任免，以統監之同意行之。」其第五條：「韓國政府可任命統監所推薦之日本人為官吏。」其第六條：「韓國政府無統監之同意，不得傭聘外國人。」其第七條：「明治三十七年八月二十二日調印之日韓協約第一項廢止之。」前次日韓第二協約，韓國外交上之主權悉委於日本之手，此次新協約，則韓國內政上之主權，亦一舉而歸於日本也。論者謂韓國非至合併於日本，則仍為保護國，故其主權猶在於韓皇。此就法理上言之，其當否固不敢臆斷，然深究其條約上之意義，及將來本於條約所行之事實，則韓國之主權，不在韓皇，而在日本之統監者，雖有辨者，不能否認之也。本條約之所最重者，為第一條與第二條，第一條所謂施政改善之由統監指導者，是韓國不能以自由意思行其政，而必欲從統監之意見行之，換言之則指導者，寧謂之指揮之為當也。第二條所謂立法行政之必經統監之承認者，是日本之統監代韓皇行使其最高之決定權，而韓國之元首，及其大臣，均在於日本管轄之下也。因有此二條，則韓國之主權，已全由統監代表而歸於日本，其餘第三條之所謂高等官任免，第四條之所謂官吏任用日人者，自內閣總理大臣，固皆可適用之，則將來韓國內閣，或盡由日本人組織之，亦無不可也，法蘭西之於度尼斯，固已早行之也。然則自條約上結果言之，名義上韓國猶為日本之保護國，事實上則與領土合併無以異也。顧吾謂其事實固不待此條約之結果而始成也。自第一協約、第二協約締結以後，韓國實事上之內政外交，早已歸於統監之所支配，吾固已言之矣，此次不過記之於正式之公文，而更加以詳密之規定也。夫事實在先，而條約之規定每在後，此亦非日本與韓國之創例。當千九百四年之前，埃及之為英國之保護國，固未嘗為世界各國之公認，而英國之於埃及，亦未嘗有何等保護之契約，而事實上之保護，則已行之數十年，是強國對於弱國之外交，固不必待於條約上之承認也。故日本之得韓國完全之主權也，事實上不必自此條約始，而將來韓國變為日本之領土也，事實上亦不必再有第二之條約而後發生。然則謂條約發生於事實，而事實非發生於條約，亦無不可也。

第四十六章　韓廷臣均表同情

　　新協約既已告成，韓國廷臣之親日者，均表同情。李完用曰：吾初慄慄然懼此約之過激，今見之，知吾等始生，且知韓國始存也；宋秉畯曰：「此條約之主旨，即為

吾十年前所主張者，蓋欲確保韓國之獨立，預期皇室之繁榮，必待日本之力，以革新其弊政也；趙義淵及俞吉濬曰：新協約之所載，以日本人為韓國之官吏，必能芟除一切之禍根，以轉移東洋之大勢也。

按：海牙事件之發生也，日本上自政黨，下及民人，無不奔走憤慨，望其政府之以劇烈之手段，痛懲之也。而韓國之當道，則甚望其說之不行。及新協約告成，在日本則頗惜其不足，而在韓國則深信其無他，彼其所觀察之點，固各有心理上之所注。然以吾觀之，則惜之者不免失之狡，喜之者不免失之愚也。夫日本之對於韓國，所持以為最後之目的者，不過合併之而已矣。合併之一事，在今日之條約，固未及之，然吾不已言之乎？條約者發生於事實者也，其事實之所以進行，在日本之當局者，自有成見。若據新條約之所規定，適用而擴充之，固無所欲而不成，彼其事實上，既已達於極點，而猶欲飾其詞曰：未足云者，忠厚之言，不如此也。若自韓國言之，其對於新協約之觀念，固各不同，吾又安能概記之。惟除此次暴動者外，則李完用、宋秉畯等，為現時政府當局者之代表也，趙義淵、俞吉濬等，曾亡命於日本，為舊政治界中之代表也，而其所言，皆諛媚日本，贊揚日本，無復有瞻顧其祖國之觀念，謂彼等甘欲斷送其祖國於日本，吾不敢謂韓國中竟有如此不愛國之人。然鄉里有一家焉，父母妻子、田園廬舍皆備也，鄰人入其室，耕其田，占其妻子，而曰：吾為爾興其家。其家之人，不但不思所以驅逐之法，而且喜其鄰人之為我謀者實周，非厚於其鄰人，而薄於其家人，則必其為鄰人所蔽者也。今韓國之以新協約盡與其主權於日本，而日本方將利用其主權，而吞併其國家，此稍有識者，皆能知之。而韓人竟如此之昧然者，則是非皇帝已廢，國旗已撤之時，必不知其禍之及於其身也。且或當其時，猶不知其所謂禍，而猶謳歌日本，如他喜齊之合併於法蘭西時，猶以信賴法蘭西之誠意為詞者，亦在意料中也。是韓人之愚，為不可及也，是韓國之所以亡也。

第四十七章　伊藤酬勞韓臣

統監伊藤博文，見韓廷諸臣，俱表同情，遂宣示各部，謂廷臣等辦理新協約事件，均有微勞，分給首相銀十萬兩，每員五萬兩，以為酬謝。其廷臣之稍知愧恥者，皆卻而不受，並辭職退隱。於是城中侍衛隊，及地方鎮衛隊，均有所感，而蠢然欲動。伊藤博文知時不可緩，乃以節省經費為名，要求軍隊之全撤，是時韓廷遂下撤兵之詔。

按：撤兵之詔曰：「韓國軍隊，素以僱兵組織，未能上下一致，以奮國威，不如暫時解散，以其軍費，補國用之不足，而徐俟養成士官、刷新軍制之後，再用徵兵之

法，復興強固之軍。」斯言也，殆日本所以餌韓廷，而韓廷乃以此欺其國人者也。夫軍隊解散，以前年軍制改革為遠因，以此次京城暴動為近因，乃日本對於韓國人民之反動根本的解決法也。韓國之軍隊，疲弊不振，固不足言戰爭，顧以之抵拒日本軍事之侵略則不足，以之擾亂日本移殖之安全則有餘，此日本之所久欲設法以去之者。前年軍制改革之結果，實與日本之提案相違，僅減去其兵力之半，而京城尚有步兵一聯隊，及砲兵、騎兵、工兵數中隊，以為侍衛隊，地方尚有屯駐於各道之八大隊。一二年來，日本固猶視此為妨害治安之物，特無機會以及問題耳。適廷臣辭職退隱之時，各隊均有所感，蠢然欲動，日本知時機之不可逸，乃以節省經費為名，而使全國之軍隊盡撤焉。日人至此，亦可謂達其目的矣。

第四十八章　韓廷下撤兵之詔

　　韓廷既下撤兵之詔，伊藤博文即遣長谷川大將，召集京城之侍衛隊，令其同赴操場，領餉解散。其侍衛隊長朴聖煥，受命回營，以手槍自戕，於是兵士憤激，皆向日本教習栗原發槍，他營亦皆響應。韓廷即以鎮壓之事，委之長谷川大將，遂傾注其屯駐軍之全力，橫肆僇辱，數日之後，用機關砲轟韓兵多人，反抗之氣遂息。

　　按：朴聖煥自戕之時，軍士感激，排日之聲大起，前次暴動之徒，復乘機鼓舞之。一時京城擾亂，日韓兵之交戰於街巷者數日，人民無復安堵，砲彈及於宮闈，宮女哀鳴，韓皇戰慄，左右親近，無一侍從者，方自嘆我亦不知命在何時，旋賴日本之警兵二人護衛之，始得稍慰，是其慘狀，與古之亡國殉難者，又何別也？當暴動之初起也，韓廷即以鎮壓之事，委之日本，日本乃傾注其屯駐軍之全力，橫肆僇辱，數日之後，日人亦弓盡矢窮，而消滅其反抗之氣焉。

第四十九章　韓人第六次排日

　　漢京之亂消息，而其暗潮，猶波及於京外各地，水原、大邱、黃州、平壤、江華等處，亦因解散軍隊之事，突起反抗，騷擾異常，或鎗擊警兵，或火焚警署，日人亦甚苦之。後長谷川大將，遣屯駐軍往剿，而韓軍終以勢壓而歸解散。自此以後，韓國各地方，無復有一韓兵之存置，所餘者惟京城之一大隊而已。

　　按：韓兵常曰：「如經國家滅亡之時，則吾等當拚一死，以與日本軍相爭，日人雖能解散其兵隊，萬不能解散其兵心，一息尚存，日人斷不能安堵也。」嗚呼！此

囈語耳。當國家未亡之時，尚可奮其忠心，以補救國勢於萬一，猶不能謂其必勝，猶不能使日人之不安堵也。今何時也？風景不殊，舉目有山河之異，昔人所嘆，今乃見之，韓兵於此間竟能踐其前言，憤起而擾亂之，不數日間，則水逝雲散，而無踪跡之可尋，所謂使日人不能安堵者，殆成一無謂之妄語耳。

第五十章　韓人排日之餘波

軍隊解散之後，各處之暴徒，猶時出時沒，以擾日軍，然皆於事無濟。是時更有留學日本之韓國學生八百餘人，皆罷學歸國，以謀異舉。又有韓國工人，在美國舊金山組織一會，作長文一通，痛告國內人民，欲其將國中袒日之徒，悉予一死，且將日韓之新協約消廢。並有韓國商人在海參崴者，群集於街前，呼泣哀號，以石塊亂擊日人之店鋪，欲拚一死，然大事已去，萬難恢復矣。

　按：此次解散軍隊之事，日本所用之手段，為最激烈，韓人反抗之勢力，亦甚雄偉。夫韓人之反抗也，先暴動於京城，繼蔓延於各道，終波及於國外，其聲勢之悲壯，其時間之延長，以與前數次之暴動相較，殆有霄壤之不同。然皆小丑跳梁，斷未有死灰復燃之望，不過使後之讀朝鮮亡國史者，觀其最後反抗之一劇，而曰朝鮮亦有人知其亡國已也。雖然朝鮮固東方最古之國，有數千年之歷史，有數千年之土地，更有數千萬之人民者也，至於其亡國之時，其所以光其史冊者，乃不過此數十日間，少數人民之反抗，而國民之大部分，曾若不知也者。然則其國民之弱點亦可概見，若以比之杜蘭斯哇、菲立賓，則不免遠有遜色矣，以杜蘭斯哇、菲立賓，猶不能立於今日競爭之世界，況於朝鮮者乎？今日之國於世界者，當亦知所自處矣。

第五十一章　伊藤用勦撫政策

統監伊藤博文見韓國在日本之留學生，及寄居國外之工商人等，均思蠢動，甚恐內亂未靖，外患猶生，於大局多有妨害，因不敢過用激烈手段，以壓制韓人，遂變用勦撫政策，如有暴跡顯露，即用兵力以勦之，如有馴良遜順者，即施恩惠以撫之，不數月間，韓國之內亂、外患，同歸消滅。

　按：人皆謂伊藤之治韓，純用激烈之政策也，彼蓋見海牙事件發生，而迫韓皇讓位，新協約之成立，而迫軍隊解散，無一不施強硬之手段，以壓制韓人。然觀此日所用之政策，如有暴跡顯露者，用兵力以勦之，如有馴良遜順者，即施恩惠以撫之，然

後知伊藤之治韓，蓋所謂寬猛並施，恩威並濟者矣。

第五十二章　教徒學生謀恢復

自統監伊藤博文稍變治韓之政策，頗得韓人之感情，其國中、國外之學界、工界、商界人等，相安於無事者，已及年餘。惟漢城內之基督教徒，創建一大軍營，私自選定正領、副領、參領等官，各隨等級，制定軍服，名為救世軍，更傳布各地之基督教徒及學校人等，使之組織軍團，以期恢復其已失之權利。

按：韓人相安於無事者，已及年餘，其時正在我中國光緒三十四年也。夫韓人之所以相安無事者，以其無知識故耳。若基督教之教徒，與各學校之人員，則稍有知識矣，故漢城內基督學生，組織救世軍團，以期恢復其權利。又利原郡普進學校之學長，及各生徒，均斷指作書，以期洗淨其國恥。由此觀之，則韓國民族，或不至久受他人之壓制矣，然而甚恐於事無濟也。彼基督教之生徒，其保教之心甚重，其保國之念自輕，若學校之人員，則舉國之中，寥寥無幾，雖欲擊自由之鼓，樹獨立之旗，而勢薄力單，於事無濟，其所謂恢復者，不過為亡國後之一暢快之名詞而已。

第五十三章　日人強奪礦產

韓國基督教徒，及各學校志士之舉動，皆屬秘密，故日人無從覺察，猶自為韓人之均已服從者。其統監伊藤博文復用外交手段，以侵奪韓國之利權，迫農工商部將平南川郡之黑鉛礦，許給日人平澤水三郎開採，將京畿通津郡之石炭礦，許給日人錦英彥一郎開採，將黃海州郡之沙金礦，許給日人三寸小一郎開採，高成郡之銀銅鉛礦，許給日人山一郎開採，咸安郡之金銅礦，許給日人清水威井開採，黃州郡之鐵礦，許給日人板本開採，咸昌郡之鉛礦，許給日人呂藤開採。

按：韓國農工商部，自光緒三十四年十月之初至十一月之終，兩月之間，韓國重要礦產，均許給日本人開採，不許韓人過問。夫韓人人耳，日人亦人耳，胡為乎取諸韓人之手，而歸諸日人耶？今益知亡國之民，不能與強國之民，享同一之權利也。

第五十四章　日人禁買新聞

韓國舉國礦務，俱歸日人開採，於是韓國之《每日申報》，及韓民在檀香山刊行之《合成新聞》，並舊金山刊行之《公立新報》，皆發排日之論。日人謂此報章，有害治安，皆禁止其在韓發賣。其時韓人之在桑港者，組織國民會，韓人之在海參崴者，組織青年會，俱與國內之排日黨員，聲氣相通，或謀舉事，或謀暗殺，若有乘勢進取之意。

按：韓國《大韓每日申報》報紙，載有日本乘韓皇出遊，將其德壽宮一切秘密書函取去一事，是報館即因之被禁。而檀香山之《合成新聞》及舊金山之《公立新報》，其所載者，均恢復祖國之議論，而日人謂有害治安，亦禁止其在韓發賣。亡國後之慘痛，不一而足，此特其一端焉爾。

第五十五章　韓廢陸軍司法二部

韓國排日黨之氣燄方張，而媚日黨之舉動更異。時有韓人數名，與日人深相結託，並聯名具稟，請統監伊藤博文將韓國所有之兵隊，歸日人節制，所有各種之律例，歸日人經理。於是伊藤博文與李完用等，新定協約，將韓國之陸軍部及司法部，一併撤去，令陸軍總參議，統制御前守備兵隊，又由統監府設立司法部，以日人為裁判官吏。

按：此次所訂之協約，其第三條曰：「嗣後韓國司法權，應歸日人管理，由統監府設立司法部，凡韓國臣民，應遵守日本頒布之刑律，所有韓國舊律，統歸無效，全國所用之裁判官吏，盡用日人。」其第五條曰：「將韓國陸軍部撤去，所有御前守備兵隊，盡歸陸軍總參議節制。」此協約之成立，其原動力乃出於韓人，而非出於日人也。夫韓人踐土食茅，戴高履厚，自李氏開國迄今，已五百餘年矣，今乃將本國之權利，舉手而授諸他人，其喪心病狂，竟若此也。嗟呼！不有項莊之結託炎劉，則西楚無由削滅，不有秦檜之潛通兀術，則宋室不至偏安，中外古今如出一轍，良可慨也。

第五十六章　伊藤預防暴亂

韓國之陸軍部及司法部既經撤去，各地韓民，復思暴動，於是李完用召集十三道之觀察使，詳述日韓新協約之內容，令各觀察使，通諭地方人民，無得暴動。而統監

伊藤博文，復遣日本之巡緝船十六艘，運送警察、海軍、續備兵及鎗炮等件，陸續來韓，以備不虞。

按：韓國政治，有一次之變更，即有一次之擾亂，翻遍十餘年之歷史，皆歷歷可攷也。此次陸軍部及司法部裁撤之時，故伊藤博文謀之極詳，防之極密，先使李完用召集十三道觀察使，以勸諭之，繼遣巡緝船運海軍續備兵赴韓，以鎮壓之，蓋欲消患於未形也。

第五十七章　伊藤被刺

是時韓國人心洶洶，皆思蠢動，統監伊藤博文，恐遭不測，遂假察視清、韓、俄三國之經濟為名，乘東清鐵路貴賓車，赴滿洲遊歷，中俄官紳之歡迎者甚眾。俄國且派兵隊，嚴加保護，至哈爾濱地，伊藤博文下車，閱視俄兵，忽為韓國志士安應七用短槍擊斃，其隨員森槐南及哈爾濱領事川上，並南滿鐵路理事田中等，均受巨傷，志士安應七，亦為俄兵捕獲。

按：安應七即安重根，為韓國平安道人，其父為天主教徒，實行耶穌真義者也。當韓人排日思想最熱之時，以大院君之故，得罪被害。安應七當家門破滅之後，生長於窮困中，流離顛覆，備極艱辛，其堅苦卓絕之志，殆得於操心慮患之助者深矣。當黃海道信川有事時，乃移居於鎮南浦，後又入京城，居京未久，又流寓於浦鹽，與金世河、李範允等，頗通聲氣，常往來於哈爾濱、浦鹽間，為該埠韓國勞動者所尊視。及日韓新協約成立，安應七見司法部及陸軍部均裁撤，遂大動仇日之心，後聞伊藤博文赴滿洲，察視清、韓、俄三國之經濟，即召諸同志而誓之曰：韓廷不祀，已三世矣，應七志切恢復，不克如願，此行如不取伊藤之頭，以獻於祖國者，有如此指。遂將小指切斷，以示於眾。及槍擊伊藤後，而為俄兵捕獲，堅行捆縛，並施以手錠，用專車由哈爾濱押赴大連，轉送於旅順獄中。在途間進以食，不食，叩其故，則曰：我本天下志士，當受天下志士之待遇，如斯之粗惡飲食，不堪耐英雄之口腹耳。此安應七入獄前之事蹟也。從來俠士之發生，多在於國步艱難之際，使六國不為秦併，則荊軻何以獻圖？使智伯不為晉亡，則豫讓何由吞炭？蓋仁人義士之所為，大抵皆迫於時勢，而不得不犧牲其生命，以留浩影於天壤間也。韓國之時勢何如也？雖山河宛在，宮殿依然，而舉國利權，均入於外人之手，安也仰觀政府，皆婢顏奴膝，猶戀片刻之尊榮，俯視國民，皆馬縶牛維，已作偷生之奴，縱有二三豪傑，屢樹義旗，而勢薄力單，終難舉事。安於此時，知韓國之不能復興也，知韓民之不能復振也，知將來之世界，斷無韓國之名稱也，遂用沉船破甑之謀，為震地驚天之舉。知我罪我，均聽諸天

下後事而已矣。雖然猛烈之藥劑，可以治其標，不可以培其本，霹靂之手段，可以言破壞，不可以言保存。由是言之，伊藤未刺以前，則韓之為韓，尚可稍延時日耳，伊藤被刺之後，雖欲稍延時日，而不可得也。是則安應七之於韓國，欲救其亡，適以速其亡也，可悲也夫。

第五十八章　曾禰為韓統監

　　伊藤博文被韓國志士安應七擊斃後，俄國民政部長亞弗奈失布特派專車，將靈頓送至大連灣，日本派兵輪迎護歸國。日本天皇及舉國臣民，皆異常悲悼，遂派曾禰為韓國統監，以繼伊藤博文之任，且派日兵多人赴韓，嚴行緝捕，更電告哈爾濱、浦鹽、海參崴之日本警兵，使之盡力搜查。

　　按：伊藤博文被刺之時，在我中國宣統元年之九月也，伊藤靈頓於十三日送至長春，十四日送至大連，日本派兵輪迎護歸國，即派曾禰為韓之統監。曾禰赴韓後，即同韓之文武官及秘書官，入昌德殿，覲見韓皇，將兒玉書記官所齎來之日本天皇之書，捧呈韓皇，其書之內容，為關係於前日閔宮相所送伊藤公之弔書，此次日皇作一答書寄來，以表互相哀悼之意。嗟乎！伊藤已死，曾禰復來，是伊藤死，而統監不死也，統監不死，則韓國不能復生也，韓國不能復生，則伊藤在九泉之下，亦可瞑目矣。

第五十九章　日人訊問黨犯

　　韓國志士安應七，既經被獲，日本平石德院長，及溝口檢察官，在哈爾濱嚴密調查，並獲得韓人曹道先、禹德淳、金麗生、劉東夏、鄭大鎬、金成乏、金衡在、卓公慶等八人，似與安應七均有關係。後在旅順獄中，經真鍋裁判長及淵溝檢察長，再三審問，其連累者只曹道先、禹德淳、劉東夏三人，餘皆與此案無涉。

　　按：曹道先八人，跡近嫌疑，均被捕獲，後在旅順獄中，經真鍋裁判長及淵溝檢察長，再三審問，訊得曹道先、禹德淳為引路之人，劉東夏為幫殺之人，遂將三人懲役，將志士安應七處死，此伊藤被刺之案，至此已了結矣。夫安應七經屢次訊問，一則曰為大韓復仇，再則曰為大韓雪恥，則其為國事犯無疑矣。即為國事犯，則何以俄人竟捕獲而引渡之？俄人之所為，不大背於公法乎？俄人既大背公法，而世界各國，皆置若罔聞焉，以是知公法者，為強國獨有之公法，亡國之人，萬難參與其間也。

第六十章　日人攻討排日黨

　　韓國志士安應七入獄後，日本駐韓司令部渡邊少將率南韓討伐隊，在全羅南北道中，晝夜攻討，已將排日黨魁全海山，及黨羽沈南一、姜武京、林昌謀、安桂洪、全京允、黃杜一等，盡行捕獲。韓人李範允等，遂起而舉事，在咸鏡道散布檄文，發行紙幣，召集徒黨，以謀恢復。而鄭寅昌、宋鶴昇等，糾合十三道紳民，修謝罪書，渡日赴弔。

　　按：全海山既被捕獲，李範允又起義軍，而鄭寅昌、宋鶴昇等，聯合十三道紳民，修謝罪書，渡日赴弔，其謝罪書曰：「韓國十三道地方民眾代表鄭寅昌、宋鶴昇等，誠惶誠恐，百拜上書於大日本內閣總理大臣桂太郎閣下：伏維我敝邦民庶，蠢蠢離離，上未蒙教化之霑，下未待開明之進，無以報答天地生成之恩矣。屆並大日本皇德隆盛，有我太子太師伊藤公，出志切義務，內作一國股肱之良，外念鄰邦唇齒之勢，注意平和，賴及保護，巍勛廣澤，惟我國民之所仰戴矣。不意天不假年，中途徂逝。嗚呼痛哉！此非惟民眾之追悼，實係東洋之氣數。迺並我敝邦十三道地方民眾，靡不驚怛，靡不悚惶，爰發布告公共團會，萬口和附曰：「今我故文忠公伊藤公之逝也，惟我疆土全部生民，合宜赴弔，略伸微衷，而但勢莫能致，為我代表者，其誰並收物議，若不佞等，猥被選定，敢庸馳進，伏悚閣下，任重補袞，務在善鄰，敢冀將此蕪辭，上達天陛，下鑒敝邦民衷，千萬幸甚。」其致奠伊藤之文曰：「富士毓氣，太和華英，篤生我公，既哲且明。政治大家，揣摩達觀，佐日興霸，監韓使安。東洋平和，公既自任，一切籌略，公既殫心。豈期中途，遽遭凶音。嗚乎痛夫！天不祚矣，神龍藏矣，砥柱折矣。嗚乎痛夫！天下淑矣。顧惟我韓，實蒙多力，八域同憤，萬姓咸感，團體齊起，代表斯定。越海匍匐，敬伸微誠，瞻拜佳域，有淚泉湧，非直為公，為東亞痛。嗚呼哀哉！余之生平所冀者，恆欲伊藤公存時面謁，至此今日墓下之拜，尤實痛焉。」觀其謝罪書之意旨，則韓人之向背，可想見矣，其焉有不與日本合併者乎？

第六十一章　日人首倡併韓

　　日人於此時間，在芝區緣亭，組織一同志會，專討論對韓問題，推長谷川芳之助為議長，並設委員多人，先造成日韓合邦之輿論，以為進行之方針。韓國一進會會員，聞其風旨，力為附和。李容九等，率代表數名，謁見統監曾禰，要求將日韓合邦之意，代奏日皇，更謁見總理大臣李完用，求其代奏韓皇。李完用恐合邦之後，不能

享其尊榮,因反對之。

　　按:自古政治家欲成就一事,必先造其因,而後結其果。彼美利堅之謀獨立也,必先有華盛頓鼓吹合眾之宗旨,使美人善印於腦質之中;德意志之謀自強也,必先有俾士麥提倡聯邦之主意,使普人悉明於平素之時。故政策一施,即獲功效,所謂用力少而成功多者,此也。今日本同志會中,先造成一般日韓合邦之輿論,以為進行之方針,其本此意也夫。

第六十二章　韓人各分黨派

　　統監曾禰聞李完用反對日韓合邦之舉,遂將李完用招至統監府中,秘密籌議,並令李完用開國民大會,勸導韓民。當開會之時,而反對者甚眾,惟一進會會員,竭力贊成。閉會後,大韓協會,發布檄文,訂日在漢城開團體代表會,冀喚起反對日韓合邦之輿論,以抵制一進會之勢力。

　　按:大韓協會所發布之檄文曰:「嗚呼!我韓國處一種背戾氣之下,集於國民之中,而為團體者,謂之一進會,阻害國運,流賊同胞。又今發表日韓合邦之聲明書,紊亂日韓兩國施政之方針,以搖動全國之人心。本會先合在京各團體代表會代表員,議決合邦反對之輿論,且集議於地方,以定今日之國是,不可使其禍水流毒於我韓也。」觀大韓協會所發布之檄文,若欲大張旗鼓,以與一進會相挑戰者。然大韓協會之勢力,其果能與一進會相抵抗乎?吾知其必不能矣。蓋一進會為日本之鷹犬也,為日本之爪牙也,日本既借一進會之勢力,以肆其蠶食鯨吞之志,一進會故仗日本之勢力,以肆其燃箕煮豆之謀,兩相扶持,兩相依助,其勢力之宏大,非大韓協會之所能望其肩背也。而大韓協會不察,竟欲結烏合之眾,以抵禦之,其於事焉何濟?

第六十三章　韓人贊成合邦

　　大韓協會開會之時,日本警視廳,以維持治安之故,欲禁止各代表之演說,以挫韓人排日之氣燄,然代表者之宣言,非全部反對日本,以合邦尚早為主義者,實居多數。閉會之後,有商務會部長李學載,及普信會社長崔昭敬等,致書於一進會中,謂贊成日韓合邦者,已七十三萬人之多,其勢機誠不可失也。

　　按:商務組合部長李學載以下各道支部長等四十名,致書於一進會,宣言贊成日韓合邦之意,為尊崇皇室、鞏固國家之基礎,我國人享有頭等國待遇之福利,此吾二

千萬同胞所日夜禱祝，而望其事之成者也。本部贊成排斥反對派之橫議，預期國民之活路等語，普信社長崔昭敬等，亦甚贊成。由此觀之，日韓合邦之機，誠不可過矣。

第六十四章　李完用被刺

總理大臣李完用因奔走日韓合邦之事，在途中為韓國志士李在明所刺，受傷甚巨，即時昏倒。韓皇聞之，特遣侍從金恒鎮慰問，太皇帝亦差侍從吳一泳慰問，皇后亦差大夫尹寓善慰問。志士李在明，即為警兵捕獲，後經警視廳調查，發現連累者有金景鎮、金龍文、韓益三、李國弼、金定益五人，擬候嚴加訊審。

按：李完用因奔走日韓合邦之事，頗不滿志於韓人，後臨比利時國王追悼會，事畢將搭馬車，適為志士李在明抱擁，且拔利刃刺右肺及腹部，受傷甚重，流血如泉，而志士李在明亦為警兵捕獲。吾觀於此，而嘆韓國刺客之多也。自伊藤案發生之後，為首者已東郭屍陳，連累者皆南冠囚泣，其乘時舉事者，又如雁投湯煮，蛾赴火焚。吾意韓國之中，其有執轟政劍、持博浪椎者，必皆潛踪匿跡，逃遁他方，以求災殃之弗及於己也。而不意伊藤侯之遺屍未葬，李大臣之身命又危，朝鮮半島之風雲，隱隱有邐迤接連之勢，前仆後繼，攘臂聯登，妙手空空，無擊不中。使豫讓如此，何至痛擊君衣，使荊軻如此，何至寒生易水，快人快事，再接再勵，誠有令人聞之而色喜者。雖然箕子衍疇之言曰：「凶短折，六極也。」斯言也，何言也？此蓋欲使後世之子孫，思之念之，持為永戒，而不可斯須或忘者也。乃後人如醉如狂，自投禍水，豈不大背於祖訓乎？然而無妨也，箕子之所希望於韓國者，不過欲國祚之延長，與種族之繁衍耳。今乃山河易主，子女為奴，箕子在天之靈，亦必欲請上方之劍，驅茲醜類，而誅此奸邪也，乃箕子欲為之，而不克自為之，因假手於安、李二人，以共為之，箕子之心，其已無憾焉矣。

第六十五章　韓人第七次排日

李完用被刺，多方調治，未至斃命。日本警兵四出，緝捕暴徒，順川一帶，有韓人三千五百餘名，破壞日人之房屋，焚燬日人之官舍，並殺死日人多名；更有全州獄內，韓囚九十九名，欲圖破獄，毆傷監守者四人；又有仙岩之憲兵公所，為暴徒槍擊，其統監曾禰，因時機危迫，憂憤成疾，擬乘機辭職，以緩進行之政策。

按：此次韓人之暴動，非因日人之緝捕甚嚴，欲攖鋒而起，以圖儌倖於萬一也。

彼蓋見安應七之雄名垂於前，李在明之義舉繼其後，又有日韓合邦之意，喧傳於朝鮮半島之中，於是電激於腦，火焚於心，遂不顧其成敗，不顧其得失，而悍然為之，雖旋起旋滅，不能持久，而其不得已之苦心，亦可哀矣。

第六十六章　寺內為韓統監

曾禰辭職之後，日皇派寺內正毅為統監。寺內赴韓，即謁見韓皇及太皇帝，韓皇開筵祝賀，命宗室大臣等，一律陪宴。寺內歸邸後，高竣義等，為獻媚之計，共籌日韓合邦事宜數條，赴統監府稟見。更有義親王李竣鎔、李堪鎔，與各宗室等，對於日韓問題，秘密會議，亦詣統監府稟見。

按：高竣義等為獻媚之計，共籌合邦之策，則知亡韓國者，非日本之人，實韓國之人也，非韓國之民族，實韓國之大臣，及韓國之宗室也。噫！吾思之，吾重思之，韓國之大臣，及各宗室，獨不思合邦之後，其所得之利益，果能如今日乎？抑不能如今日乎？使果能如今日也，則雖留不義之跡，冒不諱之名，亦可坦然為之，而無如其萬不能如今日也。韓國之大臣、宗室，其亦念及否耶？

第六十七章　日本併韓

日韓合邦之意將見施行，日皇又派山縣赴韓，為韓之副統監，與寺內協理合邦事宜。日本政府，又電告駐歐美各國日使，使之暗為運動，歐美各國，遂對於日韓合邦之事，俱表同情。於是寺內提出日韓合邦條約數條，迫韓皇及各大臣承認。韓皇令李完用為全權大臣，與統監寺內簽名，其條約之內容，以韓皇為李王，以太皇帝為李太王，以太子為王世子。自此以後，東亞大陸，已無韓國之名稱矣。

按：統監寺內提出日韓合邦數條，迫韓皇及各大臣承認，其所提出而承認者（一）合邦形式以條約實行，同時兩國皇帝陛下，發表宣言書。韓國皇帝，棄捨其獨立專權，舉其一切領土，歸日本皇帝陛下管領。（一）合邦後韓國皇帝之身分，為日本之準皇族，年給一百五十五萬元之費，現在韓國皇室所有之土地，得任韓皇之意，以處分之。（一）從來國家之有功者約百名，給與公債或其他授產金，並設授產場，以期生活之安固。有殊勳者，另發布新華族令，列入韓國之華族，但此華族，不得有日本貴族院議員之資格。（一）韓國與外國所訂之條約，同時消滅，現行關稅，以勒令公布之日韓兩國間之關稅，再治外法權，亦同時撤回。（一）此後統治之方

針，廢統監府，另於京城設總督府，以寺內統監為總督，山縣副統監為民政長官。現有十三道為十三縣，京城置府。（一）合併宣言之際，同時由日本政府，通知列國。此數條文，韓皇既已承認，遂派李完用為全權，與日本子爵寺內，締結併合條約七條。其第一條曰：「韓皇以韓國統治權，永久完全讓與日本天皇。」其第二條曰：「日本天皇承諾韓皇之讓與施行政治。」其第三條曰：「韓國皇帝、太皇帝、妃及後裔，享有皇族之尊稱、名譽，及其經費。」其第四條曰：「其他韓國皇族，享有相當之名譽及待遇，賜以資產。」其第五條曰：「韓國元老大官，及有勳勞者，按級賜以爵位及恩金。」其第六條曰：「凡從順法律命令之韓國人民，一律保護其利益，並行適當之政治。」其第七條曰：「凡順從新制之韓國人民，有相當之資格者，與以服官之權。」此日韓合邦條約之成立，在我中國宣統二年七月十八日也。夫此次日韓合併之舉，果為日韓合邦乎？抑為日之吞韓乎？以日本言之，固可為取得者也，以韓國言之，固可為喪失者也。然日本之取得，果為何如之取得乎？韓國之喪失，果為何如之喪失乎？因舉國際法之先例，而比較之。其一則如比利時與康果之合邦，瑞典與那威之合邦，奧大利與匈加利之合邦是也。然康果之民族，與比利時之民族，同受一君主之命令，而無等級之可分也。那威及匈加利之民族，與瑞典及奧大利之民族，同受一外務部之指揮，而無優劣之可別也。若韓國之民族，果能與日本之民族同等乎？吾知其必不能矣。其二則如土耳其之於埃及是也，然土耳其雖併埃及之國，而猶存埃及之王，以使之奉祀罔替焉。若日之於韓，則使其皇帝，夷為日本之一王爵矣，其何能與土埃之事，相同乎哉？其三則如英吉利之與坎拿大及澳洲並杜蘭斯哇是也。然英之於坎拿大諸地，許其有憲法以保障之，許其立議會以維持之，使其與他國所訂之約，皆一一而保存之。若日之於韓不能享如此之權利，其何能與英待坎拿大諸地相較乎？其四則如俄之於西域諸國，英之於南洋諸島，美之於檀香山、小呂宋，法之於馬達嘎斯嘎是也。然俄、英、美、法所佔諸地，其自互古以來，半多未取得國家之資格者也，若韓國則立國已二千餘年，子子孫孫，相傳不替，今乃與西域諸國、南洋諸島、檀香山、小呂宋、馬達嘎斯嘎諸地，突然立於同等之地位，此誠為國際法上之一新紀元也。嗚呼！韓國亡矣，其所以致亡之原因，甚為複雜，雖欲言之，而猶不能詳言之，又不能不言之，以警告於我國也。夫日本挾亡韓之心也，固已久矣。其經營之野心，堅毅之定力，一見於中東之役，再見於日俄之役，不惜擲無量之財，流無量之血，委曲繚戾，必達其目的而後已。而其布告世界，假以為辭者，則曰維持朝鮮獨立焉爾，故中日戰爭既終結，馬關條約之約文有云：「清國確認朝鮮國為完全無缺之獨立自主國」；日俄戰事既畢，其日韓條約云：「大日本帝國政府確實保護大韓帝國之獨立及領土保全。」斯時也，韓人之對於日本，其滿腔之感激，殊有未可以言語形容者。又焉料狼子野心，畜我不卒，今日實行併吞之策者，即前日實行維持獨立之人，

翻手為雲覆手為雨，其自相矛盾如此，世界尚有公理乎？然而日本保護其獨立，韓國則承認之而無異詞焉，日本保護其領土完全，韓國又深信之而以為可恃焉，此蓋韓國滅亡獨一無二之大原因也。蓋立國於地球之上，不恃人之不亡我，而恃我之不能亡，恃人者必難自立，恃己者始克自存。推而言之，既已恃人，必非自立，苟能自立，必不恃人。試觀英、法、德、美、俄、日所結之條約，孰承認孰之獨立，孰保全孰之領土乎？乃日本以此施之於韓，列強何嘗此施之於我，日施韓而韓既亡於日，列強施之於我，則我之亡亦旦夕事也。夫尊重獨立，保全領土，我未嘗丐丐然哀之，此列強必慷此大慨，抱此婆心，凡與我締結條約，罔不以此為前提，何其待我之厚，以至於此也？夫優勝劣敗者，天演之理，弱肉強食者，國際之例，我國既有可亡之勢，列強何惜明目張膽以言之？又何必用此狡猾手段，為一手掩盡天下目之計耶？然吾不怪列強之巧於欺我，獨怪我政府之甘受其欺。夫以我國廣土眾民，固足以執全世界之牛耳，今乃不自樹立，而以保護之責，仰望他人，烏論其陽為深情厚貌，而陰肆其辣手凶謀也。即令保護之意，出於真誠，忍令堂堂中國，低首下心，而甘受卵翼於各國下耶？況復保護條文，適為召亡之符、見夷之券哉！然而斯說也，論者諄諄，聽者藐藐，誠以事無左證，未能感動於人心，今而日韓合邦，公然發表於世界，我國之宅心夢夢，謂條文具在，理無或反者，至此其亦憬然悟矣。嗚呼！前車既覆，來軫方遒，孰往察來，殷鑒不遠，我政府對於斯舉，生如何之感情，我國民對於斯舉，增如何之浩歎，知其必有刺激於腦，鑒曲於心，而不能自己者。然如事過情遷，置而弗顧，則亡韓之慘劇，行將再見於我中國矣。其所謂尊重獨立、保全領土者，既欺韓人於醉夢之中，更弄我中國於掌股之上也。然使吾政府，使吾國民，觀斯舉之蠻橫，列強竟公然默認，而莫有違言，恍然於國際祇有強權，而無所謂公法。和平但憑鐵血，而不可恃條文。一變席危衽禍之舊習，共圖起衰振憊之良方，知滅國之慘禍，韓亡行及於我，祖國位置，已陷逆流之旋渦，不可不急思自拔。列強視線，已如聚光之燒點，不可不使之改觀，疾起力追，時艱共濟，則大局雖形岌岌，未嘗不可以轉危為安。是東亞之病夫，觀於他人之暴亡，而大汗涔涔，因以獲癒，以享於萬斯年之永壽焉，是則我所頂禮拜祝、馨香祈禱者也。

英雄淚

雞林冷血生 著

題解

　　《英雄淚》是一部章回體的歷史題材文學作品，以十九世紀後期朝鮮王朝社會變動為線索，敘述了日本勾結朝鮮國內一部分賣國勢力侵奪朝鮮利權並進而吞併朝鮮的過程，描述了侯弼引領一批青年學子為救亡圖存而努力奮鬥的故事，刻畫了雲在霄、侯弼等憂國憂民之士和黃伯雄、金有聲、寇本良、安重根等青年才俊的英雄形象。儘管這些英雄人物為了挽救行將滅亡的國家竭盡心力，甚至不惜犧牲自己的生命，然而最後還是眼睜睜看著祖國被日本吞併，正應了那句「出師未捷身先死，長使英雄淚滿襟」，也許這就是本書書名的由來。

　　《英雄淚》四卷四冊，筆者所見者為《繡像英雄淚國事悲全集》本，《英雄淚》的封面上書名之前印有「醒世小說」字樣，為上海書局石印版，刊於民國元年即1912年仲春。[1] 此書不僅收藏於中國的多個圖書館，韓國多所大學的圖書館均收藏有此書。[2]

　　此書作者署名為雞林冷血生，真實姓名不得而知，雖然雞林為朝鮮半島上舊新羅王國的稱呼，後來也有以此指稱朝鮮半島的用法，不過在本書中「雞林」更像是吉林的諧音，也就是說作者並不是朝鮮半島之人，而是東三省之一的吉林人。另據書中的序言，作者應為吉林某校的教員，參加了學校同仁組織的愛國團體同志會，因其具有文學天賦而受命「編輯小說，以鼓吹民氣」，作者「遂採韓國滅亡之原因，編輯成篇，當即石印」，即成此書。但關於作者的其它生平信息，因資料原因尚不得而知。雖有學人提出不能排除冷血生為朝鮮人的可能性，[3] 但從書中內容來分析的話，這種可能性根本不存在。首先從其編纂此書時的年紀來看，應該是經歷了朝鮮亡國的過程，如果他是朝鮮人，那麼這段經歷應該是刻骨銘心的，也應該是非常熟悉的，不會把朝鮮的國王寫成皇上，也不會把閔妃說成是閔泳翊的妹子。如果進一步分析書中的內容，我們會發現作者對朝鮮的歷史文化似乎顯得很陌生。這部作品中出現的人物大致有兩種，一種為真實的歷史人物，一種為虛擬的人物，我們姑且不去談論真實歷史人物時空和相互關係的錯亂，僅就虛擬人物的名姓來看，很多人物的名姓並不符合朝

---

[1] 另據見閔寬東、陳文新、張守連所著之《韓國所藏中國通俗小說版本目錄》（武漢大學出版社，2015，第333頁至334頁），此書尚有上海校經山房石印本，刊印年份不詳，據韓國國立中央圖書館檢索結果，此書尚有民國三年（1914）廣益書局版，收藏於韓國國民大學圖書館。

[2] 韓國大學圖書館收藏《英雄淚》的具體情況參見前引《韓國所藏中國通俗小說版本目錄》第333至334頁。

[3] 牛林傑、劉慧瑩：〈中國近代章回小說《英雄淚》之考察〉，《古小說研究》30，2010年，第80頁。

鮮的文化習慣,如書中曾刻畫了寇儒臣、雲在霄、侯弼等愛國志士,而事實上在朝鮮的三百多個姓氏中並沒有寇氏、雲氏和侯氏,而很多人的名字也不符合朝鮮人的起名習慣。楊昌溪1931年發表的小説《山鷹的咆哮》描寫的是堅持武裝抗日的朝鮮志士,其主角為黎蘊聲,後來其結識了在上海開展獨立運動的朝鮮志士金晢,接受了他的一些意見,對《山鷹的咆哮》做了修改,於1933年以《鴨綠江畔》之名發表,而這篇小説的最大更改之處就是將主角黎蘊聲改成了金蘊聲,因為在朝鮮姓氏中並無黎氏。還有一個細節也能説明作者並不了解朝鮮的文化習慣。在朝鮮的儒家社會秩序確立之後,朝鮮社會是一個等級秩序非常嚴明的社會,至少在朝鮮王朝是這樣的。朝鮮社會的這種嚴格分明的等級秩序不僅體現在人們的身份等級上,也體現在人們的年齡大小上,同一身份等級的人以十歲為界限,除非有血緣或姻親關係,否則年齡相差十歲以上則不以兄弟或朋友相稱。在這部書中,黃伯雄與侯弼是八拜為交的兄弟,兩人年齡應相仿。侯弼在第一次見到安重根時其年齡至少應在23歲以上,而安重根只有三歲,與黃伯雄、侯弼等人年齡相差在20歲以上。然而到侯弼説動金有聲、黃伯雄、安重根等人前去美國留學時,安重根時年17歲,而黃伯雄則應在37歲左右。到了仁川之後,這一留學隊伍已擴大到28人,28人「重敍了一回年庚,李相卨居長,次則李範允、金洪疇、金有聲、李緯鐘、高雲、周莊、姜樹堅、吳佐軍、曹存、李俊、寇本良、黃伯雄、堯在天、錢中飽、韓述白、李樹蕭、岳公、蕭鑒、趙適中、雲在岫、陳聖思、陳聖暇、侯珍、寇本峰、孫子奇、雲落峯、安重根。當日他們大家名次排定,……」,也就是説這些人在赴美國之前結拜為兄弟,那麼最小的安中根與年齡最大的李相卨至少相差二十歲,這在朝鮮社會中是不可能結拜為兄弟的。其實細究起來,書中不符合朝鮮文化習慣之處還有很多。從以上這些方面來看的話,作者對朝鮮的歷史文化了解的並不多,換句話説作者也絕不可能是朝鮮人。

《英雄淚》出版於1912年,創作卻是在1910年日本吞併朝鮮之際,此書的創作與當時東北三省面臨的存亡危機有著密切的關係。日俄戰爭後,俄羅斯的國力和在遠東的地位均被削弱,俄羅斯擔心日本利用其被削弱的機會,在外力支持下重新挑起戰爭,完全取代其在遠東的地位,因而傾向於與日本接近,通過與日本的談判解決雙方之間在侵略中國的蒙古和東北問題上的矛盾。當時日本攻略的真正目標並不是俄國,而是朝鮮和中國,俄國只是它的競爭對手。日本對俄之戰固然削弱了對方,但也使自己元氣大傷,已無力再戰。因此,日本也認識到與俄國長期對抗並不利於實現自己的擴張計劃,與俄國妥協不僅有利於吞併朝鮮,也有利於其進一步侵略中國東北,於是日俄兩國在侵略中國的問題上開始走近,中國東北也便面臨著被日俄瓜分的危機。在這種形勢下,作者所在學校的同仁組織同志會,開展愛國活動,同時敦促作者編寫能「鼓舞民氣」的書籍,希望以此發動更多的人反對帝國主義侵略,於是便有了此書的

創作與問世。

　　《英雄淚》出版後，最初並沒有引起太多關注，雖然《申報》在《繡像英雄淚國事悲全集》出版後不久便連載了新劇本《英雄淚》，不過這個劇本寫的卻是波蘭亡國的故事，倒像是《國事悲》產生的影響更大。直到此書出版八年之後的1920年，上海的著名報人、戲劇評論家楊塵因將其改變為白話小說《朝鮮亡國演義》（又名《愛國英雄淚》），由上海益新書局出版發行，[4]此後石印本的《英雄淚》便又沉寂下去。

　　《英雄淚》這一小說再次引起人們關注是1990年代之事，1995年韓國鮮文大學中文系朴在淵教授在韓國出版了點校本《英雄淚》，[5]此後這本八十多年前出版的石印本作品開始引起諸多中韓學人的關注，國內先後出現了多個點校本[6]，不少文學整理和研究書籍也收錄了此書。[7]在文學整理的基礎上，中韓學人還從各方面對這部小說進行了初步的研究。[8]

　　這些文學整理和研究書籍在收錄此書時均將其歸入小說一類，不過如果按照現代文學分類的標準，則很難將其歸入小說類。儘管此書初版時封面也印有「醒世小說」的字樣，但與傳統的醒世小說有很大的不同，這種不同主要體現在《英雄淚》是由「說」的部分和「唱」的部分構成的，其中「唱」的部分佔據了很大的篇幅，在某些章回中「唱」的部分遠遠超過了「說」的部分，因而與傳統醒世小說在體裁上存在著很大的差別，因而與稱其為「小說」相比，稱其為長篇評書更為合適，或者我們可以將其稱之為說唱體小說。

　　與其它朝鮮亡國史題材的中文著述一樣，《英雄淚》也算是「應景」之作，即在東三省面臨日俄瓜分的危機下，為了喚起民眾參加救亡圖存運動而作，因此創作時間非常倉促，這樣就使得其語言並不是那麼精煉，也存在一些在印刷出版過程中產生的

---

[4] 參見《朝鮮亡國演義》之題解。

[5] 冷血生著，朴在淵校點：《英雄淚》，韓國：學古房，1995年。

[6] 目前可以見到的點校本有1999年中國戲劇出版社出版的《中國古典小說五百部　英雄淚》，作者署名為老龍；內蒙古人民出版社2001年出版的點校本《英雄淚》，點校者不詳；京華出版社2002年出版的《英雄淚》，作者署名劉樂泉；時代金典出版社2002年出版的《英雄淚》，點校者不詳，等。

[7] 收錄《英雄淚》的文學整理和研究書籍主要有：董文成、李勤學主編：《中國近代珍稀本小說》2，春風文藝出版社，1997年；王汝梅、朴在淵主編：《韓國藏中國稀見珍本小說》第1卷，中國大百科全書出版社，1997年；林鯉主編：《中國歷代珍稀小說》2，九洲圖書出版社，1998年；李豫主編：《清末上海石印說唱鼓詞小說集成》第3冊，上海人民出版社，2013年；閔寬東、陳文新、張守連等著：《韓國所藏中國通俗小說版本目錄》，武漢大學出版社，2015等。

[8] 目前可以看到的中韓學人關於《英雄淚》的研究論文主要有：[韓]柳昌辰：〈從《英雄淚》的人物類型看其時代認識〉，《中國人文科學》30，2005年6月；牛林傑、劉慧瑩：〈中國近代章回小說《英雄淚》之考察〉，《古小說研究》30，2010年；李利芳：〈小說《英雄淚》中異國形象分析——以安重根和伊藤博文為例〉，《南昌高專學報》2010年第6期等。

錯字、誤字等。同時由於創作時採用了説唱形式，具有濃厚的口語化傾向和地方方言色彩。如前文所述，自1990年代以後韓國和中國出版了多種《英雄淚》的點校本，不過翻閱一下，均不甚滿意，故在原上海書局民國元年仲春石印本的基礎上對其進行了重新的點校，改正了一些錯字和誤字，對於唱段中明顯不對稱的語句也做了適當的調整，而對於那些具有地方方言特色的語句則予以保留。由於本次點校並不是為了出版單行本，而是要與其它同題材著述彙編成冊，為了與其它著述能保持一致，故未將點校內容標示出來。

從思想性來説，《英雄淚》是一部具有愛國主義情懷的作品，書中在敘述日本侵略朝鮮的過程時經常將朝鮮社會與中國的社會現實相比較，以喚起廣大民眾的危機意識。不僅如此，書中多處還剖析國與家的辯證關係，呼籲廣大民眾不要依靠那些貪官污吏，而應該自身勇敢地擔起保家衛國的重擔，只有「咱們大家真能自強，國家也就強盛啦，他們也就不敢來瓜分了」，廣大民眾也就可以過上幸福安康的生活了。這一充滿愛國主義情懷的作品在多災多難的近代中國社會對喚起民眾的愛國熱情還是起到了一定的作用。

《英雄淚》這部作品最大的藝術特色在於作者採用了「説」與「唱」相結合的藝術形式，通過敘説與唱詞生動形象地刻畫了以伊藤博文為首的侵略朝鮮的元凶，以金宏集為首的朝鮮賣國官僚、以寇儒臣與雲在霄為代表的愛國忠臣和以寇本良與安重根等為代表的愛國青年。特別是對伊藤博文這一人物的刻畫最為成功，通過對其出世以後在侵略朝鮮問題上所作所為的敘述，刻畫了一個野心膨脹、詭計多端和心狠手辣的侵略者形象，與此相比，對愛國青年特別是安重根的刻畫則略顯不足。

敘

　　欲新一國之民,不可不先新一國之小說。蓋小說所以振人之志氣,動人之隱微也。庚戌仲秋,日韓合併,其事關係奉省之命脈,中國之存亡,鉅而且急,是中國志士電激於腦,想溢於胸,急求保全之策。吾校同人有感於此,遂立同志會,命余編輯小說,以鼓吹民氣。余自愧譾陋,本不堪勝任,因同志責之甚殷,遂採韓國滅亡之原因,編輯成篇,當即石印。吾國中諸同志瀏覽是書,必可激發愛國之熱誠,有斷然也。

冷血生自序

新刻醒世奇文英雄淚小說　　目錄

第一回　　大院君虐待耶穌教　　閔泳駿誤擊日兵船
第二回　　定商約院君歸政　　攻使館日本興師
第三回　　廢院君王妃担國政　　謀變法新舊起衝突
第四回　　吳提督大戰漢城　　安員外逃難平壤
第五回　　中途路員外逢凶災　　仁里村元首施大義
第六回　　中日因韓定條約　　王妃為國罹凶災
第七回　　寇本良千里寄魚書　　侯元首平壤設祖帳
第八回　　雲在霄首誅袒日黨　　金有聲始倡興東學
第九回　　金玉均寄書完用　　東學黨作亂全羅
第十回　　洪啟勳兵敗古埠　　侯元首義說有聲
第十一回　　中國平定東學黨　　日本改革朝鮮政
第十二回　　中日交兵由韓國　　德美說和為友邦
第十三回　　李傅相定約馬關　　日政府監督韓國
第十四回　　憂國弱英雄別母　　患學淺志士遊洋
第十五回　　安重根路收三義友　　金有聲店結九良朋
第十六回　　英雄同入美學校　　侯弼集股開報館
第十七回　　伊藤拜受統監印　　韓國坐失行政權
第十八回　　索國債監理財政　　傷人命強奪警權
第十九回　　日人肆行淫婦女　　韓國又失審判權
第二十回　　農夫懷恨倡革命　　婦女因仇起義團
第二十一回　　本良返國倡自治　　岳子復仇刺統監
第二十二回　　侯元首為徒殞命　　寇本良微服出奔
第二十三回　　安志士歸國弔恩師　　雲在岫義倡愛國會
第二十四回　　安志士中途遇故友　　伊相國哈埠受兇災
第二十五回　　李完用賣國求榮　　金洪疇兵敗逃走
第二十六回　　既合併英雄徒落淚　　未瓜分國事宜關心

第一回　大院君虐待耶穌教　閔泳駿誤擊日兵船

　　莽莽星球亙太空，古來不與現今同。圖存固國無他策，只在人民鐵血，人民各負責任，豈可苟且偷安。若皆事事委權奸，必兆滅亡之漸。朝鮮覆轍在先，前車後車之鑒。圖存首重鼓民權，不然危亡立現。

　　〈西江月〉罷，引場詩句勾開，內引出一部書來，此書名曰《英雄淚》，就是那高麗國這些年間，受日本的欺侮，跟今日隨了日本的事情。內裡有忠臣孝子為國捐身的故事，奸臣賊子賣國求榮的典故，忠孝節義，靡有不全的。列明公你們想想，咱們中國人素常日子，都管人家高麗人叫小國人。你看這小國的人，當亡國的時候，尚有這一班愛國英雄，我們中國現在這樣軟弱，東三省眼睛看看，就要讓日俄瓜分了，恐其不能趕上人家那小國人。要到那個時候，人家該管咱們叫亡國人啦！那位說啦，日本滅高麗，怎麼還要滅中國呢？列位不知，你們沒聽見這幾年間，外面傳言，說是外國要瓜分咱們中國嗎？怎麼叫作瓜分呢？就是拿咱中國當作一個瓜，切成幾塊，人家外國，一家分一塊的意思。想想咱們東三省，緊靠著日本跟俄國，要是分的時候，必讓日本跟俄國分了。日本要分東三省，所以先把高麗滅了。高麗緊靠著咱們吉林跟奉天，要得高麗，望這邊發兵，必定容易。因為這個，日本滅高麗，緊接著要分咱們東三省了。現時日本與俄國人和了好了，他們一和好，就是要合著分東三省。高麗已經讓日本滅啦，東三省也就快完啦。高麗當亡國的時候，那些英雄豪傑，忘身殉國的很多，我們現在雖然未被分，也當酸心落淚。怎麼說呢？日本一下手，就想要滅咱這兩下，如今高麗亡了，他未來分咱們，是怎麼的呢？還是有點怕咱們這些民，要是咱們還拿著高麗滅亡，一點不關心，人家可就要下手啦。我們這個時候，要是尋思，怎麼應當不酸心而落淚呢？還有一件，我們東三省人，都喜歡俄國，煩惡日本，都說是日本是個窮國，俄羅斯是富國，俄國一到我們這邊來，不大離的人，都有了錢花，哪知道俄國那是邀買人心的計策。有一部《國事悲》，諸公看一看，可也就知道他們都是一個樣了。要看見那《國事悲》，跟現在咱們所說這部書，一聽日俄對待亡國人，那個毒辣的樣子，真是讓人說不愛說，聽不愛聽。回首想想，我們的國家，這個危急的樣法，咱們當百姓的，當想個什麼法子，以愛這個國呢？可斷不要願意隨俄國，那國也是不好哇！以上所說這些話，靡別的意思，不過讓我們聽書的列位，知道一知道亡國的慘狀，也就是了。閑話少說，書歸正傳。列明公偃言落坐，聽在下喉嚨啞嗓，崩瓜掉字，慢慢的道來。

　　表的是混沌初開天地分，陰陽交泰生出人。盤古時人間披樹葉，人皇氏才留下穿衣襟。伏羲氏創下烹飪火食法，神農氏嘗草傳醫到如今。黃帝時間文物備，衣冠禮樂煥然新。歷代帝王都是他的後，所以我們漢人稱曰黃帝子孫。黃帝以後曰唐虞，揖

讓天下重人倫。堯舜之世洪水為患，茫茫大地無處存身。後有那禹王治水山川走，分出來九州疆土安萬民。這帝舜見禹功勞大，才將天下讓他為君。夏家天下四百載，桀王無道信奸臣。成湯起義南巢放，一統山河屬於殷。商家天下六百載，出了一君叫紂辛。紂王信寵妲姬女，刳剔孕婦剖賢人心。作威殺戮毒四海，周武觀兵到孟津。牧野以誓武誅紂，將其子祿父封於殷。紂王有個庶兄叫箕子，一心不為周家臣。到後來箕子封於朝鮮地，才留下高麗這國人。漢武時高麗為那三韓篡，所以又管高麗叫韓民。唐太宗伐遼過東海，斬其大將名蓋金。由此世世服中國，年年進貢歲稱臣。論起來高麗也是黃帝後，他與我國本是同種又同文。現今高麗滅亡人人曉，眾明公聽著怎麼不關心？這本是高麗已往實情事，要聽還得開正文。今日不把別人表，表表日本伊藤君。

話說日本國明治初年間，在西京地界，出了一位英雄，名喚伊藤博文。此人幼時，讀書勤力，修成了滿腹經綸，嘗抱勤王開國之志，氣吞宇宙之心，每逢鄉中有可辦之事情，他勇往直前，不顧性命的去作。有一日，在屋中悶悶不樂，遂拿起筆來，照著自己的志向，題了一首詩。

詩曰：豪氣堂堂橫太空，日東誰使帝威隆。高樓傾盡三杯酒，天下英雄在眼中。

他題這一首詩不要緊，可就被各處念書的人知道了，一個傳兩，兩個傳三，傳來傳去，傳到他們國王的名下。國王一看這首詩，乃召文武百官上朝。文武百官來到金鑾殿上，三呼禮畢，國王命常隨官，搬過幾把椅子來，賜各大臣坐下。眾臣謝恩已畢，一齊坐下說道：「我主將臣等喚來，有何吩咐？」國王道：「無事不敢勞動眾卿，今日寡人有一件要事，眾卿不知，聽寡人道來。」

明治皇未曾開口笑欣欣，叫了聲眾卿不知聽王云，日本國不過區區彈丸地，想著要增長國勢必用賢人。若等到數年以後人滿為患，殖民之地咱們何處去尋？現如今中國昏昏在夢裡，那朝鮮不修內政盡愚民。我看那朝鮮將來能為我所有，東三省亦可接著往前吞。這兩樣事情雖是甚容易，然必須本國內先立住根，聞聽說伊藤博文學問好，王有心用他為個外交人，先命他歐美各國訪政治，回來時籌備立憲固邦根。憲政成然後通行蠶食策，那時節不怕無地就怕無人。因此寡人才來把眾卿問，望眾卿各抒所見向王陳。這君王說罷了前後一些話，又聽那內閣尚書尊聲聖君。

日皇說了一片言語，內閣尚書木戶起身奏道：「我主既願用伊藤為官，此事甚容易。微臣府下有一先生，名喚麥田春。此人素與伊藤博文有舊，也嘗在臣跟前誇講伊藤之才。我主今日可備些聘禮，命麥田春，明日就去請他，那伊藤斷無不來之理。」日皇聞言，哈哈大笑說道：「事情可也真湊巧，寡人正愁聘請無人，怎麼就有這麥田春呢？」急命常隨官，備下千疋細錦，五百兩黃金，國王親自修了一封聘賢的書子，又命人上木戶府中，喚來麥田春。麥田春來在金闕之下，俯伏在地，口尊萬歲，「喚小人哪邊差使？」國王說道：「這有一封書子，細錦千疋，黃金五百兩，你拿著去

上西京，請那伊藤博文，前來居官。明日就要前去，不要遲延。」麥田春說：「遵命。」於是帶了書子，拿了金帛，歸本府去了。日皇又命打典退朝，諸大臣各歸府下不表。

單說麥田春來在木府，歇了一宿。第二日清晨起來，用了早膳，收拾了行裝，拿了盤費，帶了二個跟人，備上三匹快馬，行李聘禮捎在馬後，上了坐騎，可就撲奔西京走下來了。

好一個為國求賢麥田春，他不住馬上暗沉吟，說道是我皇今日下個求賢詔，他命我西京去請伊藤君。伊藤博文本是當今一豪傑，若出世必能為國建功勳。麥田春正在馬上胡叨念，又見那百般紅紫鬪芳春，見幾處堤邊綠柳垂金線，見幾處隴陌佳禾色色新。又聽那百鳥林中音百囀，千家的婦女笑言頻，漁子河邊來垂釣，樵夫深山動斧斤。走過了三里桃花鎮，又過了五里杏花村。杏花村裡出美酒，桃花鎮裡出美人。一路有花也有酒，花酒難留有事人。簡斷捷說來的快，這一日來到伊府門，甩鐙離鞍下了馬，又只見院中走出一個人。

話說麥田春，這一日來到伊藤門首，搬鞍下馬，正要上前去問，只見從院中走出一個人來。麥田春擺手問道：「此是伊家嗎？」那人應道：「正是。你們是那方來的客人呢？」麥田春道：「你且莫要訊問，快去房中稟報，就說有東京麥田春來訪。」那人聞聽，急急忙忙，跑到了上房。正趕伊藤在屋中看書，家人說道：「稟爺爺得知，外面有麥田春來訪。」伊藤聞言，慌忙走出上房，來到門外，二人對面行舉手禮，命家人將僕人馬匹，安置別處，次將麥田春讓到上房，分賓主坐下，各道數年不見的思情。又見家人獻上茶來，茶罷擱盞。伊藤道：「今日可是哪陣風，把賢弟你吹來的呢？」麥田春道：「兄長有所不知，只因國王見了兄長之詩，甚有愛才之意。故命小弟前來相聘，現有國書信並聘禮在此，乞兄長過目。」伊藤接過書信一看，盡是些謙恭卑禮，乞求伊藤博文出世的話。伊藤博文看了一遍說道：「既蒙國家見愛，小弟敢不盡犬馬之勞。」即命家人收拾行裝，明日隨著麥田春出了家門，撲奔東京，夜宿曉行，非只一日。這日到了東京，見了國王，國王說道：「久聞先生大名，如春雷貫耳，今日之見，乃三生有幸，先生何以教寡人治日本呢？」伊藤道：「我主願聽，待臣下道來。」

伊藤那滿面和氣帶春風，尊了聲萬歲臣的主公，現如今歐洲諸邦那麼強盛，都因為憲政完全那一宗，臣有心先上西洋訪政策，考察政治往列國遊行，有學問然後才能作大事，若不然咱國可得何日興。日皇聞言心歡喜，說愛卿呀的見識與王同，你明日就可束裝歐美往。伊藤說臣我尊命明日就行。書要簡捷方為妙，嘀嘟囉嗦困明公。這一日伊藤將要赴美國，君臣們餞行在十里長亭，伊藤他辭別在朝諸元老，他這才坐上火船赴美京。在美國住了一年整，又到那英國住了五六冬，俄法義奧遊歷各遍，合計

整整費了十年功，十年來採取了十餘國的政，他這才坐上火船奔正東。回朝來在日皇殿前奏一本，他言說：臣要變法把日本興。明治說寡人早有維新意，今日就讓愛卿你實行。寡人封你為個全朝大宰相，你須要真心無二來盡忠。諸般政治隨你改，哪樣不好任你更。因此才維新大變法，但見那國勢日日增。眾明公你們都說日本他強盛，哪知道人家作事與咱大不同，有了賢人人家就要用，有了好事人家就要行，事事都要隨民意。哪像我國那些賊官污吏糊塗蟲，作出事盡是一派強壓力，哪有那一件事兒順民情？勸大家從今後別把官府靠，各人家謀點本業是正經，押了此事咱們且不表，再表法美駐日的領事公。

　　話說明治用了伊藤維新變法，當下驚動了法國的領事札林、美國的領事安泥氏。這一日，兩國的領事會在一處，札林說道：「賢弟，你看日本現今維新變法，民氣日增，將來東亞的利權，必為他們占了，咱們何不往本國打電呢？」那位說：「得啦！你不用說了，法國跟美國，本是兩國，語也不是一個樣，字也不同，他兩個人怎麼能夠說話呢？」列位有所不知，現在這個時候，各國辦大事情，全是用英國語。他兩個語言雖是不同，全是說英國語呀！往後無論哪國，全是這個樣子，列位不要疑惑。再說那安泥氏說道：「兄長之言，甚是有理。」於是他二人各自修了一封書子，到了電報局，打到本國去了。

　　這且不表，單說法國皇上，那日早朝，只見外務部大臣，呈上了一封書子，法皇接過書子，拆開一看，但只見上寫著：

　　駐日領事札林三頓首，叩稟我皇萬歲玉闕中，現如今日本用了伊藤為宰相，維新變法民氣甚是雄，他一心要取高麗為殖民地，他又要侵佔中國省關東，望我皇速速想個對待策，萬不可讓他侵佔咱們的利權中。法皇看罷了札林這封信，不由的他腹內叮嚀好幾叮嚀。

　　話說法皇看罷了書信，對各大臣說道：「日本明治維新，甚是雄猛，咱們可是如何對待他呢？」內有外務部大臣阿根奏道，說是：「我主不要犯愁，咱們候上幾天，聽聽美國有什麼方法，然後咱再跟他合著去辦，豈不妙嗎？」法皇聞言說道：「愛卿之言，甚合朕意。」急上外務部，選了幾個人，去上美國打聽消息，探了幾天，打聽消息的人回來說道：「那日美國，接著他們駐日領事的電報，他國在議院中開了一議會，出一個道來。想要派些個耶穌教徒，上高麗國，以傳教為名，好開化他的民智，他們的民智一開，那日本就不能怎的了。」法皇聞言說道：「此方甚好。」於是也就派了些個耶穌教徒，去往高麗傳教。

　　這且不表，單說我朝同治初年，高麗國王晏駕，無有太子。大臣們商量著，把大院君李昰應的兒子李熙立了，方年七歲，不能聽政，所以大院君就為了監國攝政王，金宏集為宰相。這金宏集，本是一個貪贓賣法的奸臣，他薦舉了一些個小人為官，就

是那鄭秉夏、朴泳孝、金玉均這一黨人。大院君又荒淫無道，不修國政，因此那全國的百姓，靡有一個不怨恨他的。這一天早朝，有皇門官奏道：「啟奏我王，得知外面有法、美來的五百餘耶穌教，要在咱國傳教，現在午門外候旨呢！」大院君聞聽此言，問諸大臣曰：「他們前來傳教，這個事，可是讓他傳，不讓他傳呢？」只見班部中轉出兵部尚書雲在霄來，上前奏道，說：「他傳教是好意，我主斷不可拒絕。」大院君又曰：「他們既是好意，與咱們有何好處呢？雲愛卿你說一說，與本監國聽。」雲在霄道：「我主不知，聽臣道來。」

雲尚書未曾開口面帶歡，尊了聲我主不知聽臣言：耶穌教本是上帝一分子，全仗著傳教天下化愚頑，所說的俱是忠君愛國大實話，所講的盡是人人自治保利權。英美的國民那樣強盛，也都是那耶穌教徒化的寬。我國民現今實在不開化，有何人知道保國求治安？耶穌教今日替咱把民化，那恩情豈不真是重如山。望我皇不要狐疑把旨下，讓他們速速傳教在這邊。聞人說日本現在大變法，不久的就要通商到此間，那時節我們的人民要是不開化，有何人與那日本爭利權？利權要是到了外人手，想著要圖存保國難上難，而且說中國現今也是很軟弱，哪能夠替著咱們求治安？為今計莫若速速開民智，若不然國家不久的就玩完。國家強全仗著數多的老百姓，百姓強那國家也就穩如山，想只要為世界上一個獨立國，不開民智什麼方法也是妄然。勸君王快快的想個新民策，可千萬不要仗著人家保護咱。雲尚書說罷了前後一些話，又聽那院君在上開了言。

話說雲在霄說罷了耶穌教傳教有多少好處，大院君說：「愛卿你方才說的這些話，本監國我看之也不大離，就依愛卿，你酌量著辦去吧。」雲在霄下了銀安殿，來在朝門以外，看見那耶穌教徒，全在那裡候著呢！雲在霄來至近前，那些教徒皆行了舉手禮，大人還禮已畢，說道：「我主傳下旨，命你們自由傳教，望諸君熱心教化，可不要讓那無知的百姓，藉事生端。」眾教徒唯唯而走，大人亦坐上轎子，歸府去了。

話分兩頭，單說日本維新以來，光陰似箭，日月如梭，不知不覺的也就是十來年。這一日正是他國立憲的一個紀念日子，於是那滿朝文武，跟他們的皇帝，可就開了一個大會，叫做紀念會。飲酒之間，明治可就對伊藤說了：「寡人常愁咱國人滿為患，想著要在外侵佔點土地，又怕本國根本不固。現今憲法已經都完全啦，民氣已很強啦。寡人要經營朝鮮與中國，可得什麼政策呢？」

伊藤聞言道，尊聲臣主公，想要圖朝鮮，臣有計幾宗。第一先要與他定下通商約，將領事安在他們的京城，各商人全讓他往高麗去，使喚著他們商業不能興，使喚他們利權漸漸外溢了，使喚他巡警、財政皆在咱手中。然後再想個別的方法，於領事館安上咱們國的兵，雖有那沖天手段讓他不中用，雖有那撥雲的武藝讓他不能行，管教他數萬人民歸我管，管教他十三道的土地一齊扔，管教那朝鮮地圖變了色，管教那

歐美諸邦膽戰驚。那時節誰來干涉也不怕，若不然咱們就與他動刀兵，得了高麗然後咱再瓜分東三省。我的主你看這個方法中不中？正是這伊藤殿前來策劃。

伊藤正在那說經營朝鮮的政策，只見那皇門官進來稟道：「外邊有九州商人吉隆，言說有要事來見大人。」伊藤說：「將他喚進來吧！」不一時，皇門官將吉隆帶進來，跕在殿下，伊藤離座問道：「你有何事來告呢？」吉隆道：「小人無事不敢到此，只因前幾年，小人在歐美各國貿易，見他國的耶穌教徒，漸漸的東來。至今年，小人又在高麗仁川貿易，看那耶穌教徒，在他們處的甚是不少，他們信教的也狠多。後來打聽著人說，是什麼雲在霄願意讓耶穌教徒在他們那邊傳教。小人想，朝鮮人若是全信了教，開了智識，咱們要經營他們的地方，豈不是難啦嗎？望大人想個方法以處之。」伊藤聞言，點首會意，遂命人拿過十五圓錢來賞吉隆，吉隆不受，說道：「此是小人應盡的義務，曷敢受賞呢？」伊藤說：「我不是賞你，是鼓勵別人。」於是吉隆受錢而去。眾明公，你們看日本一個商人，全有愛國的心思，望諸公往後作事，都照著吉隆這樣才好。

閑話少說，單說日皇聞聽此言，問伊藤曰：「愛卿有何方法？」伊藤道：「我主勿憂，臣自有方法。」當日天色已晚，各大臣歸府去了。伊藤來到府中，叫家人伊祿，說：「你上木大人府中，將麥田春先生請來。」伊祿說：「是了。」不多一時，麥田春來到，讓至書房，分賓主坐下。麥田春道：「兄長將小弟喚來，有何事相商？」伊藤走至身前，附耳低言說道：「如此如此。」麥田春會意，辭別伊藤去了。

這且不提，單說韓國的宰相金宏集，這日正在屋中悶坐，忽有家人來報說道：「外邊有日本使臣麥田春求見。」金宏集聞言，忙忙頂冠束帶，迎出門外，讓至客廳，分賓主落座，說道：「貴使來到小邦，有何事辦呢？」麥田春說道：「鄙人奉了我國皇帝旨意，特來貴國修訂商約。」列明公有所不知，這個商約，就是你國上我國作買賣，我國上你國作買賣，兩家定下一個合同的意思。

再說麥田春，將訂約的事情說完，遂獻出明珠五十顆，佩刀兩把，軍衣一身，說道：「這是敝國一點薄禮，望大人收下，若事成以後，將來還有重謝。」金宏集並不推辭，收下了禮物，說道：「鄙人自能盡心去辦，明日聽信吧！」說罷，麥田春辭別了金宏集，回旅館去了。第二日清晨早朝，金宏集將此事奏與大院君，大院君問各大臣曰：「你們看這個事情，可行不可行呢？」忽見班部中，走出一個人來，說道：「日本想著要奪咱國的商權，所以來修訂商約，此事斷不可行。」眾視其人，乃兵部尚書雲在霄也。大院君說道：「既是不可行，就讓他回去吧！」即捲簾退朝。

金宏集回到衙門，麥田春早已在那裡候著呢，見金宏集回來，起身說道：「事情怎麼樣了？」金宏集答道：「不妥，被那雲在霄老兒給破壞了。」麥田春聞聽說雲在霄的名字，他可就沉吟半晌，自忖道：說我此來正為這老兒，何不乘機會，將他間離

於外呢？主意已定，遂向金宏集說道：「此雲在霄，不是讓那耶穌教，在你國傳教的那個人嗎？」金宏集答道：「正是。」麥田春說道：「哎呀！這個人的意思，可實在不好哇！」金宏集說道：「怎麼呢？」

麥田春開言道，尊聲大人哪。提起耶穌教，實在不好哇！耶穌教徒雖然以傳教為名目，實在是說神道鬼竟瞎叭。全仗著人多勢眾來作亂，動不動就要欺辱那國家。那英國的皇上也曾被他們更換，法國的大臣也曾遭過他們殺。英法國的人民也曾經過他們塗炭，英法國的社稷幾乎未亡於他。這耶穌教專講究與那政府作反對，這耶穌教尋著宦家錯兒就要殺。現如今貴國也有了耶穌教，不久的就要把你們來欺壓。漸漸的你們國的人民全信了教，問大人你可用什麼道兒制服他？那時節恐怕你們的富貴不能保，那時節恐怕你們的腦袋搬了家。依我看不如將他們全趕出去，省著他在貴國以內把亂發。次將那雲在霄老兒調在外，你皇上必能與你把官加。然後再與我國把商約訂，我情願每年與你三千銀子花。我說此話你要不信，今日就與你把押畫。」金宏集聽罷了前後一些話，他這才垂頭喪氣把話答。

話說金宏集聽罷了麥田春一片言語，嚇得魂不附體的說道：「我不承想這耶穌教，還如此利害嗎？我必定將他趕出國去，至於商約之事，我定然與貴國辦成。望祈多等幾日才好。」麥田春說道：「望大人在意也就是了。」於是麥田春辭別宏集，坐上輪船歸國去了。眾明公，你們聽聽，方才麥田春所說的這些個話，全是那伊藤附耳低言之語，不可不知道哇！

這且不提，單說金宏集復又到了大院君府內，見了大院君，將麥田春的話，對他細細的說了一遍。大院君說：「這是雲在霄的主意，明日讓他去鎮守平壤，不在京中也就是了。那個耶穌教的事情，愛卿你看得怎麼辦呢？」金宏集說道：「依臣愚見，明日咱出上一張告示，讓那耶穌教徒全都出去，他若不走，咱們再讓那百姓殺他。殺一個耶穌教徒，咱們賞錢多少，那時節他們怕殺，也就走了。」大院君說：「就是這個主意。」到了次日，先將雲在霄打發鎮守平壤去，然後又出了一張趕耶穌教的告示。那百姓一見這張告示，可就虐待起那耶穌教來了。

好一個無道昏王大院君，他一心要虐待耶穌教人，出一張告示就把他們趕，立刻就不讓他們在國內存。說是要有人殺了耶穌人一個，國王就賞他五兩銀，有人要是殺了兩個，就與他九兩零十分。無知的百姓一見心歡喜，他這纔拿刀動槍來殺人，十來天殺了無數耶穌教，手拿著人頭去領銀。耶穌教一見事不好，一個個可就慌了神，急忙忙不分晝夜往外跑，可一下子出了這座門，這一日來到了本國地，各向國王奏了本一份。法美皇上見了這一本，急派大將可就點了軍，教軍場上選了三萬人共馬，大炮拉了三百多尊，大兵發到朝鮮地，殺了個山崩土裂天地昏。列明公要問後來一切事，等一等下回書裡聽緣因。

第二回　定商約院君歸政　攻使館日本興師

　　朝鮮院君無道，作事甚是昏庸。耶穌傳教在國中，他還以為無用。信任宏集賣法，江山轉眼就扔，法美二國發來兵，還在朝中作夢。

　　《西江月》罷，書歸正傳。上回書說的，是法美二國兵伐高麗，外邊告急的文書，打到了漢城。那大院君只吓的魂飛膽裂，對著金宏集說道：「這可如何是好？」金宏集說道：「我王勿憂，臣有一條拙見，可以將法、美二國兵擋回。」大院君說道：「愛卿有何高見，快快的講來。」金宏集說道：「我王不知，聽為臣的道來。」

　　金宏集未曾開口笑盈盈，尊了聲我王不知聽臣明，雲在霄現今鎮守平壤地，閔泳駿鎮守在黃海道中，他二人現在皆有兵十萬，打法、美他們二人就能行。讓在霄帶兵把守仁川境，讓泳駿帶兵把守華陽東，法、美二國的兵船要來到，隔岸就用大炮轟。不怕他有兵多少萬，管保教他盡死在大海中。祈我王快快刷旨意，讓他們二人就用兵。院君聞言心歡喜，急忙忙刷了旨兩封，一道下在平壤去，一道下在黃海道中。雲在霄接了皇聖旨，他這才點齊了人馬仁川行。這一日大兵到了仁川地，海岸以上紮下營。大砲安上三十座，專等法美二國兵。這一日兩國的兵船一齊到，他這裡就用砲來轟，只聽大砲咕咚一聲響，但見那海水一飛紅。一連放了三十砲，打沉了法國一船兵。兩國一見勢不好，他這才掉過船頭回了京。法、美回國咱且不表，再把在霄得勝明一明。

　　話說雲大人在仁川，打了一個勝仗，點了點自己的兵，才傷了三十來人。又在海中，撈上法國那支破船，得了他大砲三尊，小鎗子無數。於是帶了兵將，回到平壤，將得勝的表章，打到漢城。大院君一見在霄打了勝仗，滿心歡喜，遂降旨，封在霄為十三道的提督。什麼叫作十三道呢？列明公有所不知，那十三道，跟咱們中國二十二省一個樣子。這個時候，金宏集聽說雲在霄打了勝仗，又封了官，他原先本想著要害他，不誠想人家卻得好處，心中實在是不樂，這且不題。

　　單說日本自麥田春回國以後，打聽著朝鮮，已經將耶穌教趕出國去，又與法、美開仗，知道這個事情，全是麥田春的功勞，於是封為外務部侍郎。壓下此事不表，再說日本的工場，造出了一號輪船，能載二千多兵。這一日，日皇陞殿，伊藤出班奏道：「我主在上，臣有本奏。」

　　好一個才高智廣伊藤君，他作事盡是蠶食高麗的心。他說道我國造成船一號，看此船能盛二千人。臣有心將此船兒放在海，去上那高麗海岸巡一巡。一來是試試此船有多麼快，二來是看看高麗沿海門。他那沿海形勢要是全知道，一旦有事咱們好進身。望我主千萬准了微臣本，臣好上陸軍部裡去挑人。

　　日皇說道：「愛卿之言，寡人無有不從之理，愛卿你酌量著辦去吧。」

伊藤侯一見日皇准了他的言，不由的滿心喜氣上眉尖。急忙忙來到陸軍部，挑了五百強壯男。內裡派了一首領，他的名字就叫大山岩。大山岩帶領著兵丁把船上，升上火來就冒烟。氣管兒放氣犇犇響，輪子兒扒水上下翻。轉眼之間就是七八里，坐到上頭穩如山。外國的人兒有多麼巧，作出物來賽神仙。日本到高麗也有一萬里，坐輪船僅僅走了十來天。這日進了高麗境，來到了他們的華陽灣。押下日本兵船咱不表，急回來把那閔泳駿來言一言。

　　話說閔泳駿鎮守黃海道，這日接了國王的旨意，命他把守華陽灣，預備著擋法、美的兵船。後來法美被雲在霄打敗，大院君恐怕他們再來，遂靡讓他回去，就讓他永久在那把守著。這一日，正在海岸上，拿著千里眼看呢，只見六七十里外，有一號船，如箭打似的前來。那位說啦，隔著六七十里地，怎麼能夠看見呢？列位有所不知，那千里眼，慢說六七十里地，就是六七百里地，也全能看得見。那閔泳駿看著來了一號船，也靡看見旗子。這話又差了，怎麼船上還有旗子呢？不知那外國的船上都有旗子，所以一見旗子，就知道是那國的船。日本這支船，因為這一天風大，他們靡掛旗子，那閔泳駿就以為是法、美的船呢，他可就走進大帳，傳下令來了。

　　好一個閔氏泳駿小英雄，看見了兵船吃一驚。急忙忙來在大帳裡，拿起令箭就點兵。先點了五百大砲隊，又點了五千飛虎營。杆子馬隊二千整，准備對敵打衝鋒。陸軍步隊隨後點，跕好條子就出營。頭裡走著一幫軍樂隊，後跟著馬步眾兵丁。洋號吹的吱吱響，洋鼓打的響卟咚。鎗嘴子好像一片高粱絮，刺刀照的曜眼明。人馬來到海岸上，一個一個瞪眼睛。

　　那位爺說了，他們瞪眼睛幹什麼呢？不是別的，望海中瞅那隻船呢。閑話少說，再聽我道來。

　　閔泳駿又拿起千里眼來用目睜，看那船離此不過二十里地中。分付聲砲隊各兵將，你們與我快開攻。砲隊將官說遵命，一個一個來用工。先開了炮門裝上藥，炸子彈隨後就往裡邊扔。擊子絞起咯吱響，擊子落下響咕咚。頭一砲來未打上，二一炮來未成功，三一炮來打的准，正正打在船頭中，只聽炸子咯啦一聲響，那船頭炸了一個大窟窿。炸壞船頭不要緊，傷了兵丁五百名。大山岩一見事不好，補上船頭回了京。日皇殿前奏一本，他那裡就要發大兵。他發兵不發的咱不表，再說我國名大清。

　　話說我國大清，當光緒皇帝元年，那個時候，李鴻章作直隸總督，兼北洋大臣，辦通商事務，住在天津，所有一概外國的事情，全歸他辦。這一日美國來了個商務大臣，名叫福世德，法國來了個交涉委員，名叫狄士年，一齊到了李鴻章的衙門求見。李鴻章聽說了，慌忙讓至客廳坐下，說道：「貴使到此，有何事商議呢？」兩國的使臣齊聲說道：「無事不敢到此招擾，只因前幾年，日本明治維新，就想著要吞併高麗，侵佔你們中國。敝國以為他們要把高麗吞了，並且你們中國的東三省，也恐怕不

能夠保,於我們的商業上,實在是有妨礙。所以我們派了幾百耶穌教徒,去上他們那邊,教化他那些個愚民。他們的民,要是開了知識,可也就能夠保他們的國家了。他國的民到是些個好民哪,惟有他那個攝政王,實在是不知道什麼,中了人家日本的反間計,讓他們那無知的百姓,把我們的耶穌教徒,殺了不少。後來我們人興兵問他罪去嘛,他又偷著放砲,把我們船擊沉了一隻。我們倒不是怕他,不敢與他開仗,都因高麗是你們的屬國,我們要跟他開仗,於貴國的臉上,也是不好看。所以我們的皇上,讓我兩人來告訴告訴,往後不要再讓他那個樣子,也就是了。」李鴻章開言說道:「高麗雖然是我國的屬國,但是他國的政事,我們是一點也不管,要是與哪國開仗,哪國和約,都由他們自己的便。」法、美二國的使臣聞聽此言,面面相覷說道:「既然如此,咱們二人回去吧。」說罷辭別李鴻章,回國去了。列明公你們聽聽,都說是咱們國軟弱,像這個樣辦事的人,哪有不壞呢?高麗本是咱們的屬國,不能夠好好的保護,人家來告訴,那辦事的人還拿著當耳傍風。因著這個,人家日本,可就下手了。

　　好一個老而無謀的李鴻章,說出話來太荒唐,法、美兩國本來是好意,他以為人家竟發狂,他說道高麗雖然服我管,向來的政治我們不主張,和戰由著他們自己的便,那裡頭靡有我們一點糠。他說這話不要緊,到後來傳到日本耳朵旁,日本聽見這個話,拿朝鮮就當作了獨立邦,派人去問那華陽砲擊事,硬逼著那大院君來通商,通商後日本入了朝鮮地,他這些百姓可就遭了秧。看起來高麗滅亡這件事,全是我國辦事的人兒無主張。那朝鮮現今已經滅亡了,我中國不久的也是就要亡。眾明公呀,你們思一思來想一想,可是用一個什麼方法保此邦,大清國本是咱們大夥的大清國,可別再讓那些個奸臣賊子胡亂揚。咱們人人都想想一個謀生道,咱們各家裡都預備好幾桿鎗,來了咱們就把他們打,或者是能夠保全咱這方。我說這話你們若不信,回到家去躺在炕頭上好好思量一思量。押下此事且不表,再把那日本詳一詳。

　　話說日本皇帝,那日早朝,有皇門官奏道:「現有試驗兵船的將官大山岩,在午門外候旨呢!」日皇聞奏說道:「將他喚進來吧!」殿頭官傳旨,那大山岩不多一時來至金殿,參見一畢,日皇問道:「你試驗那隻船,快與不快呢?那朝鮮沿海形勢,可是怎麼個樣子呢?」大山岩說道:「我主不要問了。」遂把那船被高麗打破之事,說了一遍。日皇聞言,心中大怒,說好一個高麗,真乃無禮,就要派兵前去問罪。伊藤奏道:「我主不要造次,臣有一計,管教我主把這個仇報上。」日皇說:「愛卿有何計策,快快的講來。」伊藤說:「我主在上,聽臣下道來。」

　　伊藤他未曾開口笑欣欣,尊了一聲我主洗耳聽原因。高麗他打破咱們船一號,乘著這個隙兒好把他尋,不用兵來也不用將,只在一個外交人。今日不把別人派,還要派那麥田春,命他帶銀子三千兩,好賄賂那宏集老奸臣。商約領事朝著他一個人辦,老

奸賊見錢必定起壞心，立逼他主把商約訂，那時咱們可就有了根。這是微臣的一個拙見，望祈我主斟一斟。

伊藤說了一片言語，日皇說道：「此事甚善。」遂又派了麥田春，去上高麗修訂商約，又派了一別位官員，名叫花房，說道：「他要許了咱們通商，你就作那處的領事罷！」於是他二人各自領了旨意，上高麗去了。

這且不在話下，單說閔泳駿，當日打退了那隻船，後來才知道是日本的，恐怕惹出禍來，就報進城去了。大院君一聽這個消息，忙問那金宏集，宏集心中暗暗的說道：這回我可能夠給日本辦事了，急忙對著大院君說道：「這個事情不要緊，他們幾天內必來，那個時候，咱們與他定下通商條約，可就拉倒啦！」大院君說：「就是如此吧！」說罷，金宏集辭了院君，回在衙下，書童過來說道：「書房有日本客，現在書房等候著呢！」金宏集聽說，慌忙來在書房，見了麥田春，各道了寒溫。麥田春又與花房引見了，遂將銀子拿出，呈遞於金宏集。金宏集假裝著推辭推辭，可也就收下了，說道：「賢弟來到這裡，八成是為的那華陽灣的事情吧！」田春說：「正是。」宏集說道：「那商約的事情，我已經對我們的監國說了，將來許有個成。若是成了的時候，你二位就在這作領事吧。」田春說：「花大人就是我派定的領事。」宏集說：「更好了。」當日天色已晚，遂分付排筵，與田春對面歡飲，飲完，田春就住在宏集的家中，一夜無話。到了次日早朝，帶他二人上朝，對著大院君就說起來了。

好一個奸賊宏集本姓金，他作出事來竟欺君，他說道日本商船咱打壞，人家傷了五百人，現如今人家到此將咱問，咱們可用什麼話來對他云。依臣看不如與他定下通商約，咱國內許他們安上領事人。院君聞言說是對，我也早有這個心。金殿以上就把合同寫，畫上押來就算真，立時開了兩個大商埠，就是那仁川、元山津。花房這裡為領事，與他修上一個大衙門。自從日韓定下通商約，那日本就往這裡來遭民，明著就是作買賣，暗地裡就算扎下根。按下此事咱不表，再把那李熙皇帝云一云。

話說李熙現在已經二十歲，選了閔泳翊的妹子為皇后，這個娘娘讀過書，那三從四德無有不知的，就算他們高麗國一個女聖人。這一日對李熙說道：「陛下如今也是二十多歲了，什麼事情也不管，可倒算一個什麼皇上呢？現今再要不親政，將來咱國可就要不好啦。」他這幾句話不要緊，可就把李熙提醒了。到了次日，會了那滿朝文武，跟著大院君一說，大院君無可如何，可就把他歸政了。李熙皇帝登了大寶，大赦天下，封閔泳翊為內閣侍郎，金柄之為總理大臣，朴定晨為內務部大臣，李完用為外務部大臣，李允用為軍務大臣，趙丙稷為法部大臣。那金宏集諸人，也未封，也未貶，可是不大信用了。事事全與那閔皇后商量，那皇后辦事，也是甚有道理，所以他國的民，也是很樂和的。

這且不表，單說大院君，自從歸政以後，看那國中用事的，都是那閔皇后的家

裡人，他心中甚是不願意。這日見了金宏集說道：「現在你看那國中用事的，全是閔族，把咱們都干閒起來了，我想著還要執政，你看得想個甚麼法呢？」金宏集說道：「這事容易，現在那飛虎營的總兵牛全忠，是我的親戚，見他一說，讓他幫著咱們，把那閔氏除治了，然後咱們再封他為那兵部尚書，他斷無不從之理。」大院君說道：「此法甚好。」於是他二人來到飛虎營，牛全忠接至帳中坐下，說道：「二位大人到此，有何事相商呢？」金宏集遂把大院君的意思，說了一遍。牛全忠一聽，心中想道：現在日本人在我們這邊，我是很煩惡的，不如藉著這個事，把他們除治了，豈不是好嗎？於是答應了大院君。點起兵馬，可就作起亂來了。

好一個智昏謀多的牛全忠，他一心要把那日本人攻，教軍場點了三千人共馬，扯起大旗就往外行。出大營他不把皇宮奔，領著人馬撲正東，金宏集不解其中意，只得隨著他們往前行。前行在日本領事衙門地，他這裡招呼一聲大小眾兵丁，日本人本是咱們大仇寇，你們今天與我把他攻。眾兵丁一聽這句話，忽拉拉把衙門圍了個不透風。那花房正在屋中閒談論，忽聽的門役報一聲，說道是稟報大人得知道，外邊裡不知什麼人發來一隊兵，大人哪快快收拾跑了吧，再等一時人家就要把咱坑。花房一聽這句話，吩咐聲快與我備馬走龍。搬鞍任鐙上了馬，順著後門扔了崩。牛全忠一見花房他跑了，把那別的日本人殺了好幾名，吩咐聲三軍你們與我趕，大料他不能出了這座城。那花房正在慌忙往前跑，忽看著後面塵土飛了空。不用人說知道了，定然是他們人馬把我攻。加加鞭子克克鐙，那馬好像一陣風。前邊來在海岸上，一看那汪洋大水把路橫，前有那大水來攔路，後有那追兵趕的雄，眼睜睜的就要把命喪，何人敢保吉和凶？書到此處住一住，歇歇喘喘下回聽。

第三回　廢院君王妃擔國政　謀變法新舊起衝突

世界和平公理，男女本是平權，各有責任在人間，豈可外重內偏？朝鮮王妃閔後，說起算是大賢，廢去院君把政擔，國內稍微治安。

上場來《西江月》罷，內有古段相隨。列明公尊坐，聽在下道來。

表的是大清一統錦江紅，出了那牛馬二英雄。要問牛馬英雄是怎回事，列位不知聽我明。道光年英國販賣大煙土，怒惱了那位林文忠。林則徐燒了他們的煙土，因為這個才起戰爭。英國的大兵到了浙江地，攻破了我們那座寧波城。寧波府轄有一個乍浦縣，縣中裡有一個老頭本姓龔，養活了一個牛來一個馬，專指著賣豆腐為他營生。這一日英人到了乍浦縣，把龔老頭的家業搶個空，接著又牽他那個牛和馬，那頭牛可就起了愛國誠。照著那英人官長就一角，把他的肚子頂個大窟籠。眾英賊一齊的往上

跑，那頭牛左右東西四下衝，撞著一個頂一個，一連頂死了英人十幾名。眾英賊一見事不好，拿出鎗來與牛爭。快鎗一响就把牛打倒，嗚呼一命歸陰城。那英人又騎上龔氏的馬，順著江沿去攻那座海鹽城，這匹馬特意打個前失跌，把英賊跌下馬鞍龍。這馬慌忙就踏住他的腹，腦袋上就用蹄子登。把那英賊活扒死，他這才一撒歡兒影無踪。眾英賊一見說是不好，這牛馬八成是神靈，於是不把海鹽犯，那座城所以得了安審。戴大人就把他們國畜叫，又題了名兒叫他二忠。這就是牛馬英雄一件事，眾明公你們好好聽一聽。扁毛畜生還有抗賊義，我們不保國怎對起畜生？國保就是我們的身家保，國破怎保身家性命存生？要想保家總得先保國，家國原來是一宗。要等著國亡家也不能好，那時節父母妻子各西東，家業財產全歸外人手，想要不給也不行。從今後別把外國人來怕，要欺負咱就與他把命拚。外國人也是怕那好硬漢，咱要硬了他們就要放鬆。列位呀，你們仔細想一想，我說這話全然不是胡蒙。上場來幾句閑言書歸正，還把那日本花房明一明。

上回書說的是，日本領事花房，逃在海岸以上，前有大海，後有追兵，正在為難之際，只見上稍來了一號輪船，他慌忙招呼道：「救人哪！」那船來至跟前一看，是那英國的商船，去上日本橫濱作買賣的，於是花房坐上這隻船，歸國去了。

單說牛全忠趕到海岸，一見花房被人救去了，他一看這個事情，已經洩漏了，他可就跑往美國去了，剩下那些個殘軍，鬧了一天，也都安撫下了。那大院君等鬧了一個畫虎不成，真是可笑。

這且不表，單說花房來至國中，見了伊藤公，把以上之事說了一遍，伊藤說：「從今後我可有了對付高麗和中國的道了。」

好一個狠毒的伊藤博文，他懷著破壞高麗、中國心。說高麗本是中國的屬國，他們不能好好的去保存，他們不能保護咱們保護，不可失了這個好機因。高麗緊靠著奉天、吉林地，得了他就容易把滿洲吞。現今他攻了咱們領事館，依我看是咱國的大福分，他不找咱咱還要把他找，況且說他上趕著把咱尋。我常愁吞併他國沒有道，要如此我們可就有了根。於是又派官員往高麗去，這官員的名字叫井上馨，回頭又把英雄大山岩叫：「你領那第一鎮的大陸軍，跟井大人一齊往高麗去，到那去問他那無道昏君，為什麼攻了我的領事館，為什麼殺了我的眾商人？殺了我們的商人不要緊，我國損去了五十多萬金，今日必須賠了我們的款，若不然我就與你動大軍，還得許我安兵在領事館，好保著我國領事與商人，還得差人上我國來賠罪，與我那死的留下養家銀。賠款無錢行息去借外債，指那國地作保不認得人。你二人就照這樣對他講，看他有什麼話見向咱云。」二人齊說是，我們記住了。這就坐上輪船起了身，日本興師問罪咱且不表，且表表我國駐日的公使臣。

話說日本派了大山岩、井上馨，去上高麗問罪，當下驚動了我們中國駐日的公使

黎庶昌。他聽到這個消息，說道：高麗本是我國的屬國，現在他要插手奪權，與我中國很有不便，要是高麗歸了日本保護，離我們東三省就近啦！要到那個時候，我們東三省也怕不好。急忙的修了一封書子，到電報局，打到北洋大臣這來了。這個時候，北洋大臣李鴻章丁憂，張樹聲署理。當日接了黎庶昌這封電信，扯開一看，但見那上寫著：

駐日領事黎氏庶昌把事陳，敬稟我國的北洋張大臣，大院君無故的作了禍亂，他攻了日本領事衙門。現如今日本派兵把高麗問，一心要凌虐他國的君與民。那日本不過區區三島地，所以生出來這樣狗狼心，伊藤博文也曾畫過策，他要把中國與那高麗吞。想要吞併中國的東三省，不得不先在高麗把力伸。與高麗私自訂下通商約，又安上花房一位領事臣。因為攻了他們的領事館，又要在他國中把兵隊屯。牛全忠殺了日本人幾個，讓高麗賠他們五十萬金。他們的勢力要是比咱大，那時節咱東省難保存。現今他們發兵高麗去，咱們也當發去多少軍。要有亂咱先與高麗平了，千萬可別讓日本進了身。日本原是個貪財的窮國，不可不防備他的虎狼心。大帥哪，你可別拿這事當兒戲，關係於咱中國實在是深。望大人速速發兵高麗去，先除治了他那作亂的人，然後與他國說和了結事，或者能夠保全了眾人民。這本是至理名言真情事，望大帥仔細尋思一思尋。張樹聲看罷庶昌這封信，不由的腹內沉吟好幾沉吟。

話說直隸總督張樹聲，當下看了黎庶昌這封信，他思尋道：日本發兵去上高麗問罪，這個事情，與我國關係非輕。我要不去救他，將來不但於我自己不好，那萬人的罵，也是挨不起的。於是派了提督丁汝昌，與那馬建忠，駕了兩隻快船，領了五千兵，望著渤海口進發，一晝一夜到了高麗。這個時候，日本兵也到了。我國的兵，先把那大院君廢了，又殺了他那一同作亂的一百七十多人。日本一看，咱國把高麗的亂平了，他就要求高麗賠他們的款，並且許他們在領事館駐兵，還得派人到他國去謝罪。高麗因為自己缺禮，只得應許賠了五十五萬元的款。現在無錢，作為借貸，行上三分息，指釜山地方作保。日本又新派了一位領事，竹添一郎，公使館裡，又安上二千兵。我國看他公使館安兵，我們也留了三千兵駐高麗。高麗又打發金玉均，去往日本賠罪。當下事情完了，兩國餘兵全回國去了。

這且不表，單說高麗大院君廢了，李熙皇帝本是個軟弱無能的人，所以國事全靠著閔皇后去作。這日閒暇無事，閔后對著李熙，可就談講起來了。

閔皇后未曾開口笑嘻嘻，尊了聲我主洗耳請聽之。咱高麗自從開國享安泰，為今計應當急急修國政。日本他欺侮咱國不為別的，大概是要奪咱國好土地。今日裡受了他們日本欺，好保護咱們江山與社稷。李熙說愛卿之言甚有理，咱這國就依著你去治理。皇后他這才整頓國內一切事，學堂、巡警立了一個齊。審判廳、諮議院全然安下，蠶桑局、官錢號立在城西。飛虎營改作了陸軍隊，火藥場變成了工程局。數月之

間籌辦了一個備，喜壞了他們皇上名李熙。說卿呀你能如此來治國，往後還怕的什麼外人欺？皇后說還有一件頂大事，就是那賣國奸賊金宏集，日本人所以來到咱這裡，全然是宏集奸臣引誘的。依奴看不如把奸臣除治了，省著他倒賣咱國錦社稷。李熙說事事樣樣依著卿辦，你說怎的就怎的。他這才刷了一道黃聖旨，派了那內務大臣名寇基。寇儒臣領兵就往金府去，不一時到了他那金府裡。吩咐聲兵丁與我快來綁，把他那全家綁了一個齊。這一回拿了八十單三口，一個也未跑出去。拉著從那街上走，又聽那庶民人等把話提。這個說奸賊今日惡滿貫，那個說這也是他自取的。這個說往後不能把日本引，那個說再想要貪贓不容易。不言那百姓閑談論，再表那監斬大臣名寇基。押著那犯人到法場，勾了絕就把招子披。讓他們一齊跪倒在椿快下，劊子手提刀候之。說是一聲時辰到了，劊子手鬼頭大刀忙舉起。只聽那追魂大砲三聲响，那奸賊一命可就歸了西。一家人個個全殺死，寇大人這纔回城交旨意。寇大人交旨已畢回府去，李熙皇帝也退回宮裡。此事押下且不表，再把那金玉均日本賠罪提一提。

話說金玉均奉了國王之命，去上日本賠罪。這日到了日本，見了日皇，呈上謝罪書子，伊藤博文從旁說道：「有勞貴使了。」玉均說道：「只因敝國得罪了貴國，理應前來謝罪，豈敢言勞。」各說了一些謙恭的話，可就散了朝啦！於是把金玉均送至驛館安歇。這日金玉均到了驛館，暗暗的想道，日本因變法纔強的，現在我國也是很軟弱，朝裡用事的都是閔族。我不如向伊藤說，叫他助我一膀之力，我也變法，強強我們高麗。他尋思了一回，說道就是這個主義。到了次日，見了伊藤，可就把這意思說了。伊藤聞言暗想道：他們要變法，讓我助他，他要一變法，必定起內亂，我好乘他的亂以行事，豈不是好嗎？於是向玉均說道：「你們要變法，這也是好事。我就與我國領事寫一封信，他那也有兵，讓他在那幫助你不好嗎？」玉均說道：「很好，事成以後，重重相謝。」當下就辭別伊藤回國。到了國中，見了滿朝文武說道：「現在咱國甚是軟弱，必得藉外國扶助，纔能保存，咱們可是依靠日本呢？可是依靠中國呢？」於是也有說中國軟弱不可靠的，也有說日本詭詐不可靠的，當下就分出了事大、親日兩黨。事大的黨願意靠中國，親日的黨願意靠日本。願意靠日本的，就是那朴泳孝、金玉均、鄭秉夏、趙義淵、禹範善、李東鴻、李萬來、李臣孝、權榮鎮。那些願意靠中國的，就是閔泳翊、閔泳駿、寇儒臣、親王李應佐、李應藩諸人。當日金玉均一提這議，兩黨紛紛不一，各人說一個道，可也就拉倒啦！那金玉均總是想著變法，回到衙中，吩咐家人道：「你去把朴大人、鄭大人、李大人他們請來。」家人去了，不多一時，他們全來到金玉均的家中，讓至客廳坐下，三人說道：「大人將卑職請來，有何話講？」金玉均道：「列位不知，聽我說來。」

金玉均未曾開口面帶歡，尊了聲列位大人聽我言。咱的國現今實是不得了，居於那日本、中國兩大國間。現如今日本盛強中國弱，要靠那中國恐怕是妄然。那閔氏

兄弟把軍事掌,他妹子又在宮中弄大權。他們專專倚靠那窮中國,看起來這個江山就要完。伊藤博文願意讓咱們把法變,他言說要沒勢力幫著咱。此時中國與那法國開了戰,咱趁著這個時候就當把法變。先殺那閔氏兄弟哥兒倆,立逼著咱皇上把新法頒。別人不願意咱也不怕,有那日本領事保護著咱。列位大人看著這事好不好,大家夥商量妥就去辦。那些人齊聲拍掌說是好,這才來到日本領事衙門前。對著那日本領事說一遍,那領事立刻與他兵二千,帶領著兵馬把皇宮奔,正趕那閔氏兄弟在那邊。他們一見就紅了眼,一個一個往上沖,鋼刀一舉忙落下,最可惜二位英雄染黃泉。當下驚動哪一個?驚動了親王李應藩,慌忙跑到我國的公使館。對著吳、袁二公說一番,吳提督帶領兵丁皇宮去。這一回就出了亂子山,亂不亂的咱不管,歇歇喘喘喫袋煙。

第四回　吳提督大戰漢城　安員外平壤避難

若非各人懷異志,文武同心國勢興。若是各人懷異志,家國安得有太平?

四句提綱敘過,書接上回。上回說的,是那金玉均,領著日本的兵,將閔氏兄弟殺了,又要立逼他們皇上頒布新法,當下驚動了親王李應藩,聽說有這個變動,急忙跑到中國的使館一說。那提督吳長慶、委員袁世凱,帶領著三千兵馬,可就勾奔皇宮救駕來了。

好一個高麗親王李應藩,他一到中國使館把兵搬。他言說金玉均等人作了亂,勾引那日本反了天,只因為辦事不合起反意,他這才領著日兵到宮前,可憐那閔氏兄弟死的苦,他還要立逼皇上把法變。望大人速速發兵馬,一到那皇宮把日兵攔。吳提督聽說了這個話,立刻的點了兵三千,出離使館把皇宮奔,正遇著日本兵丁在那邊。兩下一見就開了戰,鎗砲之聲震耳炫。只聽哨子吱吱的響,彈子穿梭心膽寒。自晨打到正晌午,日本的兵將輸於咱。竹添一郎帶領兵丁敗下去,吳提督追趕在後邊,一連趕了二十里,日本兵已到了仁川邊。吳長慶還要望前趕,袁世凱一邊開了言,疾兔反噬是實理,窮寇莫追是實言。現在不如回去罷,好除治他們那作亂的男。他這才帶領兵丁回裡走,人人得意面帶歡。人馬回到漢城地,又聽得提督一傍開了言。

話說吳提督帶領人馬,回到漢城,吩咐聲:「大小將官,一齊跟我去拿作亂的金玉均。」眾將官應聲說道:「是!」於是來到玉均家裡,把他一家子大大小小,盡皆斬首,可就是跑了個玉均。吳長慶尋思一會說,他可哪裡去了?尋找多時,並無影跡,可也就回了衙門了。列明公有所不知,只因他們殺了閔氏兄弟,他又要上皇宮殺閔后。這個時候,國王李熙已經知道有亂,讓護衛軍把宮門守住。金玉均到了,一看把守很嚴緊,他在那等著日兵來到,好一齊闖進宮裡。等了多時,也不見日本兵

來，正在無可奈何的時候，忽有跟人來報說道：「不好了，日本的兵，被中國兵打敗啦。」金玉均一聽這個消息，覺得不好，可就想要逃難，投奔日本。於是走到一個地方，幸與那些作亂之人，遇在一處，可就撲奔上東京大路逃跑。

押下此事不表，單說那日本領事竹添一郎，敗到仁川，看看後邊追兵回去了，他這才放心，慢慢的走。正走之間，忽聽後邊有馬蹄之聲，回頭一看，只見從那邊來了幾匹馬，如飛的一般，來至近前，並不是別人，正是那金玉均，後跟著那一群作亂之人。彼此各道一些受驚的話，於是一齊坐上輪船，可就勾奔日本走下來了。

好一個幼小無謀的金玉均，他自己坐在船上犯思尋。說道是我要變法強韓國，那料想事情不成敗了軍，家中的老幼不知怎麼樣，大料著必教他們滅了門。全家的老少若是喪了命，豈不是我一人惹起這禍根？思想起讓人心中實難忍，這都是自己作的怨何人。恨只恨自己作事無主意，我不該勾引日本去逼君。事不成惹下外人胡談論，思想起怎不讓人痛傷心。玉均他越思越想越難受，他不住兩眼撲簌落淚痕。哭了聲生身父母難見面，數了聲結髮妻子離了身。事到如今我可把誰埋怨，到不如身投大海去歸陰。正是他自己要想尋短見，又聽著跟人過來把話云。

話說金玉均正在船上，不住哭哭啼啼道念，要去自盡，跟人過來勸道：「大人不要悲傷，咱家中或尚未滅呢？要是滅了，現在死了，也是無益，不如咱到那日本，住上幾年，想個方法報仇，也就是了。」金玉均說道：「咳！事到如今，也只得渾著鬧去吧。」於是止住淚痕，往那日本進發。這日到了日本，見了伊藤博文，把上項之事說了一遍，伊藤說：「事情倒是難辦哪，你先在我國住著吧。我與你找個差使，就在我國居官，豈不是好嗎？」金玉均說道：「那我可是感恩不盡了。」

這且不表，單說竹添一郎見了日皇，請敗軍之罪。日皇說：「這不干你事，回去休息去吧。」日皇又把伊藤博文請來說道：「現在咱們的兵，幫著高麗，被中國打敗了，咱們可以怎麼對付他兩國呢？」伊藤說：「要問怎麼辦法，聽為臣道來。」

伊藤他未曾開口帶春風，尊了聲我皇萬歲臣主公。咱要是吞併朝鮮與中國，必須時時侵到他們權力中。在高麗中國勢力比咱大，想個道兒使喚跟他一般同。因著這個與那中國把約訂，再與那高麗立上約幾宗，讓他們賠上咱兵款十三萬，要賒著還教他們把利行。派一位官員往他國中去，連辦交涉代把領事去充。今日不把別人派，還須那位井上馨。我主就當傳旨意，讓他們好往高麗行。日皇這才傳下旨，井上馨奉了王命出了京。這日到了韓國內，那些個親日黨們亂哄哄。一個一個來告訴，齊說道：「我國裡頭不尚公。那些個政事全歸女后主，把我們這些個大臣一傍扔。」井君一看他們這個樣，就知道他們辦事必不成，到明日與那李熙把交涉辦，諸般的要求全都應。次又看看他國裡的內治，不由的一見心內驚。不知道什麼人來把政掌，這政治與前大不同。儼然有個維新的樣，他國內必定有賢能。不用人說知道了，一定是那王妃

閔氏把政柄。這個人要是不除治，必為我國的咕懂蟲。事情辦完本國裡報，對著他們的皇上說分明。

話說井上馨在高麗，把事辦完，高麗包他們十三萬元兵款，作為二分半利，又把閔皇后怎麼樣的聰明，想著要除治了，這些事修了一封信，打到本國去了。

這且不表，單說高麗京城，有一家員外，姓安名喚悅公，本是黃榜進士出身，娶妻張氏，就是那雲在霄的表妹。老安人四十餘歲，生了一子，名喚重根，真是長得天庭飽滿，地閣方圓，年方三歲，精神伶俐，賽如七八歲的兒童，夫婦二人愛如珍寶。這一日，老員外對著夫人說道：「現在咱們國裡屢次的起亂，要常在這住著，恐怕難免刀兵之戮。我想要上平壤，投奔雲大人那處避難。夫人你意下如何？」夫人道：「我看這個地方，也不可久居，員外你說好便好吧。」於是將家中細軟的東西收拾妥當，又把那些個家人、使女，喚到一處說道：「我家想要往平壤搬，不能把你們全帶去，我與你們點東西，各奔他鄉去吧。」遂把些個不帶著的東西，全分給他們。那些個家人、使女，各自叩頭謝恩去了。留一個家人安成，又留了一個老媽，套上一輛小車，老安人抱著重根，上了車子。安成趕著，老媽坐車外，老員外備上一匹馬，把門戶倉廩全都封了，出了大門，可就撲奔平壤大路走下來了。

好一個員外名叫安悅公，他一心要上平壤躲災星。細軟的東西全都拾掇淨，又把那房屋門戶上上封。老安人抱著孩子把車上，員外他也就上了馬能行。忽啦啦出了自己大門外，又看那五街鄰舍鬧哄哄，一齊的走至跟前把行餞，都說道員外今日避亂兵，我們不久的也要往外走，不能夠常住這個是非坑。這個說路途以上加仔細，防備那胡匪賊人把路橫，那個說要是住店看一看，千萬別存到哪個賊店中，這個說孩子可要包好了，躲避著路途以上受寒風。眾鄰人一齊說道快走吧，不要耽誤了你們好路程。老員外對著眾人施一禮，說道是有勞列位好心誠，現如今咱們雖然分了手，望後裡我將來還要回漢城。說罷了趕起車子上了路，那鄰人一個一個回家中。那安成手拿鞭子緊著繞，轉眼間就走出了十里程。老員外騎在馬上回頭看，不由的一陣一陣好傷情，獨只為奸臣當道亂國政，才使我今日逃難離韓京。好難捨我那房間與地土，好難捨親戚朋友各西東，好難捨家人使女他鄉奔，好難捨仁德鄰右患難同。拋家業這才望那平壤去，也不知道在人家怎行成。安悅公正在馬上胡叨念，看了看西方墜落太陽星。他這才趕著車子把店進，住了一宿明日又要行。走了些高高凹凹不平地，過了些河路碼頭城，到晚間住在招商店，到白日還是把路登。這日正然往前走，看見了一座高山把路橫。黑珍珍密松林內無人走，靜悄悄百鳥林中嘰喳鳴。老員外一見就心害怕，說道是這個地方可是凶。常言說逢山就有寇，看此處好像有賊蹤。咱們不如繞著走，那安成拉過稍轉正東。方才走出一箭地，只聽得後邊發喊聲。不用人說知道了，一定來了眾賊丁。吩咐聲安成快著跑，再等一時就要把咱們坑。安成聞言忙打馬，那

車兒好像一陣風。只聽得鎗兒一聲，那員外難保活性命。列位要問員外生與死，且等到下回書裡再說明。

第五回　中途路員外逢凶災　仁里村元首施大義

　　《西江月》：自來雄傑之士，往往命運不強，空乏心志路途忙，盡是勞苦現象。文王囚於羑裡，孔子陳蔡絕糧，生於憂患死安康，才是聖賢模樣。

　　上場來《西江月》敘罷，書歸上回。上回書說的，是那安員外出了漢城，這日來到黃海道地界，看見前面有一座高山攔路。一看這座山，兩面盡是黑松林，中有一條大道。老員外說道：「此山甚是凶惡，必有強盜在此，咱可快從那邊繞著走吧。」於是安成趕車往那邊就跑。方才走了一箭多地，只聽那後面，忽啦啦出來了一夥盜賊，有二十多人，老員外看事不好，可就打馬跑起來了。

　　好一個員外安悅公，他的那運氣算不通，想著要平壤去避難，不料想中途路上逢災星。日本人占山為賊寇，要搶來往行路的公。偏趕上員外運不好，就遇見這夥日賊兵。老員外騎馬頭裡跑，眾賊兵步行隨後攻。步行沒有騎馬快，那賊子這才動無名。端槍就把員外來打，咕咚一聲了不成。把員外打落能行馬，太陽穴上冒鮮紅。中途外員外廢了命，那車子跑了個影無踪。這夥賊又把車子趕，但見那西山以上來了兵，咕咚咕咚把槍來放，打死了日本賊四名。他們才想往回來跑，在後邊又來了二百多兵。兩面夾攻把他來打，僅僅跑了賊子四名。押下賊子逃命且不表，再把拿賊子的英雄明上一明。

　　話說高麗黃海道仁里村，出了一位英雄，姓侯名弼，表字元首。從小父母雙亡，有一哥哥名佐字元良，將他養活了七歲，上學念書，至十七歲。聽說美國學堂甚好，他就辭別哥嫂，上了美國，在他那陸軍學堂，住了三年，學成了一身兵式體操之法，滿腹出兵戰陣之方。他回到家中，也不去作官，就在這仁里村，將他屯中的那些少年，挑了三百餘人，立了農備學堂，買了些個快槍，天天教他們下操。臨近有賊，他就率領農備兵，盡力勦出，所以他那地方沒有賊匪。光陰如箭，不覺的就是三年之久，那些少年全操練好了，又續了二百餘人，仍舊的教練，預備教練多了，好打外人。趕上他那時運不好，哥嫂又一齊下世，拋下一個姪兒，名喚侯珍，年方七歲，他教他念書，自己也不娶媳婦。這日正在屋中看書，忽見外邊有人來報，說是離這十五里地，有一座奇峯山，那塊有一夥日本強盜，在那裡途劫戶搶，甚是兇惡，特此報知。侯弼一聽這個信息，就點齊了自己練的那些農備隊，前去打賊。正趕上那安成趕著車子跑過來，他上前就問，說道：「你們跑甚麼？」安成說道：「我們是往平壤去

的,路過這個山,出來了一夥日本賊人,嚇的我就跑。我們的員外還在後邊呢,不知性命如何,你們快去救他吧!」元首道:「我正是要打賊,你們可在此等著,待我們打走了賊,然後再把你們送過山去。」吩咐已畢,他可就率領著兵前進。走不多時,只見那邊日本賊趕過來,他們可就一齊開槍,將日賊打死了無數,只跑了四個。於是他又轉過山頭,往前一看,只見那道口,躺著一個死尸,知道必是安員外,被賊打死了,急令人抬著到安成的車前,說道:「你來看看,這個死尸,不是你的主人麼?」安成一看,正是那員外,急忙跑到車前說道:「太太呀,不好啦!員外被賊打死了。」老安人一聽這話,慌忙把公子交與老媽,跳下車子一看,可就哭起來了。

老安人一見員外喪了命,不由的兩淚淋淋放悲聲,說道是只想逃難得好處,那知道中途路口把命坑。早知這樣事情也不能走,倒不如在那漢城住幾冬,那管他日本作亂不作亂,或者還不能死在他手中。現如今躲還未能躲出去,尋思起那樣重那樣的輕。小嬰兒未滿三四歲,是何人能夠教把名兒成?丈夫呀你死一生只顧你,拋下了我們母子苦伶仃,叫丈夫你在陰城等一等,我與你一同去去枉死城。老夫人越哭越痛如酒醉,忽然間一口濁痰到喉嚨,咕咚一聲倒在流平的地,那邊裡嚇壞家人老安成。走上前一看安人閉了氣,他這才捶胸跺足放悲聲,叫了聲太太你快醒來吧,多歸陽世少歸陰城。太太呀,你今若是歸陰去,我們那公子可是誰照應?你看他前邊拍來後邊打,太太招呼的不住聲。老安成招呼了多一會,只聽的安人那邊哼一哼。

話說安成招呼了多一會,只聽太太哼了一聲,從口中吐出了一塊濁痰,哎喲的一聲,說道可呃了我啦。眾人一見太太活了,一齊上前勸導,說:「太太不要悲啼了,人已經死了,哭也無益。」侯弼又說道:「太太不要悲傷,天道也不早了,先把員外的尸首,抬到我們的莊上,買口棺材,成殮起來,然後再送你母子上平壤,豈不好麼?」安人聞言說道:「那我們母子可就感恩不盡了。」遂問道:「義士高姓大名?」侯弼答道:「敝人姓侯名弼,表字元首,這仁里村的人氏。」安人說道:「就是侯義士了。」遂即拜了一拜。元首連忙還禮說道:「請安人上車吧。」於是安人上了車子,元首又讓兵士抬著員外的尸首,回到莊上,將安太太讓到他的家裡,安置好了,又命家人,上街上買了一口棺材,把員外成殮了。到了次日,擇了一塊吉地,埋葬起來。太太送靈回來,又住了一宿。第二日命安成套上車子,就要起身。元首堅留不住,他就派了四名人,前去護送。安人對著元首說道:「義士請來上座,受賤人母子一拜吧。」

老安人未曾開口淚盈盈,尊了聲元首義士你是聽,我夫妻帶著家財去逃命,不料想中路上有災星,我丈夫被那日人活打死,我母子也是幾乎把命坑。多虧了義士率兵來搭救,才保全我母子的活性命。到後來又將我們收留下,還埋葬我的丈夫死尸靈。這恩德真是高如山來深似海,怎叫我生死存亡不感情?請義士快來上邊坐,受我

母子一拜盡盡這點誠。侯元首再三推辭說不可，老安人說不受拜來可不中。侯元首無奈這才上邊坐，老安人母子雙雙拜流平。拜罷起來又把話來講，賤人我現在還有一事情，望義士千萬不可不應允，鄙人奉送物一宗。我孩兒帶著一塊石如意，贈與義士莫嫌輕。說完了就將如意遞過去，元首說道夫人你可不要把意生。日本人奇峰山上為賊寇，無故的把咱韓國來欺凌。咱全是韓國的好百姓，外人要欺負就當他攻。打他們本是我們應盡的職，這本是算不了甚麼恩情。太太哪你快快把車上，趁這天道暖和奔前程。安人他施一禮來把車上，那四名護送庄丁隨後行。侯義士送了一程才回去，那車子順著大道走如風。到夜晚不過住在招商店，到白天還是奔走前程。曉行夜宿非一日，這一天到了平壤城。進了北門往南拐，來到了雲府大門庭。老安人二門以外把車下，驚動了裡邊那些眾家丁。

話說安太太，這日到平壤裡，拿出二十兩銀子，賞了那四個護送人，吩咐他們回去。次又找著雲府，進了大門，下了車子。內裡家人慌忙稟報雲老夫人。老夫人急忙接出門外，讓到座中坐下，說道表妹一路勞苦哇！又說甥兒長這大了。這個時候，雲大人聽說，也過來了。大家見禮已畢，雲大人問道：「妹子給何人穿的孝？」夫人答道：「要是問我穿這孝，真是讓人一言難盡了。」

老夫人未曾開口淚漣漣，尊了聲表兄夫人聽我言，在京城因為日本常作亂，我夫妻才想逃難到這邊。帶了些細軟東西把路上，這一日到了那座奇峰山。日本在此山為賊寇，打劫那來往客人賣路錢，正趕上我們車子從那走，聽見那松林以內喊連天。慌忙的趕著車子往來跑，那賊人此時已經出了山，用槍兒把你妹夫活打死，因這個我們母子把孝穿。

雲大人聽著說道：「妹丈被賊打死？真是悲痛！」可就哭起來了。

雲大人聞言淚紛紛，罵了聲惡賊日本人。我妹丈與你何讎並何恨，最不該傷他性命害他身。你看他家中老的老幼的幼，老幼無能甚難云，老的也有四十歲，幼的未滿三四春。哪人沒有一片忍，日本害人好狠心，我若是拿住日本狗黨子，抓皮挽眼報讎恨。

話說老大人傷感已畢，遂又問道：「妹妹，妹丈被賊打死，你們母子怎麼逃出來的呢？」夫人說：「表兄不知，聽我說來。」

安夫人未曾開口淚盈盈，尊聲表兄你是聽，我們車子趕著頭裡跑，那後邊賊人追趕不放鬆。幸虧是步行沒有車子快，到後來來了一幫救命星。仁里村有義士侯元首，領了人馬打退那些眾賊兵。又將我母子留到他莊上，因此才逃了活性命。

雲大人說道：「元首倒算個義士。」夫人說：「還有好處呢。」

「那義士又買一口好棺槨，成殮起你那妹夫死屍靈，成殮後又埋在一塊平川地，全是那元首義士好恩情。到後來又派兵丁把我送，因此半路這才得安寧。」老安人說

罷一些前後話,雲大人在那邊又問一聲。

話說安太太,說罷員外被害的原由,又把那侯元首怎樣的除賊,怎樣的殯葬員外,怎樣的派人護送,說了一遍。雲大人從那邊問道:「他派那人,可是在哪呢?」夫人說道:「我已吩咐回去了。」雲大人又說道:「妹丈已死了,你們母子,就在這住著罷。趕外甥長大的時候,與我那在岫兒弟跟落峯孩兒請上個先生,讓他們一齊念書,學問成了,然後再治服那日本,以與妹丈報讐吧。」安太太又說:「從今而後,就免不了在你們這招擾啦。」在霄說:「表妹你說的是哪裡話呢?咱們雖然是表兄妹,也不亞如親兄妹,望表妹無存意見才好。」安夫人說道:「那我是感恩不盡了。」

按下安太太住在雲府不表,單說那日本惡賊,被侯彌打死了無數,只逃走了四個賊。這四個人打聽了一會,才知是那侯彌的農備隊,他們可就想出道來,說道這人若不除治,後來必為我國之害。於是這四個惡賊,到了那黃海道交涉局裡,去告侯彌。甚麼叫交涉局呢?就是外國人與朝鮮人打官司地方。這四個人到了交涉局,把侯彌告了,說道他們是商人,去上仁川買貨,路過那奇峰山,被那仁里村侯彌,領了些兵丁,拿我們當作了賊,將我們打死了無數,搶奪去我們的財物錢,幸虧我四人的腿快,才跑出來。望交涉局大老爺,速速與我拿人。這交涉局的總理,姓任名忠,是那朴泳孝的外甥。當日接了這張呈子,忙派了劉、陳二位衙役,去上仁里村拿侯彌。

這且不表,單說這交涉局中,有一位先生,姓黃名伯雄,他與侯彌八拜為交,父母雙亡,所以在外邊當差。當日得了這個信息,暗說道:侯彌是義士,那能辦出這個事情呢?其中必然有差。或者是他得罪了日本人,想著要害他也有的,我不如先與他送上一信,免了這禍,豈不是好嗎?於是拾掇拾掇,騎上坐馬,可就奔仁里村走下來了。

好一個多端智謀黃伯雄,一心要與那侯彌把信通。說起來元首本是一義士,萬不能作出這樣惡事情。想必是他把日人得罪了,若不然怎能告他到官中?看起來那狠毒日人必將他害,要使那義士一命歸陰城。我今要不與他把信來送,他必然遭在日人毒手中。你看他叨叨念念來的快,仁里村不遠就在咫尺中。進了村屯轉個彎兒往東走,眼前裡就是元首大門庭。大門外甩蹬離鞍下了馬,柳陰樹拴上他那馬能行。邁大步進了元首上房內,正趕上元首那裡來用工。猛抬頭看見伯雄把屋進,他這才站起那身形,就道是賢弟幾時來到此,望賢弟恕我無禮失遠迎。慌忙的拉著伯雄他坐下,賢弟呀,今日可是刮的哪陣風。聞聽說你在衙門當書手,你怎麼能夠來到此地中?伯雄說兄長你是不知道,日本人告你無故來行凶。他們說你們聚眾行霸道,因搶財傷了他們又幾名。現如今交涉局裡把你告,那任忠已經準了他的呈,不久的就要派人來拿你,你快快的拾掇拾掇把路行。再等一時若不走,你的命就怕保不成,小弟我因此來送

信，望兄長千萬躲躲這災星。」侯元首一聽這些話，不由的無名大火往上沖，吩咐一聲快點隊，立刻間點齊五百農備兵，點齊兵馬就要走，一心要與那日本把命拼。說到此處咱們住一住，歇歇喘喘你們再聽。

第六回　中日因韓定條約　王妃為國罹凶災

　　表的是行路君子到街坊，見一位老者氣昂昂，那人不解其中的意，走上前來問端詳。說老丈你為何來生氣？對我說說有何妨。老者說你休來管我的事，現在我是實在忙。那人說要告訴我來替你辦，你何必似這樣的慌張？老者說你要實在把我問，聽我對你說短長。老夫姓李名季用，離此不遠我家鄉。兒子南學把書念，老夫家中賣酒漿。這幾年間生意好，積下錢財治地方，買了五頃山田地，還有三間小草房。一頭我自己家裡住，那一頭裡招客商。那一日鄰居周芳蓋房子，扔木頭壓倒我一堵牆。當時老夫就把他問，他言語立刻就與我修上，一連待了三天整，他也未與我修牆。不與我修牆不要緊，那客人誰也不住我這鄉，都說我的院牆破，恐怕丟了他行裝。到後我又把他問，他說老夫亂喊喊。我今上官府把他告，試試這個老周芳。那人說這個事本來不要緊，你何必告他到官場？依我勸你拉倒吧，回家去還讓他與你來修牆。老者說我非是不能忍，但是我生成以來就不懼強，人生本是一口氣，誰肯讓誰把硬當當。有志氣的人兒無人惹，無志氣的人兒他必遭殃。家與國本是一個理，誰不來把軟的傷。人人要都像我這樣，我管保國家不能亡。好氣的總管是好漢，好氣的準算是兒郎。要是一點氣性也沒有，誰能保國定家邦？老者說罷揚長去，那人也就走他鄉。上場來幾句散言書歸正，要聽還得開正張。

　　上回書說的，侯元首點兵，要去與日本拚命，那不過是說書的一個回頭，並無曾有那個事情。單說侯元首，聽罷黃伯雄一片言語，只氣的他三煞神暴跳，五雷豪氣飛空。說道：「日本人占山為寇，打傷人命，還說我打了他們，真是可恨，我非去與他辨白不可。」伯雄從那邊說道：「兄長不要如此。現在咱國裡的大臣，向著日本，那交涉局的總理任忠，又是當朝大臣朴泳孝的外甥，去了也恐怕難有好。依我看，不如逃跑在外，想個方法，鼓動鼓動民氣。民氣要是全強了，然後再治那日本，保全咱國家，也不落遲晚。兄長要是願意，我有一個老表叔，姓李名正，現在平壤作提法司，咱們去投奔他那去，豈不是好嗎？」侯弼聽了一聽，說道可也是呀。這個時候與他們治氣，也是枉然。於是收拾收拾，帶了些個財物，備上一匹快馬，抱著侄兒侯珍，騎上馬，同著黃伯雄，可就撲奔平壤大路來了。

　　好一個侯弼小英雄，他一心要上平壤躲災星。在馬上不住胡叨念，說道是像我

侯弼真苦情,從小裡二老爹娘去了世,倚靠著兄嫂度時冬。十七歲涉重洋游美國,在學堂費了三年苦功。回家來不把官來作,練民勇預備把那日人攻。又不幸哥嫂一齊去了世,拋下個侄兒苦伶仃。還想著練齊民勇把日人打,哪知道無故生出事一宗,日本人奇峰山上為賊寇,傷害那各處的好百姓,也是我領兵將他打的苦,所以他要害我的活性命。多虧了伯雄賢弟來送信,若不然我命一定被他坑。今日裡要上平壤去逃難,也不知李正肯容不肯容。還想要謀個方法吹民氣,也不知事情能成不能成。如果是老天隨了人心願,必然展展我的好威風,使我那數萬人民改改志,使我那國家安隆一安隆。使喚那奸臣的賊子全死淨,使喚那日本強徒減減雄。那時節我也創個立憲國,我也使那共和主義列朝宗。也讓高麗為個獨立國,免去受那大國的欺凌。正是那侯弼馬上胡思想,看了看西方墜落太陽星。他這才尋找那個招商店,猛看見那邊挑出一燈籠。他三人這才進了院,拴上馬就住在此店中。押下他三人住店且不表,再把那二位公差明一明。

　　話說那劉、陳二位公差,領了簽票,去拿侯弼,走了兩天,才到那仁里村。此時侯弼已走了一天多啦,他二人尋了幾天,也莫打聽著下落,就回城交票。任忠一看沒拿來人,後來又一訪聽,才知道那日本人妄告不實,也就拉倒了。

　　這且不表,單說日本明治皇帝,這日早朝,殿頭官宣道:「各大臣聽真,有事出班早奏,無事就捲簾退朝。」忽見伊藤從班部中說道:「臣有本奏。」日皇說道:「愛卿有何本奏?」伊藤說:「我主在上,聽臣下道來。」

　　伊藤他未曾開口喜洋洋,尊了聲我主在上聽其詳,高麗國金氏玉均要變法,求咱們暗地以裡把他幫。也不知怎麼鬧的不嚴密,那中國的兵馬來把咱們抗。在漢城與咱打一仗,將咱的兵敗到仁川旁。想著要因著這個強勢力,哪知道又受了中國的傷。在高麗咱們雖然有勢力,還是不趕他們中國強。若不先把中國牢籠住,怎麼經營高麗那地方?不得高麗也是難以分中國,不如先拿定一個好主張。先與他定下一個大條約,在高麗別讓他的勢力比咱強。我主你看這事好不好?臣就要上那中國走一趟。

　　日皇說:「愛卿之言,正合孤意,你就去辦吧。」

　　伊藤一見日皇應了聲,他這才坐上輪船撲西行。論走也得半個月,說書的只用鼓捶一撥弄。這日進了中國界,來到了我們那座天津城。下輪船就把我總督衙門進,見了那通商大臣李文忠。

　　這個時候李鴻章,已經服滿了,所以直隸總督還是他坐著。當日見了伊藤說道:「貴使到此,有何事辦?」伊藤說:「無事不敢到此,只因高麗國中,常起內亂,咱們兩國,常因著這個失和氣。今日想要立個條約,自今以後,高麗要有亂事,咱們兩國,你告訴我,我告訴你,咱們兩國合著平定他國之亂,也省著害咱兩國的商業,豈不是好嗎?」於是李鴻章就答應了他,與他立下條約,伊藤可就回國去了。列位明公

你們想想，高麗是咱們屬國，有亂咱就與他平了，何必跟日本合著去辦呢？躲還躲不開，哪可以讓他插上手呢？高麗滅亡，李鴻章也是有罪呀！這且不提。

單說日本領事井上馨，在高麗看他那內治，一天比一天強，打聽著人說：「這些政治，全出於閔后之手。」他尋思道：「此人若不除治，必為日本之害。」於是想出一條道來，假說請客，遂把那親日黨們全部請來，酒席筵前說道：「我看諸公皆有經邦濟世之才，可歎你君不能重用，專倚著皇后，將來你國必為他一人鬧壞了。」朴泳孝、鄭秉夏諸人一齊說道：「此事我們也是不願意，但是沒有什麼主見，大人若有高見，可指示指示我們。」井上馨說道：「敝人倒有一條拙見，諸公願聞，聽我道來。」

好一個多謀多智井上馨，他生出來一種的狠毒心。看諸公皆有經邦濟世略，可惜你君不能善用人，專倚著王妃閔后把政掌，高麗國將來壞在他的身。諸人要想著把國救，必得先除治了這個人。敝人我有一條小拙見，敢在諸公面前陳一陳。用銀錢將他左右買服下，讓他好與你們留下門，得門路將人伏在他宮裡，出來時就去把他尋。不怕他有多大才與智，管教他一命歸了陰。我說此道好不好，望諸公沉吟一沉吟。朴泳孝那邊開言道，說這道兒甚合我的心。閔皇后他那把門的，也曾與我有過親。明日我就把他買下，豁上五百兩金與銀，現在不怕他不幹，錢大就能通了神。眾人齊聲說道好，你看他一個一個喜吟吟。說話之間天色晚，各人坐上轎子轉家門。

話說朴泳孝回到家中，想起來井上馨告訴他那條道，暗說道：現在把宮門新換這官，姓霍名建修，是我一個親戚，我要託他去辦，必然能成。當下命家人，將霍建修請來。霍建修說道：「大人貪夜將卑職喚來，有何吩咐？」泳孝說：「無什麼吩咐，有一件事，想要託閣下辦辦呢。」建修說：「大人只管講來，何必拘著呢？」泳孝遂把那話對他一說，又拿出五百兩銀子，說道：「暫以此相奉，等事情成的時候，還有重謝，並且要保舉你升官。」霍建修一見這個相應，心眼暗暗的就動了，說道：「大人，咱們是親戚，用著卑職，這一點小事，哪敢不效犬馬之勞？」朴泳孝一聽樂了，當下將自己的心腹，有力氣的人，挑了八名，命建修帶進宮中，就說是新招的護衛兵，讓他八人把守內宮門，閔后要出來的時候，必定難逃公道。於是霍建修拿了銀子，帶著人，洋洋得意，回到衙中。第二日就命他八人，把守內宮門，專等著行事。這且不表。

單說那閔皇后，這日坐在宮中，悶悶不樂，忽然想起一件大事，急命常隨去把寇大人請來，就說有事相商。常隨去了，不多一時，寇儒臣到來，參見一畢，說道：「娘娘將臣下喚來，有何事相商？」娘娘說：「卿你不知，聽哀家道來。」

皇后未曾開口面帶悲傷，尊了聲儒臣愛卿聽其詳，咱高麗現今甚軟弱，又被那兩個大國夾中央。中國雖然是咱們的祖國，看光景也是自顧不遑。他國的君臣也是無

善政，要倚著他不久的就要亡。日本本是一個虎狼國，一起首他那居心就不良，又趕上咱國屢屢有內亂，奸臣們纔勾他們到這鄉。累次的在咱國裡增勢力，想必是要奪取咱們這地方。眾奸賊光知眼前圖富貴，遂把那國計民生扔一傍。日本國好比一群虎，咱高麗好比一群羊。羊要靠虎求安泰，那羊一定被虎傷。那群虎已經入了咱的國，想個什麼方法把他抗，想著要打還打不過，就得忍著氣兒圖自強。聞人說日本昨日來請客，朴泳孝諸人全都到那鄉，看他們必定有點事，若不然哪能無故飲酒漿？他的事咱們雖然不知道，大料著準是破壞咱家邦，看起來日本所以把野心起，全由著咱們國裡那奸黨。我今日想把奸黨除治盡，愛卿呀你可有個什麼方？愛卿我左思右想無主意，纔把愛卿你請到這鄉。寇儒臣一聽這句話，尊了聲娘娘千歲聽言良，要想除治那奸黨，微臣我有計一椿。雲在霄鎮守平壤地，他那裡馬壯兵又強，暗地裡與他去封信，讓在霄帶兵離平壤。大兵到這漢城地，管教那些個奸臣性命喪無常。寇大人說罷一些話，閔娘娘從著那邊開了腔。

　　話說寇儒臣對著閔后，畫了一片除賊臣的計策，閔皇后說道：「雲在霄可是掌著十三道的兵權，我素常也知道他的忠義，但是事情準得嚴密，不要走漏了消息才好。要是讓他們一知道，就落一個打虎不死，反來傷人。我看這個事情，準得一個快人前去送信，讓他神不知鬼不覺地把那奸臣們除治了，就是這個人很難找。」寇儒臣說道：「送信之人不難，微臣有一個族中姪兒，名本良，家業零落，父母雙亡，為我家的管事。此人年方十八歲，有膽量，又生了兩條快腿，一天能走五百餘裡，念了幾年書，也很曉得大義。要是讓他上平壤送信，準能妥適還快當。」閔後說是：「既有此人，我就寫信，明日就使那本良前往。」說完拿起筆來，寫了一封書子，交與儒臣說道：「千萬小心！可別走漏了消息，要是走漏了消息，你我全好不了。」那寇儒臣諾諾連聲，辭別了娘娘，出離宮院，來在家中，將寇本良喚過來說道：「我命你出趟門，願意不願意呀？」本良說道：「姪兒蒙叔父厚恩，就是赴湯蹈火，姪兒也無有不願意的。但不知將姪兒哪邊差遣？」儒臣說：「你既願意，這有書信一封，下到平壤十三道提督雲大人那塊，明日就可前往，千萬可不要失落了。」本良說：「是了。」待了一宿，第二日清晨，寇本良用了早膳，帶了盤費，拾道一個包，背在肩上，就要起身。且說儒臣有一子，名喚本峰，年方八歲，本良天天領著他玩耍，所以他跟本良十分親近。這日聽說本良要出門，他早早的起來，稟告他父母，說是要送送他哥哥去。他父母說你去吧，可要早早回來。於是本峰領了個老家人，跟著本良出門而去，這且不表。

　　單說那閔皇后，自從將寇儒臣送走以後，他心中覺著悶悶不樂。到了晚間，那明月在天，越發添了一番愁悶，遂令宮娥引路，去上那後花園玩賞玩賞。於是宮娥前頭引路，出了宮門，好不淒慘也。

閔皇后邁步出宮庭，看了看零露瀼瀼夜色明。滿院中習習秋風吹人面，各處裡唧唧草蟲亂悲鳴。看起來秋冬閉塞無好處，那趕那春夏之間物色興。我把那強盛國家比春夏，又把那軟弱之國比秋冬。人人都把春夏盼，沒有一個盼秋冬。我國家現今就是秋冬季，想什麼方法把那春夏生？這娘娘叨叨念念往前走，不知不覺的進了花園中。看了看各樣花草全凋落，惟有那幾盆綠菊色香馨。說道是隱逸君子你怎麼獨受冷？何不與那百般紅紫鬥春榮？看起來花草也與人一樣，那賢智之人多半埋沒草澤中。宮娥又領著把月台上，好一個寶鏡高懸在太空。猛回首望那西邊送一目，看見了昏昏將墜一行星。咳，這行星昏昏將墜無人救，那月兒皎皎光寒令人驚。行星他照在我們高麗境，明月兒臨在日本的東京。就著星兒月兒看了一看，足見我高麗將滅日本將興。皇后觀望一會把台下，宮娥打著燈籠前頭行，正是他們往前走，忽然間來了人幾名，若問他們是哪幾個？就是那霍建修帶領八名兵。走上前把娘娘忙捉住，從腰中掏出一根繩，用手挽了個豬蹄扣，勒住娘娘那喉嚨。二人一齊速用力，那娘娘嗚呼一命歸陰城。花園中勒死娘娘閔皇后，又殺了宮娥人二名。將屍首扔在澆花井，又聽的人馬鬧轟轟。要問那裡人馬鬧，朴氏泳孝發來兵。大兵發到皇宮內，準被他殺個人頭滾滾血水紅。書說此處住一住，歇歇喘喘下回聽。

第七回　寇本良千里寄魚書　侯元首平壤設祖帳

圖存固國要道，總不外乎學問。知識之士待子孫，全都注重本身。先教溫經習禮，後教博古通令。先生勸勉友人箋，德業自能前進。

上場來《西江月》罷，書歸上回。上回書說的，是那朴泳孝發兵，是沒有的事情，不過是說書的一個回頭。閑話少說，單說那霍建修領著朴泳孝八名家丁，把閔皇后勒死，扔在井內。到了天明，到朴泳孝的衙門，見了朴泳孝說道：「事情成了。昨夜晚上，那閔后觀月，乘著那個機會，我們就把他勒死了，將屍首扔在澆花井內。」朴泳孝說道：「好，可一下子去了我一塊大病。」霍建修說：「還有一件事，昨日下午，閔后將寇儒臣召進宮中，不知商量些個什麼事情，半晌纔出來。我看此老也當除治了，不然必為後患。」朴泳孝說：「我倒有意除治此賊，但是他與那雲在霄最好，現在十三道的兵權，全在雲在霄的手中，要是把寇儒臣殺了，他要知道，豈能答應咱們嗎？」建修說：「那是不妨，卑職有一條拙見，管保那寇儒臣、雲在霄二賊，盡死於非命。」朴泳孝說：「你有何計策，快快講來。」霍建修說道：「大人在上，聽我道來。」

好一個霍氏建修狗奸佞，要害那寇、雲二位幹國卿。他說道在霄鎮守平壤地，他

手下足有十萬虎狼兵。寇儒臣與那在霄甚相好,要私著謀害咱們了不成。要想著把他二人除治了,敝人我有一計兒甚可行,第一要作下一封好假信,就說是寇雲二人反心生。這封信是那在霄他寫的,約會那寇儒臣來為內應,下書人兒走錯了,將書信送到咱府中。金鑾殿上把本奏,拿著這封信兒作證憑,立逼那皇上把旨下,好除治那儒臣老奸雄。然後咱再派人平壤去,把那在霄老兒調進京。將他兵權去掉了,然後咱再把他一命坑。這是小人一拙見,大人你看可行不可行?泳孝說正合我的意。遂急作了信一封,急忙忙把那家丁點齊整,帶領著人馬奔皇宮。記下他們咱不表,急回來把那李熙皇帝明一明。

話說韓皇李熙,那日宿在西宮,清晨方纔起來,有正宮的人來報說道:「娘娘昨夜帶著兩個宮娥觀月,未見回來,不知哪鄉去了,尋找一氣,也無蹤影。」李熙聞言,說道這事可也怪了,正在那宮中狐疑,忽有皇門官進來奏道:說是「朴泳孝現在午門外候旨。」李熙聞言,急忙忙上朝,朴泳孝上殿奏道:「我主在上,臣有本奏。」

好一個朴氏泳孝狗奸雄,他在那金殿以上把本升,說道是雲在霄現今要造反,聯合那寇儒臣來為內應。我主要是不相信,現有他的信一封。說罷將信呈上去,李熙皇帝用目睜。上寫著在霄雲氏三頓首,敬啟於儒臣老年兄,現如今咱國以內君軟弱,我想要奪取他那錦江洪。此時我有兵十萬,望乞著仁兄與我為內應。韓皇他看罷這封信,遂把那朴泳孝來問一聲,這封信你可是從那得來的?泳孝說下書人錯送我衙中,臣將那下書人兒獲拿住,所以知他們要把反心生。望我主速速降聖旨,臣好斬那儒臣老奸佞。今日要是不把儒臣斬,我就在金殿以上來行凶。逼的韓王無計奈,他這纔寫了旨一封。朴泳孝得了皇上旨,教軍場裡去點兵,點齊了一千人共馬,撲奔那儒臣府內行。眼前來到儒臣府,吵的一聲圍了一個不透風。

話說朴泳孝帶領著人馬,把寇儒臣府團團圍住,闖進大門,呼道寇儒臣接旨。單說寇大人正在屋中坐著,尋思那寇本良前去搬兵,不知有成無成,忽有家人來報說道:「適才小人聽人說,昨夜晚閔娘娘出宮觀月,不知哪鄉去了,現在各處尋找呢。」正說之間,又有家人來報說道:「大人哪,不好了!外邊有朴泳孝帶領著兵馬,把咱宅子圍住,現在院中,喚你接旨呢!大人快出去看看吧!」寇儒臣一聽,尋思必是事情洩漏了,急忙出了屋中。朴泳孝罵道:「老賊你無故勾引雲在霄作反,天子命我前來拿你,快快受綁!」儒臣一聽這話,驚的目瞪口呆,知事情必真洩漏了,半响方說道:「我與雲在霄謀反,有何證據?咱倆得面見天子。」朴泳孝說道:「你不用辯別啦,天子命我急溜將你斬首,再待幾天,你那羽翼到來,就治不了你啦。」吩咐聲兵丁:「你們與我快綁!」那兵丁忽啦啦上來,把儒臣綁了,又去屋中,把他家人全部綁了,來到朴泳孝眼前交令。朴泳孝一查,只三十七口,說道:「聞人說,

儒臣家中四十口人，怎麼少三口？少了別人不要緊，他那兒子怎麼也沒有拿來？你們與我快搜。」兵丁搜一回也沒搜著，朴泳孝說道：「一個小小孩童，能逃得哪裡去？先將他們斬首，然後再捉他三人，也未為遲晚，大凡不能出此城中。」於是將他們拉在車上，可就撲奔法場走下來了。

好一個為國忠良寇儒臣，坐在那車子以上淚紛紛。只誠想搬兵好來除姦黨，哪知道忽然洩漏巧原因。也不知這個機關怎麼漏，他就要斬我全家共滿門。那君王我也不能得見面，上何處與他把那是非分，滿朝中皆與奸賊同一黨，是何人能夠與我把冤伸？死了我寇氏一家不要緊，最可惜大韓江山被人吞。聽人說昨夜娘娘去觀月，一宿裡未曾上宮內存，說活著不知兒在哪裡，說死了屍首下落無處尋，大概是為那奸賊他們害了，若不然怎麼就一夜影無蹤？若果然娘娘也是喪了命，這機關洩漏就算真。奸賊們朝廷以內把君迫，外邊裡欺壓眾多好子民。有朝一日惡貫滿，準被那萬把鋼刀把身分。有人要把那奸賊除治了，老夫我死在九泉也甘心。也不知本峰送他哥哥到何處？也不知本良侄起身未起身？也不知他們哥倆知道不知道，大料著無人與他送信音。果然要有人與他哥倆把信送，我寇門或者能夠有後根。正是大人胡思想，眼前來到法場正中心。朴泳孝那邊傳下命，叫了聲大小兒郎細聽真，將法場與我圍好了，別讓進來外邊人，立刻就將他們斬，不要等著那時辰。軍士一聽這句話，將寇氏一家圍在當心。在車上將他一家全提下，樁枴以上綁住身，劊子手虎頭大刀忙舉起，咔嚓一聲血淋淋。一煞時寇氏一家全廢命，但見那地下人頭亂紛紛。法場裡幹國忠良廢了命，朴泳孝又領著兵丁把他小兒尋。五街八巷翻了個遍，也未見著寇家一個人。押下泳孝尋人且不表，再把那本良兄弟云一云。

話說寇本良兄弟，與那老院公三人，出了家門，正走之間，本峰說：「哥哥，今日遠行，我得遠遠送送。聞聽人說，城北十里以外，有一座集賢館，甚是幽雅，今天咱們到那裡，連與哥哥餞行，代觀觀景致，哥哥你說好與不好？」本良說：「兄弟說好便好。」於是他三人就往前走。到了城外，忽見迎面一少年，騎馬如飛而來，到了跟前，搬鞍下馬，說道：「賢弟你往哪裡去？」本良一看，不是別人，是那親王李應藩之子李樹蕭，此人與寇本良最相好。當日在街頭溜馬，見了本良背包而行，忙問道：「賢弟你往何處去？」本良答道：「我上平壤探親去。」又問道：「本峰他跟著做什麼呢？」本良說：「他要上集賢館連觀景致，代與我餞行。」樹蕭說：「不是城北那集賢館嗎？」本良說：「正是。」樹蕭說：「你們在那等著我，我到家中取點錢來，也到那集賢館去。」本良說：「是。」本良又問道：「兄長這匹馬在哪買的？如此之快。」樹蕭說：「前日在市上買的。此馬一日能行八百里路，要像賢弟你那足，可能夠跟上這匹馬的步。」本良說：「真算是快馬。」說罷，樹蕭上了馬，說道：「你們可千萬等著我。」於是樹蕭回家。那寇本良三人，不多一時到了集賢館，進了

屋中，酒保過來倒上茶，說道：「你三位用什麼飯，哨什麼菜呢？」本良說：「先不忙，我們還有一位未到呢。」酒保就過去了。他們吃了一會茶，又到外邊觀看了一會景致，樹蕭也靡來。正在著急之時，只見樹蕭從外邊慌慌張張進來，說道：「賢弟呀，不好了。」本良說：「怎的了？」樹蕭說：「我剛才回到家中，聽家人說，昨晚上閔娘娘出宮觀月，未見回來。以後又聽人說，朴泳孝在金殿上，告你家大人與雲在霄謀反。現在那朴泳孝領著兵，把你家人全都綁上，要去斬首，賢弟你快領著公子，騎上我這匹馬逃命吧！再等一時不走，他們必各處派兵嚴拿，你那時就走不了啦。賢弟你快著吧，保全公子性命要緊！」本良一聽這個話，說道：「事到這個樣，我先把公子保護出去，接續寇門香火要緊。」遂告訴那老家人，說道：「你先去逃命吧，日後打聽準了，咱家中老幼的性命如何，再與我上平壤送信。」樹蕭說：「你不用管他，快上馬走吧！」於是本良抱著本峰上了馬，二人灑淚而別。樹蕭那馬，走路如飛，本良暗暗的說道：我二人可許能逃出性命。走了一時之間，連影兒也看不見了。遂聽樹蕭又跟那老家人說道：「你隨我來罷，日後再與他們送信。」那老家人跟著樹蕭去了不表。單說本良把那馬緊緊加了幾鞭，那馬四蹄登空，如雲霧一般，可就撲奔平壤走下來了。

好一個寇氏本良小英雄，他在那馬上不住緊加功。心著急嫌馬走得慢，不住的緊緊用鞭扔。那馬本是一匹追風豹，走起來好像雲霧一般同。轉眼間就是七八里，不多時出了漢城地界中。在馬上想起家中老與幼，不由的撲簌兩眼落淚痕。開言不把別人罵，罵了聲朴氏泳孝狗奸佞，我與你一無仇來二無恨，你為何害我全家活性命？幸虧是樹蕭兄長來送信，要不然我們兄弟也得把命坑。到後來又賜我們一匹馬，此馬好比一歡龍。龍虎駝我兄弟出虎口，好一似死裡又逃生。我兄弟好比一雙失群雁，誰要見了誰欺凌。如果是一路平安無有事，也算是祖宗以上有陰功。我今還帶著娘娘一封信，大料著裡邊必有大事情。聞聽說娘娘昨夜未回轉，那性命八成有死無有生。我本是平壤送信一個客，那承想成了一雙逃難星。滿道上衰草含煙射人目，各處的臨崖老樹起秋風。各山上樹葉飄零刮刮响，各河裡與那天光一色青。遠山上片片祥雲纔出岫，草地裡蕭蕭牧馬乍悲鳴。看起來孤客遠行誰不怨，況且是身負重冤外邊行。到平壤我把雲老大人見，讓他速速就發兵。大兵發到漢城去，好與我家報寃橫。一霎時走了六百里，看了看玉兔向東升。天道黑了也不住店，乘著夜色奔前程。書中裡押下寇氏兩兄弟，急回來把那泳孝明一明。

話說朴泳孝殺了寇氏滿門，又派人尋找本峰，五街八巷翻遍了也沒有，說道：「他知道信息，有人將他放逃了，他要走也必往平壤，投雲在霄去。」遂又派些人馬前去追趕。列明公你們想想，寇本良騎的是追風豹，又走了多時，他們那裡趕得上？那兵丁趕了一程，踪影未見，也就回來交令。朴泳孝說既靡拿住，量其一小孩子能怎

的。遂又上金殿奏本,說逆臣寇儒臣已經除治了,那雲在霄是他一黨,要知道了,也必然作亂,望我主再刷一道旨意,命霍建修上平壤,把雲在霄調進京來,先去了他的兵權,然後再殺他,以絕後患。李熙說:「雲在霄累次有功,說他是作反,也靡有甚麼憑據,去了他的兵權,也就是了,哪可把他調進京來殺了呢?」朴泳孝說:「昏王,事情到了這個樣子,你還說他不能作反呢。今日你要不刷旨意,我就先把你這昏王除治了!」說著就向前去,韓皇見勢不好,說:「我刷也就是了。」於是刷了一道旨意,命霍建修上平壤,調雲在霄不表。單說李熙皇帝回到宮中,思想起自己的江山,可就落起淚了。

李熙皇帝獨坐宮中淚盈盈,思想起自己江山好傷情。滿朝中無有一個好臣宰,俱都是貪祿求榮狗奸佞。朴泳孝立逼我把旨意下,殺了位忠心無貳幹國卿,又派我把那雲氏在霄調,不應承就向我來行凶。在霄他要知道其中的事,必能夠除淨這幫狗奸佞。正是那君王宮中胡叨念,忽聽樵樓以上起了更。樵樓上打動更幫不緊要,想起來閔氏皇后女俊英。說道是卿呀你哪裡去了?為什麼一夜一天未回宮。莫非說你讓奸臣謀害了?怎麼也不見你那死尸靈?如果愛卿為國把命兒殞,叫王我心中怎樣疼。就著你一天一夜未回轉,你那命大概是歸了枉死城。也不知何人將卿你害死,也不知你那尸首何處扔,也不知害你怎沒人救,也不知你為什麼出了宮?卿呀你死一生只顧你,拋下寡人我的是難容。是何人能夠與我這來勤政事?是何人能夠前來與我治江洪?是何人巧修政治安黎庶?是何人重定軍章整整兵?韓國裡諸般政策皆卿定,所以近幾年來得太平。愛卿你死不要緊,寡人折了一左肱。卿你一死我就受了氣,心思起怎不讓人痛傷情。這君王越哭越痛如酒醉,好似萬斛珍珠落前胸。正是這君王宮中哭閔后,忽聽得金雞三唱大天明。押下李熙皇帝咱先不表,正表表那重根安幼童。

話說安氏住在雲霄府,光陰似箭,日月如梭,不覺就是三年之久。這年重根年方六歲,精神伶俐,就過於旁兒。這日,雲在霄之弟在岫、在霄之子落峰,在書房中玩耍,看見牆上掛著一張畫,上畫著一個小孩在園中,拿一把小斧,那邊有一棵新折的櫻桃樹,旁邊站著一個大人,像是斥罵這小孩子的樣子。重根不解其意,正趕上在霄在屋中看書,遂問道:「此畫是什麼人的故事?」在霄見他問的有意思,遂告訴他說道:「此小孩叫華盛頓,是美國人,那邊一人是他父親。原先他父與他一把斧子,命他出去遊玩。他到園中,把他父親最愛惜的一棵樹,就給斫折了。不多時間,他父也到園中,見樹倒折在地,遂問道:『此是何人伐的?』華盛頓直言無隱,遂道:『爹爹呀,是我伐的。』他父見他不說謊話,轉怒為喜,就把他赦了。到後來,英國待美國人最暴虐,他帶著兵血戰八九年,叛英獨立,是世界上一個大奇人。」重根聽在霄說完,遂問道:「此人可學不可學呢?」在霄說道:「此人可學。」又問道:「得怎麼學呢?」在霄說:「得念書。」重根說:「舅舅何不請個先生,讓我們念書,也學

那華盛頓呢？」在霄見他說話甚奇，遂又想道：我國此時甚是軟弱，若是出一奇人，也是我國的幸福。再說我兄弟兒子，也全該念書了。於是寫了一張請先生的告白，貼在門首。這日來了一人，上前把告白揭了，家人將那人領至書房，見了在霄。在霄問道：「閣下貴姓高名，哪裡人氏？」那人說道：「在下姓侯名弼字元首，黃海仁里村人氏。」在霄聞言，驚訝不已。正是英雄想要學賢智，來了仁村是正人。要知元首怎麼到此，且聽下回分解。

第八回　雲在霄首誅袒日黨　金有聲始倡興東學

　　從來奸臣賊子，大抵不能久長，欺君犯上害忠良，皇天那能見諒？說起韓國臣宰，盡是些個奸黨，在霄發兵到那鄉，個個全把命喪。

　　《西江月》罷，書歸上回。上回書說的，是那侯元首說出姓名，雲在霄聽說他是侯元首，急忙跑到後堂，見了安太太說道：「妹妹常念誦你那恩人長恩人短，今日你那恩人來到咱家了。」太太說：「是那侯元首嗎？」大人說道：「正是。」太太說道：「現在哪裡？」大人答道：「現在書房呢。」太太說道：「你快領我去見他。」於是他二人到了書房，太太一見元首在那邊坐著，衣裳襤褸。太太上前施禮說道：「恩人到此，有所不知，望祈恕罪。」元首愕然不知所為，忙說：「太太錯認了人啦。我與你有何恩？」太太說道：「恩人忘了奇峰山日本人劫道的事了嗎？」元首忽然想起，說道：「你就是安太太嗎？」安太太說道：「正是。」安太太又問道：「恩人怎麼到此？」元首說：「太太要問我怎麼到此，真是讓人一言難盡了。」

　　侯元首未曾開口帶悲容，尊了聲太太在上聽分明，只因為那年我把日本人打，傷了他們賊徒好幾名，日本人因此懷下不良意，一言要害我的活性命，黃海道交涉衙門把我告，他說我搶奪財物來行凶。任忠賊準了他的狀，派公差拿我元首把命頂。多虧了黃氏伯雄把信送，我這才帶領侄兒躲災星。伯雄他表叔在此作提法司，我三人帶著財物這邊行。那日到了劍水驛，我們三人宿店中，該著是我們三人命不好，那伯雄劍水驛上染病症。伯雄他一病病了一年整，將銀錢花了一個淨打空。行李馬匹全賣淨，我又在長街賣字為營生。賣字遇見陳月李，他命我到他家中教兒童。因此我劍水驛上把館設，將伯雄接到我學房中。到後來伯雄病好平壤去，我叔侄就流落在劍水城。教書到了一年整，又見了學生名張英，偷盜東西被我打，吃了毒藥歸陰城。張家因此將我告，我這才受罪在牢獄中。陳月李上下與我來打點，才將我搭救出火坑。各學生每人幫我錢十吊，我叔侄才能往這邊行。上月到了這城內，聞人說提法司李正把官升，李正升官全羅去，我叔侄又撲了一個空。無奈又在長街把字賣，到夜晚宿在城北古廟

中。聞人說伯雄也隨李正去，我叔姪無錢不能那邊行。適才賣字從此過，看門首貼著招師榜一封，我效那毛遂來自薦，也不知大人肯容不肯容。元首他說罷前後話。安太太那邊嘆一聲。

話說侯元首說罷前後一片言語，老安人從那邊嘆道：「這都是為我母子，讓恩人受了這些折磨，讓我母子怎麼忍的？」雲大人也從那邊說道：「元首先生到此，真乃是天然有分，就在我家中教這幾個小孩兒吧。」遂又叫家人到城北古廟中，把侯珍接來，與他叔姪換上新衣服。於是擺酒宴慶賀，先生飲酒之間，在霄說道：「這幾個兒童，就教先生分神了。」元首說：「若不棄嫌，僕自能盡心教誨。」在霄說：「先生說的哪裡話來？」當日天色已晚，將他叔姪安排在書房安歇。第二日，安重根、雲在岫、雲落峰、寇珍一齊拜了師，眾人上學讀書。又呆了幾日，陳月李聽說元首又教了書，遂把他的兒子陳金思，姪兒陳金暇送來，後又有岳公、孫子寄、王慎之、蕭鑒、趙適中一班人，全從元首受業，暫且不表。

單說寇本良兄弟，騎著那馬，走一晝一夜，就離平壤落二三百里路了，尋思後邊追兵也不能有，遂到了店中打打尖，餵餵馬，又走二天，到了平壤城內，找著雲府，兄弟二人下了馬，見一個門軍在那邊站著，本良上前說道：「你去上內傳稟你家大人得知，就說有漢城寇府來人要見。」門軍進去報於在霄。在霄說道：「讓他進來吧。」於是將本良兄弟領進去了，見了在霄。在霄認得是寇本良，說道：「姪兒怎麼到此？」又指著本峰說道：「此小兒是何人？」本良答道：「我叔父儒臣的兒子本峰。」在霄說道：「你兄弟二人為何到此？」本良長嘆了幾聲說道：「伯父不知，聽小姪道來。」

本良開言道，伯父你是聽。問我怎到此，讓人痛傷情。寇本良未曾開口淚珠橫，尊了聲伯父大人細耳聽。從那年跟著法美打一仗，咱們朝中只到如今未安寧，先有那金氏宏集來賣法，後又有金玉均來狗奸佞，暗地裡勾引日本把京進，殘殺黎民百姓害公卿。到後來宏集奸臣開了斬，金玉均也逃奔在日本東京。閔娘娘皇宮以內把政掌，這幾年國中稍稍得太平。哪知道又出個奸賊朴泳孝，他與那日本勾結胡亂行，滿朝中臣宰全與他一黨，將天子、皇后全都一旁扔。閔娘娘看出奸賊無好意，暗地裡將叔父召進宮，想著要除了奸臣那一黨，只怕著現在手下無有兵。因此皇后才親自寫了一封信，他命我到伯父這邊來搬兵。前夜晚娘娘出宮未回轉，想必是被那奸臣把命坑。也不知那個機密怎麼漏，奸臣們一齊行了凶。朴泳孝金殿以上奏一本，他言語我叔父與你反心生，立逼皇上把旨意下，領人馬來到我們的家中。將我的一家人口全綁去，大略著難保那命殘生。寇本峰送我出城外，所以未遭奸賊毒手中。後有那李樹蕭與我們把信送，又賜我一匹馬追風，因此我們兄弟才逃了難，望伯父快快與我報冤橫。說罷又把那娘娘的信遞過去，雲大人拆開從上看分明。大略著沒有別的事，也就是讓在霄

發兵除奸佞。雲在霄聽說前後一些話，不由的無名大火往上升。手指著漢城高聲罵，罵了聲朴泳孝來老雜種，娘娘、寇氏與你何仇恨，你要害了他們活性命。我今不把你們除治了，枉在陽間走一程。說著惱來道著怒，令旗令箭拿手中，立刻間點了十萬人共馬，刻日就往漢城行。這日正然往前走，忽見那迎面以上來股兵。

　　話說雲在霄當日聽著這個信息，對著本良說道：「你家人大概是被害了，你兄弟兩個，就在這念書吧，我就與你們報仇去。」本良兄弟遂上了學。在霄就點了十萬人馬，撲奔漢城而去。這日正往前去行，只見迎面來了一夥人馬，約有一千餘人。在霄命探子去探，探了一回，回來說道：「他們說是領皇上旨意，調大人的。」在霄說不用說了，一定是那奸臣的一黨，等到跟前，你們全與我拿住！趕到了跟前，忽拉一圍，把他們全都拿住了。霍建修說道：「你們是哪裡的兵丁？敢綁天子親使！」在霄說：「什麼親使不親使的？」於是命兵丁扎下營寨，將霍建修帶上來，在霄問道：「你是什麼親使？」建修說：「我奉天子命令，上平壤調雲在霄，你們快快將我放了，要誤了大事，你們可担罪不起。」雲在霄哈哈大笑，說：「我就是雲在霄，你調吧。我知你是朴泳孝的一黨。我且問你，那寇儒臣家怎樣？」建修說道：「全都斬首了，只有兩個家人，一個公子，不知哪鄉去了。」在霄又問道：「何人說儒臣與我謀反？」建修不說。在霄說：「你著實說來，我饒了你的命，要不然，我斬你的首。」建修無奈，就將朴泳孝造假信的事由，說了一遍。在霄又問他說：「那閔娘娘是誰害的？」建修說：「不知道了。」在霄說：「軍士們與我推出去殺。」建修慌忙說道：「大人別忙，我知道了！」在霄說：「你知道快快說來！」建修遂將怎麼定的計策，怎麼殺的，將尸首扔在那井裡，一五一十的全都說了。在霄這才將霍建修綁上，拉在車上，到了漢城，先將朴泳孝全家拿住，又將那鄭秉夏、趙義淵、禹範善、李東鴻、李範東、李臣孝、權榮重那些個奸黨全都拿住，連霍建修一齊綁到法場斬首，又將娘娘的事奏明天子。天子命人在井中，將閔皇后尸首撈出成殮，又將寇儒臣家的尸首，找著成殮在一個大棺材內，拿著朴泳孝與霍建修的靈祭奠了，將寇家的棺槨埋葬了。雲在霄辭別天子，回到平壤。正是朝中奸黨纔除盡，全羅禍水又生根。要知後事如何，且聽下回分解。

第九回　金玉均寄書完用　東學黨作亂全羅

　　話說黃伯雄自從劍水驛病好，到了平壤，為李正當普通科科長，後來李正又升為全羅道的按察使，伯雄也跟他去了。後來打聽人說，侯元首在雲府教書，他捎信讓元首前來當差，元首不肯來，由是他二人各有安身之處。光陰似箭，日月如梭，不覺就

是六年。這日伯雄在飯館吃飯，看對棹三位少年，講究起來了。

那人說今天天氣實在清，咱三人好好在此飲幾杯。那人說咱們只知來飲酒，想一想現在國家啥樣形？君王他日日宮中不理事，將國政全都靠給那奸佞。我既為高麗國中一百姓，就當保護我這錦江洪。況且說人人皆是一分子，那身家財產全都在國中。我今日正宜想個保國道，也就算保護身家活性命。若還是終日遊蕩把酒飲，這國家不久的就要傾。國家他好比一座高樓閣，我們這數多人兒在其中。一旦柱子折了屋兒倒，我們可是何處去逃生？要想著保護國家無別道，在於我數萬人民學問成。如果是人人皆都有學問，自能保國求強致太平。我有心除去他那西洋教，把我這東方學問興一興。聯合那數萬人心成一體，好除治朝中那個狗奸雄。那二人從著傍邊開言道，賢弟的見識與我兩人同。正是他三人對坐來講話，轉過來黃海人才黃伯雄。

話說黃伯雄見他三人，言的甚是正大，遂上前問道：「列位高姓大名？」他三人見問，慌忙起身答道：「在下姓金名有聲，這位姓錢名中飽，那位姓堯名在天，俱是本地的人氏。閣下貴姓高名？」伯雄答道：「在下姓黃名伯雄，黃海道仁里村人氏，現在按察使衙門充當科長。」金有聲三人一齊說：「不知黃先生到此，多有慢待，望祈恕罪。」伯雄說：「諸位說的哪裡話來，今日之見，乃三生有幸，講什麼慢待二字。」於是他四人坐在一處，各敘了年庚。有聲向伯雄說道：「閣下既是仁里村人氏，有一位侯元首，你可認識嗎？」伯雄說道：「此人與我最相契，有哪個不認識呢？」有聲說道：「他現在作什麼呢？」伯雄說道：「他現在平壤府教書。」又把他二人逃走在外，受那些顛險的事情，說了一遍。有聲說道：「那人學問最佳，可惜不能見用。」伯雄問道：「閣下怎麼認得他呢？」有聲說道：「賢弟有所不知，只因前幾年家君作平安道祥源府的知府，上任的時候，路過那仁里村，忽然染病，遂找宿在元首的家中。那元首與家君請醫生治病，一月有餘，那病體方好。又將錢文花短，元首又幫了我父子許多的盤費，才得上任，那恩情至今不忘。後來打聽人說，他遭了官司，逃走在外，所以永遠也沒報上他的恩情。」伯雄說道：「既然如此，咱們是一家人了。」說罷，哈哈大笑。伯雄說道：「方才諸公說是想要倡興東學，敝人看這個事情也很好，但不知諸公怎麼倡興法？」有聲答道：「我們也沒什麼很好的方法，不過是立下一個會兒，招集些個國人，慢慢的排斥西學而已。」於是他四人越說越近，便又讓酒保重新煮了點酒，要了點兒菜，大家歡飲了一會。當日天晚，有聲付了酒錢，各自回家。由此你來我往，我往你來，一天比一天的親近，遂商量著，立了一個大會專研究排斥西學、倡興東學。那些受官吏壓迫的人，漸漸歸了他們的會中。數月之間，就聚了好幾萬人，聲勢甚盛，就想著要搬移政府，改換國家，這且不表。

單說日本伊藤聞聽高麗起了東學黨，他就又想出壞道來，命家人伊祿：「你去把金玉均請來。」伊祿去了不多一時，將金玉均請來，讓至屋中坐下。金玉均說道：

「大人將在下找來，有何話講？」伊藤說：「賢弟不知，聽我道來。」

好一個詭計多端伊藤君，你看他一團和氣喜吟吟。尊了聲玉均賢弟聽我講，今日有件大事對你云，只因為你國軟弱無善政，那年上足下變法來維新，我也從暗中將你來幫助，那知道事情不成白費心，空搭上我國兵丁人無數，還搭上你那全家共滿門，到後來我的兵敗回了國，足下也逃在這邊來安身。現如今閔家用事的全都死，閣下的冤仇也算是得伸。閣下的冤仇雖然昭了雪，你國家還是未能起精神，我勸你現今不必把別的顧，還是要整頓你國固邦根。聽人說你國起了東學黨，現在已經聚了好幾萬人，大主意雖以興學為名目，依我看反對政府是實云。我看你不如入在東學黨，與他們同心共濟謀生存，我國家還是幫助著你，你國裡你再安上一個內應人，內有應來外有救，事情沒有個辦不真。你今就去投那東學黨，借著他們把勢力伸，管保你能夠成大事，管保你能夠建功勳。我今有此一件事，敢在閣下面前陳。伊藤說罷一些話，又聽得玉均一邊把話云。

話說金玉均聽罷伊藤的言語，遂說：「我早就想著回國，只因沒有因由，今日聽大人一言，頓開茅塞，大人要果能幫助我們作事，則玉均感恩不盡了。」伊藤說：「我說話哪有不算之理？你儘管放心大胆去做吧。可有一樣，你那國中能夠有內應麼？」玉均答道：「原先那朴泳孝、鄭秉夏諸人，皆與我相好，現在那些人全都被雲在霄殺了。近時與我相好的，尚有一人，就是那李完用，聽說他在朝中，也很有勢力。我今先到全羅道，投在東學黨中，然後再與那李完用捎上一封書子，他必能助我一膀之力。」伊藤說：「是不錯，你就此前往吧。」於是金玉均拾掇拾掇，坐上汽船奔全羅道而去。

諸明公你們想想，伊藤讓金玉均借著東學黨的勢力，整頓高麗國，他那不是真心。他是怎的呢？皆因東學黨雖然人多，盡是些無知的百姓，必不能成大事。他讓金玉均鼓動他們作亂，他好乘著這個瓜分中國吞併高麗。這是伊藤的意思，到後來果然歸了他的道。這且不表。

單說黃伯雄自從與金有聲等相好，就結為生死弟兄，他可就不回衙中辦事，天天與他們倡興東學。看著這邊人一天比一天隨的多，後來泰仁、古埠兩縣的人，全都隨了，也有好幾萬人，就把泰仁縣地方那座完山佔了，大夥公舉金有聲為督統，那堯在天、錢中飽、黃伯雄三人皆為首領，就在那造鎗買馬，聚草屯糧，想要行大事。

這日他們四人正在大帳議事，忽有小校來報說道：「外邊有人求見。」有聲不知是什麼人，只得接出帳來，將那人讓至屋中，分賓主坐下。有聲說道：「閣下家住那裡？姓甚名誰？到此有何公幹？」那人答道：「在下姓金名玉均，漢城人氏，只因前幾年在朝居官，偶然變法，得罪國家，逃在日本，近聞閣下倡興東學，想要來此入夥，不知閣下肯收留否？」有聲說道：「在下正愁頭目少呢，閣下今日到此，真乃天

然幸事。」於是他四人也各道了姓名，又推玉均為督統，玉均不肯，只得為了個頭目。當日殺牛宰羊，大排筵宴，慶賀新頭領。酒席前，有聲向玉均說道：「現在咱們人馬器械也很齊整，想著要行大事，可得從哪下手呢？」玉均說：「督統在上，聽我道來。」

金玉均未曾開口面帶歡，尊了聲有聲賢弟聽我言，咱們的兵馬器械俱完備，想著要行這大事不費難。我今日所以能夠來到此，全都是那伊藤博文告訴咱。他言說人要想著做大事，必得賴數多強大眾民權。聞人說全羅起了東學黨，你何不投奔他們到那邊？到那裡入於他們一塊內，與他們合衷共濟把任担。藉著那庶多民力來做事，我管保能夠保國圖治安。暗地裡我還幫著你，再與你籌上道一番，朝中內結下一個大臣宰，與你們好把信息傳。這就是裡勾外連的策，本是那伊藤博文對我言。這個道兒不知好不好，望眾位仔細參一參。

金有聲說道：「這個計策倒是很好，但是這內應無人，可怎麼辦呢？」金玉均說：「要是求那內應之人，可就不難了。」

金玉均復又開了聲，賢弟在上洗耳聽，想著要把那內應找，不過是費上信一封。朝中大臣李完用，他與我實則有交情。今日與他送上一封信，讓他與咱為個內應，我倆賴著交情重，必然能夠來應承。」

有聲說：「既然如此，兄長快快與完用寫信吧。」玉均說：「是了。」

金玉均提起三寸毛竹峰，你看他刷刷點點寫分明。上寫著拜上拜上多拜上，拜上了完用李仁兄。自從漢城分手後，於今七載有餘零，常思懷罪難回本國，每於無人之處淚盈盈。伊藤見我這個樣，才與我想出計一宗。他命我投奔東學黨，借著人家勢力好回京。我今入了這東學黨，為了那黨內的大首領，想著要發兵把漢城進，就是無人作個內應。我今想把兄長來累，兄長你怎麼困難也得應承。兄長今日要應許我這件事，小弟我實在是感恩情。金玉均寫罷這封信，貼上籤兒封上了封。選一個兵丁送了去，他這才回過頭來把話明。

話說金玉均寫完那書信，封上口，選了一個強兵送去，遂向著金有聲說道：「此信而去，大概能夠有成，咱們等著聽信吧。」有聲說道：「那是自然。」過了幾天，那送信之人回來，將回書呈上，玉均一看，說道：「事情成了。」有聲說道：「既然有了內應，咱們可是從哪下手呢？」玉均說：「咱們當宜先把這泰仁、古埠兩縣佔了，以為根基，然後再往漢城進發，進可以戰，退可以守，豈不是妙嗎？」有聲說道：「此道正好！」於是點齊了人馬，分做五隊，一人帶領一隊，一隊三千人，浩浩蕩蕩，殺奔泰仁縣而來。

好一個英雄金有聲，他一心要把國家興，自己創下東學黨，招納各處眾人丁。只因為高麗國王他昏弱，信任奸臣胡亂行，嚴刑苛法苦待百姓，天下黎民不得安寧。

日本又來行暴虐，人民長受他的欺凌。毒虐之政甚如水火，百姓嗷嗷四境真苦情。皇上無福民遭難，這些冤枉向誰鳴？無奈才入東學黨，想要借此除奸雄。除盡朝中眾奸黨，大家好去享太平。哪知有聲主意錯，想出道來甚平庸。日本本是韓國大仇寇，哪可與他有私通？玉均本是一賊子，哪可用他為首領？完用本是一奸黨，哪可依他為內應？一著錯了無處找，有如下棋一般同。做事總要思想到，稀里糊塗算不中。有聲做事不思想，才創下一個大禍坑。中日因此來交戰，高麗因此失江洪。未來之事咱不表，再表表他們發大兵。完山上點起人共馬，忽忽啦啦往前行。人馬好像一片水，刺刀照的耀眼明。金有聲頭裡領著隊，後跟著催陣督都黃伯雄。浩浩蕩蕩往前走，一心要奪那座泰仁城。大兵發到泰仁縣，準備著殺個天崩地裂血水紅。咱們說到此處住一住，下回書裡再表明。

第十回　洪啟勳兵敗古埠　侯元首義說有聲

　　話說金有聲等五人，帶領人馬，殺奔泰仁縣而來。單說這泰仁縣的知縣，姓于名澄，當日正在衙中辦公，忽有探馬來報，說道：「大人哪，不好了！」于澄說道：「什麼事情，你這樣驚惶？」探馬答道：「大人不知，只因咱這城北五十里外，有座完山，前幾個月有一個什麼金有聲，倡興東學，招集些個人占了那山。這三四個月之間，不知怎麼聚了一萬多人，現在攻咱城池來了，離此尚有十餘里地，大人快拾掇著跑吧！再等一時，他們到來，咱這城中，又無預備，恐怕難逃性命！」于澄一聽，嚇的面目改色，忙著拾掇拾掇，帶著家眷，投奔全州而去。單說金有聲來到泰仁縣，麋費事，就把那座城池得了，遂又商量去取那古埠縣。

　　話分兩頭，單說全州的督統姓洪名啟勳，這日正在府內看書，忽有門役進來說道：「啟稟大人得知，外面有泰仁縣知縣于澄求見。」洪啟勳說：「請進。」不多時，于澄進來，施禮坐下。洪啟勳說：「賢弟有何要緊事？親自到此？」于澄說：「這事可了不得啦。」

　　于知縣未曾開口面帶慌，尊了聲大人在上聽其詳，有一個金氏有聲全州住，他一心要把東學倡。他們同夥的人兒有四個，各處裡演說惑愚氓，無知的百姓受他惑，全都入在他的那鄉，現在聲勢實在大，又占了那座完山岡。三個月聚了人無數，積草屯糧製造鎗，一心要改變那政府，一心要除治那君王。領著人馬把山下，簡直的殺到泰仁旁。本縣一聽勢不好，無奈何才到此處躲災殃。望大人速速想方法，不久的就要到這方。洪啟勳一聽這些話，嚇的他臉兒直發黃。全州城沒有多少人共馬，好叫我心中無主張。看起來我國將來要拉倒，是怎麼屢次把亂揚？自從那泳孝奸賊滅除後，我國

裡稍稍得安康。只承想國內常常享安泰，哪知今日又起禍一場。我們的兵馬實在不強盛，怎能夠除治他們一幫？事到其逼我也無有法，就得拿這殘兵敗將走一場，萬一要把他們打敗了，也算是我國的福分強。要是不能夠把他們來勝，也就免不了把身亡。人生百歲也是死，何必把那個事情放心上。洪大人這才到了教軍場，看了看那些兵將好悲傷。

話說洪大人思想一會，遂來在教軍場內一看，那兵將老的老，小的小，器械也不整齊，子藥也無多少，暗自說道：「像這樣的兵將，可有何用呢？」事到如此，也說不了啦，遂挑了三千兵，自己帶領著，撲奔泰仁縣而去，這且不表。

單說金有聲自從得了泰仁縣，又商量著去取古埠，遂命堯在天帶領一隊人馬鎮守泰仁，自己與金玉均等點齊兵馬，往古埠進發。一路秋毫無犯，百姓望風而降，麋費事也就把古埠縣得了。古埠縣的知縣徐尊，見勢不好，逃奔全州而去。中途上遇見那洪啟勳的兵，遂把上項之事，對洪啟勳述說了一遍。洪啟勳說道：「賊人既在古埠，咱不必奔泰仁，奔古埠去吧。」遂帶兵丁撲奔古埠而發。這日到了古埠，離城十里，安營下寨。早有探馬報於有聲，有聲聞言，慌忙上了大帳，可就傳起令來了。

金有聲坐在大帳中，令旗、令箭手中擎，開言不把別人叫，叫聲大小眾兵丁，洪啟勳今日發人馬，一心要把咱們攻，大家可要齊用力，別讓他們把咱贏。眾兒郎一齊說遵令！，一個一個抖威風。金有聲這才拿出一支令，玉均將軍你是聽，你領三千人共馬，前頭以裡作先鋒。出城你往北邊走，對他右邊用槍崩。玉均領命他去了，又叫一聲黃伯雄，命你領著三千隊，出此城中正南行，繞個彎兒正西轉，在他左邊用鎗攻。伯雄領命他去了，又叫一聲錢老兄，中飽兒你把城來守，準備著敗陣打接應。傳令已畢把帳下，自己也領三千兵，人馬駝駝向前去，威威烈烈鬼神驚。出城走了七八里，遠遠望見那股兵，吩咐一聲扎住隊，列成陣式就開攻。洪啟勳這邊也看見，將人馬列在西與東。中間讓出一條路，對著有聲用槍轟。兩邊這才一齊開槍打，勢如爆竹一般同。烈烟飛天看不見面，彈子吱吱來往沖。自辰時打到晌午正，有聲傷了五百兵。正是啟勳要得勝，忽聽的左右鎗兒響連聲，要問哪裡鎗兒響，來了玉均、伯雄人二名，左右夾攻一齊打，可惜啟勳那些兵。兩邊的兵丁直是倒，轉眼間死了七百名，有聲的兵將又往上闖，忽拉一聲炸了營。啟勳一見勢不好，帶領人馬敗下風，啟勳的兵馬頭裡跑，有聲後邊追趕不放鬆。三千兵馬死了一大半，才逃出龍潭虎穴中。二十里外安營寨，看了看手下只剩三百名。那些個也有跑的也有死，這一仗敗的實在凶。無奈何收拾殘兵往北走，不回全州奔漢城，一心要把天子見，讓那君王想調停。押下啟勳且不表，再把有聲得勝明一明。

話說金有聲打了一個勝仗，得了無數器械，又收了許多降兵，遂同玉均、伯雄，帶領人馬回到古埠，殺牛宰羊，大排宴筵，慶賀功勞。那有聲在酒席筵前，對著四位

頭領說道：「現在咱們把洪啟勳打敗了，他必然搬兵前來復仇，到那個時候，咱們兵雖然夠用，但是少帶領之人，一旦敗了，豈不貽笑大方？此時不得不先打算打算。」黃伯雄從那邊說道：「兄長，有一個人，你忘了嗎？」有聲說：「是何人呢？」伯雄說：「就是侯元首，現在平壤雲府教書，此人才料學問，勝你我兄弟十倍，兄長素常日子，也是常稱道此人。今日何不修封書信，把他請來，讓他幫助作事呢？」有聲說道：「若非賢弟一言，幾乎誤了大事，我怎麼就把他忘了呢？」遂命黃伯雄，與元首寫了一封書信，下到平壤而去，這且不提。

　　單說洪啟勳打了一個大敗仗，看這東學黨聲勢甚盛，恐怕日後難治，遂帶著殘兵敗將，見天子去。這日到了漢城，見了天子，把東學黨亂奏了一遍。天子聞聽此言，嚇的魂不附體，說道：「這可如何是好呢？」遂把兵部尚書李完用宣上殿。這個時候，雲在霄的兵權全都撤了，所有一概兵事全歸李完用調用，當日上得殿來說道：「我主將臣喚來，有何事相商？」天子說道：「現在全羅道有東學黨作亂，你快派些兵丁，讓洪啟勳領著前去打賊。」於是李完用選了些老少不堪之兵，發了幾尊不好使的炮，就讓啟勳帶去。洪啟勳大兵與那東學黨又連打數仗，也未得勝，全羅城池全都失了，洪啟勳陣亡而死。外面告急文書屢次往京裡報，天子也是無法。當時驚動了那親王李應藩，急忙上金殿，對著天子說道：「現在兵微將弱恐其不能勦賊，再等幾日，必釀成大禍，咱們不如上中國求救去吧。」李熙皇帝說：「叔父說好便好。」遂坐上輦，到了中國領事使館。袁世凱接到屋中坐下，說道：「國王到此，有何軍情大事相商？」李熙皇帝說道：「將軍不知，聽小王道來。」

　　好一個幼小無謀李熙皇，你看他未曾開口淚汪汪，要問我今日到此什麼事，將軍你洗耳聽其詳。只因為金有聲賊子造了反，在全羅倡興東學惑愚氓，金玉均從日本回來入了夥，領著那無數愚民來遭殃。先攻破泰仁、古埠兩個縣，現如今臨近城池全都降。聲勢太重無人敢擋，洪啟勳也曾敗兵在那鄉。我國的兵將屢次打敗仗，那賊匪一天比著一天狂。全羅道大小城池全都陷，不久的就到這座漢城旁。我國裡兵微將寡不能治，敢乞求貴國發兵把我幫。貴國裡若是坐視不來救，我韓國眼睛瞅著就要亡。高麗本是中國一屬國，年年進貢在朝堂。我國的亂也就是你國亂，我國亡你國也難久長。我國與你國界挨界，咱兩國本是唇齒之邦。唇亡齒寒古人講，獨不記虢虞事一樁。貴國今日若不把我國救，別的國必然把手張。要等著他國插上手，於你國臉上也無光。望貴國快發人共馬，好來平亂到這方，一來是我國把恩德感，二來是保護你國眾紳商。小王我因此來求見，望領事思量一思量。

　　話說高麗國王說完了一片言語，袁世凱說道：「國王既來求救，我國哪有不發兵的道理。」遂將韓皇這一片求救的言語，寫了一封電信，打到咱國。咱國中遂派海軍提督丁汝昌，帶了兩隻輪船，先到仁川，保護咱國的商人，又派直隸提督葉志超，太

原鎮總兵聶士成，帶領一千五百人，拉了十尊大炮，往高麗進發。押下一頭，再表一尾。

單說侯元首在雲府教書，光陰迅速，不知不覺，就是十一年。正趕上這年東學黨作亂，他一聽說這個話，遂對著學生們說道：「你們好好求學吧，看看現在咱們國家這樣軟弱，日本屢次前來起事，現在又起了內亂，將來怕是不好，要想護咱這國家，全仗著你們當學生的了。」正自說著，書童進來稟道：「外面有下書人要見侯先生。」侯元首說道：「哪處下書的人？讓他進來吧。」不多一時，那下書的進來，施了一禮，將書子呈上。侯元首接過，拆開封口，可就看起來了。

上寫著拜上元首老仁兄，下墜著敬祝福履與時逢，咱兄弟自從在劍水驛分了手，於是忽忽八九冬。常想仁兄不見面，每於無人之處落淚橫。在全州小弟也曾與兄捎過信，請兄長前去當差到衙中，兄長回信說是教書好，所以你我兄弟又未必相逢。現如今小弟立下一朋友，他的名叫金有聲。此人與兄也有舊，他言說兄長與他有恩情。有聲創下東學黨，小弟我也入在那裡中，錢中飽、堯在天人兒兩個，還有那金氏玉均老英雄。在完山以上立下會，招集無數眾人丁，想著要改換政府行新政，想著要易換君主民權行。日本國外面幫助我，李完用朝中為內應，人馬也有二萬整，得了那泰仁、古埠兩座城。兄長素抱保國志，何不今日顯威風？望兄長見字無辭這邊往，我這裡現在缺少一頭領，一來是咱們兄弟得相聚，二來是保護國家求太平。這機會實在是不容易，兄長你千萬不要把他扔。右寫著黃氏伯雄三頓首，左寫著七月九日燈下沖。元首他看罷這封信，不由的腹內叮嚀又叮嚀。

話說侯元首看了伯雄這封信，暗自想道：「他們創興東學，藉著這個名目以改易國家，命我前去幫助他們，這倒是好事。但是他們倚著日本，又收留那賊子金玉均，以本國人害本國人，不用說事情不能成，就是成了必入了日本人的圈套。再說這些無知的百姓，哪能成大事呢？」正在他胡思亂想，忽有人來說道：「有中國一千多兵從南邊過去，說是替咱國平東學黨的。」元首說：「得啦，那中國兵一去，他們必然瓦解，我若不去勸他們改邪歸正，恐怕難免一敗之苦。」遂對著學生們說道：「你們在家用功，我上全州去幾天就回來。」說罷，命家人將那匹追風豹備上，把那送信人先打發了，然後騎上那匹追風豹，撲奔全州而去。這日到了全州，正趕上有聲新近把全州打破，此時全在城裡住著呢。元首打聽明白，進了城，到衙門以外，見了門役，說：「你快去通報你們頭領得知，就說有侯元首前來求見。」門役進去報於有聲，有聲聽說元首來了，急忙頂冠束帶，與那金玉均等一齊接出門來，讓至大廳，分賓主坐下。正是：

英雄迷路無人救，來了仁村渡筏人。

要知後事如何，且看下回分解。

第十一回　中國平定東學黨　日本改革朝鮮政

　　話說侯元首來至大廳坐下，黃伯雄將金有聲等四人，與他引見了。有聲說道：「家父蒙叔父厚恩，無以報答，今叔父到此，乃三生有幸。」元首道：「十餘年不見，長了這大，你要不提起，我也不認識了。」遂又問道：「你令尊現在何處？」有聲答道：「家父已經去世三年矣。」元首聽說，歎息了一會。有聲說道：「姪兒學疏才淺，不能擔此重任，叔父今日到此，請把這些事務，一概擔任了吧。」元首說道：「我今來此，原非與你們入夥，只因咱們盡是大韓好民，所以我有幾句金石良言相勸，諸公肯願聞否？」有聲說：「叔父你既有開導我們，那有不願聞之理？」元首說：「願聞，聽我道來。」

　　好一個才高智廣元首君，你看他未曾開口笑吟吟，叫了聲諸位英雄且洗耳，在下我有幾句良言面前陳。我今日到此非是來入夥，想著要喚醒諸位在迷津。世界上多少保國大傑士，全都是自己想道謀生存。昔日裡意國出個哥倫布，他本是世界第一探險人。這英雄憂愁本國土地少，他這才坐上帆船海洋巡，探出了亞美利加新大陸，各國裡一見有地就遷民。數著那英國人民遷的廣，把那座亞美利加四下分。英國人對待美人過暴虐，出來了一位英雄華盛頓，在國中暗暗把那民權鼓，那百姓全都起了獨立心，與英國打了九年鐵血戰，才能夠叛英國獨立重古今。華盛頓本是五洲一豪傑，他作事未嘗依靠外國人。你幾位現今倡興東學黨，想只要改變政府去維新，諸君的意思雖然是很好，但是那根基未能立的深。如果要社會以上做大事，必得賴數多強大眾國民。國民的程度要是不能到，怎麼能推翻政府換主君？你黨中盡是些個無賴子，有幾個知道保國去圖存？不過藉著這個來取快樂，事若敗一個一個亂紛紛。依我看你們黨人不足恃，終久的必為他人害了身。日本國本是一個虎狼國，斷不可暗地以裡倚他們。日本國自從維新到今日，無一天不想著把咱國吞，每趕上咱國以內有亂事，他必然跳在前頭把手伸，明著以保全咱國為名目，暗地裡實在來把主權侵。今日裡不知想出什麼壞，也不知施下什麼狠毒心，大概他是要破壞咱的國，斷不能幫助你們去維新，前幾年日本待咱那些事，諸君們也許親眼見過真。既然是知道日本他不好，為什麼今日還把他們親？諸君們倚著日本來做事，好比似引著猛虎入羊群。現如今皇上求救於中國，那中國發來一千五百軍，水師隊從那仁川上了岸，拉著那開花大砲整十尊。看你烏合之眾不能中用，必不能敵擋那個中國軍，既不能把那中國兵來擋，必得去求於那日本人內陳。日本人豈肯白白幫助你，就得將多少禮物向他國。大只說割上幾塊好土地，小只說拿上幾萬雪花銀。想只要圖強保國求安泰，反落下多少亂子國內存。諸君們對準心頭問一問，倒看看那樣輕來那樣沉。有甚事可以與那中國辦，斷不可聽那日本亂胡云。日本人談笑之中藏劍戟，處處裡盡是些個虎狼心！那中國本是咱

們的祖國，終不能安心把咱國家吞。看諸君俱是聰明才智士，是怎麼做出事這樣渾？勸你們即早回頭就是岸，別等著船到江心釜舟沉。那時節茫茫大水無人救，諸君們就得一命歸了陰。諸君們為事身死不要緊，連累了四方多少好黎民！看諸君現時失路無人救，我這才渡來仙筏與迷津。勸諸君快快回頭醒了吧，隨著我極樂之處躲災塵。我那裡也有英雄十幾位，同他們歐美各國訪學問，學問成回國再把大事做，那時節自能保國與忠君。在國中倡倡自治吹民氣，在朝內修修政治固邦根，利權兒全都操在咱的手，要作事何須專專倚靠人？我今天勸你們這些個話，全都是就著你們的利弊說原因。諸君們聽不聽來我不管，我正要騎上馬兒轉家門。侯元首說罷前後一些話，提醒了全羅作亂五六人。

話說金有聲等五人聽侯元首說了一片言語，一個一個像如夢初醒的一般，說道：「我們少年做事，倒是沒有高遠的見識，若非先生一言，幾乎闖出大禍來。」金玉均也說道：「我早頭也悶不開這個扣兒，今日聽見元首之言，我才知道，日本竟用這個道來坑害咱們的國家。我當日做事不思，使喚咱們國家失了多少權力，並不知日本人笑裡藏刀，暗有奪取咱國的意思。現今事情已經到了這個時候，咱們正是得想了個局外的方法才是。」有聲說道：「我今身墜迷途，什麼見識也沒有，再讓侯叔父與咱們出個道吧。」遂又問元首，元首說：「你們全有改邪歸正的心意了？」五人一齊說道：「我們當初做事不思，差一點麋鬧出大禍，將身家性命搭上。今日先生良言相勸，救我們的性命，我們那有不願意的道理。」元首說道：「諸位既然如此，聽我道來。」

侯元首未曾開口面帶歡，叫了聲列位豪傑聽我言，你諸位既欲改惡來向善，我有一條道兒陳面前。這裡頭一概事情全別管，今夜晚隨我逃走在外邊。咱們不往別處裡去，去到那平壤地方把身安，在平壤我有一個大學館，內中有九個有志的男，他們常愁國家弱，想著要上那美國念書篇。只因為他們現在皆年幼，所以遲延這幾年，諸君們若有志把弱國救，也可以求學到外邊。要能夠學來好政治，保全國家不費難。這是敝人一拙見，望諸公仔細參一參。他五位一齊說是好，今晚上就可以望外顛。說話之間天色晚，大家一齊用晚餐，吃飯已畢忙收拾，帶了許多盤纏錢。聽了聽樵樓起了二更鼓，他六人悄悄的出房間，槽頭上牽過能行馬，各人備上寶刀鞍。搬鞍上了能行馬，撲奔平壤走的歡。看了看滿天星斗無雲片，好一個皓魄當空寶鏡懸，齊說今夜是七月十五日，你看那月光明亮甚新鮮。他六人說說笑笑走一夜，倒讓那露水濕透身上衣衫。剪斷捷說來的快，那日到了平壤間。他幾人一齊住在雲府內，準備著遊學在外邊。押下他們咱且不表，再把那東學黨人言一番。

話說那些東學黨，早晨起來，看看五位全都靡了，找了多時，一個也靡找著，一齊說道：「不用尋找了，八成讓昨日來的那位先生拐去了，咱們散了吧。」內裡出

來二人說道：「萬不可散的，他們怕事跑了，咱們正宜往前接著辦才是。咱們要是散了，豈不讓那外人笑話嗎？」大夥說道：「既然如此，你二位就當首領吧。」於是眾人將他二人推為首領。單說這二人，一個叫袁道中，一個叫馬賓，當日為了首領，就打家劫寨，攻奪城池，比原先還凶。這且不表。

單說日本伊藤，自從金玉均走後，他常常派人，打聽韓國東學黨的消息。這日有一探子回來說道：「韓國東學黨甚是凶猛，將那全羅一道全都破了。他國的兵屢次打敗仗，現時高麗王求救於中國，聽說中國就要發兵，前來與他們平亂了。」伊藤聞言，心中歡喜說道：「這回可有奪取韓國與中國的機會了。」遂急來至金殿，見了日皇，日皇說道：「愛卿上殿有何本奏？」伊藤說：「我主不知，聽臣道來。」

好一個多智多謀伊藤公，你看他未曾開口帶春風，尊了聲萬歲臣的主，敝臣我有本奏當躬。高麗國出了一賊子，他的名叫金有聲，在國中倡興東學黨，他同夥還有人三名。金玉均也去入了他的黨，求咱們幫他把事行。聞人說現時聲勢實在盛，攻破了全羅一道各池城。他國兵屢次打敗仗，那韓王一見發了蒙，暗地裡求救於中國，那中國就要發大兵。咱們想要吞併高麗與中國，這個機會不可扔，咱們也發兵高麗去，就說是與他把內亂平。東學黨本是些個無賴子，平他們必然不費功。等著那東學黨人平定後，再將兵住在漢城中，中國若是將咱問，就拿著改革高麗內政來為名，中國要是不讓咱們改，咱們就說他背著天津條約行。他要說高麗是中國的屬國，咱就說高麗獨立在大同。若果然是你們的屬國，為什麼讓他人民胡行凶？因此就與他把交涉起，因此就與他開戰功。那中國雖然是大國，他的那兵將甚稀鬆，要是與他開了仗，臣管保準能把他贏。趕到那中國打了敗仗，那高麗可就獨落在咱手中。這是微臣一般拙見，我主你看可行不可行？」

話說伊藤將話說完，日皇說道：「愛卿之言，甚合孤意。但不知那百姓們，願意不願意？」伊藤說道：「這事不難，臣將此事發到議院，讓咱全國人民議上一議，議妥了，然後再辦也不為遲晚。」日皇說道：「此法甚妙，但不宜遲延，就去辦吧。」於是伊藤將想要與中國開戰爭高麗的事情，發到各議院中，讓他們議。那全國的人民，遂開了一個大會一議，全都願意。伊藤見全國人都願意了，遂派了一個陸軍大將，名叫山縣有朋，帶領著三千兵馬，拉了三十尊大炮，往高麗進發，這且不表。

單說那葉志超、聶士成，領著一千餘人，來與高麗平定東學黨。這日到了全羅地界，探聽離賊人有十幾里地，遂扎下營寨，吊起炮來，拿千里眼一照，開炮就打。這個時候，早有探馬報於袁道中、馬賓二人。袁道中問道：「他們離此不遠？」探馬說道：「離此不過十餘里地。」袁道中說：「不要緊。」正說著，忽聽咕哆一聲，炸子咯啦啦從空中落下，嘩啦的一炸，崩死三百餘人，就不好了。

忽聽探馬跑到報一聲，嚇壞了那個袁道中，說道是中國兵離此有多遠？探馬說十

五里地有餘零。袁道中說是不要緊，猛聽的大炮响咕咚。要問哪裡大炮响，聶士成那邊開了攻。咯啦啦的一聲响，炸子落在他的營，嘩啦就往四下炸，傷了賊人三百兵。二頭領一見勢不好，說這炸子實在是凶，再待一時要不跑，恐怕難保活性命。正當他們要逃命，那邊的炮連著响了十幾聲，這幾炮來打的準，他們人傷了千餘名。袁道中這邊往後退，聶士成那邊直是攻。東學黨眼睛瞅著死無數，又傷了他們頭領袁道中，馬賓自己逃了命，那些兵漫山遍野逃了生。中國兵打到跟前裡，忽啦一聲就往上衝，每人抽出刀一把，咔嚓咔嚓如切蔥。自早晨殺到太陽落，那東學黨死得甚苦情。聶士成那邊傳下令，吩咐一聲扎下營。

話說聶士成與葉志超，將東學黨打散了，扎下大營，點自己兵馬，僅僅傷了三十餘人，遂又領著兵，把那全州恢復了。不幾天，將那餘黨全都平盡了。城池全都得回來，於是領兵奔漢城，這且不表。

單說日本山縣有朋領著兵馬，早已到了漢城，住在他的領事衙門，聽說中國把東學平了，他就要起事。正是：

東學黨亂方除盡，又見中日起禍端。

要知後事如何，且聽下回分解。

第十二回　中日交兵由韓國　德美說和為友邦

話說中國兵到了漢城之時，日兵已經住在他的領事衙以內，每日出去擾亂百姓，無所不為。那百姓受不起暴虐，遂有三四百人，聚在一處，攻打他們。那日本一見，可就越發鬧起亂來了。

好一些日本強徒理不通，他在那高麗國內來行凶，白日裡各處打家來劫寨，到夜晚投宿民間胡亂行。有人要是把他來衝撞，抽出刀子就行凶，無故將人活殺死，官府內也不能把冤平。因此百姓們起了情，三百四百聚成營。日本又去把百姓惹，百姓就與他把命拚。日本一見把他們來攻打，這才越發了不成，無所不為胡亂鬧，將百姓害的好苦情。他們這樣還不滿意，又上那領事衙門把狀升，硬說是高麗人民不懂禮，見了他們就眼睛紅，搶去他們多少好財帛，劫去他們行李馬匹好幾宗，望領事與我們快作主，若不然這個苦處無處鳴。領事一聽這句話，急忙來到高麗政府中，見了高麗政府諸元老，他這才慢慢的把話明，說道是你國起個東學黨，江山轉眼就要扔。我們好意來相救，你百姓為什麼把我們攻？搶去多少好財物，傷了幾名好兵丁？你百姓這樣膽肆來作亂，全都是你們政府無正經。從今後我得與你們改政治，從今後我得把你們法律更，一來是替著你國求安泰，二來是保護我國商與兵。不怕你們不應允，今日我

就來實行。這領事說罷了一些話，嚇壞了高麗國內眾公卿。

話說日本領事說要改革高麗的內治，那政府大臣一個一個嚇的目瞪口呆，半晌方說出話來，說道：「我們的百姓無知，有傷貴國之人，望領事不要動怒，我們甘願包賠。」日領事說道：「包賠也不行，今日包賠了，明日還是那樣，我們吃虧吃大了。說什麼也算不中，非改你們內治不可，快去告訴你們皇上去吧。」說罷，騎馬回衙門去了。

這些個大臣面面相覷，呆了一會，都說道：「咱們既然無法，還得稟報於天子得知。」於是上了金殿，將此事奏於韓皇。韓皇說：「這可如何是好？」內有一大臣奏道：「我主可以將此事報於中國領事，看看他將如何對待？」韓皇說道：「既然如此，寡人我就前去。」遂命御卒套上車輦，來到中國領事衙門大門以外下輦。早有人報於袁世凱，袁世凱出來，接至屋中坐下，說道：「今王到此，有何商量？」韓皇說道：「無事不敢到此，只因日本的兵士，被我國的百姓打傷了，他們領事到我政府問罪，硬說我內治不善，致使人民行凶，就要與我國更改內政。寡人尋思，貴國是我國的祖國，日本要改革我國的內政，就有敢奪我國之心。咱兩國是唇齒之邦，我國又為你國的屬國，日本要是把我國滅了，你國也是很受害的。所以寡人才來，將此事告於貴領事，望領事速速想方法以處之。」袁世凱說道：「今王暫且回宮，下官先去見他的陸軍大將山縣有朋，讓他撤兵，然後再與他辦此交涉，豈不是好嗎？」於是他二人一齊出了領事館，韓皇回宮去了。

袁世凱來到日本領事衙門，見了山縣有朋，說道：「高麗內亂已經平了，貴國就可以撤兵回國，省著在他國中不便，使他們那些百姓驚惶。」山縣有朋同他那領事一齊說道：「咱兩國在天津定條約的時候，不是說是高麗有亂，咱兩國互相派兵來平嗎？今日我們與他來平內亂，本是好意，他那百姓將我們兵丁打傷不少，還搶奪我們的財物，可倒是為什麼呢？因為這個，所以我們將兵住在這裡，一來是他國的內治不好，我們代他改革改革，二來是保護我國的商人。」袁世凱說道：「高麗本是我國的屬國，你國本干涉不著，為什麼改他國的內政？再說你那兵丁，全都帶著鎗刀，他們的百姓，怎麼能夠欺侮你那兵丁呢？」他二人又說道：「袁領事，你說什麼高麗是你國的屬國？我看高麗是獨立國。」袁世凱道：「你們怎說他是獨立國？」山縣有朋說道：「他既是你國的屬國，他國的內治，你們為什麼一點也不管呢？今日看我們要改革他國的政治，你又來干涉，你們想著要背天津條約怎的？要背條約，就算不行！」說著說著，就決裂了。袁世凱一見他們不撤兵，一邊又要改革高麗的內政，知道是不好了，急忙回到衙門，寫了一封摺子，由電報局打到咱國的外務部。外務部的尚書，見袁世凱打來電報摺子，知道必是緊要之事，遂急忙見了光緒皇爺，將摺子呈上。光緒皇爺接過摺子，可就看起來了。

上寫著拜上拜上多拜上，拜上光緒我主有道皇，只因為高麗起了東學黨，一心要破壞他那家邦。咱國裡發兵把他救，那日本也發兵來到那鄉。到後來咱國平定東學黨，日本兵在韓國以內發了狂，白日裡打家去劫寨，夜晚間任意投宿在民房，無所不為來作亂，那韓民一怒把他抗。因為韓民不受他的暴，所以他又起了壞心腸。對著他國的領事把話講，硬說那高麗人民把他們傷。他領事就往高麗政府去，對著那大老臣工說其詳，我們好意與你來平亂，為什麼你百姓把我兵來傷？看起來皆是你們內政不善，我今日就與你們改改良，除去你們那些個齟齬政，將你這法律改改章。那日本一心要把高麗政治改，為臣我也曾與他們犯商量，臣讓他把兵馬撤回國，他言語保護商人在那方，臣又說高麗是我們的屬國，他言說高麗是獨立邦。臣不許他干涉高麗政，他就與為臣說不良。看起來他是要把高麗滅，若不然為何這樣的張狂？高麗本是咱國的屏藩國，他要亡咱國也恐怕不久長。為臣我因此才把本來上，望我主快快想個好主張。下寫著袁世凱來三頓首，叩稟我主高麗永久平康。光緒爺看罷了這摺子，不由的一陣一陣心內慌。

話說光緒皇爺看罷袁世凱的摺子，對著滿朝文武說道：「日本這樣野心，咱們可是如何對待他呢？」那滿朝文武齊聲說道：「我主，日本欺侮高麗，就是欺侮咱們中國，非得跟他開仗不可，要不跟他開仗，把高麗就白白的讓給他了。」其中惟有那李鴻章不願意與那日本開仗。但是一個人不願意，也是靡法子，於是遂將中日開仗事情，布告各國知道，然後命左寶貴、衛汝貴，領六萬人馬，往高麗進發，又命丁汝昌，帶十二支兵船，把守黃海，這且不表。

單說日本山縣有朋與中國領事決裂了，遂即回到國中，對他國王一說。國王說：「既決裂，咱就與他開仗！」這個時候，中國的戰表已經傳到日本了。那日本一見中國與他們開仗，全都樂了，於是點了三十萬陸軍，讓東鄉平八郎帶頭一隊，山縣有朋帶第二隊，伊東祐亨帶第三隊，先往高麗進發，又命大山岩帶二十支大鐵甲船，撲奔黃海，與咱國的海軍開仗，由是中日兩國，可就開起戰來了。

這日本貪而無厭野心生，一心要與我國把高麗爭，住高麗的兵馬他不撤，硬要把高麗國的政治更。袁世凱也曾將他問，他言說我國禮不通。高麗本是獨立國，我們干涉怎不中？既說高麗是你們屬國，為什麼讓他人民胡亂行？看起來全是你們國的錯，你還有甚麼言語向我說？我們的兵馬一定不能撤，高麗的政治一定另改更，今日就是這樣辦，看看你們有何能？袁世凱一見事決裂，他這才打本進了京。本章打到北京內，怒惱光緒有道龍，日本今日欺侮我，必與他們開戰攻。點了六萬人共馬，派了三位大元戎。頭一個就是左寶貴，二一個就是聶士成，還有一個衛汝貴，每人領著二萬兵，祭了大纛起了隊，浩浩蕩蕩出北京。人馬駝駝往前走，這日到了韓國中，大兵發到平安道，牙山以下扎了營。押下中國且不表，再把日本明一明。

日本聽說中國與他來開仗，他們一個一個樂的了不成，各處裡就把人馬調，選了三十萬大陸兵，他派了元帥人三個，列位不知聽我明。東鄉平八郎領著頭一隊，第二隊的元帥叫山縣有朋，第三隊裡也有大元帥，他的名字叫伊東祐亨。軍樂、炮隊全部有，坐上輪船起了程。這日到了仁川地，上岸就奔牙山行。兩下相隔整十里，咕咚大炮開了聲。左寶貴獨擋頭一隊，衛汝貴後邊打接應。兩邊一齊開了炮，烈烟遮天令人驚。自晨打到晌午後，我國傷了三千兵。老將宋慶有武勇，一人咱能把日本冲。

　　陸軍敗陣且不表，再說海軍丁總戎。丁汝昌鴨綠江口來把守，大山岩率著海軍往前攻。兩下相隔八九里，忽聽大砲如雷鳴。日本船往前直是闖，將我船就往四下冲。炸子咯啦真是响，打沉我國兩船兵，日本也沉船一個，死了兵丁幾百名，由此又打了三時整，三支輪船又沉海中。眼看著我軍就要敗，接應兵隊不見動靜，左寶貴活活被那炮打死，可憐那多年老將喪殘生。我軍這才敗了陣，平壤兵隊跑個空。到後來又打了好幾仗，盡是我敗日人贏。日本兵簡直的往前趕，過了鴨綠大江奔海城。我兵退入奉天內，日本佔了九連城。金州、鳳凰全都陷，大連、益州亦被敵人攻。丁汝昌一見事不好，帶著七支輪船逃了生，後來又在威海打一仗，我國的兵丁死的數不清。丁汝昌無奈仰藥死，可憐他功未著來命亦坑。我國與那日本打了數十仗，未聽說有一仗把那日本贏。像這樣全是什麼原故？約不過兵未練來將惜生，為兵的一開仗來慌無措，為將的一臨大敵發了蒙，如此兵來如此將，那能不把國家坑。還有一個奸相頂不好，就是那合肥李文忠，李鴻章一心不願與日戰，他說是日本雖小兵甚雄，倘若是一戰不能將他勝，那時節想要罷兵萬不能，到那時欲戰不能罷不得，何不與他商量著辦事情。看起來他的見識是很好，但是他不當把那私心生。因為事情不隨他的意，他不可稀里糊塗把事行，不發兵來也不發餉，因此咱國才敗下風。此是我國兵敗故，令人聞之痛傷情。咱國一看不能把日本勝，無奈何這才和約在北京。

　　話說中國與日本打了一年多仗，中國也麼打一個勝仗。當日德、美兩國，各自派來一位大臣，前來觀戰，美國的大臣叫福世德，德國的大臣叫蘇林哥耳，在此觀戰。看中國屢打敗仗，福世德對著蘇林哥耳說道：「日本野心如狼，不可讓他直是逞雄，現在中國算永遠不能勝了，咱們何不與他兩國說和了呢？」蘇林哥耳說道：「這倒是好事，咱們二人就此前往吧。」他二人遂來在咱政府，將和約的事情一說，這個時候李鴻章極力求和，那皇上也看著不能夠勝了，遂應了他二人的意思，派李鴻章為全權大臣，跟著福世德、蘇林哥耳，上日本和約。從天津上了火船，一直的到日本的東京。到了日政府，見了伊藤，才說出和約之事。正是：

　　士卒不練難爭勝，將帥無學奚建功。

　　要知後事如何，且聽下回分解。

第十三回　李傅相定約馬關　日政府監督韓國

　　話說福世德三人，到了日本政府。門軍通報進去，伊藤博文接出門來，一見李鴻章，就知是求和，遂讓至客廳，分賓主坐下，即有人獻上茶來，茶罷擱盞，伊藤欠身說道：「貴大臣們前來到此，有何大事相議？」福世德從旁答道：「無事不敢到此，只因中日兩國開戰，已經一年有餘，日兵屢勝，清兵屢敗，黃海以內，骨積如山，遼東半島，尸骸遍野，損世界和平之性，傷天地好生之德。某憫生靈之塗炭，哀黎庶之逃亡，是以私自聯合德國大臣，不揣冒昧來與你兩國說和，以睦友邦之情，而保東亞之和平。不知貴大臣肯納否？如果見允，現有中國派來全權大臣李公在此，望貴大臣再三留意焉。」伊藤答道：「日本區區三島，地少人稀，內而臣工無有如吳大澂與李公之才，外而將帥無有如葉志超、丁汝昌之勇，政令之不善，法度之不修，莫我國若。今忽戰勝大邦，實為僥倖。既承二國之美意，來作說和，敝國焉有不願罷兵修好之理？但是想要和約，必得應許我們幾件事情，若不然，我們還是開戰。」李鴻章說道：「我們既然上趕著前來求和，大凡不大離的，靡有不應許之理。但不知貴大臣所說的，是哪幾件事？」伊藤說：「要問我那幾樣事，且聽我慢慢的道來。」

　　這伊藤未曾開口帶春風，尊了聲三國大臣仔細聽，只因為中日不和開了戰，發兵馬苦了各處眾百姓。你二國說和本來是好意，敝國家焉能不應承，但是我有幾件事，敢在面前明一明。中國日本向來很和睦，只因為高麗起戰爭，從今後認高麗為獨立國，不許中國干涉他的事情，從今後不許高麗國王朝中，從今後不許他們進貢北京，此是敝國講和第一件事。第二件事來聽我明，自從與你們中國開了仗，至而今一年有餘零。我們費了兵餉好幾萬兩，又傷了無數眾兵丁。要和約你得包我們款，好養活陣亡兵丁他的父與兄，將兵餉賠上三萬萬兩，這是敝人第二宗。第三件還得割與我們幾塊土地，就要那遼東半島、澎湖、臺灣幾座城，黃海北岸那些群島，全得割入我們日本封。第四件還要開上幾個商埠，就是那重慶、沙市、蘇州、杭州、北京城，湘潭、梧州也得開為商埠，這是我的第四宗。若是應許這四件事，咱兩國就可以罷戰爭，若不應許這四件事，想要休兵萬不能。再添上我的兵丁幾十萬，一定攻破你那北京城。李傅相你既是全權大宰相，這個事可要調停一調停，開戰好來是和約好，想一想那樣重來那樣輕？李傅相聞言嚇了一跳，呀！這個要求可了不成。說道是等我到下處想一想，明日你再把信聽。說罷出了日政府，德美的大臣回上自己領事衙門中。也該著李鴻章的時運不好，大街上逢了災星。李鴻章順著大街往前走，忽然間那邊來了人一名，相離不過十幾步，拿出手鎗就行凶，只聽得哎呀一聲響，李傅相打倒地流平，左頰以上著了彈子，不住直是冒鮮紅。巡警一見著了嗄，將刺客抓住不放鬆。

　　話說打李鴻章這刺客，是日本人，名叫小山，只因為他哥哥在天津，作出不法之

事，讓李鴻章治死，小山每想與他哥哥報仇，但靡有機會。偏趕上這一年，李鴻章到在他國和約，他就在街上候著，見李鴻章一過來，他就是一鎗，打倒在地。巡警慌忙上去捉住刺客，送到他國的審判廳以詢，纔知道因為甚麼。那伊藤聽說：「告訴不要把他殺了，他是一個愛國的赤子，監禁幾年也就是了。」這且不表。

單說李傅相當日受了一鎗，正打到顎角上，跌倒在地，跟人叫了一會，才醒過來，於是用轎子抬到驛館。這個時候，伊藤聽說，親自前來謝罪，一看李公之傷甚是沉重，說道：「這是我國保護的不周，致使貴大臣受這樣的重傷，我們有罪了。」李鴻章說道：「你所說那四件，我可實不能全允，望貴國剪裁剪裁。」伊藤見李公處九死一生之時，尚不忘國家大事，暗暗的想道：「不憶中國尚有這樣的忠臣，真是愧殺我們。」遂命御醫前來調治。醫生來到一看，說道：「必須將彈子箝出，方可能好。」李公說道：「任死不箝出此彈，不敢以己身之創劇，誤國家之大局。」日皇重其忠忱，特下了二十一日停戰之令。李公見他下了停戰之令，遂又與伊藤說道：「我國派我來辦全國大事，誤為你們刺客所傷，你準得把你所擬那四條，減少一點，我才能應允。若不然，我就死於你國，讓我政府向你們問罪。」伊藤說道：「貴大臣不要如此，你讓把彈子箝出，我必能對得著你，也就是了。」李公一聽此言，遂命將彈子治出，用藥調治著，一天比一天見好，那和約之事，也漸漸的有成了。但是這二十一日的停戰日期，可是轉眼就要到，李公恐怕再一開仗，就不好辦啦，遂與伊藤將和約之事就說定了，在日本馬關的地方，立了條約。德美兩國的大臣，也都到了。就鋪上紙，可就寫起條約來了。

好一個足智多謀李文忠，敢與那伊藤把條約爭。大街上一鎗幾乎廢了命，那伊藤一見發了蒙。下了那二十一日停戰令，這和約之事纔有成。只因為小山一鎗打的好，那日本的要求才減輕。在馬關之地把合同寫，德美兩國的大臣在其中。第一條應許高麗為獨立國，不許受咱中國封，高麗王也不許朝中國，也不許進貢到北京；第二條賠他們兵費二萬萬兩，照先前減去一萬萬兩有餘零；第三條澎湖、遼東歸日本，還搭上台灣一省城。照原先減去黃海以北眾島嶼，這也是鴻章他的功；第四條將重慶、沙市、蘇州、杭州開為通商埠，許他們貿易在其中。照先前減去北京、湘潭、梧州三處地，全仗著文忠死力爭。合同寫完畫了押，兩國這才罷了兵。眾明公你們思一思來想上一想，看此事傷情不傷情？高麗國本是咱的屬國，應該在咱們的許可權限中。只因為我們人心不齊勢力軟弱，硬讓日本奪在手中。打敗仗傷了兵丁無其數，還包他兵餉二萬萬兩有餘零。台灣一省既然歸日本，還搭上遼東、澎湖無數城。由是高麗歸日本管，把咱中國一旁扔。得高麗就要奪我東三省，眾明公聽著心驚不心驚？這土地不是皇上的土地，咱百姓是這土地主人翁。當主人不能把自己的土地保，終久必得受人家的欺凌！我同胞快快醒來罷，不要稀里糊塗度時冬。我說此話不是胡講究，日本人的

手段實在雄。現時裡大家想保護還不晚，再等幾年可就怕不行。閑言少敘書歸正，再把那中日兩國明一明。

話說李鴻章在馬關地方，與日本伊藤定下條約，各人劃上押，德、美二國的大臣也劃上了押，事情就算成啦。德美二國的大臣各歸本國去了，日本也把兵全都撤回國中。此時李鴻章的傷痕已經全好，遂坐上輪船，歸國交旨。中日的戰爭，至此算完了。中國在高麗的勢力，到這也算全靡啦。列位聽聽，可惜不可惜？

閑話少說，單說日本把中國勝了，得了好幾塊土地，君臣們甚是快樂。這日君臣們大排宴筵，慶賀功勞。酒席筵前，伊藤對著日皇說道：「我主常想奪取高麗，瓜分中國，這回可有望了。」

這伊藤未曾開言笑吟吟，尊了聲我主萬歲聽臣云，想當初愁著咱國土地少，遂欲要外邊去把勢力伸。一下手先定了二條道，就是併吞高麗、瓜分中國的心。現如今中日兩國打一仗，那中國敗的不堪云。認承高麗為獨立國，咱們可就有法把他尋。中國在高麗的勢力已靡有，那高麗就算在咱的手心。原先微臣我也很把愁犯，恐怕難與中國爭生存。只因為他們是大國，地廣人多重古今，想咱們區區三島一小國，恐怕是一敗就難翻了身。哪知道他們更軟弱，一個一個賽死人，早知中國這個樣，何必在他身上多分神。現今咱們既然有勢力，還得想個方法把高麗吞。微臣我有一條道，我主在上聽原因。挑一位元勳大老高麗去，帶上幾千大陸軍，將兵屯在他國內，就說是替他改政來維新。那政治全都落在咱的手，管保他不能來動身，明著為保護他為文明國，暗地裡實行把他國分。這是微臣一拙見，望我主思尋一思尋。日皇那裡開言道，愛卿的見識實在深，從今咱們就這樣辦，任憑愛卿你配分。由是日本就要監督韓國，可苦了那些朝鮮民。押下此事且不表，再把那元首侯氏云一云。

話說侯元首與金有聲等五人，從全羅逃到平壤，就想著要讓他那些學生們，跟金有聲等五人，前去遊學美國。偏趕上中日開戰，他就等著看他兩國的勝敗，尋思著若是中國勝了，高麗或者不能亡，若是日本勝了，我國可是有早晨無下晚了。到後來果然是日本勝了，元首一聽日本勝了，心中十分的恐懼，遂將他那些學生喚至屋中。正是：

家貧方能識孝子，國弱才顯有心人。

畢竟不知後事如何，且聽下回分解。

第十四回　憂國弱英雄別母　患學淺志士遊洋

話說侯元首將學生們，喚到跟前說道：「日本現在將中國打敗了，中國又認承

咱國為獨立國。看著這個形象，日本是想著要吞併咱們的國家。我看這個時候，是很艱難的。要想著保護咱的國家，除非是咱們全國的人民，都是一個心。但是這個事情，也非容易。我想著你們去上美國遊學，住了他們的學堂，學些個見識。有學問，回國辦事才能容易。我說這個，你們願意不願意呢？你們要願意的時候，我就跟雲大人說，讓他預備款項，就讓你們前往。然後我再和金玉均先生，在這個地方，開上一個報館，慢慢的開化這民的知識，等你們回來的時候，咱大家用心用力，以顧全咱這國家，豈不是好嗎？」那學生們聽元首這些話，都一齊說道：「我等情願意上美國遊學，先生你就張羅著辦吧。」元首說：「你們既然願意，我心中是很快樂了。」遂命書童說道：「你去把雲老大人請來。」書童去了不多一時，雲大人來至書房坐下，說道：「先生有何話講？」元首答道：「無事不敢勞大人到此，請大人在上，洗耳聽我侯弼慢慢的道來。」

這侯弼未曾開口帶憂容，尊一聲大人洗耳在上聽，我從小喪亡親生父和母，倚著那哥哥嫂嫂度秋冬，七歲時南學裡把書念，通達了史鑒四書並五經。常看那西洋各國人傑史，最愛慕華盛頓的好名聲，因此我這才想下出遊意，別兄嫂遠涉重洋到美京。在美國陸軍學堂畢了業，回家來不願居官在衙中，仁里村選練農備兵一隊，教成了數百青年子弟兵。私心裡常抱一把回天志，總想要整頓家邦使國興，最傷心時氣不及命運苦，兄嫂又相繼而亡歸陰城。無奈何家中教侄把書念，連教那青年有力眾壯丁，想著要使喚全國皆成勇，好治那日本強徒來欺凌。哪知道心志未遂禍爭起，為打賊得罪日本眾賊丁，黃海道交涉衙門把我告，一心要害我侯弼活性命。多虧了黃氏伯雄把信送，我爺兒兩個逃難離家庭，我叔侄飄零在外三四載，纔能夠來到這座平壤城。多虧了大人收在尊府下，遂命我官府以裡誨兒童。僕不才自愧不稱為師職，學生們與我實在有感情，現如今已經教了十餘載，諸生們五經四書都全通。我侯弼今生沒有別的願，但願這學生全成大英雄，與國家做下一點大事業，保護著咱這國不至凋零。咱國裡日本屢次撐勢力，看光景是要把咱高麗坑，前幾年看著還有不怕樣，到而今十死只能有一生。只想要報國圖存無他策，就得使人民全有愛國誠，這事情也恐不是容易事，還得有幾個英雄意氣橫，要想使英雄出於咱的國，除非是上那美國求治功。那美國本是一個民族國，無論那君民臣等一般同。我想讓學生們去遊美國，到那裡住在他國學校中，學些了治國安邦大學問，回來時鼓吹民氣壯韓京。學生們全都願意出美國，但缺少學費膳費那一宗，因此我才把大人請到此，望大人預備款項送他們行。雲在霄聽罷元首這些話，你看他喜氣洋洋開了聲。

話說雲在霄聽元首說了一片言語，答道：「先生見識甚是高遠，我也睄著咱這國家，甚是軟弱，恐怕為那日本所滅，就是靡有什麼方法。今天先生想出這個道來，我是很願意的，但不知他們都是誰去？可是全去呢？」元首說道：「有金有聲、寇本

良、黃伯雄、錢中飽、堯在天、侯珍、寇本峰、岳公、孫子奇、王順之、蕭鑒、趙適中、陳聖思、陳聖暇、雲在岫、雲落峰、安重根這些人。趕到他們走後，我在家中無事想，只要與金玉均先生，開上一個報館，慢慢的開化那百姓們的知識。大人你看如何？」雲大人說道：「先生的意思極好，那款項之事，全在我了。一年有十萬吊錢，夠他們十七個人花了。」元首說道：「既然如此，今日是大清國光緒二十二年三月二十日，讓他們有家的，回家探探家，趕到下月初一日回來，初五日就送他們起程，豈不是好嗎？」雲大人說道：「這還很好。」於是那陳氏兄弟回到劍水驛去了，至於岳公、孫子奇、王慎之、蕭鑒、趙適中五人，全是平壤城裡的人，也各自回家去了，惟有金有聲、錢中飽、堯在天，因為逃罪在外，寇氏兄弟與侯珍、安重根四人，全都靡家，所以都在雲府住著，單等著他們探家回來，好往美國去，這且不表。

單說安重根這年十七歲，生得相貌魁偉，聰明過人，那些個同學的，誰也趕不上他所學問的，所以侯元首格外的愛惜他。他當日聽先生說要讓他們上美國住學堂去，樂得他手足無所措，就到了安太太的屋中，參見已畢，將上美國遊學的事情，對安人說了一遍。安人一聽，感動了無限情由，說道：「重根，你知道咱母子住這，是誰家呀？」重根說道：「這不是我舅家嗎？」安人說道：「你既知道是你舅家，可知道咱母子怎麼到此呢？」重根說道：「母親，孩兒不是常問嗎？母親說是孩兒父親早亡，家中無人，纔來到舅舅家住著。」安人說道：「那全是假話。原先我因為你是念書的時候，要告訴你，恐怕你荒廢了學業，所以我拿那假話糊弄你。你那舅父、舅母，我也告訴他。不然誰對你說？別人靡有知道的，所以你就拿那話，信以為真啦。現今你要遠行，我把咱母子到此的情由，對你說上一說，你可不要激動呀，你要激動，我可不告訴你了。」重根說道：「母親儘管講來，孩兒不激動。」安人說道：「既然如此，聽為娘道來。」

老安人未曾開口淚盈盈，叫了聲重根孩兒仔細聽，咱娘們本是京城一仕官，你父親受過皇榜進士封。只因為京城日本常作亂，全家纔想逃難平壤城，帶著那家財細物離故里，這一日到了黃海界中。想著要平壤以裡來避難，那知道中途路上遇災星，奇峯山日本賊為強寇，打劫那來往客商賣路銅，偏趕上咱家車子從那過，你父親騎馬就在後邊行。日本賊出山就使鎗來打，最可歎你父一命歸陰城。

重根說道：「母親怎的，孩兒父親還是被日本人打死的嗎？」安人說道：「正是。」只聽重根哎喲一聲，跌倒在地，可就不好了。

安重根一聽父親為日人坑，你看他咕咚跌倒地平流。眼睛一閉絕了氣，三魂渺渺歸陰城。老安人見了公子跌在地，吓的他滿面焦黃膽戰驚，走上前將公子忙抱起，重根兒不住的叫連聲，我原先不讓你激動，你怎麼還將這樣大氣生。叫了聲我兒快蘇醒，少歸陰司多歸陽城。陽世三間熱如火，陰朝地府冷如冰。你今要有個好和歹，為

娘我一定不能生。這安人連哭帶叫多一會，忽聽的那邊公子哼一聲。

話說安人叫了多時，公子哼了一聲，睜開眼睛罵道：「日本哪！日本哪！爾與我有殺父之仇，我非報上不可。」安人一見公子活了，說道：「我兒不要生氣了，為娘還有許多的話呢。」重根說道：「母親再往下講吧，孩兒我不生氣了。」安人說道：「你要不生氣，再聽為娘道來。」

老安人復又在上開了聲，我的兒本是一個苦命丁，三歲裡就喪了生身的父，咱母子也是幾乎把命坑。多虧了侯氏元首來搭救，咱母子纔得逃了生。

重根說道：「侯元首不是我的先生嗎？」安人說道：「正是。」

侯先生帶領農備兵一隊，打死了日本無數眾賊兵，因此纔將咱母子命救下，這恩情猶如泰山一般同。到後來將咱母子接到他家裡，施銀錢埋葬你父死尸靈，咱母子感恩不盡無的報，贈與他傳家如意物一宗。

重根說：「就是我們先生，現在帶著那如意吧。」安人說道：「正是。」

你先生又派兵丁人二個，護送咱母子來到平壤城。為咱們先生得罪賊日本，無奈何他也避禍出門庭，他叔侄飄零在外三四載，纔來到雲老大人這府中。侯元首與咱母子恩德大，現如今又為孩兒你的先生。我的兒有朝一日得了地，千萬莫忘了元首好恩情，從今後先生你要當父事，可別拿娘話當作耳邊風。這是我母子所以來到此，我的兒今日纔知已往情。這公子聽罷安人一些話，你看他眉緊皺怒怒冲冲。手指著日本東京高聲罵，罵一聲虎狼賊子名伊藤，你為何施下一種蠶食策，屢次要破壞我國錦江洪，立逼我皇上把商約來定，使你國無數強徒來行凶。看起來欺侮我國全是你，又害生身之父的活性命。今生裡要是不把他來報，我就算妄到陽間走一程。這公子越說越惱越有氣，忽聽的安人這邊喚一聲。

話說安重根指天畫地，直是罵那伊藤。安人說道：「我兒不要生氣了，上學房與你先生謝恩去吧。」重根聽母親告訴，只得來到學房，見了元首，雙膝跪下說道：「先生於學生有救命之恩，置之度外，真是聖賢了。學生父親已亡，今就認恩師為義父吧。」說完就跪下叩頭。元首慌忙扶起，說道：「我早有此意，但恐你母子不允。今日之事，實在投我的心，往後那恩情之事，你母子不要提了。現下你們別要逃走，可好好在家住兩天吧。」重根於是辭了元首，就回到他母那處，把上項之事，告訴母親，也是很樂意。

光陰迅速，不知不覺的，到了四月初一日，那些探家的學生，全都回來了。這個時候，雲大人將款項已經預備妥了，又預備下六輛車子，到了初五日，早晨起來，大家用飯已畢，雲大人、雲老夫人、安母與岳公諸人的家人，全來與他們送行。雲大人拿過十萬吊錢，交金有聲、寇本良二人，說道：「你二人年長些，可將此項錢帶著，好留著到那作學膳費用。自此後，我每年與你們匯去這些錢，你們好生學習，無負敝

人之望。」正說著，只見元首過來說道：「那這樣拿著不行。聽我告訴你們，由咱這上美國，路經仁川，趕到你們到仁川的時候，有個會東錢店，是美人開的，到那打成匯票，匯到他國，拿著匯票再領錢，方能行呢。」金有聲說道：「記住了。」元首又從懷中取出一封信，交於金有聲，說道：「美國有一個外務尚書，名叫華聽，此人我在美國時與我同過學。上月他與我來信，說他新升為外務部尚書，到時將信交與他，讓他與你找學堂，才能行呢。至於這一路的事情，你與寇本良擔待著吧。你二人總要拘束他們這才是。」有聲、本良一齊說：「是，遵命。」當下囑咐完畢，那六輛車子全都套好了，東西也全都綁好了，出府正要起程，侯元首說道：「慢著，你們今日遊學美國，我有幾句要緊的話告訴你們，可要好好記著。諸生不知，聽愚師道來。」

　　侯元首未曾開口笑吟吟，叫了聲諸位學生細聽真，為師我因為學淺遊美國，在他邦陸軍學堂安過身，因此我知道他國學堂好，才想讓你們諸人那邊存。現在時咱們國家甚軟弱，終久的恐怕為那日本吞。保國家在你諸人這一舉，在學堂可要千萬苦用心，那煙花柳巷不要去，戲館茶樓少留身。在學堂與同學總要和氣，別與人家把氣沖。咱們是為國求學問，拋家舍業是難云。在那裡你們要是不學好，怎對為師我這片心。雲大人為你們把款備，每年間須費三萬兩銀。你諸人心中常要懷此意，這事情關係咱國的生存。眾學生一齊說是謹遵命，不必先生苦勞神。侯元首囑咐完了那邊去，又聽的安母走來喚重根，我的兒今日別母行遠路，怎不教為娘我掛在心。這一去就是五六載，但不知何日能夠轉家門。為娘我有幾句話，我的兒須要牢牢記在心。在道上不要各處胡遊耍，到店裡不要狂言得罪人，上船時好好看守自己物，免被無賴之人來相尋。在學堂不要妄把功夫廢，省著讓為娘在家把心分。總要把國恥父仇常在意，斷不可忘了咱國那仇人。安太太囑咐完了親生子，又叫聲諸位學生聽我云，我那兒身青幼小不定性，望諸位可要規誡他的心。有不好儘管與我把他教，別使他任著性兒去浮沉。望諸位須要專心求學問，別辜負咱國花的這些金。眾學生一齊說是遵命了，那安人轉過身來淚紛紛。元首說天道不早你們走吧，那學生這才一齊跪在塵，施禮已畢皆站起，看他們一個一個淚沾襟。雲大人催著他們把車上，那車夫鞭子就在手內掄。轉眼間就離了故土之地，那安母猶且依稀倚著門，等看那車子遠了看不見，安人才一步一步轉回身。押下了安人回房且不表，再把那李樹蕭來雲一雲。

　　話說那李樹蕭，自從將寇本良送走以後，看著他國家，一天比一天軟弱，日本人一天比一天強盛，他心中就著實焦燥。趕上這年中日戰後，他猶其看出他國不好了，但是沒有甚麼法子。這日忽然想起一個道來，說道：我有三個知己的朋友，他們素常日子，也跟我常議論這保國的方法，今日我何妨再與他們商量商量，萬一他們能有道呢？豈不是好嗎？說著就往那裡去。

　　單說他這三個朋友，一個叫李相高，一個叫李緯鐘，一個叫李俊，本是一姓兄

弟三人，俱是漢城的人氏。當日李樹蕭來到李相高的家中，也不用門軍通報，自己就進了屋中，看他三人全在屋中，不知在那裡寫甚麼的，又看那邊坐著五人不認識。他三人一見樹蕭，急忙下得地來，說道：「賢弟來了，有失遠迎，赦罪，赦罪。」樹蕭說道：「咱們兄弟，本是知己之交，哪裡用著這些個話呢？」遂問道：「這五位客是哪裡來的？」李相高說道：「你看，我也忘與你引見了，此人姓金名洪疇，此人姓高名雲，此人姓吳名佐車，全是平安北道人氏，此二人，一位名姜述堅，一位名姜述白，是我表弟，與他三位同鄉。」說完，遂一一與樹蕭引見了。大家敘見已畢，坐下，相高說道：「我方才想打咐家人去請你，偏趕上你來了。」樹蕭說：「找我作甚麼？」相高說道：「只因為我外邊堅表弟與金仁兄，想著上美國遊學，遂前來聯合我們兄弟三人。我尋思要保護國家，除非有學問不可，他們來聯合我去遊美國求學，我是很願意的。所以我要請賢弟來商議，一同去遊洋，求點學問，以保護咱國家，豈不是好嗎？」樹蕭說道：「我來也是為國家軟弱，沒有方法的緣故，想著來與兄長們商量商量。今日這個道，實在是好，小弟哪有不願意的道理呢？」相高又在桌上拿一張稟帖來，說道：「這是我們方才寫的稟，想著上學部去遞，賢弟可以把名添上吧。」說著，遂將李樹蕭的名字添上。樹蕭說：「不去遞嗎？」相高說：「為甚麼不遞的呢？」樹蕭說：「即想著要遞，咱就上學部去吧。」說罷，他們又一齊起身，出了李相高之家，徑奔學部而來。正是：

平壤學士方離里，漢城書子又出京。

要知後事如何，且聽下回分解。

第十五回　安重根路收三義友　金有聲店結九良朋

　　話說李相高九人，拿著稟帖到了學部遞上。單說韓國學部大臣，這時候是李完用坐著。當日接了這個稟一看，有樹蕭的名字，他暗自忖道：「親王的兒子，也想著去遊洋，我要不准，似乎不好，我不如應許了他們，一年也費不了多少款項，讓他們念誦我的恩德，也是好的。」遂將稟帖批出，准他們官費上美國留學，又在外務部與美國領事衙門，辦了一份文書，讓他們四月初十日起身，這也算是李完用做了一點好事。

　　且說李相高九人，這日看稟帖批准，許他們官費留學，一個一個喜出望外，各自回到家中，收拾收拾。到了初七日，李樹蕭辭別了家人，與李相高八人會在一處，到學部將文書領來，款項由學部往美國匯去，他們不管一概事情。全都完備，遂雇了四輛車子，也由水路走，所以出了漢城，勾奔仁川走了來了。

　　眾英雄因為學淺離門庭，一個個滿面淒慘少笑容，齊說道不幸生在軟弱國，整

天裡得叫日本人欺凌。那君王朝中以裡竟作夢，大臣們一個一個裝啞聲。像這樣君臣那有不亡國？尋思起真是讓人痛傷情。社會上百姓昏昏如睡覺，是何人相呼他們在夢朧？眼看著刀子到了脖子後，還以為安然無事享太平！現如今虎狼已經進了院，誰能夠安排劍戟把他攻？咱國中數萬人民盡痴睡，無一人知道防備傷人蟲。最可歎數千餘年高麗國，不久要落於日本人手中，到那時山河粉裂社稷墜，咱們這條命十死無一生，空積下數萬銀錢不中用，一家裡父母妻子各西東。眾英雄一齊說到傷心處，不由的兩眼滴滴流淚橫。說今日咱們美國求學問，也不知能夠求成求不成？如果是求來真實大學問，也不枉遠涉重洋走一程。有學問回國好來做大事，喚一喚數萬人民在夢中。便與這全國人民如一體，不怕那日本人們怎樣雄。英雄們一邊走著胡談論，看了看眼前來到仁川城，大家夥一齊入了大客棧，預備著僱上輪船赴美京。眾明公聽書不要聽熱鬧，想一想咱們中國啥樣形。別拿著高麗滅亡不經意，大清國也與高麗一般同。高麗國不過是日本一個虎，咱國中所在盡是傷人蟲。眾明公別拿自己不要緊，有一人就是他們一個對頭兵。東省人要是全都存此意，怕什麼日俄逞雄不逞雄。押下此事咱們且不表，再把那有聲諸人明一明。

　　話說金有聲諸人出了雲府，拜別了在霄、元首、安母，這才一齊上了車子，勾奔仁川，可就走下來了。

　　來的是十六英雄離家鄉，一一要上那美國去出洋，都只為國家軟弱思保護，才拋了家中老少與爹娘。看他們本是一些青年子，全知道求點學問固家邦，如果是高麗全能這個樣，他國家一定不能被人亡。看他們不顧家鄉離故土，一個個坐在車中話短長，這個說從小未走這遠路，那個說不知美國在哪方。聽人說美國是個民族國，倒不知他那政治是那樁？到那裡先將這個事情訪一訪，回國時也把民族主義倡一倡。這個說不知咱得何日到，路途上這些辛苦甚難當，那個說不要著急咱們慢慢走，這個說著急也是白白費心腸，大家夥這才不講究，看著那天色將要到午傍。走多少曲曲彎彎不平路，見多少草舍茅庵小山莊，聽了些各處農夫唱鏟草，觀了些往來仕宦路途忙。各處裡百鳥林中聲細細，滿道上青榆綠柳色蒼蒼。觀不盡遊魚河裡穿花戲，看不了燕子銜泥影成雙，遠山上奇峯夏雲才出岫，近處裡榆錢落地色發黃。果真是夏日清和人氣爽，身體兒覺著平常分外暢。正是英雄們觀看路途景，看了看西方墜落太陽光。大家夥一齊入了招商店，到明日復又登程走慌忙，饑食渴飲路途奔，這一日來到朝日大嶺旁。眾人一齊過了朝日嶺，又聽黃伯雄那邊開了腔。

　　話說金有聲諸人正往前走，忽聽黃伯雄那邊說道：「前邊就是瑞興縣了，咱們今日晚上，就宿在這吧。」金有聲說道：「天道尚早，何不多趕幾里？」伯雄說道：「再往前走，五十里才能夠有店呢。」金有聲說道：「既然如此，就宿在這里吧。」說著就奔街裡，在街東頭有一大店，他們就將車子趕至院中。店小過來，將他們的行

李一齊搬到屋中，安排妥當。店小打幾盆熱水，大家拭了面。店小又說道：「客官就用飯不好嗎？用完飯諸位好歇著。」有聲說道：「怎麼不好呢？」於是店小放上棹子，將飯菜一齊端上來。大家用飯已畢，付了店錢。店小將棹子搬去，說道：「客官歇著吧。」遂去了。

單說安重根喫完了飯，跟孫子奇說道：「天道還得一會黑，咱二人出去遊玩遊玩去不好嗎？」孫子奇說：「怎麼不好呢？」於是他二人出了店房，往南走了二里餘路，到在一個河邊，他二人就在那四下觀望。忽見那邊來了一輛車子，不多一時，來至近前，從車上跳下三個人來，拱手說道：「這位賢弟，在下得問一聲，前去多遠，能有店家？」安重根已看這人非凡，答道：「前邊二裡餘就有店，你們是往哪裡去的呢？貴姓高名？」那人答道：「在下姓李名範允，此人姓周名莊，此人姓曹名存，全是咸境道中本鎮人氏。我們因為國家軟弱，想要上美國留學。」重根一聽，說道：「事情真湊巧了，我二人也上美國留學的。」遂通了自己與孫子奇的姓名，又說道：「咱們今日遇在一處，真是三生有幸，我們還有十幾人在店中呢。你們隨我到店中，明日與我們一同上美國去，不好嗎？」李範允三人一齊說道：「我們正愁人少孤單，安賢弟願意與我們同走，我們哪有不願意的道理？」於是他三人說說笑笑來至店中。

單說寇本良見安重根二人出去多時不回來，正在著急的時候，只見重根領了三個人來。本良說道：「賢弟你哪裡去了？此三人是何人？」重根遂將方纔之事說了一遍，又與他三人，挨著個引見了，一齊坐下，說了一會，各自安歇。第二日清晨，他三人與有聲等會在一處，坐上車子，又撲奔仁川大路走下來了。

好一個安氏重根小後生，在路上結交三位大英雄。重根說不是咱們國家弱，咱諸人哪能相交一路行？看起來這事果真是湊巧，總算是有緣千里來相逢。若不然咱們相離數千里，哪能夠同去留學赴美京？李範允三人一齊開言道，說道這事實在系非輕。我三人從小同學好幾載，常愁著學問淺薄心內空，每想要西洋各國求學問，因年幼家中屢決不讓行。這幾年國家軟弱不堪講，無奈何辭別家院奔前程。我三人恐怕自己不中用，每想要結交幾個好賓朋，偏偏與重根賢弟遇一處，一見面幾句話來就投情。因重根又與諸位相了善，我三人實在是樂非輕，咱大家一齊住在美學校，回來同心同力好把國興。眾英雄說說笑笑往前走，一個個滿心得意志氣增。曉行夜宿非一日，這日到了仁川城。眾英雄一齊入了大客棧，又聽得有聲前來把話明。

話說金有聲諸人，這日來到仁川，進了客棧。金有聲說道：「你們在這店中等著，我去上會東錢店，起了匯票，連起火船票。」說罷出了店門，來到會東錢店，起了火船票，匯了錢，才想要走，只見外邊忽來九個人，也起火船票上美國。有聲一見他們形象，覺著有因，遂問道：「諸位上美國作甚麼去？」單說這九人，不是別人，就是那李相卨九人，當日到了仁川，來在會東錢店起票，一見金有聲相問，遂各道了

姓名，說：「我們上美國留學去，閣下也是上美國留學的吧？」金有聲說道：「正是。」遂通了姓名，又說：「我們店中還有十幾位人，列位要不嫌棄，可以與我們一同前去。」李相高說道：「那敢自倒好了。」遂起票，領著有聲到了他們所住之店，將東西全都拾掇起來，到了有聲所住的店中，方將東西放下。李樹蕭看見寇本良，說道：「賢弟你怎麼到此？」寇本良一聽有人招呼他，回頭一看，乃是李樹蕭，遂上前施禮。正是：

飄零數載未會面，今日店中又相逢。

要知本良說出什麼話來，且聽下回分解。

第十六回　英雄同入美學校　侯弼集股開報館

話說寇本良見了李樹蕭，施禮已畢，說道：「兄長，你怎也到了這裡呢？」樹蕭遂將上美國去留學的意思，說了一遍，本良也將他們意思說了一遍。此時本峯也過來，見過了樹蕭，各道些離別的情腸，有聲、本良又與他們互相引見了，大家團團坐下。此時他們一共二十八個人了，又重敍了一回年庚，李相高居長，次則李範允、金洪疇、金有聲、李緯鐘、高雲、周莊、姜述堅、吳佐軍、曹存、李俊、寇本良、黃伯雄、堯在天、錢中飽、姜述白、李樹蕭、岳公、蕭鑒、趙適中、雲在岫、陳里思、陳聖暇、侯珍、寇本峰、孫子奇、雲落峯、安重根。當日他們大家名次排定，談論一會，各自安歇。第二日上午八點鐘，他們將來送的車打發回去，遂後上了輪船，由太平洋撲奔美國走下來了。

眾英雄上了輪船離仁川，那火船好似箭打一樣般，光聽那輪子咯吱咯吱的响，但見那海水波濤上下翻，轉眼間就走出去千幾里，猛回頭看不見了大仁川。但見那海水洋洋無邊岸，瞧不著江村茅舍與人烟，但聽那鯨魚吐氣噴噴响，那辨出南北與東西，鳥雀兒空中飛著氣力盡，吧嗒嗒落在船頭那一邊。看這個茫茫大海何日盡，尋思起真是沒人不心酸。也不知美國到此有多遠，都說是走到也得七十天，歎煞波浪滔天無陸地，往來的僅有幾支火輪船。要不幸遭了颶風船刮沉，這伙人全得死在海中間，身體兒一定辱在鯨魚腹，有甚麼回天志向也算完，到那時家中老幼難見面，有多大國恥全得拋一邊。滿船中除了同人無親故，只聽那隔號之人笑言喧。英雄們正在船上胡叨念，忽聽那船長招呼用晚餐，大家夥用飯已畢艙中臥，忽忽悠悠就安眠。論走也得兩個月，說書的何用那些天。簡斷捷說來的快，這日到了美國檀香山，檀香山離美國還有八千里，不幾日可也就到了那一邊。下了輪船把火車上，這日到了美國京城前。下火車一齊入了店，又聽有聲那邊把話言。

話說李相高諸人，這日早晨到了美國京城華盛頓，下了火車，找了一個店，將所帶物件安排妥了。金有聲說道：「咱們上他那外務部遞文書去呀。」大家說：「是，走吧。」那位說：得啦，你不用說了，高麗與美國話也不通，字也不一個樣，他們去辦事，人家那能懂的呢？並且那文書的字，人家也不認的呀。列明公有所不知，這裡有個原因。那侯元首在那國呆過，會他國的話並他國的文字，皆因他會美文，他那些學生，他也全教會了。至於金有聲，入過耶穌教，學過英文，英文與美文是一樣，所以他們能夠與美國人說話。至於那文書，盡是翻的美文的封信，侯元首也是用美文寫的。在上幾回書中，靡將此事敘出，所以你們發疑。

閑話少敘。再說金有聲等，一齊出了店中，來到街上一看，好不熱鬧哇。

眾英雄一齊邁步出店中，要上那外務部把文書呈。到街上舉目留神仔細看，好一個繁華熱鬧美京城。人家街上馬路修得平如鏡，快車洋車花花來往冲。買賣家一天澆上水三遍，走那上靡有一點塵土星。兩邊廂洋樓、洋行修的好，俱都是玻璃窗扇好幾層。屋子裡排著些古董器，冷眼看全都不知甚麼名。屋頂上安著避雷針一個，防備那陰天落電把屋轟。街兩旁安著杆子整兩溜，紅銅弦杆子以上放的精。一邊是預備來往打電報，一邊是安著玻璃電氣燈。電氣燈本是一種古怪物，不用油自己就能放光明。齊說道外洋人兒學問大，發明的物件實則令人驚。在咱國不用說是靡見過，長這大都未聽說這一宗。今日裡咱們算是開了眼，也不枉千辛萬苦走這程。眾英雄一邊說著往前走，忽又見一座洋樓修的精，四周圍斜山轉角好幾面，玻璃丸又在上耀眼放光明。這個說這是美國上議院，那個說皇宮不知怎樣工，這個說他國以裡無皇上，全國人公舉一個大統領，有事情送在議院大夥議，議妥了統領頒布就實行。這個說美國原先也軟弱，全仗著華盛頓來把美興，眾人民與英國血戰九年整，才能夠叛英獨立世界中。都說是美國以裡政治好，今一見話不虛傳是真情。眾人們走過這座上議院，忽看見那邊來了一幫兵，只聽的洋鼓洋號吱吼响，一個個年青有力帶威風。說道是無怪人家國強盛，看這些兵丁全都有多凶。他眾人說說笑笑往前走，眼前裡來到外務部的大門庭。眾英雄走至門前就站住，又聽那門軍過來問一聲。

話說李相高二十八人，來到美國外務部衙門，一齊站住。門軍過來問道：「你們是作甚麼的？」李相高等答道：「我們是韓國的學生，到你國前來留學，有文書在此，乞閣下與我們進去通稟一聲。」門軍說：「你們在此等候一回。」遂進去，不多時，出來說道：「你們跟我進去吧。」他們一聽，遂跟著門軍進了裡邊，見了華聽。施禮已畢，李相高、李範允各將文書呈上，金有聲將侯元首那封信呈上。華聽看完了文書，又看那封信，是侯元首與他來的，可就拆開看起來了。

上寫著謹具蕪函字數行，拜上了華聽仁兄貴座旁，咱兄弟於今離別十餘載，常思想不能見面掛心腸。前幾年兄長與我捎過信，言說是位坐外部尚書郎，都只為山高

路遠難見面，也未能賀喜增榮到那鄉。看起來侯弼實則是無禮，望兄長腹內寬宏把弟諒，今日裡魚書寄到貴府內，也就算盡了爲弟這心腸。這本是咱們二人在下事，還要求兄長替辦事一樁。只因爲我國軟弱無賢相，君臣們每日昏昏在朝堂，日本在我國屢次增勢力，可憐我數萬人民遭他殃。我高麗本是中國他的屬國，那日本硬說我國爲獨立邦，看這樣是坑害我的國，我國人猶且昏昏睡黃粱，百姓們全都不知把國保，高麗國恐怕將來被人亡。弟以爲要想保國求安泰，除非是全國人民學問強。我國裡學校無多辦法壞，百姓們皆以學堂爲不良，說學堂人人掩著耳朵跑，無一人送他兒郎到書房。說我國這樣人民看一看，誰敢保國家不被日人亡。幸虧我教了幾個好弟子，他們一心要留學到外洋，因此我才讓他們貴國往，望兄長千萬收留在那鄉。那因爲你國政治學問好，所以我才望他們留學上貴邦。學膳費我國年年往那匯，管保不能讓兄長你搭上。右寫著侯弼平壤三頓首，下墜著四月四日燈下撢。華大人看罷侯弼這封信，在那邊皺皺眉頭開了腔。

話說華聽看完了侯弼那封書信，暗暗的想道：高麗軟弱，他們學生前來求學，是爲他們國家的大計。我想日本要是把高麗滅了，於我國也是靡甚麼好處，而且大有害於我，何不把他們留下，給他們挑個學問堂住著，萬一能出來一位英雄，把高麗國保護住，他國人也念誦我眞好處。」主意已定，遂向金有聲等說道：「你們前來住學堂，但不知願意入哪樣的，我看你們也是不知道那樣好，我告訴你們吧。要想著保護國家，當住陸軍、法政。法政是講治術的，陸軍是講武備的。還有理科，專研究物理、化學。陸軍學堂與理學專科，全是三年畢業，法政是五年畢業。可不知你眾人願意入哪樣學堂？」李相高說：「咱們大家商量商量。」於是岳公、金洪疇、李範允、陳聖思、陳聖暇、曹存、姜述白、李俊，八人願意入陸軍學堂，寇本良、趙適中、孫子奇、高雲、周莊五人願意入理科，剩下他們十三人全願意入法政學堂。商量妥當，向華聽一說，華聽說：「既然如此，我就送你們入學吧。」遂命他們把東西從店中拿來，一齊搬到學堂裡去。寇本良入了理科中之醫科。由是他們大家全都入了學堂，慢慢往前來學。這且不表。

單說侯元首，自從金有聲送走，回到家中，呆了幾天，跟金玉均說道：「學生們都走了，咱們二人還得張羅著開報館哪。」玉均說：「想要開報館，咱這款項怎麼籌呢？」元首說：「兄長勿愁，我自有方法。」遂寫了幾個帖子，把岳公之父岳懷嵩、孫子奇之父孫善長，趙適中的哥哥趙適宜，蕭鑒的父親蕭樹聲請來，又請了三位紳士，一個叫田承恩，一個叫張建忠，一個叫花錦。當日諸人接了請帖，全都來到元首的學堂，元首接至屋中坐下，眾人一齊說道：「先生請我等到來，有何話講？」元首說：「無事不敢勞諸位到此，眾位仁兄洗耳，聽我侯弼道來。」

侯元首未曾開口面帶春，尊了聲諸位仁兄聽我云，將諸公請來不爲別的事，想要

讓眾位仁兄幫我銀，幫我銀錢不為別的事，想著要開報館把民新。只因為咱們受那日本氣，才打發那些學生離家門，讓他們美國以裡求學問，回來時開化民智固邦根。現今裡他們已經離故土，我在家沒有營生占著身。我常想要使咱國不亡滅，除非是數萬人民同一心。要想使他們全都同心意，必得用報紙鼓吹眾黎民，使他們全知日本的利害，因利害了能知道保家門。保家門就是保護咱這國，家與國本來沒有什麼分。人人要全都知道把家保，這社稷江山一定不能湮。因此我要使人人把家保，有一條拙見敢在面前陳。在這城開上一個白話報，天天各處發賣化愚民，請諸公幫我銀錢就為此，望諸公不要拒絕我這片心。諸公們一家集上幾個股，報館成來就在你們諸君，那時節人民知識盡開化，豈不是咱們大家福分深？諸公們思一思來想一想，侯弼的話是真不是真。

話說元首說罷一片集股開報館的話，岳懷嵩諸人一齊說道：「先生的意思極好，我們沒有個不贊成者，用多少錢，我們都能幫著你們。」元首說：「也用不了多少，有三四千吊錢，也就夠了。」岳懷嵩等說道：「這點錢不要緊，先生儘管辦吧。我們八人，一家集上四個股，一股拿上五百吊，不夠再往上添。」元首說：「有四千吊錢，也就夠用了。」於是他八人，各自回到家中，將錢湊足，與元首送來。元首一見有了錢，遂買了幾件印書的機器，聘了幾位訪員，自己為主筆的，開了報館，各處去賣。起初人們都不愛看，到後來看看有趣味，全部爭著買，那報館可就興旺了。

這且不表，單說日本皇帝，那日早朝，伊藤出班呼道：「吾皇萬歲，臣有本奏。」正是：

英雄方且吹民氣，日本又來虎狼人。

畢竟不知伊藤說出甚麼話來，且聽下回分解。

第十七回　伊藤拜受統監印　韓國坐失行政權

話說伊藤上至金殿，參見已畢，日皇設下金交椅，命伊藤坐下。伊藤謝了恩，坐下。日皇道：「愛卿那日說，吞併高麗，得先使他歸咱們國保護。現在你這道，安頓得怎樣了？」伊藤奏：「我主不知，為臣來的正為此事兒，已經籌算妥了。」日皇說：「既然妥了，愛卿與寡人言講言講，然後咱們就頒布著實行，豈不是好麼？」伊藤說：「我主願聞，聽臣下道來。」

這伊藤金殿以上把話發，尊一聲我主在上聽根芽，為臣我自從出世到今日，惟有那兩個目的未能達。第一是高麗未能屬咱管，第二是滿洲未能歸咱轄，這兩樣還是著重第一樣，因為那滿洲、高麗緊挨著。要能夠將高麗得在手，取東三省也就省了法。

為高麗為臣費了滿腔血，現如今僅僅在那把手插。高麗事已經不歸中國管，這時候何不極力以圖他？前幾日為臣也曾畫過策，言說是保護高麗他國家，在他國修下一個統監府，派一位能言大臣去駐扎，給與他一顆統監韓國印，無論辦甚事全得由著他。在他國暗以裡把計定，用花言巧語把他君臣們誇，就說是高麗本來是好國，惟獨那內治外交有點差，因此你們才受他國的氣，我今日與貴國想上一方法。我的國把你們來保護，你國的種種敗政改改吧。諸般的政治我們替你辦，也省著受那他國來欺壓。外交事我國也替你們管，讓你那駐外領事皆回家。那時節不怕他們不應允，為臣我自有方法處治他。明著以保護他國為名目，暗地裡慢慢把他權力刮。那韓國君臣昏弱盡無謀，見將時眉開眼笑樂了他。他國的權力要是都到咱的手，咱們就一點一點把他轄，不怕他能出多少大豪傑，靡權力咱們怕他作甚麼。得高麗然後再分東三省，咱的國庶就可以見發達。要可行我主就把統監派，讓他速速往高麗國發，事不宜遲就要辦，再等幾天恐有差。伊藤侯說罷這些話，又聽那日皇把話答。

話說伊藤說罷一片併吞高麗跟東三省的話，日皇說道：「愛卿見識極高，寡人看這統監，別人也不能勝任，就得愛卿你去吧。怎麼說呢？因為事事都是你做的，別人去辦，也摸不著頭緒，所以寡人願意讓愛卿你去坐那統監。」伊藤說：「我主既派了為臣，為臣也不敢推辭，後日為臣我就要起身。」日皇說：「是，越快越好，恐怕事情遲延，省再出差錯。」於是伊藤辭別了日皇，下殿回府去了。日皇命工部造一顆統監印。說話之間，就是三天。到了那日，伊藤將統監印懸在殿上，拜了九拜，然後受下。日皇先往高麗打封電報，讓他國領事在那邊迎接，這邊又安排下酒宴，與滿朝文武，在十里長亭與伊藤餞行。伊藤早就收拾妥當，帶了無數官員，預備上高麗辦政治用。於是坐上快車，出了京城，那滿城的百姓，聽說伊藤要上韓國作統監去，遂前來賣果，好不熱鬧的很哪。

這伊藤坐上快車出東京，你看他前呼後擁好威風，在前頭跑開三十六匹護衛隊，馬上的人兒甚青年，洋號兒嘴裡吹的吱哇响，好比似鶴唳龍吟一般同。在後邊也有護衛隊，盡都是青年有力小步兵，每人扛著鎗一桿，刺刀兒安在上邊躍眼明，看人數也有五六百，把快車團團圍住不透風。威威烈烈往前走，又聽那庶民人等亂哄哄，這個說大人今日出了府，那個說不知要往何處行。這個說韓國去把統監做，你們因甚不知情？那個說統監要到高麗國，他的國一定被你坑。那時節咱國必然得土地，那時節高麗必定把國扔。不言這百姓滿街閒談話，再說那伊藤到了十里亭。日君臣早在那裡來等候，伊藤也慌忙下了快車中。伊藤說為臣今日有了罪，日皇說愛卿不要來謙恭，寡人我今日敬你三杯酒，略報報愛卿你的忠。說罷將酒遞過來，伊藤侯施禮謝罪接手中。三杯酒方纔飲到胸膛內，又過來文武百官眾公卿，每人敬了三杯酒，那伊藤飲的滿面紅。對著百官們施下禮，說道是有勞諸公好心誠。施禮已畢把車上，威威烈烈起

了程。前行來到海沿上,坐上輪船奔韓行。書要簡捷方為妙,嘁嚕囉嗦困明公。這日來到漢城內,那領事接在使館中。

話說伊藤這日到了漢城,他國的領事,跟到高麗國的臣宰,一齊接到十里長亭。大家見了面,道了些個辛苦,然後才進了他國領事衙門。高麗的臣宰們,在那談了一會,遂辭別伊藤,回府而去。

單說伊藤在他那領事衙門住了幾日,說把他的領事打發回國,在高麗一概的事情全都歸於他一人辦理。這一日下了幾個請帖,把高麗國的大臣李完用、趙丙穋、朴定揚、尹用求等請來,讓至客廳,分賓主坐下。侍人過來倒上茶,茶罷撤盞,李完用等問道:「貴大臣今日將我等招來,有何事相商呢?」伊藤答道:「靡有別的事情,只因我國上幾年替你們平定東學黨,你國的民無故的把我的兵丁傷了無數,我國就想要替你國改革內政,趕上與中國開仗,也靡得暇來辦此事。今年因為我皇上,派我為你國的統監,連保護商務,代辦那一年的事情。我以為那年的事情,雖是你國的百姓無禮,我們就硬把你國的政治改革了,也是很對不起貴國的,所以我今天將貴大臣們請來,有幾樣事情相商,不知諸公願聞否?」李完用等說道:「統監只管說來,我們無有不願聞之理。」伊藤說:「如此,諸公聽我道來。」

伊藤侯坐在椅上把口張,尊了聲列位大人聽其詳,只因為你國人民來作亂,我國的無數兵丁受了傷,這都是你國內治不完善,才惹出無數人民發了狂。我皇上就把你們內政改,派我為你國統監在這方。我今日要把你們政治改,又覺著貴國臉上沒有光,敝人我想出一條完善道,敢在諸公面前陳短長。你高麗所以到這般軟弱,都因為你們內政甚不良,我國家兵強馬壯政治好,可以替你們保護錦家邦。各衙門要用上我國人一個,各樣事全得跟他去商量,有不善他們就能與你改,我管保諸般政事皆見強。各國裡你們不用把領事駐,不用的領事在此讓他歸故鄉,外交事全能替你們去辦,一文錢不勞貴國費思量。省下錢再與你國興武備,管保使你們韓國不滅亡。從今後你國歸為我保護,別的國誰也不敢來遭殃。改好了我們就推開手,豈不是一舉兩得一好方?這伊藤花言巧語說一套,哄的那高麗臣等無主張,齊說道這個相應多麼大,咱快去稟報於那李熙皇。

話說李完用被伊藤一片言語,哄的心眼直轉,說道:「貴國既有這片好心,來保護我們的國家,我們真是感恩不盡了,我們就回去稟於我國皇上得知,然後統監往我們各部裡派人吧。豈不是好嗎?」伊藤說:「既然如此,諸君就去稟報於你們國王得知吧。」於是李完用等出了領事衙門,來到金殿,見了韓皇,把伊藤的話一學,又說:「伊藤怎樣好心,人家替咱們保護國家,改變咱國的政治,改革好了,人家就撒手,我主你看這事有多麼相應。今日若不依允,恐怕過了這個村,靡有這個店啦。」那李熙本是胡哩胡嘟、任其不知的一個皇上,當日聽大臣們這一說,也尋思這事是好

事，遂說道：「愛卿你們酌量著辦去吧。」於是他們又回到日本領事衙門，把方才之事對伊藤一說。伊藤說：「你們皇上倒到算是好王」，於是命野軍鎮雄為韓國兵部顧問官，藤增雄為內宮、學、農、工三部顧問官，賀田種太郎為財政局的顧問官，幣原坦為學部參與官，九山重俊為警察顧問官，三島奇峯為法部顧問官，又將韓國各處人民訴訟的事，全讓他們領事代管。當日伊藤分派已定，是日韓國行政的權力，全歸於日本人的手，那韓國原有的官員，僅僅的跟人家一塊吃飯，湊熱鬧而已，而韓國的君臣，還以為日本是好意，真是可歎呐！

好一個詭計多端伊藤公，行出事全是要把高麗坑，拿著那保護韓國把名買，暗地裡奪取利權在手中。韓國裡君臣無謀見識小，整天的稀裡糊塗賽啞聾，日本人施下毒辣傷人手，正以為人家給他好相應。自己國自己就當能保護，斷不可倚靠外人把事行。自己事全讓人家來替辦，簡直的跟著滅亡一般同。有權力國家就算有，靡權力國家既算扔。權力他是一個甚麼物？列位不知聽我明，權力與人好比一桿秤，用他來把東西衡，力者就是咱們的力，那權兒就是秤錘他的名。有秤錘就是打物件，靡秤錘就是不能行。咱們人好比一秤杆，倚靠著秤錘把物衡，秤錘要是歸了外人手，這杆秤就是無用人一宗。政治就是國家權力，能得權力國必興。高麗把權力送與日本手，無怪乎他就扔了錦江洪。中國人全不知他權力保，也恐怕跟著高麗把國扔。勸大家千萬要把權力強，斷不可忽忽悠悠度秋冬。這一回高麗失權真可難，下一回日本把他財政清。書說此處算拉倒，明天白日再來聽。

第十八回　索國債監理財政　傷人命強奪警權

衣服好比巡警，血脈好比銀錢，有衣遮體不能寒，血脈流通身健。二者相輔並重，缺一就得玩完。有識之士痛時艱，全在經濟困難。

《西江月》罷，書接上回。上回書說的，是那高麗歸了日本保護，他國一概政治衙門，全安上一個日本人幫著辦理，可見他國的君臣，全都任然不懂，把自己國的政事，讓人家替著他們辦理，還以為是相應。一起始辦甚麼事情，全都跟韓國的君臣商量，到後來把那個韓國的君臣，就扔在開外了。無論辦什麼事情，人家日本人說啥就是啥，那韓國君臣好像聾子耳垛一般。你看他們不但拿著不著意，還等著把政治改好了，安然享太平福呢！不知那日本人如虎似狼，到嘴的肉，哪有吐出來的？況且說那日本，素日想著要吞高麗，就愁那韓國的權力到不了他的手。今天可一下子到了他的手，他能夠放鬆嗎？高麗無謀，把權力送與外人之手，我中國看看高麗的前轍，自己也當加點小心哪！

閑話少說,單說伊藤自從把高麗種種的權力,全攬到手裡,可就讓他們在高麗的日本人,盡力捉鬧,那高麗人民受他們的欺壓,實在是讓人難言哪。由此一年多,那韓國的權力,一多半都歸於日本人的手中。高麗又與伊藤修下一個統監衙門。這日伊藤正在衙門悶坐觀書,忽然想起一宗大事來,遂命人套上快車,去上那高麗的政府。到了門首下車,李完用等接至屋中,分賓主坐下,一齊向伊藤說道:「統監大人今日到此,有何事相商呢?」伊藤說:「無事不敢到此,列位大人要問,聽我慢慢的道來。」

好一個智廣謀多伊藤君,你看他未曾開口笑吟吟,尊了聲列位大人且洗耳,我今日有一件事情對你們陳。那一年你們國內起了亂,無故的攻破我國領事門。殺傷了我國商人好幾百,又要害我那領事花房君,多虧了英國商船救了命,若不然性命一定歸了陰。那時節我國派兵來問罪,你國裡賠了五十餘萬金,這個金那時未能付於我,言說是指地作保利三分。這是那第一回該我們的款,還有那第二回賠款十三萬金。第二回賠款不為別的事,因為是你國大臣金玉均,他一心要在你國謀變法,想去求我國領事大發軍。到後來我們被中國打敗了,因此才賠我十三萬兩好紋銀,也說是按年行上三分利,到今日合計起來十六春。本利共合也有三百萬,至如今未給我們一兩銀。我國裡那日與我打來電,言說是新練兩鎮大陸軍,讓我在此與你們把賬討,好給那新練之軍作餉銀,要不著我國養兵用的緊,也不能來與諸公把賬尋。諸公們怎的也得奏對上,那管賣土地也得還我銀。我今日緩上你國一月限,到日子就得與我送到門,到那時要是將錢送不到,就苦了我國那些充軍人。要實在無錢還我們的債,我還有兩條道兒面前陳。第一是無錢將地賣與我,京畿這道值三百萬兩銀。第二是你國財政我監理,出入款項你不得與聞。用將去上我那衙門領,不讓你們妄費半毫分,省多少好與你欠債償,免去了貪官污吏來侵害。你國人不知理財為何物,拿著生財求富置罔聞,要知道生財求富的富庶,也不能讓那饑荒屯了門。這兩樣你們必得從一樣,說甚麼也得還我這項銀。要有銀還我可比這件好,我恐怕你們無處把銀尋。諸公回去好好想想吧,一日之賬是實云。這伊藤說罷一些話,到把那李完用等嚇吊魂。

話說李完用諸人,聞伊藤說了一片要錢的話,一個個目瞪口呆,半晌方說道:「我國此時窮的靡法,那有還賬的錢呢?」伊藤說:「靡錢也不行,我國等著這個作兵餉呢。你們要不還我的錢,我國用甚麼養兵?反正一月之限,湊足了更好,要湊不足,到那時可也就講不了,給我們地,或是讓我們監理你們財政,往下不用說了。」說完了,就上車回統監府去。

單說李完用等,即當日商量了一會,誰也靡有法子,遂稟於他的皇上李熙。李熙也是沒章程。遂又商量了一回,望他們的百姓,那百姓誰也不出錢。可知那外國的百姓,一個個是任啥不懂,要是知道的好了,把國債大夥湊吧、攤吧,還上日本,也說

就不能監理財政了。因為他們皆存自私的心思，不肯出錢還國債。哪知道你不還人家錢，人家不是要你的地，就是要把你的財政權把過去。財政是國家的血脈，將血脈讓人家把守著，國家能自不亡嗎？咱們中國，欠人家外國錢，比那高麗還多著多少倍。這幾年外人常想著要監中國的財政，要是咱們的財政權，一讓於外人把過去，也就離完不遠啦。諸公們好好想想吧。

閑話少說，單說李完用等籌備這個錢，眼看一個月也糜顛對妥，無奈到了統監衙門，對伊藤以說。伊藤說：「既糜有，也講不了別的，反正就兩條道，你們是從哪條吧？」他們又求緩日限，伊藤擺頭不答應。李完用等看看糜法，遂許伊藤監理他國的財政。趕到財政權到了日本人的手裡，是大韓的稅務、錢粮、田租，所有一概入款的事情，全歸伊藤管理，那韓國想要作甚麼事，辦甚麼政治，伊藤也不給他們錢花，就說：「是你們欠我們那些錢，我給你們省著還債呢。你們只知無故的花費，我們這錢，你們可得何日還呢？」由此那高麗財政一失，可就不好了。

伊藤他本是一個毒辣男，一心要奪取高麗財政權。錢財好比人血脈，缺一點就得把病添。若是血脈全糜有，這個人立刻就來完。世上人誰能不把錢財用，論起來是人生命第二天。一無就邁不動了步，雖是那英雄豪傑也犯難。為無錢愁倒多少英雄漢，因此那貧窮之人把担担，都只為衣食房屋無處取，無奈才受苦挨餓在外邊。有錢的喫喝嫖賭瞎胡鬧，創下了饑荒債主賽如山，有一日人家與他把錢要，他就得折賣房產作償還，房屋地產全賣盡，剩下了隻身一人好可憐。到後來衣食無錢凍餓死，想想當初怎麼不凄然。看起來國家與人一個樣，財政去甚麼政治不能辦。高麗國財政歸於伊藤管，那錢粮全得歸在他手間。是凡豬馬牛羊皆有稅，那日本賊察查的分外嚴，有一點漏稅就得加重辦，可憐那高麗人民受熬煎。將款項全是收在他的手，你想要用上一文難上難。高麗國諸般政治不能辦，他君臣一天無事飽三餐。各衙門政事全歸日本管，那高麗好像附屬物一般。有國家不能把政事來辦，怎能夠圖存疆土保全安。那高麗的君臣固然是昏懦輩，依我看他的百姓也是蠢愚蠻。你國債就是你們家的債，誰能夠來替你們把賬還？你們若是不出錢來把債償，人家就要你們人民與江山。就是不把你們人民江山要，他定要監理你國財政權，財政本是國家的命脈，失財政國家就要快來完。國要是被那外人滅，你們家甚麼能夠來保全？國家二字本是緊相靠，諸公心中仔細想一番。咱中國外債好幾千萬，眾明公八成未曾聽人言。都因為甲午庚子那幾仗，才拉下國債饑荒重如山。外國也常跟咱們把錢要，也常想把咱國的財政監。現如今各省全有籌還國債會，諸公們可以上那捐上幾個錢，欠外國的饑荒要全還上，東三省或者可以能保全。眾明公看看高麗想想自己，中國也就如高麗那樣般。要等著財政到了人家手，那時節有甚麼方法也妄然。練兵無錢不能練，有鎗炮無錢更犯難，到那時甘坐來待斃，眾明公你看可憐不可憐。這本是至理明言真情話，別拿著這些話兒當

閑談。我今日說到此處腮落淚，望諸公仔細參一參。押下此事咱們且不表，再把那日本行凶言一番。

話說漢城東關有一家姓周，哥三個，長曰周忠，次曰周孝，老三曰周義。家裡有二處房舍，一處在道南，一處在道北。道南那處房子，自己家裡住著。道北那處房子招戶，偏偏說招了一個日本人，名叫吉田，在那開藥鋪。三間房子，言明一個月納房銀三十吊，每月月底打齊。這日周忠得了一個兒子，四五天身上長了一個疙瘩，很利害。周忠就到那日本藥鋪去，買了一點藥，拿了問價錢，那吉田回道：「咱們一個東夥，還講甚麼錢，拿著上去吧。」周忠說道：「可使不得的。」這吉田擺頭不肯要錢，周忠家中等著用藥救急，也就忙著回去了。到了家中，將藥上上，也沒見好，呆了只一天，把小孩也就扔了。這且不在話下。

單說那吉田將房子住了許多月，也靡給周忠打房銀。這日周忠去向他要錢，吉田說：「趕上這日靡錢，請改日再打吧。」周忠尋思，原先用人家藥，都靡要錢，也就未肯深說，就回去了。又呆了兩月，周忠又去要房銀。吉田說：「這事很對不住你，下月我務必給你打。」周忠尋思：「三四個月都緩啦，這一月就不能等了？」遂又緩了一個月。這日他們哥三個，一齊前去跟吉田要錢。吉田說：「我還是靡錢。」周忠說：「我已經寬五個月，你怎麼今天還說靡錢呢？哪怕不能全給我，先給我三月的房銀，我有點要緊的用項，那個咱們就放著。」吉田就變臉說道：「我不肯跟你們深究，你這一個勁的不要臉！那日你買我那藥，也值二百吊，怎麼就不夠你這幾月的房銀呢？」周忠說：「你不是說不要錢嗎？」吉田說：「誰說不要錢來的，那時你問我價錢，我說是二百吊，你就拿著走了，你這五個月的房銀，纔一百五十吊，去了你的，還該我五十吊呢。我今天還要管你要錢呢！」周義、周孝從那邊說道：「那有那麼貴的藥？貴不貴的也不用說，那誰讓我們用來的呢？講不起，與你合上三十吊，去一月的房銀，這四月的，今天非給不可！」吉田說：「那算不行，非給我五十吊錢不可。」他們三言兩語打起來了。吉田看他們人多，拿起鎗來就打了兩下，把周忠、周義打死。周孝見勢不好，跑到街上，報於巡警。趕到巡警進了屋中，那吉田早跑了。周孝一見吉田跑了，他就上那外務部告狀去了。

單說那吉田跑到他們的統監衙門，見了伊藤說道：「小人在街上周忠的房子開藥鋪，那周忠買藥不給錢，還替我硬要房銀。我說是你該我的藥錢去了該你的房銀，還欠我五十吊呢，我就與他們要錢，他們不但不給錢，還仗著人多打我。我無計可施，才傷了他兩條人命。望大人與小人作主吧。」伊藤一聽，眉頭一皺，計上心中。「這事不要緊，我把你綁上，到在他們外務部，自有辦法，管保不能讓你受屈。於是將吉田綁上，坐上車子，到了外務部，見了尚書金炳之。這個時候，周孝早把呈子遞上去了。當日金炳之見伊藤來到，說道：「統監大人到此，八成為那人命的事情吧？」

伊藤說：「正是，我還有一件事情相商。」金炳之說：「大人有甚麼事情，儘管講來。」伊藤說：「既然如此，聽我道來。」

這伊藤未曾開口面帶歡，尊了聲炳之大人聽我言，只因為日韓定下通商約，我國人纔來貿易到這邊。那吉田在這街上開藥鋪，租了那周忠房子整三間，當面裡房租銀子講的妥，這說是一月拿上三十吊錢。因為那周忠兒子得了病，前去買藥向吉田。將藥買去無其數，一共合了二百吊錢。吉田欠周忠房銀一百五十吊，去了他的還欠吉田五十吊錢。他兄弟藥錢不算房錢要，纔惹那吉田把鎗轟。他哥兩個一齊把吉田打，那吉田無奈纔動了野蠻，用鎗打死他們哥兩個，才惹出日韓交涉這一番。我國傷人無有死罪，不能與你法律一樣般。吉田傷了人命算有罪，我發他充軍在外十二年。這個事情算拉倒，我還有一件事情向你言。你國人無故來把人欺壓，巡警他因為甚麼不遮攔？巡警本專管打架和鬥毆，還保護別國人民在這邊。我國人你們巡警不保護，簡直的是來欺侮咱，像這樣巡警要他中何用，妄耗費你國多少銀子錢。到不如將他撤了去，將我國的巡警這塊安，也省著我國人受他的氣，你國裡也能得點安然。吉田事就是那樣辦，巡警明日我就安。允不允的我不管的，我還要回去閑一閑。說罷坐上車子回衙去，倒把那金氏炳之嚇一川。

話說伊藤將吉田傷人的案子，硬壓著辦了，又要撤高麗的巡警，安他國的巡警，把金炳之嚇的面目改色。那周孝又追金炳之給他報仇，金炳之說道：「現在咱國的權柄，全在他的手裡。這是這個事，還跟咱們辦。要是別的事情，人家都不理咱們。我明知道你是含冤，但是我一點權柄靡有，那也是無可如何，你回去自己想法報仇去吧。」周孝無奈何，回到家中，將周忠、周義的屍首成殮起來，埋葬了。自己尋思道：「我自己一肚子冤枉，無處去送。」越尋思越有氣，從此得了個氣腦傷寒，一病而亡。那周氏兄弟，俱被那日本害死，真是可惜呀。這且不表。

單說伊藤回到衙中，挑去些個日本兵，變成巡警，安在街上，又把那高麗的巡警全都撤掉，由此那高麗可就越發不好了。

好一個心腸狠毒伊藤公，害的那高麗人民好苦情，明明是他國人民不講禮，硬說是高麗人民把他凌。可惜周氏兄弟死的好苦，誰能夠替著他們把冤伸？日本人漢城以內行暴虐，那巡警哪敢上前把他橫？像這樣還說巡警不保護，硬把那韓國警權奪手中。巡警與人衣服一個樣，穿在身上能避風。自己衣服要靡有，指著穿人家的算不行。漢城中安上日本的巡警，可憐那眾多韓民受苦情。日本人隨便捉鬧無人管，韓國人說句錯話都不中，只許日本把韓民苦，不與那韓民吱一聲。韓民要與日本來打架，那巡警立刻送局中，小則罰錢三百吊，大就罰半年的苦工。有人說日本人不好，黑棒就往身上扔。黑裡半夜來察戶，一宿也不得安寧。眾明公你看日本有多麼惡，講究起真是讓人不愛聽。聽此事你們別不著意，將來咱們也少不了那一宗。日本人要瓜分東

三省，能夠不在此來行凶？此時防備還不晚，要等到權力一失就不行。要想著享個安然太平福，不可不把此事放心中。說到此處住了罷，再要說我就出不來聲。

第十九回　日人肆行淫婦女　韓國又失審判權

　　上回書說的，是那高麗國失財政巡警權，這一回說高麗失審判權。他那審判權怎麼失的？也有個原因。在前上美國留學那一群學生，內中不是有一個岳公嗎？此事就因著岳公之妻而起。岳公之妻，怎麼就能把高麗審判權失了呢？列位不知，聽我細細的說一說。

　　單說岳公娶妻劉氏，小字愛戴，是平壤城北會賢莊進士劉真生之女，生的花容月貌，傾國傾城，不亞如廣寒仙子。一小又從他父親讀過書，曉得綱常倫理。平壤城裡，要講究才貌姿色，婦女之中，算靡有趕上他的就是了。十八歲那年過的門，夫妻甚是相得，過了一年，岳公上美國去了，愛戴就從著公婆在家度日。光陰荏苒，不知不覺，就是二年有餘。這一日劉家趕車來接愛戴，言說他母親有病想他。愛戴聽這個消息，就稟報了公婆，說：「是我母有病，命人前來接我，我想只去看看老母病體如何？」岳老夫婦說道：「你母有病，你哪可不去看看呢？再說咱們家中，也用不著你作甚麼，你就快快的拾掇著走吧。」又說道：「你把咱家的果品食物，與你母親拿點去。」愛戴說：「是，兒媳尊命！」於是愛戴回到自己屋中，拾掇東西去。單說岳公有一妹妹，名喚香鈴，年方十五歲，生的是品貌無雙，溫柔典雅，素日與嫂嫂最相善，天天跟著學習針織。這日聽說他嫂嫂要出門，他也要跟著去，遂也稟告了父母。他父母素日最愛喜他，也就應許了他啦。於是就拾掇了拾掇，過了一會，愛戴收拾完畢，過來拜別了公婆，領著香鈴坐上車子，可就撲奔會賢莊走下來了。

　　好一個劉氏愛戴女娥皇，他一心要上家中探老娘，繡房裡梳裝已畢後房去，拜別了公婆二老出庭堂。帶領著小香鈴把車上，岳安人送他姑嫂到門旁，說兒媳到家見了你父母，千萬要替著老身問安康，就說是老身無空來問病，捎去了一點薄禮表心腸，香鈴兒十五六歲孩子氣，別讓他無故說李與說張，為女孩說話要不加拘管，必使喚人家外人說短長。走道上總要時時加仔細，防備那胡匪強盜把人傷。老安人囑咐已畢回房去，他姑嫂坐車奔了會賢莊。劉愛戴坐在車上心暗想，也不知我母因甚病在牀，年邁人得病多半思兒女，若不然不能接我回家鄉。這佳人正在車上胡思想，忽覺著夏日清和天氣暢，但只見遠山聳翠含嫩綠，近處裡野草鮮花氣馨香。雙雙的燕子啣泥空中繞，對對的蝴蝶尋香花內狂，蜜蜂兒抱著汗珠歸枯木，家雀兒覓蟲哺雛奔畫堂。滿堤邊桑枝向日蠶織繭，各處裡麥浪迎風遍地黃。愛戴娘觀著物景忽觸動，叫了聲香鈴

妹子聽言良，咱姑嫂兩月未出城外看，這風景比著從前分外強，際是時花草宜人天氣暖，為人的不可虛度這時光。士子宜苦坐南窗求經綸，農夫宜鋤草扶苗壟頭忙，作工的發明機械心路暢，營商的貿易別家不淒涼。就是那朝廷大老君與相，也當宜安排政治保家邦。咱國家人民昏愚治政策，那君臣還在朝中睡黃梁，這時候若不圖謀保國策，豈不是白費這個好時光？韶光兒一去無有回來日，咱的國一弱可能轉盛強？他姑嫂正在車上閑談話，猛抬頭看見一座大山岡，兩邊鄉樹木叢雜人跡少，猛聽那古寺鐘鳴响叮噹。這佳人正然觀看遠山景，忽聽的後邊有人話短長，一回頭看見三個日本子，緊跟著他那車子走慌忙。愛戴娘一見日本人心害怕，說他們幾時跟隨到這鄉？日本賊狗見佳人回頭看，一個個心懷不良發了狂。這個說這個媳婦多俊俏，那個說那個姑娘也很強。這個說咱國無有這美女，真不亞月宮仙子降下方，想啥法將他二人得在手，與咱們雲雨巫山把妻當。他三人一行說著進山口，立刻間生出一種壞心腸。走到了樹木深密無人處，他三人一齊上前把路擋，跑上前去把車夫打，將車夫推倒地當央。這一個扯住愛戴懷中抱，那一個拉著香鈴林內藏。這佳人見事不好高聲喊，那日本賊立刻說要行不良，眼睜睜他姑嫂要失節，忽然間來了二位強壯郎。他二人手提大棍往前跑，到跟前大棍就往空中揚，只聽的咔嚓一聲招了重，二賊子一齊打倒地當央，那一個見事不好要逃命，被樹枝掛住衣裳無處藏。他二人一齊上前忙提住，用繩子將他三人綁樹上，次又將車夫、香鈴忙扶起，那佳人這才過來話短長。

話說那三個日本人，將他姑嫂拉下車子，就要肆行姦淫，眼瞅著就要釀禍，只見從樹林中闖出兩條大漢來，手持大棍，跑至跟前，將那三個日本賊打倒，綁在樹上，次又見車夫、香鈴倒在地上，他二人又上前扶起。愛戴娘也從那邊過來。那二人問道：「你們是往哪裡去的？幾乎遭了危險。」愛戴遂將姓氏、家鄉、始末，從頭對他二人說了一遍，遂問道：「義士高姓大名？哪裡人氏？今蒙救命之恩，刻骨難報，望祈義士留下姓名，請至我家，小婦人重重的相謝吧。」他二人一齊說道：「咱們全是高麗國的人民，那日本人前來欺負，無論誰都當宜相救，況且咱們相離不遠，理當患難相恤。日本子肆行淫虐，我們哪可坐視不救呢？救你們本是我二人應盡的義務，豈可言謝呢？」又說道：「這個地方叫留雲浦，此山叫作落雁山，我們是兄弟二人，我名張讓，他名張達，就在這山南炮手窩堡住著，以打獵為生。今日早晨打了一只白鷺，不知落在哪鄉，我兄弟二人正在此尋鷺，忽聽你們招呼救人，所以我二人才來的。」愛戴聞言，說道：「就是張家二位義士了。」遂拜了兩拜。他二人秉手當躬說道：「豈敢，豈敢！」張讓又對著張達說道：「你去把鄉約、地方找來，讓他們把此三個賊子，送到審判廳處問罪。」張達領命而去。張讓又跟愛戴說道：「你們不必串親戚了，可以坐車回家去，與這日本人打官司吧。」愛戴一聽，說道：「可也是呀。」遂叫香鈴上車，那香鈴站在那邊，如痴如呆，一言不發。愛戴知道是被賊嚇著

了，遂將他抱在車上。這個時候，那張達也將鄉約、地方找來了。那鄉約、地方到在跟前，從樹上將他三人解下，重新綁上，帶著往審判廳去送。張氏兄弟也跟著去作幹證，那車夫復又抹過車子，趕著回岳府而去。

　　單說那鄉約、地方，同著張氏兄弟，將那三個日本人送到審判廳。這審判廳的廳長，姓雷名地風，素日最恨日本人，當日接了留雲浦鄉約、地方所報的日本人強姦婦女的案子，立刻升堂，將他們一幫人全喚上堂去，先叫那鄉約、地方說道：「日本人怎麼姦淫婦女，姦淫的是何人家的婦女，你二人從頭說來。」那鄉約、地方一齊上前，施禮說道：「大人不知，只道城中岳懷嵩的兒媳劉愛戴，同著他小姑岳香鈴，去上會賢莊劉真生家中串門，路過那落雁山，這三個日本人見色起意，將他姑嫂拉下車來，就要姦淫，多虧了張讓兄弟，將他們救下，又將這三個賊拿住，報於我二人。我二人看這事非小，所以才將他三人押著，送到這鄉。」雷大人又問那張氏兄弟，說道：「這三個日本賊，是你二人拿住的嗎？」張讓、張達說：「是我二人拿住的。」雷大人一聽此言，冲冲大怒，叫：「衙役們！把那賊人與我帶上來！」那衙役們一聽此言，哄的一聲，把那三個日本賊，一齊拉到堂上。雷大人一見，可就動起怒來了。

　　雷大人坐在堂上怒衝衝，罵了聲日本賊人禮不通，咱兩國通商定約原為好，你三人為何到此來行凶？無故把我婦女來姦淫，看起來這事實在是難容。你國裡婦女必然興姦淫，若不然為何到此胡亂行？縱就是你國婦女興姦淫，咱兩國法律焉能一般同？咱兩國法律既然不一樣，你三人這樣作來就不中！你國人在此胡行非一次，尋思起把人眼睛活氣紅。看起來你們盡是欺侮我，今天我一定不能來寬容。雷大人越說越惱越有氣，忙把那三班衙役叫一聲，上前去將他三人捆倒地，與我打八十大板莫留情。眾衙役一聽大人吩咐下，一個個拿起板子抖威風，走上去將他三人按在地，五花板就往他們身上招。立刻間每人打了八十板，但見那賊子手上冒鮮紅。雷大人一見衙役打完了，他又在大堂以上開了聲，我今天實在寬容你三個，聽一聽岳父婦女他的聲，那婦女要是因此得病喪了命，我一定讓你三人把命釘。叫衙役將他三人押在獄，然後再去請那位岳懷嵩。眾衙役領命而去咱不表，再說那大人名叫雷地風，大堂上拿出紋銀整十兩，賞與那張讓、張達二弟兄。你二人拿賊有功應受賞，將銀子帶到家中度時光。他兄弟謝恩已畢領銀去，鄉約也跟著他們回家中。雷大人一見他們全去了，自己也下了大堂後宅行。押下了此事咱且不表，再把愛戴姑嫂明上一明。

　　話說劉愛戴領著香鈴，回到家中，下了車子，將小姑香鈴也抱下來，然後又對車夫說道：「你回去對我爹娘說，要想我改日再來接我吧。」那車夫說：「是了。」遂趕車回家而去。

　　單說愛戴娘扶著香鈴，來到後堂，將香鈴扶在炕上，次又與公婆問安。岳老夫婦說道：「你們姑嫂怎麼回來了？」又說：「香鈴他怎樣的了？」愛戴遂將日本怎麼

行凶，怎麼被人救的事說了一遍。岳老夫婦一聽此言，氣的面目改色，一齊說道：「這日本人真無禮，幸虧有張氏兄弟相救，要不然，你姑嫂一定被他污辱了。」愛戴說：「那事先不必提了，還是請個先生，與我妹妹治病才是呢。」安人遂到香鈴身旁說道：「孩兒你怎的了？」那香鈴一言不發，吁吁的直喘，安人一見香鈴的病體甚重，遂請了好幾位先生，喫了好幾付藥，病體也不見好，尚且加增。岳老夫婦也是無計可施，忽有家人來報導，說：「啟稟老爺得知，外面有二個公差，請你上審判廳回話。」岳懷嵩說：「你去告訴那公差，就說是我姑娘，被日本人嚇病了，今日無空，有事改日再辦。」家人出去，將那話告訴與公差，那公差一聽，也就回去了。

單說那劉愛戴在後堂煎湯熬藥，伺候小姑香鈴。到了天黑，安人說道：「媳婦你回房安歇去吧，夜間我老身扶持他吧。」於是愛戴辭別了婆母，回到自己屋中，坐在炕上，尋思起白天之事，可就落起淚來。

劉氏女悶坐房中淚盈盈，尋思起白天之事好傷情。只因為母親得病把我想，我這才領著小姑出門庭。哪知道中途路上逢賊寇，日本人將我姑嫂來欺凌，幸虧有張氏兄弟來搭救，若不然我們貞節保不成。這貞節雖然未失也丟醜，又嚇病我那小姑名香鈴，那病體喫藥不把功效見，看光景恐怕難保死與生。香鈴妹一旦不好喪了命，我還有甚麼顏面對婆公。我丈夫美國裡求學把書念，算起來去了二年有餘零，我在家閨下這樣大醜事，豈不是挖我丈夫好聲名，外人都說我被日本人羞辱，這聲名跳在黃河洗不清。我今夜不如一死遮百醜，免去那外人笑話不住聲。丈夫呀！你在美國學堂住，哪知道為妻今夜喪殘生。咱夫妻今生今世難見面，要相逢除非夜晚在夢中。望丈夫好好在那求學問，回國時好替為妻報冤橫，要能夠剷除日本興韓國，社會上也是赫赫有聲名。次又將高堂老母心中想，咱母女今生也恐難相逢。別人家養女都是防備老，你老人竹籃打水落場空。母親呀！有朝一日歸地府，孩兒我不能弔孝去陪靈。哭了聲生身老母難見面，歎了聲半路夫妻不相逢。這佳人哭罷一會忙站起，在梁上掛了三尺雪白綾，用手挽個豬蹄扣，雙足站在地當中。將脖子伸在扣兒內，但見他手又舞來腳又登，不一時手腳不動魂靈飛散，可惜那多才多智女花容。綉房裡愛戴懸樑咱不表，再把那岳老夫婦明一明。

話說岳老夫婦看他女兒的病，一會比一會增加，心中甚是發急，趕到天道將亮的時候，那香鈴忽然咔了一聲，氣絕而亡。他夫妻一見香鈴背過氣去，連忙的招呼，招呼了半天，也靡過來，可就哭起來了。

老安人一見香鈴歸陰城，你看他跺足捶胸放悲聲，說我兒得病為何這樣快，是怎麼一夜就喪了命殘生？我的兒你死一生只顧你，拋下了為娘一身苦伶仃。昨早晨咱們娘倆還談笑，為甚麼轉眼就把為娘扔？像你那樣精神伶俐百般巧，讓為娘怎麼能夠不心疼？為娘我就生你們兄妹倆，從小裡愛似珠寶一般同。你哥哥現今留學在美國，我

也是常常掛念在心中。孩兒你一見為娘我愁悶，就對著為娘來把笑話明。只承想常常在家為娘伴，哪知道今早偶然把命坑。你這命是讓日本賊活嚇死，若不然啥病也靡有這樣兇。娘只為你們姑娘最相好，為讓你跟著嫂嫂離門庭。早知有今朝這個凶險事，斷不能讓你離了娘手中。老安人越哭越痛淚如雨，好比似萬斛珍珠滾前胸。後堂裡安人哭的如醉酒，又聽那丫環過來稟一聲。

話說安人正在房中痛哭愛女，只見跑過來一個丫鬟，說道：「太太，不好啦！我方才起來，上前堂掃地，只見我們少太太吊在樑上死了！」岳老夫婦說道：「怎麼你少太太吊死了？」丫鬟說：「吊死了。」他夫婦一聽此言，慌忙跑到那屋，只見愛戴吊在梁上，急命丫鬟將他解下來了。丫鬟上前解下來，放在炕上，已經挺屍了。老安人一見，又痛哭了一氣，遂命家人，上街買了兩口棺材來，將他姑嫂成殮起來。岳懷嵩說道：「夫人你在家中也不要哭，多哭也是無益。我去上那審判廳，告日本人，與咱姑娘媳婦報仇要緊。」安人說：「你去吧。」於是岳懷嵩出了家門，來到審判廳，見了廳長雷地風，把香鈴嚇死、愛戴吊死之事，對他一說，雷廳長說道：「我怕有此事，到底靡免了。此事昨日公差回來對我一學，我就知令愛病不好，可靡尋思你那兒媳自盡之事。到如今你也不必憂愁，我必讓那三個日本賊，與他姑嫂抵命也就是了。」懷嵩說道：「大人你酌量著辦去吧。」遂辭別大人，回到家中，命人將他姑嫂埋葬了，單聽那雷大人處治日本賊的信息。

單說那雷地風送走了岳懷嵩，立刻升堂，把那三個日本人提出獄中，問成死罪，定了一強姦幼女、致傷性命的案子，遂急拉到法場斬首。那岳老人夫婦聽說，甚是解恨。

且說雷廳長將那三個日本賊斬首，當時驚動了滿城日本人，一個個來到他們領事衙門，把此事對他們的領事一學。他那領事聞聽此言，急忙修了一封書子，打到漢城統監衙門。那伊藤當日接了這封書子，暗中就想出來一個破壞高麗的毒策，遂坐上車子，到韓國政府，見了李完用諸人，說道：「咱兩國通商，我國人在你們這邊，要是犯了罪案，宜送在我國領事衙門定罪才是。現在有我們國三個人，在那平壤地方，不知做了甚事，就說他們強姦婦女，遂定了死罪斬首。我國裡自來就靡死罪，就是有死罪，也當宜送到我們的衙門發落，你們斷不可私自就殺了。看起來，我國人受你們的法律壓迫，真是可惜。從今後，你國的審判廳，全得歸我辦理。要不然，你這國家，也靡法保護我們的人民，受你國的屈也是太大了。今天我與你們知道，明天我就實行，不管你們答應不答應。」說罷，坐上車就回統監衙門去了。那李完用等一個個啞口無言，幹聽著人家日本人去辦。到後來高麗審判權，又歸了日本人手，可就越發的不好了。

伊藤侯本是一個毒辣男，一心要奪取高麗錦江山，將財政、巡警到手還無厭，

又奪了高麗國的審判權。日本人肆行姦淫韓婦女，還說是他國人民受熬煎，硬說是高麗法律不完善，遂把那審判之權奪手間。韓國的廳長權事全撤掉，盡要他們那些日本的官。打官司任著他們胡判斷，斷錯了誰也不敢說一言。有一人若是不服把他抗，立刻就讓他一命歸陰間。高麗人有理說無理，日本人無理也占先。怎說是日本無理把先占，都因為他們刑法不一般。日本國無有斬首刑一件，犯大罪不過充軍十幾年。韓國裡有那斬殺刑一件，高麗人犯罪就把脖兒掀，有一點小罪就把大刑上，你看那高麗人民多可憐。日本人願意怎的就怎的，無一人敢與他們把臉翻。日本人拿著高麗當牛馬，讓飲水誰也不敢把草餐。現如今高麗已經滅亡了，那日本不久就到咱這邊。咱國的權力要是到他手，也不能好好來把咱容寬。那時節還須比著高麗甚，眾明公想想慘然不慘然。我今日說到此處住一住，等著明公想想咱們再言。

第二十回　農夫懷恨倡革命　婦女因仇起義團

　　朝鮮主權外漸，君臣猶在夢中。留雲浦上顯良農，立會倡言革命。日人姦淫婦女，天理所不能容，周氏二娘義氣生，要與日人拚命。

　　上場來《西江月》敘罷，書接上回。上回書說的，是那高麗國的審判權，全歸了日本人手中。日本人得了審判權，就無所不為，就是犯什麼大罪，也靡有死罪。那高麗人少有一點罪過，就坐監下獄。日本人無論怎麼欺侮高麗人，高麗人不敢伸冤告狀，獨只為那審判官全是日本人，要告狀也不能與他們爭理。所以那韓國人，一個個含冤負屈，無可如何，真是讓人聞之落淚呀。這且不在話下。

　　單說在平壤城裡，有一個開妓館的日本人，名叫奚谷松，是那三個日本賊的朋友，當日聽說他三人讓雷地風殺了，心中甚是懷不憤，後來打聽，人說是張氏兄弟，捉住他那三個朋友，於是想出個壞道來，他國的人會了十幾個，說道：「你們莫聽說咱國人，讓雷地風殺了三個嗎？」那些人說：「我們聽說，但不知是何人捉住的。」奚谷松說：「我原先也不知道是何人捉住的，後來聽人說，這城北有一個留雲浦，那處有一座落雁山，山北有張姓兄弟二人，將他們捉住的。要不是他們捉住，咱國人焉能被殺呢？我今天將你們請來，想要上那留雲浦，將那張讓、張達殺死，好解咱們心頭之恨。但是光聽人說，並不認識他們，這也是一樣難事。」內中有一個日本人說道：「我認的。他們前一日，我在他們手中買過皮子，我還知道他的住處呢。」奚谷松說道：「這更好了，咱們就殺他二人就是了。就是殺了他二人，咱們也不抵償，不像原先審判權在他們手中那個時候了。你們願意不願意？」那些人一齊說道：「很好，我們全都願意去，替咱們那三個朋友報仇。」奚谷松說道：「既然如此，咱們就

去吧。」於是大家收拾收拾，也有帶手鎗的，也有帶刀子的，也有帶二人奪的，一齊出了平壤，可就撲奔留雲浦走下來了。

好一個賊子名叫奚谷松，一心要替他朋友報冤橫，領著同人也有十幾個，一個個揚眉怒目賽毒蟲，齊說道今日去上留雲浦，找一找張讓、張達二弟兄。要能夠將他二人得在手，一定是扒皮喫肉挖眼睛，與咱那死去之人把仇報，解一解咱們心頭火一宗。日賊徒一行說著一行走，眼前裡來到張氏那屯中。找著那張氏兄弟大門首，一齊闖進屋子要行那凶，偏趕上他們兄弟出了外，所以才未能遭在毒手中。眾賊子一見他們出了外，齊說道今天白走這一程，那個說：「既來不要空回去，將他炮手窩棚用火轟。賊子們說著說著點上火，忽啦啦刮刮刮大火照天紅。眾鄰人一齊上前來救火，看見了日本人發愣怔，齊說道這火必是他們放，若不然他們到此為何情？奚谷松一見鄰人來救火，當是那張氏兄弟轉回程，一齊的要上前去把手動，那鄰人個個嚇的戰兢兢，拿起腿來往回跑，眾賊子後邊追趕不放鬆。眾鄰人跑到家中門閉上，日賊人才知道不是他弟兄，說道是今日雖然未得住，等明日再來殺此人二名。眾賊子一行說著回裡走，眼前裡來了張氏二弟兄。

話說張氏兄弟，這日正在山上打圍，忽然看見家中起火，急忙的扛起槍，就往家跑，中途路上與那些日本賊，見了對冲面，那個買過張讓兄弟的皮子日本人，一見他兄弟跑過來，說道：「這就是他們兩個，咱們還不下手，更待何時！」於是一齊抽出刀鎗，往前就闖，可就不好了。

眾賊子一見他們眼氣紅，從腰間亮出刀鎗要行凶，忽啦啦將他兄弟圍在內，扣手仗打的實在令人驚。他兄弟雖皆有鎗不中用，而且那寡不敵眾是實情。那張讓、張達雖然是好漢，怎能夠抵擋日人數十名？況且說倉卒之間不防備，被賊人一齊打倒地流平。用刀子刺在他們心口上，可惜他兄弟二人喪殘生。眾賊子殺了張氏兄弟倆，將屍首扔在落雁山澗中。留雲浦眾賊殺死人兩個，一個個心滿意足回了城。眾明公聽聽日本恨不恨？青天白日就殺了人二名。高麗人受這樣大冤無處語，尋思起讓人心中甚難容。他國人所以受那日本氣，都只為國家無權那一宗，他國主權若不歸日本手，有冤屈怎的也不能無處鳴。咱中國主權若歸外人手，咱大夥也與高麗一般同。眾明公聽著此話怕不怕？這不是虛言假語來胡蒙。從今後好好把咱國權力保，才不能受外國人他欺凌。你們要拿著此事當笑話，簡直的不如禽獸與畜生。非是我今日說話嘴兒冷，我是怕咱們性命被人坑。押下此事咱且不表，再把那農夫懷憤明一明。

話說那奚谷松等，把張氏兄弟殺了，回到平壤城裡。由此那些日本人，常上那留雲浦攪亂，無故的搶奪財物，姦淫婦女。騾馬牛羊，說拉去就拉去，買東西也不給錢，不賣還不中，莊稼在地裡，硬割著餵馬，種種的暴虐，令人實在不忍言啦。由此天長日久，就惹惱了留雲浦中三個莊稼人，這三個莊稼人，一個叫周正，一個叫李得

財，一個叫崔萬金。他三人家中，皆種著好幾十坰地，莊稼未割，就讓日本子先糟害了不少，耕田的牛馬又讓他們牽去十幾匹，家中的婦女也不敢出門，一出門遇著日本人就得不著好咧。他三人一看這事，是實在教人太也過不去，不得不告狀去，官又不與作主，遂會到了一塊。周正說道：「兄弟們哪，這日本人的欺侮，真是讓人受不了啦，咱們要還一味老實，何日能夠有頭呢？」李得財、崔萬金說道：「兄長有何方法，能使日本人不欺咱們呢？」周正說：「我倒有一個拙見，就是把咱們這村中，大大小小人家全請來，我這西廂房空著，又寬敞，將他們請來的時候，在我這廂房裡，大夥在一處議議。人多見識多，誰要有好道說出來，免去受日本的欺侮，豈不是咱大家的幸福嗎？」崔、李二人說道：「這條道不錯，咱們就這樣的辦去吧。」於是周正打發幾個伙計，說：「你們去把咱屯中，各家的當家的請來。」伙計去了不多一時，各家全叫來，到也有一百二十餘人。周正一齊讓到廂房，那些人一齊說道：「周正大爺把我們找來，有何話講？」周正說道：「無事不敢請諸位到此，只因為咱這屯中，屢次受日本人的欺侮。」眾人一聽「日本」二字，一齊濺口大罵。周正說：「你們先不要動怒，我尋思咱們受日本人的欺侮，伸冤無地，告狀無門，這個欺侮何日得了？所以把你們請來，大家在一處商量商量，誰要有道，可以說上一說。」只見內裡出來一個老莊稼，名叫劉福慶，說道：「老夫有一條拙見，你們大夥願聞，聽我道來。」

　　劉福慶站在那邊開了聲，尊了聲老少爺們聽分明，日本人在咱國中行暴虐，無故的姦淫婦女胡亂行。好莊稼他們割著喂了馬，買東西不與錢來不與銅，到屯中無所不為財物搶，又奪取騾馬牛羊好畜牲，婦女們不敢出門把親串，恐怕是遇見他們來行凶。張氏兄弟被他們殺的苦，尋思起真是讓人痛傷情。雖有那天大冤枉無處訴，告狀去官也不與把理爭。這個國明明是咱高麗國，那權力全在日本人手中，日本人說怎就算怎麼的，咱國裡麼有一人敢出聲。咱大夥生在韓國為百姓，好比似下了地獄一般同，人家讓活著咱們不敢死，人家讓死咱們不敢生。死生權操在日本人的手，咱們有多少屈情無處控。依我看怎麼也是一個死，倒不如與他們把命去拚。他要是再上這裡行暴虐，咱們就要排家伙把他攻，從今後就與他們硬對硬，再要來欺負咱就不中。咱大家立下一個雪恥會，老夫我就在這裡為頭領。老夫我今年六十有四歲，在陽間能有幾年壽祿星？要能使咱們不受日本氣，我就是死在九泉也心甘，你大夥全要像我這個樣，把那個生死二字一旁扔。如果是因為這個喪了命，倒算是男兒有志義氣橫。日本要知進知退算拉倒，要不然我就與他把命拚。這就是老夫心中一拙見，你大家看看可行不可行？劉福慶說罷前後一些話，只聽那巴掌拍的如雷鳴。

　　話說那劉福慶說罷了一片言語，眾人一齊拍掌說道：「這個道對，咱們麼有別的方法，就得與他們對命。他們要怕死，咱們可就能安然兩天。」劉福慶說：「你都要願意了？」眾人一齊說：「是願意。」福慶說：「你們既然願意，往後要跟日本人

打仗，可要豁出命來。」眾人又說：「我們全豁出來了。劉大爺，你說怎辦就怎辦吧。」福慶一看，他們意思全成了，遂在周正廂房，立了一個農夫雪恥會，自己為會長，選了一百五十多年青有力的人，買了些子藥，預備下些個傢伙，那日本人一上他們屯中攪亂，那劉福慶他就帶著人破死命的去打，由是那日本輕易不敢上他那屯中去攪鬧了。押下此事，暫且不表。

　　單說被日本吉田所害的那周忠兒弟三個，有一個姐姐，名喚二娘，許配於漢城孫光遠為妻。後來孫光遠因為漢城日本屢次為亂，他夫妻就搬在平壤會賢莊，與那劉真生街東街西住著。那周二娘自從搬出漢城，因為道遠，十餘年也糜回去住家，心中常常掛念他那三個兄弟。這一天聽人說，周忠他們讓日本害了，二娘一聞這個凶信，就痛哭了一場，心中想道：我幾個兄弟讓日本人害了，我必與他們報仇才是。後又因日本人屢次各處姦淫婦女，越發動觸二娘心中之怒，自己說道：「兔死狐悲，物傷其類，我們當婦女的，受這樣的冤枉，無處可訴，都不如豁上這個性命，與日本人對了。我想單絲不線，孤樹不林，我一人有多大本領，也不好幹甚，我不如將這屯中的婦女，聯合到一處，在屯中那邊箕子廟內，立下一個婦女報仇會為妙。主意已定，遂先聯合了自己九個同心的女人，後又聯合各家。各家婦女一聽這個事情，無有一個不願意，遂都來到箕子廟內，那二娘等已經先在那裡等著呢。婦女一共到了一百八十餘人，就在那廟的西廊房，開了一個大會。只因這廟的西廊房是一個戲臺，棹子椅凳俱備，自從那日本人時常作亂，就永久不在那裡唱戲。當日他們到了屋中，周二娘讓眾婦女們全部坐下，他自己走至舞臺以上，對著大夥，可就講起話來了。

　　周二娘邁步上了舞臺間，你看他滿臉帶笑開了言，尊了聲列位姊妹且洗耳，我今有幾句話兒陳面前。咱國裡君王無道賢臣少，遂把那國計民生扔一邊，他君臣但知朝端享富貴，那知道國政被那日本專。那國政歸了日人不要緊，最可惜咱們婦女受熬煎。白日裡不敢出門把親串，到夜晚宿在家中還膽寒。獨只為日人肆行淫婦女，一遇見他們就算犯了天。可歎那岳家姑嫂招污辱，落了個年青幼小染黃泉。這事情放在心中實難忍，又況且咱們全然是一般。淫他們焉知不把咱們淫，到那時你看可憐不可憐，兔死狐悲物且知傷其類，況咱們位列三才在人間。依我看怎麼也是難逃避，知何時他們攪亂到這邊？倒不如今日想個對付策，也省著天天害怕在家園。從今後立下這個復仇會，各人家把這心志堅一堅。把那個日本二字存心內，別讓他無故到此羞辱咱。倘若是他們到此行暴虐，咱們就豁出死命把他攔，要能夠除治日本人幾個，算是替岳家姑嫂報上冤。讓他們見著咱們就害怕，要因為此事死了也心甘，縱就是因為這個喪了命，社會上也是赫赫有威嚴。世上人雖活百歲也得死，這個死比著羞辱強萬千。這是我周氏二娘一拙見，你大夥看看完全不完全？

　　周二娘說罷就把舞臺下，又聽的那些婦女把話言，這個說這方法兒是很好，那

個說任死不受羞辱冤。這個說治他要把錢來用，我豁出折賣首飾與簪環。那個說要把日本趕出去，我情願日日曲膝叩老天。這個說賣了衣服我情願，那個說破了家業也心甘，這個說任著挨冷不受氣，那個說受餓也佔了這個先。正是他大家夥說了氣話，又只見內中一人開了言。

話說那些婦女，正然說氣話呢，只見內裡走出個三十餘歲婦人說道：「我看咱們人心是很堅固，這個復仇會，算是能夠成立了。但是麼有頭行人，咱們還是得舉兩個頭行人才是。」單說這個婦人，名叫李三姐，是那劉愛戴的表姊，素日與愛戴最相知，近來聽說愛戴身死，他心中甚懷不平，想想要替他表妹報仇，當日聽周二娘說立報仇會，他就極力跟著提倡。當日說完了這一片話，那些婦女說道：「可也是呀」，遂公推周二娘為正會長，李三姐為副會長，將他們那會起了一個名，叫作婦女復仇會。這個會一成立，那日本人要到他們那屯中作亂，這些個婦女就首先反對。日本人看會賢莊的民氣甚凶，他們也不敢無故的去作亂了。那位爺說啦，高麗國地方最多，怎麼單道兩下的莊稼人、婦女知道大義呢？但不知這個地方，都是侯元首報館感化的原因。若不然，他兩處哪能這個樣子呢？

高麗國政治腐敗主權傾，他君臣猶且昏昏睡夢矓，日本人在他國中行暴虐，害的那韓國百姓好苦情。侯元首憂國憂民開報館，感動了留雲浦上眾良農，劉福慶義氣倡興雪恥會，領鄉人攻打日本眾賊丁。周二娘箕子廟內也立會，聯合了無數婦女顯威風。自從這雪恥、復仇兩會立，日本人不敢無故把凶行。日本人不是不把厲害怕，都因為人民不敢把他攻，為人的能夠豁出命不要，那賊徒也得稍微減減凶。論起來農人、婦女最卑陋，還知道雪恥復仇把君忠。高麗人要是全能這個樣，他們的江山土地哪能扔？留雲浦農夫知道忠君義，會賢莊婦女曉得愛國誠。這也算高麗國中一特色，看起來農夫、婦女哪可輕？這都是侯爺報館化的廣，開報館這個功效了不成，韓國裡要能多有幾個報館，未必不是開化民智第一宗。莊稼人看了全能知大義，為甚麼動不動與他把門封？說是禁報館就能把禍免，這個話糊弄傻子許能行。我中國人民也有四百兆，全宜當把日本二字放心中，也宜當學學福慶去對命，也宜當學學二娘不惜生。如果把死生二字拋開手，哪管他日本逞雄不逞雄。要犯著就與他們把命拼，那日本自然就得往後鬆。東省人尤當注意這件事，斷不可糊里糊塗度時冬。要等著土地分與外人手，那時節就是豁出性命也不中。眾明公及早回頭就是岸，別等著刀壓脖子才想使威風。這個話諸公好好想一想，我不是無故讓你們把命扔，都只為早晚不免那一頓，我才讓你們大家把命拼。如果是拚命保下東三省，你們那子孫也能享太平。若但知眼前活著就算好，到後來那個苦處說不清。當奴隸子子孫孫不換主，眾明公你看苦情不苦情。編書的磨破舌尖來相勸，望大家可別當作耳旁風。書說到此處咱們拉倒吧，且等著下回書裡再改更。

第二十一回　本良返國倡自治　岳子復仇刺統監

　　方今世界各國，貧富強弱不一，弱國之民少智識，何以能夠獨立？欲想轉弱為強，除非廣開民智，開談宣講有利益，勸化人人自治。

　　《西江月》罷，書接上回，說的是那韓國的婦女復仇，這個咱們先押下不表。再說那高麗國的那些學生，在美國留學，光陰似箭，日月如梭，轉眼就過了三年。這年岳公、金宏疇、李範允、陳聖思、陳聖暇、曹存、姜述白、李俊八人在陸軍學堂畢業，寇本良、趙適中、孫子奇、高雲、周莊五人在理學專科畢業。這些個人為國家的大計，皆知道用功，所以到畢業的時候，名字全列在最優等。住陸軍學堂的學了一身好武藝，寇本良學了一肚子醫道，趙適中、孫子奇學了一些機器製造之學，高雲學的是博物，周莊學的是理化，皆學的很精妙。趕到考究了畢業，領了文憑，他十三人就商量著回國。寇本良說道：「後天是星期，咱們那天走吧。」岳公等說道：「好，後天金有聲他們還有空，省著明天走，他們還耽誤工夫來送咱們。」遂一齊把東西行囊收拾妥當，次又到在法政學堂，見了金有聲諸人，把回國之事對他們一學。李範允說道：「你們要得家信，可要早早寫下，省著到後天著急。」金有聲說：「那是自然，趕到後天，我們早早的上你們那去，一來替你們搬東西，二來與你們餞行，豈不是好嗎？」大家在一處，談了一會，寇本良等可就回去了。

　　到了後天，他們全會在一處，將東西搬到火車站上，起了票，上了車，將東西安排好了，金有聲買了些酒飯來，擺在客車以內，眾英雄團團圍住。有聲對著本良等說道：「你幾位今日回國，相見不知何日，咱們大家今天，在一處痛飲一場吧。」於是與每人斟了一杯，眾英雄一齊開懷暢飲。安重根從那邊說道：「各位兄長，今日回國，小弟有幾句言語相奉，不知弟兄願聞否？」寇本良等說：「賢弟只管講來，我們靡有不願聞之理。」重根說：「既然如此，請聽小弟道來。」

　　安志士未曾開口笑吟吟，尊了聲列位兄台聽我云。咱大家本是韓國求學子，哪耐得身居異域離家門，都只為國家軟弱人民鬧，咱這才來在美國求學問。有學問然後才能做大事，還不憚飄零異域三四春。諸公們今日畢業回故里，還要把來時之意放在心，可不要貪圖榮華希富貴，把那個國計民生當笑頻，可不要曲膝承顏媚日本，把那個國家之恥置罔聞。要果然昧著良心去做事，怎對那鄉閭父老與親鄰，不能夠保國又倒敗壞國，社會上千秋萬世罵名存。量諸兄一定不能這個樣，但是我不能不這樣規箴。咱國裡君臣昏昏政治壞，要圖強除非開化眾人民，倘若是咱國人民全開化，何必懼區區三島日本人。要想使人民開化知道理，除非是著天宣講化愚蠢，勸化人都要時時求自治，勸化人不要虛度好光陰，辦啥事要把國家存在意，但不可貪圖富貴把日親。望諸兄到家把宣講設立，講自治使喚他們耳目新。咱國裡要是人民全開化，然後再倡辦鄉團擴武軍，如果要

鄉團擴充武備整，自能夠保全國家永久存。望眾兄回家先要辦此事，候一年我們也要轉家門，那時節大家同心把國治，或者能保全疆土不被分。

眾英雄一邊說著一邊飲，忽聽那火車氣管响呻吟。重根說火車放氣是要走，咱兄弟不久就要兩下分。重根等全都掏出一封信，讓他們隨便給帶到家門。說話間火車放了三過氣，眾英雄無可奈何把手分，對著面一齊施下周公禮，說一聲一路珍重少勞神。重根等這才下了火車上，但見那列車忽忽起了身，一個個愁眉不展歸學校，躺在那床頭以上淚滿襟。不論那有聲諸人腮含淚，再把那歸國英雄云一云。

話說寇本良十三人，辭別了金有聲等，那火車也就開了，只聽的兩面忽忽風响，扒著窗戶往外一看，只見那村莊樹木，隨風而倒，轉眼之間就是十幾里，真正快的非常。他們坐火車走了十幾天，出了美國的陸地，到了太平洋又坐上輪船，由舊金山奔檀香山，由檀香山奔日本，走了兩月有餘。這日到了日本海，望見對馬島，寇本良說道：「眾兄弟們哪，前邊來到對馬島了，離咱們家不遠啦。」大夥一齊扒窗去望，說道：「可不是怎的？」一個個喜的坐臥不安，可就言講起來了。

眾英雄望見對馬在前邊，一個個心中快樂面帶歡，齊說道飄零在外非容易，今日裡可一下子轉家園，歸至家父母妻子重相會，再與那親戚鄰右把話談。也不知咱國現在什麼樣子，也不知各樣新政添不添，也不知日人暴虐減未減，也不知全國人民安不安。咱大家努力同心把事做，顧持那江山社稷不來完。把那些日本賊人趕出國，咱大家再把新法頒一頒，也把那那共和主義倡一倡，也把那專制毒政改一番。老天爺如果隨了人心願，也算咱全國人民福如山。眾英雄說說笑笑往前走，這一日到了仁川境界邊。只聽那三通氣畢船攏岸，一個個搬著東西下了船。海岸上僱了車子正五輛，急將那東西搬在車上邊。他幾人到此也就要分手，又聽的本良那邊把話言。

話說冠本良十三人，到了仁川上岸，僱了五輛小腳車，寇本良、岳公、陳聖思、陳聖暇、趙適中、孫子奇六人兩輛車回平壤，金洪疇、高雲、姜述白三人坐一輛車，回平安北道，李範允、曹存、周莊三人坐一輛車，回咸境道中岑鎮，李俊自坐一輛車回漢城。他們當下安排妥當，將東西搬在自己所坐的車上，拾掇已畢，就要各歸本里。寇本良就道：「你們到家，可千萬要辦自治，各處宣講所，好開化咱國百姓的智識呀。」李範允說：「那是自然，咱們回國，若不先由著開化人民處入手，怎麼能保全國家呢？我們到家就辦自治事，然後再提倡鄉團。那鄉團若是全立齊了，未必不是保全國家一個好道。」寇本良說：「既然如此，我也就不必叮嚀了。」於是大家對著，皆施了一禮，然後各人上了各人的車子，車夫趕起，各歸本鄉而去。

單說寇本良幾人，坐上車了，出了仁川，夜宿晝行，非止一日。這日到了劍水驛，陳氏兄弟先到了家。本良四人，又走幾日，也就到了平壤。岳、孫、趙三人各歸本家。寇本良來到雲府，進了書房，此時書房已經改成報館了。本良到至屋中，叩拜

了元首,元首一見本良回來,樂的喜出分外,急命本良坐下。此時就有一人報到後宅,那安母、雲老夫婦,一聽這個消息,一齊來至書房。本良一一的見了禮,大家然後坐下。元首說:「本良,你可以將你們上美國這幾年的事情,並你今天回國所想辦的事情,趁著今日有空,可以學學與我們大夥聽聽。」本良說:「大人既然願聞,聽我慢慢的道來。」

寇本良一見元首開一聲,他那裡滿面帶笑把話明。那一年我們離家遊美國,路途上收了三位好賓朋,第一位他的名叫李範允,還有那周莊、曹存人二名,他三人家住咸境道中岑鎮,與我前去留學赴了美京。到仁川有聲結了九位友,也都是上那美國的留學生。漢城裡李家兄弟人三個,就是那相高、李俊和緯鐘。李樹蕭本是親王應藩子,還有那平安北道人五名,金洪疇、吳佐軍人兒兩個,姜述堅、姜述白本是弟兄,還有那一位高雲讀書子,我大夥會在一處奔前程。一齊的坐上輪船奔美國,這一回去了二十單八名。水旱路一共走了七十日,那一日來在美國京城中。我大夥一齊到了外務部,見了那美國大臣名華聽。那華聽看了恩師那封信,將我們全都留在學堂中。入他國陸軍學人兒八個,學的行軍步陣是好武功。入他國理學專科人五位,學的是化學、物理並農工。剩他們十五位人入法政,學的是法律、憲政那幾宗。我在那理學專科學醫理,過三年就領畢業大文憑。陸軍學堂三年也把業來畢,法政學比我們多著二年功。這一回我們畢業十三位,全都是最優等的畢業生。領文憑我們這才回了國,在道上走了兩月有餘零。回家來想要倡辦宣講所,講自治勸化人民善心生,想著要保全國家無他道,必得使人民全有愛國誠。這是我已來未來那些事,倡自治是我要緊事一宗。」寇本良說罷前後一些話,又聽的侯彌那邊哼一聲。

話說寇本良說罷一片言語,元首從那邊說道:「你這個倡自治的見識倒很好,你往後就可以張羅著去辦。若是辦成以後與我的報館相輔而行,那人民或者能多開化幾個。」本良問:「金玉均先生哪裡去了?」元首說:「咳,那玉均先生從你們走以後,與我開這報館,甚是熱心,只因去年四月之間,在背上生了一塊惡瘡,醫藥無效,數日而逝,於今已經一年有餘了。」本良聞言,嘆息了一會。雲大人又問了美國些個風土情景,又說了本國種種失權的事情。本良又將重根等捎來的信,一一的交了。當日天色已晚,安母與雲大人,全都回了後宅。由此往後,本良就在平壤城裡,立了幾處宣講所,著天同孫子奇等在那演說,勸化百姓,這且不再說下。

單說岳公這日到了家中,見了二老爹娘,參見已畢,岳老夫人說:「兒啦,你幾時從美國起的身?在哪住的?是甚麼學堂?學了些甚麼回來?」岳公遂將住的甚麼學堂,學的是甚麼,幾時領的文憑,幾時回來的,一一的對父母學了一遍,又問岳安人說道:「香鈴妹子,上哪鄉去了,是出了閣怎的,可是串親戚去呢?」老安人說:「兒啦,你要問你那妹妹,真是讓人一言難盡了。」

岳夫人未曾開口淚盈盈，叫了聲我兒岳公聽分明，要是問你那妹子香鈴女，提起來真是讓人痛傷情。那一年你的岳母得了病，你妻子與你妹子離門庭，去上那會賢莊裡把親串，中途路遇見三個日本人，走至那落雁山中起了壞，硬拉著你那妻妹要行凶。多虧那張讓、張達弟兄倆，將賊人捉住送到審判廳。到後來香鈴得了驚嚇病，一晝夜喪了他的命殘生，你的妻羞愧難當上了吊，他姑嫂一同歸了枉死城。我的兒光在美國求學問，哪知道咱家出了這事情。岳公他聽了安人這片話，不由的無名大火往上沖，手指著漢城以裡高聲罵，罵一聲日本狂賊名伊藤，都是你施下毒辣坑人策，硬要奪我的高麗錦江洪。拿取了我國權力真可恨，你國人還在此處來行凶，種種的暴虐之行全由你，羞污我妻妹之事最難容。這冤仇今日要是不報報，我岳公枉在陽間走一程。正是他咬牙切齒高聲罵，又聽的懷嵩那邊問了聲。

　　話說岳公正在那裡大罵伊藤，岳懷嵩說：「我兒不要這個樣子。你那妻妹雖然身死，那三個日本人，尚與咱們抵了命。現在日本人的暴虐，比先前還甚著多少倍呢，我兒不知，聽為父我對你學一學吧。」

　　岳懷嵩坐在那邊開了聲，叫了聲我的孩兒名岳公，我的兒你今離家三四載，咱國的權力全歸日人手中。只因為咱國欠那日本款，那伊藤施出一種狠毒行，硬將咱國財政權柄奪在手，做甚事伊藤不與錢與銅。他國人無故打傷好人命，又奪了咱國巡警權一宗，審判權他們也是握在掌，咱國裡君臣也不去爭。是權力全都歸了伊藤手，咱這國想要保全怕不能。這都是伊藤一人想的道，將咱國人民害的好苦情。我的兒你今回家看一看，日本人現在實據了不成。岳懷嵩說罷前後一片話，倒把那岳公眼睛活氣紅。

　　話說岳公又聽他父親說了一片國家失權的話，氣的他心驚肉跳眼睛暗的，說道：「伊藤這個賊呀，無論何時，非將他刺死不可，好解我的心頭之恨。若不然，這口怨氣何時出呢？」你看他主意一定，就在家中住了兩日，這日去上雲府，拜見元首，談了一會，就到那寇本良之屋，說：「兄長，我今天有件事情相求。」本良說：「賢弟有何事情，只管講來，何必拘著呢？」岳公說：「我想求你做幾個炸彈子。」本良說：「你要那個做甚麼呢？」岳公遂將要刺伊藤之事，對他一學。本良說：「這些恐怕是不容易。」岳公說：「做成了，得便就刺了，不得便就罷。」本良說：「你候幾天，我與你做三個，也就夠用了。」於是岳公回去，等了三天，本良與他做了三個炸彈。這本良他怎麼會做炸彈呢？皆因他在美國住了三年，醫學專科，所以他會做。本良將炸彈做成了，交與岳公。這岳公得了炸彈，就想上漢城刺伊藤去。正是：

　　　　準備雲弓射猛虎，安排香餌釣鼇魚。
　　　　畢竟不知後事如何，且聽下回分解。

第二十二回　侯元首為徒殞命　寇本良微服出奔

　　話說寇本良將炸彈遞於岳公，岳公接過一看，這兩個炸子用一條藥線連在一處，每個有酒杯大，外面用黃銅葉包著，裡邊藏著鋼子與炸藥，那條藥線通在裡邊。岳公看完，對著本良說道：「兄長你做這個炸彈，怎麼與我在美國看見那個不一樣呢？」本良說：「怎麼不一樣？」岳公說：「那個無有這條藥線。」本良說：「這是新出的樣子，賢弟你不知道，我對你說上一說。」

　　本良開言道，賢弟你是聽，提起這炸彈，實在令人驚。那一年日俄開仗首山搶，日本人屢次不能佔上鋒。到後來做出這種炸藥彈，派了那三千多個敢死兵，將炸彈每人胸前揣一個，將藥線含在口中不放鬆，空著手首山以上降俄國，俄國人以為他們無改更，將他們個個領至大營內，一個個口中藥線咬咯蹦，只聽那炸子咔嚓一齊响，傷了那俄國兵丁好幾營。那三千餘人也都喪了命，他國家由此可也把功成。這炸彈就是仿照日本樣，想要用就得豁出活性命。藥線也得含在口，炸子也得揣在胸，對著賊人用牙咬，自能犯火响咕咚。打準了的人必得死，打不準自己先喪命殘生。賢弟你千萬想一想，別拿著性命當非輕。岳公他聽罷本良一片話，你看他開言有語話從容，兄長啊咱們國恥實難忍，要不刺伊藤心不平。豁出我這把生靈骨，探探那黃河幾澄清。要是能將伊藤活刺死，也算是韓國人民福氣生，縱就是事情不成我命死，我情願一死方休照汗青。本良說賢弟既然意已定，我還有幾句言語向你明，做事情縱若時時加仔細，一漏洩機關就了不成，那時節事情不成還招禍，反倒使家中老幼不安寧。賢弟呀這個事情非小可，別拿著這話當作耳旁風。岳公說是我記下了。本良說你要記住就算行。說話之間天色晚，岳公他拿著炸彈轉家中。押下此事且不表，再說那統監名伊藤。

　　話說伊藤自從將高麗審判權奪在手中，以後他就僱了些個高麗人，在外邊打聽韓國人民的形勢。這一日有一個探子從平壤回來，說是平壤百姓氣勢很凶，那農夫婦女全都立會，與你國人作對，還有報紙在外面鼓吹，現時有人立了宣講所，天天在那勸化呢。伊藤一聽這個消息，暗自想道：平壤民氣如此兇猛，又有用報紙鼓吹的，有用宣講所講自治的，像這樣他們那民智哪有個不開化？他們那民智若都像平壤百姓那樣，高麗國不是得不到了手了嗎？我不如往平壤走一趟，一來探探那邊的民氣都是如何，二來將他那鼓動人民的那個人，與他消滅了。他們的民氣若不兇，可就不怕啦。主意一定，先與他國駐平壤的領事打一封電去，讓他在那邊安排公館接待。這封電一發到他那領事那處，他那領事名喚振東三郎，當日接了這封電信，就在他領事衙門裡安排下公館，預備著好接伊藤。這個風聲一傳，就傳到岳公的耳邊。岳公一聽，伊藤要上平壤來，暗自忖道：我正愁刺他無隙可乘，今日他要往此處來，我何不在這南門外伺候他？等他一過之間，我就將他刺死，豈不是解了我心頭之恨嗎？於是又將這個

事情告訴於寇本良得知,本良說:「這倒很有機會,你千萬要小心。」岳公說:「那是自然。」這個時候侯元首也知道了,心中很不願意,只怕事情不成,反惹下禍。那岳公的意思很堅,他也無可如何,只得聽著他辦去吧。由是岳公天天在南門外等著,這且不表。單說伊藤發電後,探了兩天,就拾掇拾掇,帶著一千護衛軍,坐上快車,可就撲奔平壤走下來了。

這伊藤坐上快車出漢城,你看他前呼後擁好威風。出城來帶領一千護衛隊,分出了馬隊、步隊兩路兵,頭前裡跑開三百快馬隊,後有那五百步隊護軍行。馬隊裡兵丁拿著九音號,吹起來笛笛嗒嗒甚可聽。快車子四面玻璃照人眼,跑起來披答扒答馬蹄聲。步隊兵左右前後把車護,好一似北辰高掛眾星拱。出漢城威威烈烈往前走,人與馬饑餐渴飲不稍停,論走也得半個月,說書何用那些工?簡斷捷說來的快,這一日到了平壤地界中。振東三郎接出二十里,一齊的撲奔南門要進城。岳公他早在門裡把他候,讓過去馬隊上前就行凶,在嘴裡藥線用牙只一咬,那炸彈咔嚓一聲了不成,三炸彈一齊暴裂往外打,先炸死行刺人兒名岳公。該著那伊藤博文命不盡,那彈子未曾傷著他身形,打死了護衛兵丁人九個,又炸死趕快車人兒一名。大夥兒一齊說是有刺客,護衛隊將車圍個不透風。巡警慌忙往前跑,看見岳公死尸靈。將死尸抬到領事館,伊藤也進了公館中。振東三郎過來把驚道,又只見伊藤那邊開了聲。

話說岳公見伊藤車子過來,他急忙將藥線咬開,只誠想將伊藤炸死,哪知道他那護衛軍多,未曾傷著伊藤,他自己讓炸子先崩死,真是可惜。後來伊藤到了公館,命人驗岳公的尸,看看他是用何物行刺。驗屍之人,驗了一會,回來言道:「那人是炸彈行刺,看他口中含有藥線,並且他還是崩死的。」伊藤一聽這話,暗自想道:「這人是姓甚名誰?並且他這炸彈,韓國人也不能會製,其中必有原故。再說此人,要想行刺,不能他一個人。我想要將此城中鼓動百姓之人,與這個行刺的黨徒,可得用個甚麼法能知道?」尋思一會,忽然計上眉峯,說:「我何不僱此處的人,讓他與我訪聽。要是有人打聽著實據,我給他五百元錢,他國人見財就能替我辦事。」主意已定,遂將這事告訴於振東三郎,振東三郎就僱了些高麗人,在外打聽。這日來了一個二十歲的人見振東三郎,振東三郎領著見伊藤。伊藤命通事問他,說:「你姓甚名誰?將那刺客的原因,並他的黨羽,一一的說來。」那人對著通事可就講起來了。

那個人站在那邊開了聲,尊了聲通事老爺聽分明,我小子姓關名字叫關富,有一個外號叫作一包膿,家住在南門以外東胡同,行刺那些事兒我知的清。他的家與我離不遠,他的名字叫岳公,他師傅姓侯名元首,在雲府教書誨童蒙。岳公的同學也有十幾個,前幾年一齊遊學赴美京。侯元首他在家中開報館,專講究勸化百姓救生靈。今年裡岳公遊學回家轉,還有那寇氏本良人幾名。寇本良在這城中立宣講,著天裡講究自治瞎咕嚨。岳公他一心要把統監刺,寇本良與他做了炸彈物一宗。這事情我光知

道人三個，就是那元首、本良與岳公。我怎麼能知他們是同黨，這裡頭有個原因在其中。侯元首有個使人叫李九，我二人本是八拜好賓朋，這事情全是李九對我講，所以我才知內裡那情形。這本是三三見九實情話，並無一句虛言來假告誦。五百元錢快快給我，我好與李九分贓飲劉伶。那通事聽罷關富一些話，他這才對著伊藤把話明。

話說那通事聽罷關富一片言語，遂對伊藤一說，伊藤又讓通事問那關富，說：「那侯元首、寇本良現在哪裡？」通事又問關富，關富說：「在雲在霄府前門房報館裡住著。」通事又對伊藤一學，伊藤遂與關富五百元錢，遂派了十幾名巡警，讓關富領著，去上雲府拿寇本良、侯元首二人，以外又多給關富十元錢，作為酬勞。關富得了錢，遂領著巡警上雲府拿人，這且不表。

再說這領事衙門，有一個茶童，名喚林中秀，本是韓國人，原先在侯彌報館內當過茶童，皆因家貧，元首常周濟他，後來因為別的原故，不在那處，就上日本領事衙門，與那振東三郎當茶童。當日聽關富說元首與岳公是一黨，他就知道伊藤一聽這話，必不能干休，他偷著跑到元首報館。這時侯元首正與本良在那閑論，伊藤這次來不知因為啥事，又見林中秀歇歇喘喘跑進來說：「你二人快逃命吧。」元首說：「因為甚麼？」林中秀說：「伊藤自從岳公刺他以後，他就常常打聽岳公的黨羽。今天有一個關富，貪了五百元錢，說你二人與岳公一黨，並把那做炸彈之事全都說了。我想日本人不久就要派人來拿你二人來了，要不速逃，恐怕性命難保。」本良說：「事到其逼，就得躲躲為妙。」元首說：「可也是。」遂急忙備上一匹馬，也靡顧拾掇啥，元首騎馬，本良步行，師徒逃難而去。那林中秀也不回領事衙門，自己去了。

單說關富領著巡警，到了街口，撞著李九從那邊來。關富說：「他二人在家沒有？」李九說：「我早晨出來的，方才我迎著他二人，慌慌張張，往東北去了，你們快趕去吧，才走不遠。」關富一聽，可就領著巡警，捕奔東北趕下來了。

這關富本是一個古董星，只為那五百元錢把壞生，對著那振東三郎把話講，硬說是元首、本良要革命。賊關富領著巡警報館去，要捉那元首、本良人二名，不是那林氏中秀把信送，他二人性命一個保不成。賊李九從中又把壞來使，關富他才領著巡警東北行。他二人方才出了北門外，又聽的後邊人馬喊連聲。他二人一見勢不好，急忙忙往前跑個凶。該著元首命運盡，坐下馬忽然跌倒地流平，眾巡警後邊開槍打，可惜元首一命歸陰城。寇本良邁開大步望前跑，你看他一溜栽花影無蹤。本良他逃命不知何處往，只剩下元首死尸臥道中，可憐他一腔豪氣從今盡，可憐他滿腹經綸今日傾，再不能鼓動學生遊美國，再不能發行報紙化群生。韓國裡今日死了侯元首，少一個保國圖存大英雄，可嘆他從小伶仃命運苦，可嘆他心志堅固赴美京，可嘆他教練農備操鄉勇，可嘆他奇峯山上打賊丁，可嘆他保全重根母子命，可嘆他飄零在外好幾冬，可嘆他降志辱身設祖帳，可嘆他巧言義說金有聲。種種的憂國憂民苦心志，落了個鎗穿

肚腹血濺身形。數十年英名一旦付流水，倒把那恢天志氣落場空。恨只恨賊子關富貪財賄，害的那元首義士好苦情。縱然是五百元錢將你買，也不該拿著仇人當恩公。這種人咱們中國也不少，要得著生喫他肉也不嫌腥。像這個狼心狗肺誰不恨，得到手就當把他性命坑。這些事咱們押下且不表，再把那關富賊子明一明。

話說關富領著巡警，將侯元首打死，又去趕寇本良。那寇本良兩條快腿，他們哪能趕得上？用槍打也莫打著，只得將元首屍首交於振東三郎，關富自己去了。

單說伊藤聽說將侯弼害死，心中甚是快樂，遂將岳公、侯弼二人的屍首，用棺槨成殮了，說是此二人雖是刺我，倒算你韓國兩個志士，我不能不張大他二人的節義，這是伊藤邀買人心的法子。由於元首已死，本良已逃，那平壤城裡宣講所、報館全都無了，那伊藤越發的放心了。住了一個多月，就回了漢城不表。

單說雲府與岳家將他二人的棺槨領來，各人拉到各人家裡。那侯元首的棺槨，雲在霄接在府中，好好的祭奠祭奠，他那些門人朋友都全來哭吊，後來選塊吉地，埋葬起來。

時人有詩贊侯元首曰：

身悲國弱血心梳，無過韓人元首公。雖事未成身殞命，尚留忠義照韓京。

話說雲府將元首埋葬以後，歸至家中。光陰荏苒，不覺過了新年。這日雲老大人正在書房觀書，只見家人呈上一封信來。要知此信是從那裡來的，且聽下回分解。

第二十三回　安志士歸國弔恩師　雲在峀義倡愛國會

話說雲大人這日正在書房觀書，只見家人呈上一封信來。他接過來一看，外皮上寫著是從美國來的，遂啟了封簽，從頭至尾，可就看起來了。

上寫著叩稟父母尊前聽，敬稟者孩兒名喚雲落峰，願父母膝下金安身康健，願父母福祉多綏神氣清。孩兒我於今離家五六載，在外邊每思父母淚盈盈。上二年本良回家捎過信，趕以後永遠未捎信一封。現如今我們全都畢了業，安重根榜上列了第一名。我大夥畢業全是最優等，昨日裡領了畢業大文憑。不久就要束裝回家轉，過不去三月就能到家中，望爹娘不要苦苦把兒盼，咱們家不久就能得相逢。右寫著闔家老幼均安泰，左寫著愚兒落峯燈下勾。雲大人看罷落峯來的信，你看他急急忙忙後宅行。

話說雲在霄看完了書信，急忙上了後宅，見了老夫人跟安母說道：「咱們那些遊學生，不久要回家來了。」安母急忙問道：「有信怎的？」在霄遂將落峯信中之話一學，安母說道：「我兒今日可有還家之信了。」又聽畢業考的第一，把個安母樂的手足無所措了。那雲老夫人說：「妹妹，從今後別念誦你那重根長重根短了。」安母

說：「不但是我，就是嫂嫂，你也不必念誦盼望你那落峯兒了。」大家談笑了一氣，就專專等他們還家。

　　這且不表，單說金有聲、李相㿸諸人畢了業，領了文憑，呆了幾天，大夥全收拾了，一齊上了火車回家。趕到海岸，又上了火船，饑餐渴飲，非只一日。這日到了仁川，一齊下了船，僱了幾輛馬車，將東西搬在車上。李相㿸對著大眾說道：「咱們大家到家，可千萬要在社會上做事，斷不可貪圖富貴，把遊學的目的扔在一邊。」大家一齊說道：「兄長不必多勞，我們斷不能光希富貴，忘了國家。」李相㿸說：「既然如此，咱們就此分手了吧。」於是各上了車子而去。

　　單說安重根、雲落峯幾人，坐上車子，夜宿曉行，不日到了平壤，各回各家。重根等到了雲府，全家相見，歡天喜地，談了些一路的景況，說了些美國的政治。這時候趙適中、孫子奇聽說他們回來，也前來相睄。大家會在一處，談了一會，侯珍說：「我叔父跟寇老兄往哪裡去了？」雲落峰、安重根也說道：「可也是，怎麼不見他幾人呢？」孫子奇說：「要問他幾人，你們不要燥急，聽我慢慢的道來。」

　　孫子奇未曾開口帶悲容，尊了聲你們三位聽分明，咱高麗歸那日本國保護，那伊藤在咱國中統監升，用巧言買動咱國大元老，將權力全都奪在他手中。這權力一歸伊藤不要緊，最可嘆咱國人民受苦情，他行出別樣壞事還可忍，青天白日姦淫婦女實難容。那一年岳公妻妹把親串，又見了日本賊人來行凶，他妻妹因為這個喪了命，趕到那岳公回來眼氣紅。又加上咱國權力歸日本，才惹起他那心機火一重。寇本良與他做了三炸彈，一心要刺那統監名伊藤。到後來伊藤來此把事辦，岳公他埋伏在這南門東，該著那伊藤老賊命不盡，炸彈子未曾傷著他身形。岳公他身被炸彈活崩死，落了個冤仇未報喪殘生。

　　他三人一聽這個話，齊說道：「我說岳公他怎麼未來，原來如此，真是可惜。那炸子怎麼就靡崩著那伊藤呢？真是使人遺恨，咱們遊學的二十餘人，未等做事，先傷了一位，真是讓人傷心落淚呀。」雲落峯說：「岳公既然如此，我那本良哥哥與咱們先生，他二人可是哪裡去了呢？」孫子奇說：「你不要燥急，聽我一句的一句的道來。」

　　孫子奇復又開言把話明，你三人不要燥急仔細聽，咱先生在這城中開報館，各處裡勸化百姓有大功。也不知何人對那伊藤講，說先生他是岳公黨一名，又說那炸彈原是本良造，遂派了十數個兒巡警兵，上雲府來就把他二人找，這時候有人到此把信通。他二人出離北門去逃難，後有那無數巡警把他攻，一鎗兒將咱先生活打死，寇本良逃難不知奔何程。他三人一聽元首喪了命，一個個跺足搥胸放悲聲，這一個哭聲叔父未見面，那一個哭聲義父不相逢，這個說我兄不知何處去，最可嘆先生一命歸陰城。一齊的指著漢城潑口罵，伊藤呀！害的我國好苦情！為什麼我國權力你奪去，為

什麼讓你國人來行凶，為什麼姦淫我國好婦女，為什麼監理財政警權爭？種種的行凶作惡真可恨，我高麗將久坑於你手中。重根說我父母當年受了日本害，侯珍說不著那個我們那能外邊行？看起來這個冤仇何日了，倒不如尋找伊藤把命拼。他三人哭一氣來罵一氣，淚珠兒點點滴滴濕前胸。雲夫人見他三人哭過甚，他這才走上前來勸一聲。

話說他三人越哭越痛，雲夫人急忙上前勸道：「你三人不要哭了。元首已經死了，哭也無益，不如養養你們的神思，想個方法，保全咱這國家，與元首報仇要緊。」他三人被雲夫人勸了一會，這才不哭。侯珍又向子奇問道：「我叔父既被巡警打死，後來怎樣呢？」子奇遂將伊藤怎麼邀買人心，雲大人怎麼接來，埋葬於何處，對他學了一遍。重根說：「先生既死，待咱們這些情算是無以報了，明日預備下點祭禮，上他的墳墓上哭弔哭弔，盡盡咱們心不好嗎？」落峯等說：「那怎不好呢？」於是大家又說了些國家事情，遂各自散去。到了次日，安重根、雲落峯、侯珍、雲氏叔侄，一共五人，拿了點祭禮，帶了一個家人，到在元首墳上。一看孤墳三尺，荒草四圍，心中甚是悲慘。重根急命家人擺上祭禮，他五人一齊點香行禮，坐在地下，可就哭起來了。

眾英雄點香已畢坐在塵，一個個兩眼撲簌滾淚痕，哭了聲元首恩師死的苦，白瞎你一腔熱血滿腹經綸。前幾年尚在平壤開報館，至而今身歸黃土起孤坟。你的那扶國雄心不能展，落了個西風飄飄蕩孤魂，與國家未能立功身先死，豈不是黃泉遺恨百年存。師傅呀！你死一身只顧你，讓我們往後做事靠何人。侯珍說叔父待我恩情重，從小裡時時保護我的身。只承想回國團圓把叔奉，那知道叔父一命歸陰城。看起來苦命之人誰像你，尋思起真是讓人痛傷心。重根說師傅於我恩更重，提起來實在不能報一分。奇峯山救過我們母子命，念書時教我費心格外深。在美國僅僅呆了五六載，師傅呀，你怎麼不等我報報恩？看起來師傅你死非為別的，都是那賊子統監伊藤博文。伊藤賊與我冤仇深似海，我必然除去老賊把冤伸。那邊鄉在岫、落峯號陶哭，雲落峯眼淚滴滴濕衣襟。正是他五人哭元首，又只見遠遠來了四位人。

話說安重根等五人，正是在那裡痛哭元首，只見遠遠來了四人，走至近前一看，乃是金有聲、黃伯雄、堯在天、錢中飽四人。他四人一齊說道：「你們來，怎麼不與我四人一個知會呢？」說完了，遂也坐在那裡痛哭一場。哭完了，一齊站起，嗟歎一會，這才一齊轉回家中。呆了兩天，這一天有孫子奇、趙適中、蕭鑒三人前來造訪，雲在岫接至屋中坐下。在岫說：「正想要請你幾人去呢。」孫子奇說：「請我們做甚麼？」在岫說：「你們不知道，現在咱們已經回國這些日了，也得想著作點事才好呢。」孫子奇說：「兄長有何高見？請當面言講言講，要是好，咱們就張羅去辦，豈不好嗎？」在岫說：「既然如此，聽我道來。」

雲在岫未曾開口喜洋洋，尊了聲列位兄弟聽其詳，咱大家美國留學五六載，今

年裡才得畢業轉家鄉，現如今到家已經數十日，還得要謀方畫策保家邦。咱大家要是不去把力用，這個國不久就要見滅亡。想當初咱們說過開民智，今日裡還得去從那個方。咱國中人民已有數百萬，要去做也非容易事一樁。我想要在這城中立下會，請咱那諸位同學到這鄉，大家夥同心努力把事辦，立下個愛國大會在平壤。在會中人人盡把責任負，勸化咱各處人民保家邦，全國人要是全存愛國意，咱這國或者不至被人亡。這主意你們看看可不可，要可行就此撒帖往各方。將咱那同學之人全請到，在會人各盡責任化愚氓。他幾人一齊說道甚好，咱們就各處撒帖聘賢良。

在岫說：「此道既然能行，這會場可得安在何處呢？」金有聲說道：「可也是呀，這個會所，準得找個僻靜處才好呢。」孫子奇說：「那先不忙，等把他們請來再作定奪吧。」在岫說是：「對。」於是就寫了些個帖子，往各方撒起來了。

好一個雲氏在岫小英雄，他一心要倡愛國會一宗，四方裡撒的帖子無其數，要請那遊學美國眾賓朋。劍水驛來了陳氏兄弟倆，在漢城來了李樹蕭和李緯鐘，李相高、李俊也來到，還有那李範允、周莊、曹存人三名。咸境、漢城的英雄全來到，又來了平安北道眾英雄。金洪疇、高雲便在頭裡走，後跟著述堅、述白二弟兄，吳佐軍騎著快馬也來到，一齊的進了平壤這座城。他諸人一齊到了雲府外，雲在岫慌忙讓至待客廳。大廳裡分罷賓主落下坐，書童兒獻上幾個小茶盅，主賓茶罷把話講，說了些多日不見相思情。相高說怎麼不見本良寇賢弟？範允說岳公賢弟何處行？雲在岫見他二人把話問，遂把那上項之事說分明。眾英雄聽說岳公喪了命，一個個手指漢城罵伊藤，齊說道破壞我國都是你，趕何時將這老賊性命坑，替我國黎民百姓出出氣，替我那屈死朋友報冤橫。咱大夥趕緊立這愛國會，成立時好去刺這老賊丁。有聲說你們大家別急燥，咱還得張羅立會是正經。

話說李相高等正然痛罵伊藤，金有聲說：「你們不要如此急燥，咱還得是張羅著立這會才是呢。」雲在岫說：「現在咱們人一共有二十六位了，要想著辦方才所說那件事，準得在僻靜處立會才好。」有聲說：「何妨差人去上外邊，訪聽一個僻處呢。」在岫說：「這也倒不錯。」遂差孫子奇、雲落峯去上外邊訪聽地方。二人去了兩天，回來說道：「我二人出去訪察地方，事情也湊巧，離此三十餘里就訪察著了，那處名叫留雲浦，西面有一山名叫落雁山，在那山旁有一座房，甚是僻靜。這房是留雲浦劉福慶的，我二人見了劉福慶一提，那劉老爺情願讓咱們白住，你們看這事豈不是好嗎？」在岫說：「既然有了會所，咱們就搬在那裡去吧。」大家說：「好。」這才一齊搬到那裡，把那愛國會立妥，舉李相高為正會長，金洪疇、李範允二人副之，其他皆為會員。會既成立，各任責任。安重根、侯珍、雲落峯，情願去刺伊藤；堯在天、雲在岫、蕭鑒、吳佐軍四人，管四路調查打聽消息事；姜氏兄弟、陳氏兄弟、曹存、李俊六人，管倡辦鄉團事；錢中飽、黃伯雄、李瑋鐘、李樹蕭、雲落峯五人，管

各處宣講自治事；金有聲、堯在天跟三位會長管開報館事；趙適中、高雲、孫子奇、周莊四人，管製造物品，勸化人民，講求實業事。當日眾英雄各有責任，調查員又聯合了復仇會及雪恥會。由是平壤地界的人民，讓眾英雄們勸化的很好，專等打聽伊藤出行的消息，好去行刺，這且不表。

單說韓國這個時候李熙皇帝，讓位給太子隆熙，封李完用為內閣總理大臣。伊藤一看，韓國換了皇上，李完用當朝，他就看出韓國不能興了，可就想起瓜分中國的事情了，遂辭了統監之職，以曾禰荒助為統監，自己坐船歸國，仍在朝當宰相。這日日皇升殿，伊藤出班奏本，正是：

經營朝鮮還未已，又來中國起風波。

畢竟不知伊藤說出甚麼話來，且聽下回分解。

第二十四回　安志士中途逢故友　伊相國哈埠受凶災

話說伊藤上至金殿，山呼已畢，日皇設下一把金交椅，命伊藤坐下，伊藤謝恩，坐於交椅以上。日皇說道：「愛卿歸國，未發一策，今日上得殿來，有何本奏？」伊藤說：「老臣一日不死，不敢一日忘了國家。今日上殿，還是為的國家大事。我主在上，洗耳聽微臣道來。」

伊藤侯未曾開口笑吟吟，尊了聲我主在上聽原因，臣本是西京一個讀書子，無甚麼經濟才幹在本身。蒙見愛召進京城作臣宰，臣自愧無甚學問佐聖君，因此才歐美諸邦去遊歷，耽誤了十餘年的好光陰。回朝來籌備立憲謀變法，全國裡君民上下煥然一新，都只為我主待臣恩情厚，臣這才竭盡愚忠報聖君。為高麗為臣費了千條計，好容易奪他權力買他心，十年上韓國政府咱買透，那塊地將來不久歸咱們。從今後不用在那把心費，費心機善把中國去瓜分，中國人比著高麗強百倍，細思想不是容易就瓜分。臣有心南北滿洲去遊歷，看一看他那人民啥樣心，訪一訪諸般政治好不好，探一探官吏因循不因循，考一考河山地勢甚麼樣，察一察人烟戶口和莊村。將中國種種情形全知道，然後再安排款項運動人，慢慢的將他權力謀到手，東三省咱與俄羅斯平半分。我的主今日准了臣的本，到明天安排舟車就起身。為臣的一死方休算報國，若不然永遠不能放下心。日皇說愛卿為國心使碎，理應當准你所奏隨你心。一路上公費支銷由你便，有事情快打電報早知聞。只因卿機關險詐人深忌，提防著強盜刺客與賊人。伊藤說不勞我主多懸掛，臣自然時時防備加小心。說畢了別駕辭行回府去，晚景過轉眼就到黎明晨。帶從人坐上快車出京去，各官員餞行護送奔橫濱。由橫濱上了火船奉天奔，這一日水路行程到旅順。吩咐聲攏攬輪船上了岸，猛看見日俄戰場好酸心。

話說伊藤來至旅順，出船上岸，一見當年日俄開仗之地，事雖僥倖成功，傷害多少生靈，不由幸盡悲來，心中甚是悲慘，遂題詩曰：

渤海灣頭新戰場，兩軍忠骨土猶香。恩讐所致非私怨，追吊當年轉斷腸。

此處已歸掌握，並不停留調查，臨行又有詩曰：

秋捷辭家赴遠程，蟲聲唧唧雁南行。明朝渤海波千尺，滿目蕭然嘆縱橫。

伊藤題罷詩句，進奉天城盤桓幾日，又由大連灣上了火車，勾奔長春。無論到在何處，全有中外國的官用心接待。在長春遊覽了幾日，又想上哈爾濱。這且不表。

單說高麗愛國會的調查員蕭鑒幾人，天天在外訪查伊藤出門的消息。這日聽說他遊歷滿洲，已經出京，他幾人急忙回到會上，對著李相卨一說。李相卨說：「要刺伊藤，這個機會很好。」安重根說：「這事不虛呀？」蕭鑒說：「訪的真真切切，哪有虛的呢？」重根說：「既然如此，天賜成功。我明日就由元山上火船，奔海參崴，去刺這奪國主謀的對頭。」相卨道：「這事關係不小，成不成性命先得搭上，你能豁出來麼？」重根說：「男兒生在世上，要能為國家報仇，這個性命，可倒算個甚麼。伊藤賊與咱仇深似海，咱要不報這仇，有何面目立於人間？大哥不必過慮，小弟非去不可。要不能刺死此賊，永遠不回本國。」相卨說：「你的心志既然堅固，但有一件是很難的。」重根說：「何事？」相卨說：「賢弟做此事，必定為國亡身，恐怕老母難捨不允。」重根說：「咱們立會的時候，我擔任行刺的事，已經稟過老母。我母說：『孩兒要能除了咱國仇人，娘也就不愛你的身了。我兒得了機會，自管去吧。』這事我母早已經應許了。」相卨說：「既然如此，事不宜遲，明日就可前往。」重根說：「正是。」遂又向雲落峯、侯珍二人商量道：「我一人前去行刺，恐怕不便，二位兄長幫我走走才好。」他二人一齊答應道：「賢弟即不說，我倆也是要去。」重根說：「好，好。」於是各人帶了一桿七星手鎗，懷了一些籽母，三人扮作成日本人模樣，當下收拾一畢，大家談一宿。到了次日，用餞行飯完了，三人拿了手銃，帶了盤費，告別出行，眾人含淚送別。正是萬般悲苦事，死別共生離，好難捨的很哪！

眾英雄攜手送出大門庭，一個個滿面淒慘帶愁容，齊祝告重根捨生去行刺，願此去賢弟馬到成了功。賢弟呀！要果做成這件事，算與咱韓國人民報冤橫。事成了賢弟必然把命捨，咱兄弟分手就在今日中。你真是浩氣淩雲人難比，你真是韓國第一大英雄。來來來，受我大夥三叩首，盡一盡咱們同學義氣情，說罷了一齊跪在流平地。重根說諸公不必這樣行，兄弟我要能刺死伊賊子，就死在九泉以下也心明。諸公們好好安排保國的道，保全咱韓國不亡是正經。他眾人叩頭一畢抬身起，一個個淚珠點點濕前胸。重根說諸位請回多保重，小弟我忠心耿耿不改更。一躬身辭別分手登古路，後跟著侯珍相伴雲落峯。相卨等目送無影方回去，他三人談談論論往前行。這一天到在碼頭元山地，他三人乘坐輪船撲正東。到在那海參崴把船下，上火車延路又往西北

行。去煩詞簡斷捷說來的快,這一天到了哈爾濱江城。下火車入了肅靜的招商店,專等那伊藤來到把剌行。

話表安重根三人,來至哈爾濱,下了火車,找了一個雅素客棧,搬進去住在一個單房,暗暗打聽,人說伊藤才到長春,他三人店中等候。白天上街閒走,忽見路南藥鋪內,站著一位高麗人,好像寇本良,走至近前,正是他人。本良見他三人到此,慌忙讓到屋中坐下,問道:「你們幾時節回國,到此有何事情?」重根一看,跟前無人,遂把幾時回國,到此大事,對他說了一遍。本良說:「此事很好,我要不為刺這老賊,哪能到此?」重根說:「兄長逃走以後,怎麼到此?」本良說:「日人將師傅打倒,我見事不好,就捨了師傅,一陣好跑,跑了一氣,聽聽後邊沒動靜,我這才慢慢而行。行了兩日,到了奉天,在奉省探詢了幾天,遇見咱國幾個商人,上此處作生意的,我這才跟了他們到了此處。他們開了一個木梳鋪,我幫了他賣貨。探了二年,自己積了四百餘元錢,就在上海辦了點藥,在此處開了個藥鋪,於今一年有餘了。」重根說:「我們常訪兄長下落,無人知道,今日在此相逢,豈非天緣有幸。」本良說:「你們在店裡住著,甚是不便,不如搬到我這來。」重根說:「那倒很好。」本良令人同他們回店,將三人的行裝搬在藥鋪後屋。夜間又用炸藥與他們加料做成幾個子母,重根帶著,天天上車站等候。這一天,是日本明治四十二年十月二十六日,我國宣統元年九月十三日,伊藤坐著特別客車,來到哈爾濱。一時中國官、日本官、俄國官同接,俄國巡警排列車前,中國軍樂也去伺候。安重根雜在日本人堆中,商民齊看,人聲喧嘩,好不熱鬧哇!

好一位日本謀臣伊藤公,這一天坐了火車到哈城,驚動了中外各國眾官弁,俱都是火車站上去接迎。那一邊站的中國軍樂隊,這一邊站的俄國警察兵。來了那交涉局的劉總理,日領事川上、小池人二名,俄國的度支尚書人一個,可可維夫昨本是他的名。外有那日本人民無其數,一齊的來到站上接伊藤。安重根雜在日本人群內,這時間正在上午九點鐘。伊藤他火車來到站上了,慌了那中外各國官與兵,巡警官叫聲立正齊立正,又聽得軍樂洋洋聒耳鳴。中外的官員上前去接見,那伊藤慌忙下了客車中,走上前與各官員把禮見,說道是有勞列位來接迎。他這裡正與各官把話講,未提防人群鑽出一後生,手中裡拿出七響鎗一桿,對準了伊藤博文就行兇,忽聽的喀嚓喀喳响七下,只見那伊藤倒在地川平。川上君右膀以上把傷受,小池君左腿以上冒鮮紅。俄國兵見事不祥圍上去,捉住了重根刺客不肯放鬆。刺客他大喊三聲韓萬歲,眾兵丁將他送到衙門中。眾日人看見伊藤倒在地,急慌忙上前扶起驗身形,但只見前胸打進兩彈子,渾身上血星點點令人驚。吩咐人即刻抬至領事館,請來了日俄兩國大醫生,眾醫生方才來至領事館,那伊藤已經嗚呼歸陰城。他亡年正在六十零九歲,也算是亞洲多智大英雄。都只為他的心腸太毒狠,所以才忠烈俠義不能容,再不能統監外

國弄譎計，再不能暴虐韓民不太平。這一回路途之中被刺了，也算是為國為民喪殘生。領事官無奈含悲先成殮，然後一封電奏到東京。將刺客打在木籠囚車內，跟靈車一同送到奉天城。將伊藤棺槨送回本國去，將刺客送在旅順審判廳。審判官坐在上邊開聲問，叫一聲行刺之人你是聽，我問你因為甚麼來行刺，重根說替我國家報冤橫。我今日事已做成遂心志，但願著早早賜我歸陰城。審判官再三鞫訊無別供，擬下個抵償之罪梟首刑。法場上含笑就刑真傑士，就死後神色不變面如生。這才算韓國英雄第一位，落下個名標青史永無窮。咱這裡壓下此事且不表，再把那本良三人明一明。

話說他三人見重根那時刺了伊藤，喜出望外，打聽解送旅順，拋了藥鋪後趕去，候著重根斬訖，夜間盜屍成殮，送回平壤。會上一見，又悲又喜，喜的是伊藤已死，悲的是重根已亡。他大家哭奠一番，擇地安葬，養其老小而已。論伊藤是謀臣，不足為忠，專務競吞，不行仁義，不思守國安民，只想奪地戕生，有詩歎曰：

弱國強吞事可傷，弔君何必苦爭忙。只因貪戾行欺詐，功未成時身滅亡。

又曰：

暴虐從來不久存，秦吞六國漢平秦。只興有道伐無道，好惡拂人災及身。

又讚美安重根詩曰：

報國雄心盈宇宙，忠君正氣貫韓京。於今皓月臨皓骨，普照千秋仰大名。

話說李相高等葬安重根，回到會上去了。單說伊藤的棺槨，回到東京，日皇率領滿朝文武百官，接出十里之外。到了家中，發喪已畢，埋葬起來，封其子文吉襲男爵。

光陰似箭，日月如梭，不知不覺的又過了新年，那一年就是宣統二年。宣統二年春天，日本將韓國統監曾禰荒助換回，派寺內正毅前去做統監。這一日韓國忽然起了一個大暴動，要問這個暴動是甚麼？且聽下回分解。

第二十五回　李完用賣國求榮　金洪疇敗兵逃走

上回書說，韓國起了一個大暴動，這個暴動是甚麼呢？列位有所不知，只因韓國統監寺內到韓國時，也是日日想法將韓國滅了。這日忽然想出一個道來，自己說道：韓國君臣無道，那百姓又全然不一個心，反對他們政府的很多，我今日何不上他那政府，商量著將日本韓國合在一處，名曰一國，假說替他們保全自安的名目以籠絡。他那君臣也不敢不從，就是這個主意。遂坐上車，到了韓國政府門外下車，早有人報於李完用等。李完用等聽說，慌忙接出堂來，讓至客廳，分賓主坐下，使人獻上茶來。喫茶已畢，完用向寺內說道：「統監無事，不能到此，今日到此有何軍國大事相說呢？」寺內說：「我今日到此所辦的事情，可真不小，但是與你國也很有利益。諸公

不知,聽我道來。」

　　這寺內坐在那邊開了腔,尊一聲列位大人聽其詳,你國家政治頹靡民氣弱,全仗著我國與你作主張,是政治全得歸於我們管,我國人費了多少苦心腸。為你國我國花了多少款,替你國安排政治保家邦。你的國現今不算獨立國,別的國待你韓人太不良。咱兩國不如合併在一處,是政治全都推於我皇上,我皇上替你國人把事理,你皇上安然無事把福享。從今後我國人民高聲價,從今後你國君臣得安康,光在那高樓以內享清福,什麼事不用你們作主張。過這村恐怕沒有這個店,這本是保全你國第一方。諸公們看看此事可不可,要可行條約之事再商量。寺內他說罷合併一些話,又聽的完用那邊訴短長,完用說這個事情倒很好,我心中早已量過這一樁。我國人常常埋怨我大夥,說我們不會辦事竟遭殃,外面的名聲實在不堪講,早晚的就要來把我們傷。奸臣名反正我們算披上,倒不如跟著你國合了邦。寺內說這事果然要辦妥,我管保諸公永久在廟堂,我管保俸祿銀子不能少,我一定不能撒謊把人誆。完用說這個事情全在我,皇統監不必常常掛心上。說罷了寺內告辭回衙去,李完用急忙上殿見韓王。山呼畢交椅以上落了坐,把那事對著韓皇奏其詳。高麗王一聽合併這句話,嚇的他不由一陣心落慌。

　　話說完用上了金殿,將合併之事對韓皇講了一遍,極誇講合併如何之好,咱這國如此軟弱,終久不能強啦,不如趁著這個時候,跟日本合成一國,比啥都強。韓皇說:「事出倉卒,我也無有章程。你等幾天,看看百姓如何。」李完用聽韓王之話,只得下殿回府,這且不表。

　　單說漢城裡有一人,姓李名喚容九,在漢城中創了一個一進會,入會者也有三十餘萬人。他立這會是為甚麼呢?其中有一個原故,韓國歸日本保護,在萬國公會上他的國列為四等國,他的百姓,也就列為四等民了,這李容九創會的意思是想要使韓國人為一等國民。當日聽說日韓合邦這個事情,心中想道:日本是一等國,我國要是與他合成一處,我們豈不是也成了一等國民了嗎?這個事情,當以竭力贊成,遂率領會中三十餘萬人,在政府中遞了一件意見書,呈說日韓合邦有多大好處,又各處勸化,說是咱們要跟日本合在一處,咱們百姓就全成了一等國民了,別的國也能高抬咱們。那韓國百姓,皆信以為然,遂同上意見書於政府,贊成日韓合邦之事。李完用見有好幾十萬民上意見書,遂又奏於韓皇。韓皇想著不應吧,百姓們願意的很多,大臣們全部願意,日本人又逼的利害,無奈將此事應了。日本明治四十三年八月二十二日,日本統監韓國寺內正毅,韓國內閣總理大臣李完用,在統監府寫了條約。是凡韓國的政事全歸日本,去了韓國國號,封韓國皇上為昌德公李王,永遠不許辦韓國政事。條約擬成,二十九日發佈,韓國從此可就亡了。

　　都只為李氏完用狗奸佞,倒賣了高麗國的錦江洪。日本官發出合邦一意見,完

用他以為好事就應從，將政治全都讓於日本管，自古來無有這樣事一宗。明著說日韓合邦是好事，暗著說日本實在得相應。是權力全都歸他政府內，是土地全部在他掌握中。去了那大韓國號兩個字，高麗王簡直變作一白丁。既說是日韓合邦求安泰，為甚麼隆熙受那日本封？這事情令人實在測不透，他君臣怎麼全為糊塗蟲！尤可恨昏庸領袖李容九，立一會創成亡國第一功，他想要仗人勢力增多價，這件事好比畫餅把饑充。他兩家合併條約一發布，驚動了愛國會上眾英雄。調察員打聽明白這件事，忙到了愛國會上把信通，對著那相高諸人說一遍，倒把那眾位英雄眼氣紅，一個個手指漢城高聲罵，大罵聲李氏完用狗娘生，你也是高麗國中人一個，你也有父呀妻子弟與兄，滅了國你也未必得了好，你為何暗助日本把事行？奸賊呀！有朝一日獲住你，我大家生喫你肉不嫌腥。眾英雄越說越惱越有氣，一個個摩拳擦掌要行凶。齊說道國家已經滅亡了，咱何不豁上死命爭一爭。他大家聲聲要把日本打，金洪疇口尊列位且稍停。

　　話說愛國會諸位英雄，聽說日韓合併，就要前去與日本作對。金洪疇說：「咱大家且不要性急，咱們要反對此事，就咱這二十九人不能中用，必得去到各處調齊了鄉團，聯合著百姓作起事來，見一個日本人殺一個，然後再上漢城去殺統監寺內，與那奸臣李完用。要是將此二人除治，再破出死力與那日本人作對，或者能將咱們國家保住。現雲老大人在霄已經於去年病故，別的臣宰皆是奸貪，要辦此事，非聯合百姓不可了。」李範允道：「此說甚好，事不宜遲，咱們就如此辦去吧。」金有聲說：「好。」他大夥遂到了各處，聯合百姓們。那百姓們一聽著這個動靜，全都說要破出死命，去打日本。不幾天工夫，就聯合了四五十萬人馬，男男女女鎗也靡有多少，隊伍也整齊不了，但是愛國血心，氣象勇猛。數日之間，人馬齊備，公推金洪疇為元帥，他也不推辭，遂將兵隊點齊，令李相高等各領兩萬人浩浩蕩蕩，可就殺起來了。

　　忽聽得日韓合邦事一宗，氣壞了愛國會上眾英雄，聯合了四五十萬好百姓，金洪疇眾人公推作元戎。眾英雄每人帶領人兩萬，俱都是男女老弱不相同。雪恥會頭領名叫劉福慶，率領著苦力農人作先行。復仇會周二娘子李三姐，帶領著仗義婦女隨後行。雖然是鎗械子藥不完備，各懷著救國忠誠氣象兇。遇見了日本人一個殺一個，不論他男女老少與官兵。金洪疇領兵殺奔漢城去，一路上遇著日本人不容情，殺死那日本官員無其數，驚動統監寺內那計多星，與他國打去一封急電報，立時的發來三鎮大陸兵。日本兵一齊發到高麗界，朝日嶺兩軍相距紮下營，下戰書黎明清晨開了仗，只聽的連環大炮響咕咚。韓國兵大半是些農莊漢，又加上軍裝火藥不相應。日本兵使出落地開花砲，眾義兵何能抵擋大炮轟？隔大山兩軍打了一晝夜，韓營裡周莊、本良傾了生。寇本峰、李俊、高雲相繼死，又傷了孫子奇與雲落峯，還有聖思、聖暇合著蕭鑒，又傷了李樹蕭與李緯鐘。雲在岫、堯在天皆被鎗打，金有聲、錢中飽皆受炮轟。

李範允、小曹存二人廢命，又死了黃伯雄、姜氏弟兄。吳佐軍與侯珍爭先而喪，周二娘、李三姐為國捐生。雪恥會故去老將劉福慶，傷兵丁四散逃亡數不清。往往是兵家勝敗為常事，最可憐韓國被傷人苦情。雖然是為國亡身死的苦，照比著賣國求榮死猶生。只因他人雖忠勇器不利，因此才打了敗仗落下風。愛國會兵敗將亡失散淨，只剩下相鎬、洪疇人二名，他二人獨立無援方逃走，撲奔那南洋群島去避兵。在路上哭聲我國眾男女，又哭聲忠君愛國的眾賓朋，高麗國於今算是要亡滅，咱無有回天手段怎成功？只指望旗開得勝復韓國，不料想竹籃打水一場空。最可嘆無數良民白送命，那去了同心聚義好英雄。再不能立會結團扶家國，再不能宣講自治化群生。他二人哀國哀家哀百姓，英雄淚滴滴點點濕前胸。止不住一行哭著一行走，此一時西方墜落太陽星。急忙忙投奔招商存旅店，咱在此休息一夜再登程。我也要說到此處留連住，勸諸公果知感激再來聽。

第二十六回　既合併英雄徒落淚　未瓜分國事宜關心

話表金洪疇、李相鎬二人入店，焦思一夜，黎明清晨急速登程，夜住曉行，非止一日。單說這日到了南洋群島，想著由那上火船，投奔美國去借兵復仇，偏趕上這檳榔嶼地方，有他們高麗人很多，在那立下一個同鄉大會。當日金洪疇二人入到會中，見了那會中的會長賀平康。平康將他倆讓至屋中，各人通了姓名。平康問：「你們二公為何到此？」洪疇遂將韓國的現在情形，怎樣的合併，他們與日本怎麼爭戰，怎麼敗，對會長細細的說了一遍。平康說：「我也聽說，不想這事已經成了，咱們算是亡國人啦。」一陣傷心懷國，俱各哭起來了。

賀平康聽說合邦事一番，他這才哭聲韓國叫聲天。我高麗立國於今幾千歲，不料想一旦亡在日本前。日本哪，你國待鄰特暴虐，這幾年害的我們甚可憐。明著說保護我國成獨立，暗設計奪去我主政治權。既說是替我韓民求幸福，為甚麼不許我主掌國權？他不是詭計詐謀行僥倖，辦交涉不得相應心不甘。上幾年假說保全高麗國，平空裡安上不少顧問官，統監府修在我們京城內，凡事情全得歸於他統監。那時候伊藤巧言來虛哄，他說是改好政治皆回還，這政治已經改了四五載，恨煞人今日生出大事端。顧問官不但不去又多設，硬奪了我國政治巡警權。奪去了諸般大權猶不足，又要奪錢糧土地與江山。說合併明明吞滅我們國，是舉動我已早就聽人言。日本人說話靡有一回算，一轉眼就要弄出巧機關。合邦本是定的併吞計，事已成令人聽說心痛酸，最可恨賣國奸賊李完用，你不該倒賣韓國錦江山。你也是父生母養本國後，為甚麼做起事來無心肝？論官職你在咱朝頭一個，是凡那千斤重任你得担，正應該日夜暇思求

善策，保全著國家不亡才算賢。不能夠保國安民宜求退，你反與他國私通失主權。你一時貪心不足圖榮利，賺下個萬世千秋罵名傳。從此後今生結下來生怨，從此後不殺奸賊心不甘。又罵聲不知好歹李容九，你為何贊成合邦事一端？你累世韓國生來韓國長，國要亡你的身家怎保全？像你這豬狗無知為會首，作壞事理宜扒皮把眼挽。咱本是箕子之後文物國，至而今扔的不值半文錢。從今後家業財產歸人管，從今後父母妻子不團圓，從今後身與子孫當奴隸，從今後子弟不許讀書篇。使喚咱任啥不懂成呆子，使喚咱忘了根本恢復難，使喚咱不知父母真名姓，使喚咱韓國二字扔一邊。咱的字永遠不許咱們寫，還得去竊學他的字語言。數年後咱國制度全灰燼，縱就有天大手段是枉然。這好比臨崖勒馬收繮晚，這好比船到江心補漏難。賀平康一派悲國思家話，痛恨極淚點滾滾濕衣衫。兩旁邊在會同人皆傷感，逐個的淚珠點點落胸前。這就是英雄才有亡國淚，就是那無知人聞也心酸。這洪疇心忙就要奔美國，賀平康攜手送出大門前。囑咐聲事事留心多謹慎，暗到在美國以裡把兵搬。此後事成敗爭兢難預定，這部書編刻此處不再編。列明公思一思來想一想，亡國的形狀悲哀太不堪。高麗國先侵後滅誰不曉，皆因那忠烈英傑不得權。病作成無有靈丹難續命，勢已去雖有智者怎保全？細思量都是庸愚他誤國，致使那愛國英雄喪九泉。未死的追古悲今空流淚，有何法能使我國不來完？眾英雄淚落千行無濟事，勸君子可知防患於未然。眾明公思思高麗想想己，咱中國現在亦是難保全。咱中國誠恐先亡東三省，這吉奉如在人家手掌間。日本人得隴望蜀非一日，因為這高麗奉吉緊相連。那朝鮮本是東省屏藩地，好比似一座院墻修外邊。有院墻狼豺不敢把院進，無院牆狼豺進院有何難。現如今狼豺已經要進院，望諸公快想妙法將他攔。趁此時安排器械不甚晚，遲誤了狼豺要將翅膀添。待等他添上翅膀恐靡治，那時節也與朝鮮一樣般。滅咱國就是把咱家來滅，別拿著家國二字兩樣看。失了國分崩離析家何在，大家仔仔細細想一番。可知道愛國愛家一樣愛，不保國一定不能保家園。咱中華君臣人民稱大國，無上下人人都當求治安。休仗著朝有君相能推靠，千斤担還是大家一齊擔。官府裡哪樣不是靠百姓，壞了事先得百姓受熬煎。明良宰廣知修己安百姓，糊塗蟲光知賣法摟官錢。豈不想將來要坑咱大夥，為甚麼你們還想去靠官？滅了國他們還想享新福，受苦罪咱們百姓得占先。看一看這個時候難挽救，家府家以為無事在心間。拿著那國計民生不在意，每日夜妓女窰子去的歡。將私財揣在私囊無其數，世界亂好上外洋去過年。動不動就說款項不夠用，修衙署為何浪費那些錢？行新政何必高樓與大廈，種種的虛糜耗費不堪言。不管那野有餓殍民凍餓，只顧的車來轎去吃喝玩。並不想美酒膏粱萬民血，並不想日費虛耗百姓錢。一出門前呼後擁人不少，這個樣實在令人不愛歡。帶護兵為的防備革命黨，這個話又無滋味又無鹽。革命黨刺的賊官與污吏，為什麼不作清廉忠正官？皆因為誰作廉官誰不久，亦只因同流合污去敷衍。大家們從今不必靠官府，到

何時也得百姓去當先。大家們要不想法救東省，怕的是事到臨頭後悔難。東三省好似齒牙在口內，朝鮮國好似嘴唇在外邊。嘴唇子倘要被人割去了，齒牙兒突突露外受風寒，要想著齒牙不把風寒受，除非是另設法子保護嚴。我今天沒有別的救急法，各處裡齊心用力練鄉團。莫疼錢備下鎗礮與藥彈，欺壓來當時咱們把臉翻。大家夥至死不退將他打，東三省尚可一戰得保全。謹記著自治自強結團體，謹記著別把此事扔一邊。愁無奈午夢窗前弄紙筆，為勸懲編出韓亡事一番。

　　這部書編到這算完了，列位看書的爺們，與聽書爺們，總要把高麗亡跟咱東三省的關係，常常在心中存著。那伊藤很有奸智，創出歸併高麗、瓜分中國，這兩條大事。吞併韓國那件事，他算辦成啦，至於瓜分中國這件事，還得在我們中國人嘍。怎說在我中國人呢？這話有個原故哇，一者人多地廣，二者比高麗開化，三者現時奪去權力不多。我們要全存個自強的心思，外國雖想著來瓜分，他們也得打算打算。要是咱們大家真能自強，國家也就強盛啦，他們也就不敢來瓜分了。列位想想，咱們可是讓外國瓜分哪，可是人人圖自強呢？這話我也不敢說定了。那位說啦，外國要把咱國分了，咱們分到哪個，就與哪國納糧納稅，哪裡有甚麼不好呢？咳！列位不知現在這個時候，不像早頭了，早頭是滅國，現時是滅種。甚麼叫作滅種呢？就是把這種人的風俗人情，言語文字，官階服製，倫常禮義，全都去掉，讓你與他國人一個樣子。他還不能好好待你，拿你當牛當馬，作奴作隸，是凡不好的事情，全讓你去作，把你一家人指使個七零五散，父子不相見，兄弟妻子離散。台灣就是明鑑。你們看看《國事悲》那部書，看俄國待波蘭民那個樣子，別的國也就全是那樣子。這個事情，就在我們當國民的關心不關心了。話說到這就算完，書編到這也算完，至於咱們國完不完，上下同體方保全。嗟呼！到此我也不忍說了，我也不必說了，我也不敢說了，我也不能說了。咳，拉倒吧！

　　詩曰：
中原自古產英雄，痛恨今朝盡醉翁。禹域軒裔悲欲滅，權人急轉夢途中。
　　又曰：
興廢雖然在國民，提綱挈領賴賢臣。仍依敷衍因循計，難免臨危血濺身。
　　又曰：
忠貞萬古永流芳，何自偏私亂紀綱？歷史姦貪傾國輩，榮華莫久臭名長。
　　又曰：
紂時億萬心億萬，周有三千惟一心。上猶疾風下弱草，自強何以只責民？
　　又曰：
於戲大局將支離，仰賴忠謀挽救時。上下開通無障礙，民情猶水任東西。

朝鮮痛史
——亡國影

倪軼池、莊病骸 著

題解

　　《朝鮮痛史——亡國影》是一部章回體歷史小說，全書分上下兩冊，共二十回，以十九世紀後期朝鮮政局的發展為主線，以圍繞著朝鮮政治進程發生的東亞局勢變動為輔線，以《江華島條約》的簽訂、壬午兵變、甲申政變、東學農民運動、甲午中日戰爭、閔妃弒害、俄館播遷、日俄戰爭、韓日合邦等真實的歷史事件為基礎，描述了這些歷史事件發生的背景和經過，既刻畫了一群貪官污吏和弄權小人，也刻畫了一大批為了追求國家獨立和富強的愛國志士。該書由同出生於浙江鎮海的倪軼池、莊病骸合作撰寫，1915年6月在上海出版，發行者為愛國社，總代發行所是位於上海四馬路的國華書局。

　　倪軼池（1876-1962），名承燦，字莊青，號軼池，出生於浙江寧波之鎮海，清諸生。早年鼓吹革命，曾主編《浙江潮》，也曾為《民呼報》的社外編輯。[1]1906年6月，倪軼池在寧波創辦《寧波小說七日報》，使用蛟西顛書生的筆名主編這一文學刊物，主要刊登「醒世小說」、「寫情小說」、「人物傳記」等。報紙由寧波小說七日報社編輯，在寧波、上海兩地同時出版，但僅維持三個月、出版十二期就告停刊。[2]1917年，倪軼池「慨舊學凋敝，薪火中熄，乃設藝文函授社」，任社長，並「藉藝文雜誌以通聲氣而資商兌」。此外，倪軼池還和莊病骸合撰日本侵佔朝鮮的長篇章回小說《亡國影》，敬告國人要「奮發圖強，勿蹈覆轍」。[3]倪軼池勤於著述，除小說、詩文外，還有大量的筆箚、雜話等，不幸的是這些文稿在抗戰期間大部分毀於戰火。晚年的倪軼池儘管疾痛纏身，但仍筆耕不輟，1962年病逝，享年88歲。

　　莊病骸（1885-1970），真名莊禹梅，乳名繼良，寧波鎮海人，幼時父母早亡，跟隨祖母和叔父長大。18歲時考中秀才，但兩年後清廷宣佈廢除科舉，於是他便成了清末最後一科秀才，用他自己的話來說也是「紳士知識分子」。[4]1906年，莊禹梅與同鄉倪軼池合辦《寧波小說七日報》，也是從這一年起，他開始使用「莊病骸」這一筆名撰寫和發表武俠章回小說，逐漸掙得了一些名氣。1916年8月，孫中山先生從紹

---

[1] 上海詩詞學會「詩選」編委會：《上海近百年詩詞選》，上海：百家出版社，1996年，第66頁；鄭逸梅：〈倪軼池遺稿佚存序〉，載鄭逸梅著：《鄭逸梅文稿》，中州書畫社，1981年，第41頁。

[2] 劉勇、李怡總主編，林分芬、黃育聰主編：《中國現代文學編年史》第二卷，北京：文化藝術出版社，2015，第61頁。

[3] 前引鄭逸梅之〈倪軼池遺稿佚存序〉；劉勇、李怡總主編，劉勇、李春雨主編：《中國現代文學編年史》第三卷，北京：文學藝術出版社，2015，第70頁。

[4] 方平：〈莊禹梅先生的傳奇人生〉，《寧波通訊》，2010年第9期，第43頁；〈莊禹梅自述〉，載中國國民黨革命委員會寧波市委員會、寧波市新四軍研究會、寧波江北區新四軍研究會合編：《莊禹梅紀念文集》，2010，第167頁。

興到寧波考察,當時在寧波的莊禹梅被舉薦擔任其私人秘書,陪同其考察。孫中山先生這次浙東考察持續了近一個月,在這一個月的時間裡,莊禹梅一直以私人秘書的身份緊隨其左右,對其革命經歷等有了深入細緻的瞭解,為日後撰寫《孫中山演義》打下了基礎。[5]此後莊禹梅又來到上海,重新過起了賣文為生的生活,此處選錄的《亡國影》即是他這一時期與倪軼池合撰的一部較有影響的小說,當時出版此書的國華書局曾連續三天在《申報》上做廣告,其影響之大可見一斑。

　　1919年五四運動爆發後,莊禹梅又回到了寧波,次年加入新創辦的《時事公報》,任編輯,此後便主要活躍在報界。1925年,莊禹梅加入了改組後的國民黨,同年擔任國民黨寧波市黨部機關報寧波《民國日報》社長,並在孫中山先生逝世後開始撰寫《孫中山演義》,該書於1927年3月由上海環球書局出版,多位國民黨要人為該書題詞或作序,在當時產生非常大的影響。1929年5月,莊禹梅加入了中國共產黨,但仍主要在報界從事革命工作,一直持續到1949年。中華人民共和國建國後,莊禹梅先後任寧波市政協副主席、浙江省人大代表,文革期間受到迫害,1970年6月逝世,享年85歲。

　　倪軼池和莊禹梅不僅同為鎮海人,而且還有親戚關係,他在序言中曾寫到「莊子與僕,同為是戚」,兩人在1906年還一起創辦了《寧波小說七日報》,希望通過「假休沐之餘間,竊楮墨以遊戲」的方法,產生「發揮思想、灌輸文明,國魂因而昭甦,同胞享其幸福」的作用。[6]此後倪、莊兩人同在上海賣文為生,往來應該非常多,合作撰寫《亡國影》也就比較容易理解了。倪軼池和莊禹梅對民國建立後列強仍繼續爭奪利權、政府仍賣國以求穩而憤懣,產生「長此以往,四億同胞,尚復有一二葬身之地耶」的憂慮,故「屢思稍抒血誠,以為我諸同胞愛國救亡之後盾」。恰在此時,「適國華主人,有編纂朝鮮痛史之囑」,於是便「與莊子破功偷閒,盡二十日中走筆艸此」,成就了這本長篇小說。[7]倪軼池在這裡所說的「國華主人」就是上海國華書局的老闆沈仲華,由此看來,《朝鮮痛史——亡國影》的撰寫和出版可以說是由國華書局的沈仲華一手策劃和推進的,這一點從《申報》登載的廣告中也可以得到確認。《朝鮮痛史——亡國影》出版後,國華書局於1915年6月22日至24日連續三天在《申報》登載廣告為此書大做宣傳,廣告稱「亡國小說,除我佛山人《痛史》外,[8]後無作者,而《痛史》又未窺全豹。當此外患頻仍、國勢累卵之時,非有此種小說不

---

[5]　黃仁柯:《徘徊梅花嶺》,大眾文藝出版社,2007年,第224頁。
[6]　蔡康:《寧波掌故》,寧波:寧波出版社,2004年,第239頁。
[7]　《朝鮮痛史——亡國影》序一,第1頁。
[8]　「我佛山人」為清末譴責小說代表作家吳趼人(1866-1910),廣東南海(今佛山)人,出生於北京,因居佛山鎮,在佛山度過青少年時代,故自稱「我佛山人」,著有《二十年目睹之怪現狀》、《痛史》等三十餘部小說,其中的《痛史》是一部描寫南宋末年元入主中原和文天祥等抗元的歷史小說,全書共二十七回,1911年由上海廣智書局出版。

足以警國民之酣夢,本局有鑒於此,特請著名小說家倪軼池、莊病骸兩先生著為是書,取亡韓之事實,演空前之奇文。詞旨固極激昂,情節亦復離奇……誠小說界之傑作,亦宣講家之資料」。[9]那麼這樣就又引出一個問題,沈仲華為什麼會找人撰寫朝鮮痛史這樣的書呢?

1915年1月,日本駐華公使日置益向袁世凱提出了二十一條秘密條款,妄圖把中國的領土、政治、軍事、財政等都置於日本的控制之下。在中日兩國政府圍繞著這些秘密條款談判的過程中,二十一條秘密條款的內容被有意洩露給西方國家的政府和媒體,經西方媒體報導後又傳入國內,從而引發了全國各地人民反對二十一條和抵制日貨的運動,救亡圖存的呼聲響遍全國。上海作為這場反對二十一條和抵制日貨運動的中心之一,救亡圖存運動更是開展得如火如荼,正如倪軼池在序中所說那樣,「愛國,愛國!救亡,救亡!近日以來,我國人痛心疾首,輟食流汗,幾無一非犇走奮駭之呼號聲」。在這種氛圍下,編寫和出版朝鮮亡國痛史,以朝鮮亡國為前車之鑒,無疑更能激發民眾的救亡圖存熱情,堅定救亡圖存的信心,而對於書商來說,這在當時也是最大的賣點,於是沈仲華便找到既具有愛國熱情同時又有文學才華的倪軼池和莊禹梅,這樣便有了二十回的朝鮮亡國史題材的《亡國影》。

《朝鮮痛史——亡國影》出版後,雖有小說史提及,目錄索引類的書籍也多有收錄,但在中國卻一直沒有受到太多關注,至今沒有相關的研究著作或論文。韓國學者早在本世紀初開始關注這部朝鮮亡國史題材的小說,對小說的創作背景、敘事結構、書中的人物以及具體的文本內容等進行了多層面的分析和研究,認為這是一部具有巨大文學和歷史價值的小說。[10]不過需要指出的是,韓國學者在研究這部小說時,並沒有解決一些基本的問題,如作者的生平、小說的具體創作背景等,只是從中國近代遭受外來侵略的歷史脈絡中來分析作者的創作動機,並沒有與小說創作前後中國局勢的變化等結合進行細部分析,也忽略了小說創作和出版過程中的細節問題,所有這些都影響了對這部小說的理解。此外韓國學者對這部分小說的研究還多少帶有一些民族主義的情緒,對書中使用的半文言半白話的文體的理解也有所欠缺,因此這部小說還有進一步的研究空間。

在談該書的創作時,莊禹梅在序中寫道:「倪子與余有是書之作,以韓史為資料,以借鏡為宗旨,向之所謂影者,於是乎在國人讀是書而恍然大悟,奮發以有為

---

[9] 參見《申報》1915年6月22日第14版。

[10] 韓國關於《朝鮮痛史——亡國影》的主要研究成果有:李騰淵、鄭榮豪、柳昌辰:〈韓國題材中國近代小說《亡國影》研究(1)〉,載《中國小說論叢》第20輯,2004年9月;柳昌辰:〈《朝鮮痛史(亡國影)》小考〉,載《中國人文科學》29,2004年12月;鄭榮豪:〈韓國題材中國近代小說《亡國影》研究(2)——以作家意識為中心〉,載《中國語文論譯叢刊》14,2005年1月;鄭榮豪:〈韓國題材中國近代小說《亡國影》之人物研究〉,載《中國與文學論集》32,2005年6月。

也」，也就是說雖然寫的是朝鮮亡國史，其實是希望國內大眾通過閱讀此書而奮然崛起，於危亡關頭拯救民族，拯救國家。也正是出於這種目的，作者在多處不留情面地批判中國民眾，如「中國人都狡點異常的」、「中國的百姓大都自私自利，不曉得國家利害的關係」、「我們中國人，口裡都說著愛國兩個字，到了競爭權利的時候，就把愛國這兩個字，丟在腦後」等等，通過對中國民眾的批判和與韓國民眾的對比，希望能起到喚醒民眾的作用。不僅如此，作者還把民國後中國政治中出現的一些新氣象如開國會、辦報紙、辦教育等植入了朝鮮末期的歷史之中，其實是為中國民眾指點救亡的途徑。《朝鮮痛史──亡國影》雖然寫的是朝鮮的亡國史，很多反映的卻是中國的社會現實，這樣就會與朝鮮末期真實的歷史事實不相符，但這並不是像韓國學者所指出的那樣，是對韓國歷史的歪曲，而是合理範圍內的文學創作。

　　前文曾述及，《朝鮮痛史──亡國影》是以朝鮮王朝末期發生的真實歷史事件如壬午兵變、甲申政變等為基礎來構建故事結構的，不過與其它朝鮮亡國史題材的文學作品不同的是，該書在人物的安排上，除了主要人物如國王李熙、閔妃、大院君李昰應等為真實的歷史人物外，還刻畫了大量的虛擬人物如朴容漢、梭晉比和以漢壽李為首的自由黨群體等，即便是在故事情節上（如圍繞著自由黨的故事情節）也都是虛構的，這樣就使作者擺脫了真實歷史事件和歷史人物的束縛，為其在故事情節的建構和人物的刻畫上提供了更多的自由發揮空間，通過真實與虛擬相結合的手法，刻畫出朝鮮王朝末期一群追求國家獨立富強的愛國志士和他們展開的愛國運動。

　　作為一部亡國史題材的小說，肯定會探討亡國的原因，《朝鮮痛史──亡國影》把朝鮮亡國的原因歸納為四個方面：第一是統治者的驕奢淫逸，第二是官僚的因循玩愒，第三是官吏貪黷，第四是同儕排擠或者說是黨派紛爭。可以看出，在探討朝鮮亡國原因時，作者重點是從朝鮮內部尋找原因，對日本對朝鮮的侵略野心關注不多，這可能與作者寫作此書的動機在於喚醒民眾的愛國心有關，也可能與對日本的侵略野心和侵略伎倆認識不足有關。儘管此時正值日本向袁世凱的北洋政府提出二十一條之際，但相當一部分知識人對日本侵略中國的野心認識不足，一些知識人對日本的認識尚未擺脫甲午戰爭後形成的對明治維新後日本的那種艷羨心理。1930年代出版的《高麗亡國演義──朝鮮遺恨》中，幾乎每一回結束後的評語都會把日本對朝鮮的侵略與日本侵略中國的伎倆進行對比，這與日本侵略中國的野心徹底暴露、其侵略中國的伎倆為中國人所識破有關。

　　莊禹梅在序中稱該書的寫作是「以韓史為資料」的，從時間上來看作者在寫作此書時能夠接觸到不少有關朝鮮亡國史的文字，且不說自1904年梁啟超的〈朝鮮亡國史略〉在《東浙雜誌》發表之後，各地報紙雜誌上朝鮮亡國的文字比比皆是，就是單行本也可以在市面尋得李芝圃的《朝鮮亡國史》（1911年）、《朝鮮滅亡慘史》

（1915年）等，而從書的內容上來看，也確實是參考了許多朝鮮相關書籍。但此書從寫作到出版畢竟是太倉促，按照倪軼池的説法，上下兩冊洋洋灑灑數萬字僅僅用了二十天的光景，根本沒有太多時間去考慮細節問題，同時兩人的朝鮮歷史文化知識只是來自於相關的參考書，因此我們能在書中發現不少與朝鮮歷史文化格格不入的內容，也有一些相互矛盾的敘述，如小説的第一回中就稱朝鮮為清朝的藩服，按照宗主國與藩屬之間的禮儀關係，朝鮮統治者只能稱國王，一切與皇帝相關的稱呼如「皇上」、「萬歲」、「陛下」、「朕」等等都不能用於朝鮮國王身上，王儲也不能稱為「太子」，只能稱為「世子」，然而小説中卻是「皇上」、「萬歲」等與國王混用，甚至還會出現在同一個句子之中，這不僅與真實的歷史不符，同時也減弱了朝鮮改元稱帝的衝擊效果。

儘管《朝鮮痛史——亡國影》存在著一些瑕疵，但這並不影響其作為一部愛國小説的歷史價值，也不影響其文學藝術價值，對此後出現的朝鮮亡國史題材的文學作品也產生了一定的影響。

朝鮮痛史－亡國影　上

序一

　　愛國，愛國！救亡，救亡！近日以來，我國人痛心疾首，輟食流汗，幾無一非犇走奮駭之呼號聲。僕聞之，且喜且懼，喜吾國人國家之觀念日強，或尚有挽回淪胥之一日，懼吾國人對於國家，不幸而為五分鐘熱心之言之所中，而不復鑴腦作鑑，為根本上之愛，為根本上之救也。雖然今日之愛國，今日之救亡，恃學校以灌輸常識，而學校不容此多數人；恃政府以維持和平，而政府祗有此饋贈術。鄰氛逼壓，祖國斜陽，長此以往，四億同胞，尚復有一二葬身地耶？莊子與僕，同為是戚，屢思稍抒血誠，以為我諸同胞愛國救亡之後盾，教室公僕，靡晷刻暇，忽忽月餘，未以基也。適國華主人，有編纂朝鮮痛史之囑，用是與莊子破功偷閒，儘二十日中走筆艸此，以內政癱潰為經，以外患矢集為緯，文不離宗，言期有物，借他人酒杯，澆自己魂礧。區區寸心，頗自信足為愛國救亡者，當警枕而效庭語，大雅宏達，當不棄也。嗟嗟！荒宮麥秀，淒涼遺老之詞，故國天寒，嗚咽山陽之笛，前車既覆，來軫方遒，瞑想前塵，輒為悵惘。吾哀亡韓，吾固不徒為亡韓哀也。旅樓一角，長夜如年，援筆未終，燈昏欲泣矣。

民國四年六月日鎮海倪軼池自序於海上軼廬

序二

鄢有男子者，容儀不整，手足不完，不自知其醜也，每顧而喜，且自以為佚。河北智叟語之曰：若頭禿而目陷，鼻傾而口斜，奇疾成矣。若不自知，若之影則知之。盍視若影，他日闞鏡中，則恍然知其醜。嗟乎！吾國之見醜於世界也久矣，固不自以為醜也，而熙熙然以嬉，而呫呫然以臥，虎狼也而餌之，盜賊也而嬺之，馴至國權外奪，財政奇窘，其不禿而陷，傾而斜者幾何哉！倪子曰：是宜為之影也。朝鮮舊址，箕子遺封也，流風所被，民俗敦龐，安縕袍短褐之貧，則民非偷，裕鹽鐵金銀之產，則國不瘠，以視齊州，何遽讓焉？顧當其承平無事，上下酣嬉，臣民玩愒，自以為得高枕而臥矣。一旦日人臨境，則君臣水火，士卒離心，大好河山，舉手而授諸鄰國。君子讀三韓亡國史，不禁淚潸潸下也。雖然李熙非不道之君，而扶餘多氣節之士，猶且墟社稷失主權以去，則帝制自為，割地以媚人者，幾何不逐印度、波蘭後也。倪子與余，有是書之作，以韓史為資料，以借鏡為宗旨，向之所謂影者，於是乎在國人讀是書而恍然大悟，奮發以有為也，則庶幾其不見譏於河北智叟也。書竟，乃重以倪子之言弁其首。

民國四年六月鎮海病骸莊禹梅自序於春江之寓樓

目次

第一回　木皮客演說興亡恨　　老大邦變作競爭場
第二回　建築宮園平民壓額　　更張國制貴族含冤
第三回　平地災殃魂飛大內　　昏天迷信禍起蕭牆
第四回　排外熱大縱使館火　　平內亂翻乞鄰邦援
第五回　設郵局廷臣開宴會　　刺首相國事啟紛爭
第六回　訂條約共和商保護　　圖苟安歌舞慶昇平
第七回　亂黨尋仇揭竿起事　　日兵乘勢挾策要求
第八回　開會議強鄰逞干預　　試戰鋒國主受幽囚
第九回　獨立虛名輸來糧餉　　附庸實惠改盡衣冠
第十回　顛倒政權興夫當國　　抗衡公使巾幗揚威
第十一回　慘事傳來閔妃遭戮　　虛辭掩去西報見譏
第十二回　末路天潢荒宮咽淚　　傷心學子冤獄定刑
第十三回　外患日深君王北走　　中興有望志士東來
第十四回　開民智組織自由報　　改國號擢用頑固臣
第十五回　禍水滔滔良臣褫職　　愁雲黯黯政客當災
第十六回　食言而肥警兵解體　　借端求逞國士離心
第十七回　築商場廉價購地段　　動公憤抗疏爭利權
第十八回　兵隊示威盈廷吊胆　　相臣抗議奸賊銷魂
第十九回　托言保護日相宣獻　　密使偵知韓王遜位
第二十回　登皇極新主受牢籠　　起義師國民罹慘劫

第一回　木皮客演說興亡恨　老大邦變作競爭場

試問蒼天，為底事南風烈烈，滿眼是銅駝荊棘，冤塗膏血，羌笛吹消周雅樂，胡塵飛滿唐宮闕。悼國民，枉自說中興，終漸滅。鼙鼓死，英雄歇，家國恨，肝腸裂，歎皇圖安在，金甌久缺。痛哭亂離橋上路，行吟無定河邊月。莫等閒，辜負不才心，多饒舌。調寄滿江紅

看官，你道這首詞是哪一個做的呢？說起來話倒很長。原來明末的時候，有一個士子，別號叫做木皮散客，這木皮散客，是一個極熱心國事的人，他平日間把我們中國的歷史，做就了一首歌曲，叫什麼鼓兒詞，手裡卻拿著了一副鼓板，沿街卜上唱給人家聽，要把一國裡的人心，挽回轉來，他纔歡喜。後來明朝亡了，他眼看了破碎河山，不勝故宮禾黍之感，他就做這首詞出來，寫寫自己的悲懷。後來看世事不可復為，他便隱了一個山中，學了些長生之術，一個人坐在山洞裡，早晨聽聽那流水的聲音，夜裡看看中天的月色，不知不聞，再沒有入世的思想。值至民國光復，共和成立，他纔走出山來，便來理他鼓板的舊業，要替我們漢族盡些義務。但是荒村僻壤，聽的人又沒有幾個，若是繁華的地方，如上海、北京等處，差不多都是花天酒地，看戲啜茗，天天歌舞昇平，像國家沒事的一般，哪個還來聽這種古調呢？所以這木皮散客往東跑西，和李龜年落拓時一樣，上了長街，又過短街，竟沒一處可以講講他的心曲。

那一天正是大氣晴明惠風和暢的時候，這木皮散客手裡拿了兩塊鼓板，卻巧在中州地方，一條大街裡行走，正要找個所在，去發洩自己的悲憤，無如找來找去，總沒有相當的地方，不是一塊兒圍著賭博，就是一塊兒譚著花事，心中好不悲悶。忽至一處，卻看見了人山人海的擠許一處，前面卻是兩扇大門，門上掛了兩扇中華民國的國旗。木皮散客心裡想著，這個時候還有甚的可喜，這兒難道是開什麼慶祝會麼？急急的上去一瞧，哪裡是慶祝會，門上卻寫著斗大的四個白字，叫國恥紀念。木皮散客心裡一想，好了，好了，我們中華，要曉得國恥兩個字的，究竟沒有幾個，還講甚紀念不紀念，現在這兒居然有了一國恥紀念會，這會裡面的人，自然是個愛國男兒了，我就趁此機會，講些亡國的慘史給他聽聽，豈不是紀念會的資料麼？心中想定，就排開眾人，走了進去，裡面就有人出來迎接。當下問過姓名，木皮散客就把來意說明，這些會員異常歡躍。此時即將開幕，那些人就請木皮散客到演壇上去。在下所以知道這事的緣故，皆因當時也身在其內，故而聽得清清楚楚。

木皮散客當下上了演壇，就向眾人行了禮，將手指著門前的國旗說道：唉，諸君呀，這不是我們中華民國的國旗麼？你道國旗是什麼用呢？就是表明一國的記號，和別國不同的意思，所以一個國度，再沒有兩種國旗，兩個國度，再沒有合用一種國

旗的道理。若是兩個國度,要用一種國旗了,那國家就是亡國了。唉,諸君,說到亡國兩個字,真是最痛心的話唎。大凡一個國,總有一個主權,無論財政呀,軍政呀,教育呀,凡種種有利於民的政治,都是仗著這主權設施起來。一國裡面的人,都是你愛我,我愛你,纔能夠把國家立在世界上。有時就使有個暴君污吏,凌虐百姓,也不過搜括些錢財去,去做他淫樂的經費罷了,再不會把政教、風俗、人種滅得乾乾淨淨的。若是亡國,就不是這樣了。古語說得好,匪我族類,其心必異。他們既然把你國家滅了,自然要設施種種的苛政,加重你的賦稅,限制你的行動,取締你的婚姻,把你們的生機,剝削得乾乾淨淨,再沒有反對他的日子,他纔放心。到那時,自然個個抱頭大哭,呼天喊地起來,你道傷心不傷心呢?

　　諸君,別要把兄弟們這話,當做老生常談纔好。我國的人,都說中國再也不會亡的,有的說就是亡了,與我們百姓也沒有什麼相干的。唉,這真是良心喪盡的了。現在時候,不比那閉關時代,抱著鎖國主義,不相往來的。自從達爾文發明了天演競爭的道理,兼之瓦特發明了蒸汽機關的道理,那世界就鬧鬧熱熱的,你來我往,個個要想爭存到天演界上,巴不得滅了別人的國家,來厚自己的勢力。有時甲國能夠整頓軍備,振興實業,慢慢地富強起來,那乙國就不敢再來欺侮。否則內政腐敗,人心渙散,別國就一步一步的逼進來了,終至於弱不勝強,把主權交給人家為度,那不是就叫亡國麼?若說亡國和百姓沒相干,這話更加差了。沒有百姓,哪裡還有國家?沒有國家,哪裡還有百姓?百姓和國家,彷彿游魚和河水差不多,沒有水,魚就死了,沒有國,這百姓還哪裡活得來?諸君不是讀過《越南亡國史》麼?這些越南人受亡國之慘,真是個個痛澈肺腑,讀了這書,真是一字一淚。我們安安靜靜的在這兒,那越南遠在萬里以外,他們所受的苦楚,我們哪裡知道,就以為亡國兩字,不過是時髦的人,做做口頭禪罷了。直至越南亡人,偽裝來華,把他自己國裡的苦況,一五一十說了出來,梁任公把他編一部亡國史,我們纔知道亡國的苦況,是實有其事的。我們同胞,還在鼓裡睡覺麼?我就把一樁古事說將出來,也是亡國的事蹟,諸君不嫌絮煩,就讓兄弟慢慢的講來罷。

　　話說我們亞州地方,有一個古國,叫做朝鮮,有的喚做韓國。這韓國位置是在亞州的東北隅,和我們中國壤地毘連,疆域雖然不大,倒是個東方古國。自從周武王即位,不敢把箕子當做臣子,當下就封箕子到朝鮮去。那時朝鮮,我們中國看他當做夷狄的,一切政教風俗,自然非常簡陋。箕子到了朝鮮,急急的把庶政整頓起來,那朝鮮就慢慢地曉得禮義了,歷代以來,和中國也沒有什麼齟齬。到了前清,那朝鮮方纔做了中國的藩服了。說到朝鮮的服裝,本來和我們從前的漢裝差不多的,也是寬衣博袖,把馬鬃編做帽兒,藏蓋那頭頂的髮,就是現世界惟一的裝束,再沒有第二個是這樣的,所以一望而知為文弱的百姓。我們中國對待藩屬,向來守著懷遠主義,就是以

德服人的意思，再也不會設施種種的虐政，去羈束他的。至滿人雖然是個東胡種族，他們進了中國，也很守著中國的舊例，服中國的教化，對待朝鮮，也是慈母和赤子的差不多。祇因我們中國，向來不諳國際法的原則，就許朝鮮和別國有締結條約的權限，因此鬧出國際上種種的交涉來，此是後話，且待再表。

卻說朝鮮當時和我們中國，非常親密，年年獻貢，沒有懈怠的，他對我們中國，猶如對慈母一般，我們中國也不去虐待他們。那時朝鮮如果整頓內政，銳意維新，就使要做個獨立國，也沒有什麼難事。況且朝鮮的百姓，大半都是忠心耿耿，不比我們中國人，都是狡點異常的，如此整頓起來，再沒有不富強的道理。無如百姓雖好，政府裡面，卻都是些自私自利的人物，不是你忌我，就是我忌你，加之韓王李熙年少無知，他生父大院君代行政事，暴斂殺戮，毫沒顧忌，又抱著鎖國主義，虐待耶穌教徒，因此和法、美兩國，時時開釁。那時中國亦自知沒有統轄他的威力，就不去過問，那東鄰的日本國，就此屢屢向朝鮮要求訂交。這時朝鮮政府，決意不允，那大院君卻主張最力，因此日本懷著怨憤，就想把兵去恫嚇他們。

一千八百七十六年，那一天，大院君適在私邸裡，和一個客人閑談，當下就有一個管家，氣喘喘的進來，向著大院君說道：攝政，不好了。大院君道：什麼不好，你快說罷。管家道：日本兵來了。大院君道：你別胡說了。日本兵怎的會來呢？就是來了，也沒什麼希罕。那些兵只須稍稍費些力，就退去了，你又要大驚小怪起來。管家道：委實是來了，小的是聽見外面說的，日兵已經到了漢城，小的不信，就著人去探聽，那探聽的回來就說一些兒不差，那些日兵都是海軍，聲勢甚是凶猛。攝政如若不信，可前去打聽消息的。那時大院君聽了這話，方纔驚慌起來，知道事非虛傳，就匆匆促促的別了客人，逕到宮庭，把這事報告了韓王。那韓王當時就著幾名健漢，前去探聽動靜。不一時回來，稟報道：日本有戰艦二艘，運兵艦三艘，駛到漢城，此信果然確實。那時韓王和大院君二人，驚駭的非常，不知怎的是好，幾乎把膽都嚇碎。諸君，你道韓國為什麼這樣害怕呢？說來煞是可笑，原來韓國向來重文輕武，雖然好用兵力，那些兵器，卻絕奇怪。軍士服裝乃是七十二重厚的絮袍，據他們說這絮袍，能夠抵禦藥彈的，那鑄砲的材料，都是些生銅鎔就，就算是個利器了。至日本自從維新以後，卻事事講究，就是兵器一項，也比前不同，你想朝鮮哪裡抵得他過，所以一聞著日兵臨境，無論朝野上下，都嚇得死去活來，就是剛愎的大院君，也不免要害怕了些。

閑話少提，且說那時韓王和大院君正在一塊兒擔憂，就有人來報道：外面有個日人請見。當下大院君就出來迎接，原來一個係黑田大將，一個是井上子爵。大院君接他坐下，因問道：貴大臣到這兒來，敝國極形歡迎，但不知有甚麼見教？井上子爵道：也沒甚事，不過敝國和貴國，僅一水之隔，又是同種同文，將來儘有往來。外臣

奉著朝命來商，和貴國訂交，如若貴國承認了這項請求，就此敦了兩國的睦誼，外臣實不勝深望。大院君道：這事本該遵命，無如敝國的民情，向來主張閉關主義，將來貴國船舶往來，百姓不免騷動，實於大局妨礙匪淺，其實哪裡敢重違尊命呢？黑田大將道：外臣這回到此，原期事在必成，所以敝國的兵艦，早已駛抵漢城，貴國如若難以俯准，只得以兵戎相見了。大院君當時聽了這話，見風勢不佳，就回說道：既然如此，也不便擾亂和平的，限三日內答覆罷了。那時二人就答應了，辭別了大院君，自到艦上去不提。

　　大院君送了二人出門以後，當下就召集各部大臣，開御前會議，各部大臣都紛紛到得宸安殿來，大院君先把自己的意思表示，請各大臣決定宗旨。各大臣聞著日兵壓境，早已驚心吊膽，哪裡還敢說抵抗敵人呢？所以一時都唯唯諾諾，一憑大院君聖裁。那韓王雖然年事已長，懦弱不堪，毫沒主見，所以就胡亂議決了。翌日，就請黑田大將和井上子爵過來，和他商訂條約，不一會就草草議定幾條大約，日本承認朝鮮為一個自主的國度，沒有人可干涉的。朝鮮和日本，都把平等的禮相待，不得再存猜忌，妄示驕慢。那朝鮮也允許日本在釜山一帶，闢租界和商場，將來為兩國互市的地步，那各口岸的地方，日本都可設立官吏，保護僑居朝鮮的日人。這條約議定以後，日本和朝鮮的交通，就慢慢的興旺起來。那時日本的兵艦，也就退出去了。

　　諸君，要曉得凡是將亡的國家，都是苟且偷安的，要像越王勾踐，臥薪嘗膽，存十年亡吳的志向，古來畢竟沒有幾個。當時條約議定之後，朝鮮的臣民，都以為此後沒事了，所以把從前的畏懼心，早拋到爪哇國裡去，酣嬉的酣嬉，恣肆的恣肆，依然是個太平世界了。這大院君本來是個最好奪權的人，一切政權，都顛顛倒倒的，弄得不堪設想，他卻夷然無事，趁著國家沒事的時候，恃著自己交鄰的功勞，就擅作威福起來。那時就大興土木，崇飾宮苑，把一個韓宮，鬧得熱烘烘的，煞是有趣，那裡曉得就此惹出一樁奇案來了。不知甚麼奇案，且待下回說明。

第二回　建築宮園平民蹙額　更張國制貴族含冤

　　話說大院君惹出一樁奇案來，這奇案是什麼情節呢？原來那一天大院君正熱熱鬧鬧的，在一處建造園囿，驀地裡從地中掘出一個陳死人來，這個陳死人，原來是一個男身，也是王宮裡的裝束，看來並不是個平民，而且面色如生，一些兒沒有改變。當時一傳二，二傳三，差不多合宮裡的人都知道了，都來瞧著，祇是沒一個人認識，並沒一個人道得出他的姓名，有的說，這是古代的屍首，受著地下的冷氣，所以不至腐爛；有的說，這是宮裡的某王爺，不知被哪個謀死，埋在這兒的。議論紛紛，莫衷

一是，竟把這話傳入到朝王李熙耳邊去。那時一班的內監，都七嘴八舌的說去，沒有一個講出事實來，就中有一個內監說道：這並不是屍身，實是個鬼物，緣我們韓國慣例，居王位的，總須趕些建築。現在陛下年事已壯，若再不興些建築上的事情，那王位就不能永保，所以老天就把這個鬼物，來警惕我們的，可不是這樣麼？當時這許多的內監，聽了這話都說道：講得有理，那韓王也點頭稱是，當下就傳大院君進來，把這話一五一十的說給他聽，大院君極表贊同，急命內務府裡一班人員，吩咐著選了吉日，就在宮牆外一方隙地，建築宮園起來，一面打發把陳屍人好好的擇地安葬不提。

且說那時韓國財政，亦是十分窘急，平時連官俸、兵餉、王室供給等費，都是枝枝節節的發不出來，還哪裡有許多費去造園囿呢？那時大院君沒法可想，祇得和戶部大臣安丙吉去商議。安丙吉道：現在國家的入款，依照去年的決算，僅有八千五百萬有奇，核諸出款，還短著五百餘萬唎，那些宮園建築起來，至少又需五百萬，哪裡辦得到呢？大院君經這一說，就皺起眉來，低著頭的想著，好一會纔說道：這事萬不能不辦的，好在我國現在的賦稅還不重，不如就此加起稅來罷。安道：這倒也是一策，但不知定了何種名目？大院君道：我想我國男子結婚很早，似於衛生上大有關礙，不如定了個婚姻稅名目罷。當下安丙吉道了一個是，那大院君就親筆擬了一道諭旨，蓋過國璽，急急的發到各道，不幾日，那婚姻稅的名目，就傳遍了全國，一方面把宮園次第建造起來。

原來這宮牆外的隙地，約莫有八里路長，六里路廣，面積足有四十幾里，當下韓王就取這園名，叫做樂天園。這樂天園足足造了五六個月，興了多少徭役，費了多少金錢，方纔造成。那時園中各處的景致，還沒有替他題名，大院君就邀請韓王，仿《紅樓夢》裡大觀園的故例，去游玩一番，隨遊隨題。韓王甚是高興，當下便帶了幾名內監，和大院君駕著御車，往樂天園駛去，不一會就到了園門。諸君，你道這樂天園是怎樣結構呢？須把那大略表示一番，纔能明白。原來這樂天園是向南的，園的四面都種著梅花，園的中央，卻有個四層高樓，北首有一座小山，叫做百合山，約五六丈高，就是韓王遊園時候駐蹕的地方，上面都是些房子。當時韓王進了園門，就看見一條大甬道，兩邊松柏森森，夏秋的時候，很是涼快。由甬道過去，卻有一條大橋，下面是一條大河，這橋卻全用金磨青石砌成，橋中央也有個過路亭，韓王就在這裡暫憩，當下和大院君坐下，就有三數的內監，捧玉露進來。這玉露異香撲鼻，味甘如蜜，天寒的時候能夠暖，天暑的時候能夠涼，真是奇怪的東西。韓王和大院君飲了一會，抬起頭來，卻看見亭上有玉露亭斗大三字，韓王便問道：這亭名不知何人所題？大院君道：臣因想起這裡有個井，叫做玉露井，方纔吃的玉露，就是這井裡的水，所以就把這亭名了玉露亭，不知陛下以為何如？韓王道：這名很好，就仍了舊罷。當下又題了一個橋名，叫做環虹。又從環虹橋右轉，到了一處，卻是一個竹院，就題了一

個寒翠院名目。因此處沒甚麼景色，就到了河邊，大家下了一隻小船，沿河駛去，到了一個所在，卻是極廣闊的一個暖室，係用厚玻璃架成，牆壁、樓板，沒一處不是玻璃，玻璃內都貯著水，水裡養著各種游泳動物，進了這裡，直如到了山陰道上，目不暇接的光景。韓王和大院君贊歎了一回，就題了一個琉璃世界，依舊來到船上。大院君說道：這琉璃世界，可稱樂境了。我昨兒還聽見一個內監說，有一所房子，都是些金銀珠玉等嵌出牆壁，用銅鐵做就柱子，有許多的奇卉珍木，不知是哪一處？說著，便有一內監答道：這是在光華塔後面了。大院君道：光華塔舊址，還沒改去麼？內監道：改是沒有改去，已經大加脩葺過了。大院君道：我們韓國，向來靠著中華，算是中華的保護國，所以這塔叫做光華塔，是光輝中華國的意思。如今和日本結了條約，算是獨立國了，這個塔就可改名為獨立塔。韓王聽了這話，竭力贊妙。不一會就到了獨立塔之後，果然有個輝輝煌煌的樓臺，說不盡的奢華，描不出的美麗。韓王到了這裡，真有樂不思蜀的意思。遊了好一會，便問內監還有什麼勝景，內監稟道：勝景儘多著哩，不過這些地方，都沒有經陛下賜個名，一時說不出來的。韓王和大院君正擬鼓棹前進，忽地裡宮內來了一人，上前說道：請皇上、攝政回宮，宮中儘有事喇。大院君聽了這話，以為日兵又來，因急急的吩咐整備御車，當下就駕到王宮，問明緣由，原來是內閣大臣奏請勦匪的情由。

　　緣婚姻稅實行以後，百姓驟聞這事，人人懷怨，個個發憤，街談巷議，都說韓王是個昏君，不諳政體，有的說這都是貴族的主意，與韓王毫沒關係。因此風氣僻野的地方，竟為著收稅的事情，那些不良的百姓，煽惑愚民，說要反對政府，鬧轟轟的不肯干休，罷市的罷市，暴動的暴動，弄得全國人心惶惑，閭閻不安，無賴奸民，公然揭竿起事，劫掠焚毀，鬧個不了，因此官吏担憂，就疏請朝廷派兵勦滅，以安眾心。內閣得了這個消息，當將詳細情形奏陳韓王，說時勢非常危急。大院君查明詳情，當下就召集各部大臣，開個內閣會議。那時兵部大臣余重亮一意主張勦滅，說愚民難與更始，可與樂成，其餘工、戶、吏各部，噤不一言，獨禮部大臣袁守經，竭力反對余重亮的話，忙道：眾怒難犯，斷斷不可用強硬手段對付的。當時兩方相持，各執一是，內閣大臣吳維賢就對眾道：就余的鄙見，婚姻稅既然實行，萬不能再行收回。若是要釋他們的怒，除非把權利分給他們纔好。大院君問：什麼權利呢？維賢道：有是有的，就本部的意見，不如就趁此機會，把貴族和平民的階級平起來，或者平民得了這種權利，非常喜歡，將加稅的事情忘卻了，也未可知。不知諸位以為何如？當時眾人固然一一贊成，即大院君亦異常首肯，就將這主意議決，著禮部擬定了章程，奏覆裁行，通飭各道就是。

　　當下袁守經領了意旨，到部照辦，一方面就擬了一道上諭，無非是安慰良民，恫嚇奸民的意思。當時大院君議畢回宮，就把上述各情，說知韓王，韓王非常嘉納。過

了幾天，那禮部已將章程擬定，叫做《變更貴族平民制度章程》，奏覆韓王。大院君即將此章程一閱，其內容係：

第一條　大韓國貴族、平民，對於國家應享之權利，概依本章程之規定施行。

第二條　貴族與平民一律納稅，其向有未納稅之平民，經官吏查明後，一概須限期補納。如有隱匿不報者，科以千元以下，百元以上之罰金。

第三條　貴族服裝，向有標識，自本章程實行，即當廢除。

第四條　黑履向為貴族專靴，自本章程實行，平民亦可施用。

第五條　帽沿一律改狹，袖口一律改小。

第六條　大小文武官吏，量才擢用，不限資格。

第七條　貴族不得欺凌平民，遇有交涉，同訴於法律判斷。

第八條　本章程以宣布日起為實行期。

這八條章程，大院君非常的嘉許，當將原摺交內閣，覆議具奏。不到數日，內閣議畢，奏稱妥善可行，就此諭知各道，通飭遵行。此諭一下，果然那些平民，人人歌功，個個頌德，說皇上畢竟不是昏君，他曉得這樣體察民情，把貴族、平民，看做一樣，我們百姓，哪裡便好忘卻，就使加了些稅，也是國用不足的緣故，沒有法子可想，祇得向我們百姓上想法，這也怪不得他的。就此一傳二、二傳三，竟把暴動的居民，漸漸的解散，再也不要反對政府了。這個時候，大院君的名譽頓時鵲起，還哪一個會說他的壞處呢？

哪裡曉得天下的事，有正必有反，有德必有怨。貴族和平民，階級平了，在平民一方，得了權利，自然手舞足蹈的，樂不可支，那貴族一方，一旦驟失權利，心裡自然不平。雖然占國民的少數，那些豪強者流，時有煩言，加以大院君素來恣肆暴戾，不洽人心，因之貴族愈加懷恨，時時存著報復的念頭，只為那大院君是個攝政王，威權赫赫，拗他不過，只得忍氣吞聲罷了。到了這種章程發表以後，越發忍無可忍，有幾多的貴族，就大家聚在一塊兒的，商議抵制的方法，商了多時，終究商不出來。這日正在會議的時候，只見一個人起立說道：兄弟倒有一個妙法，不知諸位贊成不贊成？眾人看時，卻是韓王近支的兄弟，名喚李真，圓目方額，狀貌煞是奇挺。眾因問道：不知什麼妙計？李真道：兄弟素來出入王宮，和閔氏倒稱莫逆，閔氏恨大院君刺骨，兄弟過去和渠商量，當有頭緒。當時眾人各各贊成此舉，都說這事全賴李皇爺進取了。說畢，只聞拍掌的聲音，大如雷霆，不一會就議決散會了。

李真走了出來，只因擔當這事，就急急的跑到韓王宮內，要和閔氏商議這樁公案。卻巧這日韓王下了一道詔諭，李真仔細看時，是係冊立閔氏為妃的事。李真看了，益覺心中快活，他知道閔妃性子剛烈，且與大院君和冰炭的一般，如今立他為妃，一定有些作為，我趁這機會，向他運動，是越發有效的了。此時李真心中好生歡

喜，一面想著，一面走去，不一會就到了閔妃處，把大院君的罪惡，一五一十的說給他聽。閔妃著實恨憤，李真再把如何抵制大院君的話頭，和閔妃說了多時，閔妃說道：這事切不可輕易舉動。大院君氣勢方盛，朝廷裡哪一個不是他的黨羽？況且韓王闇弱，沒節制他的本領，事若洩了，轉遭禍害，不如緩緩圖之為是。李真說道有理，就辭了出來，臨行復把這事再三叮囑，閔妃一口答應，李真就把這事詳情，報告眾人不提。

且說閔妃自從冊立之後，就把這事牢牢的記在心頭，眼看著大院君所作所為，心中非常反對，那韓王又是個慈祥愷惻、沒有主意的人，自己一個女子，哪裡敵得大院君過，因此日夜焦思，連寢席都不安了。諸君，要曉得這時韓王，年已長大，不消大院君當國了，那大院君抵死不肯歸政。那一天韓王上大院君一個太上皇尊號，他心中著實有些不快活，對於國政，仍然是獨斷獨行的，韓王無奈，只得俯首聽命。那朝臣中除了大院君以外，大半的人都和大院君反對，因此閔妃想了一法，就把這些和大院君反對的人，召集密議，設法張大了反對黨的勢力。商妥之後，這些人就此天天和大院君假意殷勤，事事承旨，大院君見廷臣中個個如此忠心，心中好不快活，因此不但把猜忌的心思，丟得乾乾淨淨，而且辦理一樁事情，一定和這些廷臣商酌施行的。這些廷臣見已有了路了，就把自己的黨羽，保薦上來，給他居個要位，大院君亦非常的信用。那時朝臣中如禮部大臣袁守經、工部大臣項承永、吏部大臣田如鏡，都和大院君異常融洽。若是留他在位，辦事未免掣肘，若是將他削職，又恐大院君不能依從，當下就想了一法，向都御史趙振綱處，進了重賂，囑他彈劾這些大員，趙振綱一口應允。過了幾天，果然趙振綱上了一道彈章，遞進內閣，其文曰：

臣都察院正都御吏趙振綱跪奏，為廷臣不道，危及皇室，迅請設法審鞫，治罪懲逆。恭摺，仰祈聖鑒事。竊以垂拱無為，頌揚聖智，施教行化，端賴臣工，所以唐虞之世，上下相安，率禮從道，朝養觸邪之獸，庭有指佞之草，故股肱良而元首明，熙熙皞皞，躋於太平之域，甚盛事也。我皇上自登極以來，上綜天維，旁握綱紀，道周經緯，功格元祇，薄海臣民，咸慶堯德。然近年以來，竊見廷臣等依賴如天聖德，不復知有顧忌，私人濫用，苞苴公行，尚是細故，甚且結社搆黨，潛謀不法，包藏禍心，窺竊神器，如禮部大臣袁守經，工部大臣項承永，吏部大臣田如鏡，茲三人者，心存叵測，事圖逆謀，私邸密議，悉為臣等所偵知。臣以事於社稷有關，皇室不利，急開西臺會議，當時均深戰慄，謂此事若不預防，禍發無日，急宜奏陳情節，以達聖聽。臣以韓日交涉，方始告終，此輩身食君祿，職居民上，乃不務為國盡力，而敢為不軌，似此狼心狗肺，實天理所不容，社會所公誅也。非蒙我皇上大震雷霆，發下刑部審鞫，嚴厲懲治，將非獨皇室之不幸，實亦國家之大患也。若以事無佐證，則戶部大臣安丙吉、兵部大臣余重亮等，都所聞知，可以覆按。為此將上述實情，奏請我皇

上聖鑒施行，臣不勝惶恐戰慄之至。謹奏。

　　奏上韓王和大院君，都嚇得魂飛魄散，默不一言，停了一會，方纔歎了一口氣，慢慢的說道：難道真有這事麼？那韓王兀自在一處發抖，不做一聲。當下大院君就把這事想了一回，低了低頭，就吩咐內監，召內閣大臣吳維賢進來，商籌這事。內監領命前去。不知如何商議，且待下文說明。

第三回　平地災殃魂飛大內　昏天迷信禍路蕭牆

　　話說大院君當時邀了內閣大臣吳維賢進來，商議大事，就把趙振綱的彈章給他看著，一面就問他如何防備的方法。吳維賢平日雖然和袁守經等通同一氣，到了這時，究竟也疑信參半，不好說他的是，也不好說他的不是，只好模模糊糊的答道：這事還請攝政少待，俟探得了確實消息，再行定奪罷。大院君道：事雖如此，但急宜著手偵探，一有延緩，恐前途已經發動，轉致不及。再者此事切須守著秘密，若一洩漏，大局便難收拾了。維賢唯唯，就辭了出來，到得私邸，想了又想，差不多一夜不曾合眼。次日即邀余重亮、安丙吉二人到第，詢以這事虛實，都說實有其事，並非趙御史的虛言。維賢無奈，只得再邀袁守經、項承永、田如鏡等進來，先說些別的事情，隨後方慢慢地說到這案，因問道：本邸近幾天聞得外面人言藉藉，都說卿等將有大舉，本邸頗深疑怪，卿等果有這事，斷不至這樣秘密，連本邸都不知道的。後來說的人多了，本邸方纔著了急，所以特地請卿等過來，問明這事，究竟有的沒有。那時袁守經等都面面相覷，噤不作聲了。歇了一會，田如鏡方說道：這何等事，我們哪裡敢做？就使做了，也不應瞞著丞相，擅專發起的，丞相儘可放心。維賢道：這話可是真的麼？袁守經道：丞相和我等不是兩氣的，還有什麼虛言呢？維賢道：既然如此，也不必說，外面的議論任他罷了。袁守經等聽了這話，方纔放心，停了一會，就辭了出去。次日，吳維賢就把如何探聽，如何查察的話，向大院君說了一遍，大院君本來最信任吳維賢的，聽他這樣回覆，也就信了不提。

　　且說閔妃自從運動趙御史以後，趙御史一面上了彈章，一面通知閔妃，閔妃非常歡喜，心想著這事若成，那大院君就勢孤力弱了。不料等了幾日，毫沒動靜，心中好生奇怪，當下就著三四個心腹，往各部探聽，不意探聽回來，知道袁守經等已密議摘疏趙振綱受賄誣奏的罪案，不久即將發動。閔妃得了這個消息，頓時驚慌起來，連說不好，不好，心裡想著，這事發動，趙振綱勢必受審，倘然把實事吐了出來，這還如何了得！千思萬想，祇是想不出彌縫的法子，心裡急得死去活來，沒了法，只得跑到韓王處，滾在地上，放聲大哭起來。韓王見此情形，猛然吃了一驚，不知為了些什

麼，只管發著抖，連口都不能開了。那閔妃兀自嗚嗚咽咽的哭，哭了好一會，方纔帶著眼淚的說道：萬歲，大局不好了。韓王一時摸不著頭腦，不知道說的什麼事，因問道：你說什麼……什麼？閔妃道：這事難道萬歲還不知道麼？韓王道：什麼事？朕簡直不知。閔妃道：御史大臣趙振綱，不是一個骨鯁的臣子麼？他為著袁守經這般人謀逆，專章彈劾，如今反受了誣奏的罪，將來趙振綱抱這冤曲，那些袁守經等，狼心狗肺，越加毫沒顧忌，那謀逆的事情，恐怕一定來了。韓王道：這便怎好呢？閔妃道：事倒不難，只是妾一個女子，雖然有報國的志願，奈沒有這種力量，說也無益。韓王道：你只管說，朕自有道理。閔妃道：這事聞說攝政受了吳維賢的愚了。吳維賢和袁守經等本是同黨，哪裡肯吐出實情？所以糊糊塗塗的過去，將來犯了實事，他自然露出真相來了。就妾的愚見，還是把吳維賢免了職罷。韓王道：吳維賢免了職，還有哪個可以替他呢？閔妃道：這係國家的大事，妾哪裡敢干預呢？不過這事切切不可和攝政籌商。現在廷臣龐雜，攝政也沒了主意，恐怕一時受了愚，仍然用了狐群狗黨，那便越發不好收拾了。韓王道：朕深居簡出，哪一個是好的，哪一個不好的，朕哪裡知道呢？閔妃道：妾弟閔星河，雖具著絕好才略，祇礙著外戚的嫌疑，兼之年紀太輕，所以妾不便說。若論到為國擇賢，原也無妨，還乞萬歲主裁罷。韓王道：既然妃子這樣說，想來不為大差的，還論什麼嫌疑不嫌疑呢？祇是那班人褫了職，恐怕越發懷了恨了，便怎處呢？閔妃道：這是再也不會的，好在兵部大臣余重亮耿耿忠心，一有緩急，大事可託，萬歲儘可放心。韓王連連稱是，當下就下了一道諭旨，大意以內閣大臣年老龍鍾，准其歸里，即著閔星河充內閣總理大臣云云。此諭一下，袁守經等都驚心吊膽，日夜恐懼。不多幾日，果然袁守經、項承永、田如鏡等，一概免職。那時閔妃黨羽，已經佈滿朝廷，大院君的權柄，自然奪得乾乾淨淨了。大院君知道這些事情，都出閔妃的手中，就和閔妃做了死冤家，心中著實懷著憤恨，決意要和閔妃為難起來，祇是沒法可想，只得暫時忍氣吞聲的罷了。

　　那一天閔妃剛和李真在寢宮裡談話（此係作者不便明言處，須注意），緣大事都達了目的，二人心滿意足，自可不論。正談得高興，不提防轟然的一聲，響了起來，把李真、閔妃嚇得面如土色，再也不敢出聲。歇了好一會，李真方纔和閔妃立起身來，四處察看，到了一處，卻瞧見牆壁上轟了極大的一個洞，李真見情勢不佳，就一溜煙跑去。此時內監、宮嬪等，都聞聲齊到，將要問過情由，先見壁上留著諾大的洞，都面面相覷，驚惶非常，卻擠滿了一大堆，有的說是李真懷著歹意，故意弄這埋伏的，有的說是大院君和閔妃為難，著人來轟擊的，七嘴八舌，自已說自已的有理。正擬把這事報告韓王，卻巧來了一個內監，氣喘喘的說道：不好了，不好了，丞相府出了奇案了。閔妃道：什麼案？這裡事還未了，難道又出了一事麼？內監道：丞相的太君和嗣君都歸了天了。閔妃道：這可是真的麼？內監道：這是喀家親見的，哪裡會

失實呢？閔妃聽了這話，也不問著死的緣由，就放聲大哭起來。哭了一會，那些宮嬪等就前來勸慰，說：妃子這時且別要哭，須急急的到丞相府去走一躺，好歹問過情由罷。閔妃就住了哭，當下帶了幾個宮女，向閔星河私邸走去。

到了那邊，只見人山人海的，擠滿了一屋子，那閔星河直嚇得面無人色，坐在一處，連眼淚也一些兒沒有。閔妃就把原因問明，方知是閔星河在私邸祀祖，忽然得了一隻小箱，當時祇道是宮中賜下的珍物，也沒留意著他。到了祀祖已畢，就把這小箱開視，正在發鐍的時候，驀地爆發，火焰四射，那時閔星河的母子都在近旁，受著爆藥，一時就慘斃了。閔星河把這話，從頭至尾說畢，那眼圈兒就慢慢的紅了，流著兩行清淚。閔妃也把自己寢宮裡的事情說了一遍，說罷，又嗚嗚咽咽的哭起來。閔星河道：妃子也不必哭了，我想這事很為奇怪，若說沒有怨隙，這些埋伏，從何而來？若說有怨隙的，哪個有如許本領，施這埋伏？閔妃道：和我們有怨隙的，除非是大院君了。我想這事，一定是大院君施的毒計，我們以後須要謹防著纔好。說畢又流了些眼淚。那時宰相的私邸裡，來來往往的人極為熱鬧，而且為了這事，防衛非常嚴密。閔相一方料理喪葬的事情，一方把這事報告了韓王，韓王亦非常驚駭，心中頗疑及大院君，所以大院君和韓王講的話，韓王慢慢地不信任起來，再不似從前的樣子了，因此大院君越發恨之刺骨。

那時日本剛要訂立新約的時候，大院君就著人各處煽惑，說外人入了國境，大是國家的患處，既許了日本人到這裡，就不能不許別國的人進來。若白種人到了我們國裡，他施了種種的邪教，要我們聽從，可不是辱殺了我們麼？那時一般愚民，聽了這話，極為贊同。卻巧這年遭了大旱，政府裡的財政，一時就非常急迫，別的不要說，只這官俸一項，都發不出來，那百姓的苦況，是更不必說了。這時，大院君就乘了機會，擬了一篇廣告，派了許多的黨徒，往各處去講給百姓聽，巴不得百姓聽了他的話，立時造起反來，纔好洩他的憤。那廣告上說道：我大韓自從六年前，和日本訂了條約，日本人到我們韓國來的，日多一日，到了現在，奸賊柄政，皇上闇弱，朝廷政治，顛倒是非。三月中，和日本訂了新約，五月中又和美國訂了通商的約。將來外人日多，邪教日盛，我們大韓國，後患不堪設想，所以今年條約甫定，天就大旱，歲遭荒歉，五穀不登，這就是老天警戒我們允許外人通商的罪。我們人民，倘然袖手旁觀，任他們亂臣賊子做去，我們大韓，恐怕遭了天譴，將來災殃，正自無窮。為此廣告有眾，各宜奮起，除彼國蠹，清我君側，庶幾河山無恙，社稷得保，不世之功，即在乎此。爾有眾其勉旃。

這廣告散布之後，全國百姓都被煽惑，一夫攘臂，暴徒雲集。到了七月二十三日上午十點的時候，諾大的漢城，都被這些亂黨擠滿了一城，鳴鑼的鳴鑼，升炮的升炮。漢城裡的良民，霎時間都紛紛遷往他處，那些奸民，自然都附和攏來，越聚越

多，幾乎把聲音都聽不出了。這時候非但韓王住在深宮，毫沒聞見，就是閔相也好端端的坐在私邸，一些兒不知消息。及至十二點鐘的光景，那亂黨方纔擁入了相邸。相邸裡的護衛兵，哪裡敵得他過，所以亂黨進去，直如摧折枯朽的一般，把相邸裡的管家、奴僕們，卻嚇得死去活來，逃的逃，避的避，討饒的討饒，獻媚的獻媚，閔相的私邸，竟沒一人照管的了。那時閔相剛在一個花廳上宴客，坐著許多的大員，個個盤著兩隻腿兒，把那牛脯呀，燒雞呀，猥吞虎嚥，四圍陪著漢城的高等妓女，彈彈唱唱，好不高興。及至亂黨進去，那些大員，見了洶洶的聲勢，慌慌忙忙的，四散竄走。就中有個老人家，年紀七十以來，還染著一口鴉片烟的，卻巧這時煙癮到了，亂黨也到了，狠命的想尋個出路，跑了出去，無奈氣力一些兒都沒有，歪東倒西，顛顛簸簸的，撞到閔相姨太太的內房去，不管三七二十一，四七二十八，要爬進牀子下去躲避。那牀子下已先有人在，卻是一個絕世的小白臉，看見這老頭兒進來，道是亂黨，立時鑽了出來，往外就跑。老頭兒被這一嚇，嚇得非同小可，烟癮又到，氣力又沒了，喔唷一聲，往後就倒，此時也沒有聽見，將來如何結果，以後再表。

且說閔相見那些客人都逃了，亂黨都進來了，慌得走投無路，狠命的叫喊管家，喊得聲嘶力竭，哪一個來睬他一睬？那時亂黨還站在二門上，扭著一個僕隸，問他哪一個是閔相，那僕隸抵死不說，亂黨就把這人戳了一刀，適中要害，呀的一聲死了。那亂黨就蜂擁入內，閔相兀自東竄西跑的想出去，走到花園裡面，要把園子的矮牆跳了出去。這閔相自少沒學過武事，一無氣力，哪裡跳得出？正在狠命爬挖的時候，卻聽後面有人說道：閔相就在這裡，這就是閔相了。說畢，就有許多的人，把閔相七手八腳的摔了出去，那時閔相腦也昏了，知覺也失了，昏昏騰騰的，連到了甚麼地方都不覺著，耳鼓裡只微微聽見有人說道：閔相已捉著了，還有一人說道：我們該慶賀了。話還未了，只聽那拍掌的聲音，和雷霆的一般，驀地裡響了起來。歇了一會，又有一人說道：我們快到昌德宮去罷，即聽有許多人應聲道：快去，快去。那時閔相已略有知覺，開過眼來，見自己的手足，卻牢牢靠靠的綑做一團，有兩個人扛著他，心中想著，我做了宰相，官位不為不高，今日不知犯了甚麼罪，竟弄到這般田地。想到這裡，不免流下淚來，又恐這會子被他們捉去了，多半是有死無生的。想到這裡，又不免害怕起來。此時亂黨已到了大內，一般的官兵，平時本來懷著異心的，到那時就和亂黨合做一氣，越發騷擾，把昌德宮鬧得一敗塗地。當時便聞有人說道：快去殺王罷，大眾都應聲道：快殺，快殺。那時亂黨聞聲直入，到了裡宮，各處搜索，卻不見韓王蹤影，再到了宮園中，分道探尋，哪裡有個韓王？亂黨就把宮園打得粉碎，那些奇花異草，芟除得乾乾淨淨，瓊寶玉門，敲擊得零零落落，卻把些金銀珠寶，搶得不留一些。這真叫飛天大禍，和我們中國前清時候，聯軍入京的情形差不多。

閑話休提，且說亂黨從宮園出來，仍舊到了宮中。那時宮中也有一股亂黨，在一

塊兒騷擾，便一同闖入寢宮，要去找閔妃，找來找去，都找不著，對面卻撞了一人，那人生得面白如玉，唇紅如朱，年紀約莫二十來歲，也是貴族的模樣，對面跑來，和亂黨撞個滿懷。亂黨就把這人扭住，問他姓名，這人嚇得面成灰色，顫聲答道：我不是這裡的人，我⋯⋯我是姓李名真的。亂黨道：不管你李真李假，你在這兒，就是和這兒一氣的了。當下就把李真斫去，再進了內，卻巧有個女子，孃孃娜娜的出來。亂黨問這可是閔妃，官軍說道：不差，不差，就是閔妃，當下你一刀，我一刀的，把那女子斬得血肉模糊，方纔出來，一路亂哄哄的走去。走了十幾里路，到了一座古廟，廟卻極大，那亂黨就跑了進去，裡面當有人出來迎接，說：你等今天勞苦了，大事可有成沒有？眾人道：仗攝政的威，把閔妃弒了，閔相就擒在那裡，只有韓王逃走了。閔相一聽，知是大院君，方纔明白亂黨起事之由。大院君答道：韓王仁厚，就饒了他罷。我們事還多著，正待議咧。當下就進了裡面，見那些陳設，雖然沒甚華麗，其款式和昌德宮差不多，一座古廟，竟做了王宮了。

　　亂黨進了裡面，就一一坐下，大院君就站了起來，對眾說道：今天的事，雖然沒找著韓王，那閔妃既死，禍根已絕，祇是那些外國人紛紛的，都到我們韓國來，你看漢城裡面，什麼日本使館，什麼中國使館，都擠滿了。我們既然受了老天警戒，就應該替天行道，把這等外人，都排了出去，方纔合乎天理。你們可贊成不贊成？眾人都說贊成的。大院君又說道：諸君既然贊成，趁這機會，外國人到我韓國來的，這時還只幾人，我們有這許多的人，憑他怎的鎗砲，再也不會抵當不住，這時不去殺他，將來外人多了，恐怕敵他不過，就難以起事了。但就我意見，這時要排外人，倒有一法，不消我們這許多人，只要有幾十健夫，到他們使館裡，把公使殺卻了，他們就害怕起來，再也不敢到我們韓國來。你想這法子好不好？眾人都道：好極，好極，我們就去罷。大院君道：且慢。閔相既然在此，就把他帶上來罷。當下眾人答應一聲，就見一人扭了閔相，到得大院君前，大院君見閔相時，看他白面秀姿，丰神颯英，倒是一個英挺的男子，並沒有陰狠的模樣，當時就說道：閔星河，你為甚的這樣暴虐？欺凌平民，承迎外人，難道不曉得我攝政的本領麼？閔相道：這都是聖上的主意，本邸哪裡有這胆略。大院君道：你別多辯了，韓王忠厚長者，哪裡有這主意？不是你們主裁，還哪個敢做這事？也罷，看你還沒甚麼陰險，就饒了你罷，你快回去，把韓王找了轉來，好好的扶助他，別要做出荒唐的事情了。閔相連聲答應，就走了出來，祇是手足被他們綑綁了多時，麻木得不能行動，加以向來是騎馬乘車的，從這古廟到相邸，足足有十幾里路，徒步行去，哪裡行得到。但沒法可想，只得三腳兩步走去，足足走了四五個時辰，方纔進了私邸，卻靜悄悄的沒幾個人。閔相這時痛苦已極，就不問什麼，直進了內房去睡，剛是一足跨進，卻喔唷一聲，嚇了一跳。不知甚事，且待下文說明。

第四回　排外勢大縱使館火　平內亂翻乞鄰邦援

話說閔相進了內房，嚇了一跳，原來見著一個人，直挺挺的臥在地上。上前瞧時，正是內務府總管賀希哲，眼睛似閉非閉的樣兒，嘴裡還微微噓著氣，知道還沒死，是受了驚了。當有女婢們進來，閔相叫他拿參湯來，灌了一回，方纔醒轉，慢慢的說道：可是丞相麼？閔相道：正是。賀希哲道：亂黨退了沒有？閔相道：退是退了，只是合府裡弄得沒有人了。賀希哲道：這倒還不要緊，只是局面不知如何了？閔相就把方纔的事，詳詳細細說了一遍，并言不久各國的公使館，恐怕又要遭殃呢。談了一會，賀希哲就辭出到內務府去，此間閔相坐在一處，想著自己的母子，既然遭了殃，還受了這樣的苦，又不知妻妾們到了那處去，心中好生悲傷。瞧著府裡的人，膡的只有幾個年老龍鍾的管家，和幾個婢僕們，不知他們是去而復來的，還是沒有走過。當時就叫著一個管家進來問他，管家說：小的等都不曾走過。丞相去後，小的跑東跑西的探聽，一些兒都沒有消息，心中著實担著憂愁咧。閔相道：太太和姨太們，可知道他的所在麼？管家道：那卻不知。小的也找了多時了。閔相歎了一口氣，就倒身臥在牀上，正擬到黑甜鄉裡去夢周公，那內監傳進，外面又有客人來了。這時閔相身體稍稍覺得舒齊，就跳下牀來，整了衣冠，到花廳上去會客。原來不是別人，就是賀希哲，見閔相出來，就慌慌張張的說道：不好了，丞相說的事，已經發動了。閔相道：你怎曉得？賀希哲道：剛纔有人報大內去的。閔相道：皇上現在哪裡？希哲道：據幾個內監說，亂黨來的時候，皇上隨了一個內監，逃得一所民房裡暫避，現在已經回了宮了。閔相道：既如此，那亂黨想不會再到宮裡來的，我們須到那邊一走纔好。說畢，就和賀希哲到昌德宮去不提。

且說亂黨會議以後，就檢點了軍械，一路向日本公使館走來。那時人心越發惶惑，有的說韓王已經逃走，亂黨要做皇帝了，有的說亂黨這會子要殺洋鬼子了，人聲鼎沸，合城驚駭。那些在韓的日人，聽說亂黨要來殺他，就東竄西跑，忙個不了，卻巧到了半路，都被亂黨碰著，就用刀砍卻，那漢城外的街道，幾乎滿地都有日人的屍首，叫喊的聲音，真是慘不忍聞。這時亂黨復蜂擁著，到了使館門首，那使館早已預備著，派了許多的日兵，在門首防守，並擺著許多的軍械。亂黨恐怕公使逃逸，就把使館的四面圍住，一面先由大門攻去，攻了多時，那日兵槍彈猛烈，竟傷了幾名亂黨。亂黨哪裡還肯干休，就一齊簇擁過來，有的拿了長刀，沒規則的向空亂擲，有的拿了長矛，在人縫裡亂施，卻殺不著一個日人，還有些持槍的，連放了幾槍，都放到自己一團人裡去。那在後面的亂黨，看了情勢不好，就報告眾人，把使館放起火來。不一時，果然火焰漸旺，適此時風勢極猛，日人竭力撲滅，竟至愈撲愈旺，過了一時，那火勢滔天，劈劈拍拍的，把一個公使館，竟做了一座阿房宮，熱騰騰的燒得

煞是好看。日人見這情形，就恐慌起來，霎時間從裡面排隊出來，一面戰鬭，一面突圍，互有殺傷。那時公使已從人叢裡走出，帶著幾名日兵，往城裡去見韓王，要他派兵援救，哪知四面城門，卻關得牢牢靠靠，抵死不開。日使無奈，只得回了轉來。

那時金烏西下，飛鳥投林，已是薄暮的時候。日使踟躕路旁，無處可以投宿，沒了法，當晚就到了漢江，循著漢江走去，不一會，就到了仁川。原來仁川的地方，是韓國的第一商埠，那處有個海口，就叫做濟物浦，水深港穩，沒有一些兒風浪，所以舟舶等都聚在一處，可算是絕好的地方。祇是這裡的土人，卻非常野蠻，那些排外心，比漢城的人民，還要濃得多咧。當下見了日使等來了，也不管好歹，就聚集了好多土人，把日公使拚命的毆打，竟打得日公使死去活來。那些日兵見勢不佳，也狠命似的打去，不一會卻打死了幾名日兵。日使就急急的從人縫裡逃去，心中兀自跳個不住，巴不得身邊生了羽翼，一霎時飛到了日本方好保全自己的性命。一面想著，一面卻遇著了英國一隻測量船，說是要到日本去的。日使得了這個消息，就不覺喜出望外，因急急的到了這測量船中，會過船主，說明一切原因，當由船主允許了，就上了船，那時纔放心了一些。

但經過這許多的困難，身體自然非常疲倦，當時就沈沈睡去，待醒了轉來，已是次日天明時候了。日使在船中沒事，有時和那些測量人員，在一塊兒幫著，心裡雖然躁急，沒法可想，祇得一天一天的挨去，好容易挨了十幾日，方纔到了日本。當時上了岸，就急急的去見日皇，把韓國亂黨如何圍攻使館，如何格殺日人的事情，詳詳細細告訴了一遍。日皇聽了，立時憤激起來，當下召集各大臣，開個內閣會議，那些大臣，不消說一定是主張興兵往討的了，因此一面籌備軍事，一面就下了一道命令，向百姓們籌集糧餉。

諸君，須知日本的風氣，和我們中國卻是不同。我們中國的百姓，大都自私自利，不曉得國家利害的關係，所以聽見本國要和外國人打仗，就個個蹙額，人人擔愁。那日本卻不是這樣的，他國裡要和別國開戰了，百姓們都手舞足蹈的歡喜起來，巴不得自己的身體，死到戰場上去，留個名聲，纔算是頂天立地的奇男子。所以當時命令一下，那百姓們都知道本國要和韓國開仗，個個都奮發起來，把自己的職業丟開，抵死的要去當兵。至於糧餉一方，更不必說，有錢的固然把錢來助餉，就是沒錢的，也節衣縮食，把金銀拿到政府裡去。還有那些車夫呀，工人呀，一聽見了這個消息，急急的積聚些工資，一元的兩元的，拿來充餉。婦女們金珠首飾，一概變賣了，當做軍資。不到一月，那軍資已綽有餘裕。

到了那年八月，就整頓了軍事，派端武佐督了兵隊，駕著兵船，向韓國馳來，到了仁川港登岸，向漢城進發。那時韓國上下都驚惶失措，以為日兵到了，又要開戰，這會子恐怕打他不過了，那些百姓倒可東逃西避，躲這禍患，祇是韓國政府，躁急得

了不得，想來想去，終究想不出法子來。那時中國政府，已接著本國公使的電報，說日兵已經到了漢城，將要遣師前去鎮撫。隨後卻又來了一篇大文，原來是韓國閔妃求援的書。諸君聽到這裡，一定要奇怪起來，說閔妃已經給亂黨殺死了，哪裡還會上書來求保護，除非是閔妃的鬼魂了。這事其中卻有個緣故，待在下慢慢表來。

話說亂黨那時進了寢宮，那寢宮裡上上下下，都嚇得魂飛魄散，要想逃去，閔妃也急得沒路可走。當時就有個侍婢，和閔妃是個生死之交，對閔妃說道：奴想亂黨來此，也不是逢人便殺的，他意下不過要找著妃子就是了。若是把奴的衣服給妃子穿著，混了出去，那些亂黨，從沒有見著過妃子，再也不會窺破的。不知妃子以為如何？閔妃道：這法好是很好，倒是他們不找著我不肯下場，便怎處呢？侍婢道：這奴自有道理。事急了，快別多說了。當下閔妃就依了他的計策，換了衣服，從人叢中逃去。那侍婢就把閔妃的衣服穿好了，當做閔妃的樣兒，給亂黨找著了，就為國死了難。閔妃自從人叢中逃去，恰巧有一個輿夫，叫做余用桓，隨後跟來，把閔妃負在背上，飛也似跑去，到了一處離漢城約四十里光景，卻是一個極靜僻的所在。那時天也晚了，舉目四顧，都是些青山綠水，沒一些兒人影。二人到了那處，已是氣竭力盡的時候，再也不會動彈了，祇是進退無路，沒處棲息，想起來好生悲涼。四面望去，祇見山凹裡隱隱約約有個亭子，余用桓和閔妃，只得一步步的走了過去，不一會，就到了亭子裡，見有幾條石櫈，就在那處坐下。閔妃道：天是晚了，這裡又不好棲宿，便怎好呢？余用桓道：天色暗下去，走又走不來，還到哪裡去呢？只得在此暫過一宵，明天再去找個投宿地方罷。閔妃道：這樣大的風，過了一夜，不餓死，也該凍死了。

二人正在焦灼的時候，對面卻來了一人，似乎是個商人的模樣，面上倒露出些慈善的顏色，見了閔妃和余用桓二人，很為疑怪，就問道：你二人往哪處去的？怎的天色晚了還在這裡？閔妃被他一問，就眼眶裡流出淚來，說道：漢城鬧得這般田地，百姓們多半是逃走了，我們兄妹，一時倉皇走來，走得肚也餓了，神也倦了，再也不防到了這個絕路，竟沒處可以去了。那人道：這也怪不得你們的，聽說漢城亂了好多時了。余用桓道：這會子還正亂著哩。那人道：既已如此，你們都是大家裡出來，哪裡經得這苦，就在我們家裡暫住罷。余用桓道：只是對不起你，便怎好？那人道：這卻不妨，天已暗了，快去罷。三人就此一步一步的走去，不多一會，就到了一個村莊，村莊裡卻有二三十戶的人家。那人當時就領了閔妃和余用桓，進了一所房子，這房子不大不小，裡面陳設倒很清潔。當下收拾了一處房間，把二人安頓，點起燈來，給二人吃過了飯，方纔問閔妃等姓名。閔妃就說是姓余的，當時問了那人姓名，卻是姓程名喚尚志，談了一會，就別了出去。當晚閔妃和余用桓一塊兒臥著，一宿無話。

到了次日，主人對閔妃等說道：你們不嫌簡陋，就不妨耽擱這裡，俟亂事平了，再回去罷。閔妃等道了個歉，那主人就出去趕他的事。這裡閔妃對余用桓說道：自此

以後，你再也不要像從前的了，就是到了漢城以後，只管依著兄妹稱呼，別要裝著別人的一般。到得亂事平了，你也不消去去做那興夫，我自然會替你想法子的。說畢，那余用桓好不高興，此後就和閔妃如兄妹一般，並沒什麼客氣，有時還擺著架子，說閔妃待他不好哩。那二人正在談話的時候，程尚志卻氣喘喘的進來說道：時局不好了，聽說日本兵到了漢城了。閔妃道：什麼日兵？尚志道：據外人說，亂黨焚了日本使館，被日本政府知道了，立時發兵前來，此時不知打得怎樣呢？閔妃道：這可是真的麼？尚志道：有什麼不真？剛遇著幾個人，從漢城到這兒的，他源源本本都說給我聽哩。閔妃聽了這話，心中越發擔憂起來。緣閔妃雖然逃難到此，心中卻望著亂事平了，依舊回到宮中，好作他的威。今聞日兵進來，恐防韓王被他虜去，那閔妃就永沒出頭的日子，所以心中頓時煩悶起來。俟尚志去後，他就和余用桓商量抵制日人的法子。余用桓道：別的法子都沒有，祇有你擬了一道書，到中國去請求保護，或者還有些希望。雖然中國沒有什麼力量，那兵力究竟還勝似我們韓國的。閔妃聽他的話，說得有道理，立時就提起筆來，寫了洋洋灑灑的一篇文章，說什麼韓國是中國的藩服，全賴貴國保護著的。說了一大篇，就給余用桓拿了出去，想個法子，秘秘密密的帶到了中國。

　　中國的政府接著這書，立時派了四千兵丁，向韓國進發。到了漢城以後，就分布各機關，一面保護韓國宮廷和日本使館，一面即安民勸匪。那時日本尚按兵未動，當由中國公使，和日人辦理交涉。當時大院君聽見日兵來韓，自知失計，就急急的到了端武佐處，謝了些罪，且謂這回亂事，自己曾竭力去勸匪，無如兵力薄弱，終沒一些兒影響，這是小民的沒知識，還乞寬恕。端武佐也不知怎麼底細，當把這話告訴了中國公使。中國公使早已探聽得明明白白，知道此次亂事，罪魁實是大院君一人，把情由和端武佐說了一遍，一面就允許日本賠款，並替他重建使館，給日人貿易和遊歷的利益，日人方始休兵而去。這裡華兵分頭勸匪，輯獲亂黨百餘名，就地正法示眾，並把這些亂黨的屍身，拋到糞土中去，一任狗貓等物吞噬。那亂黨的罪魁大院君，實是獲戾過重，決意要捉著他。那一天華兵營裡卻備了一席酒，著人去邀大院君赴宴，說亂事已平，交涉已了，我們中韓兩國，須商議些善後事情，所以特地請攝政過去，敘談一回。大院君聽了，就信以為真，急急的跑到華兵營中，果然擺著一席酒。當下各華官就請大院君坐下，把亂事說了一番。大院君一味奉承，說什麼日本如何強硬，亂黨如何暴躁，貴國如何威力，說得天花亂墜，酒也醉了，說的話也沒有倫次了。當由華官喊令將大院君拿下，大院君方纔知道中華兵的計策，但悔之無及，祇得俯首聽命而已。當下華兵拿住了大院君，就將他裝入海舶去，送到中國地方。那時李鴻章當國，就把大院君在直隸保定府的地方，牢牢的禁錮著不提。

　　且說韓國自從亂事平定以後，這信息就吹到閔妃的耳管去，那閔妃知道自己一

紙之力，卻也不少，當時就和余用桓雇了兩乘肩輿，回到宮中。那時韓王正著人往各處找尋閔妃，找來找去，祇是找不著他，因此日韓交涉雖已了結，亂黨雖已平靜，心中兀不快活，獨自一個人坐在一處，長吁短嘆，連內監等都替他悲傷起來。這會子閔妃忽然回到宮中，自然異常的歡喜，把從前的愁悶，掃得乾乾淨淨，對著閔妃，只顧笑迷迷的看個不了。看了多時，方纔問到閔妃逃走的情形。閔妃就一五一十的，把如何逃去、如何安頓的事情，向韓王細說了一遍，那韓王也就把自己如何逃避、如何回宮的話，還了他一篇。當時閔妃和韓王，許久沒有看見，一旦遇著，正是枯腹得酒，兩下喜歡，自不必說。閔妃又問著閔星河可有怎樣，韓王說：險些兒入了虎穴，現已回來了，就把這事述了一遍，並言近來他私邸裡都已舒齊，把那些侍女僕役們都找著轉來了。當下閔妃聽了，好生心慰，因想這次亂事，雖是大院君不好，究竟朝廷上沒有一個好官，也不免吃了些苦。而且政治方面，覺得太不整頓，也不是個道理，從此就立意要把朝局洗刷起來，並效著日本的法子，革故鼎新，和韓王說著，韓王非常贊成。正在商議的時候，卻有人來報道：不好了，不好了，亂事又作了。韓王和閔妃聽了這話，不覺魂飛天外，慘無人色。不知究竟有否亂事，且待下文說明。

第五回　設郵局廷臣開宴會　刺首相國事啟紛爭

話說閔妃與韓王正在談話，忽有人報道，亂事又作，二人嚇得魂飛天外。停了一會，閔妃纔問道：不知又犯了些什麼事？那人道：聞說外面的兵士又變了。閔妃道：怎的兵士又會變起來？那人道：這卻不知道。閔妃道：既如此，可召丞相進來。那人就領了旨出去，不一會閔星河進來，閔妃就賜了他坐，把兵變的事問個詳細。閔相道：這些事都是大員的不好，向例京畿的兵士，每月須發米一回，兵士們已成了習慣。本月中為著經費支絀，一時發不出去，那兵士們就譁噪起來，那司粟吏異想天開，把少許的米竟攙了好多的泥沙，發給那兵士們。兵士受了這種待遇，越發激成大怒，一呼百應的，竟把這許多的兵士，都暴動起來，說前亂黨造反的時候，我們兵士著實替政府出些力，還沒受過他獎勵，這會子倒反要苛待我們，難道瞧不起我們麼？我們也沒有這樣老實，如今要把你們官吏都殺卻了，饒好洩洩我們的憤哩，說著便鬧了起來。幸虧那司粟吏見機行事，看情勢不佳，就和兵士們說了些好話，並允許他們一概添給糧餉，才得無事。如今已救平了。韓王歎了一口氣道：這樣變，那樣變，不知變得怎麼了。閔妃道：妾想現在朝臣辦事，習氣未免太深，須要從頭整頓了一番纔好。閔相道：也並不是習氣太深，就是習氣不深，也沒什麼事辦得來。韓王道：這是甚麼緣故？閔相道：這原因卻也不止一端，一則苦於財政短絀，一則苦於官吏中飽，

所以辦著新政，就事事生出窒礙來。總算上年組織海關的時候，聘了外國人馬蘭杜，還稍稍見些成績，那別種的事業，費了許多經費，竟沒一樁做成，豈不是惹人笑話。即如訓練新兵一項，聘了三名美國人，一名日本人，政府撥了大宗鉅款，去充經費。到了後來，連教練官的薪水，都不能支給，不是官吏層層剝削，怎麼會到了這般田地呢？就如郵政一項，辦了這許多年月，到了前月，纔告成功。說是習氣太深，還是官吏們的小弊了。韓王道：郵政既已辦理舒齊，現在勢不能不定個落成的紀念日，你想定了哪一日呢？閔相道：臣這會子還沒有定，就請陛下定了罷。韓王道：朕想這幾天沒甚事情，樂得幹了這一椿熱鬧，就在明天，不知可好？閔妃和閔相，都說很好。閔相就此辭了出來，到了私邸，當把郵局落成的紀念日，飭知內務府，豫備慶祝的事宜，一面照會各國公使，請其與會。那時內務府總管賀希哲，得了此信，就急急的籌備起來，忙個不了，方纔舒齊。

一宿無話，到了次日，就在懿德園做了慶祝的會場。原來這懿德園是舊時代一個宮園，雖然年湮代遠，卻歷年派人脩葺，尚不至十分荒廢。且那裡地位極大，有些什麼事情，到那裡去，無論多少人，再不會擁擠的。當時就見懿德園的門首，高豎著兩面韓國的國旗，隨著風不住的亂飄，門外守著兩隊警兵。從門內進去，就有極長的一條甬道，上面搭著白色的帳蓬，甬道的左右，係兩個長廊，都站著些車夫和馬夫等。從甬道進去，就進了第二重門，門內有絕大的場所，中間卻曲曲折折的欄干，欄干裡都是些花木，兩旁各有房屋。那一天慶祝的會場，卻開在直進的大廳上。這廳足有五六畝的縱橫，廳下站著兩隊守衛兵，廳上掛著些萬國旗號，紮了許多柏樹。

到了下午一時，閔相和各部大臣都到了，不一會，各國公使都次第進來。下午二時，就行慶祝禮，先由閔相說明國家設立郵局的意思，和辦理郵局的手續後，就把設立郵局的諭旨，當眾宣讀了一遍。繼復由各部大臣共同致詞慶祝，那些各國公使，也先後上了賀詞。再由閔相對各使答謝後，方纔升炮鳴鑼，報告禮畢。那時已經傍晚的時候，大家休息了一回，就在大廳上開了宴會。眾人一同坐下，高談闊論，好不高興。那些各國公使，到韓國還沒幾天，韓國的話，沒懂得幾句，他們講得天花亂墜，只好瞪著眼，瞧瞧這個，又瞧瞧那個，有時候看他們講得高興，大笑起來，他便問問通事，也隨著一塊兒笑。那時賓主雜遝，觥籌交錯，合座廷臣，個個眉飛色舞，說這是大韓第一椿的新政，現在已辦成了，我們須博一個醉，做做紀念。有的說我們韓國，將來還要整理學務，擴張軍備，做個世界的強國纔好，有的說郵政備了多年，到了丞相任職，方纔落成，委實是丞相的福分哩。七嘴八舌，正談得熱鬧，忽有人遞一名片進來，說是請丞相過去，有要事相商。閔相當時接了名片一瞧，寫著許廷佐三個大字，閔相知道是中央銀行總理，就問道：他這會子在什麼地方等候？那人道：說在家裡。當下閔相就對眾人說了個少陪，就往外出去了。

這裡自閔相去後，議長議短，議了好一會，多半說是為著國家財政上關係，末後又說郵政方面去。那時戶部大臣安丙吉，急攛著問道：這郵政現在雖暫時由工部管轄，將來終須設個專部，你們有聽見消息沒有？都說沒聽見。賀希哲道：這事恐怕一時未必就辦，現在財政這樣支絀，連眼前的官俸還不夠開銷。若設了專部，祇少要添上幾百萬到預算上去，你想哪裡辦得到？眾人說了一回，時已不早，那各公使先已辭了出去，隨後各部人員，也都散了，只有賀希哲，為著庶務還沒了結，走在最後。不多一會，把懿德園裡的陳設，都吩咐明白，就踱了出來，坐了車向私第駛去。到了半路，卻瞧見人山人海，一大堆的圍在那處，賀希哲萬分驚詫，當問情由，說是閔相被刺了。賀希哲聽了，暗吃一驚，說是不是閔丞相，都說一些兒不會差的。那時賀希哲即自車中探首，從人縫中望去，果然見閔相直挺挺的臥在車上，滿面都是鮮血。賀希哲嚇得噤不一聲，把牙齒捉對兒撕打，連自己都害怕起來，因急急的回到府裡，把這事奏陳韓王，並請韓王下諭捉拿兇手。韓王得信大懼，就和閔妃商議對待的方法。那時閔妃已哭得死去活來，連性命都不要，幸虧著有余用桓從旁百端慰解，纔住了哭聲，兀自流著兩眶的清淚。當時閔相屍身，已由刑官驗過，一面就由韓王下了一道諭旨，飭各道嚴密查拿兇手，詎知這道諭旨一下，那兇手自知不免，就拚著命索性大亂起來。

　　諸君，你道這兇手是誰？原來是一個新黨派，叫做急進黨。這黨派發現的日子，就在一千八百八十四年的夏季裡。緣韓國有好多的青年，幾年前派到日本去游學。這班青年見了日本的政治，事事效法泰西，從明治維新以後，慢慢地富強起來，心中好不企慕。那年畢業歸國，就要把韓國的政治改革一番，哪裡曉得韓國官吏，原自和日本不同，都是些老成殘朽的人，聽見維新兩個字，差不多就要把耳朵捫了起來，所以韓國政府，再沒有辦理新政的機會。那班青年哪裡合得攏來，況且這時我們中國治韓的權力，年年增長起來，中國派兵駐韓，又牢牢的守著漢城。因此那班青年，越發憤激，就組織一個急進黨，抱著一個急進的主義，決意從暗殺下手，待那些腐敗的官場殺完了，方纔可以從事改革。後聞閔妃擅權，一切政柄，皆出其手，知小小改革，無裨於事，就抱著革命的宗旨，和日本官吏想聯絡，百計營謀，要激起革命風潮來。無如前次亂黨鬧事以後，人民頗已厭亂，說著造反兩字，都不要聽，所以這急進黨一時還起不來事。

　　到了十二月四日，聞著各大臣在懿德園宴會，閔相亦與其內，就騙了出來，在半途上把他炸死了。至韓王下諭捕兇，那急進黨惟恐事機洩漏，就仗著日本官吏的勢力，造起反來。十二月初七那一天，漢城外鬧鬧熱熱的，擁擠著一群好漢，都是急進黨裡面的黨員，和一班土民。單說急進黨的黨員，一氣卻有六七百人，那黨長姓漢，名喚壽李，生性最是激烈，下面還有幾個部長，一個叫做沈懷玉，一個叫做柯如喬，

一個叫做侯天忠，都是日本陸軍學校畢業出來，具著大本領。還有一個叫做林善祥，卻是個文弱書生，只會在黨裡掌掌文牘。那時只見一大隊向城內進來，上面卻高豎著一幅白布，寫著好許多的字，原來是一篇檄文，上寫道：

　　為實情勸諭，棄暗投明，同出迷途，各保權利事。

　　竊以大韓立國，互數千年，君明臣良，年和時順，世至盛也。自李熙不綱，奸宄弄柄，引用宵小，顛倒朝政，比年以來，外悔日迫，內亂橫生，水旱迭乘，生民塗炭，凡我同胞，當靡不惡之痛心，恨之刺骨者矣。其尤甚者，卜巫預政，操生殺之權，牝雞司晨，來宮庭之穢，爾膏爾脂，固剝削於無窮，我祖我宗，亦含羞於地下，是可忍也，孰不可忍？夫大韓者，大韓人之大韓，非李氏之大韓也。大韓之子女玉帛，大韓人之子女玉帛，非李氏之子女玉帛也。乃稅有婚姻之名，宮有苑囿之樂，橫征暴斂，吾民何堪？茲者三七之運告終，九五之人已出，急宜提三尺劍，斬白帝子，掃全國之妖氛，排人群之瘴霧。此正值千古難逢之際，正宜建萬世不朽之勳，是以英傑之儔，瞻雲就日，智謀之士，望風景從。凡我韓民，須知國有至尊，厥惟人權，平等自由，樂天歸命。一人橫行，是曰獨夫，為國所棄，為天所戮。本黨念切維新，志存改革，所願建獨立閣，撞自由鐘，凡有血氣，當知所從。布告爾眾，如律令。

　　下面還寫著進步黨佈告五個大字，一隊一隊的走來，已到了宮門首。此時合城驚惶，固不消說，那些文官，也逃的逃，避的避。這兵部大臣余重亮，前次亂黨造反的時候，為著軍士變了心，眼看著鬧了亂子，一些兒動彈不得，這會子卻想顯些本領出來，一聽著黨人進來，就飛檄各軍隊，通飭竭力攻守，勿得懈怠。哪知這些軍士們，都是太平吃錢糧，撩亂不管帳的人，手中雖然拿著槍，卻避得老遠的，不敢走近去，黨人竟得一步一步的佔進來。到了宮門，沈懷玉說：這時候已不早了，為什麼黨長還沒有來？我們不如先動手罷。大家答應著，看宮裡卻都是靜悄悄的。柯如喬說：我們先拋炸彈進去罷。侯天忠說：這卻使不得，裡面好許多人，哪一個韓王，哪一個不是韓王，拋了炸彈，還哪裡曉得？橫豎靜悄悄，沒一些兒人影，我們就推了進去看。大眾說好，就一齊湧入，同聲喧嚷，直像千軍萬馬排山倒海的一般。裡面有好多的宮女、阿監，直嚇得東逃西竄，還有那些在宮裡撒謊的卜巫，也弄得鬼哭神號。他們就趁勢在裡面放火，燒些房屋，果然一霎時烈燄騰空，亮如白晝，火光中只見漢壽李領了一群警兵，大踏步進來，說警署也投降我們了。這些人見漢壽李來了，便上前都來握手。漢壽李道：縱火卻使不得，快撲滅了他罷。大眾聽漢壽李這樣說，便七手八腳的來撲滅，不一會火就熄了。那漢壽李便喝令往內奔去，大眾一齊走進，卻巧韓王還在那裡坐著，瞧見了進步黨，便說：你們可饒了朕罷。朕知道你們來的，也是為國家政治不好，並不是歹意。但朕簡直不知，都是那些大臣不好，你們須要原諒著。黨人道：你做了一國的元首，難道一點兒沒主意？任著這班狐群狗黨的胡鬧，可曉得我們

百姓遭了歿麼？現在且不必多說，饒你是個忠厚的皇帝，這時就不來殺你，但卻不放你到別處，就和我們一氣住著。那時就有許多人上前，把韓王用極粗的繩索，捆綁得牢牢靠靠的，安置在一處，一面就將許多的土人和警兵，還有那些黨員，都站著隊防守宮門。

這裡黨長和部員等，就議起將後的步位來。侯天忠道：現在皇室和貴族的禍患，不消說都可掃除了，祇是第一步的險事，就恐怕支那兵來干涉。第二步的險著，就是那些守舊黨暗中施計了。柯如喬道：守舊黨領袖，也沒幾人，算是陸土眞、仇慕華、李光美最著名了，那楊承鎮眞是豚犬呢。沈懷玉道：你只知這幾人？還有那孫忠鑑最會施乖弄巧的，其餘如杜銑、何世哲，雖沒什麼本領，卻好一副交結手段。顏予休和他相助為理，眞是黨滿天下哩。漢壽李道：這也不怕他，畢竟天理難瞞，人心都是好善惡的，難道我們韓國百姓都沒有天良麼？沈懷玉道：那倒不是這樣說。我們韓國的百姓，程度還淺著哩，曉得什麼治亂？只消和他們有了三分客氣，便好哄了他上天的。侯天忠道：閑話且別說著。守舊黨無論他有本領沒本領，留他在這兒，終是一個禍患，不如就此機會，殺了他罷。漢壽李道：殺是殺不得的，把他閉置起來纔好。侯天忠道：黨長又要生慈悲心了。這些事生不來慈悲心的。壽李道：別這樣說，他們都是我同種，比不得中華國漢人和滿人，是別種的，自然不妨。他們既然是個同種，就是我們的同胞，我們應該要愛憐他，還好殺他的麼？只是不把他收拾收拾，他在外面就和我們作對起來，卻於大事妨礙不少，祇要想個法兒，把他哄進來就好。柯如喬說：這倒很容易的事情。我們到這裡，外面多半還沒知道的，就擬了一道詔書，矯著韓王意旨，召他們進來。他們道是韓王召他，當有緊急的事情，沒有不來的。那時就把他們留住不放，不是好麼？眾人都拍著掌說道：著，著，著！漢壽李也很贊成，當即矯了一道詔書，去召那守舊黨。

不一會，那守舊黨領袖八人，個個都到。那進步黨就把這八人，七手八腳的，和韓王一般捆綁起來。可憐這守舊黨領袖，竟中了他們的計，個個垂著頭，喪了氣，連話都不曾講出一句。進步黨已滅了一個勁敵，眞是樂不可支。又恐怕那些奸民，和從前的亂黨吵鬧起來，自己沒有幾人，哪裡防備得過，就逼著韓王，說要召日本兵進來保護他們。韓王道：這哪裡找得到？日本兵哪裡肯到這兒來呢？黨人道：你但去招他就是，再也不會不到的。韓王兀自不允，黨人就驟變了面目，把虛言恫嚇韓王，說：你再不去召日兵，我們就把你弒了。韓王害怕，就允許了他，約莫召了一百多的日兵，氣宇昂藏的進來，那黨人就迎接了他們，給他們站在一處守著不提。

單說這進步黨自起事以來，事事順手，一切都達了目的，黨中人員，個個得志，人人滿意。漢壽李說：待陸軍歸命，我們勢力就厚了。那時應該選了一個日子，當做大韓中興的紀念日，你們想可是緊要的麼？大眾都說：緊要，緊要。說還未畢，外面

卻報道，有兵來了，黨人聞知，只道是陸軍來攻，個個驚心吊胆，腳忙手亂的，豫備和他開戰。不知來者何兵，且待下文說明。

第六回　訂條約共和商保護　圖苟安歌舞慶昇平

　　話說急進黨正在得意洋洋的時候，忽然外面報有大隊兵來了，急進黨中人卻個個驚心吊胆起來。回轉一想，我們既然有這許多的黨羽，又有一百多名的日兵，難道還拗他不過，因此略略放心了些。不多一會，那大隊兵已到了宮裡。黨人定睛看時，這來兵卻也不少，足有五六千的左右，那時急進黨纔急得沒路可走，但事已如此，只得聽諸天命了。原來這五六千兵，不是別人，卻是中國駐韓的一個華軍元帥，叫做阮蔚亭宮保帶領的。這位阮宮保，生成一副狡猾的手段，有時該強硬的強硬，該柔軟的柔軟，這應付的方法，直是神出鬼沒，所以能夠把姓名震動到外國去。他駐韓不到一年，那韓人就怕他的了不得，只消他略略發了些怒，那韓人就再也不敢動彈的了。

　　這一天他聽見急進黨起事，已經進了皇宮，一想情勢不佳，就急急的帶領二千華兵、三千韓兵，隨後趕來。到得昌德宮裡，一面派兵把宮門四面守住，一面就向宮內打來。那些日兵見來勢兇猛，知道身陷危險，橫豎一死，就狠命似的拚個一戰。當下阮兵進來，日兵就迎接上去，打了好一回，緣日兵只有一百四十名，以寡敵眾，那裡敵得他過。日兵見著情形不好，就要實行起三十六策的上策來，只是四面緊湊湊的，都是些華兵圍著，再也走不出去。想了又想，只有一樁冒險的事情可做，就商同了大眾，率領了急進黨退出宮去，驀地裡把地雷將城堞轟得片石不留，卻巧轟了一缺，破圍出去。當時華兵，見黨人和日兵，都已逃走，阮宮保也並不去追著他，當把韓王和守舊黨領袖都解開了縛，立時放守舊黨出去，一面率了原兵回來不提。

　　單說急進黨突圍出來，雖然性命已保，那從前的事業，卻被官軍掃得乾乾淨淨，心裡想著好不憤恨，當把新設的郵局，一概焚燬。此後郵政挨了許多年代，終究興不起來，就是為著那時焚燬的緣故。急進黨既然燬了郵政，還沒有出這口氣，就把漢城裡的外國人，殺的殺，打的打，市街上的房屋，拆的拆，燒的燒。那些美公使、德領事，恐怕遭著禍，就都逃到了仁川港暫避。日本政府聞了這個消息，也遣井上子爵率領精兵三千五百名，進駐仁川。中國知日本進兵，也就添加了三千兵丁，在仁川一起駐著，早晚防個緩急。這時的韓國，真是風聲鶴唳，草木皆兵，不但韓國裡人人自危，就是外國的公使、商人，也時時害怕得了不得。諸君，大凡一國要亡了，那國裡一定顛顛倒倒的，鬧個不了。不是皇帝出走，就是大員被刺，在下的講了這許多話，講來講去，只是個亂黨造反，外人進兵的事情，諸君想已聽厭。其實並非在下多講，

這些景象,都是亡國的老套子,在下不把這些事描寫了出來,那裡還像個亡國呢?

閑話休提,且說中日二國,同時進兵,當時都說兩國一定肇釁,要起個大激戰,哪裡曉得兩國倒一些兒沒有動靜,卻擺著安安穩穩的態度。直到了一千八百八十五年四月裡的時候,日本以兩國兵隊駐在一處,恐礙了兩國邦交,日政府就急急的著伊藤博文和西鄉從道到了北京,要求中國訂立條約。那時中國就派了李鴻章和吳大澂兩人,做個全權大臣,在天津地方開個會議,議了好多日,方纔把條約議定。說此後朝鮮有什麼事情,中國就當發兵前去,但須要先期咨照了日本,日本派兵的時候,也要先期咨照了中國。當下兩國代表都已承認,就簽定了字,各各散去。兩國的兵隊,就照約撤去,並由韓國精練大隊兵士,保衛他自己的國家,把從前的一場亂子,到這時做了一個結束。就外面看來,韓國已算是太平無事,就條約看來,那韓國既已算不來獨立國,也算不來中國的藩服,簡直是中日兩國的保護國了。既然做了兩國的保護國,自然沒有主權,事事仰著人家的鼻息,凡是國家的大政,要和中日兩國商量過,纔好做去。唉!你道羞恥不羞恥呢?倘然韓國的百姓,有一些兒志節,那時就該奮發起來,改革政治,普及教育,圖個自強的方法,把主權恢復轉來,纔好算爭得祖宗一口氣。無如這韓國君臣上下,生成了一種懦弱的性質,毫沒剛強的氣象。當禍患來的時候,他們卻個個嚇得屁滾尿流的樣兒,巴不得這禍患立時平靜,享個太平清福。到得大局平定,那百姓們固然酣嬉無事,就是政府裡,也是因循敷衍,得過且過,一些兒沒實事求是的意思。這韓國還哪裡強得起來呢?

且說那年六月裡,卻是韓王的萬壽,這許多的宮女、內監,都說這會子主家萬壽,應該熱鬧熱鬧,一來大局已定,替國家賀賀太平,二來主家吃了這許多的苦楚,嘗了這許多的艱難,也該替主家慶祝慶祝。韓王說道有理,閔妃亦甚歡喜。祇是往時有什麼事情,韓王常常駕到宮園裡,和王爺們宴會遊賞。自從亂黨造反以後,這一座宮園,早已弄得七零八落,因此韓王常悶悶不樂。那日說到萬壽兩字,閔妃卻想著這事,當下就吩咐內監,說宮園已經給亂黨毀壞,如今須把那毀壞的地方,趕緊脩葺了一番纔好。內監領旨出去,不一會覆旨,已吩咐內務從事趕脩了。

到了萬壽那一天,這一座宮園,已修得完完全全,而且比先前還要華麗一些。那時韓國的百姓,說是萬壽,那掛燈的掛燈,紮柏的紮柏,漢城裡合城的人民,你來我往,看著滿街的燈火,輝輝煌煌,照耀如同白晝,好不熱鬧,幾幾乎把一座漢城,都要擠倒。那時昌德宮裡,早已預備著慶祝的事宜。各國公使,都到來道賀。韓王那一天,受了各國公使和各大臣的慶賀,足足忙了半天,卻比著平時還勞苦些。到了下午,就備駕隨著好多的內監、宮女們,和幾個王爺,向宮園裡面,慢慢地去遊玩。

在下的只有一張嘴,同時難表兩處,祇好再說個所在。單表閔妃自從亂黨起事,逃了出去,孤苦伶仃,從沒經過這樣苦楚,幸虧著興夫余用桓,替他一路保護著,

算是少受些難。原來這余用桓,雖是一個輿夫,年紀倒不大,只有二十幾歲,又生成的一副好臉孔,真是面如冠玉,脣若塗脂,說起我們中國的潘安、宋玉來,恐怕還比他不上,所以閔妃時常看重他。那一天斜陽西下,好風吹來,閔妃穿著一件時式的宮衣,盤了一個蝴蝶髻,手拿一柄紈扇,孃孃娜娜的在欄干旁邊,看著初開的花。那時這余用桓就在一處走過,閔妃抬起頭來,偶然看見了他,卻是一個美少年。那余用桓本是一個乖巧的人,見閔妃看著他,他卻也駐了足,故意做個細事,把眼睛轉過去,看個一飽。那知閔妃一道秋波,竟牢牢的注在余用桓面上,一動也不動,差不多用釘子釘著的一般。余用桓倒不好意思起來,眼睛就轉向別處,匆匆的跑去。閔妃見了余用桓,心裡好不愛慕,只不知他在宮內司甚麼職,又不好去問他,哪裡好和他聚在一塊兒呢?思來想去,竟想了好幾天沒有睡著,卻卻亂事動作,那閔妃就遇著了余用桓,一同到了什麼商人程尚志家裡,裝著兄妹的樣子,自然好睡在一處。那時閔妃雖然遭了難,卻得了余用桓,心中轉生出了一椿喜事。當夜在程尚志家裡,待主人走出,兩人就把門閉好了,閔妃坐在上首一張床子邊,余用桓坐在一張下首的床子,不消說那兩人都已有了苟且的心思了,只是兩方都苦於說不出來。在閔妃的意思,以為我是一個妃子,他究是一個輿夫,我若和他說了,他就立時答應,倒還沒打緊,倘然他拒絕了我,倒被他說了一個低賤。這又怎了?余用桓也是這想,以為他是妃子,我是一個輿夫,哪裡開得口來?倘然他不答應我,到得亂事平靜起來,可是我要沒性命呢。因此你看我,我看你,有時看看桌子上的燈,有時看看屋子上的梁,有時說幾句無聊話,那閔妃的面上,紅了一回,又白了一回,這種模樣足足弄了兩個多時辰。

那時又不早了,閔妃心裡想著,這句話說雖是說不出,若竟不說,倒底錯過了機會,便怎好呢?想了一回,卻想著了一個法子,就向余用桓說道:你到這兒來坐一回罷,我還有話對你說呢。余用桓聽了這話,猶如遇著赦令的一般,就高高興興走過來,在妃子的一張床子邊,離得遠遠的,慢慢地坐下。閔妃道:你算是我的恩人了。余用桓道:妃子怎說這,哪裡敢當?閔妃道:我倒是真話,除了父母,就是你和我是個患難之交,哪裡還找得一個出呢?那時閔妃就把身子移近著余用桓,手傍著他的肩兒,看著余用桓,卻堆著滿臉的笑容。余用桓究竟不是木石,到了這般田地,哪裡還有不動情的道理,當下就一手把閔妃抱著,說:我可愛的妃子,時已不早了,就睡了罷。閔妃一聲答應,就在一床子裡睡著。那時閔妃已達了希望,心中的快活,不消在下的多表。自此以後就是雙宿雙飛,把余用桓竟當做了韓王,把韓王竟賞了一個十三品銜了。後來亂事平定,回到宮中,兩人的愛情,雖然十分濃厚,只礙著韓王絆在一處,沒由相會,煞是煩悶。

這日正值萬壽,閔妃高興得非凡,知道韓王要到宮園裡去,暗地就約了余用桓,到那時進寢宮來,自己卻吃了好許多酒,不覺玉山已頹,把臉孔吃得緋紅,看起來愈

增嬌美。宮女們就扶了他到寢室裡一張榻牀，給他睡下，上面覆了藍色繡花的緞被，昏沈沈的睡去。那時余用桓知時已到了，竟一步一步的向寢宮走來。到了窗前，倒耳聽著，卻靜俏俏的沒一人講話，心中覺萬分驚疑，難道妃子失了我約麼？還是韓王還沒有到宮園去？一面疑猜，一面卻非常害怕，沒了法，只得輕輕的躡足過去，把門幃微微揭起，瞅了一隻眼，向內望去，只見一張翡翠榻上，繡花被底露出了雙趺，擱在一條翡翠橙上，穿著紅緋色的羅襪，外面套著繡花的緞鞋，知道是閔妃睡在那裡，就輕輕的把一足跨了進去。走到這翡翠榻邊，瞧見妃子正在黑甜鄉裡，把一雙眼緊緊的閉著，兩臉帶著微紅，臉上似露出微微的笑容。余用桓一時卻不忍驚醒了他，不敢叫呼，繼思失了機會，亦殊可惜，只得叫了幾聲。那妃子兀自睡著，就把手去推著他，那閔妃纔慢慢地醒了轉來，睡夢惺忪中，一手揉著眼，開了開來，見是用桓，就說道：你來了麼。說著，自己就從榻上起來，一面教余用桓坐下，當有宮女倒了臉水進來，閔妃洗過了臉，笑迷迷的在榻子上坐下，這真叫做久旱逢甘雨的時候，二人的歡喜也可想而知了。談談說說，不覺已到了下午五時，二人正在情話纏綿的時候，那宮女卻進來報道，主家回來了。余用桓聽了這話，急得死去活來，就急急的一溜煙跑去。

　　不一會，韓王進來，閔妃就上前迎著，韓王賜了他坐，自己也一同坐下。閔妃問道：好多日沒到宮園去，不知現在可好了些麼？韓王說：好得多了。這座宮園，朕今天就賜題了一個園名，就做萬壽園，你想好不好呢？閔妃道：這正是陛下的鴻福，應時題名，沒有再好的名兒了。韓王道：這萬壽園中，卻有個湖，湖上有一個臺，朕登了臺上，就召了許多名妓，在臺上跳舞一回，還唱了霓裳羽衣的歌曲，這都是中國的舊樂，所以非常柔靡，不知妃子還能夠奏得來麼？閔妃道：這些事好多時沒嫻習，只是生疏了一些，約略還記得來。韓王就嬲著閔妃奏起來，閔妃無奈，只得依著，韓王拿著拍板，閔妃就鋪了牙琴，一面奏著，一面唱霓裳曲，聲音嘹亮，歌喉宛轉，韓王愈形快樂。奏畢，就向閔妃說道：唉，眼前的事都是後來的悲傷。朕前次和閔相遊了萬壽園，從此以後，國事就蜩螗起來，今兒重到，想著閔相，不覺有物在人亡的感慨。朕和妃子，今天在這兒奏樂，哪知將來是不是又有感慨呢？說罷，眼中流下淚來。閔妃道：陛下別這樣說，好端端的，怎的講起不吉利話來。韓王慨歎了一回，就和閔妃攜手走了出來，一同步到庭中。庭中有一株極大的楊柳，韓王就和閔妃徘徊其下，地上卻鋪著碧草。韓王道：朕記著李義山詩，有「於今腐草無螢火，終古垂楊有暮鴉」，是詠隋宮的景象。從古以來，盛衰興亡，原沒一定，往往當前的繁華，不到幾百年就變了荒荒涼涼的邱墟。朕今天雖然和妃子，在這兒享受著這些風光，那外患這樣的急，國勢這樣的危，這大好宮庭，將來正不知落誰氏的手，想將起來可不是悲傷的麼？閔妃道：陛下今天說這話，大掃人興。我們韓國，有幾千年了，難道還會亡了麼？二人說了一回，仍舊走了進去。當有內監上前報道：丞相來宮內好多時，求見

主家。韓王就走了出來，那丞相就搶上前來，叩頭請個安。韓王吩咐立起奏事。原來韓國宰相，自從閔星河被刺以後，沒人替代，當時華軍元帥阮蔚亭，就和韓王說，俞光建老成練達，可托大事。韓王一一依允，立時召了俞光建入宮覲見，著充內閣總理大臣。俞光建領了諭旨，即於次日任職。此次來見，不知為著甚事，且待下文說明。

第七回　亂黨尋仇揭竿起事　日兵乘勢挾策要帶隸

　　話說俞光建進來，求見韓王，韓王吩咐起立議事。俞光建就說道：吏部長官自田如鏡免職以後，此席久虛，向為內閣兼領，臣想現在國事紛更的時候，用人行政，須要有了專責纔好。臣已預備著一人，叫做孫忠鑑，辦事精細，倒是一個能官，不知陛下意思如何？說畢，就把奏章呈給韓王。韓王流覽一過，問道：孫忠鑑是不是守舊黨裡面的領袖？俞光建道：他其實並沒什麼黨派，就是辦理新政的時候，他竭力主張緩進，因此就得了一個守舊黨的名目。韓王道：這事朕尚有商議，且待再說罷。當時俞光建辭了出去，一面韓王就把這和閔妃商量，閔妃說道：妾想各部首長，只要略略能夠辦事，就不要緊。第一別要用了新黨，這些新黨最會鬧事的。既然孫忠鑑是個守舊黨，自然不是暴躁一流人物，就著他做去罷。只是現在外交上的事情，日多一日，政府裡還該設立一個外務部，給他專辦外交上的事宜，不知陛下以為如何？韓王極道有理，次日下了一道諭旨，著孫忠鑑任吏部大臣的職，一面召集各部，為著添設外務部的事宜，開個御前會議。各大臣都贊成此舉，次日又下了一道諭旨，說現在外交事宜非常繁多，非設立專部，無以專責成而收實效云云。那時朝野上下，得了這信，都說政府要整頓國政，銳意維新了，因他特地添設外部，莫非是重視外交的意思，所以都十分高興。那裡曉得這外務大臣卻簡了一個無才無學無智識的人，就叫做余用桓。這余用桓的名字，除了宮內幾個人外，外面卻沒一個人認識他，因此韓國的臣民，一腔熱血都冷了下來。諸君，你道這余用桓做外務大臣的來歷是怎樣呢？原來自從閔相被刺，韓王回宮，閔妃早有把余用桓充內閣總理的意思，只礙著余用桓沒有什麼資格，兼且華軍元帥阮蔚亭，又把俞光建薦了進來，所以那時沒有開口。後來替他想個法子，政府裡面另添了一個外務部，就把余用桓這人，向著韓王，說如何能幹，如何精明，就給他做個外務大臣。韓王信了，當下就諭知群臣，著余用桓前去就職。余用桓本是一個興夫，今驟然得了此職，其得意洋洋，也自不消說了。所以自從做了外務大臣，就勢傾朝野，恃著閔妃愛寵，件件事要越權做去。那些朝臣，雖然心中非常怨恨，卻誰敢動彈他一些，因此就引起東學黨這亂事來。

　　說到東學黨這場亂事，在下的不得不先將他的來歷，略略表明。且說一千八百

八十二年，韓國大院君被華兵拿住，送到中國，在保定府禁錮起來。當時心裡著實怨恨中國，只礙著中國勢強，沒法可想，只得俯首聽命，其實他心裡兀自存著謀位的念頭。好容易一錮三年，已飽嘗了中國監獄的風味，雖然比韓國好得多，那獄吏肆橫，差不多也是一鼻孔出氣的。到了一千八百八十五年，限期滿了，中國就放他歸國。那時大院君就結識了好幾個日本的官吏，要把這事再發動起來。今番聽見余用桓做了外務大臣，越發抱著不平，只苦舊時的爵祿，已多半削除，又沒什麼權力，只好聯結起先的黨羽，到各處去煽惑愚民，說現在政府越發不似從前了，那余用桓是一個興夫，也居然做起大臣來，這還了得麼？東說西講，巴不得大眾都發了怒，一時舉起事來，他便好做個得利的漁翁，把韓王退了位，自己去做皇帝。果然那些守舊黨都附和攏來，說我們第一可惡的，是各國商民，須把他驅逐出境纔好；第二可惡的，是不良的官吏，須要把他撤換了纔好；第三可惡的，就是閔妃，須要把他殺卻纔好。把這三樁公案，號召全國，那全國的百姓，就此又信了他。

　　到了一千八百九十四年，東學黨的勢力，越發加大了。日本的官吏，都允許替他做扶助，守舊黨的領袖孫忠鑑，又允許他做個接應，內應外援都已齊備，看看自己的黨徒，又有了三萬多人。想這會子起了事，再也不會失敗的了，就此大著膽，從全州起事，一路打來，把忠清南道、忠清北道各城，一一都佔據了。那時東學黨的聲勢，越發洶湧，就順著鐵道向漢城進發。

　　但說這裡韓政府，方在鼓裡睡覺的時候，陡聽得東學黨發兵來攻，忙傳令各軍隊，飭速速準備，前往禦敵。誰知偌大一個漢城，那預備著的韓兵，只有八百名，外加華兵四十名，一同出漢城來，塵頭起處，已撞見東學黨的兵隊。韓兵瞧著，卻是人山人海，漢城外幾十里內，都是那東學黨的軍隊。這一瞧，心中不免害怕起來。那時官兵帶隊的，乃是一個少年梟將，不過二十四五歲，他一種飛鶻般的剽捷，卻是韓國中罕見的。他姓朴，名喚永全，他胞兄叫做朴永漢，係韓國前王的駙馬，當一千八百八十二年的時候，附和了大院君，逃到扶桑去了。這朴永全卻和乃兄主旨不同，他說我們就是要推倒政府，也不是這個時候，況且大院君陰戾狠鷙，也不是個成大事的人，所以決意不肯附和。這會子聽了東學黨進來，就銳意要把亂兵勦平，方為快心。無如眾寡不敵，也沒中用，但既已如此，只得拚個死戰。當下就按著陣法，交起手來，乒乒乓乓，直戰得天昏地黑，終究戰他不過。幸虧著敵兵不知陣法，亂戰一拋子，還不至衝過陣來，所以戰到了三日夜，兩下都不分勝負，那漢城也沒有給他破進。

　　等到了第四天，那東學黨為著糧餉缺乏，已有好多人跑走，但尚有一萬幾千的人，再也等不住，就狠命似的戰來。這裡朴永全前去迎敵，約莫戰了三四個時辰，兩方已都有殺傷，但彼眾此寡，這八百餘名的兵士，只剩了四百餘人，差不多漢城就要被東學黨闖入，兀自拚死戰去。正在危急萬分的時候，那漢城外的牙山上，驀地裡飛

起礮聲隆隆。不多一會，那炮彈直自牙山下來，向敵軍打去，只見敵軍七零八落的，向後都倒，那後面的敵兵，又鋒擁前來，格外強悍。那牙山上的礮，又向敵軍放來，計敵軍死去的，已有千餘人之多。那時方見敵軍，狠命的向後狂奔，霎時間連人影兒都不見了。這裡韓兵緣人數太少，就不敢追去。只是這牙山上是哪一隊兵，怎的這樣利害，把那些東學黨都已嚇退了。當時朴永全非常的納罕，正在猜疑的時候，那營中已著人前來報告，說東學黨遠遁，已有華兵追去，這裡兵數甚少，可不必舉動，但慎守城中已足。當下朴永全問過華軍來由，方知這些華軍，都是新從中國來韓的，緣當時阮蔚亭宮保，見著賊鋒利害，恐漢城危在旦夕，就急急的入宮求見韓王，說賊勢獗獗，這些軍士斷不敷用，漢城難保不破。況日本人若把維持治安的話，來城干預，覺得沒辭可答，大非善事，不如求救中國罷。韓王起初還不肯允許，後以大勢十分危急，沒了法，就上書中國，乞求援助。中國政府得了此書，立即派遣兵士一千五百名，到了韓國，駐紮到漢城外五十里的牙山上。那時見韓兵抵當不住，他便連放兩礮，把東學黨竟打得死去活來。看他逃了，便從牙山追了上去，追過幾百里路，那些烏合之眾，都已如鳥獸散，跑得一個不留，當把南北忠清二道和全州沿江郡縣，都一一恢復轉來不提。

且說華兵除一千五百名外，後來陸續添加，添到四千多人。中國政府就依照了一千八百八十五年的天津條約，咨照日本政府，說韓國東學黨亂，於韓國政局，大有關係。敝國素宏字小之仁，斷難漠視藩服之難，現已調兵入韓，藉資保護云云。那時日本外部，係陸奧宗光，接了這一通牒文，心中著實有些兒不滿意，當照覆中國政府，其文云：本大臣查貴國雖指朝鮮為藩服，然朝鮮王從未自承為屬於貴國。看這覆文，日本雖然不阻攔我們調兵，已把藩屬的兩個字，不承認我們了。當時華兵到了牙山，不到四日，那日本大鳥圭介，也到了仁川，並帶領著三百名的護兵，一齊上岸。韓國政府得了這項消息，非常危懼，就由外務部報告阮蔚亭宮保，阮宮保即把這事詰問日使小村，原文云：我國以朝鮮申請救護，所以派兵救護該國，此係撫綏藩屬之例，不容稍有延緩。至貴國並無救助之義，乃亦派兵來韓，不知何意？日使小村，當照覆阮宮保，謂：東學黨擾亂，特調此兵保護日商，俟亂事既息，即當全撤，別派小隊防守云云。當時一往一來，好不熱鬧。

到了六月十三那一天，日本在韓的海軍，果然都一概撤去了，那日政府偏又派了陸兵一千二百人，到韓國來，把八百名駐了漢城，保護著使館，把二百人駐了仁川，其餘二百人駐在漢城、仁川的中間。那時阮宮保得知了，不勝駭異。因急急的向日使小村抗議。日使說，這事實緣已來的軍隊還沒退去，那後來的軍隊又陸續上岸，本使也沒有什麼法子。本該電飭撤回，但既已到了，這兒沒有政府的命令，本使不敢擅令撤去。且那班兵士們，住在船上，非常的苦悶，可否給他棄槍登陸，換換空氣？阮蔚

亭聽他這麼說，想也沒什麼妨礙，就答應了他。不意這一會答應，中日兩國的戰端早已暗中埋伏了。不到幾時，果然這三千兵士，都走上岸來，且個個都攜著軍械，向漢城前進。再過幾天，那日兵已越聚越多，足足達到萬數。這時我們中國的兵士，都駐在牙山，漢城裡卻沒有一人屯著。

那時日本外部忽來了一道照會，說亂事已定，所有朝鮮的內政，急急應該修整起來。我們兩國，各簡了幾個大臣，到他們國裡，同心稽察他的弊病，他如國庫出納的款項、官吏遴選的方法、陸兵的優劣、內亂的大小，都應該替他留心著纔好。那時中國公使係王小變，得了這個照會，知日本有干預韓國政治的意思，一定要把他拒絕了。當時覆了一個照會，說韓國政治，應該如何整頓，可給韓王自己去主張，就是我們中國，且不願去干預他，貴國既然認韓國為自主的國家，也不應去干預他了。日政府得了這道照會，哪裡肯依？他說朝鮮王常蓄陰謀，所以屢次釀出亂子來，他們自主的力量，薄弱得很，敝國商務受他們的害處不少，哪裡坐視得來？所以決計替他設法，無非是保全太平的局面呢。中使聽他這樣說，也並不和他理論。諸君，要曉得國際公法四個字，都是說說罷了。一個國家，無論他怎麼樣，單要財富兵強，對著別國，沒一樁事做不來的，所以德相俾士麥，說出赤血黑鐵四個字來，也把世界的情形，看得透澈的了。

閑話休提，且說這時韓王以亂事既平，就要中日兩國，把兵退去，並請各國公使，和中日兩國商議。各國公使就用正式公文，來請兩國撤兵。阮蔚亭既得了公使來文，就打了一個電報，去問中國政府，定個什麼樣辦法纔好。不多一會，得了中國覆電，說中國的兵隊，合該和日本的兵隊，同時撤退。阮宮保就把回電遍告了各使，並問日使的意旨如何。那日使雖已答覆，卻並沒提及撤兵的事情。因此中國知日本尚有深意，就把撤兵的事件，暫時擱下，一面嚴厲的防備著他。

果然不多幾天，那漢城裡的百姓，都驚驚惶惶說，日本將有極大的舉動。原來日使那一天剛剛在自己房間裡看書，那時就有一個僕役，遞了一個名刺進來。日使接著名片看時，是上將大鳥圭介，日使就說請他進來，當下便前去迎接。不一會見大鳥來了，一身上全是陸軍裝扮，那一撇燕尾鬚，愈顯得氣宇昂藏。日使就請他坐下，把雪茄遞了過去，一面便問道：本使聽說帝國的兵士，到這裡已有了一萬多名了，不知這事可發動麼？大鳥道：差不多就好發動，但這事單和韓國外部商議，決然無效。若是要達到這個目的，未將倒有一條計策，不知公使可贊成不贊成？公使道：怎麼計策？那時大鳥就探首向四面望了望，並問日使道：這裡有沒有中韓人的僕役？公使道：沒有。大鳥尤附著公使的耳朵說道：適纔未將說的計策，就是如此如此。小村道：妙，妙！我們對待韓國，只需如此，不消什麼的。本使還記著一千八百七十六年的時候，帝國也就把這法子，要求和韓國通商的。說了一會，那大鳥就告辭出去，小村送出

了門外，各人行個鞠躬禮，小村仍回到自己房間，就穿了一件外套，帶著黑色的圓頂帽，手中卻拿了一柄籐杖，搖搖擺擺的，向韓宮進去，說要求見韓王。宮監傳旨出來，說這時候中、日、韓三國交涉還沒有了，未便請見，有什麼事宜，就和外務部商酌便了。日使被韓王這番回覆，好沒意思，垂頭喪氣的，回到公使館中，進了自己房內，把門關好了，坐在一把沙發上，想了又想，想了多時，喃喃自語道：著，著，此時不早了，且睡罷。說畢就跳上牀去，不一時沈沈睡去了。

到了次日，早晨起來，洗過了臉，用過早膳，又急急的跑到韓宮裡去，說本使有要緊的事情，不是和韓王對面商量，斷斷不行，再遲幾天，就有礙大局了。內監把這話傳了進去，不一會出來，果然韓王允許，就賜他在宸安殿坐。日使行了外臣之禮，在一處坐下，說道：外臣來見，並非別事，貴國連次擾亂，於敝國商務上，諸多窒礙。貴國既然沒有保護的力量，就應該由中國保護著。乃中國不但沒有保護，且把他種種的職務都荒弛了。別的到不打緊，祇是我們日本，近在咫尺，影響卻非同小可。就外臣的意見，不如就趁這機會，脫去他上國的羈絆，一來貴國落得建個自主國，二則敝國也好自己保護自己，豈不是一舉兩得麼？韓王道：上國的名分，承認不承認，這事全在我們韓國一面，自好緩緩的商酌。但敝國亂事既已平靜，貴國的兵隊，就應該及早撤去了纔是。日使道：這卻做不到。倘然敝國所請求的各款，一天沒有承認，敝國就一天撤兵不來。韓王聽了這話，心中雖然有些害怕，要想答應他，又恐怕中國官吏，聽見了和他交涉起來，兩面夾攻，越發不好，祇得含含糊糊的答應道：這事且限三天內答覆，不知貴使允許不允許？日使道：那麼就限三天罷。當下就辭了出來，回到使館，把這事錄在日記。

到了第三日，就由使館裡總參贊，到韓國外部裡，去討個回覆。外務部說：這事一時實難答應。最好貴國先把兵撤退了，然後慢慢地商議到這事去，或者尚可做得到，這會子不免有些為難。參贊道：貴國既然不肯允許，也罷，就由我們日兵，把華人驅逐出境，還要總握韓國的政權呢。那韓國外部余用桓，本來不懂甚事，今聽了這番議論，想我若不依了他，他當真來總握我們的政權來，一定先把我革去官職，到那時可不是懊悔莫及麼？我這會子落得做個好人，就是真來總握政權，他見了我一定不會嫌惡，那外務部的祿位，就牢牢的不會失去了。想了一會，好不高興，就立時允許了他。總參贊就把這事報知日使，日使非常歡喜，自不消說。自是以後，韓國既然少了一重羈絆，日本自然好定他進行的計策了。不知如何進行，且待下回說明。

第八回　開會議強鄰逞干預　試戰鋒國主受幽囚

　　話說日本公使，要求韓國脫去中國的羈絆，韓王畏懼日本兵力，當把這事允許，在韓國政府，實亦沒法可想的緣故，因此允許之後，又非常的懊悔。一面究竟對不起了中國，一面又恐怕日本得步進步，將來外交上要添出許多事來，所以韓王為著這事，鎮日裏愁眉不展，對著閔妃要討個法兒。閔妃雖也能幹，無如這事非常棘手，想來想去，再也想不出來。在下到了這裡，又不免生了許多的感觸。大凡一個國家，斷斷不可依賴人家。若是依賴人家了，就應該報酬人家。但是報酬了甲國，不報酬乙國，那乙國就蹊蹺起來。待報酬了乙國了，對那甲國又不好意思起來。這正如懦漢娶了妻妾，這個吃醋，那個吃醋，弄得左右做人難。從前我們中國，和外國訂約，允許外國利益均沾，當時還算是公平對待。那曉得到了後來，這個來要求，那個來要求，竟把中國的土地，做了各國的公產，你想可痛不可痛呢？還有那些強橫的國家，你愈退讓，他愈進步，等到你沒有退讓的餘地，他就把你的國滅亡了去，不是可怕的事情麼？

　　現在單說這日本，自從明治維新以後，那政府的政策，就早抱著帝國主義。今番韓國既然脫去中國的羈絆，知道韓國是極懦弱的國家，自然一步一步的挨了進來。到了那年七月初三那一天，韓王正和閔妃商量著對付日本的方法，忽從外部裡又傳進來一樁事情，你道什麼？原來就是日本要求韓國的條件，韓王看時，那條件上卻開著道：第一，從仁川至漢城，又從漢城至釜山的鐵路，須歸日本帝國築造；第二，韓國全國的金礦，日本帝國有採辦的權利；第三，韓國的西南部，日本帝國可以開闢通商口岸；第四，韓國的政治，須速速改革起來；那第五條還要來得重要，說韓國偵探員，須由日本公使選派。韓王看了，早已嚇得魂飛天外，手足失措了。那時閔妃在旁說道：這事還須召外部進來，和他商酌纔好。韓王說聲不差，當下就召外部大臣余用桓進見，商議要政。余用桓得了諭旨，即入宮覲見韓王，韓王就賜他在金墩坐下，把日本要求的條件說了一遍，問他怎麼辦法。原來余用桓在外務部，終日裡談談說說，有時打打麻雀，這些事情，何曾留意著他？今被韓王下這一問，竟支支唔唔的說不出來，只得講了一句渾話，說：臣這事也想不出一個法子。那時韓王把手搔著頭，似乎焦灼得非常。當時倒是閔妃機警，從暗中授了意旨，余用桓就對韓王說道：依臣愚見，這時候我們韓國也沒主意可想，倒不如就把這題目，給各國公使去做罷。韓王道：各國公使，若是置之不聞，便怎處呢？那余用桓卻定了眼又答不出來。當時閔妃又授了他一個意旨，方纔慢慢地說道：這再也不會的。日本在韓國裡，有什麼舉動，和各國的商業，都有些兒影響，哪裡還會置之不聞呢？韓王道：既然如此，就由卿部照會各國公使罷。余用桓領了韓王諭旨，就走了出來，把這事一五一十的告訴了各國

公使,並請各公使籌個對待的方法。

且說這時駐韓公使,除了日本以外,有英、美、德、俄四國。四國公使接了韓國照會,當下就邀集中國阮蔚亭宮保、日本大鳥圭介,在美公使館裡開個會議。那時各國公使都已蒞會,阮宮保就把日本要求的條件,請提前會議。美使道:這些條件,係關係韓國內部的利害,應請日韓兩國自行交涉,否則亦應請中日兩國會議定奪。我們今天,只就這第三國的利害關係,討論幾樁罷。英使道:看這情勢,中國和日本,難免生出戰端來,那時韓國應否守著中立呢?說著那德、俄領事均說:這自然應守中立了。美公使道:中國和日本,若有戰事,那漢城、仁川,和各通商的口岸,都應該承認他做中立地。大眾可贊成的麼?他公使都說贊成,只有日公使,卻竭力抗議,說:日本和中國戰爭,這時候只有仁川港一處,好把他承認做中立地,至於別的地方,這時恐怕承認不來,待帝國政府,有了訓條,再作計較罷。各使聽了這話,知道中立的計畫,這會子是萬不能定的了,也就紛紛的散去。

到了七月十九那一天,日公使以要求的條件,韓國並沒回答,決意要開個戰端。當下就把哀的美敦書,送到韓政府去,說限三日內,須要把日本所議的各款,一一施行,並把中國的軍隊,一概撤退。若是韓國不把這事承認,日本就要施強硬的手段了。那時韓政府,仍然狃著故見,依恃中國的勢力,以為日本果施強硬手段,中國必出來保護。當下就照覆日使,說漢城裡面的日兵,若一日不退去,韓國就一日不允許的。日使得了這個答覆,也知道韓國明明是依恃中國的緣故,就不管三七二十一,四七二十八,遣大鳥圭介率領好多名日兵,向牙山攻打華軍,一面又在豐島襲擊中國的海軍。中國以兩國並未宣戰,所以一無防備,當下就急急的報告了中國政府。中國政府大發憤怒,再也忍不下去,當時就布告宣戰,說:朝鮮係我國二百餘年來的藩屬,歲修職貢,為中外所共知。今日本無故派兵,進了漢城,後來又增加兵額,到了一萬多名,要求朝鮮改革政治,種種要挾,難以理喻。我國撫綏藩服,再沒有坐視的道理。日本也發出宣戰書來,說高麗本來是個獨立的國家,和各國結約通商,實係日本去勸導他的。那清國一定要把高麗當做藩服,干涉他的內政,一些兒不顧全條約,再沒有和平的道理云云。兩方下了宣言書後,就開了一場大戰不提。

且說韓政府,自從照覆日使以後,那韓王就非常的放心,只顧圖著眼前的安樂。這時正是孟秋的時候,雖然天氣酷暑,那宮園中正值荷花盛開的時候。韓王一時動了遊興,對著閔妃說道:朕想這時天氣正熱,缺個消遣的方法,就和妃子往萬壽園一遊何如?閔妃道:妾正在思想,既然陛下有興,是更好的了。當下就帶了宮女幾名,駕到萬壽園中。韓王道:我等還是到琉璃世界去罷。閔妃道了個是,就向那處走去,不一會到了。韓王和閔妃,均在白玉榻上坐下,果然清涼異常,那庭前的荷花,也千朵百朵的,開得異常熱鬧,兩人正如坐在眾香國裡的一般。這時就有宮女呈過茶來,韓

王和閔妃,啜了一回,就吩咐宮女們擺起酒來,在那裡賞賞荷花。閔妃道:荷花古稱凌波仙子,不知緣何得名?那時閔妃穿著白羅的單衫,下面繫著白羅的一條裙子,眸如秋水,眉比遠山,和當年唐宮裡的楊貴妃,雖有肥瘦之異,再沒媸妍之分的了。當時韓王就接著說道:荷花之稱仙子,莫非為著他淨絕無塵,兼且豔麗的非凡,所以就得了這個名號。但自朕看來,這會子的妃子,素粉紅顏,倒比這荷花好看得多,就把凌波仙子的名號,贈給妃子罷。閔妃聽了這話,不覺紅暈兩頰,對韓王說道:若妾陋質,何足當此?就使妾和荷花一般的嬌豔,那荷花是千秋萬世不滅的物質,人人稱贊,個個玩賞。妾在人世,至多不過幾十年,到了死後,還哪個來紀念著,怎的比得他過呢?韓王道:妃子怎說這話,使朕心中不快。閔妃道:古人原說,人生在世,和弱草棲輕塵的一般,無論那個,終須有一死的時候。韓王道:就這樣看來,越發應該行樂的了。古人不是說,生則堯舜,死則腐骨,生則桀紂,死則腐骨麼。閔妃這時,酒已微醉,兩頰猩紅,益增嬌美,就對韓王說道:妾已醉了,再也不會飲了。韓王亦不去勉強,但說既已如此,朕與妃子,今日不可無詩以紀其事。閔妃道:還是聯句?還是分題吟咏?韓王道:聯句雖然別有風趣,只是各有性情,不能聯做一氣,不免有牽強附會的弊病,不如分題吟咏為是。閔妃道:題目將如何定法呢?韓王道:那最容易,各人想了幾個,置在一處,遞次拈出,不是好麼?閔妃頗以為是。當下二人各把題目寫就,放在一個玻璃盃內,韓王先拈,卻是秋月兩個字,閔妃去拈,乃是咏荷二字。閔妃道:妾平生最怕咏物,偏又得了這個題目,恐怕要交白卷哩。韓王說:妃子正可把荷花來寫自己身分,何至交白卷呢?說了自己又拈出一個,卻是傷秋二字。韓王道:這傷秋較荷花還難做哩。閔妃笑了一笑,又去拿那題目,卻是自己寫的即景兩個字,當下就構起思來。韓王本想先做傷秋,後以傷秋題目較難,就把這秋月先做了起來,卻又苦於無可出色,想了好一回,只是想不出好句來,去看妃子時,早已把咏荷做了一首七絕。韓王吟道:

亭亭玉立足清娛,寫出楊妃晚浴圖。畢竟老天忌尤物,風來吹折滿泥塗。

韓王道:妃子詩才敏捷,朕實所不及。閔妃道:妾自是潦草塞草,那裡算得來敏捷呢?那時韓王也就構思起來,不一會把秋月詩就做成了一首五律,詩曰:

萬里關山月,相思怨夜長。情人憐絕塞,遊子望家鄉。旅館孤燈寂,征途畫角涼。嫦娥如有意,來此共飛觴。

閔妃道:陛下這詩,情景兼至,且能知民間疾苦者,妾不能再做了。韓王道:這是怎說,快做來罷。閔妃只得握管重吟,停了一會,韓王這傷秋,和閔妃這即景二首,都各已做就。閔妃吟傷秋道:

炎威滌盡又新涼,楓葉蘆花雁字長。聽到殘蟬聲澀處,宮槐一樹對斜陽。

吟罷說道:陛下這詩,可直追唐人,只是秋色淒涼,易增愁思耳。韓王一面就來

閔閔妃的詩,卻寫道:

  晚風吹送御鑪馨,雨後涼生水閣亭。楊柳輕盈蒲嫩綠,秋來一例入凋零。

  韓王道:妃子這詩,何嘗不思清於水,只是太蕭殺一些。說罷互相吟咏。韓王道:朕今日和妃子在這兒遊玩,正如當年唐玄宗和貴妃沈香亭飲酒一般,只少了一個青蓮學士,做出三章的清平調來。閔妃聽了這話,歎了一口氣,眼中不覺躬下淚來。韓王道:妃子怎又悲傷起來?閔妃道:把陛下比唐明皇,自是中興以後的明主,只恐怕漁陽鼙鼓,動地而來,就是妾葬身的時候了。韓王自知失言,即轉言道:朕說錯了,朕固然沒有明皇的才,那貴妃污穢宮廷,又比不得妃子的清高了。正說時,忽內監氣喘喘的進來報道:主家不好了,日兵又進來了。韓王倉皇失措,眼看著閔妃說:朕當真要做明皇了,這怎處呢?閔妃道:這次日兵進來,定非懷著好意,陛下斷出去不得。韓王道:日兵怎的會進來?內監道:聽說日兵趁著中日開戰的機會,華兵不在這兒,他就進了漢城。那時我們韓兵狠命的抵敵他,他就無端的逃去。忽於今天潛至宮外,緣著梯登牆而上,一時就蜂擁進來,這會子還不住的吵鬧哩。韓王道:朕想這裡又沒逃處,不如出去的好。就是他懷著歹意,不過要求條件罷了,我若應許了他,保沒甚事的。因即吩咐內監,備駕詣宮。正見日兵擁著一處,在那裡尋找韓王,見韓王出來,就把韓王縛住,當下又找了韓太子,一同縛在那裡。諸君須知韓國的昌德宮,和我們中國的皇宮不同。中國的皇宮,歷代以來,都是牆宇高唆,地方深幽,無論日人有什麼本領,斷不能緣牆而上。那韓宮卻是兩樣,他的建築,和尋常的衙門,差不多的,牆垣固然低下,就是地位也很小,所以日兵進去,易如拾芥,不消費什麼力的。

  單說當時大院君已在宮裡,日人既縛了韓王和韓太子,就把大院君立做攝政王,暫時給他代理韓國的政治。這大院君所以得做攝政王的緣故,其中也自有一段歷史。原來中日還沒開戰的時候,大院君就到了宮內,韓王的一切舉動,和閔妃的一切主張,都被大院君探得詳詳細細,報告了日使,說韓王實依恃著中國的勢力,放膽過去,宮裡並沒什麼防備。因此日人就決意走進宮來。那時大院君又做了他的內應,給他入內,不消說自然是個日本國的一個大功臣了,那日兵就把攝政王的位置,替他恢復起來,當做酬報他的品物。但大院君雖已居了攝政王的位置,看著日兵這樣利害,倒也非常的害怕。那時日兵一面牢牢的守在宮門,一面又把電報局,和韓國的營壘,都佔據著,一切主權,差不多都為日軍所有了。只是韓王和韓太子,既已就縛,沒處安置,日兵卻異想天開,把他閉在一個幽室裡面。這個幽室,四面都是堊壁,卻沒有窗隙,所以鎮日裡沒一些兒陽光漏入,韓王閉在此處,好不悶損。那時各國公使,得了這個消息,都入宮來謁韓王。韓王要求各使保護,對著各使說道:日人閉置朕等在此,將來恐有不利,貴使如念一日之誼,萬望脫此牢籠。說畢,淚流淋面。各使允為

詰問。

到了次日，果有各公使詰責日人公文，日人當照覆各使，說：那一天敝國有小隊兵士，經過近宮的地方，意欲到一座小山上紮營。那時適有韓兵在一處駐著，見了敝國的兵隊，就放起鎗來，敝國兵隊為著保護自己的緣故，當下就圍了過去，上前抵禦。不意韓兵愈聚愈多，敝國兵士，以眾寡不敵，不得已就到了宮內，並沒有什麼併吞疆土的意思。那韓王不特不能保護，并派了小隊韓兵，和敝國兵隊激戰，兩路夾攻，至為危險。不得已就把韓王和太子，暫時閉置幽室，不久就當把他釋放，請各使別要疑懼罷了。各使得了這書，雖明知係日人掩飾的話，但韓人開門揖盜，咎由自取，亦就置之不顧了。這裡大院君雖受了日本的推舉，又得恢復了攝政的舊職，但到了這時，卻也痛恨日人起來，滿望著中國和日本戰爭，得能勝了，那時也好替韓國出了些氣，把韓王釋放出來。正自想著，那外面卻有個消息傳來，不知是何消息，且待下文說明。

第九回　獨立虛名輸來糧餉　附庸實惠改盡衣冠

話說當時消息傳來，究係何事，上回並未表明，今且暫緩。單說中日宣戰以後，那時中國就派遣左寶書和衛士貴兩個人，帶著大批兵士，到了韓國，守著平壤的地方。這平壤原是一個險要的海口，并且是南北鐵路的總咽喉，日兵要入韓國，勢必經過此地，所以當時就在這裡紮起營來。那時海風習習，天色晴明，正是戰鬪的好天氣。看看時計，已是下午一點鐘的時候，左、衛二人，早已督率軍隊，佈好陣勢。不一會但見敵軍迎面而來，那鎗聲就乒乒乓乓的放個不斷，這裡聽有鎗聲，就也連忙將彈子裝好，不斷的放將過去。那時也並沒別的聲音，別的景象，這平壤的一塊地面，飛來飛去，若斷若續的，不是鎗聲，便是彈影。停了一會，敵軍越發近了，鎗彈的聲音，也越發多了。那時兩方兵隊，逃的逃，追的追，在一角斜陽的當中，塵沙飛天，鼓聲動地，錯亂雜出，煞是好看。不多幾時，那敵軍愈殺愈近，看看華兵，已有好許多中了鎗彈，臥倒地上，也有傷了一處，流著鮮血，坐在一處的，七零八落，隊伍已是大亂。那敵兵兀自殺來，左寶書看著勢頭不好，急急的收拾殘兵，振起餘勇，拚命的戰去。那時日本的兵隊，愈逼愈近，只差了一箭多路。當下兩方前隊，都捨了鎗械，短兵相接，你一刀，我一鎗，打了半個時辰。雖然互有殺傷，還算不來什麼勝負。只那些華兵，看著日本步騎精銳，已嚇得魂飛天外，那一個肯合了攏去，緣礙著軍令，只得勉強接應，已是逃的逃，避的避，紛紛如鳥獸的一般散了。剩下華兵，不過十分三四，又都是老弱無用，恰一個一個的，都被日兵殺傷淨盡。那時左、衛二

人，看著情形不佳，無法可施，只得做了一個三十六策走為上策的故事，狠命向後面逃之夭夭。足足跑了三四個時辰，方纔遠了敵軍，暫時歇力在一座山凹處坐下，檢點兵卒，早已傷了大半。歇了一會，又恐敵人追上，只得渡過鴨綠江，退出韓國境外。那些日兵見華軍已經逃走，就狠命似的進來，一而往北去追華兵，一面就往南向韓國京城進發。

那時人心惶惶，一夕數驚，這個風聲，恰恰傳到大院君的耳邊。大院君雖然是一個賣國賊，但已到了這般田地，也不免想到韓國前途。他意中以為中國一經失敗，韓國再沒有不亡的道理，我雖然擁了攝政王的虛名，只恐怕到那時非但用我不著，還要遭著些禍患。想到這裡，非常自危，當下就用個脫殼之計，向日本公使處求把韓王釋放出來。那日使早已得了中國失敗的消息，那裡還肯釋放。大院君只管央求，日使道：釋放韓王這事，倒做得到，只是本使要和貴國訂個條約，可承認不承認呢？大院君道：敝國和貴國，剛纔訂過條約，怎的又要訂了？難道又有什麼要事不成？日使道：這會子訂約，原是為著中日戰事的關係，等到中日息戰，這約就用他不著了。大院君道：凡是敝國做得來的，再沒有不依從的道理。只是要和韓王商酌，待韓王允了，那就不要緊了。日使道：這到甚可。當下就到了韓王所在，把日本要求訂約的緣故，說了一遍，並將這條約的內容，說給韓王聽著。那第一條就是日本承認韓國做個獨立國；第二條就是在韓國境內的華兵，一概驅逐出境。韓國的內政，華人此後不得干預；第三條是日本和中國戰爭，韓國應該設法助著日兵的運輸，並應供給日軍的糧餉。韓王聽了，心中頗不贊同，只是身幽斗室，將來恐有性命之憂，那各國公使，又不肯前來援助，若不趁這機會，走了出來，那出來的日子，簡直是沒有的了。所以也不管好的歹的，是的非的，一概答應了日使。把字簽好，就從這幽室裡走了出來，那時方纔把心放了下去。

但韓王以一帝王，前次既被急進黨所縛束，今番又被日人所幽禁，心中好生悲傷。回念日前在萬壽園，和閔妃飲酒賞荷，賦詩消遣，一悲一樂，相去天淵，眼中不免簌簌的落下淚來。再想到時局變幻，莫可測度，將來禍難，未必遽無，又不免萬分危慮。想到此間，覺得帝王一席，直是人間最煩惱的位置。那田野中的農夫，徜徉隴畝，有時唱唱俚歌，有時聽聽鳥聲，日度三餐，夜謀一宿，雖比不得帝王的高貴，畢竟無憂無慮，好不自在。正在千思萬想的時候，那閔妃適迎面而來。韓王見了閔妃，默無一語，閔妃一手握了韓王的臂膊，把頭附著韓王的肩上，放聲大哭起來。韓王見了閔妃哭，也不住的流淚，想著日前萬壽園裡一番議論，我難道真要做個明皇不成？在我倒還不打緊，不過逃奔了一回罷了。倘妃子也做起貴妃來，可不是傷心麼！心中只管想著，眼眶中的清淚，竟潮水似的，流個不盡，把一條白綾的手巾，揩得溼透，和雨淋的一般。那閔妃兀自嗚嗚咽咽的哭去，差不多哭得眼圈兒和核桃的一樣大。停

了一會兒,韓王已住了哭,就對閔妃道:妃子別要哭罷,事已如此,只得聽著天命了。古來凡是帝王,那一個不受盡艱苦?朕和妃子,還自便宜呢。閔妃道:從前攝政擅權,顛倒朝政,好容易把他削了祿籍,那些朝臣,流品稍純。不提防又來了日人的干預,依舊把他復了攝政的位,自此以後,陛下和妾,非但受日人的牽制,兼受攝政的束縛,還幹得來什麼事呢?韓王道:憑他做去罷了,別要管他罷。閔妃道:話雖如此,只是內政越發紊亂,日人未免又來干涉,那裡還有太平的日子呢?說罷又嗚嗚咽咽的哭起來。韓王又百端的勸解,歇了一會,纔住了哭。韓王道:這些事都不消妃子愁著,攝政這會子雖然受了日人的擁護,他心裡卻很不願意,和日人也沒有什麼情感的了。閔妃道:攝政心事叵測,一會子這樣,一會子又那樣,難道陛下還沒知道麼?韓王道:知是知道的,只是他無論怎樣,總是一塊兒的。閔妃道:既然一塊兒的,還做得開門揖盜的事麼?韓王無語。當有內監報告說,日公使進見。韓王就請他進來。不一會日使已入,向韓王說道:日韓兩國交涉已了。只是貴國政治,向來腐敗,依外臣的愚見,不如趁此機會,整頓了一番纔好。只是整頓政治,第一須有人才。貴國大員辦事,往往因循苟且,不明事理,茲敝國有好多的人員,前來貴國,就把他做個各部顧問,不知可好?韓王道:這事不知攝政意下如何?日使道:早已和他接洽,說非常的贊同,只消陛下允准了便好。韓王道:既然如此,就是這樣罷。日使見韓王已允,當下就把好多的日人,薦了進來,到各部去充顧問。那知這些顧問官,都是新到韓國,韓國的風俗習慣,那裡曉得,只管把己國的新政,一一都施到韓國來。

原來韓人的裝飾,向來是個寬衣博袖,日人看他這樣,很不歡喜,要把全國裡的衣冠,都改了起來。恰巧這事大院君以不合輿情,不甚贊成,忙和日公使商議,說:改革服飾,只可聽百姓們的自由,若是朝廷去勉強他,恐怕又要惹出事來,便怎的好?日使道:這些事倒不打緊,若是大一些兒的,那就不能依著百姓們的鬧了。外臣想不如就此組織一個國會,那國會裡的議員,自然是由百姓們選舉的。既然由百姓們選舉,就好代表百姓的意思。無論那一樁事,國會裡說好做,那就做起來。國會裡說不好做,那就不做罷了。不知此法可好?大院君道:好是好的,只是敝國的百姓,恐還沒這等程度,哪裡辦得來呢?日使道:這不妨事,那國會裡面,只消有幾個敝國人員進去,就再也不會沒程度的。大院君連連稱好,當下別了出來,就把籌辦國會的事宜,豫備起來。不多幾天,那韓國上下,都忙著選舉的事情。約莫忙了一個多月,那議員已經選定。當下組織國會起來,就把懿德園的地方,做了國會的地址。

開會那一天,卻非常的熱鬧,門首懸著兩面的國旗,一面係日本的國旗,一面係韓國的國旗,照例紮了好許多的柏枝,門前卻站著好多的警察。不一會,那些議員都搖頭擺尾的,一個一個進去。走了好多辰光,方纔走完了,約莫有一百多的韓國人,三數十的日本人,一時都到了裡面,把鈴一搖,都走進議事場去。當下大眾就選了一

個議長，這議長恰是姓朴名叫永漢。在下的已把他的歷史講過一番，他在日本留學了好幾年，所以和日本人的感情，非常濃厚。那時好多的日人，就替他運動了一個議長。但這朴永漢雖然和日人要好，卻很有些愛國的思想。當下就把議事處的規則，都一一通過。時已不早，就把鈴聲一振，散了會了。到了次日，卻有一樁重大的議案，列在議事日程的上面，就是剪髮易服的問題，也不知是那一個議員提出。那時朴永漢就把這案付議員討論，自己恰想著，這剪髮易服的事情，原是一樁要務，只是韓國百姓，多半守舊，這事施行起來，又恐怕要鬧了亂子。幸虧著議員多半韓人，一定可把這案打消的。一面想著，一面去看那些議員時，卻沒一個起來說話，有的眼看著朴永漢呆呆坐著，有的一回一回呵欠，還有些沒智識的，卻都在那裡打盹，搖搖擺擺的，那裡聽見朴議長說話。永漢看見了這般情形，不覺歎了一口氣，眼中差不多要淌下淚來，只礙著在議場上，不好現出怪狀來，就一時狠命的熬住，再把這議案放大了聲音報告一遍。那議員兀自個個呆坐著，有幾個日本議員，看他們一句話都沒有，就立了起來，手舞足蹈的，說剪髮易服如何便利，如何美觀，七嘴八舌，也沒一定的宗旨。那時朴永漢就對眾議員說道：兄弟今天對於這樁議案，頗有意見，諸君可推個臨時議長，容兄弟說明說明罷。當時眾人都說聲是，就推了一個臨時議長，這臨時議長不是別人，卻是一個急進黨裡面的人員，叫做漢壽李。

且說這漢壽李自從前次失敗以後，逃至他處，垂頭喪氣的，好不抑鬱，只是礙著華兵勢盛，沒胆抵敵，只得遍走國中，演說時演說，運動時運動，天天糾集黨羽，增益黨勢。不到一年，果然黨羽愈聚愈多，聚了二萬餘人，一面仍舊和日人聯絡，以資扶助。至中日開戰以後，見了日本種種待遇，不免冷了心了，但仍和日本聯結，冀借他們的力量，成全自己的事情。到了那天，卻見韓王下了一道諭旨，說歷年以來，外患屢迫，內亂頻仍，國勢累卵，萬難因循，用是公權於民，組織國會，采詢謀僉同之議，行上下一致之政。願爾黎庶，各體此志，選舉品學優正之士，俾充議政論道之人，他日刷新政治，敦睦邦交，朕有厚望焉云云。漢壽李見了，不勝歡喜，自想我們就好在這處發展自己的政見了，因此派了好多的黨徒，四散各處，逐村逐莊的運動。運動了好幾天，纔到了選舉揭曉的日子。那時選舉場外，卻人山人海的擁著一大堆，都是些看ён姓名來的。原來韓人性質，最高興的是做官，做了官，那些鄉里上就都來湊趣他，算是項榮耀的。只是韓國的官缺，很不易謀，不是貴族擅權，就是奸臣執柄。那些大小官吏，都是貴族和宰相的私人，那些沒勢力的，任你怎麼才智，那一個來睬你一睬？所以韓國裡的一班士子，多半沒得出身。這會知道要選舉議員，說是從百姓裡面選出來的，就個個喜得眉飛色舞。他祇道議員也是和官一樣，做了議員，就是做了官了，所以有的就叫他做議員官，都說這議員官，人人可做，畢竟是皇恩浩蕩，挑拔我們百姓的。有的說我們皇上，還沒有這樣好意，虧得東洋皇帝，出了這個主意，

給我們百姓做個官兒。村嫗俗婦，說來煞是可笑，巴不得到了揭曉那一天，有個自己的名兒，好不有趣，所以當時選舉場外，竟擠滿了這許多人，個個抬著頭，要想擠進去，卻總歸擠不上，有的身材短小的，差不名連頭頸都抬得酸了。那時漢壽李亦在那裡，只苦著擠不進去，只好在外面等著，無如等了一天，那去的來的，沒有一些兒空處，只得回了轉來。

到了次日，就有一個同黨的人進來，卻叫做沈懷玉，手拿著一張紙條兒，笑嘻嘻的對著壽李說道：漢君，恭喜，吾黨有幸了。漢壽李就立了起來，迎著懷玉，請他坐下，慢慢的問道：什麼事？你拿的又是什麼東西？懷玉道：這就是被選議員的名單呢，閣下已被選了。壽李道：被選的難道只有兄弟一個人麼？懷玉道：黨中人正多著哩。說畢就把名單遞了過去，壽李一面啣著雪茄，一面來看名單，卻見急進黨中，除了壽李以外，還有許多的人，如柯如喬、沈懷玉、侯天忠、林善祥等，均與其內，約莫占了三分之一。那時壽李指著一個名字說道：這仇慕華不是守舊黨的領袖麼？懷玉道：守舊黨裡還不止這幾個人呢。就立起身來，把手指著許多名字說道：李光美、楊承鎮、何世哲，不是都在這裡麼？壽李道：我想守舊黨還不止這幾個人，不過我們不曉得他的名字罷了。懷玉道：不差。談了一會兒，懷玉別去。這壽李把這議員名單仔細看了一遍，就藏在抽屜內，看看時計已不早了，就在牀上睡下。

到了次日，依著名單，把自己黨裡的議員發了一個傳單，說不多幾天，就要召集國會，那時本黨意中的議長，應是哪個，乞各員書了一紙，寄到此處，以卜意思。不一日，那各黨員果然紛紛來函，一一展視，卻都是舉漢壽李做議長。此時壽李，心中已十分希望，巴不得議長舉了自己，那國會裡的權，就有了一半到手了。不意到了召集那一天，這急進黨的黨員，苦於佔國會中少數，其餘多數卻都被朴永漢運動了去，這議長一席，自然讓了朴永漢了。但朴永漢雖然不是急進黨裡的人，那急進黨裡的人，卻也很敬服他，所以他做了議長，這些急進黨倒還不甚反對他。那時適朴永漢要發個動議，教眾人舉個臨時議長，急進黨員就把漢壽李說了出來，竟得大多數贊同，那壽李就到了議長的席次。當時祇聽朴永漢說道：剪髮易服一事，本是個應該議決的事情。我們韓國，都是寬衣博袖，於作事很為不便，這議案其實是不待議的了。只是有一種的窒礙，緣我們韓人，頑固性成，兼以風氣未開，驟改裝束，未免聳動俗人。就兄弟的愚見，這議案可否分做兩起，剪髮自剪髮，易服自易服。為什麼呢？易服這一椿事，雖然不洽輿情，勉強倒還可做得。若是剪髮這事，恐怕一時斷難達到。我們韓國，有個習慣，就是那結髮於頂的日子，即是弱冠的期限，所以韓人看這頂髻，非常鄭重，有髻的就叫做君子，沒髻的就叫做小人。一旦把這鄭重的東西改去，他們百姓那裡肯依呢？大凡有益於國的事，無論百姓如何反對，須顧不得。好在頂髻一物，就不去改他，也沒甚麼害處。為著這區區小事，鬧了亂子，恐怕不便宜些，不知諸君

以為何何？說畢，當有一人立了起來，說道：兄弟要發個議。議長看他時，只見他年在四十歲左右，留了一撇燕尾鬚，氣概非凡，不知何人，且待下文說明。

第十回　顛倒政權輿夫當國　抗衡公使巾幗揚威

　　話說那時會場上，忽有一人起立說道：凡是國家創一議，變一法，其起先沒有不艱難的，到後來沒一樣不成了習慣。剪髮如此，易服也是如此。如今說把這事分做兩次辦理，勢必起了兩次的困難，何不併做一氣，經過了一次的困難，那以後就也容易了。但是就鄙人的意見，剪髮易服，不是便好救國，何苦把這不打緊的事情，惹起百姓的風潮，索性把這案表決了罷。當時議場裡這許多人，聽他言語爽直，沒一點兒支支吾吾的弊病，就個個覷著他。他卻把眼睛周視了議場一轉，又復注視朴永漢。那時漢壽李先將朴永漢的議論，付過表決，卻占了少數，把那人說的話，付了表決，不一會那議場上竟個個起立，得了全體的贊同。這種情形，也是程度幼稚國的常事，不足為奇。當下就把這案作為表決，別的倒不必說，只這漢壽李笑嘻嘻的，好不高興，知道己黨裡獲了優勝的了。諸君，你道這人是誰？原來係一個急進黨員柯如喬。自從這次發了議論以後，那柯如喬的名字，卻個個傳誦，沒一個不記念他，所以凡是他發的議論，沒一個不和他表同意，因此這議會又出了一個名號，竟喚他做柯議會。但是他對於各種提議的事情，凡是日人的意旨，一概都被他表決。祇有朴永漢沒甚附和他，說他一腔熱血，未始不可欽佩，但未免激烈過度，轉致敗事，因此日人對於國會，很有些兒不滿意。起先還是每天開了一次，到得後來，竟要過數日方開一次，末後並把國會解散了。

　　自從國會解散以後，這韓國政府，就天天頒發變法的命令，今天宣布立憲，明天改革文字，不論大的小的，難的易的，把從前議會表決的事情，一概都要實行起來。那急進黨雖然抱著急進主義，看著韓政府這樣妄作妄為，心中好生不快，再加之國會既經解散，他們越發沒有用武的地方，因此心中常鬱鬱不樂。那一天，正是急進黨開大會的日子，各道的分黨，都舉著幾名代表，前來赴會，約有七八百的黨員，那地址恰在仁川地方一所民房的裡面。這民房地位極大，門首掛著急進黨總部五個大字。從門內進去，係一個極大的天井，兩旁都是些房間，左邊表著總務和財務兩部，右邊恰表著政務和書記兩部。自此進了第二道門，又是一個極大的天井，兩旁也有些房屋，左邊是評議部議事處，那右邊係評議部辦事處。再進去中央，卻有個極大的廳事，寫著會議廳三個大字。當時這好多的黨員，都散在各處，有的在評議部裡面閒談，有的在會議廳後一個花園裡面玩遊著。那時已是下午一點鐘的時候，漢壽李就吩咐振起

鈴來，一時各黨員聞著鈴聲，都已齊集會議廳上，各就自己的位置坐下。漢壽李就站在黨長的席次，不一會就走近演壇的面前，說道：本黨組織，已十幾年，資格不為不老，黨員達到二萬餘人，勢力不為不厚。祇是從事以來，歷次失敗，黨員死難，實繁有徒，這不是本黨的恥辱麼？到了現在，國事越發蜩螗，時局越發艱難。古人說得好，天下興亡，匹夫有責，況本黨是個國民的團體，那仔肩自然更加重了。自此以後，本黨益宜奮發起來，把這身體許了國家，誓死不退的纔好。那時拍掌的聲響，和雷霆的一般。壽李繼續說道：依兄弟的意見，從前的黨綱，到現在有些兒不適用了，須把他修正了纔好。說畢，就囑書記員把新的黨綱，對眾宣讀了一遍。那書記員就宣讀道：（一）監督政府，矯正其粃政；（二）抵抗外交上違法之事宜，以軍事為後盾；（三）迫令政府改良政治；（四）本黨與國相終始。宣讀畢，漢壽李就請逐條討論。

　　正在議論的時候，那會場外卻來了一人，氣喘喘的跑到會場內，在自己的席次站著，向漢壽李說道：兄弟今天到得遲了，只是剛纔兄弟得了一椿新聞，可否把這事提前會議？壽李看時，卻是柯如喬。因說道：柯君，聞得的不知是甚麼事？柯如喬道：這事說來話倒很長，應該由黨長許可，容兄弟到演壇上報告一番。壽李道：既然柯君這樣說，想必是緊要的事情，就請柯君上來報告罷。那時柯如喬就走上前去，對眾說道：政府自從國會解散以後，就頒布了種種法令，那百姓們不消說個個都怨聲載道，詆罵政府。政府就把詆罵的人，殺了好許多，說這都是急進黨煽惑的緣故，所以恨本黨的了不得，將要四處搜捕本黨的黨員。那時幸虧著有朴永漢，得了這個信息，就急急的去見大院君，說道：臣日來聞著政府，要捉捕急進黨人，不知有沒有這事的？大院君道：有是有的，只是還沒實行。朴道：說到急進黨的舉動，確是太激烈一些。但現在國事倉皇的時候，只得俯順輿情，暫時放鬆些。一經捉捕，萬一急進黨挺而走險，造起反來，那時又要費卻許多的兵力，好多的經費，那急進黨未必就滅個淨盡，豈不是討厭得狠呢？臣的愚見，不如從速整頓內政，那急進黨見政府力自振作，自然不至十分暴動的，不就可不勤而自平麼？不知攝政以為如何？大院君聽了這話，極道有理，果然把這事作了罷論，並立意整頓政治，就授朴永漢以首相和國務大臣的職。原來這朴永漢的人，學識深純，品行高潔，他一種辦事的手段，不疾不徐，不亢不卑。單說他這副口才，無論議論那一椿事，都能夠娓娓動人，所以京師裡面的人，說起朴永漢名字來，都道他是個誠篤的君子，沒一人說他壞的。他當時受了這個職務，就把韓國的政治整理起來，決意要把中興的事業，擔到自己的肩膀上。

　　那時韓國的軍備，腐敗不堪，諸君不是目擊的麼？他當下就籌了一宗款項，組織陸軍起來，把歐洲新式的操練，教練兵隊。諸君，韓國的陸軍，不是這位朴翁，那一個會發起呢？他平素所倚信的，就是一個美國。他說美國遠隔重洋，萬無垂涎我國的意思，一有緩急就好做韓國的外援了。最防備的恰是個日本，緣日本近在咫尺，兼以

近來的舉動，更覺不可深恃。

那一天日本公使，求見這位朴永漢，說要把前次議而未決的剪髮案，下個命令，決意實行起來。朴永漢道：別的或可商量，這事卻使不得。貴國的商民，在我們韓國的，為數不少，那商人的財產，都在那裡。敝國的百姓，素性又最會暴動，惝然鬧個亂子，非但敝國受害不少，貴國的商人，也著實要遭些禍殃，那就不便宜的了。日使道：這倒不打緊的。我們日兵力，還許多駐在這裡呢。朴永漢道：雖然如此，為著這些的細事，費卻許多的兵力，恐怕犯不著了。日使就此不敢再來要求。諸君試想，這朴永漢君，不是我們應該崇拜他的麼？那裡知道不如意事，日常八九。俄人在我們韓國，勢力已逐漸的膨脹。西伯利亞的鐵道，據說已築到太平洋岸了，所以俄人的心理，已大半屬意我國。他駐京的公使，竟百計運動，把大院君的勢力，削得乾乾淨淨，那政治的權柄，又被閔妃奪了過去。

且說這閔妃軀幹短小，心思恰非常的狡獪。那一天韓王和閔妃在一處，坐著閒談，來了一個內監，閔妃就問他道：你看現在朝臣的裏面，那一個會幹幹事的？內監道：別的倒還平常，這丞相卻非常的精敏。但一般日本的工人，都說他是個結黨營私的人，並說他懷著壞意，圖謀不軌，不知可是真的不是，恰尚不知道他。閔妃聽到圖謀不軌四個字，是平生的大忌事，就立時擬了一道諭旨，著朴永漢免職養疴。朴既得了罷官的命令，就知道自己將及禍難。古人說得好，君子見幾而作。當時就著了微服，跑到日本的使館裡，暫留一宵。到了次日，又改著了西洋的服飾，趁了汽船，向日本逃去。他說自己所受的苦難，都係閔妃所賜的。閔妃的意思，要維持母黨和私人的威權，如此過去，我們韓國再沒有興盛的日子了。說罷流了好多的眼淚。諸君想這事可惜不可惜呢？

政府自從朴相免職，就此急急的要找個替代的人。那時韓王就問閔妃道：朴相免了職，這個位置，朝臣中那一個相宜呢？閔妃道：這全賴陛下的選擇了。倘然不得其人，那時再行更動，反覆無常，就要惹了外人的笑話。韓王道：朕想仍用了俞光建罷。閔妃道：這斷使不得。這俞光建本是個老弱無能的人，那一椿事辦得來？當時因循過去的，為著中國的勢力所在，只得挨個情面。現在中日一戰，中國已敗到這般田地，還有什麼勢力，用他則甚？韓王道：這孫忠鑑不是一個精練的人麼？閔妃道：這人雖是精練，只太奸猾一些，還不如給他做外務大臣罷。韓王道：那麼，這余用桓到那處去呢？閔妃道：余用桓這人，辦事不知可好？韓王道：別的事，朕也不知道。他只有那時日韓交涉的時候，他入宮來見，這些話倒說得有理，只不知他品行怎樣的？閔妃道：品行倒沒壞處。妾出逃的時候，他一路照顧著，日夜不倦，沒一些兒懈怠，不是耿耿忠心的麼？韓王道：那麼，就著他去做國務大臣罷。閔妃道：也好。當下又下了一道諭旨，說授余用桓首相和國務大臣的職。這諭旨一下，那漢城的人士，輿論

鼎沸，都說他萬萬夠不上這個位子，那閔妃卻悍然不顧，任性的做去。

諸君，你道這余用桓是哪一個呢？說來煞是可笑。當今上即位的時候，他年纔十幾歲，就走進宮內，做一個挑水夫，天天挑挑水，沒別的事情，但他卻最會裝門面的。那時他在宮內，事事都迎著意旨，一些兒不敢懈怠，也從沒和人家鬧了一會嘴，所以合宮裡的人，都說這小廝著實乖巧，就把他做了一個輿夫。那時他略略富裕了一些，就挣了一身好衣服，到了傍晚的時候，搖搖擺擺的到各處去玩耍一回，把那些宮女看一個飽。他恰生就一副美貌，所以宮女們都愛憐他，說他是個唐朝裡的張六郎，後來都替他運動起來，得做了一個外部大臣。不曉得他的，只道他是個文人學士，那曉得他目不識丁，肚子內卻實做了孔老夫子空空如也這一句話。這等人你想做得首相來麼？況且他在宮裡的時候，還和閔妃做些那……這也不消說了。那時眾人都說道：這還了得？柯如喬道：還不止這些呢。眾人道：還有怎的？柯如喬道：他做了首相以後，就把從前的新政，一概停辦，什麼學校呀，陸軍呀，都一一取消。他說這等政治，都是有損無益的。我們韓國，和外國不同，這些新政都不適用的。韓王一一依他做去，真是昏天黑地的了。柯如喬說罷，就走下演說臺來，依舊復到自己的位置。那時漢壽李就要大眾表決，說這事可否提前開議？大眾都說：這事要緊，不可延緩，須急急的謀個對待的方法。當下黨長見了多數贊同，就把這事付了討論。眾人就此各人說出抵制的方法來，有的說該由本黨打個電報給韓王，要他免去余用桓。柯如喬道：這甚不妥。一來他們既然信任余用桓，自然不信任我們，這電報一些兒沒效力的。二來，本黨既然打了電報，那閔妃自然越發憤嫉我們，又要惹起他四處搜捕了。那時林善祥立了起來，說：就兄弟的意見，不如著個人去暗刺余氏，行著刺閔相的故事如何？侯天忠道：這也不好。就使余用桓刺了，那第二的余用桓又來，本黨將刺不勝刺也，不是根本上的計劃。照鄙意小試不如大割，捉賊還是擒王，我們須把閔妃去了纔好。漢壽李道：這是上上的計策了。只是要達到這個目的，大非容易，不知該怎樣的做去呢？沈懷玉道：鄙人倒有一法，不知諸君以為何如？那時眾人都注視著懷玉，不知他說些甚麼計策。只聽懷玉說道：大院君雖是一個極狡猾的人，但現在他和閔妃感情極惡，本黨派幾個代表，和他商量，共謀大事，他決不至反對本黨的。壽李道：此策固然甚好，但有一事卻有些兒窒礙。懷玉道：是甚的？壽李道：閔妃雖然弑了，那大院君仗著這個功勞，又擺起攝政的架子來，把政權攘奪了去，那不是以暴易暴麼？大眾都說這話有理，也須防著。只是沒再妙的計策，如何是好？壽李道：這事還是本黨親自去做罷。柯如喬道：怎麼做法呢？壽李說：由本黨公舉四個幹員，到了京畿，運動個宮中的差使，那不是更容易麼？眾人都說有理，當由眾黨員舉出四人，就是林善祥、侯天忠、柯如喬、沈懷玉四人，舉畢，就振鈴散會，各黨員紛紛散去不提。

且說這四人，到了次日，就領些旅費，肩了行李，向漢城走來。那時天已傍晚，

夕陽西下，這四人就在漢城裡一個旅館住下。忙了一日，身已微倦，用過晚餐，就一同睡去。一宿無話，到了次日，四人就商議進行的方法。懷玉道：李太監弟有一面之緣，倒可去運動的，只是給他知道了不好。如喬道：這倒不打緊，只要他們不知道我們是急進黨員就是了。懷玉道：那是不知道的。侯天忠道：這便好了，那麼我們就去找他罷。柯道：這不消四人都去，只要沈君一個人先去探聽了情形，再作計較罷。懷玉道：這話有理。說畢，就立了起來，披了外衣，別三人自去。這裡善祥和天忠二人要去找個朋友，也別了如喬出去。這旅館裡，只剩了如喬一人，寂寥已甚，就拿著一本書，躺在牀上去看，將要入黑甜鄉去。那旅館的僕役走了進來，說本旅館有一種日報，不知先生要看不要。如喬聽了日報二字，心中陡然驚起，連說要看要看。諸君，你道柯如喬為甚這種驚慌？原來韓國的偌大京城，從沒有人辦個報，說起報紙兩個字，連懂都不懂，那裡還賣得出一張報紙呢？今聽旅館裡面有一種報紙，在柯如喬的意中，非常的驚喜，一面又猜著這報不知是那個剏辦，所以急急的要把他拿來一看。當時僕役聽了，就出去拿報，不一回拿了進來。如喬從僕役手中接來一看，卻標著名曰《愛國日報》，再往下一看，這報的剏辦人，原來不是別人，就是朴永漢。

且說這朴永漢自從到了日本，心中只顧記念著韓國，每當風雨淒涼的時候，他臨風遙望，想起故國的河山，不覺欷欷的落下淚來。那時日本政府為著一樁事情，召駐韓公使小村回國，把三浦大將簡了駐韓公使。三浦本係日本的名將，生平酷好佛教，得了這命令，就急急趁了汽船，到得韓國。見過了韓王，三浦就把小村的政見，概行棄去，照著己意做去。那一天，三浦進見閔妃，說韓國政府的各部，須要添聘日本的顧問官。閔妃就大罵道：你們沒厭足的要求，得了這樣，便要那樣，哪裡有這許多的功夫，和你們黑纏？三浦聽了這話，猝然大怒，但謀事於婦人，亦自知不倫，當打個電報，說要把韓國的閔妃弑了，方洩吾憤，望政府速示覆電。日本正在議論，這消息已傳到永漢的耳中。他知道韓國又將大起風潮，不勝憂愁，千思萬想的，想替國家盡些義務，只是異國飄零，那裡可以幹事？只有辦個日報，天天寄到韓國去發行，倘然看的人多了，自然明白現在的大勢，和韓國的時局，庶幾振作起來，還有中興的希望。因此就把這個思想，做起事實來，就在旅日的韓商處，籌集了些經費，辦起日報來，到那時，已辦了好幾天了。如喬看了看，知道這報是從日本印刷完就，再寄到韓國來的，將要把報紙的內容，揭開看時，那門外適有一人進來。不知進來的是何人，且待下文說明。

朝鮮痛史－亡國影　下

第十一回　慘事傳來閔妃遭戮　虛詞掩去西報見譏

　　話說柯如喬拿了一張日報，正擬往下看去，忽門外有一人進來，如喬抬頭看時，恰是懷玉，因把日報丟在一處，笑嘻嘻的問道：這事可有些眉目麼？懷玉道：弟適纔到了清芬樓，遇著了一個朋友，他就問我往那裡去，我說將找李太監，他說李太監麼，患了一身的大病，到現在已有一個多月了，還沒瘥哩。我說怎麼病？他說是咯血的病症。我聽了他的話，也就不去問他別的事情，匆匆的來了。如喬道：既如此，便怎好呢？懷玉道：我剛纔一路走來，亦想不出什麼法子，只得待侯、林二君來，再想個別法罷。說畢手指日報問道：這又是些什麼？是不是報紙？如喬道：正是。我們所謀的雖還未成，見了這個報紙，倒也略慰下懷。一面說著，一面就把這報紙，遞給懷玉。懷玉一手接著報紙，並說道：這報紙可算韓國的始祖了，不知那些內容可和西報一樣？如喬道：我還沒看哩。但編輯這報紙的，就是前次充國會議長的朴永漢，大概不會過於惡劣的。懷玉道：朴永漢不是已到日本去麼？這報紙哪裡辦的？如喬道：他是在日本辦的。這裡一定有個訪員和他通信，否則哪裡能辦得來本國的報紙呢？說著，便和懷玉把報紙展了開來，大家閱著第一頁，係國外要電和國內的專電，也不過都是些沒打緊的事情。閱到第二頁，方纔是長篇的新聞，那閔妃之如何擅權，如何反對日使，三浦之如何電達政府，政府之如何計劃，都已載在報上。看看日子，已是五六天以前的事情了。兩人看了，都生出且驚且喜的感情來。喜的是謀弒閔妃的事情，自己雖沒做到，已有日人替他代做，驚的是閔妃雖然弒卻，那日人的勢力，又要膨脹起來，國家的前途，急急可危。

　　兩人看了一回，又歎了一回。如喬道：這事若成了事實，便怎的好呢？懷玉道：這事恐怕一定成了事實的，但我們要籌劃這個善後的計策，恰頗非容易。說還未畢，那侯天忠和林善祥已走進房內，見了沈懷玉，就急急的問他所謀的事，懷玉就把剛纔和如喬所講的又說了一遍。侯天忠道：我們今天走出了這許多時候，倒得了一樁新聞。懷玉和如喬都問道：什麼新聞？天忠道：我們從這裡出去，過了一條極熱鬧的街道，這街道的旁邊，恰圍著一大堆的人，在那裡觀看。我們見了這許多人，不覺嚇了一跳，不知他看的甚麼，因狠命的擠了上去，探著頭從人縫中一望，你道是什麼東西？原來有巡警幾名，直挺挺的臥在地上，流著一身的鮮血。一個人說道，這巡士死得這樣的悽慘，那日人未免太狠心一些；一人說道，打死他的，並不是日人，是那些

士兵哩；又有一人說道，這都是巡士自取的禍，還替他可憐什麼呢？我當時不知就中的情節，因問這人道：他為甚事死的呢？這人道：這些巡警，本是游民充當的，所以天天曠著職務，呷酒的呷酒，賭錢的賭錢，還有那時髦的巡士，調戲良家的婦女，佔據人家的妻子，平日間已是無惡不作，那裡懂得一些警務呢？那一天這個巡士，在一個土娼家逛著，恰巧碰著了一個土兵，原來這士兵和土娼，是一對兒的野鴛鴦，驀地裡見了巡士，只道巡士和土娼有私了，他就起了醋海風波，囉囉嘛嘛的罵起來。那巡士罵得不耐，就拔出老拳，打將過去。士兵見他打了，也就動手打來，打了一回，那土兵卻打這巡士不過，一溜煙就跑了去。這巡士竟得意洋洋的誇著自己的膂力，不意那士兵知道巡士站在這裡，就糾集了好幾名的士兵，和巡士打起架來。雖然別的巡士，都合攏來替這巡士幫著，打得落花流水。打了好多時，只聽得這些巡士，喔唷的一聲打死了，那土兵兀自不休，七手八腳的，亂踢亂敲，不管三七二十一，四七二十八，足足打死了五人，那土兵就逃之夭夭了。這人正說得津津有味，當下便有許多的巡士，把屍首一個個的收拾了去，不知怎樣辦法哩。懷玉道：這土兵不是日人督練的麼？天忠道：正是。懷玉道：日本國的軍隊，素來嚴肅，怎的弄到這般？林善祥道：這是你少見了。莫說日人督練的兵士，就是他本國的兵士，自從中日戰後，那舉動也未免驕恣一些。那時柯如喬立了起來，說道：這些細故，請諸君且緩說。我們先把這事商議好罷。說著，就把報紙展了開來，指給二人看去。二人看了一回，侯天忠道：我們且待他發動了，再作計較罷。林善祥道：這卻不好待他發動，我們已不及了。不如先把這事，通知了本黨，叫他們召集了黨員，議個辦法，我們只管在這裡看個動靜，不知可好？三人都說這話極是。當下就由林善祥起了一草，把愛國報裡新聞，剪了下來，附在書內，著專人立時送去不提。

且說這四人當下在旅館用過午飯，即將房間閉上，往外間逛。沈懷玉道：這裡也沒處可玩，我們還是到清芬樓啜茗去罷。人家都贊同，就一步一步的走去，不一會就到了清芬樓，在靠窗一張桌子坐下。沈懷玉道：剛纔侯君講的，土兵擊死巡警的事，不知將如何結果，此時應略有信息。如喬道：我國民德墮落，到了這般田地，實可浩歎。就使有幾個熱心志士，辦理新政，那些莠民，從中作梗，哪裡收得效來？譬如有人害了病，本元已失，表又表不得，補又補不得，只好聽他死了。善祥道：我想現在要挽回時局，只有普及教育的法子，不是從這裡入手，簡直沒一些效力的。天忠道：注重教育，自是根本上的計劃。只是民德既壞，這些學子未必獨良。師範一項，先已沒善良的種子，那裡教得出好學生呢？說罷，感歎了一回。那懷玉剛要探首往窗外去望，卻面前來了一個人，抬頭看時，恰是樓昌善。這樓昌善和沈懷玉是個同鄉，年紀二十幾歲，雖生就一種逸才，恰非常的奸猾。前次東學黨亂，他貪緣得在兵部裡供職。懷玉見了，便向三人使個眼色，接他坐下，昌善便問懷玉住在何處，並問如喬

等姓名。懷玉一一告訴了他，便問道：這幾天大內不知可有什麼消息？昌善道：這倒沒有什麼消息，只政府為了士兵毆斃巡士的事，倒忙得不得了，昨天各部還開過會議。懷玉道：不知怎樣議決？昌善道：據說各部要把兵隊乘機解散哩。那時如喬等都攛著說道：是格，是格，這等兵隊，如不急解散，將來再生出事來，那還了得。昌善道：在兄弟的意見，倒不是這樣。那些擊傷巡士的人，不過是少數的劣兵，正可把這劣兵定罪，豈可就把全隊的兵士解散呢？如喬等將欲有言，懷玉又向三人使個眼色，因向昌善說道：足下耳目，比弟等要近得多咧，無論政府和大內什麼事情，萬望足下見告。昌善唯唯談了一會，就別了出去。這裡懷玉，就向三人說道：這樓君最會逢迎外人意旨的，我們緊要的話，卻和他說不得，所以弟屢次使個眼色，就是這些緣故。四人坐了一會，從清芬樓走了出來，看看時已不早，就回到旅館，用過晚飯，談了數時，一同睡去。

到了次日，那旅館裡的僕役，又送一份日報進來，四人正圍在一處觀看，忽有幾名巡士，匆匆遽遽的走到房間裡來，一個旅館主人在一旁陪著。那巡士就問道：是不是這四個人？旅館主人說不差，那巡士就每人捽了一個，說到警署裡去。四人問為著甚事，巡士道：我們也不知為甚事，係奉著巡官的命令，到這兒來傳你們的，快去罷。四人都一時摸不著頭腦，想來想去，自己沒有犯過什麼事，且就使犯了事，那巡士何以知道我們住處，心中不住的狐疑。那巡士再三催促，沒了法只得跟他一走，待看過明白，再作計較。當下就隨巡士走去，不一會到了警署內，就有警官出來問案。這警官年紀倒還不大，只有三十幾歲，面上看去，生成了一副諂媚的姿態。那時就問道：你們不是急進黨的黨人麼？四人道：我們並非黨人。警官道：既然不是黨人，為什麼把政府的事情，說長議短的刺刺不休？四人道：我們並沒議論國事過。警官道：還抵賴甚麼，那清芬樓的一段談話，就忘了麼？四人聽了這話，方知被樓昌善所算，只得垂頭聽命。那警署就備了一紙公文，把四人送到官廳裡去不提。

且說那時閔妃擅權，政界黑暗，那大院君心裡正自恨著閔妃，一意要把閔妃弒卻。那一天正是十月三日，大院君備了一乘馬車，自己到了日本使館，求見三浦。三浦就出來迎接，請他在會客廳坐下。大院君道：敝國政治紊亂，實係閔妃一人所致，貴使也不應坐視，聽他這樣做去。三浦道：這事保管外臣做去，並沒有什麼為難。只是事成以後，應該給敝國享些商務上的利益，那就算得這事的報酬了。正談話時，那僕役拿著一張名刺進來。三浦看時，恰是兵部大臣劉德化。原來余重亮自閔妃擅權，早已免職，就將劉德化補了此缺。大院君見是他，忙辭了出去。三浦一面迎著德化，仍在客廳坐下。德化道：日前土兵擊斃巡士，各部為著這事，議了好多時候，說要把兵隊裁去，這便怎好呢？三浦道：也不管他怎麼不怎麼，就急急趕我的事罷。劉德化道：就在今晚可好？三浦道：那麼，總司令官今天當還在仁川，就召他回來罷。說

畢，即備了一道公文，著人送到仁川。那總司令官正在檢點行李，將要附船回國，接到公文，就急急回來。到了漢城，當晚率領兵隊，守著城內。一面就有好多的韓國土兵，分做兩隊，一隊護著大院君，一隊入宮搜索，相將入門。到了王宮，把王宮四面緊緊圍住，一面破垣而入。原來王宮裡有二個衛隊統將，一個係俄人薩伯典，一個係美人戴將軍。這戴將軍年已老耄，天天祇知在宮裡種種樹木，一些兒不知兵事。至薩伯典早已為亂黨拘在一個屋子裡，所以這般士兵進去，毫不費力。那時閔妃和太子在一塊兒坐著，見士兵入內，太子已急急的先自逃走，閔妃倉猝不及避，就伏在一扇門後，一些兒不敢作聲。

士兵進了宮裡，就四散搜尋閔妃，碎牖破門，猶如摧枯拉朽的一般，把宮內那些裝飾，都毀得七零八落，祇是找不出閔妃來。但聞西北隅，有好多婦人的聲響，士兵就趕了過去。果有許多女子，卻都是些宮娥，不是妃子的服裝。那士兵就把這些宮女，個個綑縛起來，一棍一棒的，打得死去活來，說你們都把妃子藏匿的地方說來，纔饒你去，否則就給你們吃個彈子。宮女都說，大兵到此，各自逃生，那裡曉得藏的地方呢？士兵又將宮女打了一回，再往各室狠命的探索。到了一處，恰看見門後隱隱的有一個女子立著，忙上前拖了出來，那女子恰是軀幹短小，眉目姣好，見了士兵，嚇得面如灰色，魂飛天外。士兵就問他道：你是不是閔妃？閔妃道，我並不是閔妃。一面說著，一面就脫身而走，口中恰連連呼著太子。士兵方知道剛纔被騙，當時急急追了上去，幸走還未遠，就拘了回來，七手八腳，把他綑做一團，一面就一刀砍去，恰恰中了頭部，大聲呼救。士兵看他還沒有死，當用極大的被褥，裹了他的身體，擺在一個庭中，上面覆了好許多的茅草，下面鋪了好許多的棉絮，並灌了好許多的火油，霎時間劈劈拍拍，就燒了起來。那時火焰飈發，煙霧迷漫，把這些兵士，都蒸得昏昏騰騰，七顛八倒。不一會，那好端端的一個妃子，竟變做了滿地灰燼。

那時士兵都迎著大院君進來，到了宮中，大院君問道：韓王到哪裡去了？那些士兵都說早已閉置在一處了。說罷，就奉了大院君，仍舊給他做個攝政王。料理齊備，留幾個兵守著韓王，其餘的都紛紛散去。那時漢城人民，聞了這事，闔城震動，不論茶肆酒坊，凡是講的，都講閔妃的事，聽的都聽閔妃的事。有的說閔妃穢亂宮庭，顛倒輿論，應該遭這一死；有的說閔妃還沒有死，又逃到什麼程尚志家裡去。七嘴八舌，說得發狂的一般。過了幾天，那宮裡忽然下了一道諭旨出來，說閔妃引用外戚，污穢宮庭，罪狀昭著，不足以正中宮之位。朕早知其惡，本宜正以典刑，徒以彼黨勢力強大，朕孤立無助，因循至今。朕思一日不去閔妃，即一日不能紹繼先王遺業。用是付諸斧鉞，以懲後宮，並宣揚其隱慝，廢黜其位號，使韓國臣民，咸知所戒云云。此諭一下，合城人民，方知閔妃實已被殺，但和宮裡傳出的事實，恰有些不符，未免人人猜疑，物議沸騰起來。

那時就有一個人,坐在漢城著名的一個清芬樓上,眼看著一張報紙,且看且歎,不一會,看畢,就把報紙安放在一處,連連歎息,眼中簌簌落下些淚來,喃喃自語道:唉,難道弄到這般田地麼!正自歎息間,外面又有一人進來,見了這人,即說道:壽李君,弟已得了消息了。壽李道:怎麼樣了?那人附著壽李的耳說道:聞三浦公使,將要調回去哩。壽李道:真的麼?那人道:再也不會差的。壽李道:不知又哪一個來這裡?那人道:這恰不知。今天報紙上可有什麼話麼?壽李道:國事不綱,貽笑外人,都是我們的羞恥呢!那人就把報紙展開,看了多時,忽見上面表著一題,係《閔妃被戕之真相》,其文云:韓國閔妃,向與攝政大院君積不相能,閔妃賴俄使力,奪權於大院君之手。韓王闇弱,不能制,閔妃得任性弄柄,事多顛倒。大院君恨之刺骨,欲有以戕之,謀於日使,日使允為扶助,以所督土兵為之鋒,遂弒閔妃。次日大院君頒布偽詔,謂閔妃為韓王所殺,並加以淫妓污名。大院君之權,正未可量云。那人見了,向壽李說道:閔妃雖未必善,身既被殺,又受了這不貞之名,未免太不便宜。我們沒見了這報,只道實是韓王殺的,原來又是大院君的主意,真是以暴易暴的了。壽李道:這報係美國哈勒爾地方出版,這裡有個訪員,叫做葛家利耳大佐。這葛氏誠摯懇篤,弟曾晤他一回,斷不至有捏造的。但這些有失國體的事,給西報登了出來,實於國民大失體面,須恢復回來纔好呢。那人道:日前本黨裡原把黨綱改過,把這閔妃被殺的善後事宜,也議了一回,再也不防柯沈諸君,驟遭了天外飛來的禍災。如今我們不是失了許多的助手麼?壽李道:你想這幾人,並沒有甚麼大罪,定以死刑,當不至此。那人道:這應該是不會的。正說著,忽隔室有一人說道:照這樣看來,那四人一定是難免的了。壽李聽了這話,不覺嚇了一跳。不知說的甚事,且待下文說明。

第十二回　末路天潢荒宮咽淚　傷心學子冤獄定刑

話說漢壽李聽了隔室中一人說話,不覺嚇了一跳,因側著耳朵聽下去,就聽又一人說道:這恐怕還沒有定,大概是不免的了。再聽時,人聲已寂。那時漢壽李的心中,好生疑慮,暗暗想道,他說的四個人,不知是哪四人,難道就是柯如喬那一班人麼?他說的不免兩個字,不知是不免什麼,難道是定了死刑麼?想來想去,只是想不出他講的意思,要再去聽他,他卻已不講了。到了這時,方纔懊悔自己不早去聽著,那上半截的說話,卻拋諸烏有鄉了。一面想著,一面看看時候,已不甚早,就對那人說道:摩天君,我們且回去罷。摩天道:回去,回去。二人就出了清芬樓,一路走去,那壽李恰一路想著這事。

諸君，這漢壽李不是好端端的住在仁川麼，為什麼就在這裡呢？說來恰有個緣故。起先柯如喬等為著閔妃的事，寫了一函，著人送給壽李，囑他開個會議，籌商善後的事宜。壽李得了此信，就召集各黨員，討論進行的方法。經多數表決，說現在國勢危殆，外交非常棘手，再也不能用激烈的手段對付了，應該由本黨選了幾個學識高深的人，在政界中運動幾個要缺，施行本黨的政見，纔好把韓國中興起來。議決以後，就把這個意思，告知柯如喬等。不意發書以後，過了數天，竟沒有一些兒聲息，因此就猜疑起來。大家議論紛紜，將要著個人到漢城，打聽消息。忽仁川地方，譁傳政府捉捕急進黨的事情，壽李聽了，知道事有變故，就和一個黨員，叫做仇摩天的，一同到漢城來。待到了漢城，纔知道果有這事，因此非常著急。想來想去，終想不出妙的法子。那一天偶然在清芬樓，聽了隔室的話，心中越發焦灼，一路想來，不一會已到了旅館。進了房間，就把這話講給摩天聽了，摩天道：現在的政府，正自說不定的，我們此時也不消懸想，且待明天出去，探個消息罷。壽李說道：也好。當下就在旅館後散步了一回，換些新鮮的空氣，方回到旅館。用過晚飯，在牀安睡。

到了次日，壽李和摩天正擬出外探聽消息，忽旅館的僕役拿著一張名刺進來，壽李看時，恰是王定芳三個字。壽李就請他入內，摩天問王定芳是哪個，壽李道：那麼，係從前國會裡的一個議員。話未說完，那定芳已入，和壽李寒暄畢，就問及摩天的姓名，摩天一一告知。壽李就問他道：弟在此處，閣下怎的知道？定芳道：弟為著組織勤王隊的事情，跑了好幾天，今天到這兒來找個朋友，見姓名牌上書著閣下號數，所以弟就進來，正要和你商量這事呢。壽李道：勤王隊什麼目的呢？那時定芳就在房間外望了一望，把門關上，低聲說道：弟意要把皇上救了出來纔好。壽李道：皇上好好的在宮內，救他出來做甚麼呢？定芳道：咦，這事你還不知道麼？說來話倒很長。這時定芳就從袋中摸了一枝雪茄，把火燃著，一面吸，一面說道：當士兵入宮的時候，皇上正在一個小閣上，看一部什麼永樂大典。士兵先尋到這裏，皇上一時逃避不及，非常的驚惶，那士兵就將皇上摔了出來，一時七手八腳，把皇上擠到了一個密室中。那時宮裡的衛兵近侍和宮女等，都已逃得一個不賸，只有幾個大院君的死黨，鎮日裡守著皇上。皇上的舉動，哪樁不受他的箝制呢？

那一天風和日暖，正是閔妃的生日，皇上悲不自勝，淚珠如下雨的一般，滾個不了，口中喃喃念道：妃子呀，你竟死了麼？你倘若未死，今天是你的生日，不是又要賽個熱鬧麼？我夢裡夜夜看見你，嬝嬝娜娜，帶了一副笑容，和平時一樣的，我還和你在欄干外撲著蝴蝶。我說我與妃子，將來正不知怎了，這時還在夢裡，和這蝴蝶的浮生，沒有差異。你說還及不來蝴蝶。蝴蝶雖然受了我們撲擊，倒不會去打死他，我們性命還保不來呢。我當時算真的，那知醒了轉來，瞧瞧左邊，左邊沒有妃子的影兒，瞧瞧右邊，右邊沒有妃子的影兒，原來是一場大夢。妃子恰早已死別了！還記著

萬壽園裡，我不是和妃子做了許多的詩嗎？我看了妃子賞荷的詩，說畢竟老天忌尤物，風來吹折滿泥塗。我知道要做了詩讖的，不意竟給我猜著了。早知道果有其事，我當時便不合嬲妃子作詩，不作了這詩，或者就沒有事了。說罷，那眼淚又踢踢撲撲的滾下來，就從袋中掏出一個閔妃的小影，瞧了又瞧，那眼淚竟一滴一滴的，滴到那小影的上面去。說道：妃子呀，你魂靈兒可有在這小影裡麼？你若在這裡，受了我這副眼淚，就應該也流出淚來。但你彎彎的眉兒，細細的眼兒，小小的口兒，白白的臉兒，都和從前沒有兩樣，難道就不會講一句話麼？我陪了你這許多情，難道你如今一些兒沒有情麼？正在自言自語的時候，適有一人走了進來，卻是大院君的死黨，見皇上拿著一張小影，這人就從皇上的手中奪了過去，說道：你還記得這淫婦麼？就把這小影撕得粉碎，擲到皇上身上去，說道：給你再去看罷。皇上一些兒不敢出聲，待那人走了，恰對著太子又落下淚來。

原來這太子，本來早已脫逃，恰半途碰著了大院君，大院君說：這就是太子，快捉住他罷。當時護衛大院君的兵隊，就急急的把太子捉住，到了宮內，就和皇上一起閉置著。那時太子見了皇上下淚，也流淚不休，說道：父王且別哭罷。皇上道：唉，那得不哭，我和你的結果，將來不知又怎樣哩。說時，剛端上飯來，皇上和太子就到了餐室內坐下，桌上擺的，都是些魚肉等食物。那時衛隊統將戴氏，走了進來，說道：這些食物，陛下和太子，且別吃他罷。皇上問他為甚不要吃，戴氏道：大院君和陛下，積不相能，巴不得陛下於死地，難保他不暗中置毒的。皇上道：那麼吃些甚麼呢？戴氏道：這雞子和罐裝牛乳，都是原物，該沒有毒，就吃些這等東西罷。皇上聽了，就胡亂吃了些，仍走出外面來，看著一株宮樹，被風吹著，那葉子竟一片一片的落了下來。因想起去年這時，和閔妃在這裡攜著手，立了好多的時節，到了現在，那宮樹仍是這樣子，恰沒有看見妃子。想到這裡，又不免一陣心酸，湧了上來。正正想著，那戴氏進來說，有一個外國人請見。皇上看這名刺，恰是紐約哈勒爾報的訪員，叫做葛家利耳，當下請他進來。這葛家利耳，走入皇上室中，一同坐下，見皇上面色，憔悴得不堪，這時越發來得瘦削，旁邊立著太子，也非常的尪弱。皇上就和那葛家利耳握手為禮，並引著來賓的手，置在太子的手中，表示他親密的意思。不一會，就有俄國公使，著人呈上了一隻小箱，那裡面都是些食物果品，皇上就用手收受了。不一會，那美國使館裡的命婦，又呈上了一個錫器，外面加著銅鎖，裡面恰貯些美味，說是饋皇上的。

那時葛家利耳，已辭了出去，當到了美使館裡，向美使說道：韓王天天住著一個小室中，除了戴將軍外，再沒有近侍的人。這戴將軍又是個龍鍾老叟，哪裡件件照顧得著？大院君存心叵測，難保他沒有施毒的事情。我們和韓國，向有邦交的感情，應該怎樣的替他保護著呢？美使道：本使的意見，這裡有個我國著名的醫生，叫做愛溫

生，他誠懇篤實，再派幾個教士，和他天天宿在大內，豫防著他們的毒計。你想好不好？葛家利耳道：這事極妙，就由公使做去罷，說畢告辭而去。

這裡美公使就照著剛纔說的話，每夜飭他們進去，從此大院君的毒計，可保是不會施的了。只是他們公使，那樣保護皇上，也不是長久的計策。且皇上長此閉置，那國事又怎了呢？弟所以決意要組織個勤王隊，把皇上挾了出來，暫時在一處安置著，慢慢地再把那大院君擠去了，纔好定奪大事哩。壽李道：但不知現在有幾多人入這勤王隊呢？定芳道：現正少哩，不過十幾個。壽李道：我們自然也做一起的了。定芳道：這事不是兒戲。既是閣下等願入這隊，就應該不貪生不怕死纔好。壽李道：這何消說得，弟此來也是拚著命的。定芳道：閣下拚著什麼命？壽李道：且把弟等姓名加入，再說給你聽罷。定芳就從袋內掏出一本冊子來，遞給壽李。壽李就將自己姓名寫上，下面又簽過字，再問著摩天意思如何，摩天也深表同情，就一併寫入，遞給定芳。定芳就還問壽李，剛纔說的甚事。壽李歎了一口氣，就把柯如喬等一件事情，一五一十的，說給定芳聽了。定芳也歎息了一回，說道：既如此，就把這事一起做去罷了，但這時須探聽個消息纔好。說罷，三人就披了外衣，把房間的門加鎖鎖好，一同出來，定芳就向別處去運動隊員，約定了相會的地點，拱手別去。

這裡壽李和摩天二人同往西街裡去，找一個朋友，也是國會裡的議員，叫做嚴國柄。當時走了進去，嚴國柄恰在一張榻上，手裡拿著一本書，似看非看的躺著，見壽李等進來，就起身迎接，並和摩天通過姓名，敘了些別後的話，方慢慢地講到柯如喬的事。國柄道：柯兄等事，弟已想了許多的法子了，只是沒有進路。那大院君雖是個攝政，倒還不怕他，只是日人的一方面，很有些兒為難。壽李道：大院君炙手可熱，怎的說容易使呢？國柄道：弟昨天還聽見一樁事情，那美公使入宮謁了今上，見他非常的狼狽，心中好生憐憫，當下就聯合了各國公使，聲明不承認大院君當做攝政王，外交的事宜，都和韓王直接辦理。這事不知可辦得到？若是辦到了，不是越發容易運動麼？壽李道：這時進行的方法，倒還可緩籌。只弟昨兒聽有人說，柯等的情形，非常危險，不知究竟如何，閣下可詳細不詳細？國柄道：弟天天探聽這事，恰沒有一些兒不知道的。原來柯如喬等，自從警署解送到官廳以後，官廳就把柯等訊問起來。問官道：你們在清芬樓說的話，都是謀亂的證據，你們還抵賴麼？柯等道：我們這話，也不過平常的議論，哪裡做得證據呢？問官道：你們還天天探聽大內的消息，不是謀亂，探聽他做什麼呢？柯等道：就使有的，就好算是謀亂麼？況且這時並沒有謀亂的器具，和謀亂的文告，這些閒話，就算是謀亂的證據，那不是莫須有的冤獄麼？官廳沒有話說，只得暫時發押，說待過了幾日，再行訊結。柯如喬等坐在裡面，想起本黨的同志，不知如何辦法，那宮裡又不知如何情形，自己究竟有沒有性命，想了起來，心中好不煩惱，天天在裡面做做詩，談談時事，也沒有什麼事。究竟如何訊結，弟還

不知道哩。談了一會，壽、仇二人，就將告辭。嚴國柄說：弟和君等一同去探聽罷。說著，便加上外衣，走出門來，向大街走去。

三人一路談些瑣屑的事情，不知不覺的恰到了理事廳所在的地方。忽見有一堆人，擁在那照牆的旁邊，不知為著甚事。三人走了上去，見這些人圍著看一張什麼告示，只礙著許多人擁著，擠不上去。國柄等想要走往別處去，壽李執意不肯，緣壽李有事在心，凡是一事一物，都留心著，所以必待看個明白，方纔放心。國柄道：這許多人擁著，那裡擠得上呢？壽李道：我們且等他一會子罷。過了一歇，只聽那些人說道：有這等罪，是該殺的；一人說道：閔妃明明是皇上殺卻的，前日不是下過上諭麼，為什麼又說是他們幾個人殺呢？又一人說道：日前的上諭，非是真上諭，你們還不知道麼？那人道：你莫非瘋了？不是真上諭，倒是假上諭不成？偽造諭旨，難道不怕罪麼？這人道：這上諭你道是哪個偽造的？那人道：是哪個呢？這人道：是外國人造的。那人道：是哪一國呢？這人道：是和攝政王要好的那一國。那人道：哦，知道了，知道了。那麼閔妃也就是他殺的了，為什麼偏要說是這幾個人呢？這人道：唉，你真不懂事了，現在的事情，和從前是兩樣了。你既然問我，我就告訴你罷。且說這外國人殺了閔妃以後，恐怕惹了別國的議論，就著人告知我國外部大臣，說這會子宮廷的變故，都是些韓兵不好，那韓兵不知為著甚事，要去叩閽訴苦。衛兵等不許他們進去，他們就鬧了起來，和衛兵打得落花流水，衛兵打他不過，他就直入宮中，把閔妃弒卻了。外部大臣，並不和他辯論，也並不信他的話。這外國人沒了法，就偽造了一篇諭旨，說是皇上自己殺的。其實殺的時候，皇上早已被他們縛做一團了。後來這個諭旨，各國公使，都說不是真的，一時輿論沸騰，替皇上抱個不平。那皇上一面恰怕這外國人的利害，一面又不願受這殺閔妃的名譽，各公使就替他設法起來，說前次的諭旨，人人都知道是假的了，也不必去取消他，只要另外找個事情，當做弒閔妃的事實，那就好了，所以把這幾人當做要犯，正了國法，就算是弒閔妃的人了。那人道：阿彌陀佛！好端端的人，誰他做兇手，不怕罪過麼？這人道：這幾個人，也不是全沒罪的，這幾個人都是……說到這裡，人聲嘈雜起來，就聽不清楚。

壽李聽了這話，心中非常躁急，似乎說的都是柯如喬的事實，但又沒說出名字來，也不知有幾個人，一時心中，正如有十五個吊桶，七上八落，便問著國柄和摩天道：他們講的話，你二人有聽見沒有？二人道：都聽見的，恐怕不是柯君等的事呢？壽李就從人叢外，站了足向內望著，只是看不出，巴不得這些人都快兒散去了，就好去看個明白。三人只得談談說說，忍著氣，等他們散去。好容易過了一刻鐘，那看的人方纔慢慢少起來。壽李等就走了上去，看他照牆上的東西，原來並不是告示，恰是一張罪狀，第一行寫著，宣布柯如喬、侯天忠、沈懷玉、林善祥等罪狀，下面卻寫著一篇大文道：柯如喬、侯天忠、沈懷玉、林善祥，身係亂黨，存心叵測，蟄居漢城，

屢謀起事。幸國家防守嚴密，無隙可入。前次見士兵鬧事，竭力運動，煽惑宵小，擁入皇宮，幸皇上逃至他處，不為所劫，而閔妃躱避不及，遽飲以刃。如此逆亂，實為罪魁，不亟誅戮，何以懲後？用特宣布罪狀，使爾等皆知大逆不道之罪，為國家法紀所不容。爾軍民咸宜鑒戒，毋違特示云云。壽李看了，驀地裡面白如紙，暈絕倒臥地上，就是國柄和摩天二人，也嚇得魂飛半天。不知後事如何，且待下文說明。

第十三回　外患日深君王北走　中興有望志士東來

　　話說漢壽李暈絕倒地，仇摩天、嚴國柄等，都嚇得魂飛天外，連話都不會講。兩人你看我，我看你的，看了好一會，方纔把心慢慢平下來。看壽李時，兀自一動不動的，臥在地上。二人用手按口，尚有一些兒氣息，因呼壽李道：漢君，漢君，醒來罷。只見壽李把眼微微開了，二人復用手按摩他的腳部。停了一會子，壽李纔醒了轉來，說道：我怎的在這裡？如喬等到哪兒去了？摩天道：漢君，別念著，快定一定心罷。只見壽李從地上立了起來，問道：我昏了多少時候了？二人道：不多時節。那時壽李方纔欷欷的落下淚來，二人也一起哭著。國柄道：這時且別要哭，回去再想個善後的法子罷。三人就一路走去，國柄也跟著二人到了旅館裡，叫茶房倒了洗臉水，三人洗過了臉，一同坐下，方談及這事。壽李道：數十年患難與共，死生不渝之友，一日訣別，情何以堪！自此以後，弟也再沒有生人的趣味，還不如替他復個仇，出了一口氣，就使死了，也好瞑目哩。國柄道：倒不是這樣說。莫須有的冤獄，都是專制政體的成績。閣下既懷著大志，不如就想個法子，運動好多的同志，把專制改了法治，那冤獄就沒有了。若為著一時的憤激，棄了自己的身命，那政體仍然專制，將來受禍的同胞，還不止柯等四人哩。摩天道：說到柯君等的屈死，自然該替他報仇。只是替他報了仇，又要捕起我們黨人來。為了私仇，轉敗公事，未免太不便宜了。弟想不如待定芳兄到來，再和他商議罷。

　　正說著，那定芳適從外面進來，和嚴國柄應酬一會過，壽李就把如喬等事，說了一遍。定芳聽了，也驚了一跳，說道：唉，政府竟是這樣的糊塗麼？壽李等就把主見講給他聽，定芳道：這些事大概都是大院君的主意。弟勤王隊，組織已能就緒，約有五六十人了，現在且把這事做成了，再設法做這事罷。壽李道：這倒不是大院君的主意，也不是皇上的主見。就把剛纔路人說的話，說給他聽。定芳道：這事雖不是大院君所做，但循流溯源，那罪魁實在是大院君。所以照弟的主意做去，較為妥當。國柄道：也只好如此辦去，再沒有別的法子了。那時天已傍晚，定芳和國柄，都各自別去，一宿無話。

到了次日，定芳笑嘻嘻的進來，對著二人說道：大事已有望了。二人問他的緣故，定芳道：前次閔妃被害，三浦公使，受同謀的嫌疑，日政府就把他召回，在火路島裁判所受了訊鞫。那判詞上說道：審悉三浦，果係唆同大院君，決計謀戕閔妃之命，且利用巡警兵隊以為助，而又資雇多人，攻王宮，縛閔妃。三浦諸人，又於黎明時，率其黨羽，自廣華門入城，直攻宮寢。以上各節，經由本所查知屬實，無可遁飾。惟閔妃究死於何人之手，則事無佐證。因此判將被告人等一概釋放，將案註銷云云。這案既結，政府一面就簡井上子爵，充了我國的公使。井上抵任以後，知道三浦為著閔妃的事，受了懲罰，他所做的就一切和三浦成個反比。日前到了宮中，進見皇上，說閔妃受這冤屈，失了性命，外臣也替他悲哽。就外臣的意見，最好把閔妃的名號恢復轉來，並賜他一個諡法，建一個專祠，也好做個紀念。皇上聽了他話，自然沒有不允的，就依他的話一一做去了。那井上公使，又派了大員二十四名，將閔妃的事蹟，編了一部歷史，替他表揚表揚。你想這事不是也有轉機的麼？壽李道：不知皇上如何？定芳道：只是這一樁，他們還沒有允許。但俄公使惠伯爾，今天說要去要求他。這惠伯爾倒是一個慈善家，又擅著一副好口才，他和日公使說起來，再也不會沒效的。我們且待今天下午再看他動靜罷。摩天道：倘然說了沒效，便怎的好呢？定芳附著摩天的耳說道：若是沒效，我們也只得如此。說時，適旅館的僕役，送報進來，三人看了一回，卻都講些日俄交涉的事情，緣三人正忙著韓王和黨禍的事情，也沒甚去留意他。談了一會，用過午饍，三人就一同到了清芬樓。

定芳出去探聽消息，那二人在一處坐下，講了些時事。不一會，定芳就來了。壽李問他道：這事有眉目沒有？定芳道：果然給摩天君猜著了。摩天道：怎樣呢？定芳道：弟剛饞到了俄使館裡，和他們一個通事，說了好許多的話，就把這事問他。他說，俄使昨兒往見日使，把皇上的事，再三央求他，他道，現在既有大院君攝行政事，也用不著韓王，就給他安坐著，也很是優待他的。況韓王是一個不中用的人，放他出來，那些不良的臣民，就挾他的號令，鬧出亂子來，貴公使怎樣擔當呢？俄使知道說不進去，就回了轉來了。壽李道：那麼，我等怎的辦法呢？定芳道：這兒不是講話的地方，我們還是仍舊到旅館去罷。三人就此到了旅館，坐定之後，定芳就說道：弟當時還聽這通事說道，看這情形，俄使是不肯干休的，他也一定要想個法子，但什麼法子，他恰沒有說出來。壽李道：他既然有這意思，我們不如去幫著他，和他一起兒，就容易一些了。定芳道：那麼，我們就到俄使館先去探個口氣罷。摩天道：也好。三人又出了旅館，直向俄使館走去。不一會，到了那處，三人急把名刺交門房遞了進去，果然俄使允見。三人就走了進去，俄使迎著，一同坐下。當下壽李就說道：敝國不幸，疊遭喪亂，致使貴使周旋於各國間。某等無狀，不獲一報盛意，歉也何如。茲君上受錮，政權旁落，某等願一効愚忠，徒以勢微力弱，自知無效。願貴使憐

其愚懇，一為援手，敝國幸福，皆貴使之賜也。俄使道：諸君尊君愛國，極可欽佩，區區之委，容當如命。但茲事非一蹴所可就，屆時自當通知。壽李等聽了這話，不勝喜歡，當別了出來，回到旅館。定芳辭了漢、仇二人，自去幹事不提。

單說俄使自從壽李等別去以後，就急急的到了宮中，求見韓王。韓王剛和太子坐著，旁邊陪著戴將軍，見俄使進來，就上前迎接，請他坐下。韓王道：貴使到此，不知何有見教？俄使道：陛下蟄居此中，終非久長之策。外臣已向日使運動，日使執意不允。以外臣之意，陛下不如深夜逃遁，再議善後之事。韓王道：逃至何處？俄使道：就往敝國的使館罷。韓王道：四面日兵，防守謹嚴，從何而遁？俄使沉吟了一會，說道：不知宮內還有妃嬪沒有？韓王道：有是有的，只是沒有幾人。俄使道：那就好了。就附著韓王的耳說道：只須如此如此。俄使說畢，就辭了出來，回到使館。

到了那一天晚上，壽李等忽接了俄使一函，內寫道：前商之事，已由本使佈置妥當，即於三日後實行，萬望由公等糾集土兵二百名，守在使館門首，以防意外云云。壽李得了此信，一時倉皇失措，無可籌辦，就急急的召王定芳和嚴國柄等到來，商議辦法。不一會，二人都到，就把這信給他看著。二人看了說道：這漢城裡都是些官兵，那能受我們運動？弟想除了勤王隊以外，尚須一百餘人，由漢君函致貴黨，邀集黨中同志，星夜馳來，此事不知是否可行？壽李道：這倒行得的。當下就寫了一書，急急著人送去。定芳和國柄二人，是晚即在旅館留宿。約待至東方將白，那送書的人，早已回來，說黨員已集，到此恐有不便，須急急設法。壽李一面催促定芳，召集勤王隊人，一面通知俄使。不一會，勤王隊和急進黨都由俄使派人帶隊前進。時已天明，那些人到了使館，換過裝束，就牢牢的守在使館門首。約莫守了三日夜，忽然有二乘肩輿，由廣華門飛行而來，不多時候，就向使館進去。壽李等知是韓王和太子二人，不覺暗暗驚奇。自昌德宮以至廣華門，一路走來，那一處不有日兵守著？韓王裝束，又和別的不同，顯然可認，怎的白晝出來，一些兒沒人阻攔，不是一椿奇事麼？一面納罕，一面卻非常喜歡。那時無論急進黨和勤王隊，個個額手相慶，歡聲動天地。

韓王到了俄使館中，暫時安頓，一面就把守兵散去。壽李就進見俄使，把韓王如何出宮之事，詳問一番。俄使道：一星期以前，宮中的妃嬪，偽說謁客，出入城門，很形熱鬧。那些守兵早已見慣，且韓王治事，多在夜分的時候，日裡只是睡著。那些監守的人，再也不防白晝會逃逸的，所以韓王來此，沒一人留意著。壽李聽了，方纔知道，俄使佈置深密。當下就和摩天、定芳等走了出來，把那些黨員，先在旅館暫時安頓，豫備做那第二步的事情。

這日正是韓王逃逸的第三日，五更垂盡，萬籟無聲。那些黨人都已沈沈睡去，只漢壽李、仇摩天、王定芳、嚴國柄等幾個人，還沒睡著，坐在一塊兒，在那裡談天。摩天道：現在定芳兄這目的已達了，只有我們的目的，還沒達到。看來定芳兄這勤王

隊,也不必解散,就和我們作一起罷。定芳道:這自然不消說了。只是有幾個人,或者不願入黨,只得聽從他罷。我想明天不如開個會,一則給入黨的人簽個名字,二則我們舉行大事,也須斟酌了一番纔好。壽李說:話雖如此,這偌大的漢城,還向哪裡去開秘密會呢?嚴國柄說道:這漢城外不是有個廢園麼?弟想明天上午,分數次出去,等在那處,至下午開會,不知可好?那時各人贊成。大家睡了一會,起來已是九點鐘的時候,急急的用了早飯,就一隊一隊的出去,末後壽李把黨中文書、簿據等,打做一包,一步一步走去。

到了那處,已是晌午時候,就在離廢園五里的地方,一個酒館裡面,胡亂吃了些飯,再到廢園中去。看那廢園,荒涼不堪,房屋也多傾圮,那些草木,高大長盛,似乎顯出年湮代遠的記號來。這個園也不知他有多少年代,也不知主人是誰,只是幾十年來,沒一人去修理他,也沒一人到那處去遊玩的,那是可想像而知了。幸而裡面地位,倒還甚大。壽李進去,見一百餘名的黨員,和王定芳勤王隊隊員,都早已齊到等著。當下壽李,就把案卷放在一處,把破裂不完的桌椅,擺了起來,鈴聲一振,各人都挨次坐下。壽李就拿了一本冊子,走上演壇,把開會的宗旨,報告了一番,就將冊子揭了開來,給各人簽個姓名。當時除了王定芳、嚴國柄以外,起立簽名者,約四十餘人。簽畢,復把柯、侯等後事,商議起來。壽李道:諸君既已入黨,自應守本黨的黨規。本黨向來的規則,同黨人員,有難必共,有仇必復,所以強黨勢,激黨志也。今柯、侯、沈、林四人,既已無辜受刑,死者不可復生,本黨的人才,不免又弱幾個。若置之度外,將來黨中人人寒心,個個喪膽,哪裡還敢抵抗民賊,掃除虐政呢?兄弟忝長本黨,仔肩綦重,自罪狀宣布,此心耿耿,無日或忘。諸君子或者有何等主見,即請報告,以資研究。說畢,各人都下了許多的淚,當由嚴國柄起立說道:依兄弟的愚見,本黨勢力雖厚,黨員雖多,畢竟經費薄弱,軍械未足,破壞這一層,是斷然使不得,只要刺了大院君,那目的已達,不消再有什麼舉動了。王定芳道:經費這一層,倒可不必擔憂。兄弟前幾天組織勤王隊,原期大舉,東西奔走,籌集些經費,雖為數不多,倒也有五六萬的左右。現在既已併入本黨,自應把這費一起併入,拿做軍費,自可不慮困迫。只是我們今天的宗旨,須要立個界限纔好。一係推倒政府,重新組織,自然把大院君要除去的;二係改革國體,就是推倒君主,組織民主國體。弟想皇上秉性忠厚,尚沒有什麼暴虐的事情,推倒君主這一層,似可從緩。就使推倒政府,也有兩步的辦法,第一步就是破壞的方面,第二步就是建設的方法。應如何佈置,還該先定奪哩。國柄道:這建設一層,似可不論,到那時候,自然有建設的人才。只這破壞一層,也不是鹵莽可做的事。正說著,忽一人從外面進來,壽李等道是政府的探子,都嚇得魂飛魄散,仔細看時,那人恰面如冠玉,身材瘦削。壽李一見,知是本黨的黨員梭晉比。

這梭晉比，年纔二十幾歲，一千八百八十二年的時候，同黨失敗，他就逃了出去，到了日本，知日本沒有什麼學術，就附著汽船，到了美洲，旅居舊金山的地方。只是梭晉比並沒學過西語，也不曉得西禮，到了美洲，竟做了一個啞旅行的旅人，飄來飄去的，竟沒有什麼職業可做。沒了法，就入一個大學裡面肄業。他在大學裡，沒一日不拿著一本書，在一處誦讀，連舞蹈會、俱樂部，都不去走一遭，因此就做了一個醫學家。大學裡贈他一個醫學博士的學位，就在華盛頓的地方，掛了一塊醫生的招牌，一面在醫學校裡做個教員，一歲所入，倒也不少。那一天，恰有個患病的進來，梭晉比看他的膚色，知道是東方的人，但身上又穿著西服，嘴裡又操著一口英話，因此梭晉比也和他說些英話。問起他的病來，他就是一個肺癆疾。梭道：閣下莫非是一個文人麼？這肺病已成了不治的症候，若靠著藥物的功勞，是一些兒沒效的。那人道：兄弟雖是一個文人，恰不喜歡咬文嚼字的。近年來，只為著國勢危殆，時懷著愁悶，因此患了一個肺病，自知有死無生，亦聽著天命。只是國家到了這般田地，我等正死不得，所以特地來此，以先生之高明，當能起此沈疴。梭晉比聽了國家到這般田地一句話，知道他不是支那人，就是韓國人了，因急急的問道：先生可是韓國人麼？那人道：正是。先生莫非是同國的麼？梭道：不差，不差。不知閣下係何姓名，望即見告。那人道：兄弟姓朴，名喚永漢。梭晉比聽了朴永漢三字，不覺肅然起敬，說道：原來閣下就是朴永漢君。那天天出的愛國報，就是閣下剏辦的麼？朴永漢道：不差。梭晉比道：既如此，閣下怎的忽然到了這兒？朴永漢道：兄弟起先為著開通民智，輸進文明，辦了愛國報。不意時事日非，國權日削，閔妃被戮，皇上受囚，蟄居扶桑，鬱憂成疾，就此到了美洲。為養著自己身體，暫時來此，那報紙事務，已暫託別人代理。梭晉比道：既如此，不知閣下可否移寓這裡，一則同邦之誼，早晚談談國事，二則閣下的病，非日夜有人看護著不可。若能和兄弟住在一處，就可隨時診察，較為易治，不知可好？朴永漢聽了這話，非常歡喜，當時辭了出去，向旅館去搬取行李。梭晉比送至門外，回了轉來，正要躺到榻子上去，那門房恰遞進一函件來，梭晉比接來看時，恰由韓國政府裡，一個某部員的信。梭晉比久沒回國，忽然來了這信，心中好生疑怪。不知究為何事，且待下文說明。

第十四回　開民智組織自由報　改國號擢用頑固臣

梭晉比接了一函，係韓政府某部員所發，當時非常的猜疑，就把這函展了開來，仔細看時，內寫道：

晉比同志偉鑒

　　政雲黯日,黨禍滔天。三數年來,寢宮見戮,君上蒙塵,老大宗邦,疊膺奇辱。此固國民泣血之秋,志士痛心之會也。僕以一介書生,入此政海旋渦,一柱勢微,不障黃河之決;兩手力薄,難洗白日之光。每念海外舊雨,挾振奇之質,擅軼世之姿,徜徉乎美水歐山之間,以自樂其樂者,輒令人忻慕不止。然秦奚本屬虞產,楚材豈堪晉用。矧際此戎馬倉皇之日,干戈擾攘之時,自非宏才,難資碩畫。固知先生抱愛國熱忱,非獨善其身者比,故敢以政府之命,奉一書以推轂。倘先生有意乎此,則聘幣之來,不至徒勞往返。他日者仲父重來,軍民雷動,傅嚴就召,社稷苞桑,是非獨僕一人之幸,實我大韓全國之幸也。臨楮懷想,盼望奚似,翹首西方,鵠候好音不宣。

　　　　　　　　　　　　　　　　　　　　　僕　李士忠上

　　梭晉比閱畢,纔知道是他一個老友寄來的。但既有來書,就不能不作一覆書。這個覆書,還是允許他的好,還是不允許的好?若是允許,又恐怕蹈了前番的覆轍,若是不允許,畢竟父母之邦,斷沒有坐視的道理。想來想去,總想不出一個主意。正在思想的時候,那朴永漢剛走了進來。梭晉比一面起立迎著,一面把行李替他安頓完全,就一同坐下。梭晉比把剛纔的信,遞給永漢看著。永漢閱畢,說道:就這書看來,閣下不久就要返故國了。梭晉比道:弟還沒有定呢。就把為難的情形,告訴了朴永漢。朴道:照弟的意見,閣下還是去的為是。雖然孔老夫子有句話,說什麼邦無道則隱,這不過是春秋時的情形,上面有個周天子在那裡,國家就使亡了,也不打緊。現在就不是這樣子,是別要誤解哩。梭晉比道:閣下雖如此說,但現在韓國已,已到了這般田地,恐怕弟去也沒中用。無功食祿,不是惶恐的麼?朴永漢道:不是這樣說的。你只管盡心做去,有效沒效,聽諸天命罷了。孔明說得好,鞠躬盡瘁,死而後已。那時蜀漢的情形,正是和我們韓國差不多。譬如父母有病,明知他是不治的症候,做兒子的,那裡肯不聘醫士去醫他呢?即如弟做了沒多時的國務大臣,就除了職,到了日本,仍然是做些救國的事業。若說韓國沒有挽回的機會,弟這報又何必再辦呢?梭晉比聽了這番議論,覺得是名言至理,也就定了主意,當下就寫了一封覆書道:

　　展誦來書,備聆雅訓。僕以駑駘鈍質,見棄宗邦,飄流海外,數年於茲。然每翹首東望,悵念祖國,未嘗不淚潛潛下。比年以來,自知已朽之木,終不合大匠繩尺,乃以岐黃唾沫,苟且謀生,將於落機山下,終老此身矣。不意數萬里外之老友,乃忘其愚陋,遽以賤名達諸公卿貴人間,一朵箋雲,驟來蓬

華,謂朝廷欲以賁帛禮儒生。僕誠不才,寧敢方命?自分雖一介書生,而區區之愛國熱忱,尚未拋諸九霄雲外,既蒙敦促,敢不速駕?謹佈微衷,即乞明鑒不宣。

僕　梭晉比上

寫畢,就寄到韓政府去,一面對朴永漢說道:弟既返國,閣下又少一個同志,奈何?朴永漢道:弟但求得一著名的醫生,把這病治好了些,也就要返國了。梭晉比道:弟有一個美國的朋友,叫做洛克遜博士,屆時由弟備一信去,就在他的醫院裡暫住,不知可好?朴永漢道:這最好了。但閣下此去,弟還有句話說。弟當國的時候,銳意改革,今天開學校,明天訂憲法,似乎愈速愈妙的樣子。到了後來,為著風氣未開,終至一些兒都沒有效,到現在纔知道強迫改革,究竟沒有益處。閣下到了政府,第一著須以開民智導民德為要,待民智稍開,民德稍厚,再去做別的事情,再沒扞格的了。梭晉比聽了,連連道是。二人一起住了幾天,志同道合,甚是相契。忽韓政府知梭晉比已允歸國,即來了一個任狀,係外部顧問官的職司。梭晉比得了政府公文,就整理行李,到了各朋友處去告別,並替朴永漢寫了一封信,介紹到洛克遜處暫住。那朴永漢對於梭晉比,雖素未謀面,究係同國同志,未免有些戀戀不捨。梭晉比担了行李,將由華盛頓趁汽車,往赴紐約,從紐約乘汽船,即到韓國。朴永漢送他到了車站,兩情依依,不免下些離別的淚。那時嗚的一聲,車已將開,朴永漢就說了一聲為國珍重的話,別了自去找那洛克遜博士不提。

單說梭晉比自朴別後,就上了汽車,不一會到了紐約,當晚就下東方汽船,過了十幾天,纔到了韓國,忙走到李士忠處,由李士忠轉達內閣。那時余用桓早已免職,新內閣大臣,係孫忠鑑,那吏部大臣,已由孫忠鑑薦了陸士真任職。梭晉比當下見了孫忠鑑,並外部大臣。那時外部大臣已換了顏予休,和孫忠鑑正是同黨。外部大臣就和梭晉比訂了十年之約,十年以內,彼此都不能解職。訂定以後,梭就到了自己的鄉里,埽埽墓,祭祭祖,並邀集族中的人,吃了些喜灑。那時剛是韓王逃逸的時候,朝局紛更,梭晉比知不能過於耽擱,就急急的來就顧問職司。那一天,梭晉比正在公事房辦理一樁公案,那顏予休啣了一枝淡芭菰長煙筒,一步一步的踱了進來。梭晉比即上前迎著,請他坐下。顏予休道:漢壽李這個人,你可認識?梭晉比聽了漢壽李三字,是係十年前的老友,心中倒嚇了一跳,不知犯了甚事,因說道:這恰不認識,不知問他則甚。予休道:聽說剛纔有人報告,他係急進黨的黨魁。昨天還在某旅館住著,帶了好多的黨羽,今天說是到廣華門外一個廢園裡,開什麼大會。梭晉比道:開會麼?這是了不得,將來又要鬧亂子,不知政府定了什麼方針呢?予休道:政府已預備著,下午三點鐘,正是他們開會的時候,飭警士百名,前去捉拿,想是捉得著的。

梭晉比道：那麼也好。談了一會，顏予休出去。梭晉比就想個法，向顏予休處告個假，說朋友家有些喪事，必須前去，顏就應許他，他就此急急的預早趕到廢園中。

走了進去，碰了漢壽李。壽李看時，雖然相別已久，面目稍變，畢竟是個舊友，尚能辨認，當下就問梭晉比別後的事情。梭晉比道：這且緩說。弟到此的意思，先說明了，再作計較罷。就跳上演說檯去，說道：諸君今天從漢城到了此間，一路的事實，早已給政府知道，說今天下午三時，就要來捉捕了。弟想倘然被他捉去，究是有死無生，所以急急的趕來，特為通知，須速行解散逃避纔好。這些黨人都是年少氣盛，聽了這解散逃避四個字，都立了起來，說道：我們寧和他打個落花流水，決不肯解散逃避的。梭晉比就緩緩的說道：諸君別躁急，兄別了本黨好多年，除了漢君外，差不多都是些新黨員，怪不得不認識兄弟。兄弟也是本黨的一個黨員，難道就自己侵害自己麼？不過兄弟走了好多的國度，知道太激烈的斷不能成事，所以有這忠告。諸君都是愛國的青年，無論做那一樁事，這眼光都應該放在國家的大局上去。諸君難道沒聽見日俄兩國的協約麼？往時我國一有內亂，日本來干預時，那俄國就不肯干休，俄國來干預時，日本就不肯干休，互相牽制，我國還不至受滅亡的禍。現在日俄既有了協約，勢必兩國合而謀我，一有內亂，兩國同來干涉，你想危險不危險呢？所以吾輩現在做事，只好順著國情，一步一步的做去，待有了眉目了，就好逐漸改革起來。這是沒法的事情，不由你心急的。兄弟所以勸諸君，這時暫為解散，留著大好頭顱，擔當國家的大事，待兄弟到了漢城，只消由漢君等幾人，變了姓名，到兄弟處，籌商進行的方法就好了。這時已下午二點半鐘，恐怕警士就要到這兒來的，快避去罷。眾人聽了梭晉比這一番誠誠懇懇的話，也就個個心服，說：有眼不識泰山，得罪先生了。漢壽李當下就依梭晉比的話，吩咐眾人暫時回去，到本黨機關暫候消息。自己就問了梭晉比的地址，到別處暫避。

這裡梭晉比別了壽李，就急急的回到漢城。那時漢城人民，都合口譁傳，說有巡士一大隊，往廣華門外捉拿急進黨去了。梭晉比心中明白，也不去問他，當下就到了外部，自去幹那公事。及至傍晚，回到公館，用過晚饍，靜悄悄的一人，坐在房間裡面，心中想著我任了這許多日子的職，竟沒有辦出一樁有益的事情來，現在應該想樁事件做做纔好。一面又想著進步黨那些人，恰想出了一個法子，喃喃的自語道，我就從這事入手罷。那時已是深夜，就上牀去睡。到了次日，正是星期，部中例不辦事，剛賣報的送了一張《愛國報》進來，那時梭晉比忽想到朴永漢，不知病可好些沒有，一面又想著這報紙，可惜在外國發行。若是在本國，那信息就快得多了。當把報紙展了開來，一張一張的看去，那外面忽有一人進來，梭晉比抬頭看時，正是漢壽李。梭晉比就請他坐下，漢壽李道：弟現已改名李炎壽，閣下勿再呼真名。梭答應一聲是，就把夜間想的對壽李說道：弟想我們當時組織這急進黨，原是恨著那些朝臣委

委蛇蛇，不能實力行事的緣故。如今都知道凡事決沒有急進的道理，就應該把這名目取消，改個名叫做自由黨，不知可好？壽李道：最好揀個日子，開個組織會罷。晉比道：弟想別的日子，弟也沒有功夫，只有下星期，可以幹這個事，就是那一天罷。壽李道：日間不如夜裡，免得招搖。晉比道：這倒不打緊。現在本黨裡，著名的既已改了姓名，這自由黨是個政治團體，並不和政府為難，甚不妨事。若在夜間，反易惹政府的猜疑了。壽李道：這話倒也有理。說畢就別了出去。

到了第二星期，果然有好多的黨員，到了梭晉比的公館裡，當下就議論組織政黨的問題來。各黨員以信仰梭晉比的緣故，因此都各各贊成，從新定了章程，議定黨綱，把黨員的姓名，都一一簽入冊子，方纔議到別一項事情去。梭晉比道：兄弟想開通風氣，第一緊要的，就是報紙。現在我們韓國有一種報紙，叫做《愛國報》，諸君想都已見過。這報紙的編輯人，就是我們韓國志士朴永漢，他品學兩優，所以辦的報，體例完美，無可訾議。只是他係在外國出版，這裡新聞，寄到了外國，再由外國寄了進來，這些新聞早已做了明日黃花。所可看者，就只有那外國新聞了。兄弟想寫一信給朴君，就把他辦的《愛國報》，移到這裡來，改名叫《自由報》，再由本黨添加些經費，把範圍擴充了些，不知可好？大眾都說贊成。當下梭晉比就囑書記起草，大意就把梭晉比說的話，做了資料，當由各黨員通過，寄到美國華盛頓去不提。

且說各黨員既把各事議畢，就由梭晉比搖鈴散了會，各黨員就紛紛散去。這裡梭晉比照常每天到部辦事，專等朴永漢來信。那一天為著一事，到顏予休室內去，予休道：剛纔一事，你知道不知道？梭晉比道：不知什麼事？予休道：據內閣大臣的意見，說要請求韓王回鑾呢。梭晉比道：早該如此。只是這事不知可辦得到？予休道：我想現在日俄既有了協約，當不至十分困難的。正說著，就有人拿了一張通告進來，予休看時，恰係明天開內閣會議，就提議奏請韓王回鑾的事情。當時梭晉比就辭了出來。到了次日，顏予休去赴會議，這裡梭晉比在自己的房內，看著一個預算表，就有一人遞了一函進來。晉比展視，恰是朴永漢的來信，說報紙從新組織，非常歡迎。早已通信到日本，囑其於自由報出版那一天，即行消滅。並說自己的病，已好了許多，不久也就要回國云云。梭晉比得了這信，當時就把辦報的事宜，寫了一信，托漢壽李趕緊預備，自己為了韓王的事情，連一步都不能出去。歇了一會，顏予休已走了進來，梭晉比問他會議的結果。顏予休道：據孫大臣說，早已去奏過幾次，皇上為著大院君握著政權，不肯回宮。現在已把這事議決，回鑾以後，准由大院君歸政皇上，想有些兒效果的了。說著一面把朴永漢寄來的信，展開瞧去，說道：閣下組織報紙，怎的兄弟一些兒都沒有知道？梭晉比道：這不過是一個發起的議論，還沒有實行哩。顏予休道：我想就把這個報紙，做了政府的機關報罷。梭晉比心中想著，做了政府的機關報，這經費一項，是不消愁的，只是漢壽李那一班人，和政府反對，擠不上來，未

免要壞了事。心中非常的猶豫,一時說不出來。停了一會,方纔慢慢的答道:政府的機關報,應該要由政府派員去辦理的。只是兄弟這報,雖尚未出版,那經理等人員,恰早已出了口了,便怎的好呢?予休道:不知是那一個?梭晉比道:是兄弟一個朋友,叫做李炎壽,品行很為純正,因此一切的手續,都已托過他了。予休道:既然如此,就由這李君辦去也好,不必另派別人了。祇是經費一項,倒預先要和戶部商議著呢。晉比道:這經費也不消過多,每月只要有二三千金,就好敷衍過去了。二人談了一會,時已向晚,梭晉比回到家裡。

次日又是星期,漢壽李知道梭晉比這天定不外出,就進來請見。當下把辦報的事宜,報告了一番,說印刷的器具,和那些電報的辦法,都已舒齊,就是編輯的人員,和發行的地址,都還沒有定奪。梭晉比就把顏予休的話,說了一遍。漢壽李道:無論那一椿事,入了官場的手,終是辦不好的。這報紙若算是官辦,那官界的內幕,就不能十分揭曉,報紙就沒有什麼價值了。梭晉比道:在弟的意思,也不過要聯絡官民的聲氣,所以當時並沒有拒絕他。早知閣下不以為然,弟就不允許他了。但既已如此,也便算了罷。壽李道:這個自然。正說著,那外面有人傳說,韓王已經回鑾。梭晉比和漢壽李非常歡喜,談了多時,那壽李又說起報事來,說:編輯的人和發行的地址,就請閣下定奪了,方好把出版的日子,發表出去。梭晉比道:編輯的人員,就請王定芳和仇摩天二君罷。壽李道:也好。發行的地址,弟想西街裡有一所街屋,還沒有人租去,我們就定在那處罷。梭晉比道:那處車馬絡繹,最稱熱鬧,再也找不出別的好地方了。就擇了下星期出版,你想來得及來不及?壽李道:若說下星期出版,尚有六天可以佈置,再也不會局促的。兩人商議妥當,漢壽李就辭了出去。梭晉比就急急的寫了一信,寄到日本愛國報館,把自由報出版的日子,通知了他。次日仍到了外部,擬探問回鑾的詳情。不意晉比還未出門,那顏予休就匆匆進來,面上帶著憂愁的樣子,向梭晉比說道:梭君,情勢不佳呢。梭道:什麼事?予休道:大局有更動了。梭道:怎樣更動呢?予休道:那位孫忠鑑先生免了職了。梭晉比道:孫相國既然免了職,還有哪一個替他任呢?顏予休道:這個人彷彿是姓李的,請梭君猜一猜看。梭晉比千思萬想,終究想不出來。不知究係何人,且待下文說明。

第十五回　禍水滔滔良臣褫職　愁雲黯黯政客當災

話說顏予休說內閣大臣係姓李的,給梭晉比猜去,梭晉比猜了好一會,只是猜不出。停了多時,顏予休纔慢慢的說道:你道是誰?那姓李的正是李完用。梭晉比道:李完用麼?他和孫忠鑑先生一般的見識,我想大局再也不為更動的。顏予休道:

若是不更動，那就好了。梭晉比心中想著，國勢這樣的危殆，我們擔著一身子的愁，還來不及，他們只管在鼓裡睡著，聽見了大局更動這幾個字，倒害怕起來，恐怕自己的祿位，保守不牢。這等人格，虧他做了一個部臣。心中暗覺好笑，只是嘴內說不出來，只得正言說道：國事到了這般田地，我們巴不得卸了仔肩，給些有才有能的去做，或者還能夠挽回轉來。否則無功食祿，做了一個亡國大夫，可不是惶恐的麼？這些話，在梭晉比原是一番正論，想要去開通他，那裡曉得入了顏予休的耳，他就有些不好意思，心中早已懷著一些嫌隙，當下也就沒話出去。梭晉比知道他有些不自在了，心裡又不免生了一種感觸，自己想著我當時好好的在華盛頓做個醫生，既不受人家的牽制，倒也沒什麼煩惱。雖然祖國這般的貧弱，畢竟耳不聞目不見的，只好隨他去了。如今到了這裡，要想做些事情，這樣掣肘，那樣掣肘，還怎麼做得來？若是一些兒不做，又成了一個尸位素餐的人。除非沒了廉恥了，還可做得。我們既然是個志士，哪裡好放這沒良心的手段呢？一面又想著朴永漢逍遙海外，和洛克遜博士，住著一塊兒，談談學術，講講政治，好不快活，那病自然好起來了。我服了這個職司，既然沒有什麼權柄，又礙著十年之約，動彈不得，猶如蠶縛繭絲的一般，不知萬里外的好友，有沒有念著我的。想到這裡，那眼淚就如下雨的一般，簌簌的流個不住。過了好一會，方纔把眼淚拭乾。那時也沒有什麼事情，就拿了一張西報，展開了看著，即有僕役拿了一張名刺，說有人在會客廳請見。梭晉比看時，恰是李士忠。當下就披了外衣，到會客廳來，李士忠正自一人坐著，梭晉比見了他，就在對面坐下，說道：弟聽說孫相國要免職了，不知可有這事？士忠道：早已下了諭旨呢。弟此來就是為閣下道個喜。梭晉比道：弟有什麼喜？士忠道：那新任的首相，叫做李完用，正是弟的同宗。弟早把閣下的才學品德，說了一大篇，他暗地裡非常佩服，說將來任閣下一個部長的職，那時閣下正好施展鴻猷了。梭晉比道：弟自知也沒什麼才力，就使有了眾醉獨醒，哪裡辦得事來呢？士忠道：若說沒有才力，閣下未免太謙。倒是眾醉獨醒這一層，實是可歎。說罷，大家感慨了一回，李士忠辭了出去。看看時候不早，且又並沒有什麼事情，就此到了自己的公館裡，見案上擺著一函，晉比一面脫去外衣，一面把函拆看，正是朴永漢寄來的，說自由報既定於星期日出版，弟即當前來襄理這事。晉比看完，就急急的去找壽李。

且說壽李自從自由黨組織以後，就在漢城租了一所房子，一半兒自己住著，一半兒就做了自由黨的機關，把裡面的事務，佈置齊整。梭晉比又託他料理報務，幾乎忙到發昏。這日梭晉比進來，定芳、摩天、國柄等都在座，見了梭晉比，大家都來迎著。晉比和他們行過了禮，就在一處坐下，把朴永漢的信報告了一番。壽李道：朴君如來，他究係疾病未愈，吃不來苦，弟想給他做個編輯的主幹，定芳、摩天、國柄諸君，給他分任編輯罷。晉比道：那麼報紙的總務，是全要靠著漢君主持了。壽李道：

弟才雖不逮，也只得勉為其難。但有一事懇求閣下，不知可允？出版這幾天，那事務一定是很忙的。若是朴君還沒到，梭君可否告了幾天假，一同幫著呢？梭道：這也不消說了。且近來部中也沒有甚事，落得和諸君暢敘幾天，倒好解個悶兒。眾人聽見晉比和朴永漢都來幫忙，知道這兩位都是熱心的志士，心中好不快活。諸君須知君子和君子，處在一塊兒，猶如魚游水中的一般，非常和諧。若是小人碰了小人，那就你忌我，我定忌你，弄得不成樣子了。我們中國人，口裡都說著愛國兩個字，到了競爭權利的時候，就把愛國這兩個字，丟在腦後，碰著正直的君子，就大家傾軋起來，所以沒一事辦得成，這真是亡國的大毛病咧。

　　閑話少提，且說自由報已把人員排定，房屋租就。那一天正是星期日，早已把報紙印刷了幾千份，每份兩張，第一張係用紅色印就。那時報館的門首，搭著極高大的彩坊，中間嵌著自由兩個大字，四面紮著好許多的柏枝，擁滿了一大堆人，有的是攢進去買報的，有的是買好出來的，手中都拿了一份報，看去甚是熱鬧。只有漢壽李等梭晉比，等了多時，梭晉比兀自不來，壽李好不躁急，定芳、摩天等也覺得非常焦灼。停了一會，門房恰拿了一張名刺進來，壽李道是梭晉比，接著看時，恰是朴永漢。壽李連忙吩咐門房，速速請他進來。朴永漢就把行李担到裡面，自己來瞧壽李。壽李上前迎著。定芳等知朴永漢已到，也紛紛都來迎接。坐定之後，壽李問他別後的事情，永漢就詳詳細細的說了一遍。當下就整理了一處房間，把行李都安頓完備，單等晉比到來。無如等了一天，終沒有來，這幾人好不心焦。永漢道：梭君到這時還沒來，一定有了事故，我們何不去找他呢？眾人都道好，就一同向梭晉比家中去，剛巧梭晉比搖搖擺擺的走來。

　　途中相遇，梭晉比就邀到他公館裡去，一同坐下。壽李就問他遲到之故，梭晉比道：如今好了，兄弟倒好做自己的事了。壽李等急急問他的緣故，梭道：這事說來，話恰很長。弟日前和顏予休說幾句的直話，他道是躊躇他，心中就有些兒不好意思，只是無隙可乘，也沒什麼事。後來這位李相國就了任，弟有個朋友，叫李士忠，替弟吹了半天的法螺，李相國倒很有些動容。那顏予休為著這些怨隙，就在李相國的面前，說弟從前是個亂黨，現在又要做他亂黨的事業了，開什麼自由報館，組織什麼自由黨。吃了政府的俸，還做著民黨的事，恐怕做了禍根，還不如給他回去罷。李相國聽了這話，也就疑惑起來，當下就向各部大臣處，問弟的素行。各部大臣，和弟素來不對，自然沒一個不說弟壞的，因此連李士忠的話，都一些兒不要聽。弟那時還不知詳情，到了部中，就把辦報紙的話，和顏予休說著。顏予休鼻笑了一聲，說道：由你們自己辦去罷。弟看這情形，好生奇怪，心中想著，知道有異，當下到了李士忠處，探聽消息。李士忠正為著弟担了一身憂愁，蹙著眉兒，靜悄悄的獨自一人坐著。弟進去就把這事問他，他歎了一口氣道：唉，梭君，大事去了，你還在鼓裡睡著哩。就把

顏予休如何訾議的話，說了一番。弟道：這區區的事，在弟也不關什麼輕重，就使弟去了，政府裡的人正多著，原沒有甚麼打緊的。李士忠道：閣下去了，弟雖然是個末職，也未必能久於其位的。弟道：閣下再走，這政府裡簡直只有些聾聾了，怎好懷這心思呢？當時說了一會，弟就走了出來，去見顏予休，把這事問個明白。顏予休道：這事全是李相國的主意，兄弟實沒有法子可以周旋，只得對不起閣下了。弟道：兄弟身雖微賤，倒不是戀棧一流人物。既已如此，兄弟就此告別罷。他道：事雖如此，但政府本來和閣下訂過十年的約，再也不能毀約的。現在恰已把十年內的俸給，都已撥出，閣下就領了去罷。弟那時本欲不受，仔細一想，弟若不受這宗款項，也是飽了顏予休的私囊，落得把他做了本黨的經費，強似落在這般人的手中。主意打定，就把任狀交還了他，回到家裡。剛剛僕人送了第一天的報紙進來，弟就看了一會子。看看時計，已是將午也，就胡亂吃了些飯，披了外衣，就想到諸君處來，不意半途碰著了。

那些人聽了梭晉比這番議論，都各個抱著不平，說既然要半途辭卻，當時就不該訂約，既訂了約，就不該辭卻。別的倒不打緊，只這些守舊黨，佈滿朝端，將來還了得嗎？那時你一句，我一句的，說得氣吁吁的，不肯干休。梭晉比道：也不要管他罷。弟免了職，也好做些社會上的事情，要省了好多的煩惱，豈不適意？而且朴君既已到此，此後便好不時敘會，可不是一樂麼？說罷就問朴永漢別後的事。朴永漢道：自君別後，弟就到了洛克遜博士家裡。這洛克博士恰是一個慈善家，面色極和藹。弟當把閣下的信給他，看著他非常歡迎，說渠和閣下相交多年，一旦一離別，情殊悵悵。弟得了洛克的允許，就在他家裡住下，洛克替弟醫治，非常熱誠。起先幾天，每日深夜裡，他必起來一次，問個病狀，親自調了些藥，給弟吃畢，方纔去睡。直至十幾天後，弟稍覺痊可，他方纔夜裡不起來了。你想這等醫生，我們韓國，可找得一個出的麼？後來經洛克博士再三調治，弟覺得精神稍快，心裡卻記掛著幾個老友，就急急的束裝回國。洛克博士還送弟到汽車上，說貴體還須休養幾月，並囑弟向閣下處道個問候哩。梭晉比道：弟早晚還該通一封信去的。壽李道：你們只管閒談著，我們還有正事哩。梭道：什麼正事？壽李道：不關你的。因向定芳、摩天等道：梭君免職，關係韓國前途，我們大家聯了名去上書罷。眾人贊成，梭晉比執意不肯，說不要幹這沒輕重的事罷。壽李等那裡肯依，當下就辭了出來。到了報社，就由摩天起草，做了一篇痛陳時事的文章。壽李等看時，恰寫道：

呈為挽留良臣力圖中興乞代奏事：

　　竊炎壽等見近頃以來，外患頻仍，內政紊亂，國權喪失，貽笑鄰邦。朝野上下，凡有血氣，莫不呼號奔走，深痛時局之危急，冀挽既倒之狂瀾。忽有梭君晉比，航海前來，力任巨艱，海內臣民，莫不領手相慶，以為梭君才優學邃，品高望重，登斯民

於袵席，置國家於磐石，當為意計中事，蓋莫不欣然有喜色，以為朝廷得人賀。乃任事未數年，遽以意見之細故，棄良臣於頃刻。韓國而不為獨立國則已，如其為獨立國也，則奇材碩儒，汲汲焉以求之者，尚恐不及，寧能棄如敝履耶？二十年來，政綱不舉，亂黨之起也；而皇上受危，外人之侵也；而宮妃遭戮，馴至財政之出入，官吏之黜陟，其權悉操諸外人。而無恥奸徒，又復捏造危言，恫嚇皇上，飾為蜚語，熒惑聖聽。一新政之行也，則百出其計以阻撓之，一良臣之引用也，則羅織其事以誣罔之，此前相國朴永漢所由出走也。昔漢高以得良平而興，楚項以失范增而敗，人才之關係國家，固如是其大也。梭君英俊少年，留學海外者經十年，博考夫各國政治之得失，熟知乎民情風俗之向背，智識經驗，兼而有之，斯固國家之異珍，有求之而不得者，豈可任其望望然去之耶？炎壽等萬目時艱，怵心危局，切膚之痛，受之不遠，噬臍之禍，即在目前。為此痛陳時事，呈請挽留良臣，乞代奏聖上，收回梭君免職之成命，實不勝迫切待命之至。此呈。

　　壽李看了說道：慷慨激昂，一字一淚。當下就謄了出來，加了外封，著人遞去不提。

　　單說自由黨自從梭晉比解了顧問的職，政府裡的勢力，都被守舊黨佔去，未免擔些憂慮，因此就狠命的鼓舞民心，收拾黨羽，到處開會演說。那些商人，都輟了業來聽他們的講，婦女們也聚會了好多的人，商議速行新政的方法，一時舉國譁然，沒有不稱贊自由黨的好處。那政府恰早已聽見，恐怕勢力不敵，就糾合了許多舊時的秘密黨，和多數的販夫會，來對待自由黨。自由黨見情勢不佳，因急急的開了五種條件，要求政府：一、國政不得使外人干預；二、權利不得輕自棄擲；三、要犯須歸公判；四、速速清釐財政；五、組織民立裁判所。那時販夫會還沒有聚集，政府深恐鬧亂，把這五種的條件，一一承認，外面且裝著預備施行的幌子。到了販夫會黨眾聚集以後，那政府氣燄就大張起來。那一天恰下了一道諭旨，是係解散自由黨的，說自由黨煽亂惑眾，妄干朝紀。黨魁梭晉比，免職抱怨，運動黨眾，上書要求復用。夫朝廷用人，自有權衡，此輩何知，越權干預。不有以懲戒之，其禍將伊於胡底？著即將自由黨領袖，從速逮補，下刑部獄中。一面即將自由報館，嚴加封禁云云。

　　這道諭旨一下，漢壽李等並不逃逸，當晚就發了許多的知單，召集全國黨員到機關部相會，預備和政府一決勝負。到了第二天，果然黨員都到，漢城裡面，來來往往不斷的，都是那些自由黨員，幾乎要擠滿了一城。梭晉比和漢壽李，見人數太多，恐壞了事，當發個號令，飭各黨員暫在別處安頓，由各分黨的黨長，做個代表，向警局走去。不一會，到了局中，即請警局拘捕。警長見聲勢洶洶，一些兒不敢動彈。梭晉比等就回了轉來，當晚即在機關部耽擱，預備次日再向政府質問。不意到了深夜，那

些巡警，竟破門而入，各人拿了一枝快槍，形狀煞是凶惡，見了梭晉比等，就拘了出去，連各分黨的黨長，共有十七名之多。各黨人見了這種情形，又是深夜的時候，呼應不靈，只得俯首受縛。那巡警把黨人捕到局中，當下就備了公文，解送理事廳裡。到了次日，理事廳就把黨人當堂訊鞫，黨人直言不諱，就把他定個死刑。正訊結的時候，那理事廳的外面，霎時間人聲鼎沸，堂上堂下，都嚇得魂飛魄散。歇了一會，那些眾人，竟一隊一隊的湧了進來，湧了多時，越湧越多，偌大的衙門，擁擠得沒有路走。只聽得一個人說道：我們自由黨是替國家謀治的，怎的好捕殺起來？又有一人說道：他殺了我們，我們便殺了他！再過一會子，人聲越發嘈雜，都大聲呼道：快殺官，快殺官！只聽裡面有人呼道：使不得，使不得！不知呼者何人，且待下文說明。

第十六回　食言而肥警兵解體　借端求逞國士離心

　　話說理事廳外，忽有多人嚷道：殺官！殺官！裡面又有人阻道：使不得，使不得！諸君你道這是何人？原來就是梭晉比和漢+壽李一干人。當這些人被巡警拘獲的時候，漢城居民，個個憤怒，合城譁噪，謠言紛起，說梭晉比等就要定死罪了，有的說凡是急進黨，都要捕捉的了。許多散處的黨員，聞了這個信息，就急急的會集攏來，擁到理事廳去。那些人民，也抱著不平，都和黨員幫著，所以越聚越多，看起來似乎有千軍萬馬的聲勢。梭晉比看這情勢不佳，恐惹起暴動的禍來，連忙大聲喝止，這班黨員方纔住了聲響。那理事堂上的問官，見了洶洶的聲勢，早已魂靈兒飛去半天，把牙齒捉對兒撕打，半晌說不出話來。直到這許多的黨員，被梭晉比等阻住譁噪，方纔顫聲的說道：諸君且別……別要鬧，本廳自有道……道理。黨員道：什麼道理？問官道：是……，是……，是自有道理。黨員道：還不釋放他們麼？問官道：是……，是……，是……，釋放是釋放的。只是礙著皇上的命怎好？……黨員道：什麼皇上命不命，你們難道連審判的權，都沒有了麼？說罷，又要鬧起來。問官見勢力不敵，忙說道：限你們五天，讓我去奏陳罷。這些黨員，聽了這話，方纔慢慢地散去，專等著他的回話。到了第五日，又擁著大隊的人員，前去探問，恰早已把領袖十七人，如數放了出來，並謂政府將要實行新政，你們別要再鬧了。

　　梭晉比等就和好多的黨人，走了出來。到了機關部裡，一面要將黨眾暫時解散，一面就商議對待政府的方法。漢壽李道：實行新政四個字，不過是他暫時搪塞的話頭，我們不可不備個後盾。照弟的意見，還是把黨眾緩一緩再解散罷。王定方接著說道：照弟意也是不解散的為是。我們這次挾眾要求，政府雖然允許，也是面子上是這樣，他暗地裡的嫉惡，恐怕是了不得的。我們若是把全體黨員解散了，他又要捉捕我

們起來,便怎樣處呢?梭晉比道:屢次糾集眾人去挾制他,也不是個道理。什麼販夫會呀,秘密黨呀,都是政府的羽翼,他們開了一項額支,就好每年把這些會黨雇養過去。我們靠著黨員的飲助,湊不上五萬、十萬的經費,怎的好天天聚集過去呢?政府雖然現在退讓我們,到了我們沒經費的時候,他們就狠命似的來勸捕我們,那時只好直挺挺的受他們捆縛,不是平白地葬送了性命麼?嚴國柄道:照梭君說的,確也有理。但我們韓國的政府,生就一種頑梗的性質。你拘他不過,他就自由自在的因循過去,他拘我們不過,他就一口應承,把你哄得天花亂墜。到了沒事的時節,仍然守著他因循的宗旨,將來不知到怎樣地位啊。梭晉比歎了一口氣說道:只這因循兩字,就是亡國的根源。照這樣過去,恐怕橫也是亡,豎也是亡,我們枉費了這一番熱血呢。壽李道:別的且慢說,就這黨眾解散不解散的問題,先議定了罷。眾人都說不應解散,只有梭晉比和朴永漢二人,竭力主張解散。議了多日,終究沒有議決,那政府也沒有什麼動靜。

直過了兩個多月,梭晉比忽然患了咯血症候,朴永漢道:弟還沒有收功,梭君又犯了病,真是天厄英雄了。停了幾天,病情未見瘥來,壽李等都勸他回到美國去。梭晉比道:弟若去了,諸君仔肩未免太重。我想寫一信去,把家眷遷移到韓國來,不知可好?朴永漢道:婦女們沒男子陪著,遠涉重洋,很有些不便。這裡事有弟擔著,你只管回去罷。梭晉比聽如此說,沒了法,只得回去。次日就擔了行李,趁著美國汽船起程。壽李、定芳、永漢、摩天、國柄,和許多的黨員,都在碼頭送他的別,梭晉比又叮囑了幾句話,下船自去,這裡壽李等都回了轉來。

一天一天的挨過去,那政府竟沒有什麼新政辦出來,連章程都沒有訂過一件。朴永漢把黨中的經費一算,只剩了二千餘金,沒多少天可以開支,正自一人愁著,定芳、摩天、壽李等都走了進來,朴永漢就把會計報告了一遍,並說道:我們快把黨眾解散罷。摩天道:既已如此,照弟意索性鬧了一會子,再作計較,不知可好?壽李等似未有不贊同的意思,只是朴永漢一人不肯,說:國家的大事,那裡可以嘗試呢?正說著,那李士忠氣喘喘的進來,說是找梭晉比。朴永漢等接待進來,說道:梭君患了病,到美國去了。士忠道:患什麼病?朴道:想因思慮過度,患了咯血症了。士忠道:兄弟這回來此,專為貴黨的事務。政府自從貴黨挾制以後,說貴黨是個暴徒,天天派了樓昌善,在這裡探聽你們的消息。那一天他說貴黨裡一個重要的人物,不知到那裡去,這黨羽應該散了,就飭警兵持械勸捕你們。那曉得這警兵恰執意不肯,把佩著的徽章,擲到地上,說眾百姓的事業,就是我們的事業,眾百姓亡了,我們也亡。政府見這情勢不佳,忙飭外國將弁所教練的軍隊,出發勸捕。那軍隊就要出發了,貴黨須預備著纔好。朴永漢道:辱承關知,謹遵尊命。不知閣下現任什麼職司?士忠道:兄弟這會子已辭了職了,否則哪裡好把政府的事,告訴貴黨呢?說完,就辭別出

去。此間壽李等聽了樓昌善三字，咬牙切齒，非常的忿恨，就把他的歷史說了一遍。當下和朴永漢就急急召集了黨員，豫備抵禦政府。不一會，黨員都已到齊，備了軍械，單等官軍到來。等了好一會，官軍只是不來。仇摩天等得不耐煩了，就說道：我們到宮門去罷。眾人不待說畢，就齊聲道好，朴永漢無奈，只得一同走去。

不一會就到了宮門，那時宮門外也來了許多販夫黨，並外人教練的兵隊。兩方攻擊起來，這販夫黨見了槍彈，都一個個逃去。那官軍連槍都不會放，被自由黨蜂擁過去，陣勢已亂，竟殺了好多名的兵士。自由黨就乘勢闖入各處機關，把貪污的官吏，殺的殺，打的打，只是找不著樓昌善，只得回了轉來。正要重去叩閽，對面恰來了一人，面如灰色，狼狽不堪，見了自由黨眾，急回身向後，將要狂奔逃避。忽漢壽李大喊道：快捉樓昌善，快捉樓昌善！眾人聽了，倒呆了一呆，不知那一個是樓昌善。壽李急用手指著說道：這不是樓昌善麼！眾人看了，知道前面奔的，就是樓昌善，都飛也似的跑了過去，把樓昌善寬大的衣服，七手八腳的，扯得一片一片，如蝴蝶一般，在空中兒亂飛。那樓昌善見了自由黨，已是嚇得死去活來，不住的向自由黨討饒。黨眾道：哪個要你討饒！你乾的好事，現在也該知道本黨的利害了。樓昌善道：貴黨別要生著氣，兄弟再也不會開罪了。貴黨有什麼相委，只管叫兄弟做去，兄弟斷不會推辭的。快饒了我罷。黨眾道：什麼委不委。你這等的狗才，還什麼事配你做？你平日裡把我們的黨人，一個一個的，都殺死了，還要來殺我們麼？樓昌善忙跪到地上，叩了幾個響頭，說道：兄弟並沒有殺過貴黨的人，貴黨別冤枉著。貴黨都是明明白白的人，還是饒了兄弟罷。說罷，又叩了幾個響頭。黨眾見他齷齪非常，心中越發忿恨，就大聲喝道：狗才還說什麼，今天再也不饒你的。說著，就一刀閃去，樓昌善的頭，已滴溜溜的滾了好幾丈路。那些黨眾又把樓昌善的屍體，你一刀，我一刀的，斬得和糊漿一般。但見好多黨眾臉上，個個濺了些血，地上染了一地的血色，猶如暮春的時候，鋪了滿地的落花，紅洋洋的，煞是好看。

自由黨既殺了樓昌善，就一起趕到昌德宮的旁邊，預備和他們劇戰幾天，這守舊黨哪裡敢動彈一些。那時朴永漢推漢壽李走了進去，即求見韓皇，說自此以後，須竭力維持國勢，並秉著至公做去。韓皇聽了，著實嘉許。一班的黨眾，都非常的歡喜，以為韓皇自此以後，應該洗刷舊習，力圖自新的了，因此紛紛散去。當下就回到機關部裡，朴永漢就要將黨眾解散，壽李兀自執著不肯。朴永漢道：本黨為了這事，耗去經費，已著實不少，再如此下去，恐怕要支撐不住，便怎的好呢？壽李道：我們的章程，原自與國相終始的，若是不達到一定目的，這解散兩字，哪裡做得到？朴永漢道：弟所謂解散，並不是消滅的意思，不過暫時散去，省了些本黨的經費罷了，還有什麼做不到？那時雙方爭執，各持意見，都不肯相讓。就中定芳見了同黨相爭，恐怕鬧成惡感，就從中調停，說道：朴君顧全黨中的經費，是為著久長之計，漢君為著

強制政府，預備再接再厲的地步，都是為公，不是為私，且別要鬧了意見。依弟的愚見，這黨眾暫時解散，是依了朴君的主見，一有事故，依舊召集攏來，做了本黨的後盾，是依了漢君的主見。一面再籌集些經費，防著將來有不敷的地步。不知諸君以為如何？眾人聽了，都說既有王君酌中之策，也就照樣辦去罷。主意已定，當下便由漢壽李昐吩咐黨員等各自回家，那些領袖如王定芳、仇摩天、嚴國柄、朴永漢等，仍留在漢城，預備監察政府不提。

諸君，須知這自由黨勢力雖大，宗旨雖正，那些黨眾，起先恰都是無知的愚民，聽了他們的演說，附和攏來，並沒有什麼智識學問的。到了後來，受了黨中的教育，纔略略知道些國家的大義，和世界的大勢，而且學了些軍事，所以那些領袖對著黨員，猶如將弁對著軍士的一般，號令嚴密，不敢犯規的。這話在下的起先並沒表明，諸君不免要疑惑起來，說高高尚尚的黨員，怎的招之使來，遣之使去，這樣容易呢？現在既已知道這個緣故，在下的便好說到別的事情了。

單說守舊黨自從被自由黨戰敗以後，心中非常怨恨，巴不得自由黨人立時殲滅，纔好洩了他的憤氣。但沒法可想，只得在韓皇面前，飛長流短的，說自由黨的壞處，並謂自由黨存心叵測，圖謀不軌，要把大韓的國統，改做民主。因此韓皇就疑心起來，把新黨一概免職，舊黨一概引用，政令顛倒，朝臣龐雜，不多幾天，韓國的政府，又弄成了黑暗世界。到了一千九百零二年，日本見了韓國如此的腐敗，就和英國結了同盟的條約，把戰勝中國的賠款，擴充海陸軍備。那時日本國的名譽，早已轟動了世界。到了次年，那俄國要佔據三馬浦附近的地方，日本得了這個消息，狠命拒絕他，就和俄國開了一場大戰。一面撫慰韓人，說日本只要助韓國的進步，保韓國的獨立，並沒有什麼意思。日人在韓國的地方，日使約束得非常嚴厲，所以韓人見了日人，把從前的嫌隙，已一概忘卻了。那知到了後來，俄國被日本戰敗，日本的政策，就一步一步的強硬起來。

那一天，日本公使林權助，恰逼著韓國外部，訂立日韓的協約。韓國外部顏予休，本是個守舊黨的領袖，哪裡會抵抗一些？只得聽著日本的命令，訂了三條協約，呈給韓王看著。韓王看時，第一條，日韓兩帝國，因欲保持恆久不易之親交，確立東洋之平和，自後韓國政府，當確信日本政府，凡關於政治上之改革，有所忠告，皆聽從之；第二條，日本政府於韓國之獨立，及其領土保全，為確實之保障；第三條，韓國若遇第三國之侵害，或遇內亂，日本政府，可執行臨機必要之措置，而韓政府對於日本政府之行動，許以完全便宜行事之權。韓王閱畢，心裡雖然非常悲戚，但既已如此，也只得聽他做去。自此以後，日本進行的手段，就一步緊似一步，不多幾月，又訂了三條協約，把什麼財政權、軍事權、外交權，一古腦兒都委任了日人。當時朴永漢等得了這個消息，一個個的都發起憤來，到了這會子再也忍不住了。當下就派人四

面糾集經費，一面通知各黨員，此時暫勿聲張，擇定了一個日子，先在廣華門外一座廢園裡，開個大會。屆期各人到了那處，點過姓名，恰個個都到。朴永漢就把兩次的日韓協約，報告了一會，並痛哭流涕的，說了好許多時局危緊的話。摩天道：我們韓國，既已到了這般田地，鬧亂的也是亡，不鬧亂的也是亡。得能糾集大宗的軍費，我們就募集兵士，趕備軍械，不論老的少的，把政府裡的人，殺一個爽快。若是日人出來干涉，就和他們打個落花流水。雖未必挽回國勢，也好出一口氣，可不是好麼？壽李道：今天的會議，別的也不消討論，只是我們拚著死命和政府一戰，只有進沒有退的了。當時大眾歡呼，聲如雷動，當場約定日子，並在廣華門外一個草場上聚會，當下各各散去。

到了那一夜，月明如畫，萬籟俱寂。一大隊的自由黨，飛也似的向漢城走來。那時日本憲兵，已佈滿漢城，知道自由黨進來，就急急的出來抵敵。自由黨眾，見是日本的憲兵，就不管三七二十一，四七二十八，把槍彈不斷的放去，日兵也放將過來。十里之中，槍彈的聲音，接續不斷。不一會，那日兵愈聚愈多，但聽得前面一人呼道：不好了，不好了！不知為著甚事，且待下文說明。

第十七回　築商場廉價購地段　動公憤抗疏爭利權

話說自由黨和憲兵，正在酣戰的時候，忽聞有人大呼道：不好了，不好了！那時王定芳適在後面，聽這口音酷似朴永漢，因急急的擠開眾人，跑了上去，定睛看時，恰見漢壽李、仇摩天、嚴國柄三人，都被敵兵捕獲。眾人狠命似的搶了上去，恰被憲兵連放幾槍，中了槍彈，一個個都倒臥地上。定芳看勢不佳，就大呼一聲道：快殺賊！那時眾人又擁了上去，無奈槍彈早已用完，只得短兵相接。敵軍不住的殺來，眾人知勢不敵，徒戰也是無益，忙回轉身來，向後亂跑。定芳、永漢，見眾人逃了，勢孤力竭，只得退了下來，一塊兒逃去。那時後面的槍彈，兀自雨點般的飛來，幸虧沒有著身。跑了一會子，纔到了一個古廟。這古廟離漢城十幾里，地方甚是寥落，當下就在廟裡暫歇。王定芳道：漢君等入了虎口，生死尚未可知，那機關部想早已封禁，委實是英雄的末路了。朴永漢道：這許多的黨眾，現在已死去大半，那槍械、子彈，也弄得一些兒沒有膛。不但沒面目見江東父老，就是梭君的面上，還那裡對得他住呢？那時二人相對，你看著我，我看著你，看了好一會，那兩雙眼睛，都簌簌的流下淚來。朴永漢道：我們現在，既已到了這般田地，待再要起事，勢不能不另起爐竈，再糾集些黨員，籌集些經費，纔好發動，這會子只得暫時解散罷。王定芳道：我想解散的容易，聚集的艱難。這裡有個培方學校，弟有個朋友叫做李宗說，在這學校

裡面，他是個熱心腸的人，弟和他商量，就在他學校裡面，做個機關，再沒有不允許的。不知朴君以為如何？朴永漢道：既如此說，我們就一同去罷。說畢，二人就一面吩咐黨眾，暫時歸里，一面就向培方學校走來。李宗說適在校內，見朴永漢等進去，忙來迎接。當在會客廳坐下，定芳把朴永漢和李宗說，雙方介紹畢，就將剛纔說的事情，和李宗說說了一遍。李宗說果極贊成，並謂本校學生都願入黨。定芳道：機關既在這裡，朴君就在這裡住著。那些外面的事情，都由弟做去罷。說了一會，李宗說就整理一所房子，係在學校的後面，共有三間，雖不甚大，恰極雅潔。當下朴永漢和王定芳走了進去，把各種文書、簿冊，從新補造，新入黨員，都簽過了名。一面由朴永漢坐著辦事，一面由王定芳往外糾集黨員，籌畫經費。

恰說那一天，王定芳氣喘喘的，由外面進來。朴永漢見了，倒嚇了一跳，說道：王君又害著甚事？定芳道：不好，不好。朴永漢道：什麼不好？定芳道：這事連說都說不來，說起來簡直要氣死的。那日人自被我們反抗以後，雖然打了勝仗，恨我們恰了不得，昨天竟把漢⋯⋯，說至此，聲音頓時止了。朴永漢看時，見定芳的眼睛，兀自流著淚不止。朴道：王君，快說罷。你究竟是哭甚的？難道風信不好麼？定芳繼續說道：昨天漢君等已受了死刑了。朴永漢道：真⋯⋯真的麼？定芳道：有什麼不真！朴永漢聽了這話，當時就放聲大哭起來。李宗說聽了哭聲，急從前面跑來，忙問何事。定芳就把方纔的事，講給他聽，李宗說也免不得歎息了一回，一面勸慰永漢。永漢纔住了哭。定芳道：還不止這一樁事呢。李宗說道：還有什麼事？定芳道：日人和我們打了一會，未免有些損失，他就把這項損失，向我們政府來索賠償。李宗說道：不知要索些什麼，有沒有條款呢？定芳道：有個日人，叫做長森籐吉，以私人的資格，要壟斷朝鮮全國的荒地，苦沒這個方法，他就向日公使處去運動。日使趁了這個機會，以為我們政府沒有不允許的，就答應了他，忙把這墾荒案，要求我們的政府。我們政府，這會子畏怯日本，差不多已達到極點，見日公使把此案提出，早已噤若寒蟬，哪裡還敢抵抗一句呢？朴永漢道：這條件你有沒有看見過？定芳道：看是沒有看見，只聽得人家說，第一條是說韓國的土地，無論官業、民業，凡未經開墾的地方，都由那長森氏備著資本從事開墾。李宗說道：這已不好了。我國民業、官業的荒地，差不多居了全國的大半，都給他開墾，就是把國家送給他了。朴永漢道：那第二條呢？定芳道：第二條倒已忘卻。第三條是說開辦五年以內，不納租稅。五年以後，若是所經營的事業有利，就和別的土地，納一般的租稅。朴永漢道：有利沒利，有什麼證據，都是說說罷了。定芳道：還有第四條咧。他說這個約，從經營的事業，完成後起算，到了五十年為滿期。滿期之後，商議再續。李宗說和朴永漢都說道：這個條約，政府既然不能抗拒，我們這會子，又沒挾制他的勢力，難道坐視了不成？李宗說道：我們幾個人上了一道抗疏罷？王定芳道：真是沒用的了。我們前次為著梭君免了

職，也曾上過一回書，他非但不來聽你，并且說我們是個亂黨，妄干朝政呢。朴永漢道：這等事無論有效無效，畢竟沒什麼處分，就何妨做做看。定芳道：這原不妨。說畢，永漢就拿起筆來，做了一紙抗疏，道：

  韓國地形，山多野少，環海三千里，山澤居三之二，凡此山澤，皆荒蕪地也。今乃一舉而割國土三分之二，予諸外人，天下可駭之事，孰有過於此者？且以日本人言之，二十年來，號稱扶我國家之獨立，助我領土之保全，今茲憤強俄之侵略，動全國之師團以爭之，其以信義自暴於東洋，非一日矣！今以義始，而以利終，名實相悖，情偽互眩。臣等以為此蓋起於一二商民之私見，有利可圖，遽萌貪志，在日政府中老成謀國者，未必弁髦信義，至於若此者也。今若束手聽從，則割肉飼虎，肉有盡時，而虎之欲無饜期也。臣等誠不忍見祖宗之疆土日蹙，不忍與賣國之徒，同立於陛下之朝廟也云云。

  李宗說誦讀一過，說道：慷慨激昂，聲淚俱下。政府見來，若仍置之度外，真是孺子不足教了。定芳道：李君服過官職，且並沒有犯過政府的忌，應該列在第一名，我們且把名字換了，充了一個紳士罷。朴永漢道：我雖然也服過官，現在恰和政府反對，取隱於箕山之陽的意思，就叫朴箕陽也好。定芳道：我改了一個王安芬，不知可好？李宗說道：這些名字，不關得失，這樣也好，那樣也好，也不必多斟酌了，就算了罷。說畢，當由定芳謄好，著人送到漢城。

  這裡朴永漢等，又議了些善後的事。李宗說道：這事單靠著一紙空文，再也沒用，我們還須結成一個團體，專做這事情呢。朴永漢道：話雖如此，只是同志甚少，奈何？李宗說道：本校的全體職員和學生，都可加入，約有三百餘人。這裡附近的有個學校，叫做漢語學校，他專教漢語的，有個校長姓申，名喚希珍，和弟極要好，他們全體職員和學生，也不下二三百人，一起合攏來，也就有六七百人，派往各處運動，已足足夠用了。朴、王二人，非常歡喜。

  到了第二天，剛是星期，三人就走了過去。這漢語學校，係在天洞一帶，離培方學校，約十里左右的路。這培方學校所在的地方，原名鐘路，卻在漢城西門外。當時三人，進了校門，把名刺交付門房，囑他遞去。不一會，那申希珍已在客廳相候。三人走了上去，各各酬應畢，就一同坐下，李宗說就把這事一五一十的，說給希珍聽著。希珍道：兄弟早已聞得貴處，做了自由黨的機關，本擬來走一遭，只因職務繁冗，脫身不得，所以天天遲著。今既閣下等到此，兄弟再沒有不贊成的，就在今天下午，在這兒開個會罷。宗說道：這更好了。朴、王二人，也都贊同。那一天下午，就在漢語學校，開了大會。一時會場中，除了學生以外，到者尚有五六百人。當時年事最高的，算是這位申希珍先生，就推他做個臨時主席。這希珍先生，當下跳上主席位子，就對眾說道：今天這會，第一椿應議的，就是會名。不知諸君，把這個會定了什

麼會名。當時起立說的,約有五六個人,有的說土地維持會,有的說不如叫做排日會。朴永漢道:依弟的意見,這個會莫非是維持我國獨立的資格,不如就叫做獨立協會罷。當時王定芳、申希珍、李宗說都表贊同,就定了這個名目。第二樁舉個會長,當時一千餘人,個個都投了票,待揭曉以後,那會長仍是申希珍。申希珍推辭道:兄弟雖忝長幾歲,自知才識淺薄,萬不能肩此重任。朴君學問德行,久所仰慕,兄弟哪裡敢僭居呢?朴永漢道:這會子不是推辭的時候,申先生別再謙虛罷。這時定芳、宗說等,均起立勸著希珍,別再推辭。希珍無奈,只得承認,當下就對眾說道:兄弟既已謬承諸君辱愛,舉為會長,將來對於此事,誓以死繼,冀不負諸君的盛意。但今天須籌議個抵制的方法,纔好進行。永漢道:古語說得好,人必自侮而後人侮之。日人之要求我們,總是我們自己的不好,這許多的荒地,我們韓人自己不去開墾,自然人家來開墾了。現在既然要想個抵制的方法,第一先要自己集資墾種,纔好拒絕外來的人。定芳道:朴君的議論,確是不錯。只是這許多的荒地,要開墾起來,需好多的經費,恐怕言之匪艱,行之維艱了。希珍道:這事只有運動政府裡面的大員,合力提倡,還辦得到。兄弟有個朋友,叫做朴陽圭,現在宮內省做個大臣,就由兄弟專書去懇他,不知如何?眾人都道:極好。就此決議,希珍宣告散會。不一會,眾人都各各散去。希珍忙寫了一信,把組織墾荒團的事情,告知了朴陽圭,一面就和朴永漢等談了一會。那時已是下午傍晚,朴永漢等辭了出來,回到培方學校不提。

　　單說宮內省大臣朴陽圭接了申希珍的信,展覽一過,忙和尚禮院卿金相煥、中樞院副議長李道宰等籌商,金、李二人都表同情,說:墾荒團尚不如農礦會社較為確當。陽圭亦以為然,當下三人就做了首領,定了一部章程,號稱糾集資本一千萬元,分做二十萬股,每股五十元。那些股東,只有朝鮮人可以做得,別國的人不能入股。那經營的第一著,就是開墾荒蕪,若是開墾了,這全國的荒地,都歸該會社占有。這章程散佈以後,全國韓人,個個要想入股,一時舉國若狂,沒一個不說道是樁好事。那知到了後來,官紳倡之,政府贊之,百姓們一個個的都冷了下來。組織了幾個月,除了發起人的股本外,沒有一個人來投股的,不到半年,就此解散了。唉,在下的講到這裡,又要想起我們中國來。那一年湖南省的人民,為著挽回礦權,紳士、百姓們,集議開會,忙個不了,要想辦一個礦務總公司,連章程都已訂好,到後來終究辦不成功,不是和這事一樣的麼?所以外國人說我們這種舉動,叫做滑稽政策。滑稽政策的意思,猶如和孩子們的頑耍一般,起先非常的高興,到後來連人影兒都不見。大凡將亡的國家,都有這種笑話,皆因國民沒有毅力的緣故。

　　閒話少提,且說農礦會社,既然有始無終,自然惹起日人的譏笑來。偏是韓人好鬧閒氣,見著日人嘲笑自己,就天天集會,處處演說。除了獨立協會以外,還有什麼保安會、興國協會、一心會等名目,所至號召會員,切齒裂眥,喘汗奔走,出沒平

安、咸鏡兩道的地方，有的切斷電線，有的拆毀鐵道，幾乎和發狂的一般。日本人見了這種情形，知道韓人並沒有什麼實力，就一面由公使威迫要求政府，一面由駐紮的軍隊，實行軍事政策，把全權委了他司令官原口氏。但他處置韓人的手段，恰非常的嚴密，第一樁就是捕縛會黨的首領。這各命令一下，除了獨立協會以外，那些興國協會、一心會等，都害怕起來，急急的把會解散。保安會雖然稍稍強項一些，那會長元世性等，都被他捕獲了去，並負褓商的首領叫做吉泳洙、內官姜錫鎬等，也捉得一個不留。第二樁就是禁止集會自由，把妨害治安的四字，做個名義。凡是韓人新立的會黨，一概都歸解散，並不許在韓京地方聚集演說。第三樁就是束縛出版的自由。那時韓國有《皇城新聞》和《帝國新聞》兩種，雖然沒有什麼價值，也算是輿論機關僅存的碩果，恰天天都要把這新聞紙，呈給日本的警官，檢閱了一番纔好發行。書肆裡的《大韓中興策》、《獨立要論》等書，都禁止發行。從這種命令宣布以後，各地的會黨，解散的解散，消滅的消滅；熱心志士，逮捕的逮捕，逃避的逃避。舉國上下，肅然無譁，幾乎和沒有血氣的一般。

那時漢城西門外鐘路的地方，恰有一秘密會黨，人不知鬼不覺的在僻靜所在，竟運動了好多的黨員，籌集了好多的經費，要待發作。那黨長申希珍恰和朴永漢二人，靜俏俏的，在一所房間裡，長吁短歎的講話。申希珍歎了一口氣，道：唉，朴君，大事去了，我們再沒有葬身的地呢！朴永漢道：外患一步緊似一步，我們做事，也一步難似一步。這會子已要禁止集會了，將來還哪一個敢抵抗呢？我們的難處，就在這死又死不來，活又活不得，為什麼呢？貪生怕死，非但不是我們的資格，就是許多的亡友，也著實對不起他！但若死了，我們韓國中，再求我們一樣的資格，還有幾個人？不是白死了嗎？希珍道：這個自然。不過這會子只得我盡我心的做去，所謂盡瘁鞠躬的，也是吾輩的本分。到了時局十分緊急、萬萬非吾輩所能挽回的時候，那時我們就拚個一死，做個驚天轟地的事情，一則替自己留些名，二則為國家死了難，那時仰不愧於天，俯不怍於人。就是以前的沈、柯諸君，以後的漢、仇諸君，當也不會對他不住了。永漢道：說到我盡我心，我們自己想來，倒並沒有什麼慚愧，只有一樣，大凡國家，到了非常危急的時候，猶如患病的一般，任服什麼藥，終究是好不起來。那病還沒利害的時候，看看情形，倒還好挽回，只為了東牽制著，西牽制著，要做的做不來，失了這個機會，真是可惜！二人說著，那王定芳走了進來，恰從袋中掏出一封信來。朴永漢看時，恰是梭晉比寄給他的函，面上還寫著大至急三個字樣。不知其中何語，且待下文說明。

第十八回　兵隊示威盈廷吊胆　相臣抗議奸賊消魂

話說朴永漢接了書信，見上面寫著大至急的字樣，就急急的拆了開來，大意謂別來許久，友朋半登鬼錄，而奄奄一息之祖國，卒未因之而稍有生氣。每一念及，輒為流涕。不知近狀復如何，仍希有以示我也。弟蟄居費拉德費亞城，養疴經年，未獲少痊，深以拋棄國民天職為愧，起衰扶弱，胥有賴於諸公也云云。朴閱畢，問道：這裡地址，梭君怎能知道？這信是從哪裡來的？定芳道：近日戒備雖嚴，幸郵局取締尚寬。弟適纔在漢城閑逛著，見郵差投一函到我們機關部去，弟就接了過來，逕行到此。朴道：這真是極好的機遇，不然就白費了梭君的心思了。說罷，就寫了一封回書，交到郵局，把近事一五一十的告訴了他。

原來梭晉比自從別了朴永漢等以後，就在費拉德費亞居住，一面就請洛克遜博士醫治。無如梭晉比的病，為著憂慮過度，內部受傷太重，一時竟不能治愈，所以時好時歹的，終究強健不來。平日裡雖也和朴永漢等通幾次信，畢竟路隔萬里，不能時時往來。那一天早晨起來，覺得精神略爽，拿了一張西報，隨意披覽，裡面恰記著韓國危迫的情形，猛然想起朴永漢那一干人，不知現在怎樣，待要問過消息，就拿起筆寫了這封信。直至隔了兩個月，纔接著朴永漢的答書，知道漢壽李等又遭了慘死，心中好生悲悽，不免又下了幾點傷心淚，只恨著自己害了一身的疾病，不能前來扶助，只有時時歎息而已。

這日病又加劇，因又往洛克遜那邊去。這洛克遜係一個多年的名醫，門庭如市，見梭晉比進去，忙請他坐下，並提前替梭醫治診察。既畢，就調劑些藥物，給梭服食。梭晉比接了藥物，就在一處暫憩。不一會，洛已把許多的病人，一個個替他醫治過，對梭晉比說道：梭君，你可知貴國的近事麼？梭道：前幾天在報紙上略略寓目。洛克遜道：報紙上載的，大概都是平常的事情，僕昨天知道的，恰並沒有在報紙上見過。梭晉比道：什麼事？洛克遜道：唉，這事說來，敝國著實負了些慚愧。當一千八百八十二年的時候，貴國和敝國訂的條約，曾說明凡外人有凌滅韓國的，由敝國出面調停。現日人要把貴國的行政權奪了過去，貴國的皇帝，派了一個顧問官，叫做赫爾巴達，這人也是美國籍，航海向敝國求援。赫到了這裡，就去謁上院的議員，把來由說了一遍。議員道：你為的甚事？莫非要我們美國和日本搆兵，去保全韓國的自由麼？這哪裡做得到？赫爾巴達一面又呈了國書，和政府籌商，政府執意不允調停。赫爾無奈，只得回了轉去，現在不知怎樣了。這事我們美政府，還守著秘密，並未發表。梭君，這不是可歎的事麼？梭晉比道：閣下哪裡知道的？洛道：赫爾巴達，是僕少年時的同學友，他和我說的，並囑我除知己外，暫勿宣飾。梭道：閣下知道這事的詳情麼？洛道：赫和僕說的，語極簡單，緣他匆匆就道，所以未及細談。梭晉比聽

了，歎了一口氣說道：一個國家，須在自立，若是不能自立，就使有別人的實力扶助，也是沒中用的。敝國到了這般田地，都是因循苟且，不能自立的緣故，怪不得人家要凌侮進來。談了一會，梭就別了洛克，回到自己寓中，心裡想著，我來這裡養病，起先不過要把這身子養好了，纔好担當國家的事務。如今據洛克說的話，韓國簡直是要亡了，那麼我還留著身子做甚？想到這裡，就打定主意，決意要赴韓國。

那梭晉比的夫人，原係一個美國的高等婦女，叫做麥利華，見梭晉比要回韓國，他決意不允，一面流著眼淚，一面靠著梭晉比的肩說道：郎呀，你真的要去麼？你為著祖國危殆，自然該盡你的天職。但你病還沒有愈，哪裡禁得起這個勞苦呢？梭晉比道：男兒以身許國，連生死都管不來，還管著什麼勞苦？麥利華聽了這話，益涕不可仰。停了好一會，纔說道：郎呀，你難道沒有愛妾的意思麼？妾和郎十幾年的夫妻，伉儷的感情，要算是世間沒有的了，難道就拋棄了不成？梭晉比聽到這兒，畢竟英雄氣短，兒女情長，把一腔熱血，不免漸漸冷了下來。仔細一想，呸！堂堂的男子，怎的被一個女子束縛著！就對麥利華說道：僕不是不愛憐卿，但是愛憐祖國的意思，還要比愛卿來得利害，只得把愛卿的情暫拋棄了。麥利華說道：唉，天呀！你怎的不保佑韓國？弄得這樣兒的危險呀！你就使不保佑韓國，也應該保我的郎啊！說罷，又嗚嗚咽咽的哭起來。那梭晉比一面勸慰他幾句，一面定個日子，就將起身。不意老天多情，果然從了麥利華的願，那梭晉比的病，竟驟然利害起來，睡在牀上，連坐都坐不起。心中想著這會子韓國不知又怎樣了，西報裡總該有些說起。只是精神恍惚，又看不來報，好生煩悶。麥利華道：郎，別要煩悶了，只管養著身子罷。梭晉比兀自胡思亂想，直過了兩三個月，纔慢慢的瘥起來。麥利華道：這裡都會熱鬧，空氣腐濁，我們不如往海濱暫住幾月罷。梭晉比極形贊同。夫妻二人，就此到了離費拉德費亞城十幾里的地方，叫做亞特村，距海較近，有時海風習習，吹向襟袖，覺得天高氣爽，別有天地。那梭晉比的病，竟一天好似一天，一連住了一年，梭晉比的病，竟一些兒都沒有了。

有一天，忽聽見美國人說道，韓國早已滅亡了，梭晉比詫異非常，心裡暗想，我們韓國難道就亡得這樣的快麼？當時就買了一張西報，瞧瞧亞東的情勢，詎意不看猶可，一看以後，那梭晉比竟跳了起來，連連呼道：天呀！天呀！我們韓國的命運果然完結了嗎？否則為什麼無端的把皇帝讓了位呢？一面想著，一面就決了主意，定要赴韓。麥利華知這遭兒阻他不住，只得隨他同去。當下就把緊要的行李，檢點一過，趁汽船向韓國進發。

沒有幾天，那汽船已到了韓國。梭晉比先租了一所房子，給麥利華住著，一面就向西門外鐘路的地方，找那自由黨機關。不意到了那處，並沒有自由黨的機關。培方學校裡面的教員，哪一個認識？問他緣故，他們說早已消滅了，再問詳細時，連理

都不理。梭晉比沒了法,只得回了轉來,到了自己家裡,一個人坐在房間裡,只是疑怪。轉念一想,我何不向外面去打聽打聽呢?想定之後,一面就在門首寫了梭寓字樣,以便幾個老友,或者看見了,好進來敘會,一面自己往外面去探聽消息。剛在途中走去,後面恰有一人呼道:梭君,你哪一天到的?梭晉比回頭看時,恰是個王定芳,就急急的跑了轉來,說道:弟到這裡,已有好幾天了,只是找不著自由黨的機關,不知現在又有什麼變故沒有?說著,看定芳顏色,非常的憔悴,那面上恰新留了一個疤痕。但聽定芳說道:這事說來很長,不知閣下住在何處,就在那邊去講話吧。梭晉比聽如此說,就邀了王定芳,到得自己家裡,看時已向午,就備了些菜,並韓國的上等酒,請定芳吃飯。

舊雨重逢,敘些契闊,梭晉比急於要曉得自由黨一段歷史。定芳道:唉,自從閣下去後,不知又經了多少變故,死了多少同志呢!梭晉比道:漢、仇諸君之殉難,弟早已知道了。定芳道:不止這幾個人。梭道:難道還有別的麼?定芳道:待弟細說一遍就是了。去年十一月裡,那日本的皇帝派了一個特使,叫做伊藤博文,帶著他君主的御書,到我們韓國來,說我們皇上無論什麼事情,要和他商議著,纔好做去。那伊藤到了韓國,就開了幾許的條款來,要求我們的皇上。梭晉比道:這條款西報上也略見過,大意說是韓國的外交事宜,和保護韓人的事務,都給他管理。從前韓國派出到各國去的領事,一概召還,是不是這樣?定芳道:還不止這兩樁事情呢。他說要整理韓國的財政,把韓國的軍隊縮小,纔好省些經費。又把別國的顧問官,一概黜免,單用著日本的顧問官。一起有二十五條,這幾條是最重大的了。梭晉比道:看這條約,財政、軍政、行政的權柄,都已被他奪了去,簡直是亡國了,怎的政府這樣的黑闇,就許了他?定芳道:起先倒並沒有許他。他來見我們的皇上,皇上就對他說道,近來報紙紛傳,說日本要收韓國做保護國,朕當時道是個謊話,因日韓訂的條約,原說日本保全我們的自由。日俄購戰的時候,日皇也曾說維持我們的獨立,所以朕信仰貴國,非常的堅確。待日皇派了閣下做個專使,朕心中異常的歡喜,以為日本和韓國的友誼,將來越發親密了。不意閣下把這條件,前來要求,朕委實駭詫起來,難道從前的協約,就沒有效力麼?伊藤答道:這項要求,並不是外臣的本意,不過奉著政府的命令,和陛下商議。若是陛下把這條款,一一承認了,那就是兩國的幸福,將來就好保全遠東的和局。乞陛下三思罷。皇上道:我們祖宗的成法,國家有重要的問題,朝廷不能專斷,須要和臣民商酌,待意見一致,纔好施行。伊藤說道:國人若有抗議,壓抑最為容易。陛下須要顧念邦交,從速決斷。皇上道:朕若把這條件承認了,那國就亡了,朕寧死不願承認的。彼此的對答,過了五小時,終究沒有定奪。伊藤沒法,只得再去見那各部大臣,約各部大臣到日使館開個會議,各大臣都抗拒不允。伊藤道:日本所以提出這個條件,原有兩種的緣故,其一日韓倘然聯合,那亞東的和

平，就可以永保了；其二遠東各國，結了團體，纔好拒絕白人的侵犯。各大臣終不肯允許。到了次日，伊藤又邀了各部大臣，說要覲見韓皇，開個御前會議，各大臣也就答應。當時日本的陸軍，早已在宮門的外面，做個示威運動。到了晚上，日兵都荷鎗入宮，伊藤和日軍總司令官，一同進見，各部大臣也紛紛到來，日兵排著隊在外面守候。當時就在皇上處，開個會議。伊藤道：這些小事，為甚麼費了這許多時日，還不承認呢？各大臣道：這是國家的存亡關係，怎的說是小事？伊藤道：就是不承認，難道就不會亡麼？各大臣聽了這話，都不免害怕起來，知道日本把武力做個後盾。且當時有這許多的日兵，守在宮門，猛想起一千八百九十五年的時候，有好多的日兵，在宮外嚴守，那武士就入宮弒了寢宮，就覺得不寒而慄，莫非這會子又要遭那慘劫麼？梭晉比道：後來究竟承認沒有？定芳道：議了好幾天，終還沒有承認。各部大臣一面就向各國的公使，問個計策。各公使都說這事係遠東的問題，我們哪裡干預得來？況且我們的意思，都是要保全遠東的和平，這話又哪裡向貴國政府說得出呢？各大臣知道各公使都做了壁上觀戰的人，韓國更勢孤力竭，不免個個自危。那一天又在一處開個會議，伊藤兀自把保全和平的門面話，說個不了。那顏予休恰立了起來，說道：日本人向我國要求的，也不止一次了，哪一次不是照數承認？這會子倒堅執不讓，畢竟有什麼好處呢？那時有個首相，叫做漢喬叔，從座中……，話還未完，梭晉比就搶著說道：首相不是李完用麼？怎的說是漢喬叔？定芳道：唉，我國的政府，朝令暮改，還說什麼首相？自從外患迭乘，一月裡換了三個首相，有什麼希罕，到後來幾乎做個定例了。那李完用自從本黨反對政府以後，都說他辦理內政不好，就逼他免了職，給漢喬叔任了這個職司。這漢喬叔倒是一個骨鯁之臣，從沒有媚上欺下的惡德，而且總理國務，精密得非凡。若是給他做下去，雖然一木難支大廈，畢竟比別的要好得多咧。那日人嫉他不過，就把他謫戍到遠地去，首相一席，如今又讓了李完用了。

　　梭晉比道：你說了半天，只是說漢喬叔，這漢喬叔究竟如何對付伊藤，快請說來罷。定芳道：漢喬叔當時從自己的座中，跳了起來，堆了滿臉的怒容，厲聲罵道：何物奸賊，敢賣你們的祖國麼？各人看時，只見他面上恰是怒得通紅，那眼眥已是七裂八裂的嚇死了人。說畢，一動不動的，定了睛，看著這顏予休。顏休予見了這個形狀，幾乎把胆都嚇碎，連頭都不敢抬起來。別的廷臣，也你看我，我看你，聲息一些兒都沒有。停了一會，那漢喬叔纔離了座位，惡狠狠的說道：我就要入觀去面奏了。那時日人也並不阻他，漢喬叔只管一路走去。到了半途，恰有一個人，自後面追來，不提防的把漢喬叔摔了轉來。漢喬叔抬頭看時，不是別人，恰是日使館裡面一個書記。漢喬叔道：你摔我做甚麼？書記道：並沒甚事，不過和你談談罷了。漢喬叔道：還談甚麼？書記道：僕有一樁緊要的事情，必須和閣下面說呢。漢喬叔不得已，也就跟了他來到了日使館裡。書記道：這是秘密的事情，這裡講不來話，我們且到裡面去

罷。漢喬叔知道事情不好，無可設法，只得又跟了進去。到了一個極靜僻的房間，問他道：閣下真個要抗拒麼？漢喬叔道：這些事麼，何必定在這裡講著？無論在哪一處，僕終是不說承認兩個字的。正講著，那伊藤也進來了，就在一處坐下，問漢喬叔道：閣下還敢說奸賊兩個字麼？漢喬叔道：是奸賊總說他奸賊，不是奸賊怎的好說他？僕是祇知嫉惡如仇的，倒任便怎的都不怕。伊藤道：若是貴國的皇帝，要閣下降服，閣下便怎樣呢？漢喬叔道：就使皇上允許，僕也萬不承認。伊藤見喬叔這樣的強項，就把喬叔閉在這靜僻的室內，一面就自去進見皇上，說漢喬叔是一個奸賊，須聽他不得。皇上道：無論他怎的說，朕祇是一個主意。那時大臣都重新進來，有的說首相被戕，有的說並沒被戕，不過留在日使館裡罷了，議論紛紛，莫衷一是。那日人因漢喬叔已閉幽室，聲色越發厲惡，說能從的，就好永保富貴，不能從的，都要定他死刑了。各大臣沒了法，只得一一承認。梭晉比道：難道除了漢喬叔以外，就沒一個有氣節的麼？定芳道：有是有的，外部大臣朴齊純，才學優裕，算是朝廷的魁首，到了這時，也沒了法，只得隨了眾人，承認了他。梭晉比道：弟久別祖國，消息竟一些兒都不知。那朴齊純既然做了外部，這顏予休又做什麼？定芳道：顏予休調到吏部去了。梭晉比道：怪是怪不得他的，畢竟時驅勢迫，無可奈何，只得如此。若是始終不承認，祇有一死以報國家。否則兵力又敵不他來，哪裡拗得他過呢？定芳道：這朴齊純後來是照著閣下說的做去。梭晉比道：既然死了，當時不應降服。既然降服，怎的還會死呢？定芳道：當時朴齊純議畢，走了出來，到宮門外，眾人都罵他做奸賊。到了十二月六日，朴為著一事，到宮內去，守兵都要把槍擊死他，他就逃到日本使館裡，向日使說道：僕今得了賣國賊的惡名，都是貴國賜給我的，現在也不要苟活了。說罷，就拔刀自刺。梭晉比道：可兒，可兒。正說著，外面忽有一人進來，不知來者何人，且待下文說明。

第十九回　托言保護日相宣猷　密使偵知韓王遜位

話說王定芳和梭晉比二人，正在談話的時候，忽然有一人進來，王定芳抬頭看時，原來就是李宗說。王定芳道：李君怎的知道弟在這兒？李宗說道：弟並不知道，不過見門首寫著梭寓二字，問諸鄰舍，說就是晉比兄。久慕德音，特來謁見，望梭君勿以唐突見責。王定芳就替二人介紹，一同坐下，說道：王君，這幾天消息又不好呢。梭晉比道：什麼不好？宗說道：梭君沒有看見今天的報紙麼？晉比道：沒有。宗說道：今天報紙說日本要提出什麼合併案來呢。定芳道：這事可是實的麼？宗說道：實不實雖不曉得，只這日政府恰已有這個議論，恐將來要成了事實哩。梭晉比道：他

事且慢提著，剛纔王君說的事，還沒完哩。定芳道：只是對不起李君，請暫時坐著。李宗說道：講的什麼事？難道弟就聆教不來麼？定芳道：講的不過是本黨的痛史，閣下知道的，還聽什麼呢？當時宗說聽了這話，就拿了一本日文的韓史，躺到榻子上去看。這裡定芳就接續說道：當時新訂條約，既已承認，日人就諭令我們的外部大臣，把國璽進呈，說條約既成，勢不能不用國璽。哪裡知道這掌璽官，異常的強項，說這璽奉了朝旨，哪裡可以輕授？伊藤沒了法，只得著個專人，向掌璽官處，把國璽奪了過去，雙方簽過字，纔把漢喬叔放了出來。那時合城人民，個個忿怒，群聚鼓譟。當有政界的鉅公，和起先歸隱的卿相，約莫有二三百人，都向宮廷要求宣告反對新約，並把締約的各大臣，處以死刑。皇上沒有允許，他們堅執不去。日本的憲兵，看這情形，恐怕鬧了亂子，忙把為首的幾個人，捕捉了去。漢城人民，越發憤恨，竟把城裡城外的店鋪，都罷起市來，足足罷了三數天。皇上當下了一道詔旨，說國事雖急，前途的希望，未必全然沒有的。一面由日人，把叩閣的人，拘捕的拘捕，驅逐的驅逐，眾人方纔散了開去。就中有姓閔的，名喚泳煥，知國事再沒挽回的機會，就引刀自裁了。梭晉比道：起先承平無事的時候，當然是上下酣嬉，沒有把韓國中興起來。現在到了這般田地，還有什麼希望？

　　定芳道：後來還要不好哩。自此以後，政府裡的大臣，纔知道反對日人，一個個的咬牙切齒起來，就是皇上也竭力反對。偏是那些奸民，結了一個團體，叫做一進會，天天煽惑愚民，說皇上怎樣的不好，偌大的一座昌德宮，說是遠東荒淫的地方，到後來還說皇上懷著歹意，要著人去刺伊藤博文。因此伊藤時時防備著，約束皇上，非常的嚴酷。把宮內的守兵，一概撤去，派日本的巡警，來替代他們。至侍衛內監，早已驅逐得乾乾淨淨。那往來宮內的人，拿著護照，纔好出入。

　　這時皇上靜悄悄的住在宮中，舉目無親，好生悲切。那一夜，月明如畫，銀河似洗。皇上一個人坐在寢殿，那時秋風颯颯，庭前的樹葉，都受著風力，鳥鴉似的，一陣一陣向地上亂飛，不免撫今思昔，觸動了舊情。想這兒地方，從前如何的熱鬧，如何的繁華，到了現在，竟弄到這樣的寂寞，這樣的淒涼。十年以來，滄桑頓變，只這殿前的老樹，倒照例每年落些殘葉，和從前並沒兩樣。想到這裏，眼眶就流出淚來。回頭看時，只有兩個宮女，在那裡打盹，再沒有什麼人伴著，心中越發悲傷。想天時尚早，一時也不能成寐，就命宮女端上酒來，澆澆胸中的磈磊，彷彿吳國的孫皓，月下獨酌，愁中尋樂哩。那時皇上擎著玻璃杯，向天問道：天呀，你放出這月亮的光明來，分明是個圓滿無缺的意思，怎的弄得大地的山河，破碎零落，難道還算是個圓滿麼？既然算不來圓滿了，怎的又擺出團團的樣兒來，難道不知這裡有個愁人麼？唉，想是我們的韓國，還有個好日子呀！但是到了這個情狀，哪裡還恢復得來？若是恢復轉來，那就是老天憐憫朕的意思呢。一面說著，一面連飲了幾杯，已是醺然醉去。宮

女們忙扶了進去,睡在牀上。但皇上的意思,還狠命要把韓國的主權,回復轉來。所以到了次日,暗中召了赫爾巴達進來,對他說道:一千九百五年十一月的條約,朕當時並沒承認,實是幾個部臣的不好。但各國哪裡知道這個情節,朕想把這層的意思,告訴了海牙平和會裡,那海牙平和會,自然向各國聲明原由,或者各國都遣使到韓國來,責令日本交還主權,那就好了。但這個事情,非有卿同去不可。赫爾道:臣前次為著日人凌侮韓人,奉命赴美,美政府置之不問,恐怕這會子去,也得了這個效果,不是白走了一躺麼?皇上道:無論有效沒效,你只管前去就是。若是沒效,也只好聽之天命了。赫爾奉了命,就和三個密使,到海牙平和會去。果然海牙平和會裡,竟把這事丟在腦後,連提議都沒有允許。這密使不得已,就回了轉來,奏報皇上,皇上也只得歎息一回罷了。那知這事雖做得秘密,日人恰早已知道,當把舊內閣解散,從新組織一個新內閣。這新內閣裡面的人才,大概都是些一進會的會員。那時這般會員入了內閣,不免都沾沾自喜,交相慶賀,說我們不是入一進會,哪裡能夠給統監瞧得上?不給統監瞧得上,哪裡入得來內閣呢?梭晉比道:統監又是哪一個呢?定芳道:就是伊藤博文。梭晉比道:伊藤本來是一個專使,怎的說是統監?

　　定芳道:從新條約訂定以後,他們就有了監督統治的權柄,日政府就給他做個統監了。那一進會裡的會員,多半是統監的奴隸,就是這位首相李完用,也不免染了阿諛的醜態。當時內閣既已成立,那些閣員就盛設筵宴,凡是一進會員,都去赴宴的。正在酒酣耳熱的時候,忽有人傳說,伊藤統監傳各部大臣,詣統監府聽宣詔勅。這些部員聽了這話,都面面相覷,不知又出了什麼事情,連話都說不出來,停了好一會,方纔散了筵席,一同到統監府去。即見統監府的門首,站著好多的憲兵,向內望去,裡面也有許多的日兵排著長隊,站在兩旁。閣員進去,都在下面站著。當下就見統監手中拿著詔勅,宣讀道:我韓建國數千年,歷聖相承,國治民安,傳至朕身,德不足以敷四海,政不足以協鄰邦,致亂黨四起,朝局紛更,財政窘急,人民怨懟;上不足以對祖宗,下又不足以蒞黎庶,實朕一人之過。今太子已冠,克紹基業,謹遜位於太子,朕自為太上皇。此實應時度勢,不得已之舉,爾臣民咸宜知悉云云。閣臣聽了,纔知道就是皇上遜位的事情。

　　梭晉比道:這事難道閣臣是預知的麼?定芳道:不但預知的,而且各大臣都與謀哩。自新內閣組織以後,那些大臣,天天在統監府裡面會議,一切計畫,都由統監作主的。那一天,各大臣又在統監府裡面會議,伊藤說道:本統監現已草定了四條新約,要和韓皇訂立,各位可呈給韓皇看去。各大臣道:條約如何?統監就提了出來,其中說道:一、韓政府制定法令,及行政上重要處分,均須先經統監承認;二、韓國任免高等官吏,須得統監之同意,方能施行;三、韓政府須任用統監所薦日人,為韓國官吏;四、韓政府非得統監之同意,不得聘他國人為韓國官吏。統監讀畢,就

說道：不知各大臣以為如何？有的說道：這條約精密，完全足見統監的妙策；有的說道：這條約若皇上承認了，日韓的睦誼，越發堅固，真是我們韓國的幸福了。你一句，我一句，幾幾乎沒一個不贊統監的好，沒一個不說條約的妙。那時統監歡喜得非常，把一雙眼睛笑得沒縫的一般，那兩道燕尾鬚，不住的用手撚著，對各大臣說道：自古道，君明臣良，社稷之祉。如今像各位的人，都是一時俊杰，並深明世界的大局，真可算是社稷之臣了。只是韓皇深宮幽居，不曉外面的事情，所以常常有些兒剛愎自用。即如一千九百五年的條約，本統監不過要保全遠東的和平，並沒什麼壞意，他恰偏不承認。後來全靠著幾個大臣，略略懂得些事務，纔答應了。今番這個新約，本統監不過要督促貴國政治進步的意思，不知韓皇又要講了些什麼反對話呢？各大臣道：臣等哪裡算得來社稷之臣，不過靠著統監的宏福，濫竽了內閣一席地。從今以後，只有竭盡心力，報答統監了。至於皇上一方面，就是他要反對眾議，只消臣等再三勸導，他再也不會拘執的。統監道：那就好了，將來這個條約，得能成立，貴國和敝國，都增進無窮幸福，全是諸位的功勞。本統監哪裡敢不重重圖報呢？談了一會，各大臣就都辭了出來，當在內閣開個會議，都說用全力運動皇上。議畢之後，就由首相李完用進見皇上，把條約、奏章一齊呈上。皇上看了，說道：這條約分明是個賣國的契約，怎麼可以承認？李完用道：時已至此，陛下就使堅執，畢竟也沒用了，不如就允許了他罷。皇上怒道：你們難道不是大韓的臣民麼？你吃的俸祿、住的土地，難道不是大韓的國產麼？你要把這條約承認了，你哪裡見得百姓的面？哪裡對得住祖宗？簡直是個賣國賊！良心還有一些兒麼？朕便任他怎樣來，抵死不承認的。說罷，就把奏摺和條約，擲到地上，回轉身來，就往裡面走去。那李完用好沒意思，受了一場的辱罵，不覺得面紅耳赤，垂頭喪氣的走了出來，歎了一口氣道：唉，誰還甘做人家的臣子呢？到了公事廳中，坐在一把椅子上，聲息也沒有一些，只管在那處發氣，氣得面成白色，半晌不會講話。

　　不多時，各大臣已紛紛到來，一齊問著這事可有眉目。李完用道：別要說罷！老夫受了虧了。眾人問什麼受虧，李完用道：那零落的皇帝，還擺著架子呢。就把剛纔的事，說了一遍。各大臣都說這也沒有什麼難，他在我們處，要擺著架子，只怕見了統監，還該發了抖哩！我們就報告了統監，給統監自己去罷。李完用道：也只得如此辦法了。說了一會，就急急的跑到統監府裡，把以上的各情，一五一十的，說個詳盡。統監道：不料庸懦的君主，倒會說強項的話來。待本統監去見他，不知他又怎說。說罷，就向皇宮走來，進見皇上，統監道：外臣定了四條新約，原為促進貴國政治進步，不知陛下以為如何？皇上道：這條約未免侵礙敝國統治之權，無論如何，朕決不承認。統監道：各大臣都已承認，陛下何苦獨異？皇上道：各大臣行各大臣的事，朕行朕的事，國家大事，父子不能一心，何況君臣？明末的時候，鄭芝龍降服清

國，鄭成功偏要反對他，二人各不相強，都是照著自己的意思做去，只須問著自己的良心罷了。統監道：陛下雖然這麼說，但國家的前途，也須留意著。貴國畢竟沒什麼預備著。皇上道：這樣也是亡，那樣也是亡，捨不得的不過一個朕的性命。但既已如此，也就顧不得了。統監見說不進去，也就走了出來，另想別法。

不意閱時既久，這個條約，竟一傳二，二傳三，傳了開去。那時本黨恰早已知道了，幾個黨員聽了這事，益覺怒不可遏，忙由一位申希珍先生，發了好許多傳單，召集全體的黨員，在培方學校裡，開了一個全體大會。當時到者足有三四千人，聽了這事，一個個的摩拳擦掌，要拚個命。申先生道：本黨的人員，可算是踴躍的了，只是經費一項，實在支絀得很，便怎的好呢？那時黨員都說，國要亡了，我們還要什麼財產呢，就都助到本黨來罷。說畢，這個一百元，那個一千元，不到一刻，本黨的經費足足有了好幾萬。忙由申希珍先生，分頭置備軍械。到了次日，率領了幾千人員，一齊向漢城進發。日人並未防備，把那些憲兵和巡警等，都打得個個逃散走，本黨就到了統監府的門首，要求取消新約，不准提出。那統監恰乖巧得很，忙出來說道：本統監也知道這些條約，未免太越權限，現已預備取消。但日韓兩國，敦睦交誼，不可不另定協約。諸君都是一時俊傑，就舉幾個代表，共同商酌，省得彼此有偏重的地方。當時朴君等聽了這話，倒說不差，就要和申、李諸君，走了進去。倒是李君和弟有些疑慮，一時不及贊同，他二人恰早已進去了。哪知不出弟等所料，統監說另訂協約，不過是延宕時候的計策，他一面已通知司令官，集合兵隊，前來勦捕。不一會，果有司令官率了好多日兵，飛也似的趕來。我軍見情勢不佳，就急急的打將過去，那日軍恰架設大礮，合力轟擊，我黨緣沒有砲火，竟傷了多人。不多一時，本黨的人員，見勢力不敵，都紛紛逃逸。李君和弟，也只得逃去，申、朴二人，早被日人縛住。到了次日，竟受了死刑了。

梭晉比聽了這話，驟然躍起，說道：真的麼？定芳道：有什麼不真。他二人死了，那統監又召了各部的大臣，開個會議，說亂黨早已平靖，只是韓皇不肯承認，怎的好呢？有一人說道：依臣的意見，既然皇上這樣的為難，不如迫著皇上……說到這裡，又頓住了。統監道：怎麼又不說了？那人祇是紅著臉，說不出來。統監道：只管說罷，祇要本統監贊同的，無論什麼，保管你沒有甚麼處分。又有一人說道：他說的話，我早已知道了。統監道：既然你知道的，你就替他代說罷。這人道：他說是要皇上遜位罷了。統監道：著，著，著！怎的想得出這樣的妙法？我瞧著太子痴戇沒用，若是向他要求，保管是肯承認的。今已想了這法，再也沒有別的法了。議畢，各大臣就來覲見皇上，要求皇上遜位。皇上起先不允，後來被各大臣逼迫不過，就暫時立皇太子做個新位，自己稱了太皇帝，使權力和從前的一般，一面冀掩日人的耳目。不知日人的耳目，哪裡掩得來？到了七月十八那一天，各大臣又開個御前會議，說定要皇

上降了一道明明白白的諭旨，纔好給百姓們知道是已經遜位。皇上沒了法，只得頒了一道詔勅，說明遜位的原由。剛巧這諭旨一下，那日韓間就發生一種事情出來。這事情不知如何，且待下文說明。

第二十回　　登皇極新主受牢籠　　起義師國民罹慘劫

　　話說自皇上遜位，日人又發生事情出來，不是別的事情，就是那四條的新約。原來皇上遜位的第二日，新皇就登了極。這新皇恰懦弱得不堪，胆略又小得很。當登極的時候，肢體不住的震顫，顏色非常的慘淡。當有兩個大臣，左右扶持著。第一椿的儀注，就是薙髮，起先內閣奏請，新皇不肯允許。不一會，內閣大臣進了一襲軍服，勸新皇改去舊裝，說以後凡是良辰佳節，必須穿這軍服。這軍服就是元帥的標幟，要配著平頂的軍帽，纔可合式。但要戴平頂的軍帽，一定要把髮髻薙去纔好。新皇沒法，只得依從了。他當時下了一道諭旨，飭全國的韓民，都薙去髮髻。自此以後，凡是臣工要求，再沒有不允許的事情。到了踐位後第七日，這四條的新約，又提了出來。新皇起先原不肯承認，經各大臣的迫促，纔得應允。雙方都簽過字，這統治的權柄，驀地間就讓與日本。兩年裡的事情，到了這裡算是個大結束了。但弟的意思，無論國事如何，總須盡我們的天職。古人詩道：春蠶到死絲方盡，蠟炬成灰淚始乾。我們同志，雖然多半被殺戮，若是召集舊眾，尚可一戰。況現在民心未寧，揭竿起事的，天天不斷，我們和他合做一氣，盡力攻擊，或者還有個轉機呢。梭晉比道：國家多半是亡了，不過亂也是亡，不亂也是亡，我們也該為著國家死個節。無故而死，不如拚個死戰。弟此來早已把生命丟在腦後了。當時李宗說踱了過來說道：既如此，我們須從第一步做起。梭晉比道：什麼叫做第一步？李宗說道：我國雖說是個亡，其實還不是全亡。就使全亡，也不是全無恢復的希望。天下惟政治腐敗，官吏貪黷，永沒有再興的時候，否則竭力圖治，終有自強的一日。但現在若猝然起兵，統監見吾民可畏，將來像我們的官吏，一定概從擯棄，那阿諛諂媚的小人，就布滿了朝端，這是永沒有自立的時候了。不如先上書到伊藤統監處，勸他嚴懲奸官，登用良臣。他若是聽了我們的話，我們就處處監督他們做去。若是不聽我們，就做第二步的事情。不知二位以為何如？梭晉比和王定芳也贊同此說，就由梭晉比起了草，二人看時，恰寫道：

　　公常以日韓交誼之誠摯，宣告天下，孰知日人所至之處，韓人種種利益，被奪殆盡，韓人之生計絕，而日人亦將踵之而失敗矣。吾人敢信韓國既敗，日斷不能獨存。今為公計，不欲挽救貴國，免致淪滅則已，苟其欲之，則當奏請吾皇，查明奸賊，從嚴懲處，而後韓民悅服，外人嘉許。倘能忠告韓官，力行新政，廣設學校，任用賢

能，將見中日韓三國，鼎立亞東，天下各國，交相推許，豈不甚幸！萬一計不出此，徒以蹂躪韓人利權為事，竊恐韓日二邦，難免同歸於盡。公勿自傲，以為秦國無人，當知吾等鄉民，已決計毀壞爾鐵道，焚燬爾租界，殺戮爾官吏。時機一至，當檄南北同志，同時起義，必盡力驅逐日本商民而後已。貴國兵隊雖精，槍械雖利，然吾同胞有二千萬之眾，欲於一時屠戮淨盡，決非易易。吾人今已定計，首先攻擊僑韓日人，一俟悉數驅除，吾人即當請求歐美列強，保護吾國之自立。茲特於未起事之前，預為忠告，幸勿河漢斯言。

　　定芳和宗說看畢說道：辭意梗直，殊不失我輩資格。忙加了封，著人投去。二人談了一會，方辭了出來，各回家中。

　　不料俟之數日，毫沒動靜，那政府裡的事情，越發紊亂，統監的約束，越發嚴厲。梭晉比等就發起義師來，那一天即在梭晉比家中聚會。梭晉比道：這裡不是聚談的地方，我們不如一面發了傳單，召集舊黨，一面就在城外的廢園裡，暫時做個機關，部署一切，不知可好？二人贊同。當由王定芳在漢城置辦些什物，並暗中備了好多的糧食。到了次日，就一同往廢園走去，把廢園裡的蔓草荊棘，刪除得乾乾淨淨，破舊的房間，都修葺完全，豫備做個久長的機關。外面又搭了許多的棚屋，給軍士等住臥。一切佈置完備，各黨眾已紛紛到來，約有一千餘人。當下定了一個名義，叫做光復軍，舉了一個軍長，係梭晉比當選，王定芳充了軍需長，李宗說充了參謀長，此外又有秘書、總務等職，茲不具述。

　　當下梭晉比將黨中經費仔細揭算，還剩了二萬餘元，約可抵幾個月的開銷，就擬了一篇文告，另外招募些新兵，只要體格強壯，不論如何出身。這文告一出，不多幾日，那投募的新兵，紛至沓來，足足添了二千多名。好在這裡地方，山陬水曲，神鬼不知，儘好佈置大事。一面教練新兵軍事，一面又向鄉間的富戶，勸募些糧餉。過了一月，已是事事舒齊，單待發動，就由梭晉比督了數千人馬，向漢城進發。日人聞警，忙調集兵隊，豫備抵禦。光復軍先有四五百的精騎，都是雄壯大漢，橫沖直撞，衝了過去。那日兵後面連珠鎗，不住的放來。梭晉比做個號令，要叫眾軍士，向後面圍去，圍住敵兵，就去奪他的軍械。不意新兵不諳陣法，東一隊，西一隊，竟弄得漫無紀律，被日人趕將上來，殺的殺，戮的戮，死得不少。這裏兵士，忙放槍過去，日兵也傷去幾名。梭晉比見情勢不佳，就做個排隊的號令，軍士兀自沒看見，只管亂打過去，恰被日人轟了一砲，又死去四五十人。忙回轉頭來，往後就跑。日兵狠命的追來，到了半途，剛要追著，那山腰中恰又奔出一隊人來。

　　原來東部各省，南自釜山，北至漢城，相率揭竿起事，就中如韓國舊軍將校，和散勇獵人，都湊在一起，組織義軍。那些人又善在山巔傳信，一遇失敗，就有人來接應，平時恰把山谷中做個根據的地方，見日兵追來，就出來襲擊。日兵被兩面夾攻，

見勢不敵，忙冲陣出走，逃到漢城。這裡兩軍會合，再向漢城追去。日兵堅守城門，見義軍又至，又開大砲，恰傷了多人。義師只管冲了上去，和日兵狠命搏擊，又死去三四百人，統共傷去七八百名的兵士。義軍沒法，只得逃避，伏在山谷深處。那日兵恰從後面打來，見義兵均已逃走，就把鄉村的平民，屠戮一盡。義軍大憤，豫備整頓軍械，次日再戰。兩軍就約定地點、時候，各回營中。到了深夜的時候，梭晉比正在檢點軍械，突有兵士進報，說有敵人前來襲擊。梭晉比忙發了一個號令，督促各兵士前去抵當。那知倉卒之間，備防不及，日兵早已到了逼近的地方。義軍胡亂打去，被日兵大砲擊死好多兵士。那時營中大亂，前後都被日兵圍住，一無逃路。梭晉比、李宗說、王定芳等，一一受縛，日兵縱回了轉來，把三人一齊殺死，義軍的一腔熱血，至此又成泡影。

那廢園的旁邊，恰有一個婦人，嗚嗚咽咽的哭個不了。正哭得悲傷的時候，恰又來了一隊軍馬，看著廢園左右，弄得零零落落，牆壁屋宇，都焚燬殆盡，已是驚駭，又見了婦人在那處啼哭，越覺納罕。當有一人上前問道：你哭甚麼？婦人道：你們是不是義軍？那人道：正是。那婦人就向義軍不住的叩頭。說道：求你們報個大仇，好出一口氣呢。妾就是麥利華，丈夫梭晉比被日人殺死了。那人聽著，知就是梭晉比的夫人，忙替他打點車馬，勸他回去，暫勿悲傷，一面又來攻擊日人。無如韓人雖是義勇可嘉，畢竟軍械破舊，不合實用，哪裡抵得他過？不多幾天，也就殺傷淨盡，只留著一個首領，叫做安重根。看著同胞慘劫，心中未免悲切，自己的同志，又都死傷大半，再要起事，很非容易，只合自刎死節，盡了國民義務，但須要做個驚天動地的事情，纔值得一死。

那一天恰在汽車站中間逛，突見一個人，坐著一乘籐製的肩輿，定睛看時，年在六十以外，穿著一身洋裝，鬚髮已是灰白，原來就是伊藤博文。他看個仔細，就急急的趕了上去，從袋中掏出一柄手鎗，沒人看見的時候，裝好了子彈，向伊藤對面放了過去。潑剌一聲，那伊藤向後就倒，不一會，血流如注。一時車站裡外，都譁噪起來，個個前來察看。那巡警早已看見安重根了，當把警笛一吹，來了好多的巡士，將安重根七手八腳，捕捉起來。安重根恰直立不動，憑他綑縛。歇了一時，那安重根已到了警署，再由警署解送審廳，定刑正法，自不消說。

單說自此以後，刺客的暗殺案，日有所聞，但終究無濟於事。日人待遇韓國，也就慢慢苛刻起來。到了一千九百零十年，日本的皇帝，為著伊藤已死，就任陸軍大臣寺內正毅，做個統監，命憲兵司令官陸軍少將石明元治郎，做個韓國的警務總長。那一天寺內親向韓國總理大臣，表示日本政府的意見，提出日韓合併案來。李完用原自善於逢迎，哪裡還敢抵抗，接了寺內合併案以後，就奏陳韓皇，韓皇詔開內閣會議。當時閣議雖然不能一致，那李完用素來能操縱韓廷上下，他主張合併，恰又甚力，和

統監會議好幾次，終究沒有一個敢發異議的。李完用將合併的原由，奏呈韓皇，韓皇沒了法，只得忍氣吞聲的許他。到了二十二日，雙方就締結了條約，其約文說道：（一）韓國皇帝陛下，將韓國全部之統治權，完全讓與日本國皇帝陛下；（二）日本國皇帝陛下，承受前條所記之讓與，且全然承認合併韓國於日本帝國；（三）日本國皇帝陛下，對於韓國皇帝陛下、太皇帝陛下、皇太子殿下，并其后妃及後裔，使各稱其位置，享有相當之尊稱、威嚴及名譽，且為保全之故，約供給充裕之歲費；（四）日本國皇帝陛下，對於前條以外之韓國皇族，及其後裔，使各享有相當之名譽，及其待遇，且為維持之故，約給與相當之資金；（五）日本國皇帝陛下，對於有功勳之韓人，應與相當之表彰者，授榮爵且給恩金；（六）日本國政府，以合併之結果，全然擔任韓國之施政。對於遵守法規之韓國人身體財產，與以十分之保護，且圖增進其福利；（七）日本國政府，對於誠意、忠實、尊重新制度之韓人，且有相當之資格者，依事情登用為韓國之帝國官吏。自此約發表，韓國已完全亡於日本。日本就廢去統監，改置總督，封李坧做個昌德宮王，李熙做德壽宮的李太王。當時就有日皇一道詔書云：朕欲宏天壤無窮之丕基，備國家非常之禮數，冊封韓國皇帝為王，稱昌德宮李王，使後嗣世襲此隆錫，以奉其宗祀。皇太子及將來之世嗣為王世子，大皇帝為太王，稱德壽宮李太王，其各儷匹為王妃，王世子妃、大王妃，皆待以皇族之禮，特用殿下之敬稱。至世家率循之道，朕當別定禮制，俾李家子孫，奕葉賴之，增綏福履，永享福祉。特宣示有眾，以昭殊典。

那時韓皇也有一道最後的詔書，係那年八月二十九日宣布的，其文曰：

朕以菲德承艱難之業，臨御以來，關於維新政令，孜孜以圖，用力未嘗不至。然以積弱為痼，疲憊已極，卒無挽回之望。晝夜憂慮，亦不得善後之策，至茲支離益甚。因思既不能自善終局，不若託大任於人，俾得以完全之方法，奏革新之鴻功。朕用瞿然自顧，確然自斷，茲將韓國之統治權，讓與親信畏仰之鄰國大日本國皇帝陛下，以外固東洋之平和，內保疲憊之生民。惟爾大小臣民，深察國勢與時宜，無須煩擾，各安其業，服從日本帝國之文明新政，享受幸福。朕今日之出此舉，非忘爾有眾，實出於救活爾有眾之意旨。爾有眾其克體朕意云云

在下講到這裡，已把一部亡國史，講得完完全全，想諸君也早已聽得明明白白。但是在下講這部歷史，原不是和諸君消個閒，是要把這部亡國史裡面的苦楚，給大眾知道了，纔好曉得國家是萬萬亡不得的。國家若是亡了，無論皇帝、百姓，都世世要吃了多少苦哩。

大凡一個國家，有好多樁的弊端，都要受滅亡的禍災。第一樁就是驕奢淫逸。當國家承平無事的時候，朝野上下，都以為萬世太平，把國家兩個字，丟在腦後，自己一味貪著快樂，把國民的脂膏，拿來做他快樂的費用。如韓王李熙，造了一個萬壽

園，窮極華美，於國家並沒好處，專為著自己行樂的地步，恰向民間加了什麼婚嫁稅，每年不消說要需許多的修理費了。我們中國，前清的時候，那西太后也費了許多的金錢，造了一個頤和園，裡面的繁華，凡是到過的人，都曉得是奢侈的了不得。到了後來，果受了拳匪之禍，哪裡能夠太太平平享福過去呢？第二樁就是因循玩愒。凡是一樁事情，若是好的，就該速速去辦，若是不好，就該速速革除。那韓國政府，恰一天挨過一天，無論好的歹的，終是因循過去，這叫做頑皮性質。這種頑皮性質，比之驕奢淫逸，雖是好一些，但是有害國家，仍沒有兩樣。為什麼呢？當世界交通的時候，一個國家，若不是猛進，一定就是退步，這因循玩愒，恰恰是退步的好方法。外國人一見你們這樣的怠惰，他就尋了進來，說這樣有礙他們的商民，那樣有礙他們的商民，就替你代辦起來。待你去抵制他時，他已是堅執不允，再要抵抗，他就把哀的美敦書送了過來。你若和他交戰，武備又沒整頓，只好答應了他。今天答應，明天答應，那國就亡了。看看韓國的情形，不是這樣的麼？第三樁就是官吏貪黷。把百姓的金錢，辦百姓的事情，這是世界的公例。乃不良的官吏，向百姓搜羅了好多的經費，開辦一樁事情，這事情還沒有辦成，那經費已經沒有了。這經費到哪裡去呢？原來都被這貪黷的官吏，一層一層的剝削了去。到後竟沒有多少，就把要辦的事情，擱在一處，他日再辦一樁事情，又是如此。不但白費了許多的經費，而且失去百姓的信用，就使有個極精幹的人材出來，真要辦理一樁善政，那百姓再也不肯拿出錢來。就此國政永遠腐敗，外人尋間進來，又要奪了權柄去了，你道可惜不可惜？第四樁就是同儕排擠。那韓國中如朴永漢、梭晉比等，都是一時的豪傑，國中不可多得的，當時若與以重任，給他做了下去，韓國或者也不至如此。乃任職沒有幾天，一般的小人，就嫉忌起來，這個說他壞，那個說他壞，自然他不能過去，就此遠避，就使有別的賢人，也決不肯再來嘗試了。到那時，豈不是政府都騰了幾個宵小，還了得麼？所以這四樁有了一樁，就好亡國，那韓國竟然是件件都有，怎的不亡呢？諸君試一看著我們中國政府和百姓的情形，早已是和韓國差不多了。現在的外患，也一天緊似一天了，再不回頭轉來，簡直要和韓國做個哥哥弟弟了。在下講了這部歷史，諸位快把這事蹟，到各處去宣講宣講，總要我們國民都曉得亡國的真實痛苦，速速奮發起來，纔不負鄙人的一腔熱血呢！

三韓亡國史演義

盧天牧　著

上海杞憂社印贈

非賣品　公展題眉

殷鑒不遠

鈍根敬題

咄彼東鄰併韓奏功，中日親善又試其鋒

盧天牧題

題解

　　《三韓亡國史演義》，白話文章回體小說，全一冊，共十六回，1919年8月由上海杞憂社印行，書名由潘公展題寫，並題有「上海杞憂社印贈　非賣品」等字樣，內中收錄有王鈍根和盧天牧的題詞及嚴獨鶴、潘公展、錢曾鑠為此書所作的序和作者自序。該書是以非賣品的形式贈送給當時的社會各機構和各界人士，申報館就曾收到杞憂社的贈書。[1] 該書以十九世紀晚期朝鮮的政局變動為背景，敘述了朝鮮各種政治勢力圍繞著權利爭奪而互相傾軋甚至不惜與日本侵略勢力勾結，同時也敘述了明治維新後日本對朝鮮的侵略擴張。小說以1860年代後朝鮮所發生的重大歷史事件，如高宗承繼大統、大院君與閔妃的明爭暗鬥、日本強迫朝鮮開港、甲申政變、東學黨事件、閔妃被弒害、日本變朝鮮為保護國以至最終吞併朝鮮等為線索，描述了朝鮮一步步走向亡國的歷史過程。

　　《三韓亡國史演義》作為單行本出版於1919年，其撰寫或者說創作卻是1915年日本提出滅亡中國的「二十一條」之時。1915年1月日本向北洋政府提出「二十一條」，企圖把中國的領土、政治、軍事及財政等都置於日本的控制之下，北洋政府在經過一系列交涉和協商後，於五月九日簽署了包含「二十一條」大部分內容的《中日民四條約》。此消息經媒體披露之後，喚起了全國人民的敵愾之心，各地愛國團體和愛國人士紛紛集會，拒不承認「二十一條」，誓雪國恥，上海各界也召開了數萬人參加的國民大會，一致表示拒日到底。在這種反日的氛圍下，剛剛過去的朝鮮亡國的歷史再次浮現在愛國知識人的眼前，「不做朝鮮第二」成為他們共同的呼聲，並用朝鮮亡國的歷史進一步喚醒民眾行動，作者就是在這種背景下撰寫了《三韓亡國史演義》，「想要和大家說說，指望大家醒悟一點」。當時主編《新聞報》副刊《快活林》的嚴獨鶴看到這份書稿後就將其以連載的形式刊登在《快活林》上。[2] 關於這一點，嚴獨鶴在為該書所作的序中寫道：「講這部《三韓亡國史演義》，是閒閒君在民國四年間著的，其時正是中日交涉訂立二十一條密約的當兒，國內人心異常激昂，閒閒君著了這部書，我就把來登在《快活林》上，無非是含著激勸同胞的意思，看書的人，也著實有些鼓奮。」書稿刊出後在讀者中引起了較大的反應，一些人還將刊登書稿的報紙做成剪報保存，捐資印行此書單行本的錢曾鑠就是其中之一，他稱「余於民

---

[1] 參見《申報》1919年8月20日第11版。
[2] 《三韓亡國史演義》從1919年5月9日起開始在《新聞報》副刊《快活林》上連載，直至同年8月16日整部書稿方刊載完畢。

國四年閱報載閒閒君著《三韓亡國史演義》，輒覺不勝感觸，曾逐日翦下，黏成一幀，以作殷鑑，……」。

其實辛亥革命之後，中國從君主政體轉變為共和政體，建立了民國，多數國人以為國政面貌會煥然一新。然而令他們的失望的是，「官僚的顢頇、政治的腐敗、黨爭的劇烈，以及賣國奴的許多罪惡」等諸多現象，與朝鮮亡國時的情形無比相似，因此「亡國」仍然是中國知識人談論最多的話題之一。特別是到了1919年中國在巴黎和會上外交失敗的消息傳至國內，令他們的亡國危機感倍增，如何喚醒國民奮起以免遭遇亡國之禍自然成為他們的使命，於是錢曾鑠等愛國人士便捐資印贈此《三韓亡國史演義》，「切望全國同胞，毅力堅持，要求政府，由和會直接交還青島，撤廢一切受人脅迫之條約，不達目的不止」，以免中國「步三韓後塵」。在接到錢曾鑠等印行單行本的邀約後，作者沒有對原有書稿「大加增改，僅僅請了嚴獨鶴、陳天隨兩位先生，把字句略微修飾一些，便就付印」，並希望「有學識的朋友，把我想不到的、說不詳的地方，大大修改一些，或是把和這書相似的事情，另外多編一些，總使亡國的痛苦，能夠多多傳佈，久久不忘，……」。正如作者所願，此後出版的《繪圖朝鮮亡國演義》、《朝鮮亡國演義——李完用賣國秘密史》、《朝鮮遺恨》等或多或少參考了這部《三韓亡國史演義》，其中尤以廣益書局編譯所的《李完用賣國秘密史——朝鮮亡國演義》和沈桑紅的《朝鮮遺恨》與此書的相似處為最多，在某種程度上可以說其是《三韓亡國史演義》的增補本。[3]

《三韓亡國史演義》的作者盧天牧，別號閒閒居士，生卒年不詳，畢業於聖約翰大學，為寰球中國學生會會員，[4]曾任市北公學的英文教員，1919年在上海組織過反日和抵制日貨運動，其它的生平活動不詳。

作為一部以朝鮮亡國史為題材的小說，又是在中國面臨亡國危機時所創作，創作的目的在於喚醒國民奮起救國以免重蹈朝鮮後塵，因此總結朝鮮亡國的原因就是本書的一個重要著力點。在作者看來，「朝鮮亡國的緣故，有八個大字，叫做『勵精圖亂，發奮自戕』」，也就是說朝鮮亡國的根本原因在於其內部，而在這內部原因中第一大禍根便是大院君，朝鮮國內的種種亂事，其根源都在大院君身上，正是這個大院君「造成亡韓的事實」。俗話說「禍不單行」，「老天還恐怕不濟事，又不先不後，在那時候出了一個閔妃，來和大院君唱對手好戲」，也就是說朝鮮的亡國是由於大院君與閔妃的爭鬥導致國政紊亂所致。基於這種認識，小說的第一回至第十回就是圍繞著大院君與閔妃爭權奪利而展開的，中間穿插了開化黨與守舊黨的相互傾軋。由於認

---

[3] 參見本書卷二《朝鮮亡國演義——李完用賣國秘密史》和《朝鮮遺恨》之題解。

[4] 《寰球中國學生會周刊》（第50期，1920年1月10日）封面頁本會會員照片中有盧天牧的照片。

定大院君是朝鮮國政紊亂的根源，故關於大院君的描述明顯多於閔妃，大院君與閔妃的這種爭鬥在第十回以閔妃慘遭日本人弑害、大院君被迫隱退而告終結。第十回以後的部分主要針對日本謀取朝鮮和朝鮮內部各種賣國、救國的勢力而展開。

這部十六回的小說只有區區六萬餘字，但出場的人物卻有百餘人，很多人物只是一帶而過，貫穿始終的人物只有國王高宗，而著墨最多的人物則是大院君和閔妃，尤其是對大院君這個人物的刻畫佔據了較多的篇幅，因為作者認定其是亡韓的「禍根」。雖然作者安排閔妃與大院君唱對台戲，當然歷史事實也是如此，但關於閔妃的描述要少得多，特別是閔妃干政的內容更少，這樣一來大院君與閔妃之間的「對手好戲」便沒能夠凸顯出來。小說的後六回中出場的人物明顯地多於前十回，不過對這些人物的刻畫明顯過於簡略，很多人物只是出現了一下名字，其事跡一筆帶過，即便是那些在亡國前夕奮起救國的愛國志士所佔篇幅也極少，如在同類亡國史小說中佔據較多篇幅的安重根也是如此，僅用數百字就把安重根刺殺伊藤博文的事件交代過去。

民國時期朝鮮亡國史著述大多是「應景之作」，也就是說因應國內救亡圖存的局勢而作，目的在於以朝鮮亡國的事例喚醒民眾奮起，投入到救亡圖存的行列，以避免中國重蹈朝鮮的覆轍。從時間上來看主要有三個時間點，第一個時間點就是1915年，由於日本提出滅亡中國的「二十一條」而引發了全國的救亡圖存運動，這個時間點後出版的單行本朝鮮亡國史著述有《亡國影》、《朝鮮滅亡慘史》等；第二個時間點是1919年，由於中國在巴黎和會上外交的失敗導致了五四運動爆發，並很快擴展到全國，在這個時間點後出版的單行本朝鮮亡國史著述有《三韓亡國史演義》、《朝鮮亡國演義》、《繪圖朝鮮亡國演義》等；第三個時間點是1932年，繼九一八事變後，日本又挑起一二八事變，派遣海陸軍入侵上海，使得抗日的浪潮席捲中國，這個時間點後出版的單行本朝鮮亡國史著述有《朝鮮亡國慘史》、《朝鮮遺恨》等。由於這些書籍都是因應國內局勢而作，寫作的時間比較短，完稿之後又急於出版以發揮其作用，故這類書籍更多地關注朝鮮亡國原因的分析、亡國過程的敘述和亡國後所遭受苦難的描述，而在故事的建構、人物的刻畫等方面著力不夠，在一些細節的處理上也多少都有不甚完美之處，甚至是前後矛盾之處，《三韓亡國史演義》也是如此。

作者對於中朝之間的宗屬關係還是比較了解的，在小說的第一回就點出了朝鮮為中國的屬國，此後又在多處提及這一事實，因此作者似乎應該知道朝鮮的統治者只能稱國王而不能稱皇帝，這從小說第三回中日本與朝鮮交涉的描述中也可以得到印證。當時日本派使節守宗氏前往朝鮮說服其進行維新，在說得朝鮮人有些心動的時候，「不想那璽書裡面，忽然出了岔子。原來書中凡是寫朝鮮王的地方，皆做作皇帝，這個馬屁竟拍在馬腳上了。」不僅如此，在小說的第八回中，作者對於朝鮮國王改元稱帝也持譏諷的態度，稱「朝鮮王囈語稱皇帝」，由此可以看出作者對於朝鮮只稱國王

不稱皇帝應該是有了解的。然而在小說第一回，就把朝鮮國王稱作皇帝，稱「自從朝鮮被世界大勢所迫，情勢改變以後，一時做皇帝的、做官員的、做黨人的，……」，這明顯與後文的描述相矛盾。

　　作者對朝鮮王朝末期的歷史發展主線把握得還是很準的，這一時期的重大歷史事件除了壬午兵變之外基本上都涉及到了，但是從其敘述中還是可以發現作者對於朝鮮王朝的歷史了解並不是很多。比如，小說一開始就稱李昰應為攝政，事實上在朝鮮王朝的歷史上從來沒有什麼攝政，雖在高宗時大院君數次積極介入時政，但這種介入既沒名又沒分，只是其依仗國王生父的身份權力慾膨脹的結果。再比如，在小說的第六回寫到日軍入侵景福宮後扶植大院君重新掌權，實行新政，「仿照日本樣式，開國會，改官制，分設內務、外務、軍務、法務、農務、商務、學務、工務八大衙門，又設立議政府，統轄一切」，此後對議政府也多有描述，如「議政府雖然設立，要曉得八大衙門的新官員，大半都是青年後進，曾經遊過扶桑三島的人物，一個個眼架金鏡，足登革靴，踱踱踱，兩三步走至會場，便脫帽握手，幾句瓦打古西不成文的日本話，胡謅一陣，盤子裡的雪茄煙，抽得幾口，牛奶咖啡，呷得半盞，屋子裡煙氣還未散盡，議員已經走了個精光。起初是天天會議，倒也覺得很新鮮，過了兩日，就不免有些厭煩，便改作隔幾日一會。……」，給人感覺這個議政府就像日本的國會一樣。事實上，在朝鮮王朝初期就設立了議政府，作為國王之下的最高行政機關，負責制定各種政策並奏請國王許可後執行，並不是朝鮮王朝末期才設立的機構，更不是像日本國會那樣的議政機構。

　　正如前文所說，《三韓亡國史演義》是因應救亡圖存的國內形勢而作，從其在《快活林》上連載開始就激發了很多人的愛國熱情，作為單行本出版後也同樣發揮了積極的作用，成為愛國人士爭相閱讀之書，1919年到北京請願的代表有的就隨身帶有這本書，[5]由此可見其在當時救亡圖存的社會氛圍中還是起到了積極的作用。

---

[5] 〈北京代表團被捕後消息〉，《申報》1919年10月5日第6版。

序一

　　一個人生在世上，一個國立在地球上，最要緊的是看榜樣，看著好的榜樣，件件把來摩彷，看著壞的榜樣，處處知道警戒，這麼一來，就可少作些孽，少鑄些錯，少受些苦。諸君要懂得這個道理，纔可以看這部《三韓亡國史演義》，纔可以不負閒閒君做這部《三韓亡國史演義》的苦心。總之好好一個國家，為什麼要滅亡，這其間終有個滅亡的原因，即如朝鮮，也是當那未亡的時候，早已先有了種種敗象，纔會弄到這樣地步。這部演義中，原原本本，敘述得非常清楚。不過有一層，那朝鮮亡國時的情形，如官僚的顢頇、政治的腐敗、黨爭的劇烈，以及賣國奴的許多罪惡，哪一件不和今日中國的現象，一般無二？朝鮮不幸，已經得了亡國的惡果，中國既同他犯了一樣的病，那將來的結果，也就可想而知了。況且中國現在，雖說表面上還沒有亡國，其實主權、利源，早都握在他人手裡，幾幾乎與朝鮮無異了。唉！朝鮮本是中國的一個屬國，中國不能去保護他，生生地被日本人奪了去，已經是可恥，現在卻連自己都要為朝鮮之續，豈不愈加可痛？譬如一個大戶人家，到了敗落的時候，眼睜睜看著自己的奴僕，去投奔他主，沒有法子把他招集回來，已是極可傷心，萬不料自己也要和他一樣，去賣身投靠做人家的奴隸了，說起來真叫人欲哭無淚。

　　還有一說，朝鮮究竟是個小國，小國敗亡，還算是歷史上常有的事。我們中國擁著三千萬方里的土地，四百兆眾的人民，卻受制於區區一個島國，不能抵抗，實在要被天下後世人笑死。同胞呀，同胞，總要快快警醒，纔是道理。說到警醒兩字，我又有了一重感慨。我們的國民，也並非不知警醒，就是一時警醒，不能堅久，這真是個萬劫不復的劣根性。不把這個劣根性剷除了，中國便萬無倖存之理。單講這部《三韓亡國史演義》，是閒閒君在民國四年間著的，其時正是中日交涉，訂立二十一條密約的當兒，國內人心異常激昂，閒閒君著了這部書，我就把來登在《快活林》上，無非是含著激勸同胞的意思，看書的人，也著實有些鼓奮。不料事過情遷，漠然無動，屈指於今，又過了四個年頭了，試問外交的危險，國運的顛連，較諸四年以前，不更來得利害麼？舊恨重提，更教人迴腸百結，所以杞憂社同人特地捐了許多錢，把這部書再刊印出來，做一個最後的警告。諸君要曉得吾國家、吾人民，到了這個境界，唯有拚命向前，或者還有一線的希望，再遲延一刻，便是死日，再退縮一步，便是死地。我最後兩字，並非過甚其詞，實在是確當不易的。諸君讀〈阿房宮賦〉，還記得那後人復哀後人的一句話麼？諸君看完了這部演義，須要以書中人為鑒，趕緊設法自救，

千萬不可再製造出一部中華亡國史演義來供後人的描寫，這就是我們馨香禱祝的一樁心願了。

民國八年七月七日　嚴獨鶴序

序二

昨天晚上我從外面奔走回來，看見案上有我的朋友盧君天牧送來的一部《三韓亡國史演義》，並且有信叫我做一篇序。這幾天內，我實在沒有工夫去讀那長篇巨著，卻又不能不破費一些工夫，去讀完這一部傷心史。我翻了不到一二張，就覺得不忍去讀他，卻又不忍不去讀他。沒奈何，我就提綱撷領的看了一遍。看完了，就勉強忍痛的寫了幾句，作為這部書和讀者諸君的介紹罷了。

古人說得好，「前車之覆，後車之鑒」，所以我們要警戒自己，須把他人已經過的事情，做我們的「殷鑒」。我國自從甲午以後，「亡國」、「亡國」的聲音，差不多傳遍了。起初人家聽了「亡國」兩個字，倒還覺得有些驚恐危懼，只不過於沒有法子去補救罷了。到了後來，法子想了許多，行出來卻終不見得有效，並且「亡國」的聲音也更朗朗上口了，人家也聽慣了，視為家常便飯，不當什麼稀奇，於是生出憤世嫉俗或陶情作樂的觀念，把國家大事都置之度外或付之一嘆罷了！唉！國民漠視國事，國民不留心「亡國」的兩個字，這纔真正是亡國的原因呢！

今年從「五四」風潮以來，差不多全國國民都如大夢初醒了。什麼「力爭山東」，什麼「毀去密約」，什麼「抵制日貨」，都無非是要補救國事，免得亡國。那可見我們到了今天，總算不把亡國兩個字看得輕描淡寫，著實肯用些功夫去設法補救，中國或不致於亡國，也未可知。不過外人總說我們中國人的熱度衹有五分鐘，所以成不了什麼事。我想要雪這「五分鐘熱度」的恥，非得要大家自勉不可，更非得把世界的亡國史置在座右，朝夕誦讀不可。然而世界的亡國也太多了，我們要一一的去牢記他們亡國的歷史做我們的「殷鑒」，實在有些不耐煩，那麼我們選出那和我國最切近的韓國，去讀他的亡國史，實在是最經濟的事情。所以錢君和他的一般朋友既然肯捐資公印這部閒閒先生所著的《三韓亡國史演義》，分送給同胞大家細讀，我就以為這真是喚醒國民的最大興奮劑了。

我現在既要介紹這部書請同胞細讀，那麼這書的內容也無庸多說。不過有幾句話要奉告讀者諸君。諸君要知道這書所說的，雖則是三韓亡國的事實，然而拿來和我中國的情形一比較，讀者就不免不寒而慄。為什麼呢？因為中國近來的事實，實在差不多是和三韓亡國以前的事情從一個印板裡刻出來的。著者說朝鮮亡國的緣故，有八個大字，叫做勵精圖亂，發憤自戕。諸君啊，你們睜了眼睛看看，我們中國近年來，豈不是也犯了這八個大字的毛病麼？中國既然和朝鮮犯了一樣的病源，恐怕再不趕緊想法醫救，那亡國的症候，也就要到眼前來了。所以諸君若不過把這部書當做三韓過去

的亡國史讀，我就勸諸君不必多費工夫。諸君若肯把這部書當做我們中國未來的亡國史讀，我敢勸諸君總要細細的體會，牢牢的記著。

唉！朝鮮是已經亡了，然而朝鮮的國民，仍舊要赤手空拳出來打算恢復。我們中國隨便怎麼樣，總算還沒有亡，難道四萬萬的國民，就袖手旁觀、唉聲歎氣的就算了事麼？難道除了曹、章、陸三個賣國賊就算完全盡了救國的責任麼？難道竟沒有一些法子可以免得中國和世界一般亡國去做伴麼？讀者諸君啊！救國的責任，不是別人可以擔任的，也不是可以望人家擔任的，實在是要我們自己出來擔任的。個個人知道「我任救國」的道理，那麼就是中國人的自覺，有了自覺，方可自救。這部《三韓亡國史演義》實在是喚醒國人自覺的大鬧鐘，我們總要天天置在枕頭旁邊，免得糊糊塗塗又睡著去了。

中華民國八年六月十三日　潘公展

序三

　　溯自辛亥鼎革以還，共和成立於茲七載餘矣，而內政外交愈趨愈惡，執政者祇圖個人權利，罔識遠謀。因袁世凱一人之帝慾，致來二十一款亡國條件之強迫承認。墨跡未乾，幣制借款、軍事協約又復相繼私訂，跡其政象，雅與亡韓不相伯仲。此次歐戰告終，和會開幕，而傷心慘目之青島問題又起。嗚呼！亡韓覆轍，殆已愈迫愈近矣。余於民國四年閱報載開開君著《三韓亡國史演義》，輒覺不勝感觸，曾逐日翦下，黏成一幀，以作殷鑑。不料恰合我國現時景象，且李完用之流早已相繼登臺焉，心所謂危不能自已，爰特商之開開君與版權人，蒙其允為，列序行世，乃邀諸同志集款付刊，分贈同胞，以為借鑑，庶幾可賴以速籌對待之方。嗟乎！自古亡國慘史，皆出於二三僉壬之手，原以君主政體國家，等於一姓之私，其興衰隆替，無關於人民之榮辱，故人民亦漠然視之，勢使然也。若共和國家，則以人民為主體，國家之存亡，人民之榮辱繫焉。政府溺職，國民當起而糾正之；外交失敗，國民當起而維持之。目今我國情形，岌岌不可終日，切望全國同胞，毅力堅持，要求政府，由和會直接交還青島，撤廢一切受人脅迫之條約，不達目的不止。庶幾不步三韓後塵，是則余今日所以刊贈本書之微意云爾。

民國八年六月滬江仲孫錢曾鑠識於自覺廬

自序

　　世界上最苦的是甚麼人？有說是沒飯吃的，有說是沒衣穿的，有說是沒屋住的，有說是坐牢監、吃刀鎗和那一切鰥寡孤獨、沒有歸著的，但是據我說來，這些苦，都算不得苦。因為沒有飯，沒有衣，沒有屋，都是我們自己不爭氣，不能幹些正經事，去找些錢來養活我們自己。要是一有職業，那些苦處自然可以漸漸沒有了。至於坐監受刑，是犯法的結果，鰥寡孤獨，是人生一種遭遇，正所謂冤有頭，債有主，不能說他是白白尋苦吃的。祇是有一個境地，自家有衣，不能自由穿；自家有飯，不能自由吃；自家有屋，不能自由住。一句話不打緊，便教你去嘗嘗十八層地獄的滋味；一件事不留心，便教你妻離子散、家破人亡，還沒有一個人敢出來說一個不字。這個境地，究竟是甚麼境地呢？咳！我親愛的同胞聽著！我親愛的同胞仔細聽著！這個境地，不是別的，就是那亡國以後的民族萬萬不能逃脫的一個去所咧！大家聽了我這話，必然有人說道，國和我們，既然這樣要緊，究竟國是怎麼一件東西？倒底怎麼算亡，怎麼算不亡呢？唉！說也可憐。我親愛的同胞呀！你祇因為少認得幾個字，少讀得幾句書，才有這個疑問。然而窮究根源，這也是幾千年愚民政策的好成績咧！我今把一個店舖來比方。店舖好像一個國，招牌好像一個國名，東家好像我們百姓，當手好像總統、總理和那許多握實權的人，先生夥計，好像一切大小官員。國亡了，好像店舖關了門。我們想想，關了門的店舖，當手先生、夥計，容或可以到別家尋生意，那東家可就不能不準備吃苦頭了。這個比方，還是古來亡國的樣子，現在多了一層種族的關係，所以更添了許多亡國的新法。凡是不振作的國家，好像蝕了本的店舖，外面要奪你這店舖的人，千方百計，總想賄買你的當手，威嚇你的先生、夥計，把你血本弄得一毫不存，那時候他才綑著綁著，教你自然而然，雙手捧著店舖供獻上去。他生受你這一份產業，不但不道謝你一句，還要把你一般東家，都打到阿鼻地獄裡，教你萬萬年都不能翻身呢。我說這話，不是憑空捏造，就眼前說，高麗就是關了門的店舖，我們中華民國就是蝕了本的店舖。我親愛的同胞呀！可有人願意做關了門的店主東嗎？我曉得是沒有人願意的，但就七八年來的情形看，卻一件一件都跟著關了門的高麗趕，這是甚麼緣故呢？我越想越害怕，兩三年前所以瞎謅了幾句三韓亡國史的演義，想要和大家說說，指望大家醒悟一點。不料國家的事，一年不如一年，現在更是逼迫的緊了，我心裡要講的話，更是多了。恰巧有幾位熱心的朋友出了許多錢，要把這部演義，訂印起來，送人觀看，好教大家快快警醒轉來。我想了想，十分歡喜，卻也十分慚愧，加著自己窮忙，撥不出空兒來，把這書大加增改，僅僅請了嚴獨鶴、陳

天隨兩位先生，把字句略微修飾一些，便就付印，這是我良心上甚為痛苦的。我望閱這書的朋友，取個意思兒罷了，我更望有學識的朋友，把我想不到的、說不詳的地方，大大修改一些，或是把和這書相似的事情，另外多編一些，總使亡國的痛苦，能夠多多傳佈，久久不忘，或者將要關門的店鋪，也有重整旗鼓的一天，那才不辜負現在幾位送書的朋友咧。

中華民國八年六月閒閒居士序於滬濱惜餘書屋

三韓亡國史演義目錄

第一回　駭奇俗疑閱山海經　　披遺篇重增興亡感
第二回　大院君進身從庶孽　　閔太妃階厲啟爭端
第三回　草梁館頻拒日本使　　江華灣忽來問罪兵
第四回　刺閔相客兵譁宮外　　轟地雷黨人走海濱
第五回　大院君立朝重攝政　　各公使入宮謁囚王
第六回　便私圖託名開國會　　懸新禁有意拂輿情
第七回　責報酬貿易施鞭扑　　無效果黨徒去梓桑
第八回　朝鮮王囈語稱皇帝　　朴容漢深情屬美人
第九回　中流言冤被免官命　　揮熱淚心傷微服行
第十回　爭政權閔妃遭慘禍　　矯朝命各使起違言
第十一回　設巧詞廣島宣奇判　　訂密計囚王作寓公
第十二回　自由黨主張開民智　　一進會製造亡國奴
第十三回　求援手約章成廢紙　　攜禦書專使迫屏王
第十四回　爭叩閽故臣多殉國　　因遊歷志士快殲仇
第十五回　擔虛名合邦成永痛　　拾餘燼峻嶺弔孤忠
第十六回　受冊封降王增醜態　　感身世遺孽述哀詞

第一回　駭奇俗疑閱山海經　披遺篇重增興亡感

　　話說中國東面，日本西面，有一個半島，突出於黃海與日本海中間，便是朝鮮半島。這半島裡面，有個二千多年的古國，就是朝鮮國。這個國的起根發源，還是中國殷朝末年，箕子避殷至彼，建立邦家，所以立國之後，歷朝都附屬中國。遠的不說，就將前清甲午以前二三十年，李鴻章辦理朝鮮王交涉的外交函件，取出來大家讀讀，看那時候的中國，是怎樣的威權，怎樣的位置，那裡想得著朝鮮現在的結果是這樣呢？列位，我們把最新的地圖攤開，向日本海西面留心找去，甚麼地方還有朝鮮的政府？甚麼地方還有朝鮮的言語？甚麼地方還有朝鮮的文字？甚麼地方還有朝鮮的宗教？甚麼地方還有朝鮮的典章文物、衣冠制度？只見那鴨綠江的波浪，仍是滔滔東去，那白頭山的雪色，仍是點點下滴，那曉得輿圖上的顏色早已改變，歷史上的名稱早已換了主人呢？朝鮮人自己心裡，是怎麼樣兒，我們且不管他，我們中國人既和他有幾千年交情，又有毛裡親屬的關係，眼睜睜看著他一命嗚呼，心裡怎麼忍得住不悲傷？再看看他那國裡從前的情形，把我們自己現在所處的位子，兩兩比較，恐怕大家的悲傷，還不但專在朝鮮呢。然而怕悲傷就不說，恐怕將來自己真個做了朝鮮，還不曉得到底是怎麼一回事，那更大大不對了。

　　原來朝鮮國，在中國漢獻帝年間，曾經分做三國，名叫高句驪、百濟、新羅，所以有三韓的名目。那時高句驪與中國和好，新羅與日本和好，百濟卻在兩面討好。從唐朝以後，三國併合起來，稱為高麗，一心臣服中國。到明朝萬曆年間，日本和中國爭朝鮮，也很打了些仗。後來清朝入關，聲勢甚是興旺，朝鮮仍舊專服中國。日本那時專在考究文教，沒有心腸問到國外的事，中國待朝鮮又十分寬厚，有種種原因，朝鮮國的人，就樂得安安逸逸，過了三百多年的快活日子。直到清朝中葉，還是成天價把國門緊緊關著，再不和別人來往，國內的事情，件件照著五六百年前的中國老樣子去做。衣服的制度，和戲臺上的舊戲行頭，差不大遠，猛然間遇著，倒像就是中國新定的祭天祭服一樣，不過多一個馬鬃的帽子，裡面結了一束頭髮，又好像是清末年間考察法政的老爺他頭上盤的那辮結一樣。這宗形狀，哪能不教人詫異？雖說他平日從不出門和人來往，卻是天下的事，越平淡越沒有人問，越特別越惹人留心。無論你怎麼關鎖，總免不得有心人的探訪。況且二十世紀的世界，哪一國不力行新法？哪一人不爭求上進？朝鮮那個小國，卻獨與眾不同。一般好奇的人，自然千方百計，考求裡面的緣故，一時隔斷的不消說是猜疑不定，就是鄰近的也不敢斷定他命運，到底是吉是凶。

　　凡是遊歷亞洲的政客，大半都有一個閉關的朝鮮國，在他腦筋裡打周轉，想要親身進去看看，才是稱意。據去過的人傳說出來，覺得仁川、漢城等處的一個閉關的

古國，他那風土人情，衣冠制度，實在的奇怪，要想說個譬喻，除非是古來的甚麼穿心國、無腸國、矮人國、長人國、狗頭國、女子國，種種希奇古怪，方才有些相像。其實嘴裡說得出，腳下走不到，不過大家尋個開心，便算了事，並沒有什麼真話，好像新大陸不曾開闢以前，探險家個個想要尋覓新地，偶然一個人到一塊新鮮些地方回來，一定說那裡遍地黃金，百般美好。就是三十年前的中國，近年來的蒙古、西藏，外國人看起來，都還要轉這些念頭呢，何況著名秘密的朝鮮？去過的人自然要多多點綴些，傳說的人自然要略略加添些，大家聽得起勁了，越是爭著前去。朝鮮被世界大勢驅迫，也不能長遠拒絕外國人，裡面的真實情形，漸漸被人看穿，他的風俗雖古樸一些，倒還不至於用槓子子穿著心窩走路，坐在便桶上吃飯。他的制度雖不時髦，倒也不至於有開闢狗門，迎接狗國欽使。那些故事，簡單說起來，不過腐敗偷懶四個字，便可包括完了。他的朝廷因為腐敗，所以橫徵暴歛，賄賂公行，一舉一動，到處都是弊端。因為偷懶，所以事事靠託別人，樣樣遵守舊制，就不免被人譏誚。他的百姓因為腐敗，所以寶貴個長煙管，死守個君子髻，一些不曉得變通更改，以致社會上演出種種怪狀。因為偷懶，所以有田不能多耕，實業不能發達。總之舉國上下，沒有一個人明白現在世界，是怎樣情形，這是那秘密國的一個總病根。

這種病根，最容易教人誤會，一般新世界看慣的人物，忽然和他遇著，不消說要發生許多古怪思想了。然而平心想想，卻也沒有甚麼希奇。就把中國來說，在三百年前的明朝時候，何嘗不和朝鮮大同小異，卻又有誰敢對著他說個不字。不過朝鮮錯生在現今世界，又沒有明朝的兵大馬肥，偏偏要按步就班，照著從前中國人走錯的路徑，摸著走去。至於中國呢，既收了這個屬國，卻又不能早些警醒他，教他跟著中國早些準備，單單曉得受朝貢，擺架子，到了緊要關頭上，便把手一放，各自走了，你道好笑不好笑呢。這些都是閉關時代的朝鮮小史，也就是朝鮮人的服制風氣，所以惹人注意的一個原因。論到朝鮮人本色，原不是甚麼大奸大惡，更不是甚麼生番野夷，全然不曉得人類的道理。男子多半馴善好學，可以做人群的義僕忠友；女子多半能守貞操，偶有淫蕩不守婦道，便當作非常奇辱。雖說社會一般生活，不見十分寬裕，留心看看，國內的乞丐卻不算多，就這一端，現在中國，還不免對他有些愧色哩。果然有人好好教導起來，何嘗不可以做個勢力優越、氣度雍容的一等大國民，恐怕現在那些一味逞強、專門搞鬼、不曉得甚麼叫禮義廉恥的一派人物，對著他都要尿流屁滾，跑個不亦樂乎，哪還有人敢來訕笑他？哪還有人敢來欺侮他？更哪還有人敢把他地皮上一根毫毛搖動半點？咳！人民資質不是不可有為，國家傳衍又不是一些沒有來歷，歸根結果，卻終究逃不了一個滅亡的大限，這裡面到底是個甚麼緣故呢？朝鮮亡國的緣故，有八個大字，叫做勵精圖亂，發憤自戕，這八個字，絲毫不錯。

自從朝鮮被世界大勢所迫，情勢改變以後，一時做皇帝的、做官員的、做黨人

的，面子上雖安富尊榮，各人有各人稱心如意的處所，骨子裡面，你打算你的路子，我運用我的心機，當面都是喜笑顏開，背後便一無情義。黑夜裡沒有人看見的時候，做出了許多見不得人、對不住天地鬼神的勾當，一個個都是提心弔膽，焦思苦慮，費盡了無限精神，磋磨了幾十年寶貴的光陰，卻好得了一個亡國的結果。所以古今來歷史上面，要想留得一個亡國奴的大名，也是很不容易的一樁事，就是要熬得一種亡國奴的特別資格，也不是一般國民，一天兩天便能做得到的。但是亡國以後到底是怎樣一個滋味，不到熬得亡國奴資格的時候，不能真個曉得。到得嘗著了滋味，覺得很是難吃，回想從前巴結這個資格的苦楚，到底為著誰來？但要有一些兒人心，萬萬不能不痛自追悔。然而無情的歷史，到那時候，無論你怎樣痛悔，他是決不稍寬，已經寫好的大名，是再沒有機會能夠替你開脫了。古話說的好，一失足成千古恨，再回頭已百年身。大家想想，可不真個有些怕人。咳！朝鮮的滅亡，既是自貽伊戚，本沒有甚麼說頭，在下所以如鯁在喉，定要演述一番，不是別的，只為現在有許多人羨慕朝鮮，極意要想跟著朝鮮的鬼魂去趕，所以不能不爽爽快快，給他說個榜樣，這就是說書人的大段意見。列位也不要單單當作朝鮮野史看，才是道理。欲知後事如何，且聽下回分解。

第二回　大院君進身從庶孽　閔太妃階厲啟爭端

　　話說朝鮮亡國的禍根，是好幾百年的栽培，並不是一旦猝然發生。上回書曾經說明，但是暗暗裡埋伏的東西，要是一一發現出來，自然少不得個引線。論到亡朝鮮的引線，第一個便應該輪著大院君。大院君姓李名昰應，是朝鮮王李熙的生父，他的為人，喜歡播弄事端，心中並沒有甚麼主張，卻專愛誇耀自己聰明，全然不管事情的大體，性子甚是殘酷，性質非常驕傲懶惰，又從來不肯認錯，遇事便猜鬼疑神。有人說他這宗性格，簡直是朝鮮民族的一個總代表，話雖刻薄一些，卻也有八九分道理。

　　李熙登基時候，年才一十三歲，第二年，封李昰應為大院君，攝理朝政。名分上是李熙做國王，實際上朝裡文武官員，無論大大小小，哪一個不是大院君的私人？那時正是中國清朝同治三年，中國已經開了五個口岸，和外國人通商，日本也跟著關了三個市場，世界大勢，一天天改變起來。秘密的朝鮮國，終久不能長遠的關閉，歐美各國教徒爭著前往，內中天主教的勢力，最為宏大，幾乎全朝鮮國，無處不有。隨後日、俄、法、美，陸陸續續，都來訂立條約，遣派使臣。

　　最先開端的乃是日本國，方才說起時，大院君甚不願意，向國王說了許多不贊成的話，又暗地裡派人出去，到處遊說，劈頭第一句，便是說外國人來了，便要從他邪

教，他那邪教，是要捉小孩挖眼睛、吃心肝等等，意思之間，總想要大家群起而攻，好著力反對。無奈國王不肯依從，大院君一人也執拗不來，只好照著去辦，心裡卻是十分不耐煩，嘴裡常常有些誹謗的言語。國王雖是大院君親生的，但自己覺得做了國王，依舊成年價坐著，像傀儡一般，一些事兒不能過問，心裡終究有些不自在，因此他們父子之間，頗有芥蒂。又加著兩邊都有一班靠著撥弄口舌吃飯的朋友，在裡面說長道短，少不了就把國家命運，人民生命財產，一概置之腦後，單把爭權奪利，當做第一件事，那才不知不覺的，果然把完完全全的一個半島國，乖乖的送了別人。你道可歎不可歎呢？這是後話，暫且不表。

且說大院君初次攝政時，所行的政策，一意拒絕外國人，不自量力，常想逞志用兵，那外國的炮火怎樣利害，外國的戰術，怎樣考求，全然不問。據他想起來，現今世界打仗，仍是一刀一鎗，和戲臺上武靶子一樣，能夠有兩桿火槍，穿幾件厚些棉衣，便算強了。再進一步說，把許多廟裡大鐘和人家家裡廢銅破鐵，聚在一起，鑄些大炮，架在城門上，或是山嶺要隘地方，便是他攻守的第一兵器，無論甚麼大的戰陣，都好靠他做當先的大將軍了。這宗思想，這宗辦法，卻也不是大院君杜造出來，仍舊是中國幾百年前一種古法，被他學了過去，當做秘傳的兵法罷了。

論到內政，朝鮮的大弊，自來是賦稅和貴族兩宗。賦稅由各道官吏包攬，官吏又從政府方面用錢買來，簡直是朝廷放官敲詐百姓。貴族寒門，分別很嚴，衣服有一定標識，貴族可有許多專利，寒門進身甚難，弄得全國上下，暗無天日，都是這兩宗的效果。大院君對於這層，卻像有些明白，接手以後，就把全國賦稅，趕緊清理，不管誰是貴族，誰是平民，一概照例徵收。接著又整理官場，遇事都要查點，不論官職大小，總不放他含糊過去。那時一般人的服裝，也小小有些改變，如像帽沿窄些，袖口小些，黑色鞋子，不限定貴族等等。就表面看來，大院君很是整頓精神，確和昏亂的君相，小有不同。然而這是他的奸計，一心想顯出些本領，誇耀他能幹，好教一般官員歸服他，一般小民感激他，他那權柄才能穩當。等到稍稍有些眉目，他便大興土木，修築宮苑，單單一個景福宮，前後修了五年，方得完工。這宗宮殿多半靠山起屋，高樓峻閣，還不甚多，要是比起清朝的頤和園，自然趕不上。一切樣式，仍舊仿照中國古時宮殿，雕刻油漆，極其講究。宮外築起高牆，一宮便佔地幾畝，裡面有湖，有臺，有迴廊，有轉屋，一時難以盡數。這宗浩大工程，自知非錢不行，這些錢財，大院君卻不曾有一文從荷包裡掏出，盡都是想些新鮮名目，刮了百姓膏血，來做他的面子罷了。那時他因為修造宮殿，特地興出種種賦稅，有甚麼結頭錢、願納錢，花色繁多。百姓因為這宗工程，弄得妻離子散，家破人亡，大院君亦裝作不知道。有人提起，他便說這是歷朝成規，不這樣辦，照氣數上說起來，就要與國王不利。小百姓略微花幾個錢，為君上造福，也是很應該的。這宗話頭，題目甚大，朝鮮又向來有迷

信，誰能說他不是？只是苦了小百姓，血汗換來的金錢，一層層經他刮個乾淨，於是民心大為憤激，愁苦悲痛之聲，到處皆是，國裡種種亂事，便在這裡種了一個根子。大院君造成亡韓的事實，也就在這兒起點。偏是無巧不成書，單單一個大院君，老天還恐怕不濟事，又不先不後，在那時候出了一個閔妃，來和大院君唱對手好戲了。

原來閔妃是閔太妃的姪女，國王的嫡配。國王為人，性情懦弱，不能振作精神，遇事疑惑，缺少斷才，而且不明是非，輕聽人言，左右寵幸，多是奸詐小人，國家大計，置之不問。論到統系，李熙本不應身居王位，他原是宗藩支子，親生父大院君，非常貧乏，幾乎不能自存，恰好前王無嗣，他便在宮裡託了許多妃嬪、太監，替他遊說。不知道在哪裡借了些錢，暗裡著實運動，才把李熙承了大統。前王晏駕，李熙登了位，大院君又想些法子，花些錢文，著宮人在閔太妃前獻盡殷勤，才得了這攝政的地位。閔太妃原說是一時權宜之計，國王大了，政事便無須別人代理。不料國王這樣無能，大院君又這樣專權，全然和他心意大相反背。恰好太妃有位姪女，年紀和國王不相上下，身段雖然矮小一些，相貌卻還生得齊整，脾氣性情，著實勝得過人。太妃想著，如其令他進得宮來，練習些政事，不愁駕馭不住國王，得了國王作主，大院君便不難對付。主意停當，等得國王成年，暗暗叫人在國王前，稱說太妃姪女，怎樣賢惠，怎樣美貌。國王一向不理國事，成日價耽於聲色，聽了這話，自然心動。一天朝畢，便向太妃當面求婚。太妃見計已成功，自然含笑答應。不多幾日，果然擇了吉期，冊定太妃姪女為王妃。這位閔妃便是朝鮮一部亡國史的重要人物，除了大院君外，就要數著他了。國王見他花容月貌，心裡十分相愛，見他手段才能，又覺有些懼怕，起初還是宮闈中由他一人擺布，後來竟慢慢兒干預朝政，慢慢兒引進私人，等到生了王子，勢派愈加張大，便慫恿著國王，叫他自行親政。國王耳根本軟，兼之受大院君壓制已久，心中早有些不如意，便立時聽從了閔妃主意，上大院君一個尊號，名為尊奉，其實就是摘除大權。一面把閔妃兄弟閔星河，進為宰相，一切實權，全行移轉。不上幾十天，朝裡文武官員，換了個乾淨，凡是大院君的人，不問大小，都各罷免，凡是閔姓的族戚，無論好歹，盡有位置，俗語說的一朝天子一朝臣，真個不錯。這回舉動，名為國王親政，其實是閔妃一個人鬧出來的把戲，於國家並無好處。

大院君討了這個沒趣，心裡想著，老子辛苦許多年，倒是替你們幾個小孩子白掙的，未免太不值得，因此時常鬱鬱不樂。那時政權既移，大院君對於政事，間或發表意見，國王多半不肯依從，大院君的黨徒又因為失勢，便從中播弄，兩方感情，更是加惡，積怨既深。到了前清朝光緒八年，就鬧出大禍來了。這年朝鮮國大旱，百姓沒有收成，官員俸給，沒有生發，上下都很困窘，民間便謠傳這是天罰白人入境的罪過。原來那年五月，朝鮮和美國，訂過一個通商條約，秘密國的百姓，少見世面，便傳出這宗不通的迷信話，真也可笑。大院君黨徒，趁這機會，四處散佈流言，總說這

回天災,確是君相不得人的原故。適逢其會,督練官尅扣軍餉,新舊兵一時變亂,飢民從而附和,失意的官吏就摻雜其間,大家聲稱擁護大院君,掃除朝內小人。六月間便自起事,亂徒數千人,浩浩蕩蕩,一直殺往京城去。七月二十三日城破,亂徒分作兩起,一起專殺日本人,一起直入宮禁。國王聞信早已想逃,卻被亂徒劫了轉來,幽閉在一間屋裡。閔妃心思奸狠,當時便用了一條金蟬脫殼的計策,毒死一個宮女,假裝是他,他自己隨了姓餘的輿夫,混了出去。亂徒只當閔妃已死,爭著把假裝的宮女屍首,用刀亂斫,接著分頭四出,逢官便殺,見屋便燒,一場胡鬧,殺了官員二三百人,燒燬民房不知若干,連一座日本公使館,都被燒掉。那時大院君出來,也彈壓不住,只是氣的亂跳。雖說日人死的還不算多,大半已溜到仁川,坐了漁船逃回本國。但是日本國得了這信,個個恨得了不得,大有立時募餉出兵的樣子。這方面閔妃混出京城,趕發急信,請求中國保護。中國接了這封警信,不覺也連呼幾聲不好,欲知中日兩國究竟有何舉動,且聽下回分解。

第三回　草梁館頻拒日本使　江華灣忽來問罪兵

　　話說日本人得了朝鮮亂事資訊,知道自己人吃虧,公使館被燒,全國人心非常憤怒,決意借平亂名目,興兵到韓,一時願意當兵的很多。其時日本還是一個窮國,軍餉一層總有些擔心,少不了臨時勸募,還算大家湊趣,出資應募的人很多。到了八月便派端武左帶了三只兵艦,兵丁八百人,一直開往朝鮮的仁川地方,來勢倒也不弱,可惜到遲了一些。中國的丁提督汝昌、吳提督長慶等,早已統率大兵四千多人,把亂事平個乾淨,為首的亂徒一百餘人,都經殺掉,其餘脅從的人,又一一逃散,只賸一個老而不死的大院君,卻也改變腔調,向著端武左口口聲聲,說他也用力平亂,只是力量敵不過他們,他們都是不曉事的愚蠢人,不要和他一般見識。一面緝匪安民,中國官員都已弄妥,實在沒有說頭。正在躊躇,大院君又被中國提督吳長慶,假說請宴,邀其到營,立用海船送回中國,是這回亂事的罪魁禍首,也有一定的處治。端武左一想,這回面子,都被中國佔了去,帶了這許多兵,走了這遠的路,難道白白的逛一逛朝鮮不成?中國人雖說有些作為,到底未必能夠怎麼,自己國裡雖說有些內憂,難用全力對付朝鮮,要是這樣空著手,便收兵回國,國裡的人,正在怒氣勃勃,難保不生出甚麼意外。就據天理人情說,這回冤殺的日本人,焚掠的公使館,不提出來評論一番,以後這朝鮮國內,還能夠容我們日本人再來立足嗎?籌畫停當,便提出條款,來問朝鮮,聲言如有一條不從,即須動武。朝鮮國王,那樣庸愚,官吏那樣卑劣,早已嚇的不知怎樣才好,那還有一個字說得出來。中國雖曾派有官員,辦理朝鮮

交涉各事，也都守著多一事不如少一事的古話，不願和日本人十分爭論，這事結果，訂了一張新條約，名叫《濟物浦條約》，裡面條款，大約共有四端：第一、這回為亂的犯人，由朝鮮按法辦罪；第二、朝鮮拿出五十萬元，賠償日本；第三、朝鮮派遣使臣，到日本國謝罪；第四、日本公使館，許住兵隊，自行防護。條約簽了字，端武左才帶了兵船，歡天喜地而回。咳！日本兵隊，能夠公然住在朝鮮，就是這張條約開的先路。

列位想想，這一張紙兒的關係好不重大，所以凡是兩國訂立條約，辦理交涉的人，一定要有一副眼光，能夠照顧得全球的形勢，一番思慮，能夠貫穿到百十年後的情形，才能有濟。要是單單只顧一時省事，便留下後來無窮禍根，這便是亡國的外交，這便是自速滅亡的條件。這張濟物浦條約的利害，朝鮮人直到如今，不知道可曾曉得沒有？

且不去管他，卻單說當日朝鮮和日本的交涉，原不是從這張條約起頭，日本人看上了朝鮮，要想硬從中國手裡，把朝鮮奪了過去，也很費了幾十年的經營。只可恨中國無人，不能早些看破，朝鮮人沒有眼睛，不能分辨出誰是好歹，這就是大大的一個失著了。

日本和朝鮮交涉的當兒，還在將軍掌權時代，幕府並不和朝鮮直接交涉，一切委給對馬守宗氏辦理。到了明治天皇登位，正是中國清朝同治七年，朝鮮大院君攝政的第四年，日本對於朝鮮，實從這時改變政策。有一天，天皇召見對馬守宗，商量對付朝鮮之策，守宗氏道：朝鮮人性質，自來喜歡狡卸，不負責任。交涉方針，如何取決，伏候聖裁。天皇道：朝鮮事你是辦熟了的，這回事你就先辛苦一遭罷。你總把改行新政的好處，說給他聽，至於他與別國的關係，我們千萬不要過問，這是第一要著。守宗氏唯唯應命，領了璽書，便到朝鮮，照旨行事。大院君素來主張拒絕外國人，自是不願聽從，禁不起守宗氏巧語花言，一味說守舊的怎樣不好，維新的怎樣好，倒像真個為朝鮮而來。朝鮮人也覺有些意思，不想那璽書裡面，忽然出了岔子。原來書中凡是寫朝鮮王的地方，皆寫作皇帝，這個馬屁，竟拍在馬腳上了。朝鮮人一時大不為然，因為兩個小字，不免全功盡棄。守宗氏無法，只好垂頭喪氣而回。

天皇聞奏，卻不發惱，次年又派外務省署理大錄官佐田伯茅，做交涉使，前往朝鮮，仍舊不濟事。佐田伯茅回國，肚裡很沒好氣，逢人便說朝鮮怎樣無禮，怎樣不知好歹，辦理朝鮮事情，要想好結果，除了用兵要盟，沒有他法。天皇不允，仍然一次二次，遣派使臣，朝鮮國的對待，也仍然一個一個，都是閉門不納。被拒回來的官員，在外面受了人家輕看，回來都想發洩，於是和佐田伯茅表同情的，就一天多似一天，但是朝中主張，總不改變。細細計算，自前清同治七年至十二年，六年之中，日本使臣，上書朝鮮政府，不下二十四五次，朝鮮國接待外賓的草梁館，幾乎天天都有

日本使臣蹤跡。朝鮮人看慣了，都說這是日本人糊塗，分明放著偌好一個中國，在那裡替朝鮮人辦交涉，怎麼不去請教，卻要重三到四，不知進退，到這兒自討沒趣。中國人在旁邊看著，也只是乾笑，並不曾替朝鮮設一計策。連日本人為何做這笨事，裡面可有什麼道理，都絲毫不放在心上。

　　日本國的人，看見使臣這樣受侮，你爭我嚷，議論分了兩派，一派忍耐不得，便想立刻用兵，如西鄉隆盛、副島種臣等，都是其中健將，一派和他相反，想等到有合適的機會才辦，如大久保利通、大隈重信等，都是這桿旗下的將官。兩邊為個朝鮮問題，一時鬧得烏煙瘴氣，幾乎把明治維新的政治，都吵的稀糟，虧得天皇涵養好，獨自屹立不動。

　　又過了兩年，便是前清光緒元年，不曉得怎樣鬼使神差，才把天皇說轉了，居然派了一只兵艦，從日本海開往西去，沿著朝鮮海岸，一五一十測量起來。朝鮮人一向估量著日本國沒有什麼作為，聽說日本派出兵艦，便想顯個威武，攆他出境，免得他小看朝鮮，於是朝中急急傳了一道諭旨，叫沿海臣民，留心日本兵艦。恰好永宗島碰在風頭上，一天島上炮臺，看見果有一只兵艦，上掛日本旗號，便如得了甚麼寶貝一般，趕緊把過山砲架起，向那艦瞄準，轟的一聲，往下面放去，遠遠望著一股濃煙，往上直冒，一片聲浪，和著海心的波濤，軒然而起。臺裡的官員、兵弁，只當已經擊中了，個個拍手歡笑，不料仔細一看，卻是打著一只舢板，便想暫且吸一筒煙，再整備開放第二大礮。

　　忽然間一道亮光，從海裡直射上來，照的臺上無微不到，大家面面相覷，不知如何是好。隨著大響一聲，好像打個焦雷，臺上堡壘登時陷落好大一方。接連又是炸雷似的，響了三五下，營房什物，眼睜睜看著瓦飛石走，煙霧連天。牆頭上雖架有將軍大炮，並沒有人敢上前去點，一個個只爭著往臺後面溜。鬧了半天，響聲漸停，臺後面藏的兵弁，從亂火堆裡悄悄伸出頭來，向下一張，只見先前那只日本兵艦，還在那裡望著炮臺耀武揚威，大家這才曉得是上了日本的當。一時堡壘已毀，兵已走散，無法可以抵當，只好忍氣躲著。幸而日艦因無後援，未曾大舉，知道臺上不敢作戰，便也大搖大擺，向東測量而去。

　　過了幾天，炮臺將官重新出來，招集逃亡，修繕營壘，一面用角文書倒填時日，飛報警信，卻一面跟著報告開放大炮，逐走日艦。日艦還炮時，臺上略有損失，請求發款修理，末後更帶著保舉幾個開炮有功的員弁。朝裡得了這信，趕緊奏明國王，下道諭旨，誇獎一番，照著報告辦法，准他發款保官，格外又添些銀兩，算是犒勞兵士的。面子上看來真是武功赫耀，大將威風，日本兵艦，無論如何，總不敢再來自討苦吃了。那知第二年正月，永宗島便又有大大的禍事發生了。

　　日本正在乘間伺隙的當兒，忽有砲擊日艦一事，自己湊搭上來，便覺十分得勢，

連忙派遣兵艦六艘，一氣開往永宗島，在江華灣中拋錨下錠，命陸軍中將黑田清隆做全權大臣，議官井上馨做副大臣，詰問朝鮮輕侮日本之罪，隨帶條約多款，要脅朝鮮一一依從。朝鮮君臣，冷不防得這惡耗，如大晴天忽響焦雷，幾乎一個個都嚇呆了。趕速召集禦前會議，滿朝文武官員，卻也各有一番議論。閔相最膽小，遇事總想省力，他的靠山不過宮裡一個閔妃，那敢輕易用兵？朝裡大小官員，閔家人馬佔的很不少，大家都秉承意旨，便成了主和一派。大院君當時雖不執掌朝政，遇此非常事故，名義上少不了也要請教到他。他是個堅守排外主義的人，又自以為有了大炮，便能抵當千萬軍隊，所以一力主張開戰。

　　會議時說話的人雖多，大致都是上兩派的爭辯，各不相下，卻歸根到底，又總說不出個一定辦法來，要想找個人擔負完全責任，是終究沒有的。裡面自己打不定主意，外面日本全權大臣的照會，雪片兒似的，一封一封，只管催逼回答。江華灣的日艦，又不時遊來遊去，艦上的水手兵丁，一個個張牙舞爪，摩拳擦掌，一味價示威。沿海各道的百姓，爭著扶老攜幼，往內地搬遷，要隘防兵，陸續飛報警耗。可憐幾百年太平無事的朝鮮國家，哪裡經得起這樣惡潮？朝裡幾個乳臭未乾的紈袴小兒，又哪裡嘗過這個新交涉的滋味？擾擾攘攘，一直鬧了一月餘，才得了小小一個著落。這個著落是和是戰，且聽下回分解。

第四回　刺閔相客兵譁宮外　轟地雷黨人走海濱

　　話說日本派兵要盟，情勢危急萬分，朝鮮朝野上下，驚惶得了不得，朝中會議磋商，總無頭緒，歸根結果，還是謹遵臺命四個大字，才把一場紛擾，暫時收束。那時正是前清光緒二年，朝鮮接著日本提出的條款後，便訂了一張修正條約，名叫江華灣條約，共有一十二款，這是朝鮮和別國自訂條約的第一回。大院君因為權勢已失，和大家爭論不得，只好在背後說了許多不相干的說話，簡直說閔妃瞞著國王，斷送國家。這宗論調，別有一番用意，在事實上也沒有什麼關係。

　　且說這回條款，第一款便寫著朝鮮為自主之邦，與日本有平等之權。列位想想，朝鮮是怎樣一個國家，他對於中國，是怎樣一個關係？對於世界各國，又是怎樣一個地位？世界各國對於朝鮮的交涉，歷來習慣，大多數用的又是什麼手續？為何這回日本，千辛萬苦，尋了一個錯處，勞師動眾，開了一遭金口，卻只輕輕便便，寫張文書，便算了事？朝鮮人思想簡單，只說日本人算了糊塗帳，樂得含含糊糊，免去一時禍難，便好自尋快樂。

　　中國那時正鬧荒年，料理內政甚覺繁難，日艦到韓等事，都裝不曾知道。到得

朝鮮答應了訂條約，條文第一款，也不過說些甚麼自主，甚麼平等，中國人看了，反覺十分好笑。那時的中國人，並沒見過國際法，自主平等四字的意義，在國際法上，應該怎樣解釋，自然不能明白，卻是於這回於江華灣訂約的事，偏偏也有一番妙論。當時中國人以為朝鮮是中國的屬國，日本人自願和他講平等，自然也是以屬國自居，這是日本人尊重中國的意思，不好過於辜負他。就是他條文裡，還有甚開商港，關租界，設立幾個日本官，這都是微末事故，中國曾經看慣的，不算甚麼。況且中國看待屬國，自來行懷柔政策，只要外面不十分違抗，天朝皇恩浩蕩，總不和他們計較。有這種種原因，日本人不折一矢，不煩一兵，便容容易易訂了一張如意條約，中國人竟始終沒有過問。那知日本從同治七年至光緒二年，九年中忍心降志，苦意經營，全是為這張條約做的文章，全是為這張條約內自主平等四個小字下的工夫。後來朝鮮半島翻起掀天波浪，東洋大陸，演出慘惡風雲，都是從這兒埋伏的種子。

閒言少敘，且說江華灣條約簽字後，日本便援照約文，派遣使臣駐韓。第二年因為教案，朝鮮和法人起了交涉，日本領事出來調和，得以無事，少不了訂一張法韓條約，約文裡有大清上國等字。日領出來不依，北京政府，行文辯論，一面說朝鮮為中國屬國，一面又說朝鮮是自主之國，到如今還傳為笑柄。那時日本得了這樣奇妙文章，也就含糊按下。

過了幾年，因日韓已訂條約，歐美各國都援以為例，請求在韓通商，美國最先，英、法、德隨後。這幾張約文，都是中國專員馬建忠、丁汝昌等，會同各國使臣，在朝鮮訂立，內容和日本派兵要挾的，自是不同。日使疑心生鬼，當時也曾行文探問。雙方嚴守秘密，一概置之不答，日人心裡便不大舒服，又想生事，恰巧又遇著大院君黨徒擾亂，給了他一個絕妙機會，湊成他第二張奪取朝鮮的約文，便是濟物浦條約。這條約的因果，上回書中早經交代。

自這兩張條約訂立以後，兩國不時朝聘來往，日人到朝鮮的，自然一天多似一天，個個都是調查物品，考察社會，準備作殖民的先鋒。朝鮮人到日本的，多半是達官貴人，只知鬧勢派，尋快樂，但是看見日本街道清潔，諸事認真，倒也有些羨慕，兼著住在那兒的時候，官員招待周到，下女服伺殷勤，真是有生以來未曾享受的幸福。回國後不免極口稱贊，一般青年後進，聽得心花怒發，爭著前往遊歷。日本人知道這般少年，血氣未定，容易感動，便把從前對待老頭兒的手段，略略改變些，一面帶領著他們大嫖大頑，一面又把日本政治怎樣修明、學術怎樣高尚，說得天花亂墜。這些少年在舊社會裡關閉日久，一朝看見這種新式人物，聽見這種文明話頭，漸漸覺得日本人如天上神仙，自己國內的人如十八層地獄裡的囚鬼。日久這種心思，深印在腦內，便多在日本留學。這一般人，後來居然成了一種黨派，專門依靠日本，主張改革朝鮮政治，和朝裡的貴族老臣，意見常常相反，名字就叫日本黨，又叫開化黨，內

中如徐光範、徐載弼、朴泳孝、朴泳教、金玉均、洪英植等，都是一時著名人物。和他們作對的便是中國黨，又叫守舊黨。這個黨的主張，但看他黨名的標題，便可猜著八九，我亦不必細說了。其中號稱有名人物，如閔臺鎬、趙寧夏等，亦正不少。兩黨的主義，既絕對不能相容，勢力上自然也有強弱的分判。那時中國人在朝鮮的勢派，還很利害，專治兵事的，有提督吳長慶，總理交涉通商事宜的，有同知袁世凱，外交顧問，有德人摩靈德夫，辦理海關，有英人馬蘭杜，差不多全國重要政權，都在中國派去的官員手裡。一時朝鮮熱心功名的官僚，個個都來附和，起初辦事，倒也有些興致，卻是過不上幾月，依然仍照老樣，總歸不能振作。中國人只要面子上得了勢，政治整頓不整頓，官吏殃民不殃民，軍士可靠不可靠，便一概都不放在心上。一般留日學生，淺淺兒受過些文明教育，常常的口裡鬧著自由平等，回國以來，那能看得慣這種狀況？加以日本人知道他們心病，又不時添上些言語，湊搭些七長八短，暗裡再露出意見，似乎真有路見不平拔刀相助的光景。這班青年學子，純是血氣用事，人情國故，並無半點閱歷，少不了就把日本人，緊緊放在心款兒上，凡事都要求他作主，這就是兩黨發生的緣起，也就是兩黨爭執的原因。

　　前清光緒十年，中國兵在馬江戰敗，朝鮮人看著，不免有些瞧中國不起。那年秋天，日本駐朝鮮公使竹添進一郎，忽然回國，不知去辦了些甚麼，又重行返韓，亟亟找著朝鮮執政大臣，和顏悅色的說道：貴國現在改革行政，需費浩繁，敝政府念友邦情誼，情願把濟物浦條約所訂賠款，退還四十萬，當作一臂之助。只要兩國邦交，從此越加親睦，日本就是退讓些利益，也就值得了。朝鮮人見錢如命，接了這注橫財，自然感激日本得不得。

　　有這兩種關係，於是日本利用的機會，越是迫近，兩黨互相水火的情勢，越是一刻不能容忍。一天新郵政局落成，便照例開設盛宴，徧請各國使臣，在朝文武顯貴，也都在座，單單日本竹添公使，推說有病未到，大家以為不關緊要，也沒留心。酒過三巡，賓主正在笑逐顏開的時候，忽見喘吁吁的走進一人，向宰相閔泳翊耳邊，不知說些甚麼。閔相聽了顏色立變，瞪了半晌，也向那人悄悄說了兩句，那人卻面有難色。閔相不得已，匆匆離席，跟他便走。座客見這光景，心裡十分詫異。不到半盞茶時候，局外一片聲音，如風起濤湧，大眾難以再耐，爭向窗外探看，只見離局不上一箭路遠，火燄熊熊，紅光直起，局前局後，萬頭攢動，紛擾非常。一時主客都覺吃驚不小，慌慌張張，各帶自己隨身護衛，抱頭鼠竄。出門以後，有人看見閔相被十幾個人圍著，用刀亂刺，月影朦朧裡，面貌認不大清，好像下手的人，有許多是留學日本的武備學生。這事一經做出，全城大起恐慌。

　　中國駐韓的官員袁世凱、吳兆有、張光前等，知道其中必有特別緣故，一面派探四出查訪，一面下令軍兵，準備一切，候令出發。日本公使那夜面子上推病，其實專

在調兵運將,暗暗打算,不過沒有因頭,未便先自動作。

　　偏是無巧不成書,郵局一起火,日本黨的朴泳孝、洪英植等,便飛奔入宮,直稱清兵作亂,閔相已被害,宮外亂兵,聲勢浩大,非召日使入衛,別無救急辦法,隨說隨哭,聲情十分激楚。國王和閔妃,自是嚇得無可如何,然一提日使兩字,心裡總覺有些不大妥貼。朴泳孝等不由分說,立逼國王草了日使入衛四字,差人飛送使館。日使果然立即帶兵一中隊,星馳電捲,奔入宮內。中國黨的得力人物如閔臺鎬、趙寧夏、李義淵、尹泰駿等,那時都已橫屍宮門,兵權政柄,盡被日本黨自行奪取。日使一到,他們便入宮會議,想要把中國黨的權勢,一舉推翻。金玉均道:中國黨所恃的就是中國兵,要制伏中國兵,必須得國王旨意,才能動手。目前我們亟須把國王安頓起來,再說別的。朴泳孝道:中國兵倒也沒什麼能耐,不過多些罷了。竹添道:敝署衛隊雖只三百人,卻都一可當十,到事情緊急時,總可相助。金玉均道:宮裡只管佈置防衛,國王的行止,總須格外留心。竹添道:諸君若能設法送國王到仁川,本使總可擔保送他穩赴東京。說到那裡,金玉均便把左右一概撤退,另開秘密會議。不多一時,韓宮前後,日韓兵隊,一一設防置伏,最後一層防衛線,並且安放下地雷火礮,一面朴泳孝、洪英植等一干留日學生,擁入景福宮。

　　國王見其來勢洶洶,早已嚇得面無人色,淚點兒滴溜溜往下直流,嘴裡一句話都說不上來。洪英植挺身向前道:清兵鬧的很不像樣了,請王速速更衣,臣等預備下的日兵很多,不愁沒有人保護。國王自幼安富尊榮,徵歌逐舞,哪裡經過這種威嚇?又哪裡受慣這種委屈?便索性倒退一步,提起袍袖,掩著面孔,嗚嗚咽咽,痛哭起來。朴泳孝見這光景,也在旁著急道:事情已經緊急得了不得了,吾王總要果斷些纔是,莫只學女子哭哭啼啼,那是不濟事的。洪英植又連連頓足道:事情不是哭哭就得了的,也不是空口說白話,辦得下來的。你們聽聽,宮門外面,可不是已經動手了麼?大家聽時,果然敦化門外,隱隱約約,槍聲不絕。洪英植便叫手下人把帶來的白色衣帽,取了出來,慌忙拿到國王前,急遽說道:願王恕臣無狀,現在宮門前的槍聲,已經越響越近,此地萬難久住。這幾件衣服,可算得吾王的第一等保駕大臣,望吾王作速穿著起來,暫避一時,臣等自有萬全妙策。國王聽這話頭,知道不是好消息,心裡更是悲傷,眼淚愈加忍耐不住,索性拉了世子,抱頭大哭。閔妃也搶步上前,抽抽咽咽,顫聲說道:官家正在悲感,眾位不必過於勉強,且容我母子緩緩進勸。話是這麼說,但這時候洪、朴等早已候得不耐煩了,那能容他絮叨,加著宮外的人馬聲,槍炮聲,越是嘈雜得利害,於是不等閔妃說完,立刻走近國王身邊,拉的拉,推的推,不到一刻鐘,竟把一身白色衣服,迫著國王換畢,一窩蜂簇擁著,便要逼駕出宮。

　　國王心裡萬分不願,卻又強他們不過,只好含悲就道,閔妃、世子跟在後面,且哭且走。正在無可奈何之際,一群太監,忽然飛奔而來,報稱宮門已破,中國兵已如

惡潮駭浪，黑壓壓直擁入宮。洪、朴等得此警信，無心戀著國王，亟亟帶了黨徒，分頭出外迎戰。那時中國兵有四千多人，在宮內的日兵不過幾百人，交綏以後，彈飛石走，屋震瓦鳴，自從樓門外面，一直殺到院山坡下。日本黨終究抵當不住，中國兵已經密密層層，把個景福宮，圍得水洩不通。帶兵官還在揮眾前進，忽聽見豁辣辣，一陣怪響，如天崩地陷一般，霎時煙瘴濃密處，透出一枝人馬，趁著這聲勢，竟自突出重圍，直向海濱走去。這時中國兵被震死的，很是不少，只好鳴金收軍，不敢窮追。後來知道這回走的，盡是日本黨的要人，不免有些悔恨，卻也來不及。究竟這回亂事怎樣收束，且聽下回分解。

第五回　大院君立朝重攝政　各公使入宮謁囚王

　　話說中國兵攻入景福宮，忽然一聲怪響，地雷炸發，日本黨竟得突圍而走。那時統率中國軍隊的是袁世凱、吳兆有、張光前諸人，收兵以後，探馬報稱，日兵已退回使館，在宮內的韓國黨人，走的走，殺的殺，差不多沒留一個，卻是這一場大亂子鬧畢，國王的下落，竟不知到甚麼地方去了。清營裡立時懸賞查訪，總無蹤影，三位軍官倒很有些著急。袁世凱道：據韓官李應俊報告，國王已死，世子已走失，照此說來，懸賞也是沒用，不知可有別的法兒好想麼？吳、張二人道：這回計劃，全仗慰翁高見。袁世凱想了想，躊躇道：據韓人傳說，國王還有一兩個庶子，因為王妃不能相容，都在民間寄養，萬分沒有法兒，或者從這裡著想，只求有個虛名應著，也未始不可稍稍維繫人心。計議未定，忽報韓民多入帳求見，三人點頭允准，不多一時，一片哭聲，擁入營內。袁世凱慰勸了一番，眾百姓才止了哭聲，稱國王現在受困甚急，被幾個日本留學生逼著出宮，這會兒迫走沒有，都說不定。袁世凱道：你們在甚麼地方看見？眾百姓道：在北門關帝廟。吳、張二人聞得此話，立帶了軍隊，趕向關帝廟而去。進廟以後，果然看見國王在那兒啼哭，服色已經更換，和尋常百姓一樣，不是韓民從旁指認，幾乎當面錯過。國王初見清兵整隊而來，也甚驚恐，後來吳、張二人把迎駕的話說明，才收淚升輿，吳、張二人也各乘肩輿，鄭鄭重重護駕而回。

　　國王到了清營，把朴、洪等威逼出走情形哭訴一遍，又加懸重賞，捉拿罪人，王妃、世子，也陸續找回。清營派人打掃宮殿，肅清街道，擇了黃道吉日，迎駕回宮。國王感激清兵救助，依賴中國的心思，愈益加重。回宮以後，另在偏殿裡收拾一間小屋，請袁世凱入內居住。袁氏也盡力相助，晨夕和國王談論國事，處理機務。一時滿朝文武，大小職官，耳有聽聽袁氏，目有視視袁氏，口有道道袁氏，個個爭先恐後，奉承命令，後來日本伊藤博文做朝鮮統監時的威權，也不過如是。可惜國王是個快活

慣的人，朝鮮的官吏又都是貪鄙驕橫，沒有人把國家大事放在心上，禍難來了，只知道縮了頸項，各逃性命，事情過了，便依然酣歌恆舞，不管百姓是怎樣生活，敵人是怎樣謀劃，但求有一天寬假，便想消受一天的榮華富貴。袁氏雖有無上權力，遇著了他們這宗亡國的君臣，也就無可奈何，加以日本人又運出外交手腕，通告中國，說這回亂事，全是清營生事所致，接著更向朝鮮提出條件，專派大使辦理。

　　中國人最歡喜省事，派了吳大澂、續昌兩人往朝鮮查辦，一意以敷衍了事為主，弄到結果，少不了又是朝鮮人賠償些錢，說些好話，處置些兇手，另提款項，給日本人修使館，才將將就就，含糊結局。袁氏一團熱騰騰進取的興致，忽遇這一盆冷水，從頭頂一直澆到背心，自然十分憂憤，鬱鬱回國，找著直隸總督李鴻章，說了許多朝鮮內政棼亂，禍機四伏，外而敵國，內而黨徒，都時時乘機尋隙，治理朝鮮宜速改變政策等話頭。李鴻章只當是他發牢騷，但敷衍了些門面話，便算完了。哪知次年三月，日本借著駐韓日使館燒燬的題目，又想出花頭來了。他說這回朝鮮亂事，中國兵曾經轟燬日使館，並且縱火燒燬，這都是中國人的不是，於是派伊藤博文、西鄉從道二人到天津，大開談判。中國方面派李鴻章、吳大澂二人，和他開議。會議時，總理衙門外面，兵隊排列的很是威武，北洋大臣的架子倒也搭得不錯，只是會議結果，又做成了一張斷送朝鮮的條約。這條約便叫做天津條約，內容共有三條，一、朝鮮戍兵，兩國皆行撤退；二、朝鮮練兵，兩國皆不派教練官；三、朝鮮有亂，兩國皆不派兵平亂。如遇必要時，兩國須互相關照。據外面看來，這張條約訂的很是公允，義務權利並沒有偏重那一國。然而要曉得朝鮮是中的屬國，譬如主僕關係，日本是中國的友邦，譬如賓主關係。現在主人有一家世僕，已經相依為命，歷了好幾百年，忽然外面來一客人，向主人道，你這僕人的房屋，和我大門接近，我今和你訂約，從此以後，兩家都不使喚這僕人，僕人的家事，兩家都不許干預，僕人家裡無論鬧出甚麼亂子，兩家都不許過問，如其實在鬧的不像樣了，兩家必彼此招呼，才可動手。列位想想，古今中外，有這等自甘暴棄的主人麼？有這等無理取鬧的客人麼？以家比國，這宗條約哪有討論的價值？中國要是政治修明，有人略明國際法的精理，日本人哪裡敢冒冒昧昧提出這種糊塗條件？就是提出，恐怕中國人不但不和他議，還要提出交涉，問他個輕侮友邦的罪名呢。可憐醉生夢死的中國人，只知道爭空場面，事到臨頭，便糊塗了，又哪裡知道日本人訂立這張條約的用意，簡直和江華灣日韓條約同一作用，總不過造出些憑據，催促朝鮮國早向滅亡方面加鞭急走而已。

　　就歷史家的眼光看來，朝鮮以中國屬國自承，為時已久，自有江華灣條約，於是甚麼自主，甚麼平等，都已自己簽字，豈不是明明自己和日本人說我不是中國的屬國嗎？中國對世界各國，常以朝鮮上國自居，自有天津條約，於是對待朝鮮的態度，都須和日本一樣，豈不是明明自己和日本人說，中日兩國，和朝鮮有同一關係嗎？再

進一步說，豈不是明明說，朝鮮不是中國的屬國嗎？這兩張不打自招的絕妙供狀，日本人既然用盡了機械變詐，騙到了手，便珍寶似的藏了起來，外面卻仍舊裝著沒事人的樣子，朝鮮一面的事，也不十分理會，好像不願意和中國競爭。中國人當初都是實情，漸漸不把日本放在心上，一般逢迎上意的大員，更想些事故，點綴太平，單單修一個頤和園，便撥掉海軍費三千萬元，其他更不用說了。在朝鮮的中國官員，看見日本人不大起勁，便越是拿出上國架子，看得朝鮮君臣，不值一錢，一有不合，便如呼叱奴僕，而且所行的政治，又依然照中國老樣辦理，絲毫不見改良。朝鮮貴族大臣，想要謀取富貴，對於中國派去的大員，異常逢迎，一切手段，好像那時中國官員巴結醇親王一般，連各國人看著這般情形，心裡是怎樣的感想，他們也一概不知。

此後四五年，中、日、韓間也無甚大事可紀。到了後來，朝鮮國王想著大院君久留天津，究竟於國家體面有關，便命人作了一張懇切呈表，特派專員隨貢呈進，另外又孝敬些珍貴物品，買動了西太后總管內監李蓮英，得便幫襯了幾句，西太后果然慈顏有喜，立即降旨，李昰應著准其釋放回國。大院君歸國以後，想著前番失敗，心裡很不甘服。恰巧國王仍是昏憒糊塗，一事不問，閔妃的弟兄子姪，一味把中國代表捧著，從中巴結些政權，借勢橫征暴斂，賣官鬻缺，弄得朝無數月之餉，野無隔夕之糧，一時咨嗟怨嘆的聲浪，遍國都是。大院君乘這機會，在中國代表袁世凱面前獻些殷勤，語言之間，很說了國王些壞話。袁氏和國王相處有素，知道國王為人，實難振作，不由得見風使船，便和大院君商量補救辦法，一連開了好幾回秘密會議，大致決定想借政治不進步為名，請王退位，另立李埈鎔為國王，請大院君再攝朝政，專候朝裡重要各大員，疏通明白，便要實行。不料閔妃機警萬分，猜著大院君回國，一定有一番風潮，所以大院君一舉一動，都派人秘密偵察，隨時報告，這樣廢君立君的重大問題，哪有瞞得過閔妃的道理，祗因礙著中國代表面子，不好在事前顯然發作罷了。

一天退朝，閔妃的子姪輩，遠遠望見大院君，故意裝作惶懼失措的狀態，又低語旁人道：此公數日後就要重為攝政王了，我們敢不敬畏？此話一出，從此風聲漸漸傳播，大院君出入，常有人指點，袁氏知事不妙，示意大院君把秘密計劃暫時取消，才得含糊了事。然而大院君圖謀攝政的心思，總不肯輕易放棄，知道專靠中國代表，總不濟事，便從百姓身上留意。無奈時勢不同，百姓信用大院君的心，已遠不及從前，祗好忍耐著，再找別的機會。在那幾年裡頭，甚麼鬧饑荒，甚麼黨亂，已是弄到天翻地覆，他都一事不問。亡命日本的開化黨人，得了這種消息，心裡暗暗喜歡。一天金玉均、朴泳孝等，正在開會商議謀韓政策，忽然接到一封書信，外面密密層層，封得十分嚴密。金、朴等拆開一看，立即放在懷裡，草草散會，便一直悄悄走向日本外務省而去。信上說些甚麼，他們嚴守秘密，無從打聽，只是不多幾時，日本兵便陸續出發，直指朝鮮漢城，聲勢洶洶，整隊而前。朝鮮舉國上下，都驚惶錯愕，不知所措，

獨有大院君依然說是說笑是笑，全然不把這事放在心裡。

又過幾天便是七月二十二日，日本兵已經滿布漢城，另有日兵一小隊，人啣枚，馬摘鈴，暗暗走到宮門外面，各從袋裡取出繩梯，扒著墻頭便上，一轉眼間，七手八腳，如浪湧潮翻，直向宮中而去。守宮兵丁，見他來勢兇猛，又似乎有人接應，一般竟不敢抵當，眼睜睜看著他把國王囚了起來，矯旨召大院君入宮，登時立為攝政王，竟沒有甚麼人敢說一個不字。那時駐韓各國公使，聽見這宗非常變故，一個個趕著進宮，面謁國王。國王身體矮小，素來少精沒神，這時被困在一間小屋裡，只贐得滿面淚痕，看見各公使，一句話都說不上來，但緊緊握著衣袖，作勢哀求各公使援救而已。唉，古話說的好，天作孽猶可為，自作孽不可活。韓王這時所受的苦，都是他平素太不自愛，以致如此，又有誰人能夠救他呢？欲知後事如何，且聽下回分解。

第六回　便私圖託命開國會　懸新禁有意拂輿情

話說韓王被囚以後，日夜憂恨，常恐被害。各公使入宮時，見了他這樣愁苦可憐，也都代為不平，辭色之間，很是憐憫，不過實際上總沒有人肯出來幫忙。這也怪不得他們薄情，原來抑強扶弱仗義執言的事情，是外交史上不會有的，加以日本人非常乖覺，不等他們開口，便自己向眾聲明道：敝國這回出兵，全是迫於公義，並無絲毫貪圖權利、拓張疆土的意思。後來聽說各公使有些不大滿意，又重新伸說道：敝國兵隊入宮，實非本意，初時宮門左近，只有敝國兵士一小隊，不過欲尋一個紮營的地方，不料韓兵竟開礮猛擊，敝國兵士為自衛起見，不得已還放小槍。詎韓兵仍不自度量，愈聚愈眾，敝國兵士才知道非整旅入宮，不能自保，祇得冒險為之，然而猶派員敬謹護衛國王、太子，不敢越禮。各公使得了這種離奇惝恍、不可言喻的報告，大家都掩口胡盧，不作一詞。

一天各公使又往見大院君，談到日人方面，大院君唶然道：日本人口甜心辣，面子上的報告，說得冠冕堂皇，其實我們韓國的政柄、兵權、郵電、城守，哪一件不被他和盤奪去，怎麼還這樣花言巧語，來欺哄諸君呢？各公使聞言，亦都隨口敷衍，並沒說出個所以然的道理，心裡卻各暗暗想道，這場亂子，原是你大院君自己引狼入室，鬧出來的，這會兒上了當，便又怪著甚麼日本人不日本人，哪裡能夠教人相信呢？這些公使的議論，且不管他，祇是從此以後，日人干涉朝鮮內政的機會，已日見成熟，朝鮮人亡國的徵象，亦漸漸傳布各國。但細細研究起來，日本所以藉口出兵的原因，已經醞釀了好幾年，也並不是驟然發生的事故了，此後日本人又有四五年無聲無臭。到了前清光緒十五年間，朝鮮大旱，禁止米糧出口，這可又給了日本人一個好

機會了，便趁此提出抗議，要求賠償米商損失洋十餘萬元。朝鮮人是吃過日本虧的，如何再敢執拗，少不了革去禁米的官員，和日本人磋議賠款，一議幾年，總無結束，直至光緒十九年，議定賠償十一萬元，方始罷休。

次年朝鮮官僚洪鍾宇，在上海東和館，刺死日本黨要人金玉均。朝鮮人聞知，立刻下令戮金屍首，升洪官職。但是日人卻反為金發喪，前次與洪鍾宇到日本的李逸植，日本人又捕去治罪。這些事情，雖似細故，卻是日韓兩國的感情，愈加日惡一日。是年三月，全羅道古埠縣，起了一種黨徒，名叫東學黨，自稱能夠呼雷成陣，撒米成兵，用的旗號為忠清討日、保國攘夷等字樣。那時韓人憤恨日人，達於極點，於是該黨一呼百應，聲勢浩大。朝鮮招討使洪啟勳，帶兵前往剿亂，反在日山地方，打了一個大敗仗。韓王著了急，找著中國駐韓欽使袁世凱，商量辦法，隨即具摺到中國政府告急，請兵赴援。中國兵艦揚威、平遠、操江等艦，果然立即開赴仁川，陸軍方面，又派葉志超提督、聶士成總兵，檢點兵馬，星夜前往。一面遵照天津條約，行文知照日本。不料日本竟不認朝鮮為中國屬國，立派兵船七艘，搶先開到仁川，人不卸甲，槍不釋肩，趕用陸戰隊四百人，大炮兩門，夾護著公使大鳥圭介，直入漢城。

中國政府得了日兵行動的消息，便致電袁氏，令其據約與日力爭，又電葉、聶兩軍務，嚴戒士兵，勿輕進止，致令釁自我開。日本軍隊卻只管源源而來，不到幾日，漢城前後，已無處不見日兵。起初不過佔據要塞，後來竟梭巡街道，把守城門，城樓上又高架大炮，甚至途遇行人，都須一一檢查。朝鮮官民見此光景，不免大起恐慌。國王是個糊塗蟲，更沒有主張，大家乾急了一會子，才議定派人到中國欽使館，用國王名義，向袁氏求計。袁氏慨然道：朝鮮是中國屬國，朝鮮有亂，中國理應派兵援助，那日本卻和中國不同，明是師出無名，貴國若能據理力爭，交涉便不難辦理。韓廷得報，果然遵照此意，行文詰問，那知日使大鳥氏不說明自己出兵的理由，偏抓住屬國兩字，反詰責朝鮮道：現在貴國地位，究竟是中國屬邦，還是獨立之國？朝鮮政府摸不著頭腦，袁氏又不曾再給他出主意，勉強挨過了三天，只好含糊回復道：朝鮮是獨立之國。日使得了獨立這兩個字，便行了一角文書，威逼韓廷改革內政，並說他有政綱五條，須得一一照行。韓國政府見他來勢利害，中國兵又隔著漢江，並無決然前進的意思，想不依從，恐怕眼前吃虧，想真個依從，又恐怕中國日後不答應，沒法抵當，左一商量，右一討論，居然被他們想了一個絕妙法子。

一天日使入覲，韓王當面答復道：貴使所提各款，自可從長計議，但用兵威逼迫，敝國人民疑惑非常，敝政府體面亦甚有妨礙。貴使能推誠相與，宜首先撤兵，再行開議。在韓王想來，這話既不得罪日使，又不妨礙中國，確是敷衍延宕的外交手腕，必然有八九分可以濟事。日使哪裡肯依，當面爭論了幾句，隨後又用文書催逼朝鮮政府，大致說貴國既為獨立國，所有前與中國訂立條約，不合於獨立國家性質之

處，應即廢棄。朝鮮政府接到此項文書，萬分為難，不知怎樣答復，才能兩面周到。正在躊躇之際，冷不防日使大鳥氏忽又買通內應，帶兵入宮。袁世凱得著此信，知事不可為，一面電告本國政府，一面引軍夜走。日使也顧不得這一層，但急急的說些門面話，敷衍各國公使。那時國王雖已如籠鳥池魚，名義上卻仍舊用著他遮掩耳目。在朝鮮的中國人，日使早已矯著韓王詔旨，大加驅逐，又強迫韓王承認許多條款。一班號稱急進黨的韓人，趁這機會，也來假殷勤，獻計策，日使樂得給他們些面子，稍稍採用一二，卻把慣做滑頭的大院君扶了起來，從前一切政治成規，全行拋棄，另外仿照日本樣式，開國會，改官制，分設內務、外務、軍務、法務、農務、商務、學務、工務八大衙門，又設立議政府，統轄一切。所有閔家的人，一并淘汰。命金宏集為總理大臣，重要官職，盡換了急進黨的新人物，並且大用日人，只漢城一處，日本顧問官便多至五十餘人。就形式上講，好像是銳意維新，不負獨立兩字的名號了。

　　然而這些新人物，都沒有真實的政治學識，與積極的改革誠心，所爭的不過片時安樂，一刻尊榮，只要高官厚祿，騙到了手，哪裡還有心腸替國家辦事。議政府雖然設立，要曉得八大衙門的新官員，大半都是青年後進，曾經遊過扶桑三島的人物，一個個眼架金鏡，足登革靴，踱踱踱，兩三步走至會場，便脫帽握手，幾句瓦打古西不成文的日本話，胡謅一陣，盤子裡的雪茄煙，抽得幾口，牛奶咖啡，呷得半盞，屋子裡煙氣還未散盡，議員已經走了個精光。起初是天天會議，倒也覺得很新鮮，過了兩日，就不免有些厭煩，便改作隔幾日一會。其實這宗會議，就是一天開一次，或者一天開幾次，總是無益於國家的，卻是面子上他們也不肯自認糊塗，不時在日本顧問官面前，說些巴結話，把日本維新時的憲法，枝枝節節，抄了些出來，更拿出做八股文章的法子，按腔按拍套將起來。又暗暗想道，從前在日本留學時候，各種科學，有速成科學，現在政治問題，自是事同一例，但把印成的老文章，趕早發布，只求速效，豈不就完事了。於是今日下一號令，明日布一章制，事實能夠做到不能，前後自相矛盾與否，一概不管。不到一月，國人嘖有煩言。他們又自解說道，凡民可與守成，難與圖始，維新本非尋常事業，庸人不能明曉，原是意中事，不必理他。內中有兩個負氣的，更主張進行加厲，立即發布一張文告，大致說朝廷力行新政，一切風俗習慣，概應從事改良，所有長管煙袋，寬闊衣袖，及頭頂盤髻等，俱為不文明習慣，應予限若干日，全國一體禁革，倘有不遵，即以違反諭令論罪。列位想想，這宗不明時勢、不悉輿情的自號維新家，究竟能夠有益國家麼？欲知此後如何，且聽下回分解。

第七回　責報酬貿易施鞭扑　無效果黨徒去梓桑

　　話說漢城既為日兵所據，國王行動皆不自由，滿朝官員，黜革的黜革，驅逐的驅逐，由日本人作主，換了一班青年學生，立時把官制、法規，盡行更改，實際上的權勢，盡在幾個日本顧問官掌握之中。此等顧問官，比較腐敗官僚，自然開通一些，所發布的條文，看去也不違反文明通例，只是過於急躁，幾乎要把日本維新三十年的政績，在一二月內就見效果。這宗誤謬的見解，若說他用人不當，或是不明行政程序，都還是寬恕他們的話頭哩。並且那時日人，還不知歐美各國，對於韓國，是怎樣一個主見，所以專用些遮人耳目的手段，不知道細情的，遠遠聽著，還說日本厚愛韓國，用了本國辛苦訓練的兵隊，耗了本國艱難籌畫得來的糧餉，幫助韓國整理萬難有效的政治，真不愧為善與人同的大國民了。哪知內幕卻是如此。可憐韓國人民，性最謹愿，處世最能忍受苦辱，平日貪官污吏，敲剝之術，無所不用其極，尚且不則一聲，對於此時新政的不當之處，又哪裡敢挺身出來，與坐擁大兵的日本人作對？即使關於習慣上、禮制上、國體上有萬不能行得去的，一經強制執行，也只好忍氣吞聲，奉令維謹。

　　那時日人勢力甚大，大院君雖名為攝政，卻沒有一件事，能夠由他作主，比較從前攝政時的狀況，大不相同。大院君是個好攬權勢、反覆無常的人物，看見替日本幫忙，不能有甚麼實在好處，夜長多夢，便又想在中國方面弄些手段。恰好探馬飛報，中國陸軍大隊人馬，已在平壤集會。大院君暗暗想道，中國做事，自來主張寬大，與日本人尖鑽刻薄的樣子，自是不同，依附著他，終究有些好處。況且中國又是大國，兵多財廣，還怕勝不過日本麼？不如早早應酬著些，尋個路子，才是道理。歇了幾日，報馬又到，說是大清兵已佔平壤，三軍司命的中軍大旗，已高高豎起，城北一帶有左寶貴、豐伸阿兩員大將鎮守，城南一帶有衛汝貴鎮守，城東大同江岸一帶有馬玉崑鎮守，單單一個平壤城，已經聚了中國兵一萬四千多人，聲勢真也十分浩大。大院君便道，俗語說得好，識時務者為俊傑，又說大丈夫能屈能伸，我從前在天津，雖受過些苦痛，到此時也記不得許多了。於是緊差一心腹，換了衣服，混出城去，懷中帶了一封密信，專往平壤清營投遞，大致說日本人如何作難國王，如何刻苦百姓，如何欺哄世界各國。韓國君臣因一時措手不及，權且虛與周旋，並非敢忘天朝威德，或有他意，但願大兵速發雷霆，掃盡醜夷，至於內中接應，微臣自當一力擔任，總可事半功倍。茲恐道路傳聞不實，特達寸簡，以白區區等語。他的意思，原不過為將來留個地步。

　　不料這一封書去了多日，不見回覆。外邊紛紛議論，起初多半說中國兵多，日本兵少，小小打了兩仗，中國都佔上風。大院君聽著，倒也不甚注意。後來漸漸傳說，

日本大隊，分了四支，一由大路前進，一由黃州渡江，一由江東縣出發，一由日本渡海，約定了十六日，一同會合攻打平壤。大院君不免有些擔心，從前指望清營幫他爭權奪勢的妄念，覺得冷了大半截，卻是轉念一想，兩下還未交鋒，誰勝誰敗，那能便下斷語？況且據中國一方面消息，後援軍也發了三大支人馬，一路是四川提督宋慶統率，一路是提督劉盛休統率，一路是將軍依克塘阿統率，只要平壤清營能夠支持三五日，那怕日本兵不腹背受敵，早晚總是一敗呢。想到這裡，心中略為開展一些，糊糊塗塗又混了多時，不但清營沒有消息，連去的差人都杳無蹤跡。

　　大院君是有心病的人，那能不胡思亂想，熬不過了，便俏俏從後門溜了出去。原來大院君出身寒微，中下社會的情形，是很熟悉的，在宮裡悶著，很不放心，才換了微服，假裝一個小買賣人樣子，混出漢城。然而舉目都是日人勢力範圍，哪裡能夠探聽得出甚麼軍情，只得快快而回。不提防剛走進門，便在廊外窗下，聽見兩個小太監在那裡講話。一個說日本打了大勝仗，你可曉得麼？一個說我早曉得，只是不敢說，恐怕傳到太上王的手下人那邊去，我們就該死了。一個說太上王是日本人立起來的，難道他還不願意聽說日本打勝仗麼？一個說這裡頭很有些奇怪。前幾天日本公使派人在城外拿住一人，說他是清營奸細。一個笑道，清營奸細和我們所說的有甚麼關係呢？一個說你猜這奸細是甚麼人？一個說難道攀連得著太上王不成？一個說不但攀連，竟是他的心腹呢！大院君聽到這裡，如一瓢冷水從頭頂一直澆到腳跟，不等他說完，便自踱了回去，自忖這些小孩子，胡言亂語，真個有些怕人，權且叫人出去探聽送書人的下落如何，再作計議。

　　話還未了，外面傳報日本公使過來謁見。大院君不知他這來意，是好是歹，只得捏著一把汗，降階相迎，抬頭見大鳥氏渾身西洋裝束，金鏡革靴，一手握帽，挺身而前，那神氣非常嚴厲，不覺打了一個寒噤，勉強接待進去，分賓主坐下，戰兢兢的寒暄了一會子。大鳥氏忽然厲聲向大院君說道：外面謠言實在利害，清營的詭計，也著實利害。說著從衣袋裡取出一信，遞與大院君，又接著說道：太上王，你看看，這不是滿大一個笑話嗎？大院君接了一看，可不是自己寫的書信，卻又萬萬不能直認，一時面色忽黃忽白，心裡如小鹿兒突突亂撞。遲疑半响，才忸怩道：這話是從哪裡說起？大鳥向大院君望著，似笑非笑、似怒非怒的慢慢兒說道：這信自然是別人捏造的，這送信人，本公使已按軍法處治了，太上王可不用躭心。只是這書信已經宣佈，內中又是太上王的署名，應該如何處置才是正辦呢？大院君道：照貴使意見，應該如何處理？大鳥氏道：這須太上王自己斟酌了。大院君道：貴使要我自明心跡，又不說出辦法，敢是以我現在所處的地位，為不能合宜麼？大鳥氏道：這話不是敝使該說的。太上王自己細細兒想想罷。說時顏色甚厲，已經意在言外。大院君是個老奸巨滑，哪有不心領神會的道理。彼此悶了一盞茶時候，又敷衍些應酬話，大鳥氏才告辭

而出。不到三日，大院君果然借個小故，自行宣告請退，並立時搬到孔德裡居住，所有故舊親友，概行謝絕，大有閉門思過的光景。就這件事看來，日本人在朝鮮的面子，也就佔的不少了。

那時中日戰爭的結果，已經判決，日本人在朝鮮的氣餡越是增高。這個風聲一傳到日本國內，無論有錢的沒錢的，都想七衝八撞投奔朝鮮，找兩塊天鵝肉開開胃。萬朝報上曾登一張滑稽畫，說日本人到滿洲的，大半是賣淫婦、無業漢等。唉，那時的朝鮮，近時的滿洲，直是有八九分相像。這宗人在本國無法謀生，聽說朝鮮可以任意取求，就跑了過去。既到了朝鮮，自然個個要想弄錢，個個要想仗勢，甚麼做生意，開店舖，都不過有一種名義上的說詞，其實他們心裡，總說朝鮮國家，全是日本人出兵用餉，冒槍彈，擲汗血，爭奪來的。朝鮮人看待日人，應該像兒孫供養父母，日本人看待朝鮮人，應該像主人使役奴僕，至於情理兩字，一總不曾放在心上。

卻說漢城南大門外停車場左近，有個三角形的街市，素來市面甚為熱鬧。這一天忽有一片哭聲，從一家店鋪中傳出，接著又是頓足聲，吵嚷聲，撲剌撲剌的鞭打聲，喧擾不已。過路的人爭著進去觀看，只見一個老者睡倒在地，一個日本人，拿著一根皮鞭，拚命亂抽，嘴裡還嘰哩咕嚕，不知說些甚麼，旁邊摔了一地零星什物，遠遠的站著幾個女眷，一個六七歲小孩，又是跳又是哭，卻只不敢上前攔阻。大家看不過意，便向日本人說了無數好話，為老者求情，日本人才勉強住了手，帶著滿臉的怒容，揚長而去，大家也不敢盤問他。老年人慢慢醒了轉來，抬頭看見眾人，不覺失聲痛哭道：拿了我的貨物，不給我一個錢，還說報效的少了，見物便摔，逢人便打。眾位想想，天下哪有這宗道理呢？眾人知道日本人是不好惹的，便勸說道：老翁忍耐些罷，國家都強他不過哩，哪裡還有人和我們伸冤呢？這是那時日本人在朝鮮的情形，每天不有十起，也有八九起。既沒有道理好講，便隨你發布的政綱，怎樣完美，執掌政事的人，怎樣有學問，總是枉然。況又都是些凌亂無章的顧問政策，虛有其表的新式閣員，怎麼能夠把一個百病叢生的國家，扶得持起？無怪大院君想著中國好處，又在心旌兒搖搖的放不下去。偏是天不湊巧，竟自失敗了，連他自己位子都保守不住。一時扶助他的黨徒，見勢不好，知道靠山已倒，將來前程必難指望，只好夾著尾巴，一個個溜之大吉。究竟這種黨徒是些甚麼人物。且聽下回分解。

第八回　朝鮮王囈語稱皇帝　朴容漢深情屬美人

話說大鳥氏在朝鮮，雖說威權很盛，究竟亂事初平，朝內的朋黨傾軋，十分利害，商場中的日本人，又是虛憍惡劣，暗無天日。日本政府漸漸有些覺得，知道照此

做去，斷難討好，便在維新元勳裡選擇了一位井上馨，前往朝鮮，接辦公使職務。井上氏視事後，駐韓各國公使，因為日商在韓壟斷商市，各國商民俱受影響，一一提出抗議。井上氏見眾怒難犯，自己人又實在有不合理的地方，只用些好言安慰各使，一面發布文告，諭戒日本人，以後各守本分，一般都是商人務須平等看待；一面又明查暗訪，知道日商、日兵一切暴戾恣睢的情形，真有一言難盡的處所，於是詳詳細細草了一角文書，報告政府。大致說日人在韓行動，不免出乎情理之外，各國多有出來干預的意思。邇來派人訪查，往往見日商與韓人交易，一言不合，便拳打腳踢，甚至拿著皮鞭亂抽，抽到半死，在河裡一丟，不管人家死活。這種行為，竟與強盜無異。在他們心中、意中，總說韓人受日本厚恩，應該報答，倘說了一個不字，就算忘恩負義的賊虜。因此韓民畏懼日人，甚於猛虎，長此以往，不獨日韓兩國感情，日惡一日，並且連日本帝國的名譽，亦大有損害。應請政府急頒禁令，嚴懲一二，韓事才有整理的餘地。日政府得此報告，便風火雷霆的下了一條嚴諭，交井上氏按法懲辦。不多幾時，僑韓日人，稍稍斂跡，井上氏便把精神專注到朝政上。

　　一天帶了譯員，入宮謁見韓王。韓王素來沒有志氣，又屢次受多了驚恐，哪裡當得起鋒芒銛露的日本使臣，登時嚇的不知所措。井上氏坐定，說了幾句應酬話，就談到韓國現時政治問題，不覺臉色漸沉，聲調漸厲，接著說道：大院君勾通敵國，謀危韓室，罪大惡極，應請明降諭旨，革除職位，萬不能以親滅義，說他已自請退，便可以含糊不問。韓王一句話都不敢辯，戰戰兢兢，一連說了好幾十個是字。井上氏又道：敝國政府為尊重邦交起見，特遣本使前來，幫助貴國改革內政。本使察看國內現情，已代擬就改革條議二十款，可請從速施行。說著便從衣袋內取出一個手摺，交與韓王。韓王接著，好如得了甚麼至寶一般，只有連稱感激，不敢多說。井上氏見韓王這樣恭順，心裡也就不想過於吹求，坐一會，便自退出。

　　韓王受了這場教訓，一肚子惡氣，沒處發洩，只好一個人在內殿裡踱來踱去，不時長吁短嘆，或者負手低頭，自言自語。有兩個好事的小太監，悄悄跑到後宮，一五一十，報知閔妃。閔妃一想，昨天有人說外面新進了一位女子，聖上甚是寵幸，已經封做了嬉嬪，現在忽然憂悶起來，敢是和這嬉嬪有甚關係？於是添香敷粉，整飾鬢鬟，對著明鏡自行細看了一回，才扶了兩個宮女，嬝嬝婷婷，親自走到前殿。韓王正在煩悶，冷不防忽見閔妃從後殿走出，心裡暗暗吃了一驚，立時把臉變了過來，勉強陪笑問道：妃子久居宮禁，敢是有些悶倦，現在正是幾務餘暇，大可坐著談談，消遣片刻。閔妃見韓王這樣周旋，也趕緊湊上去，滿面含春的奏道：正如上旨。見禮已畢，談起朝中近事，閔妃暗自沉吟道：看國王外面，很有些遮遮掩掩，嬉嬪一層，那好唐突動問，何不就從政治上探一探他的口氣，看他對於咱們閔家的情意，可有變動沒有。說著又站了起來，款款向王行了一禮，韓王一時摸不著頭腦，親自用手扶著，

慌忙說道：妃子有甚政見，只管直說，不要這樣多禮。閔妃湊近一步，低聲道：不是別的，賤妾有兩個姪兒，和兩個表兄弟，閒居無事，有朝沒晚的常常來纏人，賤妾想朝裡要是有個一官半職，能夠把他們安頓一下子，都是主上的洪恩呢。韓王笑道：我當甚麼大事，朝裡換幾個官員，不過動一動嘴，下一道上諭，哪裡值得這樣鄭重？早些把名條開來就是了。閔妃見國王並沒改變舊情，才歡天喜地放心而去。過了兩天，果然有內務、法務、工務、農商務四個協辦官，同時奉命罷職，接著宣佈升補了四位新官，盡是和閔家有密切關係的人物。

朝中一向知道閔妃利害，連國王都惹他不得，又誰敢說一句甚話。卻是日本公使井上氏，受了本國重託，又當面和韓王說了許多改革內政的話，忽然見了這種舉動，勃然大怒。井上氏立即入宮謁見韓王，韓王以為尋常晤會，不以為意。不料三言兩語，井上氏忽然把臉一變，嚴聲厲色的向韓王說道：請問朝中現在換了四位協辦官，究竟是甚麼緣故？韓王犯有心病，見來得勢頭不好，趕緊滿面陪笑道：這些都是總理大臣奏請的，停會兒問問金宏集就明白了。井上氏把眉梢一豎，鼻子裡哼了兩聲，似笑非笑的冷冷說道：貴國用人行政的大權，既然都憑總理大臣一人作主，本使這回奉命前來，豈非是白走了。上回代擬的改革條陳，也是枉費心思了。就請速把這二十條原議見還，明日本使要回國復命哩。說著便要起身告辭。韓王見他認了真，空話搪塞不下去，沒法只好急起攔阻道：貴公使且請息怒，有話儘管慢慢兒商量。井上氏勉強坐下，韓王又道：貴公使有甚高見，只管從實指教，朕未有不樂於聽從的。井上氏道：這回更換官員，外面都說是王妃出的主意，殿下反說是大臣奏請，可見貴國對於本公使，絕無誠意，本公使萬萬不能來這裡做傀儡呢。韓王聽說，忸怩一會，硬著頭皮說道：千不是萬不是，都只怪朕沒有事前關照，所以弄出許多誤會，朕就在這裡先告一個罪罷。說時竟離坐行了半禮。井上氏慌忙起身回禮，又說了幾句敷衍應酬話，登時顏色和霽，發現一種藹然可親的態度。唉，近世外交人員的面目，瞬息萬變，真正好看煞人也。韓王見他意思已轉，才略略把心放了下去，還恐怕他變卦，便自伸述道：無論外面傳說的是真是假，從今天起，朝內的政事，總不許王妃干預就是了。井上氏道：殿下既誠心求治，本公使敢不竭力幫助。韓王又趁勢恭維了好些話，這場爭執才算小小有了一個結果。

後來閔妃知道了這件事，便著實埋怨韓王一頓，只是日本公使素有勢力，閔妃自知鬭他不過，只好將機就計，順勢討好，但求敷敷衍衍，能夠保住現在地位便算了事。所以從此以後，隔不上兩天，韓王和閔妃必著人到日使館問計，假意做出十分親密樣子。井上氏得了這機會，便真個催促進行，韓王被逼不過，那年十二月十二日冬至祭祖，果然領著滿朝文武官員，遵著井上氏意旨，作了誓廟詞一篇，附帶洪範十四章，親到祖廟宣告。行禮奠爵已畢，贊祝官把文取出，高聲朗誦道：

惟開國五百三年十二月十二日，朝鮮嗣王熙，敢昭告於皇祖列聖之靈曰：惟朕小子，粵自沖年，嗣守我祖宗丕丕基，迄今三十有一載。惟敬畏於天，亦惟我祖宗時式時依，屢遭多難，不荒墜厥緒。朕小子其敢曰，克享天心，亶由我祖宗眷顧騭佑，惟皇我祖，肇造我王家，佑啟我後人，歷有五百三年。逮朕之世，時運丕變，人文開暢，友邦謀忠，廷議協同，惟自主獨立，迺厥鞏固我國家。朕小子曷敢不奉若天時，以保我祖宗遺業，曷敢不奮發淬勵，以增光我前人烈。繼自今，毋他邦是恃，恢國步於隆昌，造民生之福祉，以鞏固自主獨立之基。念厥道，毋泥於舊，毋狃於嬉，惠迪我祖宗宏謨，監察宇內形勢，釐革內政，矯厥積弊。朕小子茲以洪範十四條，誓告我祖宗在天之靈，仰藉祖宗之遺烈，克底於績，罔或敢違，惟明靈降鑒。

祝文讀畢，又宣佈那十四條洪範：

一、割斷附依清國慮念，確建自主獨立基礎；二、制定王室典範，以昭大位繼承，暨宗戚分義；三、大君主御正殿視事，政務親詢各大臣裁決，後嬪宗戚，不容干預；四、王室事務，與國政事務，須即分離，毋相混合；五、議政府及各衙門職務權限，明行制定；六、人民出稅，總由法令定率，不可妄加名目，濫行徵收；七、租稅課徵，及經費支出，總由度支衙門管轄；八、王室費用，率先減節，以為各衙門及地方官模範；九、王室費用，及官吏費用，預定一年額算，確立財政基礎；十、地方官制，亟行改定，以限制地方官吏職權；十一、國中聰俊子弟，廣行派遣，以傳習外國學術、技藝；十二、教育將官，本徵兵法，確定軍制基礎；十三、民訟刑法，嚴明制定，不可濫行監禁、懲罰，以保全人民生命及財產；十四、用人不拘門第，求士徧及朝野，以廣人才登庸。

這篇誓辭的文章，做得很是可觀，十四章的洪範，也很切中當時利弊，只是沒有一個人照著去辦。井上氏雖說是日本的第一政治家，他又哪有真心想望朝鮮政治起色？所最注意的，不過割斷附依清國慮念，確建自主獨立基礎兩句話，認真誓廟的舉動，濟事不濟事，洪範的條文實行不實行，都置之不問。

那時中日戰事剛了，馬關條約已經訂妥。韓王見日本處處佔上風，自己和日本漸漸接近，便真以為韓國國運已轉，日本的隆情厚意，真是不可以言語形容了。一般趨炎附勢的官僚，便爭著奉承井上氏，好像幾月前奉承中國代表的情形一樣。井上氏又沒有中國人那些頤指氣使的派頭，大家自然先意承志，越是揣摩的周到。恰巧韓王正在興頭上，大家都想使個甚麼巧，略略討些好處，又怕井上氏或者出來橫加干涉，面子上倒更不好，只得暗地裡說些比喻話頭，試探井上氏口氣。井上氏倒很大方，並不在這些虛文禮節上考求。於是大家才放開膽量，做了幾篇典麗輝煌的文字，用了幾位有年紀、有資格的幾朝元老領著銜，上了幾張奏摺。韓王接著看時，只見上面寫的都是國運隆昌，政治休明，隣邦贊助，千載一時等一派頌揚話頭，歸結在於勸王改稱帝

制。韓王自是十分高興，立時親自拿了表章，走到後宮，想要和閔妃商量。

那時閔妃正睡午覺，隨身兩個小太監就要上前喚醒，韓王以目示意，小太監趕緊停止。韓王左右一望，向一般太監、妃嬪等，悄聲道：你們出去歇歇罷。大眾會意，應聲自出。韓王一人捏腳捏手，輕輕走到榻前，卻不即揭帷幔，心裡暗暗想道，這副海棠春睡圖，不知怎樣耐人觀看呢！不料方在胡思亂想，帳裡忽然嗤的一聲，笑將起來。韓王猛然聽著，不覺嚇的倒退了幾步。閔妃一步從榻上躍下，急急扶著韓王，含笑說道：賤妾孟浪，有忤上旨，罪當萬死，罪當萬死。韓王舉眼一看，見他雲鬢半偏，花冠不整，色相外另有一種斌媚神情，教人心醉，便接著笑應道：有擾清夢，還是朕的孟浪了。二人又笑談了兩句，才見禮歸坐。韓王道：妃子，你看現在我們國內的政治如何？閔妃一眼瞧見韓王手拿幾張奏摺，臉色便就沉了下去，停了一刻，低聲說道：敢是又有甚麼參案出現，不知與賤妾一家可有關係嗎？韓王搖了搖頭，把手裡奏摺遞給閔妃，一面又告訴他道：這奏章很冠冕堂皇，妃子仔細看看，只說贊成不贊成兩句話罷了。閔妃略一展閱，又微笑道：可不是又來了。這些還是與日本公使商量的為是。韓王道：那是公話，暗地裡我們自己也要裁酌一番，才是道理。閔妃道：這是國人的公意，又是吾王福德所感，賤妾又安敢有異詞？只有日使方面，倒要弄妥，免得多生枝節。韓王連連點頭道：到底是妃子想得周到。隨出前殿，著人到日使館請問意旨。井上氏是最知機的，這宗事與日本權利一些沒有妨礙，哪有什麼作難？不多一刻，回信轉來，居然煌煌諭旨，布滿朝堂，從今以後，王稱皇帝，妃稱皇后，太妃稱皇太后，太上王稱太上皇帝，滿朝文武大小官員，盡都加官進級，賞賜有加，真個似一片太平景象了。

井上氏趁這機會，保舉了一個黨人，名叫朴容漢。此人本前王之婿，曾經幫助大院君，大院君失敗之後，一向逃在日本。井上氏想利用他，所以特別保薦。韓皇見是日使保的人，不敢怠慢，立把首相位置給了他。朴氏為人，卻很知愛國，照他的眼光，以為世界各國，能夠扶助韓國的，不是中國，也不是日本，卻在遠隔重洋的美國。當時一接重用的朝命，便一瓣心香，默默自祝道：彼美人兮，西方之人兮，我祖國前途，不能不有厚望於汝也。究竟朴氏為何這樣信仰美國，且聽下回分解。

第九回　中流言冤被免官命　揮熱淚心傷微服行

話說井上氏援引朴氏，使居首相，原說朴氏留學日本有年，受日本保護之力最厚，這番回國，不但祖宗墳墓能保安全，並且高官厚爵，易如拾芥，照恩仇報復的常情論，日本人的話，總該說一不二了。不料朴氏的意見，卻正自不同。他逃往日本的

時候，正在光緒八年，大院君黨失敗之際，從此以後，韓國國事，一天紊亂一天。他伏處日本，一面進學校研究科學，一面在美國青年會中入耶教，受洗禮，每值禮拜講經說道，他必風雨無阻，虔誠往聽。會中美國人士，知他是個不忘祖國的亡命客，又是熱心宗教，道德高尚，便十分愛敬，會晤時節，常把美國革命戰爭的事蹟，以及平民政府成立的緣起，細細和他談論。朴氏傾向美國的意念，便從這裡起點。到了回國任事以後，對於教育，非常注意，又因為他曾受過教會中的薰陶，對於耶教徒，也十分優待。那時美國新聞記者根南佐治氏，正遊歷到韓，聽說新首相和美國人感情很好，便投刺往謁。接談之下，根南氏從容問道：貴國政治，久待整理，今君遠道歸來，受此重寄，不知所持政治方針，可許羈旅之人，一聞概略否？朴氏道：貴國政治修明，國勢蒸蒸日上，敝國久所欣慕。鄙人前在日本，與貴國人士常常接談，深知世界中講公理、愛和平、不愧為大國民風度的祇有貴國。現在又蒙足下遠道賁臨，實為萬幸，自當盡布腹心，求君指教。根南氏亦照例謙遜了兩句。朴氏道：敝國大勢，非從教育入手，難望根本改革。世界上最熱心教育、最能以公益道德為心的人，總以耶教徒為首屈一指。貴國與敝國雖遠隔重洋，然以邦交論，以公道論，鄙人對於貴國，殊覺分外欽仰。敝國政務，現在急待整頓，貴國政府和貴國耶教信徒，鄙人都有無限希望。閣下返國，可為我多多致意。根南道：貴大臣見高識廣，對於敝國，多過譽之詞。鄙人敢代敝政府及耶教徒，謹敬致謝。說罷隨即退出。

　　朴氏當時治韓政策，這幾句閒閒的問答，倒也流露不少，卻是一般韓人，因為他是逃亡的黨人，又是日人提拔出來，得佔重要位置，心裡終不肯信任他，並且不約而同給他起了一個特別徽號，叫做賣國賊。當面雖不好意思直呼，背後彼此談論，都運用這三個字，日久漸漸傳入議政府。朴氏一番熱心，好像劈頭潑了一盆冷水，不免憑空起了頓挫，悶悶多時，一切都懶得去過問。同事官員，知道有異，多方解勸。朴氏又自己轉念道：這些人的言語，本沒有甚麼價值，到底是不是賣國賊，還要看我自己的作為。倘是施行的政事，真能把韓國起死回生，我這一點報國丹心，總算不辜負了，他們就再說些壞話，也是不相干的。倘若我要真有對不住國家的處所，這三個字的特別徽號，就使眼前沒有人提起，千秋萬歲後，也總逃不了。然則流俗毀譽，我又何必介。現在既有人勸，正好整頓精神，毋負初志，才是道理。主意已定，果然照舊實心實意，努力做去。

　　不料一波未平，一波又起。一天朴氏正在辦公，忽有一日本顧問官投刺進見，寒暄畢，突然向朴氏道：政府中現在所聘的顧問，人類太雜，國籍太紛歧，每議一事，意見恆不一致，所以總少效果。倘能一律改延日人，遇事自然不至掣肘。目前如定幣制、整軍伍、以及鐵路、郵電等事，那一樣不急待整理？那一樣不須借重日本人？皇帝意旨，已是無可無不可，相國若能定個主見，便一妥百妥了。想相國久居日本，對

於這番誠意，總能深信無疑。說罷以眼微窺朴氏。朴氏道：顧問官問題關係重大，閣下既有這番高見，容俟議政府開會磋商，奏請皇上旨意定奪。日顧問發急道：要是這樣兒費事，還不如直接請井上君說一句的爽快了。鄙人的意思，相國是受過日本好處的人，必然說一不二，誰想你還是這樣給我們打官話，可不是白白的指望了麼！朴氏也微露不耐煩樣子，慢慢答道：國家大事，只好照著老規矩辦，甚麼好不好，情面不情面，那又別是一個問題了。日本顧問見難與爭論，便無精打采，告辭而出。那時候在韓國的日本人，以為首相是日本人栽培起來的，個個都想得些好處，今天你到議政府求做官，明天我見朴首相請借款，甚至有人在鄉下訛詐百姓，不能得手，便也假著朴首相的聲勢，威嚇一番。有人和俄國僑民爭口舌，不能大得勝利，便也找著議政府來出氣，說他保護不周。凡此種種，都和這日本顧問官，同一見解。至於韓國上下，看見日本人常常和朴氏接近，又疑心生鬼，偏是說他趨向日本，不管他辦事如何，總說他不能忠於韓國。朴氏和日本人的感情，雖然十分冷淡，卻是表面上也不能不顧著日本人面子，虛與委蛇。如此國人的疑慮，總不能盡行消滅。朴氏已是十分憤懣，偏偏那時政局風潮，又鬧得異常劇烈。

原來俄國公使威爾拔氏，竟趁此時機，用盡手段，和閔妃裡應外合，居然硬把日本人牢牢握著的政權奪了過去。這位俄公使，處心積慮，想在三韓政治舞臺上，和日本人爭個高下。起初本在北京，做俄使館書記官，光緒十年才到朝鮮做公使，平素揣摩東方人性質，最為得手。到韓以後，處處以小惠籠絡韓人。威公使的夫人，花容月貌，甚為妍麗，議論才調，又是十分高妙，旅韓既久，不時入宮謁見閔妃。閔妃生來機警，曉得威氏在韓國政界上頗活動，威夫人又手腕靈敏，善於交際，便也深相結納，不到幾月，兩下果然情投意洽，無話不說。月夕花晨，威夫人更把西洋風琴踏著，緩緩唱歌，徐徐奏拍，只樂得閔妃手舞足蹈，不知怎樣謝他才是。威夫人偏自落落大方，一切關係用人行政的事，絕口不提。閔妃見他這樣多才多藝，存心又這樣光明磊落，不免越加敬服，遇事倒常常向他請教，過幾天不見面，便要差人迎他進宮。有時朝中機密要事，執政大臣還沒有聽見影子，威夫人獨能早得聞知，並且常提出種種意見，在暗中參酌。閔妃更一意討好，凡遇威夫人所說的，沒一件不言聽計從。威氏有夫人這般助力，自然事事得手。幾年之中，既訂俄韓通商條約，又訂俄韓邊界通商條約，又將咸鏡道中興慶地方，開作通商口岸，並且汲汲經營烏蘇裡江流域開拓等事。

中日戰爭既起，韓國的漢城，中國的北京，這兩處地方，常常看見威氏蹤跡。等到和議既成，俄、德、法三國干涉日本，歸還遼東，其中實係俄國的主謀，威氏夫婦又為主動人物的中堅，於是韓國政府、社會兩方面，大都重視威氏。日本人雖說打了勝仗，在韓人看起來，倒沒有威氏可靠。威氏趁這機會，聯絡了法、美兩國使臣，

和外國顧問官五六人，組織了一個貞洞俱樂部，韓國小小有些名色的人物，如李允用、李完用、尹致昊、徐光範、閔商鎬等，都先後入部。威氏操縱有法，外而朝堂，勢力暗暗增長，內而宮庭，夫人大展手腕，凡日本黨的官員俱大受影響，辭的辭，革的革，賸的已經沒有幾個了。獨是首相朴氏，負了日本黨一個名色，一切用人行政，卻全沒有日本臭味，威氏還沒有推倒他的決心。只是閔妃反因為朴氏在朝，碍著他的勢力發展，難以容忍，竟自昧著良心，私囑許多人，在外面散布種種謠言，不知道又怎樣七釘八逗，串出好幾百日本工人，聯名上書韓廷，大致說首相朴氏，忘恩負義，不為國家盡心治事，專事結交匪人，營謀個人私利，居心大不可問。國家若不按法懲辦，不惟有負韓民望治之心，且與日人整理韓政的初意，更大相違背。韓王接得此書，心裡疑信參半，方欲叫人拿著原書，到日使館問個主意，閔妃在旁冷笑道：這事本來是日本人告發的，卻又要請教日本公使，豈非多此一舉呢？韓皇遲疑道：那麼教朕怎樣處置呢？閔妃道：日本人是不好惹的，這一封書，倒是老老實實著照所請的為是。韓皇沉吟了一會，微笑道：妃子替我辦一辦罷。

閔妃得了這個旨意，便自回到宮中，把自己親信的大臣，密密召了進去，授了旨意，立即草成教令一道，也不等韓皇過目，次日朝鮮邸報便已宣佈出來，議政府總理大臣朴容漢，即日解職，另簡金宏集繼任。一時朝野上下，都很詫怪。朴氏卻似早已知道，尅日辦理一切移交文件，當晚自回寓所，和夫人閒話。他的夫人，本與韓皇為姊弟，忽得了這意外消息，便勃然大怒道：現今當朝的官員，哪一個不是皇親國戚？偏偏我們就巴結不上了？我倒要到宮裡問個明白咧。朴氏道：這些話現在是說不清楚的，你快快給我檢些簡單行具，我立刻就要更衣出走。至於到什麼地方，卻一時說不定，大約遠是歐美，近是日本，總之本國境內是不再居留片刻了。朴氏夫人見他神色倉皇，和平日大不相同，知道此事後文甚長，必難補救，一面叫人收拾衣物，一面抹眼揩淚，抽噎說道：這樣冒險出走，路上到底是吉是凶，教俺怎樣放心呢？朴氏寬慰道：夫人是朝廷親骨肉，用不著我就心，只要我今晚能夠踏得進日使館，我的去路就千穩萬穩了。說時已自更衣易帽，手攜一個小皮包，忽忽含淚別去。夫人欲待挽留，反怕於他不利，欲待進宮理論，不知道朴氏行蹤如何，那敢自討沒趣。真是柔腸萬轉，欲說無由，委實可憐。究竟後事如何，且聽下回分解。

第十回　爭政權閔妃遭慘禍　矯朝命各使起違言

話說朴氏既去，閔家黨徒勢力大進，日本黨的大本營完全消滅，日本政府很耽心韓事，另外派了員著名大將三浦梧樓子爵，到漢城做全權公使，把井上氏撤回另用。

韓國君臣事前都不曾有消息，只道日本人此後再沒有什麼作為了。不料到了那年（光緒二十一年）閏五月間，日使井上氏忽啟奏韓皇道：目前韓國朝野人物，論到聰明仁智，沒有一人趕得上大君主的。從今以後，大君主可自己執掌朝政，外臣就要告辭回國去了。韓皇不知他話裡有因，只當自己真個有些本領，能夠教日本人另眼相看，反自暗暗喜歡起來。其實那個當兒，日人已在黑幕裡漸漸運動，最著名的是岡本柳之助氏。他本是住在朝鮮二十多年的老僑民，問他職業，不工不商，不官不兵，促摸不定，他是哪一流人物，手面卻十分濶綽，交往的都是一時顯貴，甚至宮禁森嚴，他都有這神通，能骰混跡出入。貴人中最信任他的，第一個便是大院君。在井土氏聲言回國這幾天裡，他和大院君便三番五次，秘密計畫。又有日使館參贊官杉村氏，外面也說就要回國，暗地裡卻親到孔德裡，密訪大院君好幾次。他們幾個這樣鬼鬼祟祟，到底議些甚麼，還是國家關係，還是個人問題，在下權且不用揭明。只是三浦公使履新以後，對於他們，表面上絲毫不露痕跡，實際上偏偏非常關切，好像出戰時要望他們打先鋒的樣子。自從這般人秘密聚會之後，外面便街談巷議，沸沸揚揚，傳說八月二十二日寅初，都城裡面，必有非常事故發生。

　　閔妃雖然僻處深宮，這些消息倒十分靈動，一聞此訊，便設法戒備。那時漢城中有日本代為訓練的新兵數百人，閔妃恐為日人利用，很想尋事解散。恰巧八月十九日，因新兵和警察衝突，打死了好幾個警察，閔妃便授意各大臣，趁此解散新兵。兵部大臣就下了緊急命令，褫革新兵統領官職，強迫新兵數營，盡數繳械歸農。這麼一來，當晚風聲越緊，各處都有日兵出隊巡邏，鬧了半夜，尚不見有何動靜。忽地到了兩點多鐘，離城七里多路有一府第中，突然擁出兵勇二百餘人，個個肩槍實彈，人屏氣，馬摘鈴，急急望城南走去。領頭的一位大將，鬚眉皓白，體格魁偉，騎了一匹高頭駿馬，左右有少年將官五六人，也都肩槍策馬，緊緊護衛。起初黑夜潛行，面目還分辨不清，過了一刻工夫，月影朦朧裡才辨認出來，原來這統率全軍的老將，不是別人，就是久經廢置、年逾八十的大院君。

　　兵到南門時，守城的日兵，都裝不曾看見。大院君勒住戰馬，四處一瞧，臉上很像有些躊躇顧慮的神色。正在這當兒，西南角上突的現出一匹探馬，遠遠望見大院君，立即滾鞍下蹬，急走幾步，上前情報道：小兵誤會了口號，都到西門外排隊等候，天色不早了，太上皇到那兒聚齊罷。大院君微微點頭，也不回言，便勒轉馬頭，發了一個緊急口號，一隊人馬黑湧湧靠著城跟趕動。巡城兵警，好像早已預約，西城一帶，竟自有金吾弛禁的光景。大院君兵隊一到，四處散佈的兵士，立時依著大院君馬首聚齊，馬鞭一指，浩浩蕩蕩，直向王宮進發。四點多鐘，大隊已抵光化門。守門軍士，正在酣睡沉沉，猛聽得一陣來福槍聲，如潮怒起，一個個睡眼朦朧，摸著槍桿，勉強走出。到得門旁，糊裡糊塗，裝些藥彈，四處亂放，大約放了四十多下，門

外攻勢更是加緊,這宗一無預備、從不訓練的蝦兵蟹將,那能抵當得住?

正在危急的時候,有一內官飛奔而出,拚命向門外軍隊,橫衝直殺,一見大院君,便隨手摸出手槍,縱步向前,攀機待發。那時大院君生死存亡,真是間不容髮了。這個內官姓洪名啟勳,是王宮侍衛隊隊長。第一次大院君帶兵入宮時,他還是一個興夫,看見閔妃換了衣服,慌忙逃走,形狀甚是可憐,他便自告奮勇,效鍾建之負季芈,大著膽子,把閔妃扶上肩頭,裝做一種逃難窮人樣子,混出城去,連夜帶晚,投奔忠清道,在長湖院裡藏了好多日子,才把閔妃一條命保住。回宮以後,閔妃十分寵幸,升官轉職,不到幾年,竟做了王宮侍衛隊長,居然是閔妃的一個心腹人。這回事出非常,恰巧為首的,又仍舊是大院君,冤家路窄,自然要爭先下個毒手,報答閔妃平日恩意。然而軍士不濟事,專靠隊長一個人,又有甚麼用處,槍機還沒有攀著,敵人的子彈、鎗刺,已經如雨亂下。可憐一個轟轟烈烈、一心報主的洪啟勳,一個倒栽蔥,仰仆在地。當先幾個日本兵,又趕上填了兩刺刀,便自血流滿面而死。那些守門兵本不中用,又見隊長死了,更是蛇無頭而不行,一個個委鎗棄甲,各自奔逃,光化門就此攻破,大隊人馬乘勢直撲大化宮。

大院君到此,究竟有些不好意思,略為停頓了一下子,但是那些虎狼的軍隊,卻依舊節節進攻,破扉碎壁,勢如秋風掃葉。一會兒大院君自入坤寧宮,與國王晤面,仍行家人父子相見禮,不上一盞茶時候,宮門緊閉,當時兩人說些甚麼,竟是一字探聽不出。大眾正在猜疑,忽聽得一片哭鬧聲,婦女罵聲,在寢宮內譁然大起,兵隊乘勢急急闖入,翻箱倒篋,按房大搜。一切宮娥妃嬪,都散髮披頭,急起狂走,不幸被兵隊撞著,便要拷問閔妃的去處。他們哪肯實說,也有痛打不過,自尋短見的,也有蜷伏暗處,苟免一時的。平日花團錦簇的巍巍宮殿,一霎時天翻地覆,鬼哭神號,真真教人又可怕,又可歎。亂兵中更加著許多匪徒,也不知從哪裡來的,都趁勢隨眾入宮,逢人便殺,見物便搶。哭鬧聲中,又只聽得一派捉拿閔妃的呼叫聲。那時天色漸漸發白,後樓隱僻處,忽走出一個宮女,遮遮掩掩,要想混出前殿。偏偏逃不過匪徒的眼,一把拉住,順手便用刺刀亂斫,登時倒地,不能動彈。匪徒當他已死,弄了一牀蘆蓆,想要捲著他摔出牆外,恰巧蓆角刺著傷處,那人大叫一聲,接著又連連呼喚太子,匪徒才知這人原來就是閔妃,不過換了一件衣服。那些亂兵見這光景,便都攢集上來,在當地堆了半院子茅草,就用蓆將閔妃裹著,連人和蓆直插在茅草中間,又灌了幾十桶火油,堆上了好些棉花,便登時燒將起來,火光一起,臭氣四布,大約燒了一小時光景,一個如花似玉赫赫有名的閔妃,竟自煙消塵滅,隨著刮灰兒飛到九天去了,你道可憐不可憐呢?

閔妃既死,大事已定,國王與太子避入偏殿一間小室內,一個老髦的戴將軍在內陪伴著。到了八點鐘,日使三浦氏便帶兵入宮,宮內外各門,分派兵隊駐守。俄、美

各國公使聞知日使在宮，也一一陸續趕到。滿朝文武，得了這信，慌忙上朝，見朝內都是外人勢力，面面相覷，不知怎樣才好。三三五五，正在計議，只見一位傳宣官，拿了一道教令，當眾宣佈，大家看時，上面寫的是：

朕臨御三十二年，治化未能內洽，正宮閔氏，每引親黨，蔽朕之聰明，剝人民，紊朝政，賣官鬻爵，種種貪虐，地方盜賊，因之四起，宗社瀕危，朕甚惡焉。惟因朕之不明，知之而不罰，雖然亦顧忌其黨與，前曾思所以過抑之，去年十二月，告於宗廟，後嬪宗戚不許干涉國政。誓告後，深冀閔氏之悔悟，詎閔氏舊惡不悛，仍密引群小輩，離朕之同姓，阻止國務大臣之進見，今又矯旨解散軍隊，激起事變，離朕以避其身，復蹈壬午之故轍。是於正宮之爵德不稱，某罪惡貫盈，不得已，倣朕家故事，將閔氏廢為庶人。

大眾看畢，十分詫異，更是摸不著頭腦，一時個個疑鬼疑神，仍沒有一些兒主張。接著宮裡又發出兩道教令，一道還是為廢妃的事，原文道：

朕念王世子之誠孝，廢妃閔氏，特賜嬪號。

一道是誥誡百官的，原文道：

今後，凡百政令，皆先由內閣大臣議定，請朕裁可，然後施行。所有內閣臣僚，當依宮內府所定之官制，各自恪守，不得違越。

各官員知道這問題，一時不能解決，權且各自散朝。內中有一位度支大臣沈相薰氏，回到衙門，一人坐著，長籲短嘆，不時喃喃自語。第二天便有人看見他換了尋常百姓衣服，從漢城東南，無精打采向水口門，踽踽獨行，還只道他是散悶。後來走過度支部門首，見有許多人圍著柱頭，在那裡細看，才知道他已掛冠而去，一篇辭職文，寫得嗚咽蒼涼，教人不忍卒讀。一時街談巷議，都在辯論宮中亂事的原委，大街小巷，又都貼滿了大院君榜示，與獨立議所告示，大有滿城風雨的光景。接著漢城警務廳又奉了朝旨，派人四出捉拿亂徒，凡是黨人，不論急進派，緩進派，撞在風頭上，都休想逃脫。首先遭殃的便是沈萬裡、李啟康兩人。到案以後，嚴刑拷打，逼著供出好幾十個名字，警探便按名搜捕，接接連連，又拿了李道澈、林最深、安綱壽、李載純等十餘人。一面又硬指事前已經在監內的囚犯，說他們有些是和亂事有關係的，甚至說他們竟是主謀，在監獄內煽惑眾囚，想要闖出來起事的，於是如沈懷玉、侯天忠、林善祥、柯如喬等，都免不了晦氣。鬧來鬧去，幾乎家家查抄，戶戶搜索，那時冤枉被拿的良民，還不知有多少呢。各國僑民，見這光景，也都個個害怕。英國太晤士報、美國哈勒爾報等駐韓訪員，均急電本國，報告恐慌情形，不多幾時，英國衣疊架兵艦，便開入濟物浦，水兵陸續登岸，迤到漢城。俄國水兵、美國將校，也依次從仁川上岸，風聲傳布，好像韓京十步之內，立時就要鬧作一個大戰場了。

如今且說各國公使，自從亂作時，進宮謁見韓王，後眼見韓王和世子住在宮裡，

好像池魚籠鳥，戰兢兢的周旋，連話都說不大上來，左右侍從，除戴將軍外，平日舊人，已經驅除淨盡。早料到內中的情形，必定不可思議，加以流言日甚，一起不了，一起又來。有的說閔妃逃走，有的說閔氏被亂黨謀害，大院君告示，卻只口口聲聲教百姓不要擾亂，對於閔妃事，竟絕口不提。至於日本軍隊的活動，更是大異平日。各公使觀察種種現狀，知道此事不了，便不約而同，齊到日使館，請問原委。三浦氏只管隨口敷衍，不曾說出一些道理，各使哪能心服，怏怏散出，便在鐘洞地方，借了美使館，開會商議。俄使首先發議道：韓王在宮情形，自己生活還不能保，卻偏有這許多教令，要改革朝政，又誰人肯信呢？英使道：這是大院君的遮掩手段，又何必說。美使道：大院君和閔妃有仇，這回事說他作主，原是近情。據看見的人說，大院君本在軍隊前面。俄使急急搖頭道：這些是表面的話，大院君已是八十多歲的人，還有幾許精神，來和人爭名奪利，做這些危險的勾當？黑影子裡，分明有個人在那兒牽絲弔影，我們倒要留神些，才對付得過他呢。各使聽到這裡，齊聲笑道：剛才三浦君說話時，含含糊糊，敢是為此了。俄使道：鄙意正是如此。各使道：聽說韓王的起居飲食，都不自由，一言一動，都涉危險。我們做了他這一國的使臣，那能毫不過問？說著便另開秘密會議，商量辦法。這事結果關係韓國命運，倒也不小。詳情如何，下回再為分說。

第十一回　設巧詞廣島宣奇判　訂密計囚王作寓公

　　話說各國駐韓使臣眼見韓國亂事，大院君全是為日人作傀儡，因之對於日本多有責言，開會商議，一連多次。俄使首先致書韓政府，大致說韓王年富力強，正可親理國事，大院君本早有嫌疑，這回又直犯宮禁，如此心存叵測，安可久據大柄？若不及早歸還政權，俄國就要調集兵隊，來韓問罪，大約九月初旬，濟物浦必有俄艦會集了。大院君接了這書，尚未回答，各公使的文書，絡繹遞到，也都是反對大院君的語調，並且提出要求條件數條：一、戕害閔妃的兇手，須嚴飭拿辦；二、宮中須急宣示，聲明這回改變朝政，上進尊號，並非出於韓王本意；三、亂後追廢閔妃，宣佈種種惡語，究為誰氏意旨，亦須一一明白宣告。總之各公使目光所注，全在日本，言外已隱隱可見。日本政府消息最是靈動，那有不早自覺悟的，便派了外務省政務局局長小村壽太郎，到韓國調查亂事原委，又派橫濱裁判所檢事正安藤謙介，剋期起程，前往韓國，外面只說是有要緊公務，內容卻仍為著亂事。次日東京第一班火車，又載了憲兵十餘人，陸軍中佐、少佐各一人，也是馬首直指漢城而來。這種行動，明眼人早知道日本狡黠，必有一番緩舒韓人氣憤、掩飾外人耳目的小小行動。不到三天，果然

把駐韓公使三浦氏，與書記官杉村氏撤調回國，公使一缺，便用小村氏代理。一切在韓日人，統由前派檢事正安氏，嚴行查察。

這一個炸雷，倒也打的很動人聽。急進黨黨人聽了這種風聲，以為韓事必有機會可圖，接二連三混入漢城，第一個主意便想把韓王刼出宮來，號召一切。因此一天夜黑更深，黨人十餘名，帶領兵隊九百餘人，直撲王宮。那知宮中早有警備，豈能如大院君進宮時那樣便易，激戰多時，終究不能得手，黨人各自抱頭鼠竄，事後被擒被殺的很是不少。他們偏偏不肯放手，依舊四出運動，求達目的。各國公使在這個當兒，還是你來我往，互相磋商，卻也沒有一定的辦法。一日，俄使威爾拔氏正在一個人秘密籌畫，他的夫人忽笑嘻嘻地走將進來，見威氏獨坐發悶，便笑道：你可想出甚麼妙策沒有？威氏抬頭看時，見他夫人手中好像拿著一封書信，便反問道：夫人敢是來獻甚麼主意麼？夫人道：這話從何說來？威氏道：你手中拿的一捲紙兒，莫不是寫的條陳？夫人大笑道：要說這是條陳，你就自己拿去看看罷。威氏接著展開讀時，只見上面寫道：

甲午六月以後，日人攝理朝鮮內政，朝鮮廷臣之聲勢赫奕者，皆附和日本者也。且各部顧問，皆以日人承充，錢穀、甲兵、賦稅重任，無不由其稽察。朝鮮王權利盡失，無異尸位。乙未閏五月間，日使井上氏忽啟王曰，歷觀韓國人物，無如大君主之聰明仁智者，請大君主自執國政，外臣告歸本國矣。王不疑其有他，喜而從之。八月二十日之夜，朝鮮人禹範善、李斗潢等十餘人，忽令舊時日本教師所訓練之兵隊長，率其部下練兵五百名，直入宮門，日兵緊隨其後。既入宮，禹、李逆黨與日人四五名，拔劍上殿，王與妃罔知所措，妃急避後樓，逆徒迫之，劍以擊之，刀以刺之，妃仆於地，則割其首而藏之，以石油灌尸而燒之，燒之而尸體猶有未盡者，掘池畔土而埋之，乃共揚言曰：妃出走矣。時則總理大臣金弘集、內務部署理俞吉濬、度支大臣魚允仲、外部大臣金允植之徒，本係行弒國母之謀主，聚斂肥己，專掌國權，威福自專，挾制君父。國母慘斃，時經三朔，無下葬之禮，無發喪之意，恃日本人為泰山之倚，阿諛諂媚，無所不至，遂致國類無君，盜賊蜂起，都門之外，白晝不敢獨行，士農工商，無不咨嗟太息，然仍敢怒而不敢言也。泰西各國人之在朝者，亦莫不為之扼腕，又皆以為是鄰國之內政，相顧莫敢顯助。爰有忠義之士十餘人，不勝其憤，志欲掃除逆黨，保護屏王，密告於王，稟受令旨，遂於十月十日夜，督率都外親衛隊兵九百名入宮。不意逆徒盤踞宮中，先有准備，外兵甫入，槍礮怒發，血肉狼籍，勢大不支，頃刻盡散，倡首諸人，先後被擒，其得越海逃生者，不過數人。然逆賊輩與日人之新聞紙，反大書特書曰，逆徒犯宮，則是忠之相反也。孰忠孰逆，可以取證者，自有英、法、美、俄、德諸公使在也。嗚呼！朝鮮危急，迫蹙至斯而極。若使泰西各國，仍不肯代謀保助，則韓國、韓王皆如朝露矣。

威氏看畢，含笑道：這個自然是朝鮮義民的通告書了。夫人道：正是。不知道你對於這書的意見如何？威氏道：那有不表同情的道理？不過對付日本人一方面，還要仔細研究。夫人道：主使亂事的日人，已都撤回本國，一個個押在廣島地方，聽說已經起了公訴，正在分頭審判。在韓日人，又處處有人監察，和從前大不相同。想來目前對付日人的方法，總也不大為難。威氏道：這卻有些難說。那些行徑，原是遮人耳目，斷斷乎不能說是日人的真意。據外面傳說，廣島的案子已經判決，被告一概釋放，三浦氏很為時下歡迎，官爵仍舊恢復，還說他手段高明咧。夫人道：世上那有這樣離奇的事實，恐怕……一句話未完，僕人送了一本新寄到的報紙進來。威氏接來一看，便道：這是遠東月報，向來於日本事情很是詳細，廣島一案，本期必然說到，我們總可得個確實消息了。說著便一張一張看下去，到第二十頁上，見廣島獄判詞五個大字，眼睛覺得格外分明，讀了三五行，微微自語道，敘述事實，倒也不十分錯，不料讀到臨了三四句，忽然拍案怒叫道：真……真豈有此理！夫人道：他說些甚麼？你為何這樣憤憤不平？威氏道：權且容我把辯護書看完，一總給你詳說。於是且讀且自冷笑道：卻也會編，虧他面皮老得出。停了一會，把報放在案上，告訴他夫人道：這種判詞真算是開千古未有之奇聞了。一國使臣作了亂事主謀，害及國母，囚禁國王，情節何等重大？偏輕輕用了事無左證四個小字，便一概不問，將案註消，這又何以服人呢？辯護書是一面之詞，更自說得三浦氏有功無過，不但是替韓國消除後患，並且是為世界維持和平。這宗掩耳盜鈴的說話，又誰人肯信呢？夫人道：既是這樣，我們就萬不能坐視不問了。威氏道：自從亂事起後，我已籌畫了不知多少回。無奈韓王被人幽囚，自己一些不能作主，幾個官員，又和日本人一鼻孔出氣，不能和他們商量。夫人道：韓國也還有些義士，可惜事情不成功，我們也沒法兒幫助他。威氏道：這事是從宮中發作的，我們還得從宮中下手。甲申亂事，清營能夠得最後勝利，便是大好一個榜樣。夫人道：宮中情形，我原熟悉，閔妃在時，那一天不進出三五遍，守門禁衛和太監人等，都知道我和閔妃交情，從沒有人盤問過。只是現在局面大變，舉目都是日人的世界，今已好幾十天了，我卻還沒有進去看過一回哩。威氏道：那麼，你就進去看看，和宮裡現存的妃嬪、宮主等，接談一下，到處隨機應變。我在外面也細細較量一番。宮裡有位最會種樹的老將軍，聽說鎮日價總在韓王身邊，這便是我入手幫助韓國的線索了。說畢各自分頭辦理，一時不在話下。

　　且說韓王被囚以後，宮中妃嬪，經亂兵幾次搜殺，個個心驚膽寒，爭求早出，只為日兵稽查嚴密，進出十分為難。手腕靈活的，口舌捷辯的，偶有一二人弄到特別許可，方才能夠出入一次。後來三浦撤回，接任的日使，知道閔妃真個燒死，宮中不見得再有甚麼勁敵，樂得放鬆一些，免得過傷韓人感情。於是威氏夫人趁這機會，找了幾個出宮的郡主、宮嬪，從細商量了好幾次，又更換了韓國宮裝，跟著他們混到宮裡

去，展開手段，暗暗的運動了多少人。從此宮裡妃嬪，時出時入，威夫人往往混雜其中，禁衛兵士初尚詰問檢查，後來看見純是宮眷，便漸漸兒不大理會，一邊專注意在韓王起居的一間小屋，除了外國人，無論是官員不是官員，是貴族不是貴族，要想見王一面，都不容易。吃的東西，穿的衣服，動用的物件，無一不三番五次細細查驗，一來恐怕走漏消息，二來恐怕韓王氣悶不過，或至自尋短見。韓王雖是劉阿斗、陳叔寶一流人物，卻也經不起這種愁苦，虧得身邊有一位戴老將軍，事事防護周到，時時和他說說笑笑，寬解著他。美國公使又派了一個著名醫生，幾個慈善教士，幫著檢查食物，才得倖免奸人暗算。

一天戴老將軍得了一封書，外有水菓一小箱，他見信面上發信地方是俄使館，便拿著走進裡間，笑嘻嘻向王說道：今天又有了幾個乾淨菓子好吃了。韓王接著，便隨意拿了兩個瓜菓，似笑非笑、似哭非哭的自言自語道：妃子，妃子，你死得好苦呀！你在那火爐中堆著，可也想點新鮮的菓子吃嗎？戴將軍是上了年紀的人，韓王說些甚麼，他並沒有聽明白，只當他是感念家國，也就沒有插嘴勸解，只管拆信看時，不覺臉色忽青忽白，好像發現了甚麼非常事故，立時戰兢兢的走近韓王身邊，悄俏說了幾句話。韓王菓子也不能吃了，呆了半晌，沒有說出一個字來。內面關防嚴密，夜來做些甚麼，不得而知。次日妃嬪出宮，仍和平常一樣，韓王那邊，也一些沒有動靜。不料午餐剛罷，忽然傳出一道一道雪片兒似的教令，那上面的話頭，都和從前截然兩樣，朝中驚惶起來，爭到宮裡探問，才知道韓王早已不在內殿，現在發現的許多教令，都是從俄使館傳出來的。唉！堂堂一國君主，竟倚靠著鄰國使臣，去作寓公，你道可嘆不可嘆呢？究竟韓王怎樣得以出宮，且聽下回分解。

第十二回　自由黨主張開民智　一進會製造亡國奴

話說韓王出宮的情形，甚是離奇，滿城人士，個個驚為異事。其實當時事實，說來也很平淡。在這事故未發見的前十來天，宮裡妃嬪常常有人乘車出入，閽尹從來沒有留心。這天正是十二月三十日，宮內出來了一輛繡幔香車，和平素也無大分別，只是沿路轉灣抹角，陸續有便衣兵士，遠遠跟隨。走了一兩條街以後，鞭影馬蹄，跑的越是加緊，後面跟隨的人，也越是加多。到了俄使館門首停車，威氏夫人早已在門外相候，等到揭簾下車，出來的一個是半老徐娘，花冠未整，神色間大有一種憔悴風塵、不堪勞苦的況味，一個是幼齡閨秀，楚楚可憐，一只手緊緊握著那老佳人的衣袖，俯首急走，好像五步之內，就要有人追趕的光景。主客相見，一言不發，微微點一點頭，便急忙忙讓進館內。當地看見的人，都說這兩人一定是郡主、宮女，在宮裡

吃苦不過，威夫人約他們偷著出來解解煩悶的，哪裡曉得這就是韓王和世子身入俄使館的實在情形呢。原來韓國風氣，國王辦理公事，多半在夜深時分，方才著手，天色發白，外邊百姓人家起牀治事，國王始得就寢，所以宮門上閽尹人等，在黑夜裡防範十分嚴緊，天明以後，倒有些隨隨便便，不大在意。那日事出以後，午前九十點鐘時候，謠言大起，他們都還在那兒竭力鎮壓，朝堂內的國政會議，也照常舉行，商量停當後，還想等到午後國王起身，便用著他的名義發布出去。冷不防這晴空中，忽然間響了一個霹靂，嚇得他們面面相覷，竟自有些莫名其妙了。

韓王到了俄使館後，外面雖一時不曾覺察，並沒有甚麼動靜。其實那時使館裡卻非常忙碌，凡是韓王素來親信之人，都下急令召集，命他們擬教令，查文卷，不到十二點鐘，韓王各種教令，已傳遍漢城內外，各國公使、領事，都到俄使館晉謁，韓王也一一接見。日本公使見這光景，心裡好生不自在，只是一人不能拗衆，到了挨不過去的時候，少不了也慢騰騰前去敷衍。韓王原不計較那些，俄使為這事預備已久，日使知敵他不過，那敢顯然說個不字。朝中國務會議還沒有散，搜捕逆徒的教令，已經四處傳布。一般大臣驚慌之餘，覺得三十六著，除了逃走外，竟沒有別的妙策。然而街中軍警已層層密布，大名鼎鼎的閣員、部員，哪裡有一個混得出去？正鬧的人仰馬翻，王宮前面的日本兵房忽然排隊攜槍，擁出一隊人馬，看見對面有憲兵一大隊，迎面而來，知道必然拿著人犯，不管有理無理，便一齊把子彈裝齊，蜂擁而前，果然見有大員一人，被兵隊押著，戰兢兢的一步一步往前挪移。他們便像得了寶貝一般，立時大聲呼嘯，一個個舉鎗按機，竟有即行作戰的樣子。憲兵見是日本人，不敢造次，才說傳令止步，用正式口號責問日兵。日兵早已搶步上前，照著戲臺上刦法場的樣兒，把那位大員搶了，挾著就跑。憲兵見勢不好，急急隨後追趕，究竟跑不過日本人，幾個轉折以後，已經影兒都看不見了。回營檢點，方才曉得刦去逃犯，就是內部大臣俞吉濬氏。兵警不敢多事，只好含糊按住不題，且到別處搜捕，所有以後拿著的重要人物，如內閣總理金宏集、農工商大臣鄭秉夏等，都不曾解到訊供，便在半路上斫死。交旨的時候，韓王恨的了不得，根問起來，知道兵警膽小，恐怕日兵出來搶刦，連這兩個死的屍首都保不住，才斗膽這樣辦的。韓王冷笑了兩聲，吩咐把罪人屍身，棄市示衆。這種官吏，生前賣官納賄，苛稅擾民，種種對不住天地良心的行為，早已人人痛恨，個個切齒，只是沒有機會，不能把他怎麼樣，現在既是犯罪死了，於是過路的人，爭著去踐踏他，拾了大小石子拋擲他，更有恨他深入骨髓的，竟拿了小刀，臠割他們的肉，一片一片，生的吞了下去。唉，貪官酷吏的下場如此，你道可怕不怕呢？

搜捕事畢，擾亂情形漸漸止息。韓王又下令罪己，大赦全國，文辭倒也斐然可觀。不曉得韓國歷史的人讀起來，一定說真個是藹然仁人之言了。其文曰：

藐躬諒德，儼然臣民之上，撫衷彌自惡矣，而復崇信姦宄，屏黜賢才，用人顯乖其方，寖釀骨肉相殘之禍，俛仰十年以內，無日不在艱難困阨之中。且吾朝開國至今，五百有餘歲，非無祖功宗德，何致似此險象，迭起環生，閭閻日漸凋殘，社稷時虞杌隉。每一念及，曷勝汗顏。此皆由於孤之狃於偏私，自矜予智，馴至小人競進，災禍紛乘。推本窮源，惟孤之罪。今秋忠臣起義，志在鋤奸，俾吾國去舊更新，蒸蒸日上。不料逆徒用事，矯傳令旨，反肆誅責，自餘小民，亦多負屈銜寃，無可伸訴。孤豈敢忘眚災肆赦之誼，而慳仁施。今將默冀挽回，振墜緒而臻隆軌，用是普降恩典。除一千八百九十四年七月及九十五年十月間，倡亂元惡，必予駢誅外，其餘官民人等，幹犯一切罪名，咸赦除之。教下之日，所司官吏，即釋令寧家，以冀怨氣胥平，神人和洽。至於公私律令，一依前法辦理。其前下截髻之令，並非出於孤意，且此事有何關係，何至強拂民欲，激成變端？其緣此而糾眾抗官者，應知孤之苦衷，毋再多事。至於遣兵剿洗一節，更非孤之所忍。逆黨毒痛全國，害虐蒸民，其罪屈指難窮，其惡擢髮難數！要知行伍中人，亦孤赤子，無故使與民鬭，彼此必互有挫敗，堆屍成阜，流血盈川，孤醫指痛心，匪伊朝夕。且通商務農諸業，類皆畏兵禍而共停止，死亡餓莩，日有所聞，尤屬上干天和，下剝元氣。命下之日，其前派將士，星夜回都，揭竿眾民，各歸安業。所有截髻之事，各隨民便，毫無勉強。衣服冠履，亦皆任便服用。民間若於此外尚有苦難，爾各部大臣，其各加意撫綏整飭，無任一夫失所。恩詔所至，咸使聞知。

建陽元年二月十一日　內部大臣兼內閣總理擬教

　　這種教令，接接連連，或是蠲賦，或是赦罪，或是勸兵士，表面上倒也甚為鬧熱，但究竟國王住在使館裡，全國人心，總是惶惶不寧。兼之國王庸懦無能，到了使館，雖說閔黨、日黨等等挾制，全然消除，也仍舊不能毅然決然，自行處置一切。在韓王出宮的初意，原想免去苦難，預備自行處理政務，不料結果卻又如此。去了金宏集等一班弄權罔上的奸賊，卻又來了金柄之、朴宗揚等一班社鼠城狐的權惡。日人的無理取鬧，方才減輕，俄人的橫肆要挾，又循例而來。不到一個月，傀儡牽絲的政局，一如從前，黑屋沉沉的歲月，憂讒畏謗，朝夕不能自保的滋味，仍是韓王一身承當，想起來真也可嘆。然而外面又哪裡曉得這些底裡呢？

　　那時黨人在國外的，陸續回國，內中有一人姓徐名相雨，曾經受過日、美兩國教育，對於改良政教社會，甚是熱心。回國以後，便組織了一個自由黨，想要從根本上著手，好好給國家做一番事業，第一件便想到辦報。在韓國歷史上講來，新聞事

業，那時還沒有正式機關，無論地方行政的文告，朝中各部院的禁令，十三道三百四十一郡的貿易物價，地方紀事，以及在朝黨、在野黨的種種動作、種種布置，都靠著一種口頭報紙，代為傳布。這種傳布的勢力，很是利害，往往有非常變故，從他們口裡以訛傳訛，竟至弄假成真，後來幾乎沒法收拾。這宗人物，並沒有甚麼程度，長年累月，只知負重行遠，苟且自度光陰。他們卻也有總匯地方，在千五百年以前，已經成立，名叫挑駁公司。這宗奇異的新聞機關，實是社會人心上一種大壞物。徐氏所以要亟亟辦報，這裡也是一個原因。不多幾時，報事組成，隔日出報一張，內有英文論說，遠近購閱者甚為踴躍，又添出韓文日報，逐漸鼓吹。從前傳播口頭報紙的挑駁公司，受了這個影響，也居然自樹一幟，成了一個販夫會黨。那販夫黨的黨員，多為中下社會人物，蠢蠢無知，和在挑駁公司時，口傳新聞的伎倆，不相上下，所新加入者，只是一班腐敗官僚，略略和他們通些聲氣。韓國的習慣，貴族官僚，最為各級社會所重視，這種不士不農不工不商的高等遊民，隱隱中也自成了一個黨派，他們的宗旨，不過是爭權奪利，升官發財。他們的眼光，不過今日明日，多到一年半載，便不能再有遠謀了。甚麼刷新政治，甚麼改良風俗，都是他們最不願意聽的題目。自由黨中的舉動，自然和他們格格不能相入。

　　然而大勢所趨，終難違逆。韓國百姓吃了舊官僚的痛苦，已經不少，畢竟和自由黨表同情的，一天多似一天。當時自由黨開會演說，興學辦報，提倡實業，上書言事，請行平民政治，一切行動，大觸當道之忌。這些官僚黨，口裡雖然含糊敷衍著，心中卻十分惱恨，於是千方百計，弄出一個販夫黨，給他們壯壯聲威。後來時機成熟，又用了一個迅雷不及掩耳的法子，把徐相雨的職官褫革了，把自由黨的機關解散了，捕拏要人十餘名，便想宣布死刑。不料全國人民信任自由黨的心，異常真摯。軍警四處捕拏黨人，還未畢事，朝門外已經聚了好幾千人，在那兒求情，不管陰晴，不論晝夜，一個個哭哀哀的跪著，不肯起來，直鬧了十四天，朝中無法，把拏去的黨人釋放了，才稍稍散去。販夫黨看這光景，想要幫助官僚一臂之力，便也亟亟招集黨員開會商議。一天趁著自由黨在京人數少一些，販夫黨便仰承官僚意思，尋著自由黨大吵大鬧，一句話不投機，兩邊竟在當街交鬨起來。軍隊、警察看見他們來勢利害，不知道到底誰強誰弱，不敢顯然幫助那一邊。因為平日兩面的勢力，都是惹不起的，又不敢公然行使兵警職權，出來阻攔，一鬧好幾天，全城人家舖戶，個個關門閉戶，萬分驚嚇。國王本是一個沒分曉的人，兩邊是非，自然判斷不出，應當如何處置，更是沒有主張，後來被他們鬧不過了，勉強派了兩個心腹人，用了國王名義，出去和解，才算暫時按捺下去。究竟根本沒有解決，兩下爭鬨的暗潮，總不能一刻平靜。

　　在那個當兒，日俄兩國，因為韓國問題，協商已經三次，始終沒有頭緒，彼此都在韓國境內，預備軍事計畫，韓國也沒有一人敢站出來說一句話。挨到光緒三十年，

日俄大戰爭，竟演成事實。日本人是最乖譎的，不等到正式開戰，韓國京城，早被他完全佔領，逼著韓王訂了日韓國防同盟條約六條。這宗手段，照表面上看來，自然是日本國的謀臣策士，巧計經營，但說到內幕，韓國人還有自取滅亡的真憑實據哩。原來這回日軍入韓，在馬前做引導的，乃是赫赫有名韓國亡命黨人宋秉畯。宋秉畯在日本住過十幾年，畏罪不敢回國，現在趁了戰事機會，才仗著日本人的保護，作了一個自亡其國的先鋒隊，真也可笑可恨。宋氏回國以後，更是異想天開，儘著幾個月的功夫，竟在國境以內，團聚了許多和他一樣宗旨的人，創設了一個一進會，實行他扶助日人的政策。據歷史家批評起來說，這一進會是製造亡國奴的總機關。究竟此會內容如何，且聽下回分解。

第十三回　求援手約章成廢紙　攜勅書專使迫屠王

　　話說日俄兩國，既因為互奪一韓國，出於戰爭，兩國的目的物，自然都在漢城。日本有人引導，竟捷足先得，開戰以後，又小小佔了一個上風，於是在韓日人的勢力，重新恢復起來。恰巧那時美國大總統羅斯福氏，兩面調停，三言兩句，把和議說成，兩國便在美國的樸資茅斯地方，訂定媾和條約，這條約的第二條，便是：

　　露西亞帝國政府，承認日本國於韓國有政事上及經濟上卓絕之利益，日本帝國政府，於韓國認為必要時，得實行其指導、保護及監理之措置，露西亞帝國不阻礙干涉之。

　　從此以後，韓國的命運，便又從俄人手裡，完全轉送與日本人手裡去了。世界各國，沒有一人敢出來說句什麼話，國際間的公理，竟是如此可憐。蠢蠢無知的韓國人，自己祖宗累世相傳的寶貴河山，時時被人爭奪，弄到臨頭，並且任憑敵人輾轉相送，自己總不敢一言過問。列位想想，這還算得一個完全無缺的獨立國家嗎？卻是日人目的既達，對待韓國的手段，表面忽然一變。駐韓日本使臣林權助氏，一天進謁韓王，談到日韓感情上，便和顏悅色道：本國政府，素來尊重韓國自由，常常希望韓國王室，能夠自立威權，只因俄人近來行動，和韓國大有不利，所以才有這番戰爭。幸而兵到功成，俄人已不敢再生妄想，日本政府幫助陛下修明政治的機會，從今就一天近似一天了。只要有益韓國的事，陛下儘管從實見委，外臣再沒有不盡心辦理的。韓王聽他這番言語，只當他是真意，不免說了好些謙遜感激的話頭。接著日政府又派伊藤博文到韓慰問，再三申明日本提攜韓國的好意。所有在韓日人，也都仰承本國政府意旨，接待韓國工商各界，一改從前橫蠻驕縱的態度。韓國人識見短淺，便說韓國真個就交好運了，日本人真個十分可靠了。韓王心感萬分，於是在皇族裡面，遴派李址

鎔氏，親到東京報聘。日本款待的禮文，甚是隆渥，日本的皇太子，又親到韓國巡遊。幾個月中，各國人在韓國的，都沒有一些兒事情說起，只是日韓之間，你來我往，格外勤快，格外鬧熱。久而久之，日本國內人民，紛紛議論，不說政府外交的力量薄弱，便說對韓的進行方針錯誤，甚至有人責罵政府受賄賣國等罪惡。政府在表面上也沒有甚麼動靜。卻是過了兩月，韓國境內忽又有一場風波，軒然而起，這事的緣起，說來不過一個人的牽涉，世界上有名的長森案，便是傳的這段故事。

原來日本人長森藤吉氏，要想在韓國壟斷墾荒事業，特地異想天開，撰了一張契約，仗著本國政府的威勢，駐外公使的橫迫強壓，估量著韓國人不敢違扭，便硬著頭皮教他承認。講到契約的內容，第一條是無論官業、民業，凡未開墾的土地，都歸長森氏開墾。第二條是開墾土地上，一切牧畜漁獵等事，長森氏都有全權，可以辦理使用。第三條是開辦五年內，不納租稅，辦有效驗以後，才酌量上納。第四條是從完全開辦時起算，五十年滿期，期滿後長森氏有權能夠續借。這宗條約，只能算侵奪土地的計劃，實行起來，簡直可以把全韓的田園、莊宅，都當作荒地，一一墾殖下去。動議的雖是長森氏，代表的實是日本政府。

韓國君臣得著這個難題，沒法對付，國務會議一連開了三四回，已經差不多要答應了。一般熱心志士，聽了這個風聲，個個痛心疾首，竊竊聚眾籌商，朴箕陽、李宗說等奔走呼號，比較眾人，更是盡心。紳士中如李乾、夏宗演等，都很贊同，情願盡力贊助，政界中如宮內省，如尚禮院，如中樞院，也暗暗和他們一鼻孔出氣，鼓吹又鼓吹，演說又演說，反對日人的檄文，風馳電走，布滿八道河山以內，一面借重宗演等紳士名姓，領銜抗疏，痛哭流涕的文章，倒也不少，內中警句說是：

韓國地形，山多野少，環海三千里，山澤居三分之二，凡此山澤，皆荒蕪地也。今乃一舉而割國土三分之二，予諸外人，天下可駭之事，孰有過此？

講到對於日本方面，他們也有幾句，說得很是透澈，大略說：

日本號稱扶我國家之獨立，證我領土之保全，憤強俄之侵略，至動全國師團以為我爭，其以信義自暴於東洋，非一日也。今以義始而以利終，名實相悖，情偽互眩，臣等以為此殆不過起於一二商民私利之見，在日本政府之老成謀國者，未必弁髦信義，至於此極。若竟束手聽從，則割肉飼虎，肉有盡時，而虎無饜期。臣等誠不忍見祖宗之疆土日蹙，不忍與賣國之賊同立於陛下之朝也。

韓廷看見國人這樣熱心，所持的理由，又這樣嚴正，因此對於日本提議，不免遲迴顧忌，不敢冒昧承認。一時漢城內外，平安、咸鏡等道中，排日排日的聲浪，隨處都是，培方學堂、漢語學堂等處，幾乎天天有人演說，韓人新辦的報館，如《皇城新聞》、《帝國新聞》等，一致主張鼓盪民氣，敦促大家竭力進行。新起的黨會，有一心會、保安會、興國協會、獨立協會、農礦會社等會，會員動至數十百千，內中魄力

最大的、舉動最惹人注意的，便要數著農礦會社，朴陽圭、金相煥、李道宰等，盡是這會社的首領。他的宗旨，要招集一千萬元資本，辦理全國墾荒事業，暗暗的進行，這便是要從實際上抵制長森案的政策。形形色色，五花八門，鬧的真也十分起勁。日本人見了這種情形，也有極力詆斥本國政府的，他們的意思，並不是說韓國事不該經營，但說長森不是日本有名人物，偌大的韓國，他一人哪能擔任得下？再有一說，收服韓國，應該從根本上著手，枝枝節節，從一私人辦起，也不成體統。日本政府於是商議幾次，對韓的方針，果然立時改變，一面把長森案冷落下來，一面派了原口氏為全權司令官，帶了日本軍事員警，雷厲風行，處置韓國全境事宜，一切黨會概行解散，一切報章，概歸日人檢閱，集眾演說，懸為厲禁。會黨首領，如元世性、吉泳洙、姜錫鎬等，沒有一個不被囚禁的。韓國人素來沒有根底，不過一時客氣作用，指天畫地，狂號怒跳，哪能當得住日本人這般的摧抑呢？

當時單有一個集會，日人獨不干涉，並千方百計，勸導韓人進會，這會便是上回說過的一進會。他的宗旨，第一便是贊助日本，其他辦事規程以及入會的人物，自然可以不言而喻了。從此以後，日本人在韓國欲辦的事，不用自己辦，一進會早已替他辦了；欲說的話，不用自己說，一進會早已替他說了。稍稍有國際眼光的人，誰不曉得韓國的命運，一定要被一進會斷送無餘呢？不料韓王見解，偏偏有些不同，他說日本人從前對韓國說的話，對俄國說的話，對中國說的話，對世界萬國說的話，三番五次，哪一次不說扶助韓國獨立？哪一次不說保全韓國領土？哪一次不說尊重韓國主權？約據文書，堆得比人還要高些，難道就一筆抹煞不成？況且中日、日俄兩戰，日本人自己說破費了幾百兆金錢，犧牲了幾十萬生命，都是替韓國幫忙，沒有一些貪圖韓國權利的意思，世界各國很是相信，韓國就無能為力，難道各國竟毫沒有主持公道的不成？心裡有了這些見解，無論國人怎樣恐慌，國事鬧的怎樣不成體統，他總一些不放在心上。卻是這回日本人一個炸雷打來，小小幾個軍事警察，便輕輕的把韓國一切自由，掃蕩淨盡，不免也自害怕起來，這才急急忙忙宣召美國顧問官赫爾巴達氏，上殿問話。韓王第一句便問道：貴國政府對於韓事一向熱心，今番日人這樣無理，不知可有甚麼維持計策麼？赫氏想了想，微微笑道：一八八二年美韓條約，寫明外人欺淩韓國，美國必出來調停。照顧問愚見，就從這條約文著手，不知可還使得？韓王道：如此辦法，少不了還要煩卿一行。赫氏連連稱是。韓王便即吩咐預備國書，催促他速速起程，一心一意專指望仗他三寸不爛之舌，請了兵來，把日人立時驅逐出境。那知赫氏前腳才出國門，日人後腳便已把改革韓國內政案提出，甚麼監督財政，甚麼推薦顧問，甚麼幣制同盟，甚麼軍器同盟，甚麼撤退公使，甚麼整肅宮禁，一件件都是制韓國死命的兇器。韓國君臣雖說沒有愛國真心，但是眼睜睜看著別人把自己數千年祖宗傳下來的產業，硬奪了過去，也覺不能心甘。無奈自己力量不足，人也沒有，

錢也沒有，兵隊糧餉，都一些沒有準備，一場空鬧，究竟不得濟事。萬分沒法，才想到倚賴鄰國，只望他們出來主持公道，所以有赫氏求美國的這一趟差遣。

好容易等得赫氏回來，大事又已十去八九，問起到美情形，更是來言不接去語，簡直撞了一鼻子灰。美國人是最講公理的，從前又和韓國訂有專約，到後來結果還是如此，足見無實力的國家，和不平等的國家訂定條約，原不過是一張廢紙罷了。況且日本人要求案提出的時候，日本派的專使伊藤博文，審度世界各國對韓情勢，甚是明白，知道日本在外的威聲，一天盛似一天，韓國國際的幫手，一天少似一天。得了天皇一紙御書，便有手到擒來的氣概。無論韓王怎樣哀求，怎樣搪塞，他總一口咬定遠東和平、兩國幸福等大題目，硬逼著韓王要強迫承認。你想懦弱無能的韓王，怎能不欲哭無淚呢？到底此後韓事如何，且聽下回分解。

第十四回　爭叩閽故臣多殉國　因遊歷志士快殲仇。

話說日本新提出的要求，名為改革內政，其實就是改韓國為保護國。代理公使荻原氏，首先入宮，善說韓王，不能得手，後又帶了書記官、警察、護衛兵，氣昂昂的直入朝堂。那時韓國君臣，也為這事，正在商議，朝中重要人物如外部大臣、議政府參政大臣、度支部大臣、內務府大臣、農商部大臣、陸軍參謀將校等，一一在座。荻原氏到後，滿堂悄靜，不聞一人發言。略略寒喧了兩句，荻原氏便怒容滿面道：這幾個月內韓人舉動，十分不成事體，全虧日本司令官得力，才有今日。好意提出這條件，也無非為韓國治安起見，為甚苦苦拒絕？難道吾日本帝國除條約外，就沒有對付方法嗎？說時偏視各大臣。各大臣面面相覷，盡都顏色慘白，垂頭喪氣。荻原氏略停了一會，又把面孔變了轉來，微微笑道：敝國政府的意思，全是替韓國打算，只要這張條約簽了字，韓國國內再不會復有亂事，日韓兩國的國交，也再不至於隔閡，這就是遠東和平，可以保持永久了。一句話未完，出席的各大臣，一個個嗚咽流涕，好像有十二分委屈，說不出口的樣子。荻原氏看這光景，心裡越發不耐煩，冷笑兩聲，把臉一翻，拍著席子說道，好歹給我說，哭是哭不了的。韓王那時早已哭的淚人兒一般，看見各大臣始終沒有一句話答應，勉強把淚揩乾，戰兢兢的帶著哭聲說道：貴公使橫說直講，總不過要逼俺君臣們，作一個千秋萬世的罪人。其實據我想來，倒是早些把敝國改作貴國郡縣，派些官員來治理，還覺直捷了當呢。荻原氏一時無話回答，鼻子裡哼了兩聲，怒冲冲的走了出去。韓王與各大臣又商議了一會，才無精打采，各自散去。從此韓王深處寢宮，不輕出朝議事。

日本軍隊，天天在王宮前後，排隊操練，好像就要開戰的樣子。韓王回頭想起

閔妃慘死時光景，好不寒心。不多兩天，伊藤專使果然帶了警察、憲兵等數百人，直入王宮，請求覲見。韓王不肯出來，伊藤氏便吩咐兵警守住前殿，自己走入寢宮，再三請求，韓王逼得沒法，才傳出話來，教專使出與各大臣商議。伊藤氏得了這話，便退出外朝，假說韓王旨意，立時召集朝臣會議，帶來的兵警，密密層層，把個議場圍的水洩不通。各大臣一有辯論，場外軍隊便狂呼怒叫，比中國小說書裡的哼哈二將，還要利害，哪裡能夠說一句話？各國駐韓使臣更是不比從前，任憑你們豪強的怎樣豪強，吃苦的怎樣吃苦，總當不曾看見。一議幾天，各大臣除了死不承認四個大字外，也別無他法。不料正在吃緊的時候，忽有一人，不知怎樣被日本人買動了，便當著大眾說道：日本人的交涉，哪一回不是完完全全，謹遵台命，才得下臺？我們苦苦的爭著，到頭來又有甚麼好處，還是忍一口氣兒罷。各大臣聽了此話，面面相覷，沒有人敢說甚麼，獨有首相漢叔喬氣的渾身發抖，面色一時青，一時白，半天都轉不過來。那人剛要開口再說，漢氏氣上加氣，那能再忍，立時從席上跳起，戟手怒罵道：你是甚麼地方來的賣國奸賊，敢在這裡胡言亂道？本大臣定要入宮面奏，偌大問題，看你有幾個腦袋，能夠擔當得起。漢氏且罵且走，滿場的人，也沒有一個敢攔阻他，卻是出門以後，有個日使館的書記官，突然走上前來，急急拉住漢氏，兩個兵卒，又前後簇擁著，走進一間小屋內，伊藤氏也一同進去，百般勸說，漢氏只當不曾聽見。伊藤氏怒道：貴國皇帝倘叫你降服，難道你也有甚麼話說不成？漢氏也怒道，就是吾王有了這種旨意，我也斷不能服從。伊藤氏不語，掉頭便走，小屋門窗一齊關閉，漢氏下落，從此便沒有消息。

那時議場各大臣，走也不是，不走也不是，交頭接耳，各自切切私語，場外兵警也嘈嘈雜雜，互相談論，都說漢氏已經處了死刑，各大臣更是心寒膽戰。忽而伊藤氏盛氣勃勃，從外面入來，叨叨絮絮，說了一大篇威嚇的話頭，大致都是借漢氏做個榜樣的意思。各大臣仍舊一言不發，臉上卻已露出十分恐懼的樣子。伊藤氏又微微轉和了臉色，對著大眾說道：諸位如能聽從，榮華富貴常常可保，不然，我就不好明講了。各大臣因為沒有了首相，越是蛇無頭而不行，經伊藤氏一番嚇，一番哄，一齊昂起頭來向朴齊純氏望著。朴氏學問品位，素來為眾人所佩服，大家意思，一半看朴氏口才，能夠有法說退敵人不能，一半看朴氏究竟怎樣自處，預備一齊照辦。那知朴氏也是和大眾一樣，一句話都說不上來。伊藤氏看這光景，知道事情已有八九分了，便又站起來道：諸位如有意見，儘管發表，如沒話說，這問題就算決定了，大家就算默認了。說畢，停了十分鐘，朴氏含淚不語，各大臣也呆呆望著，沒有一人做聲。伊藤氏不問情由，便自宣告會議終結，立時著人到外部取印簽押。外部掌印官，抵死不肯交出。日使荻原氏就派了憲兵一大隊，強行搜奪，一面逼著韓王與各大臣連夜出朝宣布。韓國君臣見他這種勢燄，不敢過於執拗。然而印信取來，究竟還是荻原氏自己蓋

的，韓王自始至終，好像泥塑木雕，並不曾開一句口。伊藤、荻原也不理會，逕自把印一捧，帶了憲兵，揚長而去，所草新約，便一件一件實行起來。

　　韓國人民，雖奈何不得日本人，但是對於預議的大臣，不免恨入骨髓。其中朴齊純氏，因為平日頗有名望，指罵得更是利害，一出一入，都有人跟著他呼賣國賊。朴氏氣得了不得，一天暗暗懷了一把刺刀，直奔日使館，一手拉住荻原氏，就要和他拚命，好容易勸住了，朴氏舉起刀來，自己劈頭就是一下，登時血流如注，昏倒在地。虧得醫院離得近，送去療治，不多幾時，便就好了。日本公使覺得不過意，便把首相位子給了朴氏，才得安頓下去。外面見這舉動，更加添出許多評論。一般故舊老臣，知道這回條約，不單是送些土地，拋些權利，竟是精神上存亡的問題，便一個個扶杖入都，不約而同，竟有一百多人，長跪殿前，請求取消新約，把締約各大臣，一一處死。韓王接了奏章，見具名的多是幾朝元老，近幾十年來多不輕易入朝的人物，心裡自是十分感動，但實際上已被日本人壓住了，對著這一片丹忱以死衛國的沉痛文字，只有背著人眾悄悄兒彈淚飲恨的分兒，哪裡敢顯然說些什麼？這些老頭兒氣性很大，韓王沒有明白的旨意，他們竟跪著不肯起來。日本憲兵聽見這個風聲，急急趕來，就要上前捉人，全城舖戶商店，登時罷市，大街小戶，均現出一種淒慘可憐的神情。韓王著了急，趕緊下令和解，才稍稍退了一步，這些耆老們知道韓王實在左右為難，也暫且散去。但是一不做二不休，仍舊聚在一個地方，細細商議對付日人的方法。不做美的警察，偏偏又來干涉。唉，偌大一個韓國，簡直沒有一塊兒地方，能夠容得韓國人說韓國之事，怎不教人傷心？他們第二回散了出來，一個個義憤填胸，爭著以死報國，有自尋短見的，有分散四鄉、招兵募勇的，有逃奔外國，等候機會的，這且不表。

　　單說日本人既把保護條約宣布，次年二月，伊藤氏便把統監府設起，從此宮禁出入，官吏進退，無一不請命統監。韓王一舉一動，都有日本人從旁伺察。又照著日本官制，設立新內閣，把一進會裡一個會員名李完用的，派作總理大臣，一切責任，概歸統監擔負。關於全韓生計問題，日人又特地辦了一個東洋拓殖會社，組織了一個韓國中央銀行，便輕輕便便，一把攬盡。流光容易，一過五年，伊藤氏自覺治理韓國，已經心滿意足，告了個假，回到日本，另外想和俄國商議東大陸問題，便借了遊滿名目，想到哈爾濱，晤俄國外交上重要人物。不料剛下火車，砰砰砰砰，接著響了手槍三下，伊藤氏躲避不及，早已中了要害，一命嗚呼。車站前後，一時鬧的天昏地暗，只聽人叢之中，有一人大聲狂呼道：大韓國萬歲！大韓國萬歲！大韓國萬歲！究竟此人是誰，且聽下回分解。

第十五回　擔虛名合邦成永痛　拾餘燼峻嶺弔孤忠

如今再說伊藤氏做了幾年韓國統監，表面上並沒有甚麼事業可紀，只有威逼韓王退位一節，說來很是惹人悲感。原來保護條約實行以後，韓國志士四處奔走，百計圖謀。議政參贊李尚卨，走到鐘樓前，撞石而死；正一品元老院大臣趙秉世，氣憤不過，回到家中，自己服毒而死；農工商部協辦、陸軍參將玄暎連，痛哭上書，被日本人嚴刑拷打而死；正一品元老大臣閔泳煥，因為叩閽無效，寫了一信給韓國人民，又寫一信給中國駐韓公使曾廣銓，自己從從容容，設起香案，望著闕廷，叩了幾個頭，竟自一痛而絕。他的太夫人，年已七十多歲，撫屍大哭，後來也自仰藥而死。這些都是著名人物，又死的很動人，才略略傳了些出來，以外死難的人，煙沒不聞的，不知道還有多少。總而言之，都是催促一般愛國男兒，急起實行的一點苦心。

到得光緒三十三年七月間，果然有韓人李相卨、李儁、李瑋鐘等三人，忽在海牙出現，請求參與和平會議。過了兩天，歐美各大國，又同時接著一種電文，詳說韓王怎樣受苦，日人在韓怎樣不合國際公理。然而究竟日人勢力大，哪裡能動搖他？去的三個人，死的死，逃的逃，仍是毫無結果。日本人倒因此十分惱怒，韓王知事不妙，趕緊派了親信大臣，黈夜密見伊藤氏，訴說這事全是幾個不安分的韓人辦的，韓王始終一些不曾曉得。朝中一般靠日人吃飯的官員，也各顧各人飯碗，爭到統監府獻殷勤，探消息，伊藤氏總是不答一語。鬧了兩天，各大臣逢迎統監意旨，齊到殿上請開禦前會議，根問海牙密使事。韓王默默無言，各大臣退後，便自開閣議，聯名上奏，想要請王退位，以謝日人。韓王接了奏章，勃然大怒，卻又礙著統監面子，不敢發作。你猜我闞，又混了十幾天。日本特使林董氏，已到了漢城，韓王越是慄慄危懼。

有一天，伊藤氏也不用傳達，逕自帶兵入宮，韓王見來勢不善，早知凶多吉少，不待伊藤氏開口，便自含淚強笑道：海……海牙的事情，孤……孤實一字不知。伊藤氏怒容滿面，大聲叱道：這是陛下秘密派的使臣，世界萬國，誰人不知，誰人不曉，陛下還說沒有這事，這話教誰能信呢？韓王戰兢兢的靠著殿角兒站著，只是發抖，臉上顏色，已經比紙還要白上幾分。伊藤氏並不理會，又自接著說道：陛下照著這樣的胡鬧，怎樣能夠承奉先人基業？還是早些兒自己打算的好，莫要教外臣在中間作難。就是講到日韓邦交上，也用不著外臣再多開口了。說畢，臉上神氣好像臘月間雪後的枯山一樣，非常淒厲。韓王掩面痛哭一會，又抽抽噎噎的戰聲說道：那……那麼孤……孤就立刻讓位好……好也不好？伊藤氏把眼一翻，冷冰冰的說道：這件事外臣不能過問，陛下仔細兒自己想想罷。隨即帶了兵隊，退出宮外。韓王見他走遠，思前想後，越是傷痛，倒退一步，坐在席上，便自放聲大哭，接著又自言自語道：中國史書上所說的甚麼曹操逼殺漢後，甚麼司馬昭帶劍逼曹芳，今兒都弄到孤家眼前來了，教

孤家怎生忍受得去呢？說著又哭個不了，妃嬪、宮監勸了半天，才勉強收淚。各大臣聽說韓王受委屈，也居然上朝奏本獻計，韓王和他們密議了好幾點鐘，又居然商定了一條計策。

當時也沒有甚麼風聲，到夜間子初時候，忽然宮內傳旨，即日讓位與王太子。各大臣那時齊在外朝，還沒有散值，得了這旨，並不見有一些驚慌，神氣之間倒好像很快活的，按著品位，一個一個畫起押來，全然不覺留難，卻是叨陪末座的一位宮內大臣，竟自與眾不同，不肯隨班畫諾。這人姓朴名容漢，二十年前曾經做過一任韓國首相，因為韓人當他作日本黨，將要與他為難，他才逃避東京。前回書中，已經表過。昨兒海牙密使事發作，他料韓王一定又有劫難，才趲程趕回，自己請求做個宮內大臣，伊藤氏想他既是日本黨，也就慨然應允。他卻在這要緊關子上，現出本色，立時把宮門嚴謹防備著，無論是誰，不許輕易出入。親自走到寢宮，奏明韓王，死死的把傳國璽綬保守著，不肯放鬆一步。然而大事已去，一個人究竟濟得甚事？到後來沒奈何，仍舊逃奔回鄉，另想他法，且自按下不題。

單說讓位以後，新皇年幼愚騃，一事不知，又屢見日人威逼太皇種種慘況，常怕一個不小心，得罪了日本，便性命不保，哪裡還敢有一些違拗？朝中文武百官，全是日本人的腹心，赫赫有名的一進會，更是推波助瀾，興高采烈，借了新皇登基的好題目，大做特做，一連三日。會中張燈結綵，徧請韓國各級社會有名人物，想要把韓人氣憤，平下一些。偏偏大眾不湊趣，沒有一人到會。他們也不在意，仗著會員多，各自吃吃嗑嗑，昏天黑地的鬧了過去。伊藤氏眼看著韓國新皇即了位，新內閣改組就緒，重訂的六條新約，件件實行，韓國舊有的兵隊，遣散得一個不留，覺得韓國大事，已經千妥萬妥，用不著自己再多費神，便辭職回國，另外去打算比韓國更大的事情。不料正在進行，哈爾濱車站上幾聲手鎗，竟自送了殘生，這也是他所意料不到的了。

刺他兇手，當時並沒有逃走，還在人叢裡拍手歡呼。日本人拿了轉去，開庭審問，那人自己供認，他是耶穌教信徒，曾經受過美國的文明教育，名叫安重根，又叫安應七，生平以大韓國完全獨立為志願。偏偏伊藤到韓以後，一次二次，強逼吾王，把吾祖國的政權、兵權、財政權、用人權，一切奪了過去。最近又逼著吾王讓位，情形更是慘不可言。一時氣憤填胸，走到鄉下，號召同志，組織光復軍，狠狠的和吾祖國仇人打了幾仗。無奈軍械不夠用，究竟不能成事，不得已才單身遠走，想要別找機會。恰巧冤家路窄，今在哈爾濱車站上，居然遂了我的初心，也算不負我這回的辛苦了。問官道：你和伊藤公爵，另外可有甚麼嫌怨？安氏道：我已說明是替全韓人民報仇。若是論到個人，彼此都不曾交過一句話。問官道：和你同謀的可有幾人？安氏道：完全是我一人做的，並沒有第二人知道一個字。問官道：既是一個人，擊中以

後，不速速逃走，怎麼還在那兒高聲亂叫？安氏道：我是光復軍的參謀中將，既然做了這事，原該一力擔承，那能昧沒良心，把一場禍事連累別人呢？問官道：你的意思想要怎樣？安氏道：我既殺了仇人，我的事業已完，只求早些兒死了，便算乾淨。問來問去，總尋不出甚麼縫隙，可以節外生枝，只好把安氏處個死刑，暫時了事。

這場公案了結不到十天，一進會裡重要人物宋秉畯氏，便遊歷東京，和日本朝野兩黨，不知道商議了些甚麼。忽然韓國政府與日本設立的統監府，同時接到一種日韓合邦的請願書，署名的三十萬人，都是韓國人民，領銜的是一進會會長李容九氏。統監府見著，自然心裡十二分歡迎，但是面子上不能不略略做作一些，於是把書留在府裡。挨了兩天，推說不贊成，批了些拒絕的話頭，發了下去。韓國政府是跟著統監為生活的，那有不依葫蘆畫樣兒的批答？然而從此以後，一進會的會員，便分布各道，隨處遊說，總說合邦目的，能夠達到，日本人現在所享的福利，韓人就立時可以同享，韓國舉國人民，便可一一都成一等國民。可憐韓國精神已死的民族，哪裡能夠分辨他這說詞的真假？一時全韓十三道裡，風起雲湧，盡成了一片合併合併的聲浪。轉過來看看日本，倒反靜悄悄的，沒有一人說起日韓問題的事，只有宋秉畯氏，若隱若現的在日本三島中，來來去去，甚是忙碌，很像有許多問題，候他解決。一天宋氏回韓，日本政府在那時，改命寺內正毅為新統監，山縣伊三郎為副統監。漢城官場，迎新送舊，照著往常規矩，接風送行，飽飽的請了好幾天客。外面看著，倒也十分鬧熱，那知驚天動地的合併條約，就在這杯酒酬酢裡面，暗暗締結成功。原來首相李完用氏，趁了這個機會，瞞著眾人耳目，在總監府商量了好幾晝夜，合併條約的內容，便在這兒決定。現在我們不管別的，且把條約的全文取來看看，只見上面寫的是：

日本國皇帝陛下及韓國皇帝陛下，欲顧兩國間之特殊親密的關係，增進相互之幸福，永久確保東洋之平和，為達此目的，確信不如舉韓國併合於日本，爰兩國間決議，締結併合條約。為此日本國皇帝陛下，命總監子爵寺內正毅，韓國皇帝陛下，命總理大臣李完用，為全權委員，會同協議後，協定左之諸條：

第一條、韓國皇帝陛下，將關於韓國全部一切之統治權，完全永久讓與日本國皇帝陛下。

第二條、日本國皇帝陛下，受諾各條所揭之讓與，且承諾將韓國全然併合於日本帝國。

第三條、日本國皇帝陛下，對於韓國皇帝陛下，太皇帝陛下，並其後妃及其後裔，各各應於其地位，而享有相當之尊稱、威嚴及名譽，且供給以充分保持之歲費。

第四條、日本皇帝陛下，對於前條以外之韓國皇族及其後裔，使各各享有相當之名譽及待遇，且供給以維持之必要之資金。

第五條、日本國皇帝陛下，對於有勳功之韓人，認為宜特別表彰者，授以榮爵，

且給以恩金。

第六條、日本國政府，因前記併合之結果，全然擔荷韓國之施政，及韓人遵守該地所施行之法規者，其身體及財產，充分保護之，且圖增進其福利。

第七條、日本國政府，對於韓人之誠意忠實，以尊重新制度，而有相當之資格者，在事情所得許之限界內，可登庸之，使為在韓國內之帝國官吏。

第八條、本條約經日本皇帝陛下，及韓國皇帝陛下之裁可，自公布之日施行之。

唉，日韓合併，已經成了事實，但是條約中所許與韓民的身體財產、充分保護、且各增進其福利等幾句說話，合併至今，可有一些影響呢？唉，亡國國民，如能享受了條約上的權利，大家預備著一面順民旗，傳子傳孫，便可保得萬世安寧了。不要說日本人不肯許他，就是全球敬仰的上帝，也萬不肯使亡國奴再享一些兒幸福哩。韓人是已經試驗過來了，不知以後嘗這滋味的，又該是那一等的人民呢？這便在讀者自己考察了。

我今再說這條約結果以後的韓國，還有甚麼叫做主權？還有甚麼叫做國民？還有甚麼叫做政府？還有甚麼叫做皇室？就是韓國兩個字，也只有這回條約上寫寫，歷史上說說，以供後人憑弔興亡的資料罷了。再不然也要買了返魂香，吃了人參再造丸，八道山河中，有了無數的新羅馬維新豪傑，或者能夠把已經消滅的韓國，現一現魂。這事又談何容易呢？老實說幾千年承承繼繼的一個朝鮮古國，受了這八條合併條約的宣佈，簡直和宣布死刑一般。從今以後，箕子一派的香火，簡直是烟沉霧滅，永永沒有接續的希望了。然而條文上面，還要寫著甚麼讓與，甚麼承諾，名義上面，還要提著個甚麼日韓合併，甚麼東洋和平，說來真也笑人。韓國人雖說沒有志氣，但如忠清南道、慶尚北道、全羅北道、咸鏡南道等處，拋棄家財，拚擲生命，揭竿起義，一心要和日本奮力搏戰，為祖國爭存的人，倒也不少。事過以後，凡是遊歷朝鮮的旅客，走過高山峻嶺，古驛荒村，從頭細細考察起來，覺得燒殘的劫灰餘火，未散的義魄忠魂，在風清月白、夜闌人靜的時候，都還一一陳列眼前，教人怎不崇拜英雄至死不忘呢？究竟那時死了些甚麼人物，且聽下回分解。

第十六回　受冊封降王增醜態　感身世遺孽述哀詞

話說合併條約議妥，統監寺內氏便發電，把詳情報告日政府，專等回電，再定行止。李完用外面仍舊裝著沒事人的樣子，內裡卻早已一五一十，知道的詳詳細細，料定不久必有大大變故發生。李氏有個內親特地從鄉下投奔京城，勸李氏速速退位，免得落了後世罵名。李氏爽爽快快回答他道：百姓恨罵我李完用，並不是一年半載的

事。我就立刻下臺，賣國賊的名聲，也如何能夠倖免？與其失掉了官，眼睜睜被人家欺負，一個字兒都說不出口，還是仗著些日人的勢，快活一天算一天的，覺得好些呢。李氏抱定了這個犧牲全國、媚外專權的宗旨，便自高高興興，備辦些九錫文、勸進表，專候一旦功成，就安安逸逸，做他的開國元勳了。日本政府得了寺內氏的電報，當時便開臨時內閣會議，接著又開臨時樞密會議，這宗單獨利益條件，原是日本人二十年苦心經營的結果，自然沒有不通過的道理。李氏偏十分躭心，統監府裡，一天不走個十遍，也走個八遍，好容易得了東京允可的電音，心裡重沉沉的一塊石頭才放了下去。公佈日期，兩面商議，已經決定就在八月二十五日施行。韓國政府也虛應故事的，開了一兩回會議，都不過吃些點心，吸些雪茄，把李氏議好的條件，高聲朗讀一遍，大家閉著眼睛，把手舉一舉，便算完事。昏天黑地，一字不知的韓王，影兒都還不曾夢見，早已完全定局了。散會以後，李氏便把詳情奏明韓王，韓王只有哭的分兒，也說不出甚麼所以然，李氏又假意勸了兩句，隨到統監府裡商議。

　　原說再沒有甚麼問題發生了，卻不知李氏怎樣又在韓王身上，轉了一個念頭，特地陪著笑，向寺內氏請求道：條約全文，敝政府已開閣議通過，得了朝旨允准，一切都沒有第二句話說的。只是據完用一個人想起來，公佈日期，似乎還有一些兒商量的餘地。寺內氏道：還有甚麼事情來不及備辦麼？李氏道：不是的。新皇帝登基是四年前的本月二十日，據現在所定的公佈日期講，相差也只爭三天了，可否顧全韓國體面，挨過這幾天，再正式辦理。寺內氏道：原來是新皇登基的四週年，怎麼不可通融辦理？老兄回去和閣臣商量，簡直開一個四週年大祝賀，大家熱鬧一番，豈不更有趣味。李氏道：這事就照統監意思辦罷。閣議開不開，沒有甚麼要緊，完用一人代表贊成就是。東京一面，卻要求統監費心。寺內氏一力擔承，才各散去。

　　到了祝賀正日，韓皇依舊戴了平頂冠，穿了元帥軍服，戰戰兢兢，從宮裡走了出來，左右兩個親信大臣，緊緊在後隨著。登朝以後，李完用帶了文武百官，分班朝賀，宋秉畯、李容九領了一進會會員好幾百人，隨在各官員後面行禮，皇室、勳舊老臣，照著國家慶典禮節，一一親來朝見。統監寺內氏、副統監山縣氏，帶了日本顧問、日本將校許多人，也在內周旋進退，跟著說了好些吉慶話。全國官衙局所，無大無小，一齊排起筵席，張掛燈綵。稍稍大些兒的城鎮，都是燈火輝煌，通宵不熄。這宗排場，這宗熱鬧，真比前清西太后辦萬壽，還要好看幾十倍呢。

　　過了三天，合併條約，便正式公佈。日本政府隨下緊急勅令，把韓國國號，立時廢除，另改地名，叫做朝鮮。設總督、民政長管理一切，從前的統監、副統監等，一概取消，任命寺內氏為總督，山縣氏為民政長。於是臨命在即的李韓宗社，便真個壽終正寢了。寺內氏接了這個朝旨，全韓立下戒嚴令，不許開會集議，軍隊荷槍實彈，分班出巡。一霎時間，漢城裡面，陰風慘慘，殺氣騰騰，宮中不見一人往來，大小官

衙都靜悄悄的關門閉戶，好像從前中國過年時封了印的光景。商家舖戶，聽得風聲不好，更是夾著尾巴，縮在家裡，沒有一人出來說個甚麼。只有新改的總督府，耀武揚威，氣燄逼人，有進去道賀的，有託故探聽消息的。一進會趁這時機，也上了一封建白書，大致說衰亂的國家，必定要用嚴重的刑罰，如子產治鄭、諸葛武侯治蜀，都是大好的榜樣，現在日本治韓，應該照樣辦理。這些話頭，照事實上說，自然是對症的好藥，可惜他們錯做了韓國百姓，日本人又不聾不癡，這宗題中應有的文章，哪裡還等得你白白地來獻殷勤呢？

　　雖然一進會這一封書，其中也有個緣故。原來自一進會成立以來，甚麼締結保護條約，甚麼迫令皇帝讓位，甚麼運動日韓合併等事，沒一件不經一進會直接、間接的幫忙，獨到實行合併的時候，日本人卻一字兒不教他們與聞了。會長李容九氏氣的了不得，臨到宣布的一天，假說有病，跑到介川地方去躲著，不肯出來。後來事情過了，又自後悔，才這樣兒來弄巧賣乖。寺內氏接著笑了笑，並沒有一些兒下文。李氏著了急，又親自到總督府求見，寺內氏仍好言接待，後來談到治韓的政策，寺內氏便道：據我看來，第一要著便須使朝鮮全境，今後再沒有一個會黨存在。李氏聽見這話，摸不著頭腦，不好插言。寺內氏又慢慢說道：一進會自然和尋常黨會不同，幾次上書，都很有道理。但就現在事實上說，一進會主張要做的事，早已實行，似乎也無須多留這一個空名，教家道論短長，倒不如為國家利益起見，早些自行解散，給各會黨做個模範。李氏被幾句高帽子一戴，心裡十二分不願意，都說不出口，低了頭，發了會子怔，勉強敷衍道：想選舉議員一層，今後韓民，總該還有幾分權利。寺內氏頓住不往下講，把眉頭縐了半天，才隨口搪塞道：這個問題太大，我們慢慢兒再談罷。李氏看見神色不對，只得垂頭喪氣退了出去。不到三天，一進會果然宣布解散。可憐李容九、宋秉畯一般人，費了千辛萬苦，為敵人做牛馬，催得祖國迅速消滅，到頭來卻連一個空空的好字都討不著。唉，賣國奴的下場，只是如此，也就可給後來人作個前車之鑒了。

　　又過了五天，日本冊封使臣稻葉氏到了漢城，封韓國皇帝李坧為昌德宮李王，皇后封做王妃，皇太子和將來的後嗣封做王世子，韓國太皇帝李熙封做德壽宮李王，太皇后封做太王妃，皇族裡面擇了支派較親的李堈、李熹兩人，封了公爵，夫人封做公妃。太王、李王、王世子，加恩仍留陛下尊稱，公爵、公妃，仍得享受皇族禮節。此外一般皇族，也各分給了些應景的權利。到了冊封的時候，寺內氏穿著陸軍大將的禮服，佩了勛章，帶領武官、書記官等人，排齊儀仗，威威武武，走進昌德宮去，在仁政殿上見著韓王，不知道交代了些甚麼話，韓王便帶了親近官員十幾個人，親自從仁政門步行而出。不多一會，一輛東洋式的馬車，得意洋洋，直進宮去。這車中的人，遠遠望著韓王一般人直迎出來，才不慌不忙的攬著馬轡，下了馬車，原來這人便

是日本敕使稻葉氏。韓王那時雖說仍舊穿著大元帥制服，然而恭恭敬敬，迎了稻葉氏進殿，一概禮節，都用平等相見的公式禮，不但皇帝的寶座不敢登坐，就是站立的位子，都不敢把臉向著南面。說了些路上辛苦的套話，韓王便雙手捧了大韓國璽，裝了一副奴顏婢膝的神情，獻上稻葉氏面前。稻葉氏趕緊避了一步，向著東京方面行了一個奏參禮，才敬謹接了放下。旁邊站著的侍從、院卿等人，見了這種情形，想著當年臨朝稱制的舊事，早已忍不住滿眼熱淚，滴溜溜的懸掛滿腔，只妙在局中人卻一些兒不曾覺得。稻葉氏把冊封的詔書請出，日皇頒給的種種賜品，一件件交代清楚，態度越是比幾分鐘前來得嚴肅。韓王聽說還得稱王，還有皇族的種種好處，外面越是表出一番感激涕零的樣子，那裡曉得侍從等氣憤不過，一個一個竟自溜出宮去，守著太廟大門，號咷大哭，也有撞死在那裡的，也有連夜逃出外洋，另想方法的。唉，李王幾百年宗社，好端端送了別人，不肖子孫，臨到下場頭時候，還有許多醜態，留給千百年後萬眾人的笑罵，想來真也可嘆。然而這些都是幾個有權勢的人，忽然墮落下來，也是他們安富尊樂，享受過分的回報，倒還不足憐惜。

　　單說國亡以後，韓國人的一般苦痛，被日本人出版取締法律埋沒的，很是不少。第一件語言文字，先被干涉。凡是初等小學，盡要把漢文、韓文廢去，改學日本話，人家應酬，一概不准說日本話以外的語言。教科書材料，都須日本人選定。無論甚麼書出來，不准談論韓國情形，不准有獨立自主等話頭，不准借外國事比喻韓國，不准用大話鼓動人心，不准說最近國史，不准有排外思想。這種辦法倒也不是從日本人做起，十八世紀時，三大強國用著壓天勢力，廢除波蘭語言，早已有了現成的榜樣了。但是故老流傳，旅人記述，總有些留存，中間著名人物，如參政大臣沈相薰，如元老院從二品大臣李南珪，如定山郡儒生李式，如結城郡儒生柳濬根，如善山郡農人康相元，如洪州農人林潤植、李容理，如義兵領袖閔宗植，如義兵參謀申鉉斗、申相斗，如義兵秘書文奭煥、申輔均等，雖然力量大小不同，有支持一年多的，有不到幾個月的，到頭來總是一個不濟事。然而在他們當初起義的時節，忠清道一路最有聲勢，江原諸道又有幾萬人馬和他接應。日本軍隊被他們圍困多時，路徑又不熟習，糧械、信息一些兒都不相通，要不是他們器械不中用，日本人一定吃他們的苦頭不小。閔宗植、申鉉斗、申相斗、李式等，才氣謀略，各有各的長處。閔氏攻破洪州，和日兵苦戰數月，力量實在抵當不過，在市街裡又血戰了一日夜，殺死日兵不計其數，才暗暗取了捷路，另外攻破赤裳山城，再和日人抗戰。可憐萬山叢裡，一座孤城，人沒有人，餉沒有餉，外面接應幫手，也一些兒沒有，怎麼能夠抵擋得住兵強馬壯的日本軍隊，卻還撐持了一年有餘，才被日本人支解而死。

　　李式所號召的多是些儒生，因為抗拒日本，特編了儒生隊，舉柳濬根做隊長，人數不十分多，卻一個個奮勇當先，往往能打勝仗。日本人倒有些害怕，調了幾倍多

的大兵來,圍著猛攻,趕緊把他們打散。申氏用兵的才智,很有可取。常趁著日本人不防,裝著敗逃,設些埋伏,日本軍隊、警察,吃他的暗虧,不知多少。後來日本把他捉去,取了他的首級,陳在市上,擺了十幾天,又派人送到八道,一一傳看。即此一端,這狠毒的手段,也就可見了。以外還有零星小股,或幾百人,或幾十人,或幾人不等,多半是少年,不曾經過甚麼戰陣,所帶兵器,盡是朽廢的槍支,沒有甚麼軍律,所用糧餉,又是各村富戶分頭擔任,也沒有甚麼一定可指的款項,這裡面無名的英雄,也不知屈死了幾千百萬。

　　在下有一年走過黃海,見同船旅客中,有一西裝客人,面貌黧黑,形容愁苦,背著人,常常抹眼揩淚。在下知道他是一個傷心人,再仔細看看,見他裝束雖然改換,東方人的舉止動靜,一些不曾改變,心裡總猜他是中國的亡命客,便約了他在上岸的時光,一同到一海島的酒樓上,細細談心,那人才慘然說道,你錯認我做亡命客,其實我還是一個亡國人。在下聽了這句,便又猜定他是韓國遺民,想著韓國亡後,韓人的實情,外邊傳布的甚少,趁此機會,請他細細講說一番。那人知道在下沒有什麼歹意,才嗚嗚咽咽的說道:我家幾世受國恩典,我父親也曾做過十幾年太平宰相,到得日本當國後,看見國事一天不如一天,才沒奈何告老還鄉,把我送到美國留學,想要留個後來回國改革政治的地步。誰知日本人手快,不幾天把韓國改做保護國,不幾天又實行宣布合併。我在美國得了這宗警告,星夜趕回國來。一到國境,舉眼都是義兵拋棄的殘骸零骨,略略探問,知道父親已叩閽殉難。受了國家重恩,應該以死報國,心裡倒也沒有甚麼難過,祇是走過從前莊園、田宅,見都燒的寸草不留,或止存些殘磚碎瓦,又有幾處,外面沒有動,進去一看,卻都換了一般日本人。我到了此際,不由得怒髮衝冠,勉強按捺著不敢出聲,急急投奔府第,探問母親和家屬人等下落。

　　才要進門,劈頭便有兩個日兵,惡聲攔阻,只好忍淚走出。不防走不上十步,一片哭聲迎面撲來,抬頭看時,只見老母披頭散髮,哭叫連天,沒命的追著一個日兵。我想母親已有了年紀,萬一吃了那日兵的虧,如何是好,趕緊搶一步上前扯住。母親一見是我,也就抱頭大哭,戰兢兢的哭訴著說道:我的兒啊,你可曉得你的兄弟剛剛被日人捉去了麼?你可曉得你的小兄弟,被那狠心的日人,穿在槍頭上,當作甚麼玩意兒玩耍麼?說著又拚命掙脫,要往前趕,我勸說了多半天,母親那裡肯聽,竟自氣憤不過,一頭撞在一根石柱上面,立時倒地而死。我費了多少周折,央告了多少地鄰,好容易才把母親安頓下去,我又獨自含悲茹痛,尋問兩弟的消息。走了一程,不見蹤跡,猛一回頭,只見那不到一歲的小兄弟,早已被日兵刺死,拋在亂草裡面,血淋淋的面貌都認不大出,想要弄點泥土掩埋起來,手又軟,心又酸,傷心到了極點,竟自動彈不得。等了一回,又有一小隊日兵,巡邏到來,我雖然捨不得兄弟,那敢在這風頭上,自尋苦惱,悄悄退了一步,轉過小山後面,蹲著身子,往外探看。偏

偏這隊日兵，又不單是巡哨，過了小山，便從一個營盤裡，綁了一個人出來，押到山前平地上，把鎖鏈狠力一曳，那人立時倒地，日兵舉起槍桿在他心口上連打幾下，接著砰硼一聲，槍子兒已經穿過胸膛。那時又有個將校，走上前來，把那死人仔細查看一遍，又抽出刺刀，把致命地方亂刺幾下。我看到這裡，心膽俱碎，不覺眼前一昏，倒在地上，日兵什麼時候才去，我也不知。一直到了夜深，著了露水，才慢慢驚醒轉來。那時月黑人稀，捏腳捏手，再來細看，不想這被殺的人，便是我的大兄弟。你想可痛不可痛呢？唉！亡國的人民，有家不能自主，有親不能自養，有兄弟、妻子、姐妹，不能保住不被別人欺凌殘害，有田園房宅，不能禁止別人不來焚燒劫奪，甚至有苦無處說，有淚無處揮，這些都是我親身閱歷過的滋味。在下聽到傷心處所，不等那人說完，早已跟著陪了好些熱淚。

　　諸君想想，到底亡國民的風味，是甜是苦？亡國後的歷史，是血是淚？看了這部《三韓亡國史演義》，聽了韓國遺民這番說話，大家也可觸目驚心，知所炯戒了。話已說明，就此和諸君告別，但是諸君切莫忘了我這一片婆心，我可就算得不是浪費筆墨了。

史地傳記類　　PC1113　　讀歷史160

近代「朝鮮痛史」中文著述集解
卷一

編　　著/孫科志、徐　丹
責任編輯/鄭伊庭
圖文排版/許絜瑀、陳彥妏
封面設計/張家碩

發 行 人/宋政坤
法律顧問/毛國樑　律師
出版發行/秀威資訊科技股份有限公司
　　　　114台北市內湖區瑞光路76巷65號1樓
　　　　電話：+886-2-2796-3638　傳真：+886-2-2796-1377
　　　　http://www.showwe.com.tw
劃撥帳號/19563868　戶名：秀威資訊科技股份有限公司
　　　　讀者服務信箱：service@showwe.com.tw
展售門市/國家書店（松江門市）
　　　　104台北市中山區松江路209號1樓
　　　　電話：+886-2-2518-0207　傳真：+886-2-2518-0778
網路訂購/秀威網路書店：https://store.showwe.tw
　　　　國家網路書店：https://www.govbooks.com.tw

2025年2月　BOD一版
定價：660元
版權所有　翻印必究
本書如有缺頁、破損或裝訂錯誤，請寄回更換

Copyright©2025 by Showwe Information Co., Ltd.
Printed in Taiwan
All Rights Reserved

國家圖書館出版品預行編目

近代「朝鮮痛史」中文著述集解 / 孫科志, 徐丹編著.
-- 一版. -- 臺北市：秀威資訊科技股份有限公司,
2025.02
　　冊；　公分. -- (史地傳記類)
BOD版
ISBN 978-626-7346-76-1(卷一：平裝). --
ISBN 978-626-7346-77-8(卷二：平裝). --

1.CST: 韓國史

732.1　　　　　　　　　　　　　　113003763